JOSEPHUS – STUDIEN

JOSEPHUS – STUDIEN

Untersuchungen zu Josephus,
dem antiken Judentum
und dem Neuen Testament

Otto Michel
zum 70. Geburtstag gewidmet

Herausgegeben von
Otto Betz, Klaus Haacker
und Martin Hengel

VANDENHOECK & RUPRECHT
IN GÖTTINGEN

Herausgeber und Verlag danken den Spendern, die ihre Verbundenheit mit dem Jubilar durch namhafte Zuschüsse zu den Druckkosten dieses Bandes zum Ausdruck gebracht haben:

Evangelische Landeskirche in Baden
Evangelisch-Lutherische Kirche in Bayern
Evangelische Landeskirche in Württemberg
Verein Albrecht-Bengel-Haus, Tübingen
Ludwig-Hofacker-Vereinigung (Evangelische Arbeitsgemeinschaft für Bibel und Bekenntnis)

ISBN 3-525-53553-8

© Vandenhoeck & Ruprecht, Göttingen 1974 – Printed in Germany. Ohne ausdrückliche Genehmigung des Verlages ist es nicht gestattet, das Buch oder Teile daraus auf foto- oder akustomechanischem Wege zu vervielfältigen. – Satz und Druck: fotokop wilhelm weihert kg, Darmstadt – Bindearbeit: Hubert & Co., Göttingen

Vorwort

Während der letzten beiden Jahrzehnte hat Otto Michel das Werk des Josephus zu einem Schwerpunkt innerhalb seiner Forschungsarbeit gemacht. Damit führte er die Tradition Adolf Schlatters fort, der in Josephus nicht nur den wichtigsten Zeugen für die Zeitgeschichte des Neuen Testaments sah, sondern auch dessen Sprache und Theologie für die Exegese fruchtbar machte. Beiden lag wenig an einer Fortsetzung der Kritik, die dem Werk und der Person des Josephus bis dahin in reichem Maße zuteil geworden war. Vielmehr hat ihre Arbeit die gängigen Urteile eher in Frage gestellt. Die umfassende Bildung des Josephus ist ja keineswegs oberflächlich oder ein Produkt arroganter Anmaßung, sondern in seinen Werken ständig vorausgesetzt; ferner sind seine Lebenswende und Rolle im Jüdischen Krieg nicht nur durch Opportunismus herbeigeführt, sondern auch in echtem Erleben begründet und theologisch durchreflektiert. Die Berichte über die jüdischen Religionsparteien werden durch neuere Entdeckungen (z.B. Qumran, Masada) als recht zuverlässig erwiesen, und die Angaben über Kultur, Wirtschaft und Geographie Palästinas zur Zeit des Zweiten Tempels sind für die historischen und archäologischen Forschungen vor allem im heutigen Israel von höchstem Wert.

Diese Einschätzung des Josephus teilen auch Freunde und Schüler Otto Michels. Aus diesem Grunde sehen sie in seinem 70. Geburtstag am 28. August 1973 den willkommenen Anlaß, ihm eine Sammlung von Josephus-Studien zu widmen. In ihnen wird besonders die Bedeutung des Josephus für das Neue Testament und die Geschichte des Judentums an einzelnen Punkten aufgewiesen. Solch eine thematisch begrenzte und speziell an Josephus orientierte Festgabe scheint auch im Blick auf die derzeitige exegetische Situation in Deutschland zeitgemäß und nützlich zu sein. Sieht man nämlich von ganz wenigen Arbeitsschwerpunkten ab, so hat dieser jüdische Historiker in der neutestamentlichen Wissenschaft in Deutschland nach dem Zweiten Weltkriege nicht mehr den ihm gebührenden Platz erhalten. Vielleicht liegt das nicht zuletzt daran, daß durch das vorherrschende Interesse an der Theologie und der kerygmatischen Intention der neutestamentlichen Schriften die historischen Fragen vielfach in den Hintergrund traten, ferner an einer ungebührlichen Bevorzugung des außerjüdischen hellenistischen Synkretismus für die religionsgeschichtliche Erklärung neutestamentlicher Hauptprobleme. Heute beginnt man freilich die alttestamentlich-jüdischen Wurzeln Jesu und seiner Verkündiger wieder besser zu sehen; diese exegetische Wende kommt hoffentlich auch der Beschäftigung mit den Werken des Josephus zugute.

Unser besonderer Dank gilt all denen, die in geistiger und materieller Hinsicht unser Vorhaben ermöglichten, nicht zuletzt dem Verlag Vandenhoeck und Ruprecht in Göttingen, der die Veröffentlichung der Studien übernommen hat.

Otto Betz   Martin Hengel   Klaus Haacker

Inhalt

Zum Testimonium Flavianum
(Jos Ant 18, 63–64)

Von Ernst Bammel, Aegidienberg

„Auf diesem Gebiet ist keine Verwirrung so wunderlich . . ., daß sie nicht Vertretung fände und mit Scharfsinn ausgeführt würde"[1]. Es wird zuerst dieser Eindruck, es mit einem untauglichen Objekt zu tun zu haben, gewesen sein, der die Säulen der klassischen Philologie, Männer wie Meyer, Norden[2] und Schwartz[3] bestimmt hat, das Testimonium Flavianum beiseite zu legen. Viele, gerade auch konservativ eingestellte Theologen[4] sind ihnen darin gefolgt. Dennoch fragt man sich, warum die Stelle, wenn schon ihr Verfasser freie Hand hatte, gerade an dieser Stelle der Altertümer, in der Nachbarschaft makabrer stadtrömischer Geschichten eingesetzt wurde und nicht viel eher im Jüdischen Krieg, dieser ein Menschenalter früher erschienenen und darum für ein Testimonium sich eher anbietenden Schrift. Warum ist es nicht auch ein Dokument bestimmt christlicher Prägung mit mehr Angaben über Leben[5] und Leiden[6] des Erlösers?

Einen Verteidiger von Rang fand die Stelle nach langer Zeit in Harnack. Es war eine Tat, daß er die literarischen und stilistischen Anstöße ausräumte[7], vor allem aber dem Kernstück (δ χριστὸς οὗτος) eine Auslegung, wie sie der geistigen Welt des Josephus entsprechen konnte, gab und, an sich auf die Unversehrtheit der ganzen Stelle hinzielend, zumindest aber, darin Leopold v. Ranke[8] folgend, die Echtheit des Berichts mit Ausnahme des Hiats entschieden verfocht, um damit – es war 1913, auf dem Höhepunkt des Streits um die Christusmythe – ein neues, nicht unter dem Verdacht christlicher Sagenbildung stehendes Zeugnis für das Leben Jesu zu erschließen. Die Erklärung der messianischen Wendung ist freilich so schwierig,

---

[1] E. Meyer, Ursprung und Anfänge des Christentums I, 1924, S. 208.
[2] E. Norden, N. Jbb. f. d. klass. Altertum XVI (1913), S. 637 ff.
[3] E. Schwartz, G.C.S. IX.3, S. CLXXXVI: „ohne Frage unecht".
[4] So Th. Zahn: „. . . kaum nötig noch ein Wort zu sagen" (Forschungen zur Geschichte des ntl. Kanons VI, 1900, S. 302) und A. Schlatter, Geschichte der ersten Christenheit, 1926, S. 311.
[5] Merkwürdig ist die Kargheit der Angaben über das Leben. Erst im Nachhinein ist seine Besonderheit durch ἄλλα μυρία περὶ αὐτοῦ θαυμάσια (nicht, wie Norden S. 648 annimmt, auf „die Erhebung in den Himmel und das Weitere" bezüglich) angedeutet. Das läßt darauf schließen, daß im ursprünglichen Text auch nicht mehr stand: eine polemische Wendung wäre sogleich durch eine positive ersetzt worden. – Mehr findet sich in der von E. Bratke, TU N.F.IV.3, S. 36, herausgegebenen orientalischen Fassung des Testimoniums.
[6] P. Winter, Journ. of Hist. Studies 1968, S. 293, hat darauf aufmerksam gemacht, daß die Verteilung der Verantwortung der herrschenden christlichen Anschauung nicht entspricht.
[7] A. v. Harnack, Int. Monatsschr. 1913, Sp. 1037ff. – Vgl. auch L. Wohleb, Röm. Quartalschr. 1927, S. 156ff.
[8] Weltgeschichte III. 2 (1883) S. 40f.

daß ein hellenistischer Leser kaum darauf kommen konnte und auch die Zeitgenossen Schwierigkeiten hatten, Harnack zu folgen. Der nachfolgende Versuch[9], die Christusstelle als Geschäftstrick des in allen Satteln gerechten Mannes anzusehen, mag zwar zu einer Seite des Josephus nicht übel passen, konnte aber kaum dazu einladen, einem so entstandenen Testimonium näher zu treten. Auch die Beteuerung F. Dornseiffs, das Testimonium sei ein „kerngesunder Text"[10], half nicht viel weiter.

Die Meinung, daß der Text des Zeugnisses[11] in seiner vorliegenden Gestalt verändert sei, ist seit den Tagen des Lukas Osiander immer wieder erwogen und verfochten worden.[12] R. Eislers[13] und W. Bienerts[14] Versuche reichen in unsere Generation hinein. In ihrer einfachsten Form, daß nämlich ein Name durch einen anderen ersetzt worden sei, wie es auf Denkmalinschriften — aber nicht nur auf diesen[15] — oft geschehen ist, kann die Interpolationshypothese außer acht gelassen werden: allzu tief sind die auf eine bestimmte Person gehenden Einkerbungen. Rechnet man aber mit stärkeren Eingriffen des oder der Einschwärzer, so mag es sein, daß nach der entsprechenden kritischen Operation, wie Schürer es ausgedrückt hat, „so gut wie nichts bleibt"[16]. Es ist dieser Eindruck einer von der Kritik ins Unkenntliche zerriebenen Stelle, der so viele Forscher veranlaßt hat, das Testimonium praktisch außer Ansatz zu lassen und sich der Unechtheitshypothese anzunähern[17] oder gar diese als die „einfachere" Lösung[18] sich zu eigen zu machen.

Versucht man dennoch, hier ein Stück weiterzukommen, so gilt es, folgendes im Auge zu behalten: a) Da Origenes bestätigt[19], daß Josephus nicht an Jesus als den Messias glaubte, wird seine Angabe derart gewesen sein, daß sie mit den jüdischen Prinzipien nicht in Widerspruch stand und so für

---

[9] R. Laqueur, Der jüdische Historiker Flavius Josephus, 1920.

[10] F. Dornseiff, ZNW. 1955, S. 246.

[11] Der Text am besten bei Th. Reinach, Rev. Et. Juives 35, (1897), S. 3; R. Eisler, Ἰησοῦς Βασιλεὺς οὐ βασιλεύσας I, 1929, S. 85 F.

[12] S. Chr. Arnold, Epistolae XXX hist. philol. de Flavii Josephi testimonio (Nürnberg 1661).

[13] ebd. S. 87f.

[14] W. Bienert, Der älteste nichtchristliche Jesusbericht. Josephus über Jesus, 1936, S. 252.

[15] So z.B. wäre es bei der Jakobus-Stelle nicht von vorne herein auszuschließen, daß ein solcher Austausch stattgefunden hat.

[16] E. Schürer, Geschichte des jüdischen Volkes im Zeitalter Jesu Christi I, 1901, S. 547. So schon R.v.d. Alm (=Fr. Wilh. Ghillany), Die Urteile heidnischer und jüdischer Schriftsteller . . ., 1864, S. 111: eine „ganz gleichgültige Notiz".

[17] Bei nicht wenigen Stellungnahmen ist es nicht völlig klar, ob der Verfasser wirklich die Unechtheit des ganzen Testimonium für ausgemacht hält oder nur die Suche nach einem echten Kern bzw. einem josephischen Hintergrund aufgegeben hat. So z.B. hält Zahn es bei aller Kritik doch nicht für völlig ausgeschlossen, daß sich eine „Spur" echten Materials finden könnte.

[18] Schürer, S. 548.

[19] C. Cels. I.47: καίτοι γε ἀπιστῶν.

die Beweisführung gegen Celsus nichts hergab[20], b) eine Abänderung des ursprünglichen Texts konnte nur dann erfolgversprechend sein, wenn sie sich möglichst eng an den vorgegebenen Wortlaut hielt[20a]); sie würde einsichtig und verständlich, wenn sie, von dem möglichen Verständnis einzelner Textstücke ihren Ausgangspunkt nehmend, diese zu erweitern und zu verstärken trachtete, c) der Zusammenhang, in dem das Testimonium steht, mag für die Erklärung nicht ohne Bedeutung sein.

II.

Schürer und die, die ihm nachfolgten, meinten, daß dem Kritiker nichts anderes übrig bliebe, als christliches Gut auszuscheiden und dann zu sehen, was in der Hand bliebe. Anders als bei dem Abzugsverfahren steht aber die Sache, wenn die als christlich eingeklammerten Wendungen an die Stelle von ausgeschiedenen getreten sind. Es würde sich dann die punktierte Linie eines etwas längeren Textes abzeichnen, der eine bestimmte Aussage hätte enthalten können. Läßt sich darüber etwas ausmachen?

Geht man die im Verdacht christlicher Bearbeitung stehenden Wendungen durch, so heben sich neben der *χριστός*-Bezeichnung und dem Stück über die Auferstehung die Angaben *ἐπηγάγετο* und *ἀγαπήσαντες* heraus. In ihnen drückt sich, so möchte man meinen, am stärksten ein Bekenntnis zu Jesus aus. Beide Worte können indes als mechanische Schreibfehler angesehen werden. *'Επηγάγετο* erhält einen anders betonten Sinn, wenn man es als Ersatz für *ἀπηγάγετο* ansehen könnte. Und *ἀγαπήσαντες*[21] möchte an die Stelle einer Form von *ἀπατ* – getreten sein.[22] Der Wechsel von *ἀπατ-* zu *ἀγαπ*[23] und umgekehrt[24] ist in der besonders genau belegten

---

[20] Es ist darum nicht mit P. Schmiedel, Dt. Revue 3. (1913), S. 225, und E. Meyer, S. 206, zu schließen, daß Origenes überhaupt keine Form des Zeugnisses gekannt hätte.

[20a] Ein Beispiel dafür ist Lucian, Vita Peregrini 11, wo *τὸν μέγαν... ἐκεῖνον... ἄνθρωπον* (= Jesus) eine Abänderung der christlichen Handschriften aus *μάγον* zu sein scheint. – Ein anderes Beispiel findet sich bei Aristobul v. 18, wo durch bloße Ersetzung eines *αἰ* durch *οὐ* ein Christuszeugnis erzielt wurde (Nik. Walter, der Thoraausleger Aristobulos 1964 S. 224).

[21] Zur Verwendung des Wortes bei Josephus s. Wohleb S. 157 und R. Eisler, I, S. 754f. Aber natürlich kommt das von Eisler als richtig angesehene „zufrieden sein mit" im Zusammenhang nicht infrage. Das Wort bezeichnet in Jak 1,12; 2.5; 2 Tim 4,8 die christliche Gemeinde, kann also von einem christlichen Einschwärzer durchaus gebraucht worden sein. – Verwandt ist der Gebrauch ôhăbê hă ᵃᵉ mæt, einer von den Karäern als Selbstbezeichnung gerne gebrauchte Wendung (vgl. N.T.St. 1966/7 S. 333).

[22] A.v.Gutschmid, Kleine Schriften IV, 1893, S. 353, schreibt, wie ich nachträglich sehe: „*ἀγαπήσαντες* klingt so ganz spezifisch und technisch christlich, daß es Josephus unmöglich gebrauchen konnte" und schlägt statt dessen *δι' αὐτοῦ ἀγαπηθέντες* vor.

[23] In Mk 4,19 liest Δ statt *ἀπάτη ἀγάπη*. Ein Teil der Altlateiner hat delectatio nes/inlecebras; es ist dies eine Übersetzung, die eher auf der zweiten Bedeutung von *ἀπατάω* als auf *ἀγαπάω* beruht. – In 2 Ptr 2,13 hat dieselbe Variante eine reiche Bezeugung.

[24] Jud 12. – Ist die Auslassung von *τῇ ἀγάπῃ* durch A pc in 2 Tim 3,10 durch

Textgeschichte der Bibel wohl bekannt und gehört zu einem sehr geläufigen Variantentypus, dem des ἀναγραμματισμός. Für ἐπηγάγετο ist die Variante ἀπηγάγετο in einer Handschrift der eusebianischen Wiedergaben eben des Testimonium Flavianum bezeugt[25].

Ist ein solcher erwägungsweise angenommener Ausgangspunkt wahrscheinlich? Zur Beurteilung dessen, was Josephus gesagt haben könnte, geben die ältesten jüdischen Jesuszeugnisse einen Anschauungshintergrund. Sie behaupten in verschiedenen Wendungen, daß Jesus verführt habe: ἀνασείει (Lk 23,5), ἀποστρέφει (Lk 23,3). Im biblischen Bezugstext heißt es: ἐξῆλθοσαν ἄνδρες παράνομοι ἐξ ὑμῶν καὶ ἀπέστησαν · · · λέγοντες Πορευθῶμεν καὶ λατρεύσωμεν κτλ. (Dtn 13,14). ᾿Απηγάγετο würde sich dem einfügen als eine Nebenform, die abmildert und dies tut im Hinblick auf die vorangehenden halbpositiven Worte. Der Vorwurf des ἀπατάω — es ist ein Wort, das für die Anschuldigungen gegen die fahrenden Philosophen kennzeichnend ist[26] — wird der Sache nach oft gegen Jesus erhoben. Mt 27,63; Joh 7,12 wird vor ihm als πλάνος gewarnt. Die Anklage gegen Jesus wird im zweiten und dritten Jahrhundert wiederholt.[27] Der Ausdruck ἀπατ- — selbst begegnet c. Cels. II.12, wo der Jude seinen Spott über Jesus ausläßt, der seine Jünger unter Vorspiegelungen an sich gezogen (ἀπατήσας) und es, anders als ein rechter Räuberhauptmann, dann doch nicht verstanden habe, die von ihm Betrogenen (ἀπατηθέντες) bei der Stange zu halten. Dieselbe Wendung kommt stereotyp in den aramäischen Toledoth Jeschu vor: dᵉ ᾽at῾ê jäthôn.[28] Nicht unbeeinflußt von diesen Äußerungen dürfte die Behauptung sein, daß Jesus die Seinigen sua morte betrogen habe (decepit), gegen die sich Rufinus zu wehren hat[29]. Auch Makarius Magnes, der besonders mit Porphyrius vertraute Polemiker, weiß von dem Vorwurf, daß Jesus ein Betrüger gewesen sei[30]. Aber auch gegen

---

Nichteinheitlichkeit der Vorlagen verursacht? — Auch in Sir 30,23 steht in AS*B statt ἀπάτα ἀγάπα (Verbform) und in Eccl. 9.6 hat S statt ἀγάπη ἀπάτη.

[25] S.G.A. Müller, Christus bei Josephus Flavius, 1890, S. 17. Näheres über den Text bei W. Bauer, ThLZ, 1930, Sp. 559, und W. Bienert, S. 226. Das bedeutet freilich nicht, daß man diese Handschrift ohne weiteres als Beleg für den ursprünglichen Text ansehen darf, wie dies Eisler I, S. 39, tut. Auch ἐπάγομαι hat, wie K. Link, De antiquissimis quae ad Jesum Nazarenum spectant testimoniis (Gießen 1913), S. 23f erkannt und belegt hat, nicht immer eine positive Bedeutung: sogar die significatio seditionis sei möglich, wenn auch nicht erforderlich, zumal sie sich mit ἀγαπήσαντες stoße.

[26] Dio v. Prusa Oratio XXXII § 10.

[27] S.W. Bauer, Das Leben Jesu im Zeitalter der ntl. Apokryphen, 1909, S. 484.

[28] 2a Z.8f 14.25 im ersten sowie 1 b Z.7 im zweiten der von L. Ginzberg in: Ginze Schechter I (1928), S. 329ff herausgegebenen Texte.

[29] Im Zusatz zu IX.6.3 zu Eusebs Kirchengeschichte Mommsen, S. 813. Er wendet sich gegen die heidnischen Acta Pilati, hinter denen wiederum ein jüdisches Werk steht.

[30] Apocritica II.19 (Ed.C-Blondel 1876 S. 34): ἀπάτη ὑπηγάγετο. — Zur Erklärung der Stelle s.W. Horbury, A critical Examination of the Toledoth Jeschu (DissCambridge 1971) S. 424f.

die Jünger Jesu wird ins Feld geführt, daß sie die Welt betrogen hätten: d^e 'at' û 'alma;[31] Der Ausdruck gehört überhaupt zum Arsenal der religiösen Auseinandersetzung[31a]. Justin wirft es den Juden vor, daß sie sich in jeder Hinsicht zu täuschen versuchen (ἑαυτοὺς κατὰ πάντα ἀπατᾶν πειρᾶσθε; Dial 117.4) und wiederholt die Anklage gegen diejenigen, die sich etwas einreden (ἑαυτοὺς ἀπατᾶν Dial 123.6; 141.2). Er beobachtet, daß Simon und Menander πολλοὺς ἐξεπάτησαν καὶ ἔτι ἀπατουμένους ἔχουσιν (Apol 56) und gebraucht damit eine Formulierung, die derjenigen des Celsus genau entspricht. Auch von den Manichäern wird behauptet, daß sie ἐν ἀπάταις καὶ λόγοις ψεύδεσιν handeln[32].

Bei Josephus selbst hat das Wort seinen festen Platz. Jerobeam wird von ihm geschildert als der παρανομήσας καὶ τὸν λαὸν ἀπατᾶν ἀρξάμενος[33]. Dem entsprechend werden die schwärmerischen Gestalten seiner eigenen Zeit — darunter Theudas — von ihm durch das Stichwort ἀπατάω gekennzeichnet und gebrandmarkt, wenn er auf deren Einfluß auf die Massen zu sprechen kommt[34], anderseits erklärt er, ägyptische Anklagen abwehrend, daß Moses weder ein γόης noch ein ἀπατῶν gewesen sei.[35], In dem Abschnitt über den falschen Alexander[36] kommen bei der Beschreibung seines Erfolgs Ausdrücke vor, die den für das Testimonium angenommenen sehr nahe stehen: ἀφ᾿ ὁμοίας ἀπάτης προσαγάγεσθαι.

Erwägt man, welche Form von ἀπατ- infrage kommt, so ließe die Parallele

---

[31] S. den von W. Horbury in: Festschrift C.F.D.Moule, ²1971, S. 117, Z.16 veröffentlichten Text.

[31a] Der allgemeine Ausgangspunkt ist in der Erörterung zwischen Glaukon und Sokrates bezeichnet: die Menschen ἐξαπατῶντες ἀλλήλους· (Plato, Rep. 360 D).

[32] Catalogue of the Greek and Latin Papyri in the John Rylands Library III, 1938, S. 42 (Nr. 469 Z. 31). — S. 45 wird auf Alexander v. Lycopolis 8.14: ἡ τοιαύτη ἀπάτη τῶν λόγων hingewiesen.

[33] Ant 9,18. — Zugleich wird von ihm gesagt, daß er selbst von einem Falschpropheten, der πρὸς ἡδονήν gesprochen hatte, verführt (ἀπατώμενος) worden sei. — Vgl. auch Ant 8,232: λαοπλάνων τούτων καὶ ἀπατεώνων, eine Angabe, die sich auf den Kult in Bethel zur Zeit des Jerobeam bezieht.

[34] Ant 20, 97.160.188. — γόης — auf Jesus gemünzt in c. Cels. I. 68.71 —. wird gebraucht, um die Selbstentfaltung im Wunder, ἀπατ-, um die versuchte Wirkung auf andere zu bezeichnen. — Bell 6,288 (ἀπατεῶνες καὶ καταψευδόμενοι) ist eine Erweiterung, die den Begriff des Lügenpropheten einschließt. — Sehr bezeichnend Philo, Spec. Leg. IV. 50: diejenigen, die sich mit Mantik befassen, sehen sich genötigt, sich die Offenbarung von θεῖα λόγια zuzuschreiben, um den Glauben der Menge an ihre ἀπάτη zu stützen. — „Sie sprachen Lügen in jeder Hinsicht", wie es in der Heraclea und der von Th. C. Petersen beschriebenen (CBQ 26 1964, S. 241) koptischen Fassung von Act 14,18 heißt — solche Wendungen weichen den religionsgesetzlichen Inhalt dessen, was mit den erwähnten Begriffen bezeichnet ist, auf.

[35] c Ap 2,161. — Es dürfte sich dabei um die Zurückweisung eines Wortspiels handeln, daß nämlich der ἀπάτωρ (so sprach man im Spätjudentum von Moses; s.M. Dibelius, Jungfrauensohn und Krippenkind SBH 1931/32 H. 4 S. 32f und D. Daube, N.T. and Rabbinic Judaism 1956, S. 5ff.) tatsächlich ein ἀπατῶν gewesen sei.

[36] Ant 17,328

aus Celsus' Werk an ἀπατηθέντες denken. Die selbst Getäuschten ließen
nicht ab. Es ist aber auch möglich, die dem überlieferten Text näher
stehende Form ἀπατήσαντες in Anschlag zu bringen, wenn man das nicht
schlecht bezeugte[37] αὐτόν als Rest eines ursprünglichen αὐτούς ansieht.
Αὐτοὺς ἀπατήσαντες wäre auch dem Sinne nach vorzuziehen. Der gegensätzliche Bezug der Worte ἐπαύσαντο und τὸ πρῶτον erheischt nämlich,
daß dieselbe Partizipform als hinter ἐπαύσαντο stehend angenommen wird
wie in der mit οἱ τὸ πρῶτον beginnenden Wendung. Das aber ist bei
Annahme eines aktiven Partizips viel leichter der Fall. So ist vorzuschla-
gen: οὐκ ἐπαύσαντο (sc. αὐτοὺς ἀπατῶντες) οἱ τὸ πρῶτον αὐτοὺς
ἀπατήσαντες[37a]
Der mit ἐφάνη eingeleitete Satz über Auferstehung und Verheißungserfül-
lung hätte an sich seinen gegebenen Platz nach Πιλάτου, während das οὐκ
ἐπαύσαντο κτλ in εἰς ἔτι seine natürliche Fortsetzung findet. Der überraschende Aufbau im verchristlichen Text versteht sich aber, wenn man
annimmt, daß er durch die vorgegebene Textform begründet war, d.h., daß
ἐφάνη durch den Zusammenhang an diese Stelle festgenagelt war. Die
Annahme eines ἀπατήσαντες αὐτούς ermöglicht es, eine solche Brücke zu
schlagen. Es ist ja ohnehin schwer einzusehen, warum οὐκ ἐπαύσαντο eine
andere als diese Männer bezeichnende Ergänzung finden mußte. Die Kennzeichnung ihrer Art ist jedoch wohlverständlich, wenn sie etwas Besonderes einleiten soll, wenn also die Form des Selbstbetrugs im folgenden
angegeben wird. Es ist somit anzunehmen, daß die Behauptung des Selbstbetrugs in der folgenden Angabe ihre Rechtfertigung finden soll.

Es ergibt sich daraus ein Fortschritt vom Unguten zum Bösen. Während
Jesus selbst nur vorgeworfen wird, die Aufnahmebereitschaft der Menschen fehlgeleitet zu haben, sind es die Jünger, denen die entscheidende
Anschuldigung gilt. Sie haben sich etwas eingeredet und die Welt mit ihrer
Erfindung bedient. Die Sache selbst, die christliche Erklärung für das leere
Grab, spielt zwar bei dem Juden des Celsus eine große Rolle, ohne doch
als ein Vergehen schlimmer als das des Meisters zu erscheinen[38]. Wohl aber
ist dies der Fall in dem ältesten Zeugnis über die jüdische Auferstehungs-
polemik[39] und mutatis mutandis in den Skizzen über das Urchristentum,

---

[37] So im Kodex Medicaeus und in der Epitome.

[37a] Es ließe sich die Entwicklung so nachzeichnen: 1) οἱ τὸ πρῶτον αὐτοὺς
ἀπατήσαντες, 2) eine Textform ohne αὐτούς, die das Textverständnis im Sinne der
zweiten Wortbedeutung von ἀπατῶ ermöglichte, 3) diese wird unterstrichen durch die
Einführung von ἀγαπήσαντες, 4) eine in anderen Handschriften aufgefundene αυτ-For-
mulierung wird zu αὐτὸν umgeprägt.

[38] II.55. Die Zeugen gelten schon als Genossen einer γοητεία (s. Anm. 34) und,
jedenfalls möglicherweise, wird eine Entschuldigung für ihr Verhalten eingeräumt. – In
c Cels II.13 (vgl. II.15.16) werden die Jünger freilich beschuldigt, vorgegeben zu haben
(πλασάμενοι), Jesus habe sein Schicksal vorausgesehen und -gesagt.

[39] Mt 27,62ff. – Etwas Ähnliches findet sich vielleicht bei Hierocles, der Jesus selbst
eine gewisse Anerkennung zollt, während er die Apostel schilt, Betrüger zu sein (Euseb

wie sie in den Toledoth Jeschu[40] und bei den jüdischen Chronologen[41] vorliegen.

III.

Eine solche Wiederherstellung bringt die Stelle in den Zusammenhang nach vor- wie rückwärts. Es ist dies ein Satz von drei Geschichten, die die Amtszeit des Pilatus kennzeichnen sollen — wie in der Folge die nämliche Anzahl von Szenen die Tätigkeit des Cumanus beleuchten; in beiden Fällen handelt es sich um zur Rechenschaft gezogene Amtsträger. In diesen Zusammenhang ist eingeschoben eine Folge von ebenfalls drei Bildern, deren Darbietung deutlich verschieden ist. Ist in den beiden ersten Stücken der ersten Folge die Abneigung gegen den römischen Präfekten mit Händen zu greifen, so wird im zweiten und dritten Bild[42] der anderen, stadtrömischen Ereignissen gewidmeten Folge dem Einschreiten der politischen Gewalten Respekt bezeugt. In der letzten, ein samaritanisches Ereignis beschreibenden Szene wird — wie könnte es anders sein — die Gelegenheit ergriffen, die Geringschätzung, die Josephus für die Religion der Samaritaner hatte, auszudrücken, um dann doch in eine Verurteilung des Pilatus als des Hauptverantwortlichen für die Vorkommnisse auszumünden. Es handelt sich um eine wohlerwogene Zusammenstellung, wie der Vergleich mit der Darstellung im „Jüdischen Krieg" anzeigt: dort finden sich nur die beiden ersten Geschichten zur Pilatuszeit, während die Einlage und die Schlußszene fehlen. Geht es in der letzteren darum, den Grund für die Abberufung des Präfekten anzugeben und somit der Kennzeichnung seiner Tätigkeit das Siegel aufzudrücken, so wird Josephus mit der Einlage besondere Absichten verfolgt haben. Das Verschweißmittel ist das Wort $\vartheta o\rho\upsilon\beta$-, das in § 65 wie in den nachfolgenden (§ 85) und den beiden vorangehenden (§ 58.62) Stücken, hier freilich in einem eigenen Sinne verwendet wird, woraus sich ergibt, daß es sich um die künstliche Einfügung in einen Zusammenhang, der seinerseits nach einem Schema gestaltet ist[43], handelt.

Hängen die beiden stadtrömischen Szenen nicht nur durch den Namen des Gatten der betrogenen Frau zusammen, ist vielmehr die erstere mit breitem Pinsel gemalt, um in der letzteren die Bösartigkeit der beteiligten Juden geringer erscheinen zu lassen, so scheint auch eine gewisse Be-

---

c. Hierocl 2). — Anders steht die Sache bei Julian. Er sieht Jesus als den größten Gaukler und Betrüger an, der je gelebt hat (Cyrill c. Jul. II), um doch größeren Hohn über die christlichen Führer der eigenen Zeit zu gießen. Von den Häretikern sagt er, daß sie ebenso wie die Orthodoxen betrogen worden seien (Cyrill VI).

[40] So im Straßburger Text (S.Krauss, Das Leben Jesu nach jüdischen Quellen, 1902, S. 46).

[41] N.S.T.St. 1966/67, S. 330ff.

[42] Norden, S. 640f, versperrt sich den Zugang zum Aufbau, indem er die beiden Szenen zu einer zusammenfaßt und den Unterschied in der Verwendung von $\vartheta o\rho\upsilon\beta$- außer Acht läßt.

[43] So zuerst Norden, S. 64of.

ziehung zwischen dem Testimonium und der samaritanischen Geschichte
angedeutet zu sein: Jesu Lehre ist mit ἡδονή aufgenommen worden, wie
der samaritanische Gaukler sein Vorhaben ganz auf die ἡδονή der Massen
abgestimmt hatte[44]. Gingen die Jünger Jesu über die Ansprüche des Meisters hinaus, so taten die Anhänger des anderen ein Übriges, indem sie sich
in Waffen versammelten und den Aufmarsch zu einer Demonstration ge-
stalteten. Hatte es Jesus auf die Einflußnahme auf πολλοί abgesehen, so
der Samaritaner auf einen πλῆθος, dem sich auch κορυφαιότατοι und
δυνατώτατοι beigesellten. Gewiß sind dies Nebenmotive. Der samaritanische Vorfall fällt alles in allem dem Pilatus zu Lasten, mag auch der
Anlaß ein ἀνὴρ ἐν ὀλίγῳ τὸ ψεῦδος τιθέμενος gewesen sein. Umgekehrt:
mag Jesus auch παράδοξα ἔργα verrichtet haben, er ist durch eine gemeinsame Aktion von Juden und Römern — und somit rechtens — zu Tode
befördert worden[45]. Dennoch ist der Parallelismus kein ganz unbeton-
ter[45a]. Er weist darauf hin, daß dem christlichen φῦλον bisher das Geschick des samaritanischen erspart geblieben ist.

Was den Bezug zu den beiden folgenden Stücken anbelangt, so ist es seit
jeher aufgefallen und umrätselt[46] worden, warum das Vorkommnis im
Isistempel, dessen Datum Josephus im Dunklen läßt, während Tacitus es
in das Jahr 19 n.Chr. setzt[47], von dem jüdischen Geschichtschreiber nicht

---

[44] Derselbe Ausdruck kommt schon bei der Schilderung der Zeloten vor: die Aufforderung Judas' des Gaulaniters wurde von den Menschen mit ἡδονή aufgenommen (Ant.
18,6). Diese Stelle bestimmt die Richtung, in der die nachfolgenden zu lesen sind.
Auch sonst hat ἡδονή bei Josephus ganz überwiegend (Ausnahme Ant.13,59) eine
schlechte Bedeutung; so auch – s. Harnack, Sp. 1049 – im frühchristlichen Schrifttum.
[45a] In den Geschichten drücken sich die drei Weisen der Verführung aus. Die stadt-
römische ist die des Gebrauchs teuflischer Hilfe für die Befriedigung sexueller Lust in
einer aufgeklärten Gestalt, die samaritanische ist die des Zauberers, der vorgibt, etwas
zur Schau stellen zu können, die Jesusgeschichte ist die des Rattenfängers von
Hameln. Sicherlich bleiben diese Motive im Hintergrund. Daß sie in drei auf einander
folgenden Geschichten erspürbar sind, macht es wahrscheinlich, daß sie eine Rolle
spielen.
[45] Gutschmid, S. 352, meint, Josephus müsse als Anhänger der pharisäischen Bewegung, die für Strafmilderung eintrat, den Prozeß Jesu als ein „höchst unliebsames
Ereignis" angesehen haben. Würde aber Josephus so weit gehen, die πρῶτοι ἄνδρες
anzuschuldigen? Und wenn er es tat, warum ist der Ausdruck seines Mißvergnügens
von den christlichen Bearbeiter nicht beibehalten worden? Dazu fragt es sich, ob die
angegebenen Bestrebungen schon im ersten Jahrhundert lebendig und wirksam gewesen sind oder nicht vielmehr im wesentlichen post festum in Erscheinung traten.
[46] „Josephus nullam affert rationem cur istam repetat historiam... Non bono id
animo fecisse videtur Josephus" (T. Eckhard, Non-Christianorum de Christo Testi-
monia oder Zeugnisse von Christo derer, die doch nicht Christen gewesen seyn, Qued-
linburg 1725, S. 94).
[47] Josephus selbst rückt beide Vorgänge in ungefähr dieselbe Zeit κατὰ τοῦτον τὸν
χρόνον; vgl. Tac. Ann. XI. 8: sub idem tempus. Das hat dazu geführt, sie mit der von
Tacitus berichteten Austreibung der ägyptischen und jüdischen Kulte aus Rom, von ihm
auf das Jahr 19 datiert, gleichzusetzen, umso mehr als beide von der Zwangseinziehung

nur überhaupt und in dieser Länge mitgeteilt[48], sondern im Zusammenhang der Pilatuszeit wiedergegeben wurde. Verständlich wird dies, wenn der erste Fall, die Jesusgeschichte, deren Datum — „Tiberio imperante per procuratorem Pontium Pilatum supplicio adfectus erat"[49] — allgemein bekannt war, das Hauptinteresse des Josephus hatte und durch die beiden folgenden Szenen beleuchtet werden sollte. Sind es im zweiten und dritten Stück (wie auch dem als Nachtrag folgenden samaritanischen Ereignis) eine rohe Täuschung und ein handfester Betrug Einzelner[50], begangen an Gutgläubigen[51], so färbt dieser Eindruck auch ohne Worte auf die erste Passage ab. Das mag selbst im Einzelnen der Fall sein. Die zweite Geschichte handelt von dem Verkehr zwischen einer vertrauensvollen Frau und einer Person, von der jene annimmt, daß sie ein Gott sei. In einem Zweig der jüdischen Überlieferung ist Maria das unschuldige Opfer eines Übergriffes[52]. Ihr Kind, das von den Christen als ἀπάτωρ bezeichnet wird[53], ist von den Juden ein ἀπατῶν geheißen[54]. Die Isisgeschichte gibt der Deutung eine Richtung[55] und erlaubt es, das Christentum in die Nähe der ägyptischen Religion zu bringen[56]. Zeigten die Folgen — allzu harte

---

von 4000 Juden (und Ägyptern; so Tacitus) berichten. Indessen ist die Angelegenheit nicht so ganz so eindeutig. Philo (Leg. § 161) weiß von drei Etappen einschränkender Judenpolitik in der Zeit des Tiberius (vgl. HUCA XXVIII, 1957, S. 109ff). Könnte es sein, daß Tacitus wie Josephus zusammengefaßt und jeweils unter einem Datum berichtet haben? Die Verschiedenheit der Zeitangabe — künstlich ist der Versuch G. Hölschers, zu zeigen, daß § 65—84 chronologisch mit § 39—54 verbunden sind (Die Quellen des Josephos, 1904, S. 62) — wie auch die Unterschiede in den Bemerkungen Suetons (Vita Tiber, 36) würden dadurch eine Erklärung finden. Anders E.M. Smallwood, Latomus XV, (1956), S. 314.326.

[48] Reinach, S. 7 hält dafür, daß es « un morceau inutile et suspect» sei.

[49] Tac. Ann. XV.44.

[50] L. Hermanns These, daß es sich bei dem in der dritten Passage (§ 82) genannten Ἰουδαῖος um Paulus handle (Chrestos 1970 S. 98), ist durch nichts begründet.

[51] Vgl. § 70: θεραπείᾳ ὑπηγμένη, § 82: νομίμοις προσεληλυθυῖαν, § 85: κ'αφ'ἡδονῇ πληθύος § 63 ἀνθρώπων τῶν ἡδονῇ τἀληθῆ δεχομένων

[52] So schon c. Cels, I.69: Πάνθηρα φθείρας τὸν παρθένον (anders R. Bader, Der Ἀληθὴς λόγος des Kelsos, 1940, S. 61 nach dem die vorstehenden Worte nicht Teil des Zitats sind). So auch ganz überwiegend in den Toledoth-Texten (s.S. Krauss, S.38.64f.). - Dem steht die andere, Marias Charakter in Zweifel ziehende Auffassung gegenüber, die sich c. Cels. I.28 und im slavischen Typus der Toledoth (s. Krauss S. 139) findet. — Die beiden Züge sind verbunden in dem von A. Marmorstein und S. Weissenberg herausgegebenen Text (Mitteilungen zur jüd. Volkskunde XV, 1912, S. 15ff)

[53] Hebr 7,3.

[54] vgl. Anm. 35

[55] Die Verbindung wird in der Version des Josippon vollzogen.

[56] Dies war und blieb ein Ziel jüdischer Polemik; s. NTS 1966/67, S. 324 Anm. 3 (vgl. auch die Huldreichsche Fassung der Toledoth, nach der Jesu Vater ein Ägypter war: S. 20.24.26 der Ausgabe von 1705). Damit wurde der Vorwurf, der von der Umwelt gegen die Juden erhoben worden war, weitergegeben. Auch von den Heiden wurde der Vorwurf übernommen (s. Arnobius I.43).

Maßnahmen[57] — sich in den letzteren Fällen[58] alsbald, so steht in dem erstgenannten die Strafe noch aus. Das betont ans Ende gestellte εἰς ἔτι τε νῦν[59] οὐκ ἐπέλιπε τὸ φῦλον liest sich in der Beleuchtung dieses Zusammenhanges wie eine Aufforderung an die Zuständigen, der Erscheinung ihre Aufmerksamkeit zu widmen. In diesem Falle — so möchte man des Josephus Worte ausziehen — war es geradezu das Fehlen der Strafe an dem abgrenzbaren[60] φῦλον, das als Schicksalsschlag (δεινόν) für das Judentum anzusehen war.

IV.

Nachdem die Untersuchung zu diesen Ansatzpunkten geführt hat, ist es angängig, zum Einzelnen des Textes selbst zurückzukehren. Die Einführung[61] σοφὸς ἀνῆρ κτλ. gilt weithin als verdächtig. Die Bezeichnung ist jedoch nicht unmöglich, wenn sie durch das Nachfolgende in einer bestimmten Richtung ausgezogen, eingeschränkt oder gar umgewertet würde. Die Ersetzung von σοφός durch σοφιστής[62] ist nicht notwendig. Εἴγε κτλ. [62a] wird öfter als christliche Eintragung angesehen. Indes ist der Satz ohne eine solche Wendung zu kurz und allgemein. Wie in dem seinem Aufbau nach verwandten Bericht über den Täufer das einleitende ἀγαθὸς ἀνήρ seine Ausführung in der Angabe über dessen der ἀρετή gewidmete Lehrtätigkeit findet, so ist hier eine die Zeichnung der Person weiterführende Bemerkung angeschlossen, der dann die Schilderung seiner Tätigkeit folgt. Das entscheidende Wort ist aus dem ersten Teil des Satzes herausgenommen und zu neuem Verständnis erhoben worden. Falls man sich nicht entschließt, den Satzteil ironisch zu verstehen, wäre zu erwägen, ob nicht im ursprünglichen Text das andere Jesus bezeichnende Wort weitergeführt war. Ein Zweifel an seiner Weisheit schon am Anfang würde den zweiten und dritten Satz vorbereiten. Mit Wahrscheinlichkeit ist eine solche Form anzunehmen. Im zweiten Satz ist statt τἀληθῆ schon gegen Anfang der kriti-

---

[57] Die Folgen des einen Vorfalls für das Judentum werden von Josephus verschwiegen, sind aber aus Tacitus zu ersehen.

[58] Was die dritte Geschichte anbelangt, so befanden sich die Christen in einer schlechteren Lage als die Juden: waren den letzteren die Sammlungen für den Tempel gestattet, so hatten die ersteren ihre Beiträge für Jerusalem zusammzubringen, ohne daß eine besondere Erlaubnis gegeben war.

[59] Wörtlich entsprechend dem Ende der Bemerkung des Tacitus über die Christen: in praesens etc.

[60] Die Herstellung der Abgrenzung und damit die Möglichkeit eines das Judentum nicht berührenden Vorgehens gegen die Christen spielt die entscheidende Rolle in der Verfluchung der Christen wie in den Erzählungen der Toledoth über die frühchristliche Zeit.

[61] Fragen mag man sich, ob der Anfang von § 65 (καὶ. . . Ἰουδαίους) nicht besser vor § 63 paßt. Sicherheit wird sich nicht herstellen lassen.

[62] So Eisler, I, S. 53. — Vgl. dazu Bell 2,433: σοφιστὴς δεινότατος

[62a] zitiert in Klopstocks Messias (VII.429): der größte der Menschen, wofern er ein Mensch ist.

schen Bemühungen[63] τὰ ἀήϑη eingesetzt worden. Das ist möglich. Ebenso ergibt der Text selbst einen guten Sinn: er ist ein verhüllter Vorwurf gegen Jesus, der, statt die Massen, die jeweils in der Gefahr stehen, das Gute in sie Befriedigendes umzumünzen[64], recht zu belehren, selbst etwas noch Schlimmeres im Sinne gehabt hat[65]. Ὁ χριστὸς οὗτος ἦν hat, so wie der Satz steht, sicherlich einen bekenntnishaften Charakter[66] und ist darum von nahezu allen Kritikern — die wichtigen Ausnahmen sind Ad. v.Harnack und F.C. Burkitt[67] — als Einfügung angesehen worden. Andererseits erheischt die Erwähnung des τῶν Χριστιανῶν φῦλον am Schluß die vorherige Bezugnahme auf den Beinamen desjenigen, dem der Abschnitt gewidmet ist. So wenig dieser Name im Rom der Jahrhundertwende ein schlechthin unbekannter gewesen ist[68], so geboten war es doch, für den Leser eine Brücke zwischen Χριστιανοί und Ἰησοῦς herzustellen. Es ist darum allzu einfach, die Wortfolge als Ganzes als Zusatz zu betrachten und auszumerzen. Beschränkt man sich aber darauf, ἦν einzuklammern, so erhält die Wendung einen spöttischen, ironischen Klang und paßt in das Ganze besser hinein — setzt auch einen geringeren graphischen Einsatz voraus — als wenn, wie dies mehrfach geschehen ist[69], umgekehrt ein einen Vorbehalt anzeigendes λεγόμενος als Teil der ursprünglichen und später verstümmelten Zeile vorgeschlagen wird. Der Auferstehungssatz wird durch die Vorschaltung von φάσκοντες ὅτι zur Ausführung des ἀπατ-Motivs. Seinem Inhalt nach mag er sich mit dem Credo berühren[70], ist aber nicht unjosephisch, wie die Parallelen zu τρίτην ἔχων ἡμέραν zeigen[71]. Die Bezeichnung all dessen, was die Propheten vorausgesagt haben sollen, erscheint reichlich überschwänglich, ist aber nicht völlig unmöglich, wenn man darin eine Angabe über die Behauptungen der Christen sieht. Θεῖοι προφῆται ist ein dem Josephus entsprechender[72], nicht aber altkirchlicher

---

[63] Hinzuweisen ist insbesondere auf F.A. Knittel, Neue Kritiken über das weltberühmte Zeugnis des alten Juden Flavius Josephus von unserm Herrn und Heiland Jesu Christo (Braunschweig 1779), S. 24ff.

[64] S. Ant 19, 185.333.

[65] Liegt im Täuferbericht die Abirrung ganz bei den Massen (s. die Lesart ἥσϑησαν § 118), so muß hier auf Jesus selbst ein Vorwurf fallen, schon um die ἔνδειξις durch die Vorsteher der Judenschaft zu rechtfertigen.

[66] So Norden, S. 64 f, mit dem Ausdruck des Bedauerns, die Wendung nicht in seinem Ἄγνωστος ϑεός behandelt zu haben.

[67] Theol. Tydschrift 1913, S. 135—44; seine Beweisführung ist derjenigen Harnacks nicht unverwandt.

[68] Tac. Ann. XV. 44; Suet. Claud. 25.4; zur ersteren Stelle s. besonders K. Büchner, Ägyptus, 1953, S. 181ff.

[69] So zuletzt G.C. Richard — R.J. Shutt, Class. Quarterly 31, (1937), S. 176.

[70] So Norden, S. 648

[71] Ant 7,1; 10, 1.57.84.

[72] Ant 3, 180 (Moses als ϑεῖος ἀνήρ. — Von den Propheten wird nur Jadon so bezeichnet (Ant 8,243: ϑεῖος ἀληϑῶς καὶ προφήτης ἄριστος). Im allgemeinen wird ϑεῖος nur auf Sachen bezogen von Josephus verwendet. — Eine Untersuchung dieser Frage wird von C. Holladay vorbereitet.

Ausdruck[73]; so wird man annehmen müssen, daß eine Ausführung gegeben wurde, die dann von christlicher Seite etwas ausgeweitet oder auch in ihrer Richtung verändert[74] worden ist[75]. Der letzte Satz weist keine Bearbeitungsmerkmale auf.

Es ergibt sich: bei einer Ersetzung von ἀγαπ- durch ἀπατ-, der Streichung von ἦν und der recht wahrscheinlichen Veränderung von ἐπηγάγετο zu ἀπηγάγετο kann der Text so stehen bleiben, wie er überliefert ist. Zwei Wendungen, das zweite ἀνήρ im ersten Satz und einzelne Worte in der Angabe über die Prophezeiungen – für den Zusammenhang nicht grundlegend – mögen, müssen aber nicht notwendigerweise Eintragungen sein.

Sollte der ursprüngliche Text wesentlich mehr enthalten haben? Wenn die Bearbeitung so erfolgt ist, wie dies angenommen wurde, daß nämlich durch kleinstmögliche Eingriffe Sinnverschiebungen erzielt wurden, dann ist kaum anzunehmen, daß längere Satzteile in einem Werk, dessen Stichenzahl genau angegeben war[76], einfach unterschlagen worden sind. Wie viel näher hätte es einem Bearbeiter gelegen, solche Wendungen oder Sätze durch Zeugnisse seines eigenen Geschichtsbildes zu ersetzen. Die Meinung, daß die Stelle in ihrer ursprünglichen Gestalt erheblich mehr, den Bericht über eine στάσις vor dem Testimonium sowie eine Reihe von Einzelheiten innerhalb desselben enthalten habe[77], ist unbegründet. Notwendig ist nur die Einschiebung von φάσκοντες ὅτι. Mag Josephus mehr über das Christentum gewußt haben[78], mehr zu sagen hat er nicht vorgehabt.

Die Handschriften, auf denen der Josephustext beruht, gehen nicht über das elfte Jahrhundert zurück und lassen sich auf eine Wurzel zurückverfolgen[79]. Was das Testimonium anbelangt, so deckt sich der Text fast ganz mit den Angaben, die Euseb an drei Stellen macht[80]. Handelt es sich,

---

[73] S. 2 Ptr 3.2.

[74] Das θεῖοι προφῆται würde ausgependelt, wenn es etwas Halbnegatives wäre, das im Folgenden als den Propheten untergeschoben angegeben ist. Θαυμάσιον καὶ ἄλογον kann, wie Plat. Gorg. 496a zeigt, eine solche Bedeutung haben. Sollte man annehmen, daß im ursprünglichen Text etwas wie ἄλλα περὶ αὐτοῦ θαυμάσια καὶ ἄτοπα gestanden hat? Die Umstellung und die Einfügung von μυρία (statt ἄτοπά) wäre leicht zu bewerkstelligen gewesen. Die Frage bleibt in der Schwebe.

[75] Bei dem von Bratke ans Licht gezogenen Zitat aus dem Religionsgespräch am Sassanidenhof (s. Anm. 5) dürfte es sich um ein Summarium handeln, das alles auf die Gestalt Jesu hinlenkt. Darum ist dort nicht von den Voraussagen anderer, sondern von der in seinen Wundern mächtig werdenden θεία χάρις die Rede (zur Übersetzung der Wendung S. Bratke, S. 224). Diese selbst werden erweiternd beschrieben.

[76] Ant 20,267.

[77] So P. Winter, Journ. of Hist. Studies 1968, S. 298f. Dem Typ nach, wenn auch im Einzelnen andere Wege gehend, steht seine Wiederherstellung des Textes derjenigen Eislers nahe.

[78] So R.J.H. Shutt, Studies in Josephus, 1961, S. 124f.

[79] E. Schürer I, S. 98f.

[80] Einzelnes bei E. Schwartz.

genau genommen, um einen „Reichstext", so ist doch zu beachten, daß Zusätze über den Täufer[81], Jakobus den Gerechten[82] und Jesus selbst[83], von denen wir da und dort hören, sich nicht fest in den Text haben einnisten können. Josephus ist zwar in die christliche Legende[84], nicht aber ein stärker verchristlicher Text in das Gebrauchsschrifttum der Kirche eingegangen. Die wachsamen Christentumsbestreiter des vierten Jahrhunderts hätten einen stark veränderten Text sicher·nicht unbemerkt gelassen, während sie einem kaum sichtbar überarbeiteten Text hilflos gegenüberstehen mußten. Anders ist dagegen die Entwicklung im Osten verlaufen. Dort, wo der jüdische Schriftsteller selbst immer weniger gelesen wurde, sind zuerst Summarien in Umlauf gekommen, die dann, weil durch die Hauptüberlieferung weniger gehemmt, Erweiterungen erfahren konnten[84a].

V.

Josephus ist Zeit seines Lebens ein Apologet gewesen. Sich selbst und das Volk, dem er angehörte, hat er verteidigt. In dem Maße, in dem er das letztere tat, ist er über sich selbst hinausgewachsen und gewinnt den Respekt seiner Leser. Die apologetische Ader ist auch in diesem Zusammenhang deutlich erkennbar[85]. Der Verteidigung der eigenen Sache war die Zurschaustellung anderer Erscheinungen förderlich. Darum finden sich die Angaben über den Isiskult und die christliche Bewegung. Besondere Aufmerksamkeit verdient die Wendung πολλοὺς μὲν Ἰουδαίους πολλοὺς δὲ καὶ τοῦ Ἑλληνικοῦ[86]. Historisch kaum haltbar für Jesu eigenes Wirken ist sie umso bezeichnender für die nachfolgende Zeitspanne. Sie macht deutlich, worauf es dem Verfasser ankam. Das Christentum, wie es zu seiner Zeit sich darstellte, sollte seinem Gehalt nach bestimmt werden. Darum war es so wichtig, damit die Feststellung zu verbinden, daß die πρῶτοι ἄνδρες nicht gezögert hatten, das Notwendige zu tun. Im jüdischen Bereich jedenfalls hatte man die Gefahr klar erkannt. So stellt sich der Text in seiner Urfassung als die älteste erhaltene literarische Denunzia-

---

[81] S. c. Cels I.47; die Taufe zur Vergebung der Sünden wird von Josephus gerade bestritten.

[82] Orig. c. Cels. II.13.

[83] S. Eckhard, S. 127 (Jesus als Priester!).

[84] S. Bratke, S. 226.

[84a] Zum jüngst in die Erörterung einbezogenen Agapius-Fragment s. Expository Times 1973/4 Febr.-Nr.

[85] In § 84 heißt es, daß wegen der κακία τεσσάρων ἀνδρῶν die ganze Judenschaft Roms leiden mußte.

[86] Auf sie hatte Reinach, S. 14f, den Finger gelegt, der freilich in der Erklärung andere Wege geht. Vgl. dazu Tacitus' Andeutung über die Ausbreitung der Christen (Ann. XV.44) und Claudius' Bemerkung über die κοινή νόσος (vgl. St. Lösch, Epistula Claudiana 1930 S. 24—33).

tion[87] der Christen dar. Die christliche Fassung, mag sie nun durch einen Schreibfehler angeregt und dann weitergeführt oder mit voller Überlegung in den Text hineingetragen sein, wurde mit Betonung aufrecht erhalten und der Verteidigung des Christentums dienstbar gemacht. Ein Grund dafür ist in der jüdischen Vorgeschichte gegeben[88]

---

[87] In der geschichtlichen Wirklichkeit hat es, wie Act 18, 12f zeigt, Ähnliches schon früher gegeben.

[88] Der Verf. durfte Einzelfragen mit Prof. Kilpatrick-Oxford, Frl. Dr. Hammond-Cambridge und Dr. Horbury-Great Gransdon besprechen.

Das Problem des Wunders bei Flavius Josephus im Vergleich zum Wunderproblem bei den Rabbinen und im Johannesevangelium[1]

Von Otto Betz, Tübingen

1. Das Problem des Wunders bei den Rabbinen

Den Rabbinen lag daran, das Wunder gegen den *Verdacht von Magie und Zauberei* zu schützen; das hat E. E. Urbach in seiner jüngst erschienenen Theologie der Weisen deutlich gezeigt[2]. Auch bei der Exegese der biblischen Wunder hat man dieses Anliegen entdeckt. So wird der doppelte Ruf 'anneni, mit dem Elia auf dem Karmel ein die Wahrheit und Wirklichkeit Gottes beweisendes Wunder erbat (1 Kön 18,37), vom Amoräer Abbahu so ausgelegt: „Erhöre mich, daß Feuer vom Himmel falle; erhöre mich, daß man nicht sage, das sei ein Werk der Zauberei!"[3] Die Zauberei wurde ja in allen Bevölkerungsschichten der hellenistisch-römischen Welt anerkannt und praktiziert, vor allem in den Zentren der jüdischen Diaspora, Alexandrien und Babylonien; wie besonders das Sefer Ha-Razim[4] zeigt, blieben auch die Juden davon nicht unberührt. Selbst in Palästina kämpfte man mit der Zauberei: Schimon ben Schetach soll achtzig Zauberinnen gehängt haben[5]; R. Eliezer rühmte sich, dreitausend Lehren über das „Gurkenpflanzen", die Zauberei, zu besitzen[6]; von Schimon ben Jochai wurde erzählt, er habe die Stadt Tiberias gereinigt, indem er die dort begrabenen Toten durch ausgestreute Bohnenstücke wieder heraufkommen ließ[7]. Freilich tritt in diesen Berichten auch die Kritik an solchem Handeln deutlich hervor[8]. Bedenklich erschien Schimon ben Schetach die Art, mit der Choni der Kreiszieher Gott um Regen bat[9], und

---

[1] Literatur: G. Delling, Josephus und das Wunderbare, NovTest 2 (1958), S. 291—308, jetzt in: Studien zum Neuen Testament und zum hellenistischen Judentum, Göttingen 1970, S. 130—145. G. MacRae, Miracles in the Antiquities of Josephus, in: C. F. D. Moule (ed.), Miracles, London ²1966, S. 129—147; K. H. Rengstorf, Art. σημεῖον, ThWNT VII, S. 199ff.

[2] E.E. Urbach, Ḥaza"l (Die Weisen, Jerusalem ²1971). Das 6. Kap. (S. 82—102) trägt die Überschrift „Zauberei und Wunder".

[3] Ber 6 b, dort von R. Huna im Namen R. Chelbos überliefert, vgl. aber ib. 9 b und Urbach S. 86.

[4] Ed. M. Margalioth, Jerusalem 1966.

[5] Vgl. m Sanh 6,4 mit j Chag 2,2 77d; j Sanh 6,9 23c.

[6] Freilich habe nur R. Akiba nach ihnen gefragt (b Sanh 68a).

[7] Qoh r 10,8 zu 9,1; vgl. Ber r 79,6 zu 33,18.

[8] Rabbi Eliezer war in den Bann getan worden, und auch gegen Schimon ben Jochais Reinigung richtete sich der Spott (a.a.O.).

[9] m Taan 3,8 und besonders b Taan 23 a: „Wärest du nicht Choni, so hätte ich dich in den Bann getan; würde nicht der Name Gottes entweiht worden sein, selbst wenn es Jahre gleich den Jahren Elias wären, als der Schlüssel für den Regen in der Hand Elias war!"

der charismatische Wundertäter Chanina ben Dosa war zwar beim Volk angesehen, jedoch den rabbinischen Meistern der Lehre etwas suspekt[10]. Die Verwerfung Jesu im Talmud wird mit dem fest geprägten Urteil begründet: Er betrieb Zauberei und verführte Israel zum Abfall[11]. Jesu Wunder erschienen als Zauberei.

Wie konnte man das echte, durch Gottes Kraft gewirkte Wunder vom „Werk der Zauberei" unterscheiden? Einen ersten Hinweis bot die *selbstlose Haltung des Wundertäters*, die Tatsache, daß er auf Ruhm und Ehre verzichtete: Das Gelingen des Wunders sollte keinesfalls sein Verdienst sein, und erst recht nicht wollte er daran verdienen. So wurde von Chanina ben Dosa erzählt, er sei beschämend arm gewesen und dazu auch bescheiden (b Taan 24b—25a); die Vermutung, er sei ein Prophet oder eines Propheten Schüler, wies er weit von sich (b Ber 34b), desgleichen auch sein Enkel Abba Chilkia (ib. 23a b)[12]. Es stand bei Gott, ob die Heilung eines Kranken durch Gebet gelang oder nicht (b Ber 34b). Wurde ein Wunder provoziert, als dringlich von Gott erfleht, so konnte der Wundertäter feierlich und formelhaft erklären, es solle nicht der eigenen Ehre oder der des Vaterhauses dienen, sondern nur der Ehre Gottes[13]. Man hat sich dabei am Vorbild alttestamentlicher Propheten orientiert: Amos wollte kein Prophet sein (7,14), und Elia hatte die Bitte um das Gotteswunder auf dem Karmel damit begründet: „. . . damit das Volk erkenne, daß Du Israels Gott bist!" (1 Kön 8,36f). Solche *Anlehnung an das Handeln biblischer Gottesmänner* wurde wohl als weiteres Merkmal des echten Wundertäters gewertet; es tritt auch sonst in rabbinischen Wundergeschichten hervor. Dabei ist die *Eliatradition* bevorzugt: Der Kreis, den der Regenspender Choni zu ziehen pflegte, hat sein Vorbild in dem Kreis, mit dem Elia auf dem Karmel um Regen bat[14], die zwölf Wasserstellen, die Nakdimon ben Gorion von einem heidnischen Hegemon erbat, erinnern an die zwölf Wassergüsse, die Elia in die Grube auf dem Karmel schütten ließ[15]. Das Gebet, das Chanina für den kranken Sohn des Rabban Gamliel im Obergemach verrichtete (b Ber 34b), mag an Elias Beten im Obergemach der Witwe von Zarpath orientiert sein (1 Kön 17,19f); auffallend ist die Gebetshaltung, bei der Chanina wie Elia auf dem Karmel seinen Kopf zwischen den Knieen barg (b Ber 34b; 1 Kön 18,42).

---

[10] G. Vermès, Chanina ben Dosa, JJSt 23 (1972), S. 28—50.

[11] b Sanh 43 a (Bar), vgl. b·Sanh 107 b, dazu Justin Dial.69: Er war ein μάγος und λαοπλάνης, anders Lk 23,2.

[12] Zur Vermutung, Chanina ben Dosa könne ein Essener gewesen sein, vgl. A. Büchler, Types of Jewish-Palestinian Piety, New York 1968, 101f.

[13] Nakdimon ben Gorion (b Taan 19b), vgl. Rabban Gamliel (b Bab Mez 59b).

[14] m Taan 3,8. In der Parallelerzählung b Taan 23a wird zusätzlich an die dreijährige Dürreperiode unter Elia erinnert; vgl. S. 1 Anm. 9.

[15] b Taan 19b; 3mal 4 Eimer = 1 Kön 18,31. Josephus hat diese Symbolik der Zahl Zwölf (entsprechend der Zahl der Stämme) nicht mehr erkannt (Ant 8,341).

2. Das Problem des Wunders bei Josephus

a) Das Wunder als geschichtlicher Machterweis Gottes

Bei Josephus, der an manchen Stellen die das Wunder ausschmückende Haggada der Rabbinen verwertet[16], geht es *nicht so sehr um die Abgrenzung des Wunders von der Zauberei.* An diesem Punkt ist er weniger ängstlich. So erzählt er Ant 8,46—49 voll Stolz, wie der Jude Eleazar vor Vespasian durch die magische Kraft eines Rings und durch allerlei Zaubersprüche demonstrativ einen Dämon austrieb; diese Kunst wird auf Salomo zurückgeführt. Bei der nur im Bellum berichteten Heilung der Quelle von Jericho fügt Josephus zur biblischen Darstellung eine Reihe von kultisch-magischen Handlungen hinzu, wodurch das Wunder gesteigert wird und in die Nähe einer Zauberhandlung gerät (Bell 4,459—464)[17]. Auch bei der Wiedergabe der Karmelgeschichte 1 Kön 18 setzt Josephus den Akzent anders als die Rabbinen. Das Gebet Elias wird verkürzt und in indirekter Rede gegeben: Der Zauberei wird nicht gedacht, vielmehr soll Gott dem lange Zeit im Irrtum befangenen Volk Seine Macht offenbar werden lassen (Ant 8,342). Dementsprechend ist auch das Echo Israels auf dieses Wunder gestaltet: Josephus steigert den biblischen Akklamationsruf zur Anbetung des einen, größten und allein wahren Gottes und ergänzt diesen Akt durch eine Abrogation der Götzen, die bloße Namen seien, von einer schlechten und sinnlosen Meinung erzeugt (Ant 8,343). Solche Auslegung verrät zwar ein ähnliches existentielles Interesse wie bei den Rabbinern: In einer von Heiden beherrschten Welt gilt es, die Wirklichkeit des wahren Gottes zu sehen[18]. Aber bei Josephus ist es vor allem das *Feld der Geschichte*, auf dem sich das Wunder bewährt; die meisten der in kleineren Kreisen spielenden Elisawunder läßt er einfach aus. Wie am Karmel, so offenbarte Gott am Schilfmeer Seine Macht (τὴν σὴν ἐμφάνισον ἡμῖν δύναμιν Ant 2,336, vgl. 2,332 ἰσχύν); dieses Ereignis war eine Epiphanie[19] Gottes (ἐπιφάνεια τοῦ θεοῦ, 2,339; vgl. 8,119; 9,60; 18,286). Das Wunder ist formal ein paradoxes, d.h. den menschlichen Verstehenshorizont übersteigendes, Geschehen (Ant 3,30; 8,327; 9,60); inhaltlich offenbart es den einen Gott als größten und wahren (Ant 8,343; 10,263); es ist Sein Werk (ἔργον), auch wenn es durch einen menschlichen Mittler vollzogen wird (Ant 2,331.302; 3,85)[20]. Gott kann die Hügel in Ebenen und das Meer in

---

[16] So etwa bei den Legenden von der Geburt Moses (Ant 2,205—223), aber auch Ant 3,11; 8,408; 9,47f.; 10,27 (MacRae S. 133).

[17] Vgl. auch die Darstellung des Wunders von Mara Ant 3,6f.

[18] Vgl. die Rede des Zambri, der nach Ant 4,149 gegen die Tyrannei des Monotheismus und für den beim Götzendienst möglichen Pluralismus plädiert.

[19] Zur Bedeutung von ἐπιφάνεια bei Josephus (= das Sichtbarwerden des göttlichen Wirkens) vgl. G. Delling S. 144. Der Begriff δόξα im Johannesevangelium ist das jüdische Gegenstück.

[20] Vgl. dazu MacRae S. 136.

Land verwandeln (Ant 2,333), aber Seine Schöpfermacht wird im Raum der Geschichte epiphan. Er macht die Kleinen groß und entmachtet die Tyrannen mit ihren großen Heeren (Ant 2,333.344; vgl. 10,21); das Wunder ist das Mittel des Retters, der Heil schafft, wo alle Hoffnung am Ende ist (Ant 2,223.332.342-45). Die Reaktion der Menschen auf das Wunder Gottes ist nicht etwa der Glaube, sondern der Lobpreis, die Akklamation. Josephus hat Ex 14,31 übergangen, wonach Israel nach der Rettung am Schilfmeer an Gott und an Mose glaubte; statt dessen berichtete er vom Loblied, das Mose in Hexametern abgefaßt hatte (Ant 3,346). Außer der geschichtsentscheidenden Macht Gottes wird dessen Voraussicht durch das Wunder offenbar: Neben der δύναμις steht die πρόνοια (Ant 2,286), die Josephus gegen den Zweifel der Epikuräer verteidigt (Ant 10,277—80). So läßt das Wunder die göttliche Lenkung und damit den *Sinn der Geschichte* aufleuchten, wobei gleichzeitig die Grenze des menschlichen Wollens und Begreifens sichtbar wird (Ant 2,222f.331; 8,409.418—20). Als der Herr der Geschichte verfügt Gott über die Zukunft; hilfreich ist aber auch der Blick in die Vergangenheit. Darum faßt Mose in einer Rede am Sinai die wunderbaren Taten Gottes für Israel wie in einer Rezitation der sideqôt J. zusammen; er erwähnt dabei die Verwandlung des Nilwassers in Blut, den wunderbaren Weg Israels durch das Schilfmeer, die Speisung vom Himmel her und das Wasser aus dem Felsen (Ant 3,86f).

Mit dieser theologischen Hochschätzung des Wunders verträgt sich scheinbar nur schlecht die *rationalisierende Abschwächung und innere Distanzierung*, die Josephus auch gegenüber den biblischen Wundern hie und da erkennen läßt. So läßt er die vermittelnden, helfenden oder auch strafenden Engel des öfteren weg[21], das Wunder von Wachteln und Manna wird vernünftelnd erklärt (Ant 3,25—32), ebenso die Wüstenwanderung Elias und seine Himmelfahrt (Ant 8,349; 9,28). Eine deutliche Distanz gegenüber dem Wunder zeigt sich Ant 2,34f; 3,81f; manchmal setzt sich Josephus mit dem Hinweis auf die Autorität der Heiligen Schrift über die eigene und beim Leser erwartete Skepsis hinweg[22]. Aber er verfährt dabei auch inkonsequent. Während er in den Antiquitates fast die ganze Reihe der Elisawunder ausläßt, hat er im Bellum die Heilung der Quelle bei Jericho ausgemalt und gesteigert (4,459—64), und der Wegfall des Engels in der Löwengrube wird dadurch wettgemacht, daß der König die Bestien füttern läßt, ehe sie Daniels Gegner verschlingen (Ant 10, 261f). Anstößige Details werden kritisiert oder entfernt, aber die Bedeutung des Wunders bleibt. Das gilt auch da, wo Josephus meint, Mose habe selbst über seinen

---

[21] Es fehlt Ant 9,20 der zwischen Gott und Prophet vermittelnde Engel, Ant 8,349 der Elia helfende Engel (1 Kön 19,5), ebenso der Engel in der Löwengrube Ant 10,259 und der Strafengel im Lager Sanheribs. Vgl. dazu A. Schlatter, Die Theologie des Judentums nach dem Bericht des Josefus (BzFchTh 2. Reihe Bd. 26, 1932, S. 55ff).
[22] Ant 9,46 (Elisa); 9,208.214 (Jona); 10,218.251 (Daniel); vgl. MacRae S. 138.

Tod geschrieben, damit man nicht behaupte, er sei wegen seiner überragenden Tugenden zu Gott entrückt worden (Ant 4,326). Dennoch wird die Entrückung angedeutet: Eine Wolke ließ sich auf Mose herab und er wurde unsichtbar (ib.)[23].

b) Das Wunder als Zeichen (σημεῖον) des Gottesboten

Die gelegentliche Wunderkritik des Josephus ist nicht das eigentliche Problem. Mit ihr wird ein Zugeständnis an die hellenistische Historiographie gemacht[24], durch das Josephus eher das Gegenteil erreicht: Das dennoch berichtete Wunder muß für den Leser umso glaubwürdiger sein. Im Vergleich zum Wirken des rabbinischen Charismatikers fällt die *geschichtliche Funktion* von Wunder und Wundertäter bei Josephus besonders auf. Das zeigt die Darstellung des Onias=Choni (Ant 14,22—24). Josephus bestätigt insofern die rabbinische Tradition, als er Onias als einen Nothelfer vorstellt, der in der Zeit der Dürre durch sein Gebet Regen erwirkt hatte[25]. Aber er läßt ihn in einem kritischen Augenblick der Geschichte Israels auftreten, nämlich im Bruderkrieg der Hasmonäer Hyrkan II und Aristobul II (65 v. Chr.). Dabei wurde Onias von den Anhängern Hyrkans dazu gedrängt, die im Tempelgelände sich verteidigende Schar Aristobuls feierlich zu verfluchen. Als er es ablehnte, gegen die eigenen Landsleute und Priester Gottes so vorzugehen, wurde er von den empörten Juden gesteinigt. Sicherlich hat Onias sich deshalb geweigert, weil er nicht die Rolle eines Bileam übernehmen wollte, den sein König zur Verfluchung Israels gezwungen hatte. Umgekehrt hielten ihn wohl seine Exekutoren für einen falschen, das Volk verführenden Propheten, der nach Dtn 13,1—6 die Strafe der Steinigung verdient hat. Erst die folgende Katastrophe stellte nach Josephus die Unschuld des Gerechten und Gotteslieblings heraus[26]. Hier wird das Josephus eigentlich bedrängende Problem des Wunders sichtbar, sofern dieses nun nicht mehr als Werk Gottes unmittelbar, unwiderstehlich, epiphanieartig in die Geschichte einbricht, sondern von einem Menschen vollzogen wird, dessen Autorität angezweifelt werden kann. Die Frage nach der *Wahrheit* bricht auf: Wie kann man wissen, ob man es mit

---

[23] Das ist die Terminologie der Entrückung, vgl. G. Friedrich, Lk 9,51 und die Entrückungschristologie des Lukas, in: Orientierung an Jesus (Festgabe für J. Schmid) S. 53.

[24] Vor allem mit der Wendung: „Ein jeder möge urteilen, wie ihm beliebt", vgl. dazu Dionys von Halicarnaß 1,48.14; 2,40.3; 2,74.5 und Plinius HistNat 9,18 (MacRae S. 141).

[25] Vgl. später das Regenwunder Ant 18,285, das von Gott gesandt wurde, um dem Heiden Petronius die Richtigkeit seines Entschlusses zu bestätigen.

[26] 14,22: δίκαιος καὶ θεοφιλής; das letztere Prädikat könnte eine hellenisierende Umschreibung der bei den Rabbinen berichteten Tatsache sein, daß Gott den Choni gewähren ließ wie ein Vater seinen geliebten Sohn (Taan 3,8, vgl. b Ber 34b). Auch Nakdimon ben Gorion gehört zu den Lieblingen ('ahubim) Gottes (b Taan 19b).

einem Boten Gottes und echten Propheten zu tun hat, der seinem Volk in einer geschichtlichen Not helfen will, oder aber mit einem Verführer, der ja auch das Mittel des Wunders besitzt? (Dtn 13,2). Es ist dies nicht die vom hellenistischen Synkretismus aufgedrängte Problematik ‚Wunder — Zauberei‘, sondern die im Alten Testament gestellte und in der Spätzeit des Zweiten Tempels wieder aktuell gewordene Frage nach den Kriterien wahrer Prophetie. Der Gottesbote bedarf der Legitimation, die ihm ein Wunder liefern kann. Aber dieses legitimierende Wunder ist nach Josephus nicht die alle überzeugende Machttat und Epiphanie, sondern das *Zeichen* (σημεῖον[27]), *das beglaubigen*, den Glauben an die Sendung des Wundertäters erwecken soll (Ant 2,280.283f; 9,23; 10,28), ein Zeichen, dem auch widersprochen werden kann. Die Berufung und das erste Auftreten des Mose zeigen am besten, was Josephus unter einem Semeion versteht. Gott versprach Mose beim feurigen Busch, er solle getrost sein und wissen, Seine allmächtige Hilfe werde stets bei ihm sein; Mose werde Zeichen (σημεῖα) anwenden, die ihm bei allen Menschen Glauben verschafften, „daß Du von Mir gesandt bist und alles Meinen Befehlen entsprechend ausführst" (Ant 2,274)[28]. Das σημεῖον bezeichnet demnach den von Gott gesandten Propheten und Befreier des Volkes. Es ist als solches noch nicht notwendend wie das Wunder der Epiphanie, sondern Hinweis auf das von Gott beabsichtigte, noch bevorstehende Heil. Das Zeichen wird zwar gesehen — im Einklang mit dem griechischen Begriff σημεῖον und dem hebräischen ʼōt[29] — aber es muß *geglaubt* werden, weil die von ihm gewiesene Sache erst in Zukunft voll bestätigt wird. Das Zeichen wird in der Regel auch *nicht erbeten*, wie das die Not wendende Wunder[30], sondern befehlsgemäß vorgeführt und auch den Unwilligen, wie etwa dem Pharao, aufgedrängt. Es wirkt jedoch auch geschichtlich insofern, als es eine *Scheidung* bei den Zeugen hervorruft, die das σημεῖον in Glaubende und Ungläubige gruppiert und so für Heil oder Unheil vorherbestimmt. Bei den Landsleuten Moses wirkte zwar die bloße Erzählung Moses von den σημεῖα am Dornbusch nicht überzeugend, umso mehr aber die Schau (Ant 2,280), nicht dagegen beim Pharao, der mit der Ablehnung des Zeichens gleichsam sich selbst richtete, d.h. das über ihn gefällte Verdammungsurteil Gottes offenbarte. In Ant 2,284—7 schildert Josephus, wie Mose erstmals vor dem Pharao erscheint und ihm vom Auftrag Gottes und den ihm zur Verfügung stehenden Semeia erzählt; der biblische Bericht ist erheblich

---

[27] G. Delling meint S. 143, daß ἐπιφάνεια gelegentlich zu einem Wechselwort für σημεῖον werden könne. Das ist nicht richtig; in der von ihm angegebenen Stelle Ant 8,119 steht bezeichnenderweise δήλωσις, nicht σημεῖον.

[28] πρὸς τὸ πιστεύεσθαι παρὰ πᾶσιν. . . ὅτι πεμφθεὶς ὑπ᾽ἐμοῦ.

[29] Rengstorf S. 209f.

[30] Eine Ausnahme bildet Ant 10,28: Der todkranke König Hiskia erbittet von Jesaja ein Zeichen, damit er an ihn glauben könne „als an einen, der von Gott kommt". Das Gekommen-Sein ist an dieser Stelle identisch mit dem Gesandt-Sein.

ausgebaut (vgl. Ex 7,8—13). Der Pharao mißtraut ihm von vornherein; er bezeichnet Mose als einen schlechten Kerl und Betrüger, der ihn durch Wunderkünste und magische Praktiken zu erschüttern suche (2,284). Er zweifelt nicht an Moses Befähigung zur Magie, zumal er selbst Weise besitzt — Josephus nennt sie auch Priester —, die solche Kunst beherrschen. Aber er bestreitet dem Mose a priori die Möglichkeit, seine wunderbaren Zeichen als göttliche erweisen zu können (Ant 2,285). Mose behauptet aber, seine eigenen Handlungen seien so viel stärker als Magie und Kunst, wie sich das Göttliche vom Menschlichen unterschiede. Er werde zeigen, daß seine Werke nicht nach Art des Betrugs und der Irreführung (κατὰ γαητείαν καὶ πλάνην) der wahren Meinung sich offenbarten, sondern nach der Voraussicht und Macht Gottes (Ant 2,286)[31]. Hier haben wir eine Definition des echten σημεῖον: Es partizipiert an Gottes Macht und an Seinem die Geschichte lenkenden Plan[32], weil es in Gottes Auftrag geschieht. Freilich wird hier eine bloß quantitative Differenz in eine qualitativen Unterschied umgesetzt, und man mag fragen: Wie kann das bloß stärkere, aber der Magie analoge Mittel kennzeichnend für das ganz Andere, Göttliche sein? Abgesehen davon, daß Josephus durch die biblische Vorlage gebunden war, ist dieses Mose in den Mund gelegte Argument deshalb gültig, weil das Zeichen Moses vom *Geschichtsverlauf in seiner Wahrheit bestätigt* wurde: Der ungläubige Pharao verfiel der Strafe (Ant 2,302 f). Das Zeichen wird durch die von ihm angezeigte Zukunft verifiziert. Der Unglaube ist Verstocktheit von Anfang an, die vom σημεῖον als solche entlarvt wird; er ist von Gottes Voraussicht eingeplant.

Diese Ausgestaltung des biblischen Berichts und die angestrengte Beweisführung verraten die Problematik, aber auch die Bedeutung, die Josephus im Zeichen sieht: Es kann schicksalhaft für die Geschichte eines Volkes sein. Der Kampf Moses gegen die Magier des Pharao verwandelt sich in der Darstellung des Josephus in einen Sieg über Goeten und Verführer des Volkes[33]. Das σημεῖον hat eine geschichtliche Funktion, es gleicht darin dem *prophetischen Wort*. Nichts ist nach Josephus segensreicher als die Prophetie, durch die Gott uns wissen läßt, wogegen wir uns schützen sollen (Ant 8,418, vgl. 18,64). Das könnte ähnlich vom σημεῖον gesagt

---

[31] Κατὰ δὲ θεοῦ πρόνοιαν καὶ δύναμιν φαινόμενα. Das entspricht dem Gebrauch der Präposition κατά in Röm 1,3f.
[32] Vgl. dazu die Bedeutung des Zeichens ('ôt) in Qumran (1 Q 27,1 I, 1,5), dazu Gottes Plan (mahašabah) und Wissen (de' ah 1 QS 3,15f), die dort aber auf die endzeitlichen Entscheidungen bezogen sind. In Ant 8,232 (vgl. 1 Kön 13,1ff) ist das σημεῖον eindeutig und unwiderstehlich, weil es die für die Zukunft angedrohte Katastrophe zeichenhaft vorwegnimmt.
[33] Anders MacRae, der an einen Sieg über Magie und Zauberei denkt (S. 135f). Die Stäbe der ägyptischen Zauberer sahen aus wie Schlangen; vgl. aber 2,285: δράκοντες ἦσαν.

werden; Josephus nennt nicht zuletzt aus diesem Grunde die Werkzeuge
der Befreiung und Messiasprätendenten seiner Zeit „Propheten", zumal sie
sich durch ein Zeichen beglaubigen. Der Begriff σημεῖον wird von Josephus
gegenüber dem biblischen Sprachgebrauch *verengt*, ausschließlich in den
Dienst der Prophetie gestellt; diese Tatsache ist wichtig und nicht immer
klar erkannt[34]. Es leuchtet ein, daß bei Josephus die Wunder eines Elia
oder Elisa keine σημεῖα sind. Aber auch die von Gott gewirkten Wunder
zur Befreiung Israels, die in der Bibel als σημεῖα bezeichnet werden (Ex
10,1f; Jer 32,20; Ps 78,43; 105,27 sind bei Josephus nicht so genannt[35]. Die
ägyptischen Plagen, in LXX Ex 10,1f; 11,9f σημεῖα, werden von Josephus
mit anderen Begriffen beschrieben[36].

c) Die Zeichen in der Zeit des Josephus

Die Auslegung von Ex 7,1–13 und die darin zutage tretende Bedeutung
des Begriffs σημεῖον ist m. E. stark *von eigenen Erfahrungen des Josephus*
mitbestimmt; sie reflektieren aktuelle Geschichte. Josephus kannte aus
seiner Zeit Männer, die sich durch das Versprechen wunderbarer Zeichen
als Werkzeuge der von Gott geschenkten Befreiung legitimieren wollten.
Bei der Darstellung dieser zeitgenössischen Gestalten taucht der Begriff
σημεῖον im Werk des Josephus wieder auf; aber er wird nun für die Ver-
sprechungen von Verführern und falschen Propheten, Wegbereitern der
geschichtlichen Katastrophe Israels, gebraucht. Nach Ant 20,97f gab sich
Theudas als einen Propheten aus; dabei hat er sicherlich an den in Dtn
18,15–22 verheißenen Propheten wie Mose gedacht und, wie das von ihm
versprochene Zeichen der Jordanspaltung zeigt, in Josua das Vorbild eines
solchen Mose-gleichen Propheten und Erlösers gesehen (vgl. Jos 3,7;
4,14–17)[37]. Josephus nennt ihn einen Verführer (γόης); er unterstellt
ihm, wie auch Lukas (Act 5,36), das illegitime Εγώ εἰμι, dessen die Rabbinen später Bar Kochba bezichtigten (b Sanh 93b). Den gleichen Anspruch

---

[34] Bei K. H. Rengstorf, Art. σημεῖον, S. 221–223, wird nicht zwischen dem Epipha-
niewunder Gottes und dem Semeion unterschieden.
[35] Rengstorf (S. 223) meint, Ant 2,274.276.280 u.a. beziehe sich σημεῖα auf die
Ereignisse beim Auszug, aber es sind die Mose legitimierenden Zeichen gemeint, ebenso
Ant 2,286; in 8,343 fehlt der Begriff. Nur Ant 2,327 könnte er auf die Wunder in
Ägypten bezogen sein, aber das eigentliche Wunder der Befreiung, der Durchzug, steht
noch bevor. Auch hier beglaubigen die σημεῖα.
[36] πληγαί Ant 2,296.305; πάθη 2,293.299 προσβολαὶ κακοῦ 2,309.300.
[37] D. Georgi hält Theudas für einen uneschatologischen Wundertäter (Die Gegner des
Paulus im 2. Korintherbrief, Neukirchen 1964, S. 123). Das erscheint mir ganz unwahrscheinlich, zumal in Act 5,36 die Bewegung des Theudas richtig mit der Sache Jesu auf
eine Ebene gestellt wird. Freilich erwähnt Josephus bei der Schilderung des Theudas
den Begriff σημεῖον nicht, ebensowenig wie beim Ägypter. Dieser Begriff erscheint bei
den spätjüdischen Propheten lediglich da, wo das bloße Faktum versprochener Zeichen
erwähnt wird, aber deren inhaltliche Beschreibung fehlt. Sachlich sind aber Jordanspaltung und Mauereinsturz Zeichen der kommenden Erlösung.

wie Theudas erhob der aus Ägypten kommende Jude, der die Mauern Jerusalems durch sein Befehlswort zum Einsturz bringen und damit ein bestätigendes Zeichen geben wollte (Ant 20,169f); Josephus heißt ihn einen Betrüger und falschen Propheten (Bell 2,261). Kurz vor dem Ausbruch des Jüdischen Krieges traten Männer auf, die unter dem Vorwand göttlicher Eingebung Unruhe und Aufstände verursachten, die Volksmenge in dämonische Begeisterung versetzten und in die Wüste führten; dabei versprachen sie, Gott werde dort σημεῖα τῆς ἐλευθερίας zeigen, d.h. Zeichen, die die nahe Erlösung ankündigten (Bell 2,259, vgl. Ant 2,327). Josephus nennt diese Männer „Verführer und Betrüger". In der Parallelstelle Ant 20,167 spricht er auch von „Goeten", die in der Wüste „Wunder und Zeichen" zeigen wollten, die „nach Gottes Vorsehung" geschehen (Ant 20,168); auch hier will man Gottes Geschichtsplan bestätigen und durch Zeichen der Mosezeit die Erlösung Israels anzeigen (vgl. Lk 21,28). Kurz vor der endgültigen Erstürmung Jerusalems kündigte ein „falscher Prophet" „die Zeichen der Rettung" an (Bell 6,285) und lockte dadurch viele verzweifelt glaubende Juden in den Tempel. Noch im Jahre 73 n. Chr. führte ein Weber Jonathan die Juden der Cyrenaika in die Wüste, um ihnen dort „Zeichen und Erscheinungen" zu zeigen; auch sein Unternehmen erwies sich als Schwindel (Bell 7,437—442). Diese Darstellung des Josephus zeigt, daß die spätjüdischen Propheten *in den Schranken der Schrift* liefen und die klassischen Wunder von Exodus und Landnahme als σημεῖα versprachen. Was einst als rettendes Werk Gottes geschah, wird am Ende der Zeit zum analogen Zeichen der Befreiung, das gleichzeitig den „Propheten" als letzten Erlöser ausweist. Das „Zeichen" bringt auch jetzt nicht die Verwirklichung des Heils, sondern kündigt es an: Eine Spaltung des Jordan bedeutet ja nicht die Befreiung von Rom in dem Sinne, wie es der Weg durch das Schilfmeer Israels Rettung war.

Nach Josephus haben Goeten und falsche Propheten solche „Zeichen" versprochen (vgl. auch Mt 24,11.24). Umso dringlicher wird die Frage nach den *Kriterien*, mit denen man *den wahren Propheten* erkennt. Eine erste Antwort gibt Josephus in der Wiedergabe der Vision Michas ben Jimla 1 Kön 22 in Ant 8,406—9. Er läßt dabei bezeichnenderweise die Aussage weg, daß Gott selbst Lügengeister den Propheten Ahabs eingegeben und diese betört hat (v. 22f). Für Josephus können Lüge und Verführung nicht von Gott ausgehen; vielmehr haben die falschen Propheten selbst durch ihr Versprechen des Sieges den König zum Krieg provoziert (Ant 8,406). Die Macht des die Geschichte lenkenden Gottes wird jedoch auch hier nicht geleugnet: Das „Schicksal" (τὸ χρεών) hat wohl bewirkt, daß die falschen Propheten eher Gehör fanden als der wahre Gottesbote; so gaben sie den Anstoß zu Ahabs Ende (Ant 8,409). Letzte Instanz für die Wahrheit eines Propheten und die Echtheit eines σημεῖον ist die Geschichte selbst; weil sie von Gottes Voraussicht gelenkt ist, wird sie zum Gericht. Für Josephus gilt Daniel als einer der größten Propheten (Ant 10,266), nicht etwa deshalb, weil er den Kampf gegen die Heiden so

großartig bestand, sondern weil er von Rom als dem vierten Weltreich und
von der Zerstörung Jerusalems sprach (Ant 10,276), Weissagungen, die
Josephus selbst ähnlich wiederholt und deren Erfüllung er erlebt hat. Darum wird Daniel für ihn zum Kronzeugen der Lenkung der Geschichte und
der Wahrheit der Prophetie, zumal er auch die Zeiten der kommenden
Ereignisse angesagt hat (Ant 10,267.279—281); gerade diese Gabe hat
Josephus von sich selbst gerühmt (Bell 3,406—8). Das Scheitern der
spätjüdischen Propheten enthüllt sie als Verführer (vgl. Gamaliels Argument Act 5,35—39). Josephus hat den Begriff γόης, der in der klassischen
Gräzität einen Zauberer bezeichnet und mit dem μάγος und φαρμακεύς
oder auch σοφιστής in einem Atemzug genannt wird[38], auf die *Ebene der
Geschichte* gestellt und zum Volksverführer und Pseudopropheten gemacht. Eine ähnliche Wandlung erfuhr die Bezeichnung σοφιστής: Sie
meint nicht mehr den Zauberer und Wundertäter[39], sondern den poli-
tisch-religiösen Führer wie etwa den Zelotenvater Judas aus Galiläa (Bell
2,118). Schließlich erklärt sich die Tatsache, daß Josephus für die Messiasprätendenten seiner Zeit den Begriff „Propheten" verwendet, nicht zuletzt
von daher, daß er ihr Auftreten und ihren Anspruch an den Kriterien von
Dtn 13,1—6 und vor allem Dtn 18,15—22 mißt. Ausschlaggebend war für
ihn vor allem Dtn 18,22: Wenn das, was der kommende Prophet im Namen Gottes verkündigt, nicht eintrifft und in Erfüllung geht, so ist seine
Botschaft nicht Wort des Herrn und in Vermessenheit[40] gesprochen. Andererseits haben diese Männer sich selbst in erster Linie auf das Orakel Dtn
18,15—22 berufen, wo freilich nichts von einem legitimierenden σημεῖον
steht. Seine eigene Prophetie hat Josephus nicht durch ein Zeichen gestützt, sondern vom Geschichtsverlauf beglaubigt gesehen.

d) Die Prophetenrolle des Josephus

Wo Heils- und Unheilspropheten einander gegenüberstehen, verdient der
letztere den Vorzug (Ant 8,403-10). Das hatte Josephus aus dem Schicksal
der Heilspropheten des Jüdischen Krieges gelernt, von denen er selbst als ein
durch die Geschichte gerechtfertigter Unheilsprophet sich abheben will.
Sein *eigener „prophetischer" Anspruch* hat m. E. auch auf die Wiedergabe
der Gotteserscheinung abgefärbt, die Elia vor der Höhle des Berges Horeb
erlebt hat (Ant 8,349ff). Sie ist nun nicht mehr wunderbare Epiphanie
oder der Theophanie bei der Gesetzgebung vergleichbar, obwohl Josephus
an diese ausdrücklich erinnert[41]. Elia hörte lediglich den Donner eines

---

[38] Liddell-Scott s.v.
[39] L. Bieler, Theios Aner, Darmstadt 1967, S. 80.
[40] MT b^ezadon; LXX sprechen von ἀσέβεια, ähnlich Targum Onkelos; vgl. dazu die
Beurteilung des Webers Jonathan als πονηρότατος ἄνϑρωπος Bell 7,437.
[41] Ant 8,349. Er bezeichnet als Ziel der 40tägigen Wüstenwanderung Elias den „Berg
Sinai, wo Mose von Gott die Gesetze empfangen hat".

Erdbebens und sah das glänzende Strahlen eines Feuers. Als es still geworden war, gab eine „göttliche Stimme" ihm den Auftrag, Jehu von Israel und Hasael von Damaskus als Könige zu bestimmen und Elisa zum Propheten zu machen (Ant 8,351f). Es scheint mir, daß diese Reduktion des Epiphaniegeschehens sich aus der Bedeutung ergab, die gerade diese Geschichte für Josephus gehabt hat. Wie ich an anderer Stelle nachzuweisen versuchte[42], hat Elias Beauftragung vor der Höhle am Horeb als Verstehenshilfe für das Erlebnis gedient, das Josephus in der Höhle von Jotapata gehabt hat (Bell 3,350—4). Er sagt darüber, Gott habe ihm damals das Schicksal der Juden und die Zukunft des römischen Kaisers in nächtlichen Träumen gezeigt; die zweideutigen Träume habe er mit Hilfe der Prophetensprüche in der Schrift geklärt (Bell 3,351f). Daraufhin kündigte er als Bote großer Ereignisse dem Vespasian die Kaiserwürde an (Bell 3,399—409). Gerade die Geschichte 1 Kön 19, die ähnliche Umstände und einen analogen Auftrag an Elia erwähnt, mag von Josephus als ein Schlüssel und als Rechtfertigung des Entschlusses, zu Vespasian überzugehen, benützt worden sein. So ist es denkbar, daß die eigene, auf ein inneres Erlebnis beschränkte, Berufung des Josephus zu einer Angleichung des alttestamentlichen Vorbildes führte[43] Neben Elia war wohl Daniel maßgeblich, und zwar als Prophet, der wie Josephus selbst (Bell 3,406—8) auch das Datum der kommenden Dinge voraussagen konnte (Ant 10,267) und von Königen und Völkern Ehre und Ruhm empfing (ib).

Von der *Auseinandersetzung mit dem spätjüdischen Zelotismus* her ist schließlich erklärlich, daß Josephus die Darstellung Elias an bestimmten Punkten abschwächt. Elia ist nicht mehr der „Gottesmann", wie er von der Witwe in Zarpath bezeichnet wird (1 Kön 17,18.24); Josephus unterschlägt diesen Titel und führt statt dessen am Anfang des ganzen Zyklus Elia ein als „Propheten des höchsten Gottes" (Ant 8,319). Diese Auslassung spricht nicht dafür, daß Josephus in Elia einen „Theios Aner" im Sinne des behaupteten hellenistischen Typos und Wundermanns sah[44]. Elia ist ferner *kein Eiferer* mehr. In der Wiedergabe von 1 Kön 19 fehlt der Hinweis auf Elias eifernden Einsatz für Gott (Ant 8,352, vgl. 1 Kön 19,10); auf dem Karmel bringt nicht etwa er selbst die Baalspropheten um, sondern das Volk (Ant 8,343, vgl. 1 Kön 18,40). Auch bei Elisa ist

---

[42] Offenbarung und Schriftforschung in der Qumransekte, Tübingen 1960, S. 106f. Vgl. auch den Aufsatz „Die Vision des Paulus im Tempel von Jerusalem", in: Verborum Veritas (Festschrift für G. Stählin), Wuppertal 1970, S. 113ff, bes. S. 122.

[43] Vgl. Vit 208, wonach ihm eine tröstliche Weissagung durch einen Unbekannten überbracht wurde. Dem entspricht die Reduktion der übermenschlichen Offenbarungsmittler bei der Wiedergabe alttestamentlicher Berichte; dazu Delling S. 144f.

[44] Zur Kritik an einem Typus des „Theios Aner" vgl. meine Aufsätze „The Concept of the So-Called Divine Man in Mark's Christology", in der Festschrift für A. Wikgren (Suppl NovTest XXXIII, Leiden 1972, S. 229—240), und „Was kann aus Nazareth Gutes kommen?" in der Festschrift für K. Elliger, Neukirchen 1973, S. 9—16.

der religiöse Eifer gedämpft: Es wird nicht gesagt, daß Elisa die Gottlosen, die dem Schwert Jehus entrinnen, töten wird (Ant 8,352, vgl. 1 Kön
19,17); auch das Schlachten der Ochsen bei der Berufung fehlt (8,354, vgl.
1 Kön 19,21). An solchen Stellen ist das antizelotische Interesse des Josephus federführend, das auch bei der rabbinischen Exegese gelegentlich
hervortritt[45]. Schließlich wird die Messiaserwartung da unterdrückt, wo sie
mit der von Josephus behaupteten geschichtlichen Rolle Roms in Konflikt
gerät[46].

3. Das Problem der Zeichen im Johannesevangelium

a) Wunder und Zeichen im Neuen Testament

Auch im Neuen Testament begegnet man dem begrifflichen Unterschied
zwischen *Machttaten und Zeichen*. In den drei ersten Evangelien sind die
Wunder Jesu Siege über den Satan, die Gottes Macht offenbaren. Sie heißen δυνάμεις = Machttaten, ein Begriff, den Josephus nicht als terminus
technicus für die Wunder gebraucht, obwohl diese auch bei ihm die Macht
Gottes kundtun. M. E. ist der neutestamentliche Plural δυνάμεις mit den
geburot in Qumran, den Heilstaten in der alten Zeit und im Eschaton, zu
vergleichen[47]. Das charakteristische Wunder Jesu ist die Austreibung von
Dämonen, mit der er die Gottesherrschaft hereinbrechen sieht (Mt 12,28).
Diese Machttaten Jesu werden nun aber nicht für das Volksganze und auf
politischer Ebene wirksam, sondern betreffen einzelne Menschen: Das Heil
wird durch Heilungswunder signalisiert. Dagegen erscheint der Begriff
σημεῖον da, wo Jesus seine Sendung durch ein Wunder legitimieren soll: Die
Pharisäer fordern ein „Zeichen vom Himmel" (Mk 8,11, vgl. 1 Kor 1,22);
Jesus aber lehnt solche Zeichen ab. Die falschen Messiasse werden „Zeichen
und Wunder" tun und sogar manche der Erwählten verführen (Mk 13,22 par);
sicherlich sind wie bei den „Propheten" des Josephus Zeichen der Befreiung im Sinne der Mosezeit gemeint (vgl. den Hinweis auf die Wüste Mt

---

[45] M. Hengel, Die Zeloten, AGSU I, Leiden 1961, S. 172–175.
[46] In Ant 10,210 weigert sich Josephus, über die Bedeutung des großen Steins Auskunft zu geben, der nach Dan 2,44f das letzte der vier Weltreiche zerstören soll. Er tut
das in klarer Kenntnis der rabbinischen Exegese, die das vierte Weltreich auf Rom und
den es zerstörenden Stein auf die Herrschaft des Messias bezog; im dritten Weltreich
sah er wie die Rabbinen das Reich Alexanders des Großen (Ant 10,209). Allerdings
deutet Josephus mit dem Urteil, Daniel habe im Unterschied zu den anderen großen
Propheten Gottes auch gute Botschaft gebracht (Ant 10,268), die apokalyptisch-
rabbinische Auslegung Daniels an. Zur Deutung von Jes 38,5 in Ant 10,25 vgl.
Thackeray z.St.
[47] Vor allem 1 QM 13,8; 14,13; CD 4,28f; vgl. meinen Artikel „Macht" im Theologischen Begriffslexikon zum NT II,1, S. 922–34. Man sollte die δυνάμεις der syn.
Evangelien nicht unmittelbar zum Hellenismus in Beziehung setzen, obwohl δύναμις
(Singular!) in der hell. Literatur als Bezeichnung für das göttliche Wunder erscheint
(W. Nicol, The Semeia in the Fourth Gospel, Leiden 1972, S. 62).

24,26). Man steht demnach den Männern, die σημεῖα versprechen, auch hier mißtrauisch gegenüber. Nach Lukas wurde Jesus zwar von Gott her durch „Machttaten, Zeichen und Wunder" ausgewiesen (Act 2,22), aber der Evangelist ist wie Markus bestrebt, die Wunder Jesu gegen ein Mißverstehen im Sinne der σημεῖα zu schützen. Das zeigt schon die Komposition der Wunder: Der Sturmstillung und der Dämonenaustreibung bei Gadara, die wegen ihrer Beziehung zum Schilfmeerwunder fälschlich für „Zeichen der Freiheit" gehalten werden konnten, folgen die Heilung der blutflüssigen Frau und die Auferweckung des Töchterlein des Jairus, die in aller Stille geschehen (Mk 4,35—5,45 par); beim ebenfalls σημεῖον-verdächtigen Speisungswunder wird — im Unterschied zu Joh 6,14 — keine Reaktion der Menge erwähnt (Lk 8,22—56; 9,17).

b) Semeia-Quelle und Semeia-Kritik im Johannesevangelium?

Dagegen werden im vierten Evangelium die Wunder Jesu σημεῖα genannt. Meist schreibt man die sieben johanneischen Wundergeschichten einer außersynoptischen Vorlage zu, die als *„Semeia-Quelle"* bezeichnet wird. Übereinstimmend mit Josephus werden die johanneischen σημεῖα als legitimierende Zeichen verstanden. Sie dienen nicht der Offenbarung der Gottesherrschaft, sondern sind auf die Person Jesu konzentriert; sie sollen den Glauben an seine göttliche Sendung erwecken. Dagegen erscheint es mir problematisch, wenn man jede soteriologische Funktion dieser Zeichen bestreitet[48] oder zwischen der sogenannten „Semeia-Quelle" und dem Rest des Evangeliums einen breiten, garstigen, Graben zieht: Während die Quelle massive und stark gesteigerte Wunder biete, habe der Evangelist diese nur symbolisch verstanden (so R. Bultmann) oder aber durchweg gegen die Christologie dieser Quelle polemisiert[49]. Schließlich wird die Eigenart des johanneischen σημεῖον wenig präzis erfaßt, wenn man meint, das „bis an die Grenze des Erträglichen gesteigerte" Wunder werde als Epiphanie geschildert und komme in einer Akklamation der Zeugen zum Ziel[50]. Darf das σημεῖον mit der Epiphanie verbunden werden? Nach Josephus wird es zwar „gezeigt" und „gesehen", auch übersteigt es das menschliche Leistungsvermögen, weil es nur so den göttlichen Auftrag des Wundertäters erweist; darin liegt wohl auch die Steigerung der johanneischen σημεῖα gegenüber den synoptischen Wundern begründet. Aber es ist kein Zufall, daß der Evangelist den hellenistischen Begriff ἐπιφάνεια meidet und statt dessen von einer Offenbarung der δόξα spricht. Das σημεῖον ist bei Johannes, wie bei Josephus, auf den *Glauben* angewiesen;

---

[48] Das tut R. Fortna, From Christology to Soteriology, Interpretation XVII (1973), S. 32.
[49] J. Becker, Wunder und Christologie, NovTest 16 (1970), S. 130—148, bes. S. 147.
[50] J. Becker S. 139, Der Begriff „Epiphanie" wird bei der Exegese der neutestamentlichen Wunder zu viel und zu ungenau gebraucht.

es stellt in die Entscheidung, scheidet die Menschen, und nur wenige glauben (2,11; 4,53; vgl. 9,38). Darum findet sich eine Akklamation nur in Joh 6,14f, wo sie abgelehnt wird.

Die Mißdeutung des johanneischen σημεῖον wird nicht zuletzt durch die *hellenistische Herkunftsbestimmung* der sogenannten „Semeia-Quelle" verschuldet. Im Gefolge R. Bultmanns meint z.B. J. Becker, diese Quelle biete eine vom Typos des „Theios Aner" geprägte Christologie. Der für sie besonders bezeichnende Titel „Gottessohn" sei schon in neutestamentlicher Zeit mit dem Vorstellungskreis der vielschichtigen Gestalt des ϑεῖος ἀνήρ verbunden gewesen; das dürfe nach G. P. Wetter als bewiesen gelten. Auch der Titel „der Prophet" passe zu dieser Vorstellung (S. 140). Schließlich gehörten „alle theologischen Wesenszüge der Wundergeschichte der Quelle in diese ϑεῖος-ἀνήρ-Vorstellung des Hellenismus: Es ist in der Tat nicht mehr viel, was den Jesus der Semeiaquelle von diesen Wundermännern der Antike trennt: Sein Name Jesus, seine jüdische Herkunft, seine Ankündigung durch die Propheten des Alten Testaments und daß er als Christus Gottes Sohn ist, wären zu nennen. Das ist wenig genug" (S. 141).

Was Becker als Beweis für die Theios-Aner-Vorstellung in der Quelle beibringt, ist freilich noch weniger, und dieses Wenige ist *problematisch* genug. Es ist ja keineswegs sicher, daß schon in neutestamentlicher Zeit der Titel „Sohn Gottes" dem Typos des Theios Aner zugehöre; das hat zwar G. P. Wetter behauptet, in den Quellen fehlt dafür jeder Beleg[51]. Neu ist Beckers These, auch der Titel „der Prophet" passe zu dieser Vorstellung; den Beweis ist er schuldig geblieben[52]. Schließlich ist der Theios Aner für die Deutung der johanneischen σημεῖα keineswegs grundlegend, sondern im Gegenteil ganz entbehrlich; das hat W. Nicol in seinem besonnenen und gründlich gearbeiteten Buch „The Semeia in the Fourth Gospel" gezeigt[53]. Auch für die synoptischen Wundergeschichten trägt er nichts aus[54]. Andererseits läßt sich kaum bestreiten, daß mit „dem Propheten" Joh 6,14 der Erlöser wie Mose (Dtn 18,15—22) gemeint ist, ferner daß der johanneische „Gottessohn" aus dem gemeinchristlichen Credo stammt. Schließlich hätte schon der Begriff σημεῖον Becker davor warnen müssen, die religionsgeschichtlichen Voraussetzungen der Semeia-Quelle einzig und allein dem hellenistischen Theios Aner zuzuschreiben. Wie er selbst zugibt, kommt

---

[51] W. von Martitz, Art. υἱός, ThWNT VIII, S. 338—40.

[52] Man sollte endlich aufhören, die „über das Maß des Erträglichen hinaus hypothetische" (vgl. Becker S. 141, Anm. 5) These vom Typos des Theios Aner für das NT zu strapazieren.

[53] A.a.O. S. 84—93. Vgl. dazu auch meinen oben (Anm. 44) erwähnten Aufsatz in der Elliger-Festschrift.

[54] Nicol S. 93 und mein Aufsatz „The Concept . . . " (s. oben Anm. 44).

gerade dieser Begriff in den Aretalogien der hellenistischen Wundertäter gar nicht vor[55].

Gerade im *Gebrauch von* σημεῖον stimmt aber die Quelle mit dem restlichen Teil des Evangeliums auffallend überein; von daher könnte man zweifeln, ob sich eine solche Semeia-Quelle überhaupt postulieren läßt[56]. Stereotyp ist in der Quelle die Wendung σημεῖον(-α) ποιεῖν, zunächst in den abschließenden Sätzen 2,11; 4,54; 20,30 und dann in Feststellungen, die von miterlebten Zeichen Jesu berichten (6,2.14; 12,37); bei den letzteren ist eine Kritik am Verhalten der Zeugen impliziert. Auch an den zehn Stellen im restlichen Teil des Evangeliums überwiegt die Wendung „Zeichen tun": In 2,18; 6,30 wird wie in Mk 8,11 von den Juden ein legitimierendes Zeichen gefordert, in 3,2; 7,31; 11,47 die exzeptionelle Wunderkraft Jesu bestätigt; hingegen hat Johannes der Täufer kein Zeichen getan (10,41). Der Aussage 2,23 entspricht formal 12,37; 12,18 erinnert an 6,2. Die Wendung σημεῖα ποιεῖν (. . . πιστεύειν) ist *biblisch* und erscheint gerade an den wichtigen Stellen über Moses legitimierenden Zeichen (Ex 4,17.30). Ferner spricht der Evangelist vom ἔργον bzw. den ἔργα Jesu, die sich nicht nur auf die Reden, sondern gerade auch auf die Wunder beziehen[57]. Für Josephus ist die Machttat Gottes ein ἔργον, auch wo sie durch menschliche Mittler vollzogen wird (Ant 2,302; 3,85); dementsprechend bezeichnet dieser Begriff bei Johannes besonders die Einheit des Wirkens von Vater und Sohn (10,25.32.37; vgl. 5,17−20; 9,4). Dabei wird deutlich, daß Jesus mehr ist als der Bote, den ein σημεῖον legitimiert. Er ist der Sohn, der im Reden und Handeln und mit der Hingabe des Lebens das Werk des Vaters tut. Das σημεῖον wird eingebettet in das Wirken von Vater und Sohn (vgl. 5,1−20; 9,3f). Andererseits wird das Werk Jesu zum Zeichen, weil es als Taterweis von Vater und Sohn die messianische Sendung Jesu aufzeigt. So kommt es, daß im Zeichen die Herrlichkeit Gottes offenbart wird, die auch den Sohn verherrlicht (11,4). Die Auferweckung des Lazarus, der mehr als drei Tage im Grabe lag (11,17.39), steht an der Stelle des Jonazeichens bei Matthäus (Mt 12,39f); sie ist wie diese Hinweis auf die Auferstehung Jesu. Wichtig ist, daß auch die Auferstehung Jesu bei Johannes zu den σημεῖα Jesu zählt (20,30). Jesus beantwortet die Frage der Juden: „Welches Zeichen zeigst du dafür, daß du dieses tust? " (2,18) mit dem Hinweis auf seinen Tod und die Aufer-

---

[55] A.a.O. S. 137, Anm. 1: „Eine befriedigende Lösung für dieses Problem steht noch aus".

[56] Eine gute Kritik an den von Bultmann behaupteten Quellen des Johannesevangeliums und speziell an R. F. Fortna und J. Beckers Beiträgen zur Semeia-Quelle wird von B. Lindars vollzogen, der mit Recht die synoptische Tradition als für Johannes maßgeblich ansieht (Behind the Fourth Gospel, London 1971).

[57] W. Nicol gegen R. Bultmann a.a.O. S. 116−119; vor allem an den Stellen 7,3.21; 10.32f; 14,11.

stehung: Den abgerissenen Tempel seines Leibes wird er in drei Tagen
wieder auferbauen (2,19—21). Die Auferstehung ist demnach nicht nur
das Werk Gottes, sondern als Hingang zum Vater auch die Tat Jesu, die
den Gekreuzigten als den Gerechten legitimiert (16,10).

Auch die *christologische Differenz* zwischen Semeia-Quelle und Rest-
Evangelium ist *recht künstlich*[58]; eindrucksvoller erscheint auch hier, was
beiden Teilen gemeinsam ist. In den johanneischen Wundern offenbart
Jesus seine Herrlichkeit (2,11) und gewinnt den Glauben an seine Sendung
und seine Person (2,11; 4,53, vgl. 12,37; 20,31; Ant 2,274). Genau das
Gleiche gilt von den Reden (3,18; 5,24; 6,35.47; 7,38 u.a.), aber auch von
den redaktionellen Sätzen des Evangelisten (2,23f; 10,42; 12,42; 19,35).
Das „Ego eimi" des Offenbarers, das in den Reden soteriologisch entfaltet
ist, wird auch im Wunder vom Seewandel sowohl offenbarend als auch
soteriologisch verkündigt (6,20); in dieser Bedeutung erscheint es auch in
der Leidensgeschichte (18,6.8)[59]. Wie das Beispiel der spätjüdischen Propheten zeigt, gehören das σημεῖον und das Ego eimi fest zusammen; von
daher ist es unsachgemäß, sie auf verschiedenartige Quellen zu verteilen.
Die Offenbarungseinheit von Vater und Sohn ist nicht auf die johanneischen Reden beschränkt[60], sondern schon vom Begriff σημεῖον her
auch in den Wundern vorausgesetzt; an Stellen wie Joh 2,4 und 4,48 wird
sie darüberhinaus ausdrücklich betont.

c) Der Einfluß der Elia- und Elisatradition

Auf diese dunklen, meist als sekundär bezeichneten Verse 2,4 und 4,48 ist
abschließend noch einzugehen. Der theologische Unterschied zwischen
Semeia-Quelle und Rest-Evangelium wird von den Exegeten meist dadurch
erreicht, daß sie die volle Aussagekraft der Semeia-Quelle nicht erkennen.
Diese beruht nicht zuletzt in der Aufnahme und Deutung *alttestamentlicher Aussagen und Traditionen*, die auch im Rest des Evangeliums
erscheinen und für dessen Einheit sprechen. So spielt bei der Berufung der
ersten Jünger (1,40—51), die zur Semeia-Quelle gerechnet wird[61] die
messianische Weissagung Jes 11,3 eine wichtige Rolle: Von ihr her, und
nicht etwa aus der Vorstellung des Theios Aner, will die wunderbare Men-
schenkenntnis Jesu verstanden sein, der als der vom Geist Gesalbte keiner
von außen kommenden Information bedarf. Diese Tradition beherrscht
auch die redaktionellen[62] Sätze 2,23—25 und die Selbstaussage 5,30: „Wie

---

[58] J. Becker sieht vor allem im Kreuz eine Korrektur des Evangelisten; aber schon das
Täuferzeugnis der Quelle hat in 1,29.36 einen deutlichen Hinweis auf das Kreuz.
[59] Vgl. dazu meinen Beitrag „Der Name als Offenbarung des Heils" zum Jahresbericht
des Institutum Judaicum Tübingen 1972, S. 121—9.
[60] So J. Becker S. 145.
[61] R. Bultmann S. 68.75.
[62] Ib. S. 91.

ich höre, richte ich"...,die aus der Quelle der Offenbarungsreden stammt[63]. In diesen angeblich heterogenen Stücken wird demnach eine spezielle biblische Tradition auf die gleiche, verdeckte Weise zur Geltung gebracht. Ferner werden die Verse 12,37f von Bultmann zur Semeia-Quelle gerechnet[64]; in ihnen wird der Unglaube der Juden mit dem Zitat Jes 53,1 begründet. Warum verwendet die„Quelle" diesen zu Wundertaten wenig passenden Vers? Die Antwort darauf ergibt sich m. E. aus dem Kontext, der von der Verherrlichung und Erhöhung Jesu spricht (12,23–34) und sich auf Jes 52,13, die Verherrlichung und Erhöhung des Gottesknechts, bezieht; die Weiterführung durch Jes 53,1 war deshalb naheliegend. Somit sind auch hier Offenbarungsreden und Semeia-Quelle fest miteinander verbunden.

Ferner wird die Theologie der Semeia-Quelle durch das *Ausklammern* anstößiger, den Handlungsablauf scheinbar störender aber gewichtiger, Sätze reduziert. Man weist so dem Evangelisten zu, was m. E. ursprünglich zu den Wundergeschichten gehört, und verwandelt in theologische Kritik an naiven Epiphanien, was in den σημεῖα selber zum rechten Verständnis des Wunders gesagt wird. Als eine crux interpretum und Aporie des Evangeliums[65] gilt vor allem der *Vers Joh 4,48*, in dem Jesus die Bitte des Königlichen um Heilung des Sohnes abzuweisen scheint mit der schroffen Kritik: „Wenn ihr nicht Zeichen und Wunder seht, so glaubt ihr nicht!" Bultmann meint, nach v 47 habe dieser Satz keinen Sinn, da der Königliche gar kein legitimierendes Wunder verlangt hat und mit der Bitte seinen Glauben beweist[66]. Der Vers 48 stamme vom Evangelisten: Für ihn sei es „ein Mißverständnis, wenn der ‚Glaube' von Jesus wunderbare Befreiung von leiblicher Not erwartet"[67]. Aber m. E. gehörte dieser Vers von Anfang zur Wundergeschichte. Er spielt in ihr eine ähnliche Rolle wie das abweisende Wort Jesu an Maria: „Weib, was habe ich mit dir zu schaffen? Meine Stunde ist noch nicht gekommen!" (2,4). Bultmann hält diesen Vers 2,4 für einen festen Bestandteil und ein stilgemäßes, die Spannung erhöhendes Element des Weinwunders: Jesus bedeute seiner Mutter, er gehorche einem eigenen, die menschliche Verbundenheit übersteigenden Gesetz[68].

Es gilt, zunächst den *alttestamentlichen Hintergrund* von Joh 2,4 und 4,48 ins Auge zu fassen[69]. Die spätjüdischen Propheten bei Josephus beweisen,

---

[63] Ib. S.177. 197. Vgl. dazu meinen Aufsatz in der Elliger-Festschrift (Anm. 44).
[64] Ib. S. 346.
[65] W. Nicol S. 28f; vgl. auch E. Schweizer, Die Heilung des Königlichen in Joh 4,46–54, EvTheol 11 (1951–52), S. 64f.
[66] A.a.O. S. 151.   [67] Ib. S. 152. .   [68] Ib. S. 79–81.
[69] O. Michel hat vom Kanawunder geurteilt, es stelle die Fortsetzung der alttestamentlichen und prophetischen Zeichens dar (Der Anfang der Zeichen Jesu, in: Die Leibhaftigkeit des Worts, Köberle-Festschrift, Hamburg 1958, S. 18). R. Bultmann warnt dagegen davor, das Alte Testament als Quelle der evangelischen Wundergeschichten zu hoch

daß für die Anerkennung eines Semeion dessen Beziehung zu vergangenen, alttestamentlichen Heilstaten maßgebend war. Hier kommt nun die *Eliatra-dition* in Frage, die auch sonst für die evangelische Wunderüberlieferung eine wichtige Rolle spielt[70]. An Joh 2,4 erinnert das an Elia gerichtete Wort der Witwe von Zarpath: „Was habe ich mit dir zu schaffen, du Gottesmann? " (1 Kön 17,18). Der vierte Evangelist übernimmt hier die Eliatradition in der Rolle, die sie Lk 4,25f spielt. Das Weinwunder in Kana markiert bei Johannes nicht nur den Anfang der Zeichen, sondern auch das erste Auftreten Jesu in der Öffentlichkeit; es steht somit an der Stelle, die bei Lukas die Antrittspredigt Jesu in Nazareth einnimmt. Gerade beim ersten Auftreten eines Gottesboten entscheidet sich die Frage seiner Legitimation; man braucht nur an die Begegnung Moses mit den Führern Israels (Ex 4,27–31) und an sein Erscheinen vor dem Pharao zu denken (Ex 7,1–13). Um diese Legitimation geht es in Lk 4,16ff und in der Kanageschichte Joh 2, wo Jesus zunächst vor seinen Bekannten und Verwandten steht. Wie in Kana (Joh 2,4) gibt es auch in der Nazarethperikope Lk 4,16ff einen Bruch, und zwar durch Jesu unerwartete Kritik an einem Wunderglauben, der auf Jesus gerichtet ist und auf die persönliche Beziehung zu ihm baut (Lk 4,23–27). Man könnte die in Lk 4,23–27 geäußerte Kritik in die interpretierenden Sätze Bultmanns zu Joh 2,4 kleiden: „Die menschliche Verbundenheit und die aus ihr erwachsenden Motive kommen für das Handeln Jesu nicht in Frage; der Wundertäter untersteht einem eigenen Gesetz und hat auf eine andere Stimme zu hören"[71]. In Nazareth rechtfertigt Jesus die Ablehnung der Wundererwartung dadurch, daß er auf Elia und Elisa weist: Elia wurde in der Zeit des Hungers nicht zu seinen Landsleuten, sondern zu einer Witwe in Sidonien als Helfer gesandt (Lk 4,25); Elisa hat keinen Israeliten, sondern nur den Syrer Naeman vom Aussatz befreit (Lk 4,27).

Dieser Hinweis auf *Elia und Elisa wird auch in Joh 2,4 und 4,48* zur Geltung gebracht[72]. Mit ihm erinnert Jesus, trotz der in beiden Fällen gewährten Hilfe, an das Gesetz, dem er als Gesandter Gottes unterworfen ist. Maria und der Königliche werden nicht etwa brüskiert oder kritisiert[73], auch wird das Wunder nicht grundsätzlich abgelehnt oder in Frage gestellt. Vielmehr warnt Jesus vor der Gefahr, daß man über der Person des Wundertäters den durch ihn handelnden Gott vergißt und so den Sinn des σημεῖον: die Legitimation des Boten und dessen Auftrag, übersieht. Das

---

einzuschätzen (Die Geschichte der synoptischen Tradition, Göttingen ³ 1957, S. 245). S. 245).

[70] B. Lindars, Elijah, Elisha and the Gospel Miracles, in C. F. D. Moule (ed.), Miracles, London ² 1966. Auch die Moseüberlieferung ist wichtig, vgl. O. Michel S. 19.

[71] A.a.O. S. 81.

[72] Vgl. auch Joh 4,44 mit Lk 4,24.

[73] Der Plural in 4,48 zeigt, daß eine allgemein geltende Lehre gegeben wird.

Zögern Jesu, sein Ruf zur Besinnung, dient gerade der Offenbarung des Wunders als eines göttlichen Werks (vgl. auch Joh 7,1—7). Dabei stellen die Sätze Joh 2,4 und 4,48 keine sekundären Einschübe in beide Wundergeschichten dar, sondern sind von ihrem alttestamentlichen Hintergrund her fest mit dem Ganzen verbunden. Das Anfangswunder Jesu will nämlich als ganzes mit dem ersten Wunder Elias, seiner Lk 4,25f erwähnten Hilfe für die Witwe, verglichen sein. Hier und dort wird der Gast zum Geber, zum Spender des Heils: Elia sorgte dafür, daß das Mehl im Krug ($\dot{v}\delta\rho\dot{\iota}a$) der Witwe und das Öl nicht ausgingen (1 Kön 17,12.14.16); ähnlich wehrt Jesus dem Mangel im Hochzeitshaus, indem er das Wasser der Krüge ($\dot{v}\delta\rho\dot{\iota}a\iota$ Joh 2,7) zu Wein werden läßt.

Daß diese Verbindung nicht hypothetisch ist, geht aus der *Komposition*[74] der beiden ersten johanneischen Wunder hervor. Denn das zweite Wunder Jesu, die *Heilung des Sohns des Königlichen* (Joh 4,46—54), hat ihr alttestamentliches Gegenstück im zweiten Wunder Elias, der Heilung des Sohnes der Witwe (1 Kön 17,17—24). Eine Brücke zwischen beiden Geschichten bildet die Zusage Jesu: „Dein Sohn lebt!" (Joh 4,50f.53; 1 Kön 17,23); auch die Tatsache, daß die johanneische Geschichte vom Sohn und nicht vom Knecht des Königlichen spricht und dieser als todkrank dargestellt wird, könnte analog zu erklären sein (vgl. Joh 4,47.49 mit 1 Kön 17,17—20). Das alttestamentliche Vorbild mag ferner veranlaßt haben, daß Joh 4,46ff am *Schauplatz* des ersten Wunders, in Kana, spielt, obwohl Johannes die Herkunft des Bittstellers aus Kapernaum bewahrt hat (4,46); denn auch die beiden ersten Eliawunder geschahen ja am gleichen Ort. Schließlich läßt sich die *Zählung der beiden ersten Wunder* Jesu (Joh 2,11; 4,54) mit der Einheit des Orts und der Analogie zu den beiden ersten Eliawundern erklären. Sie ist nicht in der Quelle, sondern nur im fertigen Evangelium sinnvoll, weil dort die Zusammengehörigkeit der beiden Wunder durch den zwischen ihnen liegenden Erzählungs- und Redenstoff etwas verdeckt wird. Eine zweite Erklärungsmöglichkeit bietet die Mosetradition[75]. In Ex 4,8 wird dem Mose verheißen: „Wenn die Ägypter dir nicht glauben und nicht auf die Stimme des ersten Zeichens hören werden, so werden sie auf die Stimme des letzten Zeichens hören". Das erste der damit gemeinten Zeichen ist die Verwandlung des Nilwassers in Blut (Ex 7,14—25), die sich auf die Verwandlung des Wassers in Wein beim ersten Wunder Jesu beziehen läßt; das letzte ist die Tötung der erstgeborenen Söhne, die man dem zweiten Wunder Jesu Joh 4,46—54 insofern ver-

---

[74] Auch die Tatsache, daß dem Kanawunder Joh 2 die Geschichte von der Tempelreinigung folgt, mag von der Eliatradition bestimmt sein. Denn 1 Kön 18 wird von Elias eiferndem Einsatz für Gottes Altar auf dem Karmel berichtet; vgl. 1 Kön 18,30—32 und 19,10—14 mit dem Eifer Jesu für das Gotteshaus Joh 2,17.
[75] Den Hinweis verdanke ich Herrn Werner Grimm.

gleichen kann, als dort die entgegengesetzte Heilstat, die Rettung des Sohnes, erzählt wird[76].

Schließlich mag die Lk 4,25–27 erwähnte Sendung Elias und Elisas, die Johannes in 2,4 und 4,48 besonders zur Geltung gebracht hat, für die Zusammenfassung und Zählung der beiden ersten Wunder Jesu maßgebend gewesen sein. Denn das zweite Wunder in Kana ist nicht nur von Elia und 1 Kön 17 her zu verstehen, sondern auch von der Elisageschichte her, auf die Lk 4,27 verweist, nämlich der *Heilung des Syrers Naeman* (2 Kön 5). Auf diese Geschichte und die ihr in Lk 4,27 zugewiesene Rolle nimmt der schwierige Vers *Joh 4,48* Bezug. Auch Naemans Heilung wurde auf eine Belastungsprobe gestellt, zunächst durch den ungläubigen König Israels (2 Kön 5,7), und dann durch Naeman selbst, dessen eigene, recht konkrete, Vorstellungen von einer Wunderheilung zerbrochen wurden. Naeman meinte, der Prophet werde zu ihm treten und ihn unter Anrufung des Gottesnamens und durch Handauflegen heilen (2 Kön 5,10f); anders, johanneisch, ausgedrückt: Er wollte Zeichen und Wunder sehen, um glauben zu können (Joh 4,48). Aber er mußte lernen, daß ein Wunder Gottes auch ganz anders, in Abwesenheit des Wundertäters und als Fernheilung sich vollziehen kann, daß man dem Wort gehorchen und glauben muß. Diese Lektion ist in Jesu Wort an den Königlichen Joh 4,48 aufgenommen und dadurch zur Lehre über den rechten Wunderglauben gestaltet. Von 2 Kön 5 und Lk 4,27 her verstanden, weist Jesu Tadel in Joh 4,48 nicht etwa ein legitimierendes Wunder ab, sondern einen Wunderglauben, der an eine feste Vorstellung vom Wunder und Wundertäter gebunden ist und darum den Zeichencharakter, das Wirken Gottes und dessen unmögliche Möglichkeiten, nicht erkennt, „mit sehenden Augen nichts sieht". Der durch das Wort 4,48 gewarnte Wunderglaube ist ähnlich voreingenommen und der Offenbarung Gottes gegenüber verschlossen wie das 5,38–40 gerügte Schriftverständnis oder die Messiaserwartung der Juden 7,41f. Gerade durch das Festhalten solcher Vorurteile kann der – schon vorhandene, aber unerprobte – Glaube Schiffbruch erleiden, wie das Beispiel der Einwohner Nazareths zeigt (Lk 4,28f); auch Naeman wäre fast gescheitert. Der Königliche von Joh 4 besteht die Probe: Er glaubt dem Wort Jesu, ohne ein Wunder zu sehen (v 50); er gehorcht dem Befehl, zu „gehen" (πορεύεσθαι v 50), d.h. ohne den Wundertäter „hinunterzugehen" (καταβαίνειν v 51). Genau das Gleiche tut schließlich Naeman: Er gehorcht dem Wort und „geht" (4 Bas 5,12), „steigt hinunter" zum Jordan (ib. 5,14), und zwar allein. Sucht man in dieser Geschichte eine *Lektion des Evangelisten* für die Christen seiner Zeit, so wendet er sich nicht etwa gegen eine Mission, die „unter Berufung auf Zeichen und Wunder um

---

[76] Für die Bedeutung der Moseüberlieferung in den johanneischen σημεῖα vgl. die bei W. Nicol S. 65, Anm. 1 angegebene Literatur. Der Evangelist liebt es, mehrere Traditionsstränge zu verbinden.

Glauben warb"[77]. Vielmehr warnt er vor einem falschen Wunderglauben, sei es, daß einige Christen sich sich ein Vorrecht auf wunderbare Hilfe durch Jesus ausrechnen (Joh 2,4; Lk 4,23—27), oder aber, daß sie an der Möglichkeit eines Wunders zweifeln, weil der Heiland nicht mehr persönlich zugegen ist und nur noch durch seine Boten, durch sein Wort spricht (Joh 4,48; 2 Kön 5,10.14).

Auch hier macht der biblische Hintergrund deutlich, daß 4,48 nicht etwa ein späterer Zusatz ist. Denn die Naemangeschichte bestimmt ja auch 4,49f; ja, es mag sein, daß der Begriff „Königlicher" den synoptischen „Hauptmann" deshalb ersetzt, weil Naeman ein königlicher Beamter war (2 Kön 5,1.5).

Übrigens greifen Motive der Naemangeschichte auch auf die Heilung des Lahmen am Teich von Bethesda über (Joh 5,1—11)[78], ferner mag das Weinwunder Joh 2 durch die Tat Elisas in Jericho beeinflußt sein, der dort schlechtes Wasser in gutes verwandelte[79]. Daß das Motiv der *Verwandlung* des Wassers in Wein von der heidnischen *Dionysostradition* übernommen sei, wird zwar immer wieder behauptet[80], läßt sich aber mit den dort angeführten Stellen nicht belegen. Diese sprechen von einem Aufgefülltwerden leerer Krüge durch Wein[81], vom Fließen des Weins[82], oder aber von einem Weinbrunnen, der aus der Erde springt[83], nicht aber von einer

---

[77] R. Bultmann S. 152.

[78] Vielleicht auch auf das Jesuwort von der Wiedergeburt durch die Taufe und den heiligen Geist Joh 3,4—6, die im Gegensatz zur fleischlichen Geburt steht. Vgl. 2 Kön 5,14: Naeman tauchte im Jordan unter und sein Fleisch wurde rein wie das eines neugeborenen Kindes. Die johanneische Version des Speisungswunders erinnert an die Speisung der Prophetenschüler durch Elisa (vgl. 2 Kön 4,42—44, speziell v 42f mit Joh 6,9f).

[79] Vor allem die Josephusversion dieses Wunders (Bell 4,459—467) ist aufschlußreich. Hier wird ausdrücklich von einer Verwandlung der Quelle gesprochen (ἔτρεψεν τὴν πηγήν § 464), die dann zum Spender von Kindersegen und reicher Nahrung wird. Als Motiv für die Heilung gibt Josephus an, der Prophet sei einst von den Einwohnern Jerichos gastfreundlich aufgenommen worden und habe ihnen und dem ganzen Land mit einer ewig währenden Gnadentat vergolten (§ 461). Das gleiche Motiv findet sich auch in der Haggada von R. Schimon ben Jochai, der in den Quellen von Tiberias geheilt wurde und dafür mit der guten Tat lohnte, daß er Basare errichtete und die Stadt von den dort begrabenen Totengebeinen reinigte (Pes. de Rab Kahana, Pisqa 10; Qohelet Rabba 10,8 zu 9,1).

[80] R. Bultmann S. 83: „Die Verwandlung des Wassers in Wein ... ist ein typisches Motiv der Dionysoslegende"; C. K. Barrett, The Gospel According to St. John, London 1965, S. 157: „The God Dionysos was not only the discoverer of the wine but also the cause of miraculous transformations of water into wine."

[81] Pausanias VI, 26,1f; Athenaeus I 61 (34a), vgl. G. Delling in Kl. Texte Nr. 79, Nr. 18.

[82] Plinius HistNat II, 106,11; 31,3.

[83] Euripides Bakchen 704.707.

Verwandlung[84]. Auch setzt die Angabe des Fassungsvermögens der sechs steinernen Krüge die Kenntnis der jüdischen Halacha beim Leser voraus[85]. Zustimmung verdient deshalb das Urteil des hochzuverehrenden Jubilars: „Hier (d.h. in der alttestamentlichen Tradition) liegen die Wurzeln der Kana-Geschichte, nicht in der angeblich synkretistischen Geisteswelt des vierten Evangeliums und in den Mythen von der Epiphanie des Gottes Dionysos"[86].

---

[84] Erst der Christ Photius spricht von der Verwandlung bei Bakchus Bibl CCXX, Philostrat Vit Apoll 2,9 von der Möglichkeit, Apollo könne Wasser in Wein verwandeln.

[85] Jeder Krug faßt 2—3 Metreten = ca. 100 l, zusammen = 600 l. Nach m Miqwaoth 1,7 sind zum Tauchbad 40 Sea = 525 l als Mindestmenge erforderlich. Nach Joh 13,10 braucht der Christ kein Tauchbad mehr.

[86] O. Michel, Der Anfang der Zeichen, S. 19.

Judas of Galilee and Josephus's 'Fourth Philosophy'

Von Matthew Black, St. Andrews

Both Josephus and the New Testament are at one in the importance they attach to Judas the 'Galilaean' and to the revolt he instigated against the Romans at the time of the census under Quirinius (A.D. 6 to 7). That it was a considerable movement of rebellion — of which the insurrection at the time of the census appears to have been no more than a single episode — is clear, not only from the account in Acts (Acts 5,34f.), but above all from Josephus's own assessment of the movement as a 'fourth Philosophy' of the Jews, and by his frequent mention of Judas who, along with a certain Pharisee called Saddouk, he tells us, were its co-founders. Moreover, for Josephus the movement of Judas itself was no more than a fresh outbreak in a long record of Galilaean rebelliousness against the authorities in Jerusalem, which was finally to culminate in the Jewish Revolt of 60 to 70 A.D. where Galilaean patriots (or Zealots) played a leading role in the climactic events of the final debacle (as they also did a second time in the second Jewish Revolt under Bar-Cochba[1]).

The subject is one which has been attracting increasing attention in recent years, in particular in the studies of M. Hengel[2], G.R. Driver[3], W.R. Farmer[4] and S.G.F. Brandon[5] — to select some representative names only — and it is one which has been especially enriched by the invaluable commentary on the *Bellum* of Professor Michel himself. This present essay is a small repayment of the author's indebtedness to the distinguished scholar to whom this volume is dedicated.

Galilaea and Galilaeans had a special interest for Josephus, since it was to Galilee that he was assigned by the Sanhedrin, at the outbreak of the war with Rome, as military governor in charge of Galilaean resistance to Rome; and it was in Galilee at Jotapata that he deserted to Rome. He describes the place and its people in some detail (Bell 3,41—47); it is populous, prosperous and warlike:

'Galilee with its two divisions known as Upper and Lower Galilee, is enveloped by Phoenicia and Syria . . . although surrounded by such powerful foreign nations, the two Galilees have always resisted any hostile invasion, for the inhabitants are from infancy inured to war, and have at all times been numerous; never did the men lack courage nor the country men.' (translation Thackeray)

---

[1] See, e.g., J.T. Milik, 'Une inscription et une lettre en araméen christopalestinien', in *R.B.*, vol. 60, 4, p. 526f., M. Black, *The Scrolls and Christian Origins*, Edinburgh, 1962, p. 49f.

[2] *Die Zeloten*, Leiden, 1961.

[3] *The Judean Scrolls*, Oxford, 1965.

[4] *Maccabees, Zealots and Josephus*, New York, 1957.

[5] *Jesus and the Zealots*, Manchester, 1967.

Judas, known as 'the Galilaean' (Bell 2,118) belonged to the town of Gamala, probably the town of that name located in the Gaulonitis on the east side of the Sea of Galilee[6], and was the son of a certain Ezekias, described as an Arch-brigand (ἀρχιληστής) and evidently a notable figure in Galilee (Ant 17,271—272, Bell 2,56). Ezekias was hunted down and finally caught and executed by the youthful Herod acting in the interests of his father, Antipater, then virtually wearing the royal diadem though still formally the 'prime minister' or vizier of Hyrcanus II, the last of the Hasmonaeans. Herod had to account for his action before the Jerusalem Sanhedrin which passed the death sentence on him — a remarkable reward for capturing and executing a 'brigand' (Herod first defied the Sanhedrin then, as it began to turn against him, made his escape). Whether intended or not, the clear impression is given by Josephus that, so far from being a local bandit, Ezekias was a powerful Galilaean leader strongly opposed to Herodian policies and pretensions.

A second incident reported by Josephus from the same period sheds some light on the nature of Ezekias's rebellion and the background of Judas's movement, even if some features of the story may be traditional. At the close of his campaign of suppressing the last remnants of Hasmonaean resistance in Galilee (Ant 14,413), Herod ingeniously 'smoked out' his quarry, the so-called 'brigands', who had taken refuge in caves on the high cliff face near Arbela, by lowering soldiers with firebrands on pulleys from the cliff-top. Among the victims was a certain *pater familias*, a senior citizen, whose family (his wife and seven sons) sought to avail themselves of an offer of pardon by Herod (who was himself a spectator and had been moved with compassion, Josephus tells us, by the scene). As mother and sons emerged from their cave they were cut down one by one by this Phineas of Galilee and their bodies thrown over the cliff. Finally this unknown Galilean Zealot committed suicide himself[7], but not before he had abused Herod by reminding him of his lowly origin. (Was the unknown warrior perhaps a member of the Hasmonaean house?) Obviously this Galilaean patriot exemplifies the fundamental tenet of the 'fourth

---

[6] There was another town of the same name in Galilee itself; the former was, however, the important centre of resistance in the Galilaean field of military operations. Cf. Josephus, Bell 4,1—83. See also Hengel, *Die Zeloten*, p. 337, n. 3, F.-M. Abel, *Géographie de la Palestine*, vol. II, Paris, 1938, p. 325, and L.H. Feldman in the Loeb Josephus, vol. IX, p. 5. Cf. also Brandon, *op. cit.*, p. 33, n. 3.

[7] Is there conceivably some connection between this story and the traditional tales of the martyrdom of the priest, Eliazar, the Jewish mother and her seven sons at 2 Macc. 6.18f. and 4 Macc. 5? J. Klausner identifies the mysterious Taxo in the *Assumption of Moses* 9.1f. with this Galilean zealot; *Jesus of Nazareth*, p. 143, n. 22; cf. also J. Jeremias, ThWNT, vol. II, p. 935. The *Traditionsgeschichte* of this saga has still to be explored. Cf. John Downing, 'Jesus and Martyrdom' in *J.T.S.*, N.S., vol. XIV, 1963, p. 281ff. (on oral tradition behind 2 and 4 Macc., but no mention of Ant 14,429—430).

philosophy' to admit no master except God and to accept death rather than surrender but, within the political context of the event, it is no less evident that these 'resistance fighters', like their Maccabaean forbears, were engaged in a dynastic conflict. As Dalman comments (italics mine): '. . . in the Maccabaean period these (caves of Arbela) were already places of refuge for the strict Jews who had adhered faithfully to the Law . . . in the year 38 B.C. the place was used, as Josephus puts it, by "robbers", whom Herod caused to be "smoked out" . . . (and) *who were certainly the remnant of the armies of the last Hasmonaean prince, Antigonus*[8].'

We first hear of Judas's exploits after the death of Herod when, with the help of a band of desperadoes, he seized the royal palace and armoury at Sephoris in Galilee, the seat of the governor. He is also reported by Josephus as even aspiring to royalty (Bell 2,56), a statement which could mean that the family of Ezekias was perhaps a cadet branch of the Hasmonaean house[9]. The rebels were savagely dealt with by Varus; according to Josephus no fewer than two thousand Jewish rebels died by crucifixion (Ant 17,295; Bell 2,75).

It was his part in the rebellion against the census some years later (A.D. 6—7) which gave Judas his place in history. The account in the Jewish War (Bell 2,118) reads (translation Thackeray): 'Under his administration (i.e., the administration of the procurator Coponius) a Galilaean, named Judas, incited his countrymen to revolt, upbraiding them as cowards for consenting to pay tribute to the Romans and tolerating mortal masters, after having God for their lord. This man was a sophist who founded a sect of his own having nothing in common with the others.' The corresponding account in the Antiquities introduces the theme of the fourth philosophy, and I shall return to consideration of this later in the essay. There are, however, two other references to Judas and his revolt which we must consider: in Bell 2,433 Josephus mentions the Zealot leader Menahem as 'son of Judas surnamed Galilaean — that redoubtable doctor (σοφιστὴς δεινότατος) in old days, under Quirinius, had upbraided the Jews for recognising the Romans as master when they already had God.' Secondly, in describing the last stand of the Jews at Masada, Josephus reports that the leader of the Zealots, here called the Sicarii, was a certain Eleazar, 'a descendant of the Judas who, as we have previously stated, induced multitudes of the Jews to refuse to enroll themselves, when Quirinius was sent as censor to Judaea.' (Bell 7,253).

If the identification of Judas of Galilee with the son of Ezekias is correct[10], then, as Driver has pointed out, Judas can only have been a

---

[8] *Sacred Sites and Ways*, London, 1935, p. 119.
[9] Cf. below, p. 49, n. 15.
[10] See J.S. Kennard, 'Judas of Galilee and his Clan', in *Jewish Quarterly Review*, vol. 36, 1945, pp. 281—286.

child when his father was executed by Herod and must have been well over fifty years of age at the time of the rebellion in A.D. 6—7. In that case, Kennard is possibly right in arguing that Menahem was more probably the grandson than the son of Judas.

The remarkable feature of this account, as has often been noted, is that, having introduced Judas as the instigator of this obviously famous (or infamous) insurrection, Josephus tells us nothing about its outcome or about the fate of its leader and instigator. This is also true of the parallel account at Ant 18,23[11].

No doubt in his strange silence Josephus is following out a deliberate policy, not only of denigration of the Jewish rebels *ad maiorem gloriam Romae* but also of drawing over their heroes a curtain of silent contempt. Nevertheless, it is surprising, as is also the almost total absence of any late echo of the exploits of Judas of Galilee in later Jewish tradition[12]. This 'blackout' on Judas is almost as complete in Josephus as that on Jesus 'who is called the Christ'.

The gap, however, is supplied by the New Testament in the famous speech attributed to Gamaliel at Acts 5,33—39. After a hearing of Peter and the Apostles before the Sanhedrin, the death penalty was called for, whereupon Gamaliel intervenes: 'But a member of the Council rose to his feet, a Pharisee called Gamaliel, a teacher of the Law held in high regard by all the people. He moved that the men be put outside for a while. Then he said, "Men of Israel, be cautious in deciding what to do with these men. Some time ago Theudas came forward, claiming to be somebody, and a number of men, about four hundred, joined him. But he was killed and his whole following was broken up and disappeared. After him came Judas the Galilaean at the time of the census; he induced some people to revolt under his leadership, but he too perished and his whole following was scattered. And so now: keep clear of these men, I tell you; leave them alone." ' (NEB).

The exegetical difficulties of the passage in Acts 5 when viewed in the light of the Josephan account of both rebellions are well-known. The speech of Gamaliel is undoubtedly the creation of St. Luke, but this scarcely exonerates its creator from historical inaccuracies. If Josephus is followed, Luke is wrong on several counts: according to Josephus, the Theudas rebellion took place under the Procurator Fadus in A.D. 44—46, at least a decade later than the putative date of the Gamaliel incident and

---

[11] Cf. Brandon, *op. cit.*, p. 33: '... Josephus seems to have forgotten that he has said nothing about the outcome of the movement initiated by Judas and Saddok; instead he passes on to describe what he calls the other three philosophical sects of the Jews'.
[12] But cf. Driver, *op. cit.*, p. 356f.

forty years later than the revolt of Judas[13]. The suggestion that there were two Theudases can hardly be treated with seriousness. The possibility that Luke has confused the revolt of Judas with that of his sons, which Josephus relates shortly after his account of the Theudas uprising, while more convincing, still does little credit to the Biblical historian. A suggestion of A.C. Clark[14] is perhaps worth recalling since it has received little attention, namely, the theory that the Theudas and Judas *stichoi* have been misplaced and that we should read:

'Some time ago came Judas the Galilaean at the time of the census, and a number of men, about four hundred, joined him. But he was killed . . . After him Theudas came forward, claiming to be somebody; he induced some people to revolt under his leadership but he too perished.'

One further suggestion may be worth considering. There is an alternative to the reading ὃς ἀνῃρέθη at verse 36: D has the much more difficult reading – ὃς διελύθη αὐτὸς δι' αὐτοῦ –, (Clark prefers κατελύθη, attested by Eusebius and adopted by Blass), where the verb in the passive or middle, even by itself without αὐτὸς δι' αὐτοῦ would mean 'was destroyed' [himself by himself]: that is, 'died by his own hand' (cf. Xenophon Cyr. 8.7.20). This would not fit Theudas, if Josephus's account that he was cut down by the horsemen of Fadus is correct, but it might well fit Judas and support Clark's theory of a transposition of *stichoi*.

In his book, *Maccabees, Zealots and Josephus*, W.R. Farmer has revived the older theory that the Zealots represented a neo-Maccabaean movement and argued further that in fact its leaders included descendants of the house of Hashmon: the political conflict in that case not only was directed against the Romans but within the Jewish nation against other non-Hasmonaean claimants to the throne; the Zealot struggle was in fact a dynastic one, for long periods, for instance, between the Herodian party and the Hasmonaeans. On Judas the Galilaean, Farmer writes: '. . . though it is far from certain, we may with some confidence suggest that the family of Judas of Galilee might well have been related to the royal Maccabaean family and that his claim to the throne therefore would have been based on that relationship.'[15] It is certainly a striking fact that the descendants of Ezekias provided the leaders of the Jewish resistance in the century that followed Herod's conquest of Palestine. Nor did they have any scruples about laying claim to royal status. Thus Menahem arrived in Jerusalem 'like a king' and entered into the temple robed 'in

---

[13] The mistake is even more serious if we interpret πρὸ τούτων τῶν ἡμερῶν with Haenchen (Commentary, *ad loc.*) as 'before the days of the census'. We are not, however, obliged to do so. The phrase is a vague temporal link, as the NEB rightly recognises in translating 'some time ago'.

[14] Cf. Clark, *The Acts of the Apostles*, Oxford, 1933, p. liv and p. 33.

[15] 'Judas, Silas and Anthronges', in *N.T.S.*, vol. IV, 1958, p. 151.

royal attire' (Bell 2,444). It proved, in fact, to be an ill-fated gesture but it
nevertheless shows clearly the status and dignity which this family was
prepared to assume. On the other hand, as Professor Michel has pointed
out[16], there were other 'pretenders' like Simeon ben Giora who were
apparently more of the type of 'charismatic' leader and who did not
hesitate any more than did the Idumean Herods to don the royal purple.
Farmer's attractive hypothesis, therefore, still lacks conclusive evidence:
and Herod saw to it that the only branch of the family tree of Hashmon
of which a record has been preserved was that which intermarried with the
Herodian house[17].

Judas is represented by Josephus not only as the leader of a band of
insurgents but as the founder of a new 'philosophy'. Thus he is described
as a σοφιστής, that is, probably a *hakham* or 'teacher of wisdom', learned
in the Torah, διδάσκαλος (in the New Testament sense) and the founder
of a sect which Josephus classes along with the three main sectarian
groups of the period, Sadducees, Pharisees and Essenes. He goes on to
describe it as a 'fourth philosophy', associating a Pharisee called Saddouk
with its founding and explaining in the passage in the *Antiquities* (Ant
18,23) that its views agree in general with those of the Pharisees. From
this account it would clearly appear to have been a politically active wing
of Pharisaism: 'As for the fourth of the philosophies, Judas the Galilaean
set himself up as leader of it. This school agrees in all other respects with
the opinions of the Pharisees, except that they are convinced that God
alone is their leader and master. They think little of submitting to death in
unusual forms and permitting vengeance to fall on kinsmen and friends if
only they may avoid calling any man master. Inasmuch as most people
have seen the steadfastness of their resolution amid such circumstances, I
may forego any further account. For I have no fear that anything reported
of them will be considered incredible. The danger is, rather, that report
may minimise the indifference with which they accept the grinding misery
of pain. The folly that ensued began to afflict the nation after Gessius
Florius, who was governor, had by this overbearing and lawless actions
provoked a desperate rebellion against the Romans.' The account in the
War cited above (page 47) is much shorter and states explicitly that this
sect of which Judas and Saddouk were the founders had nothing in
common with those of the Pharisees, Sadducees and Essenes. Dr. Brandon
offers a convincing explanation of this inconsistency with the *Antiquities*
account: in the *War* written shortly after the fall of Jerusalem Josephus
had no inclination to supply an obviously Zealot rebellious group with

---

[16] Cf. O. Michel, 'Studien zu Josephus', in *N.T.S.*, vol. XIV, 1967—1968, p. 403.

[17] The lineage of Josephus himself is an exception: he traced his ancestry to the house
of Hashmon (Vit 1). Perhaps this is why he was chosen in the first place as military
governor of Galilee.

Pharisaic connections; later in the *Antiquities* he could no doubt afford to take a more generous and detached view of the situation[18].

It will be noted that it was this 'fourth philosophy' of Judas of Galilee which Josephus regarded as the *fons et origo* of all the political disasters of the period, culminating in the open rebellion against Rome under Gessius Florus in 64 A.D. We have little difficulty in recognising, in this group of political activists led by Judas, the ancestors of the so-called Zealots, nicknamed Sicarii (or 'dagger-men', Acts 21,38) who instigated and led the Jewish insurgents in the First Revolt.

Recent scholarship has corrected the error of Foakes-Jackson and Kirsopp Lake that the term 'Zealot' was first applied by Josephus to the party of John of Gischala (Bell 4,160—161)[19]. Josephus uses three terms to describe these Jewish irredentists, ληστής, σικάριος, and ζηλωτής. While no doubt many of those described by the first term were in fact real 'bandits', the noun clearly had a political connotation[20]. The Latin term sicarius, common since Sulla's *Lex de Sicariis* and the Jewish-Greek ζηλωτής are, for the most part, not used by Josephus till he comes to describe the final outbreak of the Jewish War in 64 A.D. Bell 7,254 is an exception, for here σικάριος is employed to refer to the followers of Judas the Galilaean. The claim of Baumbach that Josephus uses the term 'Zealot' only of the priestly nationalist faction in the Temple is not borne out by the evidence: it was also applied to the group of insurgents, probably Galilaean, led by Menahem as also to the lay rebels led by John of Gischala[21]. It was, in fact, Josephus's Jewish-Greek term for Jewish irredentists of whatever faction.

While in the final 'evil coalition' (κακὴ ὁμόνοια, Bell 5,71) all Jewish factions or sectaries united, the Fourth Philosophy was originally Galilaean in origin and inspiration; and Josephus is no doubt accurate in associating the movement specifically with Pharisaic Judaism since it was Pharisaism which chiefly cherished the hope of political salvation.

Professor Sir G.R. Driver and the late Dr. Cecil Roth identified this Fourth Philosophy of Josephus with the Qumran sectarians. Driver argues, for instance, that Qumran was in fact the headquarters of these militant followers of Judas during the long periods of struggle when resistance was

---

[18] Brandon, *op. cit.*, p. 38.
[19] See G. Baumbach, *Theologische Literaturzeitung*, 90,10, October, 1965, pp. 727—739; H.P. Kingdon, 'Who were the Zealots and their Leaders in A.D. 66? ', in *N.T.S.*, vol. XVII, 1970—1971, pp. 68—72, and 'The Origin of the Zealots', in *N.T.S.*, vol. XIX, 1972—1973, pp. 74—81.
[20] Cf. H.G. Wood, 'Interpreting this Time', in *N.T.S.*, vol. II, 1955—1956, p. 264.
[21] Kingdon, *op. cit.*, *N.T.S.*, vol. XVII, p. 72 Cf. also M. Smith, Zealots and Sicarii. Their Origins and Relation' in *Harvard Theological Review* Vol. 64:1, pp. 1—19.

at a low ebb and the rebels were obliged to take refuge wherever they could find it, especially in the caves of the Judaean desert. This view has been advanced by Driver as an alternative to the more widely accepted Essene theory so that he is obliged to locate the settlement of the Essenes somewhere near Engedi and the adherents of the Fourth Philosophy at Qumran; but there is nothing to support the hypothesis that there was such a settlement at Engedi. Other difficulties have proved even more formidable[22]. Nevertheless, the evidence adduced by Driver for some connection between Qumran and the Zealots requires to be explained. The correct answer may well be that proposed by J.T. Milik that the last historical phase of Qumran Essenism at the time of the outbreak of the Jewish War included a group united with the Essenes of militant Pharisaic Zealots[23].

Who was the Saddouk Josephus describes as the co-founder of the 'Fourth Philosophy'? Josephus himself tells us nothing about him except to describe him as a 'Pharisee'. G.R. Driver may be right in identifying him as the Zadok who came from Egypt with the 'Alexandrian priest' Boethus, the latter the founder of the so-called Boethusian sectarians[24]. The name Zadok (or Saddouk) suggests that he too was a priest, probably a descendant of the Bene Zadok, cousins of the Qumran sectarians who emigrated to Egypt under Onias IV to found the temple at Leontopolis. As Driver points out, Jewish sources may well be accurate in recording a rival party to the Boethusians in the first century B.C. called, after this Saddouk, Saddoukim. By becoming a Pharisee and linking his party with Judas of Galilee, the Egyptian Saddouk was founding a new politically activist Pharisaic-Zadokite party. We may still identify the Qumran Bene Zadok with the Essenes; these Saddoukim, although having the same priestly ancestry, evidently were prepared to adopt more militant policies than their Essene cousins.

Luke 13,1—5 refers to Galilaeans who had evidently been in conflict with the authorities: 'At that very time there were some people present who told him about the Galileans whose blood Pilate had mixed with their sacrifices. He answered them: "Do you imagine that, because these Galieeans suffered this fate, they must have been greater sinners than anyone else in Galilee? I tell you they were not; but unless you repent, you will all of you come to the same end. Or the eighteen people who were killed when the tower fell on them at Siloam — do you imagine they were more guilty than all the other people living in Jerusalem? I tell you

---

[22] See, e.g., the discussion by W.F. Albright and C.S. Mann in *The Scrolls and Christianity* (ed. by M. Black) London, 1969, p. 11f.
[23] *Ten Years of Discovery in the Wilderness of Judaea* (Studies in Biblical Theology, no. 26), London, 1959, pp. 87ff.
[24] *Op. cit.*, p. 226f.

they were not; but unless you repent, you will all of you come to the same end" (NEB). Bultmann, who regards these verses as 'scholastic dialogue' and 'formulations of the church' thinks the reference is to Josephus's *Antiquities* (Ant 18,85—87): 'Admittedly it could also refer to some earlier rising of the Zealots, for the Zealots seem to have been called Galilaeans occasionally (Justin Dial 80, Hegesipp., in Eus. HE IV.22.7)'[25]. The massacre of Samaritans to which this incident in Josephus refers, although related to the temple on Mount Gerizim, in fact took place outside the temple precinct. The identification with the incident of the revolt in the Temple recorded in Ant. 18,85—87 is made by Joseph Klausner[26], mainly, it would seem, on the grounds of the statement that the rebellious Jews 'had been slaughtered like sacrificial beasts'; but this explanation requires us to assume that Luke has confused Archelaus, who was responsible for the massacre, with Pilate. So far as sacrificial imagery and language are concerned, a much closer parallel is to be found at Bell 5,161 where the missiles hurled by one faction of the besieged Jews reached the altar and sanctuary itself, falling on priests and sacrificers alike; strangers were also struck down 'in front of the offerings and sprinkled the altar with their blood'. If these Lucan logia are later literary formulations, any of these incidents could have supplied the imagery. If the words of Jesus are, on the other hand, authentic, then there is no single incident during the procuratorship of Pilate which really fits the sayings: that it could have referred to the incident of the standards or to Pilate's aqueduct operations is also possible[27], but the safest conclusion is that of Hengel that the passage ist much too short to enable us to construct its *Sitz im Leben*[28].

It is against such a religious-political background that the events of the Gospel narrative are to be set, and not the least important fact in their tradition is that Jesus of Nazareth and his movement also came out of Galilee. S.G.F. Brandon has again restated the problem[29]: 'How far the career of Jesus, which brought him to his tragic end on Calvary, is to be regarded as an episode in that resistance movement to Roman suzerainty which was started by Judas of Galilee in A.D. 6, and which ended in A.D. 73 with the resolute refusal of the tortured Sicarii to acknowledge Caesar as lord, is not easily to be estimated. Zealotism produced a long roll of martyrs for Israel's freedom, and there are some aspects of Jesus' career

[25] *The History of the Synoptic Tradition*, Oxford, 1963, p. 55.
[26] *Op. cit.*, pp. 153,164.
[27] Cf. C.H. Kraeling, 'The Episode of the Roman Standard at Jerusalem', in *Harvard Theological Review*, vol. XXXV, 1942, p. 281ff., and J. Blinzler, 'Die Niedermetzelung von Galiläern durch Pilatus', in *Novum Testamentum*, vol. II, pp. 44—49.
[28] Cf. Hengel, *op. cit.*, pp. 61,344. See also Wood, *op. cit.*, p. 263.
[29] *Op. cit.*, p. 354f.

which would seem to entitle him to a place among them.' To give him
such a place (cf. 1 Tim 6,13) need not carry with it the implication that
Jesus the Galilaean, like Judas, was ever a fomenter or instigator of
political revolt[30]. The Gospel tradition nowhere seems unambiguously to
encourage the idea that Jesus could have been a political zealot, and,
indeed, seems positively to discourage it. This does not mean, however,
that Jesus may not have aligned himself with a form of apocalyptic
zealotism which left the final Act of Judgement to God, while himself
assuming the role of a martyr for Israel in the line of a noble tradition[31].

According to Josephus (Bell 6,281—288) it was a false prophet, one of
many suborned for the purpose by despotic Jewish leaders, who
encouraged a company of Jews, including women and children, to take
refuge in the Temple courts while the Temple was being put to fire and
sword by the infuriated Romans, and 'there to await the signs of (their)
deliverance' (τὰ σημεῖα τῆς σωτηρίας), with the result that 'out of all that
multitude not a soul escaped'. We can detect the hand of Josephus in the
telling of this story, but it seems to contain a kernel of historical fact; it
can only have been an 'apocalyptic prophet', awaiting some special divine
deliverance, who persuaded that company to remain in the Temple, to
face certain death by fire and sword, in the hope of divine intervention.
That Jesus of Nazareth was just such an *Apokalyptiker*, harbouring as well
as proclaiming such a denouement, in the intolerable situation of his
countrymen, is a hypothesis the student of Josephus or the New
Testament cannot afford to neglect. As H.G. Wood wrote: 'The
apocalyptic movement with which John the Baptist and Jesus were
associated was closely related to a historical situation, the nature of which
was made clear by events, such as those recorded in Lk 13,1—8 and
Josephus Ant 13,ch.3. We cannot ignore the influence of the historical
situation on the words and deeds of Jesus.'[32]

---

[30] Cf. C.K. Barrett in *New Testament Essays*, edited by A.J.B. Higgins, Manchester,
1962, p. 11ff.
[31] Cf. my article on Matthew 10,34 in *Expository Times*, vol. LXXX, p. 115ff. in the
series 'Uncomfortable Words: The Violent Word'.
[32] *Op. cit.*, p. 266.

Die heilige Stadt im Völkerkrieg
Wandlungen eines apokalyptischen Schemas

Von Otto Böcher, Mainz

1. Johannesoffenbarung

Zufolge der Offenbarung des Johannes spielt die Stadt Jerusalem in den kriegerischen Auseinandersetzungen der Endzeit eine entscheidende Rolle[1]. Der Ansturm der feindlichen Völker (vgl. Apk 17, 12–14; 19,11–21) gipfelt in der Belagerung des heiligen Lagers und der „geliebten Stadt" sowie in der Schlacht am Weltenberg Har Magedon (wohl: = Zion; Apk 16,14–16: 20,7–10). Im Lager auf dem Zionsberg sammeln sich die rechten Israeliten um den Widder, d.h. den Messias (Apk 14,1; 20,9)[2]; nach alttestamentlichem Vorbild (vgl. Dtn 23,10–15) ist das Lager von höchster Reinheit: Die 144000 – von jedem Stamm 12000 – verzichten auf Geschlechtsverkehr (Apk 14,4)[3]. Der Sieg gehört diesen Heiligen; Gott selber kämpft für sie, zusammen mit seinen Engeln und dem Widder-Messias (Apk 17,14;19,15.20f;20,9f). Die Gegner trifft der Urteilsspruch seines Gerichts (Apk 20,11–15). Nach der Zerstörung des alten Jerusalem (vgl. Apk 11,1f) schwebt ein neues, „heiliges" Jerusalem aus dem Himmel herab auf den Zionsberg (Apk 3,12; 21,2.9–11)[4]. Diese Stadt ist vorgestellt als unüberwindliche Festung von quadratischem Grund-

---

[1] An Literatur zum eschatologischen Jerusalem, insbesondere in der Johannesapokalypse, ist außer Kommentaren zu nennen:Rudolf Knopf, Die Himmelsstadt, in: Neutestamentliche Studien, Georg Heinrici zu seinem 70. Geburtstag dargebracht, Leipzig 1914, S. 213–219; Robert Henry Charles, A Solution of the Chief Difficulties in Revelation xx – xxii, in: The Expository Times 26, Edinburgh 1914/15, S. 54–57 und S. 119–123; J. Agar Beet, Another Solution of Revelation xx – xxii, ebd. S. 217–220; H. Northcote, A. Solution of the Chief Difficulties in Revelation xx – xxii, ebd. S. 426–28; Wilhelm Bousset und Hugo Greßmann, Die Religion des Judentums im späthellenistischen Zeitalter (HNT XXI), Tübingen [3]1926, S. 282–285; Hans Bietenhard, Die himmlische Welt im Urchristentum und Spätjudentum (WUNT 2), Tübingen 1951, S. 192–204;Hermann Strathmann, Art. πόλις κτλ, in ThW VI, Stuttgart 1959, S. 516–535; Eduard Lohse, Art. Σιών, Ἰερουσαλήμ κτλ.B und C, in: ThW VII, Stuttgart 1964, S. 318–338;Hans Kosmala,Art.Jerusalem XIII, in: Biblisch-Historisches Handwörterbuch II, Göttingen 1964, Sp.848f; Helmut Schultz, Art. Jerusalem, in: Theologisches Begrifflexikon zum Neuen Testament II 1, Wuppertal 1969, S. 753–757.

[2] Vgl. Friedrich Spitta, Christus das Lamm, in: Streitfragen der Geschichte Jesu, Göttingen 1907, S. 172–224.

[3] Vermutlich ist an sexuelle Enthaltsamkeit nach einem enkratitischen Taufgelübde zu denken (vgl. Apk 7,4–8; „Versiegelung" = Taufe): Otto Böcher, Christus Exorcista. Dämonismus und Taufe im Neuen Testament (BWANT 96), Stuttgart 1972, S. 123 mit Anm. 443.

[4] Vgl. Hermann Strathmann (s. Anm. 1), S. 530–533.

riß (Apk 21,16)[5] mit gewaltigen Mauern, Toren und Türmen (Apk
21,12—21. 25; 22,14); die Befestigungsanlagen bestehen aus Edelsteinen
(Apk 21,18—21). Überhaupt ist die Stadt des göttlichen Glanzes voll (Apk
21,11), von höchster Heiligkeit (Apk 21,2.10; 22,19) und Reinheit; nur
die Heiligen sammeln sich in ihr (Apk 21,27; 22,14), doch für die Diener
der Dämonen — Heiden, Lügner, Zauberer, Frevler — ist in ihren Mauern
kein Raum (Apk 21,27; 22,15). Einen Tempel wird es da nicht mehr
geben (Apk 21,22), doch wohnt Gott mit dem Messias in der neuen Stadt
(Apk 21,3) und hat hier seinen Thron (Apk 22,1). Die besiegten Völker
bringen ihren Tribut (Apk 21,26), aber sie bringen ihn gern, denn der
Gottesfriede ist auch ihr Friede, schenkt auch ihnen das Heil (Apk 21,24).

Es gehört zur Eigenart der Apokalypsenliteratur, daß die geradlinige Abfolge der Ereignisse gleichsam zerlegt erscheint durch zahlreiche Vorweg-
nahmen, Nachträge und Wiederholungen; dies mag zum Teil auf der Kom-
pilation verschiedener Traditionsstoffe beruhen, dürfte aber auch, zumindest teilweise, bewußte apokalyptische Kompositionstechnik verraten[6].
Jedenfalls sollte nicht verwundern, daß der oben skizzierte Verlauf des
Enddramas in der Johannesoffenbarung nicht ausschließlich in den Kapiteln 20 - 22 (und auch hier nur ungefähr in der angegebenen Reihenfolge)
berichtet wird. Es handelt sich dennoch um ein traditionelles, inhaltlich
geschlossenes apokalyptisches Schema, im wesentlichen identisch mit dem
Schema, das Günther Harder[7] das ezechielische nennt, ohne daß die Schemata vom Gericht und von den beiden Städten[8] davon deutlich unterschieden werden könnten. Obgleich die Berührungen der Kapitel Apk 19 — 22
mit Ez 38 — 48 sehr eng sind, dürfte das Schema dem Autor der Johannesoffenbarung durch nachezechielische jüdische Apokalypsen vermittelt
worden sein; da es um die künftigen Geschicke des Zions und seiner Bewohner kreist, schlage ich die Bezeichnung „Zionsschema" vor. Im folgenden versuche ich, das Zionsschema in der alttestamentlich-jüdischen Literatur nachzuweisen, wobei nicht zuletzt auf manche Aussagen des Josephus ein bezeichnendes Licht fällt. Schließlich werden hier die neutestamentlichen Aussagen über das neue, himmlische und obere Jerusalem

---

[5] Da die Höhe der himmlischen Stadt mit der Länge einer Quadratseite übereinstimmt
(Apk 21,16 c), ist das neue Jerusalem offenbar als Kubus gedacht. Damit ist zu
vergleichen die Vorstellung von der Gottesstadt als einem „Haus" (äth Hen
89,50; 90,28f; Test Lev 10,5; Joh 14,2 u.ö., s. unten Anm. 22 und 31).
[6] Vgl. Klaus Koch, Ratlos vor der Apokalyptik. Eine Streitschrift über ein vernach-
lässigtes Gebiet der Bibelwissenschaft und die schädlichen Auswirkungen auf Theologie
und Philosophie, Gütersloh 1970, S. 24.
[7] Günther Harder, Eschatologische Schemata in der Johannes-Apokalypse, in:
Theologia Viatorum 9, Jahrbuch der Kirchlichen Hochschule Berlin 1963, Berlin 1964
(S. 70—87), S. 71—76 und 84f.
[8] Ebd. S. 73—75.82f.85.

eingeordnet; so ergeben sich für viele Einzelheiten in den Schlußkapiteln der Johannesoffenbarung Kategorien für ein besseres Verständnis.

2. Altes Testament[9]

In den Zionsliedern (vgl. Ps 137,3), insbesondere den Psalmen 46, 48 und 76[10], finden sich bereits die wesentlichen Elemente des Zionsschemas: die Erwartung eines Völkersturms gegen den Zion (Ps 46,4.7; 48,5–8; 76,4–8), Jahwes Sieg (Ps 46,6–11; 48,6–8; 76,4–11), Jahwes Gericht (Ps 76,9f) und die neue Gottesstadt (Ps 46,5a; 48,2f) von ewigem Bestand (Ps 48,9), deren Mauern und Türme den Bewohnern Sicherheit garantieren (Ps 48,13f); Jahwe selbst wohnt in ihrer Mitte (Ps 46,5b.6; 48,10; 76,3), und die Völker bringen ihr Tribut (Ps 76,12f).

Das Zionsschema prägt auch die Hoffnungen der verschiedenen Teile des *Jesajabuchs*[11]. Die Fremdvölker stürmen gegen den Zion, schlagen ihr Lager vor der heiligen Stadt auf, werden dann aber durch Gott selbst, der für sein Haus und seinen Berg kämpft, auf wunderbare Weise geschlagen (Jes 5,26–29; 10,24–34; 17,12–14; 25,10–12; 29,1–8; 31,1–4). Ewiger Friede folgt auf die Bekehrung der Heiden (Jes 2,2–4 par Mi 4,1–4; Jes 25,7–9). Jahwe selbst legt in Zion den kostbaren Eckstein (Jes 28,16): er baut das neue Jerusalem auf festem und edlem Fundament mit Recht und Gerechtigkeit (Jes 28,17); durch Jahwes Weisung (Mi 4,2) erhalten Zion und Jerusalem „in den letzten Tagen" überragende Bedeutung (Jes 2,2 par Mi 4,1; Jes 25,7.10). Auf dem Zion werden sich schließlich die Zerstreuten sammeln zu immerwährender Freude (Jes 35,10).

Kaum anders stellen sich *Deutero-* und *Tritojesaja*, angesichts der exilischen und nachexilischen Nöte, die heilvolle Zukunft Jerusalems vor. Jahwe wird selbst eine neue Stadt bauen, und zwar aus Edelsteinen (Jes 54,11f); ihre Mauern und Tore garantieren den Bewohnern nicht nur Sicherheit (Jes 54,11–17), sondern auch Gerechtigkeit, Frieden und Heil (Jes 54,14; 60,17f). Dieses neue Jerusalem ist Jahwes heilige Stadt (Jes 60,14), die kein Unbeschnittener und Unreiner mehr betreten wird (Jes

---

[9] Für liebenswürdige Auskünfte und Hinweise aus dem Bereich der alttestamentlichen Literatur danke ich meinem Mainzer Kollegen, Herrn Prof. Dr. Christoph Barth.
[10] Obgleich die Zionslieder literarisch in die exilische Zeit gehören, sind die verwendeten mythischen Motive wesentlich älter, vgl. Ernst Sellin und Georg Fohrer, Einleitung in das Alte Testament, Heidelberg [11]1969, S. 286; das Alter des Motivs vom Völkerkampf ist strittig.
[11] Zunächst stelle ich die Belege aus Jes 1–39, dann aus Jes 40–55 und 56–66 zusammen. Über das Alter der einzelnen Schichten ist damit nichts gesagt. Jes 28–32 ist sicher jesajanisch, Jes 2,2–4 (mit der Parallele Mi 4,1–4) und die sog. Jesaja-Apokalypse, Jes 24–27, entstammen späterer Zeit: Sellin/Fohrer (s. Anm. 10), S. 400–405. Die Gemeinde von Qumran (2. Jh. v. Chr.) kannte jedenfalls das Jesajabuch in der heute vorliegenden Gestalt: Sellin/Fohrer, S. 404.

52,1). In der uneinnehmbaren Festung, deren Angreifer vor ihm zuschanden werden müssen (Jes 54,15—17), sammelt Jahwe die Seinen (Jes 54,7; 60,4); die Völker bringen ihre Schätze als Tribut (Jes 60,5—17).

Voll entfaltet wird das Zionsschema in den letzten zwölf Kapiteln des *Ezechielbuches* (Ez 37—48), die nach 585 v. Chr. im Babylonischen Exil entstanden sein dürften[12]. Jahwe reizt Gog, den Fürsten von Magog, zum Kriegszug gegen Israel (Ez 38,1—16); noch vor der Eroberung Jerusalems unterliegen Gog und Magog (Ez 38,17—39,24): die Heiden zerfleischen einander (Ez 38,21), Gott selbst vernichtet Gog und Magog durch Feuer (Ez 38,22; 39,6). Auf dem hohen Zionsberg (Ez 40,2; vgl. Apk 21,10) ersteht dann das neue, wunderbare Jerusalem mit dem neuen Tempel (Ez 40—48). Die Stadt hat quadratischen Grundriß (Ez 48,30—35); Jahwe wohnt in ihr (Ez 37,27; 43,1—12 u.ö.), und der Messias regiert sie (Ez 37,24f). Die Frommen werden von Jahwe gesammelt (Ez 37,22—28; 39,27—29); das neue Gottesvolk soll die Fremden einbeziehen (Ez 47,22f).

Auch die Tempelbaupropheten *Haggai* und *Sacharja*[13] denken und predigen in den Kategorien des Zionsschemas. Gott selbst setzt durch kosmische Katastrophen die Völker in Bewegung (Hag 2,6f.21f), doch bringt er ihren Ansturm auf Jerusalem vor Einnahme der Stadt zum Stehen (Sach 12,2f.6—8)[14]. Jahwe selber kämpft für seine Stadt (Hag 2,6f.21-23; Sach 2,12f; 12,2—9; 14,1—3.12—15); er läßt die Heiden einander zerfleischen (Hag 2,22) und vertritt die Stelle der schützenden Stadtmauer (Sach 2,8f). Eine neue Stadt wird die Stelle der alten einnehmen (Sach 14,10); die Herrlichkeit des alten Tempels soll durch einen prächtigen Neubau überboten werden (Hag 2,3.9). Das neue Jerusalem ist Gottes Werk, das keiner Vermessung des Grundrisses bedarf (Sach 2,5—8); denn er selbst bildet die Mauer (Sach 2,9) und garantiert die Sicherheit (Sach 14,10f). Im Gegensatz zur Unreinheit der alten Stadt und ihrer Bewohner (Hag 2,11—14) wird kein Kanaanäer[15] mehr den Tempel betreten (Sach 14,21): die Stadt zeichnet sich aus durch unerhörte Reinheit und Heiligkeit (Sach 14,20f). Jahwe wohnt in ihr als König (Sach 2,14; 14,9); der Messias regiert in

---

[12] Sprüchen und Berichten über die Schaffung des neuen Israel (Ez 36—39) folgen Sprüche und Berichte über den äußeren Neuaufbau Israels (Ez 40—48): Sellin/Fohrer, S. 448 und 454.

[13] Haggai wirkt im Jahre 520 v.Chr., Sacharja (Sach 1—8) in den Jahren 520—518 v.Chr.: Sellin/Fohrer, S. 504 und 506. Um 300 v.Chr. schreiben die „Epigonen der Spätzeit", Deuterosacharja (Sach 9—11) und Tritosacharja (Sach 12—14): Sellin/Fohrer, S. 515; auch sie verwenden Motive des Zionsschemas, so daß eine differenzierende Darstellung kaum notwendig erscheint.

[14] Anders Sach 14,2 (Einnahme Jerusalems, Exilierung der Hälfte der Bewohner); über die Spannung zu Sach 12f. vgl. Karl Elliger, Das Buch der zwölf Kleinen Propheten II (ATD XXV), Göttingen [6]1967, S. 181.

[15] „Kanaanäer" ist doppeldeutig und kann auch den — fremdstämmigen — Händler

seinem Auftrag (Sach 9,9; vgl. die Erwählung Serubbabels Hag 2,2.4.23; Sach 4,6f). Die Heiden sollen dann gleich den Israeliten nach Jerusalem wallfahrten (Sach 2,15; 14,16—19); ihre Schätze werden als Tribut in den Tempel gebracht (Hag 2,7f; Sach 14,14).

Das Buch *Tobit*[16] versteht die Zerstörung Jerusalems als Strafe für die Sünden seiner Bewohner (Tob 13,5.9; 14,4) und erwartet für die Zukunft neues Erbarmen Gottes und Rückführung der Zerstreuten (Tob 13,5.13; 14,5). Dann wird Jerusalem in niedagewesener Herrlichkeit neu erbaut werden (Tob 14,5); Gold und Edelsteine bilden das Material für Mauern, Türme, Schanzwerk und Pflasterung (Tob 13,16). Die bekehrten Heiden werden willig ihren Tribut entrichten (Tob 13,11), wenn sie zur Anbetung des wahren Gottes nach Jerusalem kommen (Tob 13,11; 14,6f).

Im Buche *Daniel*[17] klingt das Zionsschema an, wenn vom Ansturm des bösen „Königs vom Norden" (Dan 11,40—45)[18] berichtet wird, den Gott tötet, bevor er den Zion betreten kann (Dan 11,45). Ein kosmischer Endkampf, bei dem Michael als Feldherr mitwirkt, führt zu Israels Rettung (Dan 12,1); ein doppeltes Gericht bringt, nach vorangegangener Totenauferstehung, den einen ewiges Leben, den anderen ewiges Verderben (Dan 12,2f).

3. Nachbiblisches Judentum vor 70 n. Chr.

Heidnische Völker ziehen auch im *äthiopischen Henochbuch*[19] gegen Judäa und Jerusalem; die Völkerengel der Parther und Meder verführen die Könige zu kriegerischer Unternehmung (äth Hen 56,5—8)[20]. Gott aber

---

[16] bezeichnen: Karl Elliger, S. 186; vgl. Jesu Reinigung des Tempels von Händlern (Mk 11,15—17 parr.; Joh 2,13—17). Die Vorstellung, daß kein Fremder die heilige Stadt betreten dürfe, wird integrierender Bestandteil des Zionsschemas (vgl. Jes 52,1; 1 QH 6,27f.; 4 Q 1,3f; Apk 21,27; 22,14f, auch Eph 2,19 im Kontext 2,19—22, schließlich noch BB 75b), s. unten Anm. 32 und 99.

[16] Zu Text und Entstehungszeit des Tobitbuches (um 200 v.Chr.) s. Leonhard Rost, Einleitung in die alttestamentlichen Apokryphen und Pseudepigraphen einschließlich der großen Qumran-Handschriften, Heidelberg 1971, S. 44—47. Im folgenden werden die Belege nach der Zählung der griechischen Bibel, nicht nach Vulgata und Luther angeführt.

[17] Vgl. Sellin/Fohrer, S. 517—527 (S. 525: Entstehung zwischen 167 und 164 v.Chr.).

[18] Vgl. Jer 1,14 und Joel 2,20; Antiochus IV. Epiphanes (reg.176/75—164 v.Chr.) wird mit dem dämonischen Mitternachtsfürsten gleichgesetzt.

[19] Die einzelnen Teile des äth Hen sind vermutlich im 2. und 1. Jahrhundert v.Chr. entstanden: Leonhard Rost (s. Anm.16), S. 105. Motive des Zionsschemas finden sich auch im annähernd gleichalterigen Jubiläenbuch (Jub 1,13—18.27f: Völkersturm, Zerstörung und Neubau des Heiligtums „für alle Ewigkeit").

[20] Vgl. einerseits 1 Kön 22,20—23 (In Gottes Auftrag verführt der Lügengeist der falschen Propheten den König Ahab zum Feldzug) und Ez 38,1—16 (Gott lockt den Fürsten Gog ins militärische Abenteuer), andererseits Apk 16,14 (Dämonen sammeln die Könige der Welt zum eschatologischen Krieg).

kämpft für die Seinen: Die Raubtiere und Raubvögel werden vom Herrn der „Schafe" (Israeliten) vernichtet (äth Hen 90,18); aus dem Himmel erscheint Gott mit seinen Heerscharen auf dem Sinai zu siegreichem Krieg und zum Gericht (äth Hen 1,3—9) zur Unterwerfung und Vernichtung der Gottlosen (äth Hen 90,1—27; 94,10). Von Gott als dem Herrn der Schafe erfährt der gehörnte Widder — der Messias (vgl. Apk 5,6; 6,16; 7,16f; 14,1; 22,1 u.ö.)[21] — lebenerhaltende Hilfe im Kriegsgetümmel (äth Hen 90,9—18). Das alte „Haus", d.h. das alte Jerusalem[22], wird von Gott eingepackt und an einen Ort im Süden des Landes geschafft; an seinen Platz stellt Gott ein größeres und schöneres „Haus", das neue Jerusalem (äth Hen 90,28f.)[23]. Wenn die neue Stadt als Haus bezeichnet werden kann (äth Hen 89,50; 90,28f.36), so ist sie offenbar kubisch gedacht (vgl. Apk 21,16); sie erglänzt in höchster Reinheit: alle „Schafe" sind weiß, aller Wolle ist rein (äth Hen 90,32). In dieser Stadt werden die Frommen gesammelt (äth Hen 90,33f.36); hier regiert der Messias, zugleich als Herr der Heiden (äth Hen 90,37)[24].

Als Strafe für die Sünden Levis und Judas (vgl. Apk Bar syr 1,2—5) gelten Zerstörung Jerusalems und Exilierung den Zwölfertestamenten[25] (Test Lev 10,2—4; Test Dan 5,7f; vgl. Test Ass 7,2—6). Die Möglichkeit der Rückführung und des Wiederaufbaus wird an Buße und Bekehrung zum Herrn geknüpft (Test Dan 5,9). Dann wird Gott Beliar besiegen (Test Dan 5,10f; vgl. Test Seb 9,8) und ein neues Jerusalem erstehen lassen (Test Dan 5,12; vgl. Test Lev 10,5[26] und Test Seb 9,8), in dem er selbst die Zerstreuten sammeln (Test Ass 7,7) und Wohnung nehmen wird (Test Dan 5,13)[27].

---

[21] Friedrich Spitta (s. Anm. 2), S. 177—186.

[22] Hier (äth Hen 90,28f) wie auch äth Hen 89,50; 90,36; Test Lev 10,5; 4Q flor 1,2—4; Joh 14,2 (vgl. 14,23) steht „Haus" nicht für den Tempel, sondern für die Stadt Jerusalem, vgl. Otto Michel, Art. οἶκος κτλ., in ThW V, Stuttgart 1954 (S. 122—161), S. 131f mit Anm. 37 (s. oben Anm. 5 und unten Anm. 31). Zum Motiv des Hauses ist schon Ex 15,17; 2 Sam 7,11.12—14 zu vergleichen: Otto Michel, Der Umbruch: Messianität = Menschensohn, in: Tradition und Glaube, Festgabe für Karl Georg Kuhn zum 65. Geburtstag, Göttingen 1971 (S. 310—316), S. 314. Im Bild von der hausförmigen Gottesstadt erscheint der Tempel als Turm auf dem Haus (äth Hen 89,50; vgl. Sib 5,424—427).

[23] Vgl. auch äth Hen 91,13 (Errichtung einer neuen Stadt und eines neuen Tempels „für immerdar"); hier bedeutet „Haus (des großen Königs)" freilich den Tempel, nicht die Stadt. Die Bilder gehen allerdings ineinander über: Hans Bietenhard (s. Anm. 1), S. 195.

[24] Christliche Interpolation? Vgl. Friedrich Spitta (s. Anm. 2), S. 181—186.

[25] Noch immer halte ich die Testamente der zwölf Patriarchen für eine Sammlung jüdischer Schriften vorchristlicher Zeit, allenfalls in ihren jüngeren Teilen dem 1. Jahrhundert n. Chr. entstammend; die Versuche, christliche Herkunft der Test XII zu erweisen (M.W.C. de Jonge), können nicht überzeugen: Leonhard Rost (s. Anm. 16), S. 108f.

[26] „Haus" = Jerusalem, s. oben Anm. 22.

[27] Test Dan 5,13 b kann auf die Herrschaft des Messias gedeutet werden, doch ist die textliche Überlieferung unsicher.

Unter den Schriften der *Sekte von Qumran*[28] hat sich das Fragment eines Midraschs zu 2 Sam 7,10—16 erhalten[29], der wesentliche Elemente des Zionsschemas vereint (4 Q flor 1)[30]. Am „Ende der Tage" (4 Q flor 1,2.12) toben die heidnischen Völker gegen Jahwe, den Messias und sein Volk (4 Q flor 1,18f nach Ps 2,1f). Israels Sünde ist schuld daran, daß sein altes Heiligtum zerstört wurde (4 Q flor 1,5f). Gott selbst aber wird auf dem Zion (4 Q flor 1,12) ein neues „Haus"[31] erbauen, das in Ewigkeit den Anstürmen Belials und seiner Anhänger standhalten und die Lichtsöhne schützen wird (4 Q flor 1,2.5.7—13 unter Benutzung von 2 Sam 7,11). Das göttliche Haus, in dem die Erwählten Israels wohnen werden (4 Q flor 1,19), zeichnet sich durch götzenfreie Reinheit aus (4 Q flor 1,16 f nach Ez 37,23); kein Ausländer (Ammoniter, Moabiter), Bastard oder Fremdling wird es jemals betreten (4 Q flor 1,3f nach Dtn 23,2f)[32]. Nur „Heiligen" ist dieses Haus zugänglich (4 Q flor 1,4), in dem der Thron des Messias steht (4 Q flor 1,7.10—13 nach 2 Sam 7,14).

Auch sonst finden sich in den Qumranschriften zahlreiche Spuren des Zionsschemas. Der eschatologische Ansturm der Fremdvölker wird gleichgesetzt mit dem Krieg der Finsternissöhne gegen die Lichtsöhne (1 QM 1,1—7.9—11; 2,10ff; 9,5; vgl. 1 QS 3,24f; 1 QSa 1,21.26; CD 4,13); das Zentrum dieses zugleich ethischen Kampfes ist „Jerusalem" (1 QM 1,3; 3,11; 7,4; wohl auch 12,17; vgl. 12,13 par. 19,5). In einem heiligen Lager (vgl. Dtn 23,10—15), das sich „in der Wüste von Jerusalem" befindet (1 QM 1,3)[33], leben die Qumraniten (1 QM 7,1—8); hier erwarten sie den Messias (1 QSa 2,12.14.20; CD 12,22 f; 14,19; 19,10f; 20,1) bzw. den Propheten und die Gesalbten Aarons und Israels (1 QS 9,10f). In einem gewaltigen Streit

[28] Die einzelnen Schriften vom Toten Meer sind offenbar nicht gleichzeitig entstanden; bei 1 QM sind verschiedene Schichten anzunehmen, deren älteste in die Makkabäerzeit hinabreichen. Jedenfalls erfolgten Abfassung oder Schlußredaktion noch vor der Katastrophe des Jahres 70 n.Chr., vgl. Leonhard Rost (s. Anm.16), S. 117—142.

[29] Vgl. Otto Michel, Umbruch (s. Anm.22), S. 313f.

[30] Vgl. Georg Klinzing, Die Umdeutung des Kultus in der Qumrangemeinde und im Neuen Testament (Studien zur Umwelt des Neuen Testaments 7), Göttingen 1971, S. 84f.

[31] „Haus" = Jerusalem, s. oben Anm.22; zu 4 Q flor 1 vgl. Georg Klinzing, S. 80—85. Weitere qumranische Belege zu Haus und Bau (auch: Tempel) siehe bei Otto Betz, Felsenmann und Felsengemeinde. Eine Parallele zu Mt 16,17—19 in den Qumranpsalmen, in: ZNW 48, Berlin 1957 (S. 49—77), S. 51—54, sowie bei Georg Klinzing, S. 50—93; vgl. unten Anm.36.

[32] Vgl. 1 QH 6,27f und dazu Georg Klinzing, S. 85 mit Anm.39; s. auch die Belege oben Anm.15.

[33] Zur Heiligkeit des Lagers (Dtn 23,11f!) vgl. den Verzicht des Teilnehmers am heiligen Krieg auf Geschlechtsverkehr (1 Sam 21,6; 2 Sam 11,11); so leben die Qumraniten ehelos (vgl. 1 QM 7,3—6), nicht anders als die 144000 Jungfräulichen von Apk 14,1—5 (vgl. oben Anm.3).

kämpfen die Lichtsöhne zusammen mit Gott und seinen Engeln (Michael!) gegen die Finsternissöhne unter Belial und seinen Dämonen (1 QM passim, etwa 1,10f; 7,6; 12,7f; 17,6ff; ferner 1 QS 3,24f; 1 QSa 1,21.26; 2,8f; CD 4,13; 1 QH 2,10–17.20–30; 4, 22.33–37; 6,20–36); die Gottlosen trifft schlimmes Gericht (1 QS 4,19–22; 5,12f; vgl. 1 QS 4,11–14; CD 1,2; 2,5–9). Dagegen wird Gott mit seinen Engeln in Jerusalem (1 QM 12,13f par. 19,5f) bei den Frommen wohnen (1 QM 12,7–18 par. 19,1–8); ihnen dient die befestigte Stadt mit Mauern und Toren als Zuflucht (1 QH 6,24–36). Die Völker bringen ihren Reichtum als Tribut; ihre Könige dienen dem Herrscher Jerusalems (1 QM 12,13f par. 19,5f).

Alle Farben dieses Gemäldes stammen aus dem traditionellen Zionsschema. Dennoch hat in Qumran, während noch in Jerusalem der herodianische Tempel mit seinem Kult bestand, eine folgenschwere Umdeutung des Zionsschemas stattgefunden: Was vordem von einer heilvollen, die dürftige Gegenwart weit überbietenden Zukunft erwartet wurde, sehen die Qumraniten als zum guten Teil gegenwärtig erfüllt. Das „alte" Jerusalem, obgleich noch existent, ist für sie abgetan, denn es ist samt seinem Tempel entweiht[34]; der offizielle Kult gilt als Götzendienst (1 QS 2,11f.17; 1 QH 4,19). Dafür ist das „neue" Jerusalem bereits Wirklichkeit geworden: im heiligen und reinen Lager der Sektengemeinde (1 QH 6,24–36; 1 QM 7,1–8)[35]. Sein Tempel sind die Frommen (1 QS 8,9f)[36], die zugleich die Wache vor den Toren des Heiligtums bilden (1 QM 2,3); jeder steht auf seiner Warte (CD 4,11f). Das „Rauchopfer" in diesem Tempel neuer Art sind die „Taten des Gesetzes" (4 Q flor 1,6f)[37]. Die Gemeinde gleicht der idealen Stadt mit sicherer Mauer auf festem Fundament und kostbarem Eckstein (1 QS 8,7f; vgl., individuell gewendet, 1 QH 7,8f)[38]. Mit dem von

---

[34] Vgl. CD 20,22–24; ähnlich CD 4,18; 5,6; 1 Qp Hab 12,8f: Georg Klinzing, S. 18f mit Anm.57.

[35] Die Gemeinde versteht sich nicht nur als das Wüstenlager des heiligen Krieges (1 QM 7,1–8), sondern auch als das auf Felsen gegründete Jerusalem der Endzeit (1 QH 6,24–27 nach Jes 28,16f): Otto Betz (s. Anm.31), S. 54–63; Gert Jeremias, Der Lehrer der Gerechtigkeit (Studien zur Umwelt des Neuen Testaments 2), Göttingen 1963, S. 245–249; Heinz-Wolfgang Kuhn, Enderwartung und gegenwärtiges Heil. Untersuchungen zu den Gemeindeliedern von Qumran mit einem Anhang über Eschatologie und Gegenwart in der Verkündigung Jesu (Studien zur Umwelt des Neuen Testaments 4), Göttingen 1966, S. 187f. Zu den in 1 QH 6 geschlossen verwendeten Motiven des Zionsschemas siehe die Tabelle bei Gert Jeremias, S. 247.

[36] „Haus" (oder „Bau"), als welches sich die Sektengemeinde beschreibt, kann das neue Jerusalem meinen (s. oben Anm.22 und 31), bedeutet aber noch häufiger den (neuen)Tempel (1 QS 8,4–8.8–10; 9,3–6; 11,8; CD 3,18–4,10): Otto Betz, S. 53; Georg Klinzing, S. 50–93.

[37] An die Stelle des kultischen Opfers treten rechter Wandel und Lobpreis (1 QS 3,4–12; 8,3f; 9,4f; CD 11,20f u.a.): Georg Klinzing, S. 93–106.

[38] Vgl. Jes 28,16f. Mit 1 QH 7,8f vgl. Mt 7,24–27 par. Lk 6,47–49, mit 1 QS 8,7f vgl. Apk 3,12.

Gott errichteten Haus ist ohne Zweifel die Qumrangemeinde als das neue
Jerusalem gemeint (4 Q flor 1,2.5.7—13; vgl. 1 QS 8,5). Insofern freilich
Gottes endgültiger Sieg noch aussteht (1 QM 18,11; vgl. 4 Q flor
1,7—9.18f), ist auch das neue Jerusalem noch nicht voll verwirklicht[39].
Noch weiter in der Spiritualisierung des Zionsschemas geht *Philo*[40]. Bleibt
in Qumran wenigstens die Kategorie des Gottesvolks in einer realen Wohn-
gemeinschaft erhalten — wenn auch in exklusivistischer Verkürzung —, so
löst Philo die Vorstellung des göttlichen Jerusalem sowohl vom Diesseits
als auch von der israelitischen Volksgemeinschaft[41]. Auch Philo kennt
noch die Motive von Kampf und Sieg und die Hoffnung auf ein neues,
ewiges Jerusalem. Der Kampf aber ist kein kollektiv-apokalyptischer mehr,
sondern ein individuell-ehtischer (z.b. von Jakob, Philo Som 1,46)[42]. Jerusalem, das Vaterland der Seele, die geistige Stadt, liegt im Himmel (Philo
Rer Div Her 82.274; Philo Som 1,46), zugleich aber auch in der kampflo-
sen Seele des Weisen (Philo Som 2,250). Überhaupt ist der Himmel die
Heimat des Weisen; aus der himmlischen Stadt ist der Weise auf die Erde
gesandt, die ihm immer Fremde bleibt (Philo Conf Ling 76—79; Philo
Agric 65). Zufolge Philo Rer Div Her 26f ist für Abraham dieses Vaterland
geradezu mit Gott selbst identisch. Hier ist das Zionsschema radikal umgedeutet; Jerusalem dient als Metapher für ein Leben der Feindschaft gegen
Welt, Körperlichkeit und Laster[43]. Je nach dem Grad der Verwirklichung
solchen Lebens wohnt der Weise schon jetzt in dieser Stadt (Philo Rer Div
Her 82; vgl. 26f) bzw. diese Stadt in ihm (Philo Som 2,250), oder er ist

---

[39] Zur dialektischen Eschatologie der Qumrangemeinde (vgl. u.a. 1 QH 6,6—8;
8,5—14) s. Otto Böcher, Der johanneische Dualismus im Zusammenhang des nachbiblischen Judentums, Gütersloh 1965, S. 124; Heinz-Wolfgang Kuhn (s. Anm 35), S. 187f.
Falls die feindlichen Kittäer der Kriegsrolle (1 QM 1,2.4.6.9 u.ö.) identifiziert werden
dürfen mit den Chuthäern, die nach Jos Ant 11,19f.88 den Wiederaufbau Jerusalems
verhindern wollen, ist die Vollendung der neuen Gottesstadt geknüpft an den endgültigen Sieg der Lichtsöhne über die Söhne der Finsternis.
[40] Philo dürfte um 20 v.Chr. geboren sein; er ist nach 40 n.Chr. gestorben; über Leben
und Werke, insbesondere über den Einfluß der griechischen Philosophie auf Philos
Gedankenwelt, s. Carsten Colpe, Art. Philo von Alexandria, in: RGG V, Tübingen
³1961, Sp.341—346.
[41] Siehe dazu Karl Ludwig Schmidt, Art. βασιλεύς κτλ. D und E, in: ThW I, Stuttgart
1933 (S. 573—593), S. 574—576; Herbert Braun, Das himmlische Vaterland bei Philo
und im Hebräerbrief, in: Verborum Veritas, Festschrift für Gustav Stählin zum 70.
Geburtstag, Wuppertal 1970, S. 319—327. Die folgenden Belege nach Herbert Braun,
S. 319—324.
[42] Vgl. die Paränese im Bild der sog. Waffenrüstung bei Philo (Philo Som 1,103.105;
Philo Abr 243) und im Neuen Testament .(Eph 6,11—17; 1 Thess 5,8): Ehrhard Kamlah, Die Form der katalogischen Paränese im Neuen Testament (WUNT 7), Tübingen
1964, S. 189—196.
[43] Eine analoge Spiritualisierung erfährt bei Philo auch der Tempel (Seele als Gottes
Tempel); siehe die Belege bei Otto Michel, οἶκος (s. Anm.22), S. 126.

noch auf dem Wege in diese Stadt, d.h. auf dem Rückwege des Geistes aus der Körperlichkeit (Philo Rer Div Her 274; Philo Som 1,46; Philo Conf Ling 76—79 u.ö.). Bei aller Verschiedenheit von Qumran erinnert das Nebeneinander von präsentischer und futurischer Jerusalem-Spekulation bei Philo an das Nebeneinander von präsentischer und futurischer Eschatologie in der Sekte[44].

4. Apokalyptisches Judentum nach 70 n.Chr.

Nach der Katastrophe des Jahres 70 n. Chr. kommt es keineswegs zum Erlöschen des Zionsschemas, sondern zur intensiven Ausrichtung der apokalyptischen Hoffnungen auf eine ferne, wunderbare Zukunft. Die aus priesterlicher Gelehrsamkeit der exilischen und frühnachexilischen Zeit stammende Vorstellung, sowohl das Heiligtum der Wüstenzeit (Ex 25,9.40; 26,30; 27,8) als auch der salomonische Tempel (1 Chr 28,19) seien nach göttlichem Plan und Modell geschaffen worden, wird umgesetzt in die Erwartung, ein im Himmel seit Erschaffung der Welt vorhandenes, ideales Jerusalem werde am Ende der Zeit herabschweben und die zerstreuten Israeliten in seine Mauern aufnehmen (4 Esr; Apk Bar syr)[45].

Zufolge des *4. Esrabuches*[46] ist das alte Jerusalem zerstört, ist sein Tempel verwüstet (4 Esr 9,38—10,24 [besonders 10,21]; vgl. 10,48f); Israel ist den Heiden preisgegeben (4 Esr 5,28—30). Dies aber ist nicht das Letzte. Ein neues Jerusalem, zuvor präexistent im Himmel verborgen (4 Esr 8,52), wird herabschweben (4 Esr 7,26—44; 9,26—10,60 [10,54!]; 13,1ff [13,36!]); zwischen altem und kommendem Äon besteht keine Kontinuität (4 Esr 4,27—32): ein neuer Bauplatz nimmt das himmlische Jerusalem auf (4 Esr 10,53f). Der Zion und sein Tempel erstrahlen dann in unerhörter Herrlichkeit (4 Esr 10,25—27.55); gewaltige Fundamente verbürgen die Sicherheit der neuen Gottesstadt (4 Esr 10,27). Noch einmal wird der Aufruhr der Völker zum Sturm gegen den Zion (4 Esr 13,1—11.30—34); die Entscheidungsschlacht tobt ,an einem Punkte" (4 Esr 13,5—11.33—35): dem Ber-

---

[44] S. oben mit Anm.39.

[45] Vgl. Kurt Galling, Die Bücher der Chronik, Esra, Nehemia (ATD XII), Göttingen 1954, S. 76. Zu dem Bedürfnis, durch solche Spekulation die Legitimität des Kultes und seiner Ordnungen zu unterstreichen, sind offenbar platonische Gedankengänge (Ideenhimmel) hinzugetreten; zur Rezeption des Platonismus durch das Judentum vgl. etwa Martin Hengel, Judentum und Hellenismus. Studien zu ihrer Begegnung unter besonderer Berücksichtigung Palästinas bis zur Mitte des 2.Jh.v.Chr. (WUNT 10), Tübingen 1969, S. 464ff u.ö. (vgl. Register S. 675 s.v. Plato).

[46] Die geschilderte Zerstörung Jerusalems ist nicht diejenige des Jahres 587 v.Chr., sondern offenbar die des Jahres 70 n.Chr.: Leonhard Rost (s. Anm.16), S. 93f. Das Zionsschema prägt auch die eschatologische Hoffnung der Sibyllinischen Orakel (Sib 5, 414—433); hier findet sich, wie Sach 2,11; Apk17—22 u.ö., das Schema von den beiden Städten, Jerusalem und Babylon (Sib 5, 414—433.434—446), s. oben mit Anm.8 und unten mit Anm.94.

ge Zion (4 Esr 13,35)[47]. Als siegreicher Welterlöser und Herr des Feuers wirkt der „Mensch" (4 Esr 13,3—13.25—38), eine Parallelfigur zum Messias (4 Esr 7,28f); die Feinde trifft Gericht und strafende Vernichtung (4 Esr 13,37f wie 4 Esr 7,33—44). In der uneinnehmbaren Stadt sammelt Gott die weggeführten Stämme der Diaspora (4 Esr 13,12f. 39—50); auch Heiden nahen sich verehrungsvoll dem Tempel (4 Esr 13,13 nach Jes 66,19f).

Die *syrische Baruchapokalypse*[48] schildert die Belagerung und Zerstörung Jerusalems durch die Römer im literarischen Gewand der Ereignisse von 587 v.Chr.: zur Zeit Jechonjas und Zedekias stürmen die heidnischen Chaldäer gegen Juda und Jerusalem an (Apk Bar syr 1,4f; 3,4; 4,1; 5,1—3; 6,1ff). Das alte Jerusalem, das *nicht* Gottes heilige Stadt ist (Apk Bar syr 4,2f), wird auf Gottes Geheiß wegen der Sünden seiner Bewohner (Apk Bar syr 1,2—5; 78,6f; 79,1f) durch Feuer zerstört; dem göttlichen Richter dienen die Feinde als strafende Feuerengel (Apk Bar syr 5,3; 6,4f; 7,1—8,5; 80,1). Das Modell des irdischen Jerusalem, angeblich Jes 49,16 vorausgesetzt, befindet sich, zusammen mit dem Paradies, als präexistente Stadt im Himmel, die Gott dem Adam, dem Abraham und dem Mose gezeigt habe (nach Ex 25,9 parr.); diese ideale Stadt wird vom Himmel herabschweben (Apk Bar syr 4,3—6; vgl. 59,4)[49]. Voraussetzung für diese Vereinigung von Himmel und Erde (vgl. 4 Esr 7,26—44 usw.) ist die Buße; der Irrglaube muß ausgetilgt werden (Apk Bar syr 78,6f). Gott führt dann in seiner Stadt die Zerstreuten zusammen (Apk Bar syr 78,7); den Frevlern bringt ein mit Totenauferstehung verbundenes Gericht die vernichtende Strafe (Apk Bar syr 85,15).

5. Josephus

Die Zerstörung des alten Jerusalem durch die Römer, vom 4. Esrabuch vorausgesetzt und von der syrischen Baruchapokalypse verhüllend erzählt, wird im „Jüdischen Krieg" des Josephus[50] mit der Gründlichkeit des Historikers beschrieben. Daß auch bei Josephus das Zionsschema wirken könne, klingt zunächst wenig wahrscheinlich; dennoch lassen sich, in der

---

[47] Vgl. die endzeitliche Schlacht am Weltenberg Har Magedon (Apk 16,16), der wohl mit dem Berg Zion identifiziert werden darf: Otto Böcher (s. Anm.3), S. 30f und 69f.
[48] Die Schrift dürfte, gewiß unter Benutzung älteren Materials, um 90 n.Chr. in Jerusalem entstanden sein: Leonhard Rost (s. Anm.16), S. 97.
[49] Motive des Zionsschemas summiert Apk Bar syr 32,2—6; der Verfasser weissagt eine Zerstörung des Zionsbaus, einen Wiederaufbau für kurze Zeit, eine neuerliche Zerstörung und die endgültige Wiederherstellung Jerusalems in Herrlichkeit durch einen göttlichen Schöpfungsakt.
[50] Zu Leben (37/38—100/110 n.Chr.) und Werk des Josephus s. Otto Michel und Otto Bauernfeind, Flavius Josephus De Bello Judaico Der Jüdische Krieg. Zweisprachige Ausgabe der sieben Bücher I, Darmstadt 1959, S.XI—XXIX.

für Josephus typischen Umkehrung der Vorzeichen[51], entscheidende Motive dieses apokalyptischen Schemas nachweisen. An die Stelle des Ansturms der heidnischen Völker von außen tritt der frevelhafte Bruderkrieg der Zeloten[52] in Jerusalem selbst (Bell 1,10.27 u.ö.), durchaus theologisch-eschatologisch qualifiziert: Jerusalem verliert durch das Blutvergießen und die unbestatteten Leichen (vgl. Apk 11,8f) seine kultische Reinheit und damit seinen Charakter als Gottesstadt (Bell 5,19; vgl. 5,16−19.33−35.513−515; 6,126f). Noch immer kämpft Gott mit im Kampf um Jerusalem, aber wegen der Entweihung seiner Stadt steht er auf seiten der Römer (Bell 3,354; 5,19.39.412; 6,127)[53]. Gott hat die Demütigung der Juden beschlossen und alles Glück ($τύχη$) zu den Römern übergehen lassen (Bell 3,354)[54]; er selbst führt die Römer heran (Bell 5,39). Deshalb befindet sich da, wo die jüdische Apokalyptik das messianische Lager der Israeliten erwartet (vgl. 1 QM 7,1−8; Apk 14,1−4; 20,9), das Lager der römischen Belagerungstruppen (Bell 5,68−70; vgl. 5,71−97)[55].

Den Platz des Messias nimmt für Josephus Vespasian ein, dem er auf Grund nächtlicher Offenbarungsträume seine künftige Kaiserwürde weissagt (Bell 3,351−354.399−402)[56]; Vespasian steht ebenso in Gottes Auftrag (vgl. Bell 6,215−219) und unter Gottes Schutz wie sein Sohn Titus (Bell 5,60−63). Ein ausgeprägter Gerichtsgedanke beherrscht die Ausführungen des Josephus[57]; die prophetische Gerichtsandrohung des Jesus b.Chananja gegen Jerusalem (Bell 6,300−309) wird durch den Caesar und seine Soldaten erfüllt (Bell 5,19; 6,215−219 u.ö.). Josephus deutet die Zerstörung Jerusalems als Reinigungsakt des göttlichen Gerichts: die vernichtende Feuerlustration der römischen Brandstifter tilgt den zelotischen Frevel (Bell 1,10; 5,19)[58].

Selbst der Gedanke an ein neues Jerusalem fehlt nicht; als Voraussetzung dieser Möglichkeit nennt Josephus Gottes Versöhnung, die Buße Israels·

---

[51] Vgl. ebd. S. XV−XVIII und XX−XXII.

[52] Vgl. Martin Hengel, Die Zeloten. Untersuchungen zur jüdischen Freiheitsbewegung in der Zeit von Herodes I. bis 70 n.Chr. (Arbeiten zur Geschichte des Spätjudentums und Urchristentums 1), Leiden und Köln 1961, S. 376−383.

[53] Dagegen wissen die Zeloten in Jerusalem ohne Zweifel Gott auf ihrer Seite, vgl. Bell 5,78.93.

[54] Vgl. Michel/Bauernfeind I, S. 461, Anm.84.

[55] Josephus stilisiert in Bell 5,71−73 die Vorbereitungen der Belagerer zu einer Gegenfestung, die wie Jerusalem durch drei Mauern geschützt wird: Michel/Bauernfeind (wie Anm.50) II 1, Darmstadt 1963, S. 242f, Anm.23.

[56] Ausdrücklich bezieht Josephus sich dabei auf eine Schriftstelle wie Dan 7,13 (Bell 6,312f): Otto Michel, Spätjüdisches Prophetentum, in: Neutestamentliche Studien für Rudolf Bultmann zu seinem 70. Geburtstag (BZNW 21), Berlin 1954 (S. 60−66), S. 63.

[57] Michel/Bauernfeind (wie Anm.50) II 2, Darmstadt 1969, S. 176, Anm.117 zu Bell 6,267.

[58] Vgl. schon − von der Zerstörung Jerusalems 587 v.Chr. − Ant 10,142.

(Bell 5,19). Weitergehende Spekulationen, etwa über die Gestalt der neuen Stadt, versagt sich Josephus ebenso wie leidenschaftliche Klagen (Bell 5,20).

Man hat in der römerfreundlichen Darstellung des Josephus häufig eine treulose und servile Haltung erkennen wollen und ihm die echte Liebe zu Volk und Stadt der Juden abgesprochen[59]. Hier soll nicht über den Charakter des umstrittenen Historikers geurteil werden, obgleich man m E., gerade hinsichtlich seiner lebenrettenden Traumdeutung (Bell 3,351—354.399—403), mit mehr antikischer Naivität und mit weniger berechnendem Raffinement wird rechnen dürfen. Vielmehr geht es um die bisher nicht genug beachtete Tatsache, daß gerade die Umwertung des Zionsschemas weitgehend durch ältere jüdische Literatur vorbereitet war und daß sie durch gleichzeitige Parallelen außerhalb der Josephusschriften belegt wird.

Die positive Beurteilung der Römer erinnert an die seit Ezechiel (47,22f) im Zionsschema verankerte Einbeziehung der Heiden in das eschatologische Gottesvolk. Daß ein fremder Herrscher als Messias proklamiert werden kann, lehrt die Beurteilung des Kyros durch Deuterojesaja (Jes 41,2; 44,28; 45,1; 48,14f): Jahwe hat den Kyros gerufen und liebt ihn (Jes 48,14f; vgl. Bell 5,39). Ohne Zweifel ist Josephus seinem Selbstverständnis nach nicht weniger ein „Prophet" (vgl. Bell 3,351—354) als Deuterojesaja[60].

Auf der Seite der Feinde kämpft Gott auch zufolge der syrischen Baruchapokalypse (z.B. Apk Bar syr 5,3), wie denn überhaupt gerade mit diesem Buch Josephus sich überaus eng berührt. Jerusalems Untergang erscheint als Strafe für die Sünden seiner Bewohner (Bell 5,19) nicht nur Tob 13,5.9; 14,4; Test Dan 5,7f und 4 Q flor 1,5f, sondern auch Apk Bar syr 1,2—5; 78,6f; 79,1f. Wie für Qumran und Josephus (Bell 5,19) ist das gegenwärtige Jerusalem *nicht* die eigentliche Gottesstadt (Apk Bar syr 4,2f). Auch Apk Bar syr 5,3 sieht — wie Bell 1,10; 5,19 — in den Römern (Apk Bar syr: „Chaldäern") zeitweilige Diener des richtenden Gottes. Das zerstörende Feuer ist Gottes Werk (vgl. Bell 1,10; 5,19): Die Feuerengel des Höchsten setzen Jerusalem in Brand (Apk Bar syr 6,4f; 7,1—8,1; 80,1); damit geht die prophetische Erwartung, Gott werde dereinst Jerusalem durch Feuer läutern (Sach 13,9), in Erfüllung[61]. Die Möglichkeit eines Wiederaufbaus der Gottesstadt knüpfen nicht nur Josephus (Bell 5,19),

---

[59] Vgl. etwa Ethelbert Stauffer, Art. Josephus, in: Biblisch-Historisches Handwörterbuch II, Göttingen 1964, Sp.890; s. auch Michel/Bauernfeind I, S. XVIf.

[60] Vgl. Otto Michel (s. Anm.56), S. 63; Michel/Bauernfeind I, S. XVI—XVIII.

[61] Daß die Furcht vor einem endzeitlichen, läuternden Feuergericht überhaupt zum Allgemeingut des nachbiblischen Judentums gehört hat, beweist etwa die Bußpredigt Johannes des Täufers (Mt 3, 10—12 par. Lk 3,9.16f): Otto Böcher (s. Anm.3), S. 94.

sondern auch Test Dan 5,9 und Apk Bar syr 78,6f an eine Buße des
jüdischen Volkes.

So lehrt der Vergleich mit der syrischen Baruchapokalypse, die mit dem
Bellum Judaicum des Josephus nahezu gleichzeitig (wohl ein Jahrzehnt
später) entstanden ist, daß der römerfreundliche jüdische Historiker mit
seiner Beurteilung der Katastrophe von 70 n.chr. keineswegs allein steht;
für solche scheinbar antijüdische Beurteilung hatte die prophetische und
apokalyptische Literatur seit exilischer Zeit die Kategorien bereitgehalten.

6. Neues Testament

Im Neuen Testament spiegelt sich das Zionsschema an zahlreichen Stellen,
wenn auch nicht überall mit gleicher Deutlichkeit. Da für die politischen
Verhältnisse der Antike Vaterland und Vaterstadt weitgehend identisch
sind[62], wird man die neutestamentlichen Belege von der himmlischen oder
göttlichen βασιλεία in die Untersuchung einbeziehen müssen[63].

Johannes der Täufer mahnt zur Buße, weil die Ankunft (Herabkunft?) des
Himmelreichs nahe bevorstehe (Mt 3,2). Er kündigt ein Feuergericht an (Mt
3,10—12 par. Lk 3,9.16f), wie es zufolge des Zionsschemas das alte Jerusalem vernichtet. Sein Ruf zur Buße (Mt 3,2; Mk 1,4 par. Lk 3,3) erinnert an
die Buße als Voraussetzung für ein neues Jerusalem (Test Dan 5,9; Apk Bar
syr 78,6f; Jos Bell 5,19); der Wasserritus scheint die eschatologische Bega-
bung Jerusalems mit Reinigungswasser (Sach 13,1f) vorabzubilden. Johannes erwartet die Gestalt eines endzeitlichen Richters und Herrschers, der,
nicht anders als der „Mensch" 4 Esr 13,10f, die Frevler mit Feuer vernichten
wird (Mt 3,10—12 par. Lk 3,9.16f)[64].

Wesentliche Elemente der eschatologischen Botschaft des Täufers hat sein
Schüler *Jesus von Nazareth* weitergeführt[65]; auch er begründet, wörtlich
gleichlautend mit Mt 3,2, die Forderung der Buße mit dem Hinweis auf
die Nähe des Himmelreichs (Mt 4,17 par. Mk 1,15; vgl. Mt 10,7; 12,28
par. Lk 11,20; Mk 11,10; Lk 10,9.11; 17,20f; 19,11; 21,31). Die Seinen
lehrt er, Gott um die Ankunft dieses Reiches zu bitten (Mt 6,10 par. Lk
11,2)[66]. Der Eintritt in dieses — ummauerte und daher in der Tat als Stadt

---

[62] Zur Verfassung der Polis vgl. Martin Hengel (s. Anm.45), S. 42—44 (mit Lit.).
Vaterland und „Stadt" sind dasselbe bei Philo und im Hebräerbrief (Hebr
11,10.14.16): Herbert Braun (s. Anm.41), S. 320. Aus dem Neuen Testament vgl.
noch Mt 13,54 par. Mk 6,1; Mk 6,4 parr.; Lk 4,23; Joh 4,44 und dazu Otfried Hofius,
Art. Vater, in: Theologisches Begriffslexikon zum Neuen Testament II 2, Wuppertal
1971 (S. 1241—1247), S. 1243.
[63] Vgl. Karl Ludwig Schmidt (s. Anm.41), S. 579—592.
[64] Eduard Schweizer, Art. πνεῦμα κτλ. D—F, in: ThW VI, Stuttgart 1959
(S. 387—453), S. 396f; vgl. oben Anm.61.
[65] Vgl. Heinz-Wolfgang Kuhn (s. Anm.35), S. 189—204.
[66] Vermutlich ist die Bitte um den Sieg des göttlichen Willens im Himmel und auf

gedachte — Reich ist schwierig: er führt durch eine enge Pforte (Mt 7,13f;
Lk 13,24); auf keinen Fall kann er mit Gewalt erkämpft werden (Lk
13,24). In diesen Zusammenhang gehört der merkwürdige Stürmerspruch
(Mt 11,12 par. Lk 16,16), offenbar ein Rest der Vorstellung vom Völkersturm gegen die Gottestadt: Gott verurteilt den Ansturm der Feinde gegen
seine Stadt zum Scheitern[67]. Daß sowohl die Engel (Mt 26,53) als auch die
Dämonen der Gegenseite (Mk 5,9 par. Lk 8,30) militärische Funktionen
ausüben können, weiß auch Jesus; er selbst ist nicht gekommen, den Frieden zu bringen, sondern das Schwert (Mt 10,34) und das Feuer (Lk
12,49). Dieses irdische Jerusalem ist nicht mehr Gottes heilige Stadt (vgl.
Qumran; Apk Bar syr 4,2f; Jos Bell 5,19), auch wenn Jesus (als messianischer Prätendent?) in seine Stadt einzieht (Mk 11,1—10 parr.) und den
Tempel reinigt (Mk 11,15—17 parr.)[68]; Sünde und Verstocktheit der Bewohner Jerusalems fordern Gottes Gericht über die verunreinigte Stadt
heraus (Mt 23,37—39 par. Lk 13,34f)[69]. Gegen den bestehenden Tempel
dürfte der historische Jesus ein Droh- und Kampfwort ausgesprochen haben, das sich Mt 26,61 par. Mk 14,58 und Joh 2,19 spiegelt[70]. So gewiß
nach dem Selbstverständnis Jesu mit seinem Wirken die Gottesherrschaft
angebrochen ist (Mt 12,28 par. Lk 11,20), so gewiß steht auch für Jesus
ihre Vollendung noch aus. Wie Johannes der Täufer wartet der historische
Jesus auf eine eschatologische Richter- und Herrschergestalt, den Menschensohn (vgl. Mt 24,27.37.44 par. Lk 17,24.26.40; Mk 8,38 par. Lk
9,26; Lk 12,8f), in dessen Auftrag die Zwölf ein Richteramt über die
Stämme Israels ausüben werden (Mt 19,28 par. Lk 22,29f). Im Reich des
Menschensohns wird man essen und trinken können (Mk 14,25 parr.; vgl.
Mt 8,11 par. Lk 13,29): es ist also ganz konkret vorgestellt[71]. Zu diesem
Reich haben nur die Bußfertigen Zutritt (vgl. Mt 4,17 par. Mk 1,15; Mt

---

Erden (Mt 6,10b) auf die Überwindung dämonischer Mächte zu deuten (vgl. Mt
28,18).

[67] Vgl. Otto Betz, Jesu heiliger Krieg, in: Nov Test 2, 1958 (S 116—137), S. 125—128;
Otto Betz, The Eschatological Interpretation of the Sinai-Tradition in Qumran and in
the New Testament, in: Revue de Qumran 6, 1967 (S. 89—107), S. 99—105.

[68] Vgl. auch die Version des Johannesevangeliums (Joh 2,13—17). Zu Joh 2,16 (vgl.
Mk 11,15 parr.) verweist Otto Michel, οἶκος (s. Anm.22), S. 124f auf die Weissagung
Sach 14,21, s. oben Anm.15.

[69] Zu der Annahme, man habe Jesus diese Worte nachträglich — nach der Katastrophe
von 70 n.Chr. — in den Mund gelegt, besteht kein zwingender Anlaß, vgl. u.a. Tob
13,5.9; 14,4; Test Dan 5,7f; Apk Bar syr 1,2—5; 78,6f; 79,1f; Jos Bell 5,19. Die
angedrohte Verwüstung der Stadt bedeutet ihre strafende Übereignung an dämonische
Mächte (vgl. Jes 1,21—31; Jer 9,10f): Otto Böcher, Art. Wüste, in: Theologisches
Begriffslexikon zum Neuen Testament II 2, Wuppertal 1971 (S. 1440—1443), S. 1441
und 1443.

[70] Otto Michel, Umbruch (s. Anm.22), S. 314.

[71] Vgl. Karl Ludwig Schmidt (s. Anm.41), S. 586f. Sehr konkret klingt auch Joh
14,2.23, s. oben Anm.22.

7,13f; Lk 13,24), aber sie müssen noch in Geduld warten, sind jedenfalls nicht schon jetzt (vgl. Qumran, Philo, Paulus und den Hebräerbrief) Bürger dieses himmlischen Staates oder seiner Hauptstadt[72]. Dem eschatologischen Gottesvolk werden im Himmelreich dereinst auch die bekehrten Heiden − Wallfahrer zum Zionsberg − eingeordnet (Mt 8,11 par. Lk 13,29). Eine wirkliche Spiritualisierung des Zionsschemas[73] hat offenbar bei Jesus noch nicht stattgefunden, ebensowenig wie bei Johannes dem Täufer.

Anders ist der Befund bei *Paulus*, obgleich seine Briefe, genau wie die Schriften der Qumransekte und Philos, noch vor Zerstörung des empirischen Jerusalem entstanden sind. Im Galaterbrief[74] stellt der Apostel, innerhalb der Hagar-Sara-Typologie, das „obere Jerusalem", das frei und „unser aller Mutter" ist, dem gegenwärtigen, mit seinen jüdischen „Kindern" unfreien Jerusalem gegenüber (Gal 4,25f)[75]. Wie bei Philo ist die himmlische Stadt die eigentliche Heimat der Frommen − hier der Christen als des neuen und wahren Israel; wie in Qumran sind die Gemeindeglieder schon jetzt Kinder, d.h. Bürger, dieser Stadt (Phil 3,20). „Wir sind der Tempel des lebendigen Gottes", kann Paulus bekennen (2 Kor 6,16; vgl. 1 Kor 3,16f; 6,19); mit der Errichtung dieses neuen Tempels, der − wie in Qumran und im Hebräerbrief − aus den Frommen selbst besteht[76], sind für Paulus die endzeitlichen Weissagungen des Zionsschemas erfüllt (2 Kor 6,16−18 nach Ez 37,27; Jes 52,11; Jer 51,45; 2 Sam 7,14 u.a.)[77]. Die Eschatologie ist in die Gegenwart geholt, das alte Jerusalem schon bei seinen Lebzeiten abgetan. Aus dem eschatologischen Kampf aber ist, wie bei Philo, der ethische geworden; den Kämpfer schützt eine „geistliche Waffenrüstung", bestehend aus Wahrheit, Gerechtigkeit, Glaube, Liebe und Hoffnung (Eph 6,11−17; 1 Thess 5,8; vgl. Röm 13,12; 2 Kor 6,7; 10,4)[78].

---

[72] Zur eschatologischen Spannung zwischen Heilsgegenwart und Heilszukunft in der βασιλεία −Predigt Jesu vgl. Karl Ludwig Schmidt, S. 585−587; Otto Betz, Jesu Krieg (s. Anm.67), S. 126−135; Heinz-Wolfgang Kuhn (s. Anm.35), S. 200−204.
[73] Zur Spiritualisierung des Tempels in der Botschaft Jesu vgl. Hans Wenschkewitz, Die Spiritualisierung der Kultusbegriffe Tempel, Priester und Opfer im Neuen Testament, in: ΑΓΓΕΛΟΣ. Archiv für Neutestamentliche Zeitgeschichte und Kulturkunde 4, 1932 (S. 70-230), S. 154−165; vgl. auch Georg Klinzing (s. Anm.30), S. 202−210.
[74] Der Galaterbrief dürfte während des Aufenthaltes Pauli in Ephesus im Jahre 54 n.Chr. geschrieben worden sein: Günther Bornkamm, Paulus (Urban-Taschenbücher 119), Stuttgart [2]1970, S. 96 und 245.
[75] Zu Gal 4,25f vgl. Otto Michel, Paulus und seine Bibel (BFChTh II 18), Gütersloh 1929, S. 155f; Otto Betz, Eschatological Interpretation (s. Anm.67), S. 95.
[76] S. oben mit Anm.36 und unten mit Anm.89; vgl. auch Georg Klinzing (s. Anm.30), S. 167−213, der das christliche Selbstverständis als „Tempel" auf die Qumrangemeinde zurückführen möchte (S. 210).
[77] Zu 2 Sam 7,14 vgl. 4 Q flor 1,11f, s. oben mit Anm.29f.
[78] Ehrhard Kamlah (s. Anm.42), S. 189−196. Aus dem Corpus Paulinum sei als Spur des Zionsschemas noch 2 Thess 2,1−14 angeführt: Am Ende wird der Antichrist den

Die übrigen neutestamentlichen Anklänge an das Zionsschema stammen aus der Zeit nach Jerusalems Untergang. Der *Hebräerbrief*[79] wertet den jerusalemischen Tempel als Abschattung des himmlischen Heiligtums (nach Ex 25,9.40 usw.; vgl. Apk Bar syr 4,3—6) ab (Hebr 8,5), während Christus als Hoherpriester des echten, himmlischen Heiligtums gilt (Hebr 8,2). Wie die alttestamentlichen Glaubenshelden sich auf der Wanderung zum himmlischen Vaterland, zu der ihnen von Gott bereiteten Stadt befanden (Hebr 11,10.13—16), so sind die Christen nach ihrer Wüstenwanderung (Hebr 3f; 12,18—21) zum Zionsberg mit dem himmlischen Jerusalem gelangt, der Stadt des lebendigen Gottes, Christi, der Engel und vollendeten Gerechten (Hebr 12,22—24)[80]. Ähnlich wie in Qumran, bei Philo und im Galaterbrief des Paulus gilt die himmlische Stadt als die Heimat, auf die der Fromme zugeht, deren Bürgerrecht er aber schon jetzt besitzt. Die Christen bilden den neuen Tempel, der das „Haus" des Mose typologisch überbietet (Hebr 3,6; vgl. 2 Kor 6,16). Offenbar auf das „alte" Jerusalem ist angespielt mit dem Bild vom Lager, dessen Reinheit die Christen verlassen, um die Unreinheit Jesu als des „außen vor dem Tor" (vgl. Lev 16,27) Geopferten zu tragen (Hebr 13,10—13); das „Lager" ist *nicht* die bleibende Stadt (vgl. Apk Bar syr 4,2f; Jos Bell 5,19), die zukünftige Stadt steht noch aus (Hebr 13,14). Da zur Zeit der Abfassung des Hebräerbriefes das empirische Jerusalem bereits zerstört ist, kann nicht einfach dieses mit dem „Lager" gemeint sein; analog zur Unfreiheit des jüdischen Hagar-Sinai-Jerusalem (Gal 4,25; vgl. Hebr 12,18—21) ist wohl an das Judentum mit seinen Reinheitsvorschriften gedacht, gegen die der Autor ad Hebraeos auch sonst polemisiert (Hebr 9,12—14)[81].

Vom Zionsschema geprägt ist auch die sogenannte *synoptische Apokalypse* (Mk 13 parr.)[82]. Das eschatologische Drama wird eingeleitet durch kriegerische Wirren (Mk 13,7f parr.). Messiasprätendenten erheben ihre An-

---

Tempel entweihen (2 Thess 2,4), doch der Erhöhte wird ihn mit feurigem Hauch vernichten (2 Thess 2,8 wie Jes 11,4; 4 Esr 13,10f; vgl. Apk 19,15); die Frevler trifft das Gericht (2 Thess 2,12), doch die Auserwählten werden durch den Messias Jesus gesammelt (2 Thess 2,13f).

[79] Höchstwahrscheinlich entstand der Hebräerbrief in den letzten Jahrzehnten des 1.Jahrhunderts n.Chr.; sein Autor war ein alexandrinisch gebildeter Judenchrist: Otto Michel, Der Brief an die Hebräer (Meyer K XIII), Göttingen [6]1966, S. 54 und 56.

[80] Zur Polarität Sinai-Zion im Hebräerbrief vgl. Otto Betz, Eschatological Interpretation (s. Anm.67), S. 106; Hebr 12,22f versteht die christliche Gemeinde als eine feiernde Versammlung im himmlischen Jerusalem: Karl Ludwig Schmidt, Art. καλέω κτλ, in: ThW III, Stuttgart 1938 (S. 488—539), S. 516.

[81] Vgl. Otto Michel (s. Anm.79), S. 510—512.

[82] Bei ihr handelt es sich kaum um Ipsissima vox des historischen Jesus, sondern wohl um Gemeindebildung, welche die Zerstörung Jerusalems 70 n.Chr. voraussetzt, vgl. Karl Ludwig Schmidt (s. Anm.41), S. 586 unten; Eduard Schweizer, Das Evangelium nach Markus (NTD I), Göttingen 1967, S. 152f.

sprüche (Mk 13,6.21f parr.). Das alte Jerusalem mit seinem Tempel wird zerstört (Mk 13,1f parr.), sein Heiligtum zuvor entweiht werden (Mk 13,14 parr.). Dann aber erscheint der Menschensohn mit den Engeln und sammelt die Zerstreuten aus den vier Himmelsrichtungen (Mk 13,26f parr.). Die damit beginnende Heilszeit wird zwar nicht ausdrücklich als „neues Jerusalem" oder Himmelreich bezeichnet, ist aber zweifellos damit identisch (vgl. mit Mk 13,27 etwa die Zusammenführung εἰς τὴν σὴν βασιλείαν Did 10,5)[83].

In seltener Vollständigkeit hat die *Johannesoffenbarung*[84] das Zionsschema bewahrt. Ihre ausführliche Schilderung, von der unser Überblick seinen Ausgang nahm[85], berührt sich eng mit der synoptischen Apokalypse (Mk 13 parr.). Ähnlich wie in den annähernd gleichalterigen Büchern des 4. Esra und der syrischen Baruchapokalypse, ist die Farbigkeit der Bildfolge noch ungebrochen. Die Kraft der apokalyptischen Hoffnung hat durch den Untergang des empirischen Jerusalem keine Beeinträchtigung, sondern eher eine Bestätigung erfahren. Wie sich die Christen als das neue Israel verstehen (vgl. Apk 7,4–8), so wird das neue Jerusalem ihnen gehören[86]. Wenn hier von Umdeutung und Spiritualisierung geredet werden kann, dann eigentlich nur hinsichtlich des Kampfes (vgl. Qumran, Philo und Paulus): Kampf und Sieg bedeuten nach den Sendschreiben der Johannesapokalypse Standhaftigkeit bis zum Tod (Apk 2,7.11.17.26; 3,5.12.21)[87]; Götzendiener bleiben ebenso wie Frevler vom neuen Jerusalem ausgeschlossen (Apk 22,15). Einen Eingriff in das Zionsschema stellt die Eliminierung des Tempels dar (Apk 21,22); freilich ist der Gedanke konsequent, in einer vollkommen heiligen Stadt bedürfe es nicht mehr der Ausgrenzung eines heiligen Bezirks für die Gottheit[88]. Die damit nicht völlig auszugleichende Vorstellung, der neue Tempel bestehe aus den Frommen (Apk

---

[83] Mk 13,27 (par. Mt 24,31) ist Zitat nach Sach 2,10 LXX: Eduard Schweizer, S. 152. Jerusalem, viereckig wie die Erdscheibe (vgl. Apk 20,8; 21,16), gilt als Mitte der Welt: freundlicher Hinweis von Herrn Prof.D.Dr.Joachim Jeremias, Göttingen. In Mk 13 parr. fehlt das Motiv der am Ende überwundenen und Tribut zahlenden Heiden, doch vgl. immerhin Mt 24.14.30 sowie auch Mt 2,11.

[84] Hinsichtlich der Datierung der Johannesoffenbarung herrscht heute nahezu einhellig die Überzeugung, der Seher Johannes habe sein Buch um 95 n. Chr. unter Domitian geschrieben: Eduard Lohse, Die Offenbarung des Johannes (NTD XI), Göttingen ²1966, S. 6f.

[85] Siehe oben Abschnitt 1 (mit Anm.1–8).

[86] Das empirische, „alte" Jerusalem gilt dem Apokalyptiker als entweiht (Apk 11,8f; vgl. Jos Bell 5,19).

[87] Ferdinand Hahn, Die Sendschreiben der Johannesapokalypse. Ein Beitrag zur Bestimmung prophetischer Redeformen, in: Tradition und Glaube, Festgabe für Karl Georg Kuhn zum 65. Geburtstag, Göttingen 1971 (S. 357–394) S. 381–390.

[88] Vgl. Otto Böcher, Dämonenfurcht und Dämonenabwehr. Ein Beitrag zur Vorgeschichte der christlichen Taufe (BWANT 90), Stuttgart 1970, S. 20f mit Anm.18.

3,12), findet sich nicht nur auch sonst im Neuen Testament (2 Kor 6,16; Eph 2,21f; Hebr 3,6; 1 Petr 2,5), sondern ganz ähnlich schon in Qumran (1QS 8,9f)[89].

7. Folgerungen

Beim vergleichenden Rückblick auf die literarischen Bezeugungen des Zionsschemas überrascht zunächst die Treue, mit der dieser Komplex apokalyptischer Motive nahezu unverändert achthundert Jahre lang überliefert wurde. Die Wandlungen des Zionsschemas fallen zunächst kaum ins Auge: Seit Ezechiel sind die Heiden nicht mehr nur die Unterworfenen und Besteuerten, sondern auch die zur Verehrung des wahren Gottes Bekehrten (vgl. Apk 21,24); seit Ezechiel erwartet man auch die Vernichtung der feindlichen Heiden durch Feuer (vgl. Apk 19,15.21; 20,9). Tobit versteht zum erstenmal den Untergang Jerusalems als Strafe für die Sünden des jüdischen Volkes. Die Vorstellung, Gott selber habe die Heiden zum Kriegszug verführt, um seine siegreiche Macht zu erweisen (Ez 38,1—16; vgl. Hag 2,6f.21f), wandelt sich zur Auffassung, die Engel der Fremdvölker hätten dies getan (äth Hen 56,5—8); aus den Völkerengeln werden schließlich Satan und seine Dämonen (Apk 16,14; 20,7f).

Einen bedeutsamen Einschnitt in der Geschichte des Zionsschemas markiert die Erwartung, zum Wiederaufbau der Gottesstadt würden Edelsteine als Baumaterial benutzt (seit Dt.-Jesaja, dann bei Tobit und Apk 21,18—21)[90]. Damit wird die reale Hoffnung auf einen Neuanfang im Rahmen menschlich-politischer Möglichkeiten verlassen; an ihre Stelle tritt die apokalyptische Spekulation. Die Funktion des edlen Gesteins ist keineswegs ausschließlich die schmückende und repräsentierende, sondern vielleicht eher noch die apotropäisch-schützende (vgl. Ex 28,15—21; 39,8—14; Ez 28,13)[91].

Ursprünglich erhofft das Zionsschema den empirischen Wiederaufbau der zerstörten Stadt die Kontinuität des Ortes und der Geschichte bleibt gewahrt. So ist es bei allen Texten des kanonischen Alten Testaments. Erst

---

[89] Siehe oben mit Anm. 36. Aus dem Neuen Testament vgl. noch Mt 16,18; 1 Kor 3,16f; 6,19; Gal 2,9 (vgl. Mt 16,18); 1 Tim 3,15; 2 Tim 2,19; 1 Petr 4,17: Otto Michel, οἶκος (s. Anm. 22), S. 124 und 128—131; Georg Klinzing (s. Anm. 30), S. 167—213. Zu den Problemen von Mt 16,18 vgl. Otto Betz (s. Anm. 31), S. 49—77; Martin Hirschberg, Petrus der Fels. Das Zentrum des Tempels in Jerusalem in biblischer, rabbinischer und archäologischer Sicht, in: DtPfrBl 69, 1969, S. 344—347; Georg Klinzing, S. 205—207.
[90] Rabbinische Belege bei Wilhelm Bousset, Die Offenbarung Johannis (Meyer K XVI), Göttingen[6] 1906 (=Nachdruck 1966), S. 450 und bei (Hermann L. Strack —) Paul Billerbeck, Die Briefe des Neuen Testaments und die Offenbarung Johannis (Kommentar zum Neuen Testament aus Talmud und Midrasch III), München 1926, S. 850f zu Apk 21,19.
[91] Vgl. Wilhelm Bousset, S. 448—450.

das äthiopische Henochbuch und in seiner Nachfolge die gesamte jüdische und neutestamentliche Literatur betonen die Diskontinuität zwischen altem und neuem Jerusalem; die neue Stadt ist nun nicht mehr Werk menschlichen Wiederaufbaus, sondern Geschenk göttlicher Wundermacht. Ob man solche Diskontinuierung gleichsetzen darf mit der Scheidung von Diesseits und Jenseits von Immanenz und Transzendenz, erscheint sehr fraglich; selbst das ‚himmlische" Jerusalem kommt ja auf den Zionsberg herunter, um hier die Fortsetzung der israelitischen Geschichte zu ermöglichen.

Wohl aber wird deutlich, wie das Zionsschema unter den Einfluß des Dualismus gerät, der seit dem Exil auch das jüdische Denken immer stärker bestimmt[92]. Wenn das vollkommene Jerusalem vom Himmel auf die Erde herabschwebt, so wird damit die Einheit wiederhergestellt, die bei der Schöpfung noch bestand; nach kosmologisch-heilsgeschichtlichem Dualismus entspricht das Ende dem Anfang, die Endzeit dem Urstand[93]. Dualistisches Interesse führt auch zur Polarisierung von unterem und oberem, von unheiligem und heiligem, von irdischem und himmlischem Jerusalem (seit äth Hen). Das gleiche dualistische Interesse kann auch die beiden Städte Babylon und Jerusalem einander gegenüberstellen (seit Sach 2,11; vgl. besonders Apk 14,8; 16,17—21; 17f; 21,2.9—27)[94]. Christlicher Dualismus münzt den polaren Gegensatz von irdischem und himmlischem Jerusalem um in denjenigen von Altem und Neuem Bund, von Sinai und Zion, von unfreiem Judentum und freiem Christentum (Gal 4,24—26; Hebr 12,18—24).

In den Schriften der Qumransekte, bei Philo, Paulus und im Hebräerbrief findet sich eine spiritualisierende Umdeutung des Zionsschemas; sie ist vom Schicksal der empirischen Stadt Jerusalem unabhängig. Die Weisen und Frommen, die wahren Israeliten und die Jünger Jesu sind schon jetzt Bürger der himmlischen Gottesstadt; der Kampf gegen die Feinde wird zum Kampf gegen die Laster. An dieser Spiritualisierung hat auch die Johannesoffenbarung einen gewissen, nicht sicher abzugrenzenden Anteil.

---

[92] Vgl. Otto Böcher (s. Anm.39), S. 24—26.

[93] Vgl. Hermann Gunkel, Schöpfung und Chaos in Urzeit und Endzeit. Eine religionsgeschichtliche Untersuchung über Gen.1 und Ap.Joh. 12, Göttingen [2]1921; die „Einung" (vgl.den Jachad von Qumran) erfolgt zwischen Gott (mit seinen Engeln) und den Menschen, zwischen jenem Äon und diesem Äon, zwischen jenem Ort und diesem Ort, also metaphysisch, temporal und lokal: freundlicher Hinweis von Herrn Prof.Dr. Otto Betz, Tübingen.

[94] Vgl. Günther Harder (s. Anm.7), S. 82—85 und oben Anm.46. Das Schicksal Jerusalems entspricht demjenigen Babylons zufolge Mt 23,37f par. Lk 13,34f; Mk 13,14 parr. einerseits und Apk 17,16—18;18,2—24 andererseits: Otto Böcher (s. Anm.69), S. 1443.

Eine Sonderstellung nimmt Josephus ein; aus seinem Erleben des Jahres 70 n.Chr. resultiert eine Umwertung des Zionsschemas, die gleichwohl nicht ohne die Denkvoraussetzungen der jüdischen Apokalyptik möglich gewesen wäre. Freilich gehört, was Josephus von einem etwa „neuen" Jerusalem schreibt (Jos Bell 5,19), in den Rahmen geschichtlicher Kontinuität; dualistische und spiritualisierende Gedanken sind ihm fremd.

Die Johannesoffenbarung schließt sich eng an jüdische Apokalypsen (äth Hen, 4 Esr, Apk Bar syr) an: Einzelzüge des Zionsschemas müssen von hier aus erklärt werden. So ist sowohl der Weltenberg der Entscheidungsschlacht (Apk 16,16) als auch der Berg, der das neue Jerusalem aufnehmen wird (Apk 21,10), auf den Zion zu deuten (vgl. Ez 39,2.4; 40,2). Die Vorstellung von der kubischen Gestalt des himmlischen Jerusalem (Apk 21,16) findet ihre Parallelen in solchen jüdischen Belegen, welche die neue Stadt als „Haus" bezeichnen (äth Hen 89,50; 90,28f; Test Lev 10,5); der Würfel gilt der Antike, ähnlich wie die Kugel, als Symbol der Vollkommenheit[95]. Auf die apotropäische Funktion der Edelsteine (Apk 21,18—21) wurde schon oben hingewiesen[96]; solche Steine machen die Mauern und Zinnen der Gottesfestung uneinnehmbar für die Dämonen und ihre Anhänger. Kein unbekehrter Götzendiener wird daher die Stadt betreten: die Heiligkeit des neuen Jerusalem ist identisch mit kultischer Reinheit (Apk 21,27; 22,15 nach Sach 14,21; vgl. Jes 52,1; 60,21; Joel 4,17; äth Hen 90,32 und Qumran)[97]. Freilich lehrt besonders Apk 21,27, daß der Apokalyptiker Johannes die kultische Reinheit ethisch akzentuiert, ähnlich wie Paulus in dem gleichfalls jüdischen Traditionsstück 2 Kor 6,14—7,1[98].

Gewiß ist das Zionsschema kein zentrales Kapitel neutestamentlicher Theologie; das geht schon aus seiner nur flüchtigen Spiegelung bei Paulus hervor. Dennoch hat es, wie zuvor und auch noch späterhin dem Juden-

---

[95] Als riesiger Würfel wird das neue Jerusalem auch BB 75[b] (nach Sach 14,10) beschrieben: Paul Billerbeck (s. Anm.90), S. 849f zu Apk 21,16. Der Kubus ist wie das Quadrat ein Symbol der Vollkommenheit und Harmonie: Hans Bietenhard (s. Anm.1), S. 203; vgl. Gustav Stählin, Art. ἴσος κτλ, in: ThW III, Stuttgart 1938 (S. 343—356), S. 344f; Gustav Stählin, Art. Symbol, in: Biblisch-Historisches Handwörterbuch III, Göttingen 1966 (Sp. 1897—1904), Sp.1900.
[96] Siehe oben mit Anm.90f.
[97] Die Heidengötter gelten als Dämonen, die Fremden und Heiden als dämonisch infiziert (vgl. 1 Kor 10,20; Apk 2,13; 9,20): Otto Böcher (s. Anm.3), S. 61f. Deshalb dürfen Fremde die heilige Stadt nicht betreten (mit Apk 21,27; 22,14f vgl. Eph 2,19—22, mit Eph 2,20 etwa Apk 21,14). Mit Eph 2,19—22 sind verwandt die Belege Phil 3,20 und Diognetbrief 5,9: Georg Klinzing (s. Anm.30), S. 184—191.
[98] Vgl. Hans Lietzmann und Werner Georg Kümmel, An die Korinther I.II (HNT IX), Tübingen [4]1949, S. 129—131 und 206.

tum, dem Christentum als bevorzugtes Gefäß für seine eschatologischen Hoffnungen gedient[99]. Christlicher Glaube singt noch im 17. Jahrhundert: „Jerusalem, du hochgebaute Stadt, wollt Gott, ich wär in dir!"[100].

---

[99] Zur Nachgeschichte des Zionsschemas im rabbinischen Judentum s. die Belege, besonders BB 75b, bei Paul Billerbeck (s. Anm.90), S. 22 (zu Röm 1,6), 573 (zu Gal 4,26), 796 (zu Apk 3,12) und 847—857 (zu Apk 21,2—22,2). Das mittelalterliche und nachmittelalterliche Judentum hat gelegentlich ganz bestimmte, für die jüdische Geschichte bedeutsame Städte jeweils als das „neue", „große" oder ‚kleine Jerusalem" bezeichnet (Worms, Livorno, Amsterdam), vgl. etwa Juspa Schammes (Maase nissim, 1696) bei Samson Rothschild, Aus Vergangenheit und Gegenwart der Israelitischen Gemeinde Worms, Frankfurt[6] 1926, S. 31; Wolfgang Philipp, Spätbarock und frühe Aufklärung, in: Karl Heinrich Rengstorf und Siegfried von Kortzfleisch, Kirche und Synagoge, Handbuch zur Geschichte von Christen und Juden II, Stuttgart 1970 (S. 23—86), S. 24. — An Belegen aus der christlichen Literatur seien einige Stellen aus den Apostolischen Vätern angeführt: 1 Clem 54,4; Herm vis III 2,4—7,6; Herm sim I 1f.9; Diognetbrief 5,9. Bekannt ist die apokalyptische Hoffnung der Montanisten, das himmlische Jerusalem werde bei Pepuza und Tymion herabsteigen: Kurt Aland, Art. Montanismus, in: RGG IV, Tübingen[3] 1960, Sp.1117f; vgl. Heinz Kraft, Die altkirchliche Prophetie und die Entstehung des Montanismus, in: ThZ 1955, S. 249—271.

[100] Johann Matthäus Meyfart, 1590—1642 (EKG 320,1).

Zur Nebenüberlieferung von Josephus' Bericht über die Essener Bell 2,119–161 bei Hippolyt, Porphyrius, Josippus, Niketas Choniates und anderen

Von Christoph Burchard, Heidelberg

I.

1. Wie H. Schreckenberg in seiner Bestandsaufnahme der Josephustradition feststellt, ist die Nebenüberlieferung, also die Weitergabe von Josephustexten in anderem als ihrem ursprünglichen Rahmen, bisher textgeschichtlich und textkritisch zu wenig beachtet worden[1]. Bevor das anders werden kann, muß die Nebenüberlieferung selber aufgearbeitet werden. Ich versuche es an einem Beispiel, das besonders lohnend erscheint, dem Bericht über die Essener Bell 2,119–161[2]. Er gehört zu den Stücken, die oft und schon sehr früh von anderen benutzt worden sind. Außerdem ist er so lang[3], daß er Rückschlüsse auf das ganze Bellum verspricht.

Ich registriere zunächst den Bestand an Nebenüberlieferungen (II) und skizziere dann für jede das traditionsgeschichtliche und textliche Verhältnis zu Josephus, so daß sich der Zeugenwert schätzen läßt (III). Dazu gehört auch ein Wort über die Überlieferung der Nebenüberlieferung und die Ausgaben. Die Ergebnisse sind am Ende zusammengefaßt (III.8). Angehängt ist ein Ausblick auf den Gewinn, den Textgeschichte und -kritik erhoffen können (IV)[4].

II.

2. Soweit bekannt, werden Bell 2,119–161 oder Teile davon direkt oder

---

[1] Die Flavius-Josephus-Tradition in Antike und Mittelalter (Arbeiten zur Literatur und Geschichte des hellenistischen Judentums 5), Leiden 1972, 179. Ein entsprechendes Buch über Philo wäre nützlich. – Zum Stand der Textkritik H. Schreckenberg, Bibliographie zu Flavius Josephus (Arbeiten zur Literatur und Geschichte des hellenistischen Judentums 1), Leiden 1968, 110f.115f.; Tradition 1–9.172–181. Seit B. Niese, Flavii Iosephi opera, Berlin 1885–1897 = 1955 ist nicht viel geschehen; die späteren Ausgaben schöpfen fast nur aus Niese.
[2] B. Niese, Flavii Iosephi opera VI. De bello Judaico libros VII ediderunt Iustus a Destinon et Benedictus Niese, Berlin 1894 = 1955, 176–185; O. Michel – O. Bauernfeind, Flavius Josephus, De Bello Judaico. Der jüdische Krieg I, München 1959 = Darmstadt 1959; ²1962, 205–213.431–439 (mit Übersetzung und Anmerkungen); A. Adam – Chr. Burchard, Antike Berichte über die Essener (KlT 182)², Berlin 1972, 26–32 (Lit.).
[3] Bei Michel-Bauernfeind reichlich 4 Druckseiten von etwa 375.
[4] Dem Jubilar sollte ursprünglich eine Untersuchung über Tradition und Redaktion in Hippolyts Essenerbericht gewidmet sein. Sie wurde aber zu lang und erscheint mit anderen zusammen selbständig (Studien zu den antiken Berichten über die Essener, 1975). Der vorliegende Aufsatz nimmt einige Ergebnisse daraus vorweg, die dort genauer begründet werden.

indirekt bei folgenden Autoren zitiert, verarbeitet oder erwähnt[5], und zwar der ganze Abschnitt mehr oder weniger vollständig bei

Hippolyt, Ref. IX 18,2–28,2 (3)
Porphyrius, De abst. IV 11–13 (4)
Euseb, Praep. ev. IX 3,1–21 (4.2.1)
Hieronymus, Ep. 22,35,8 (4.2.22)
Georgius Monachus, Chron. VIII 5 (4.2.41)
Georgius Kedrenus, Syn. hist. (4.2.43)
Niketas Choniates, Pan. dogm. I 36 (5.1.1),

einzelne Stellen mit Bezug auf die Essener bei

Hieronymus, Adv. Jov. II 14 (4.2.21)
Scholion zu Act 21,38 (3.2)
Kyrill von Alexandrien, C. Jul. V Ende (4.2.3)
Josippus, Lib. mem. 141,3f. (6)
Suda, E 3123 (4.2.42)
Peter Abälard, Theol. christ. II 63.67 (4.2.23)
Peter Abälard, Ep. 1 (4.2.23),

einzelne Stellen ohne Bezug auf die Essener bei

Theodoret von Kyrus, Quaest. in libr. Reg. et Par. 56 (7)
Niketas Choniates, Pan. dogm. I 40 (5.1.2).

Diese Texte sind natürlich nicht ebensoviele Nebenzeugen für Josephus. Die meisten gehören zu zwei Überlieferungsketten, die nur im ersten Glied direkt von Josephus abhängen (Hippolyt, Porphyrius). Daneben gibt es drei Einzelgänger (Niketas, Josippus, Theodoret).

III.

3.1 Die älteste und ausführlichste Nebenüberlieferung von Bell 2,119–161 ist *Hippolyt von Rom, Refutatio omnium haeresium* (222/235 n. Chr.), IX 18,2–28,2[6]. Hippolyt hatte in Buch I–IV die heidnische Philosophie und Magie beschrieben und in V–IX 17,2 die christlichen Häresien als deren Bastarde identifiziert. In X 1–29 rekapituliert er ausführlich die Häretiker und wendet sich dann in 30–34 mit der „Wahren

---

[5] Nach dem Testimonienregister bei Schreckenberg, Tradition 186f. und der Liste der Erwähnungen von Essenern und Therapeuten bis ins Hochmittelalter bei Adam[2] 66–73 (beide nach den folgenden Bemerkungen bei den oben unter 2 genannten Autoren zu berichtigen und zu ergänzen). Vielleicht gehört auch das altrussische Bellum (2,119–161 bei N.A. Meščerskij, Istorija iudejskoj vojny Iosifa Flavija v drevnerusskom perevode, Moskau-Leningrad 1958, 252–256; vgl. die Rezension von S. Szyszman, Revue de Qumran 1, 1958–59, 451–458; A. Höcherl, Zur Übersetzungstechnik des altrussischen „Jüdischen Krieges" des Josephus Flavius, Slavistische Beiträge 46, München 1970) eher zur Nebenüberlieferung als zu den Übersetzungen, die übrigens nach Schreckenberg, Tradition 179 ebensowenig textkritisch genutzt sind. Aber eine Untersuchung würde hier zu weit führen. Der lateinische „Hegesippus" hat den Essenerbericht nicht.
[6] P. Wendland, Hippolytus Werke. III. Refutatio omnium haeresium (GCS 26), Leipzig 1916, 256–261; Adam[2] 41–51.

Lehre" über Gott und die Welt, deren Grundzüge schon Noah, dem Vater aller Völker, offenbart waren, in direkter Rede an die nachgeborenen „Hellenen, Ägypter, Chaldäer und die ganze Menschheit". Vorher schiebt er in IX 18—30 eine Darstellung der Juden ein. Sie hatten ursprünglich durch den einen Gott und das von ihm gegebene eine Gesetz ein und dasselbe ἔϑος, zerstritten sich aber seit der Landnahme über der Auslegung des Gesetzes und zerfielen im Lauf ihrer Geschichte in immer mehr Gruppen (18,1—2a). Primär sind drei, Essener, Pharisäer, Sadduzäer (18,2b—28,2; 28,3—5; 29,1—4), die weitere aus sich heraussetzten. Allen Juden gemeinsam blieb eine in Gotteslehre, Kosmologie, Ethik und Kult vierfach ausgeprägte ϑεοσέβεια (30,1—4) und die Hoffnung auf den Messias, wenn sie ihn auch nicht erkannten, als er kam (30,5—8). Hippolyt bemerkt am Anfang, er schriebe das der Vollständigkeit halber (17,3f.); aber es geht ihm wohl um mehr[7]. Einerseits belegt der Bericht unausgesprochen, auf welchem historischem Weg und wie rein die „Wahre Lehre" an die Christen kam, nämlich dadurch, daß eine besonders überzeugungstreue und sittenstrenge jüdische Gruppe sie mit beschworener Arkandisziplin hütete, eben die Essener. Daß das so energisch nur eine Gruppe tat, die selber ein Zerfallsprodukt war, zeigt gleichzeitig, wie wenig die Juden insgesamt die Lehre schätzten. Andererseits benutzt Hippolyt die Darstellung, um ausdrücklich die heidnischen Philosophien zu relativieren, unter deren Einfluß die christlichen Häresien entstanden: was an ihnen wahr ist, stammt durch ägyptische Vermittlung aus dem Judentum, besonders von den Essenern (27,2f., vgl. X 31,4f.).

IX 18,2—29,4 über die drei primären Gruppen läuft nun Bell 2,119—166, ohne eine Quelle zu nennen, in Wortlaut und Folge so parallel, daß beide Texte literarisch verwandt sein müssen. Sie unterscheiden sich aber auch so stark, daß die Art der Verwandtschaft nicht ins Auge springt. Alternative: entweder hängt Hippolyt von Josephus ab, so die meisten, oder beide fußen auf einer gemeinsamen Quelle, wobei in beiden Fällen in Hippolyts Text auch noch andere Überlieferung stecken könnte. Einen Konsens gab es bisher nicht, Beobachter konnten nur non liquet notieren[8]. Das liegt bei näherem Zusehen nicht an der Sache, sondern daran, daß die Forschung — soweit es sie gab, gearbeitet haben im wesentlichen die wenigen Verfechter der gemeinsamen Quelle[9] — sich bislang weder auf einen exak-

---

[7] Hinweis von K. Koschorke.

[8] Schreckenberg, Tradition 72; ich selber bei Adam² 41.

[9] Vor allem K. Kohler, Essenes, JewEnc V, 1903, 224—232; M. Black, The Account of the Essenes in Hippolytus and Josephus, in: W.D. Davies — D. Daube, ed., The Background of the New Testament and its Eschatology. In Honour of Charles Harold Dodd, Cambridge 1956, 172—175 = Appendix B. The Essenes in Hippolytus and Josephus, in: Black, The Scrolls and Christian Origins. Studies in the Jewish Background of the New Testament, London etc. 1961 = New York 1961, 187—191 ("more likely"); M. Smith, The Description of the Essenes in Josephus and the Philosophumena, HUCA 29 (1958), 273—313.

ten Textvergleich eingelassen noch Hippolyts Sprache und Anliegen beachtet hat. Tut man das, im folgenden beschränkt auf den Essenerteil 18,2—28,2, dann läßt sich die gemeinsame Quelle kaum noch halten. Einerseits stecken Hippolyts Abweichungen von Josephus voll hippolytscher Spracheigentümlichkeiten, gleichzeitig oder darüber hinaus sind die Essener gründlich teils nach dem Neuen Testament, teils nach zeitgenössischen kirchlichen Verhältnissen christianisiert[10]. Andererseits sind Formulierungen aufgenommen oder vorausgesetzt, die von Josephus stammen[11], und gelegentlich auch sekundäre Lesarten[12]. Von einer statt Josephus oder auch neben Josephus benutzten Quelle ist nichts zu sehen. Daran ändert auch nichts, daß zwei Stellen auf zusätzliche Überlieferung[13] zurückgehen, in 25,2 add. 2,147 Ende die kurze Bemerkung, daß manche Essener am Sabbat im Bett bleiben, ursprünglich wohl eine Beobachtung über die Juden allgemein[14], und in 26,1f. add. 2,150 Anfang die Nachrichten über drei angebliche Untergruppen der Essener, eigentlich die Zeloten betreffend[15]. Ref. IX 18,2—28,2 ist also Bearbeitung von Bell 2,119—161, wenig

---

[10] Beispiele: zu IX 18,3 οὐ τὸ γαμεῖν κωλύοντες diff. Bell 2,121 vgl. 1 Tim 4,3 und VII 30,3; VIII 20,1.2; zu 19,1f. diff. 122 vgl. Act 2,44f.; 4,34f. und I 2,16; zu 20,2 diff. 126 vgl. Mt 10,9f. Anklänge an das Neue Testament sind schon immer beobachtet worden, es gibt aber viel mehr und sie sind nicht die einzige Sorte christlicher Züge im Text. Angleichung an kirchliche Ämter vermute ich in 19,1 add. 2,122; 20,2 diff. 149; 21,1 diff. 129; 21,3 diff. 130; 22,1 diff. 134; 25,1 diff. 146, an den christlichen Gottesdienst in 21,1—4 diff. 128—133, an den Katechumenat in 23,1 diff. 137, wo der Zusatz, die essenischen Novizen versammelten sich im 1. Jahr ἐν ἑτέρῳ οἴκῳ, vielleicht sogar einen Schluß auf Raumverhältnisse erlaubt.

[11] So 2,156 in 27,1. Genaueres läßt sich erst nach traditions- und redaktionsgeschichtlicher Analyse von Bell 2,119—161 (166) sagen, wie sie dank O. Michels Initiative bei anderen Josephustexten wieder in Gang gekommen ist; vgl. die Arbeiten seiner Schüler G. Maier, Mensch und freier Wille. Nach den jüdischen Religionsparteien zwischen Ben Sira und Paulus (WUNT 12), Tübingen 1971 (hier 4—10 kurz auch über 2,119—166); H. Lindner, Die Geschichtsauffasung des Flavius Josephus im Bellum Judaicum. Gleichzeitig ein Beitrag zur Quellenfrage (Arbeiten zur Geschichte des antiken Judentums und des Urchristentums 12), Leiden 1972.

[12] 23,1 οὐκ εὐθέως τὰς παραδόσεις ποιοῦνται setzt offenbar 2,137 οὐκ εὐθὺς ἡ παράδοσις PA voraus; ursprünglich ist doch wohl οὐκ εὐθὺς ἡ πάροδος rell. edd.

[13] Die natürlich mindestens im zweiten Fall schriftlich gewesen sein wird.

[14] So Hieronymus, Kommentar zu Jesaja XV zu 56,2: Neque enim prodest sedere in sabbato, siue dormire, et epulis inhiare (M. Adriaen, S. Hieronymi presbyteri opera I 2A. Commentariorum in Esaiam libri XII—XVIII. In Esaia parvula adbreviatio, CChr Series Latina 73A, Turnhout 1963, 630,23f.); vgl. Origenes-Rufin, Kommentar zum Römerbrief VI 12 zu 8,3; Hieronymus, Ep. 121,10,20 (gefunden bei S. Krauss, The Jews in the Works of the Church Fathers, JQR 5, 1892/93, 122—157; 6, 1893/94, 82—99.225—261).

[15] Zur Interpretation M. Hengel, Die Zeloten. Untersuchungen zur jüdischen Freiheitsbewegung in der Zeit von Herodes I. bis 70 n. Chr. (Arbeiten zur Geschichte des Spätjudentums und Urchristentums 1), Leiden-Köln 1961, 73—76.93—114.195—204; G. Baumbach, Zeloten und Sikarier, ThLZ 90 (1965), Sp. 727—740; Jesus von Naza-

erweitert und gelegentlich auch gekürzt (stärkere Ausfälle in 26,4—27,3 diff. 152—159)[16]. Dabei dürften alle Abweichungen von Hippolyt verursacht sein; die Christianisierung der Essener entspricht seiner Sicht und ebenso die Zusätze, die den fortschreitenden Zerfall des Judentums illustrieren. Die Vorlage war also eine Josephushandschrift oder ein Exzerpt, nicht, wie manchmal angenommen, eine Zwischenquelle[17] oder ein Josephus variatus[18].

Alles in allem gibt Hippolyt also kein Josephuszitat, sondern eine gründliche Neubearbeitung. Doch hat er fast den ganzen Stoff in fast derselben Reihenfolge aufgenommen und an vielen Stellen auch den Wortlaut bewahrt. Seine Vorlage läßt sich darum wenigstens streckenweise rekonstruieren.

3.2 Auf Hippolyt geht ein Scholion zu Act 21,38 zurück, das in verschiedener Form in der gedruckten Fassung der Chrysostomushomilien, der Katene zur Apostelgeschichte und den katholischen Briefen und einiger katenenähnlicher Kommentare steht[19]. Diese Schriften sind untereinander literarisch verwandt, doch läßt sich beim gegenwärtigen Stand der Veröffentlichung (meist nach einer einzigen Handschrift) und der Erforschung[20] nicht genau sagen, wie. Bei Katenen und dergleichen gelten Urteile über das Ganze wegen ihrer verwickelten Geschichte ohnehin nicht auch für jeden Teil. Betrachtet man die Druckfassungen des Scholions für sich, dann ergibt sich folgender Eindruck.

Die Katene hat zu Act 21,37f.[21]:Ὠριγένους. Παρὰ Ἰουδαίοις τρεῖς

---

reth im Lichte der jüdischen Gruppenbildung (Aufsätze und Vorträge zur Theologie und Religionswissenschaft 54), Berlin 1971, 11—31.

[16] Das gilt dann wohl auch für 28,3—29,4 (Pharisäer und Sadduzäer), obwohl Bell 2,162—166 hier völlig verändert und stark aufgefüllt sind.

[17] S. Zeitlin, The Account of the Essenes in Josephus and the Philosophumena, JQR N.S. 49 (1958/59), 292—299: Hegesipp.

[18] Hippolyt scheidet damit endgültig aus der Gruppe der historisch ergiebigen Essenerberichte (Philo, Josephus, Plinius, vielleicht Dio, Solin, unklar Epiphanius) aus. Der Text bleibt interessant für die Interpretation der Refutatio, das Verhältnis der alten Kirche zum Judentum (er behandelt es ohne Polemik) und die Geschichte der christlichen Essenerinterpretation (hier erscheinen die Essener zum ersten Mal als Prächristen und übernehmen die Rolle, die etwa bei Lukas Gestalten wie Simeon und Hanna und, in Grenzen, die Pharisäer spielen). Zu fragen wäre, ob die Anklänge an kirchliche Verhältnisse zu deren besserem Verständnis beitragen können.

[19] Nicht bei Schreckenberg, Tradition, der Katenen nicht berücksichtigt (47).

[20] Zu den Katenen und ihren Verwandten H. Frhr. von Soden, Die Schriften des Neuen Testaments in ihrer ältesten erreichbaren Textgestalt hergestellt auf Grund ihrer Textgeschichte I 1, Berlin 1902, 270—279.682—692; R. Devreesse, Chaînes exégétiques grecques, DBS Suppl. I, 1928, col. 1084—1233, hier 1205—1209; H.-G. Beck, Kirche und theologische Literatur im byzantinischen Reich (Byzantinisches Handbuch im Rahmen des HAW II 1), München 1959, 469f.514f.650.

[21] J.A. Cramer, Catena in Acta SS. Apostolorum e cod. Nov. Coll., Oxford 1838 =

αἱρέσεις γενικαί. Φαρισαῖοι· Σαδδουκαῖοι· Ἐσσηνοί· οὗτοι τὸν βίον σεμνότερον ἀσκοῦσι, φιλάλληλοι ὄντες, καὶ ἐγκρατεῖς· διὸ καὶ Ἐσσηνοὶ προσαγορεύονται, ἤγουν ὅσιοι· ἄλλοι δὲ αὐτοὺς σικαρίους ἐκάλεσαν, ἤγουν ζηλωτάς.[22] Ἰωσήπου. Σικάριοι λέγονται λῃσταί, ξίφεσι διαχρώμενοι,[22] παραπλησίοις μὲν τὸ μέγεθος τοῖς τῶν Περσῶν ἀκινάκαις, ἐπικαμπέσι δὲ καὶ ὁμοίαις ταῖς ὑπὸ Ῥωμαίων σίκαις καλουμέναις ἀφ᾽ ὧν καὶ τὴν προσηγορίαν οἱ λῃστεύοντες ἔλαβον. οὗτοι – ἐγκρατεῖς ist wörtlich Ref. IX 18,3 diff. Bell 2,119. Deshalb wird das Vorhergehende auf 18,2f., nicht direkt auf 2,119[23] zurückgehen, der Schlußsatz auf 26,2, wo freilich nur eine Gruppe der Essener Sikarier oder Zeloten heißt. Hinter διό – ὅσιοι muß letztlich wohl Philo, Quod omnis probus liber sit 75.91 oder Apol. 1 bei Euseb, Praep. ev. VIII 11,1 stecken. Das Josephus-Scholion stammt aus Ant. 20,186. Ohne Lemma, sonst fast wörtlich steht das Origenes-Scholion auch in einem in der Handschrift dem Theophylakt von Achrida (1. Hälfte 11. Jh. – um 1108) zugeschriebenen, aber womöglich unechten Kommentar zur Apostelgeschichte (und den katholischen Briefen) zu Act 21,38[24] und kürzer in einer anonymen Auslegung, die Migne als Theophylakt, textus tertius druckt[25].

Dieselben Scholien wie die Katene, aber in umgekehrter Folge, durch einen Zwischensatz verbunden und ohne Lemmata hat der aus purer Herausgeber- oder Druckerphantasie unter den Namen des Ökumenius geratene Kommentar zur Apostelgeschichte (und den katholischen Briefen) (Ende 8. Jh.?), 32 zu 21,26–38[26]: Σικάριοι δὲ λέγονται λῃσταί ξιφειδίοις χρώμενοι, παραπλησίοις μὲν τὸ μέγεθος τοῖς τῶν Περσῶν ἀκινάκαις, ἐπικαμπέσι δὲ καὶ ὁμοίοις ταῖς ὑπὸ Ῥωμαίων καλουμέναις σίκαις ἀφ᾽ ὧν καὶ τὴν προσηγορίαν οἱ λῃστεύοντες ἔλαβον. Ἄλλοι δὲ αἵρεσίν τινα παρὰ Ἰουδαίοις ἔφασαν εἶναι. Τρεῖς γάρ εἰσιν αἱρέσεις γενικαὶ παρὰ Ἰουδαίοις, Φαρισαῖοι, Σαδδουκαῖοι, καὶ Ἐσσηνοί. οὗτοι τὸν βίον σεμνότερον ἀσκοῦσί,

---

Catenae Graecorum Patrum in Novum Testamentum III, 1844, 355, nach Oxford, New College 58, 13. Jh.; S. 447 Lesarten nach Paris, Bibliothèque Nationale, Coislin gr. 25, 10. Jh.: ἢ τ οὖν statt ἤγουν (zweimal?) und ἐφ᾽ statt ἀφ᾽. Weitere Überlieferung bei von Soden 683–686; Devreesse 1205f.
[22] Die Handschrift liest ξίφει (Cramer 355 A.a). ξίφει διαχρώμενοι dürfte aus ξιφειδίοις (oder – δίῳ) χρώμενοι verderbt sein.
[23] Auch Ant 13,171; Vit 10 wären denkbar, weniger gut Ant 18,11.
[24] MPG 125 (1864), col. 792, nach Wien, Nationalbibliothek, Gr. 150. Zwei vielleicht verwandte Handschriften bei von Soden 687–689.
[25] MPG 125 (1864), col. 1118, nach einer nichtidentifizierten Florentiner Handschrift. Nach von Soden 683 ein Auszug aus der Katene ohne Text und Lemmata.
[26] MPG 118 (1893), col. 268, nach einer nichtidentifizierten Handschrift; lateinisch I.B.Felicianus, Catena explanationum veterum sanctorum patrum, In Acta Apostolorum, et Epistolas catholicas, Venedig 1545; Basel 1552, 227 nach einer nicht genannten (anderen?) Vorlage. Verwandte Überlieferung bei von Soden 691f. Nach Cramer III; von Soden ebd.; Devreesse ebd. ist Pseudo-Ökumenius eine Bearbeitung der Katene (anders Beck 418?).

φιλάλληλοι ὄντες καὶ ἐγκρατεῖς · διὸ καὶ Ἐσσηνοὶ προσαγορεύονται, ἤγουν ὅσιοι, ἄλλοι δὲ αὐτοὺς Σικαρίους ἐκάλεσαν, ἤγουν ζηλωτάς. Fast dasselbe, aber offenbar ohne ἔφασαν — Ἰουδαίοις, steht bei Theophylakt, Kommentar zur Apostelgeschichte, textus alter, der ziemlich sicher pseud-epigraph ist[27].

Ähnlich wie bei Pseudo-Ökumenius, aber weiter vom Text der Antiquitates und der Refutatio entfernt, heißt es in der Druckfassung von Johannes Chrysostomus, Homilien zur Apostelgeschichte (400/401), 46,3 zu 21,38[28]: Τοὺς δὲ σικαρίους, οἱ μὲν γένος τι λῃστῶν φασιν αὐτοὺς εἶναι, οὕτω καλουμένους ἀφ᾽ ὧν ἐπεφέροντο ξιφῶν σικῶν λεγομένων παρὰ Ῥωμαίοις οἱ δὲ τῆς μιᾶς αἱρέσεως παρ᾽ Ἑβραίοις. Τρεῖς γάρ εἰσι παρ᾽ αὐτοῖς αἱρέσεις αἱ γενικαί, Φαρισαῖοι, Σαδδουκαῖοι καὶ Ἐσσηνοί, οἳ καὶ Ὅσιοι λέγονται (τοῦτο γάρ ἐστι τὸ Ἐσσηνοὶ ὄνομα) διὰ τὸ τοῦ βίου σεμνὸν, οἱ αὐτοὶ δὲ καὶ Σικάριοι διὰ τὸ εἶναι ζηλωταί.

Die Katenenfassung des Scholions scheint die älteste zu sein. Pseudo-Ökumenius ließe sich gut als Bearbeitung eines entsprechenden Textes verstehen; der Zwischensatz ἄλλοι — εἶναι wäre redaktionelle Klammer. Chrysostomus sieht wie eine Bearbeitung des Pseudo-Ökomenius aus, obwohl es umgekehrt sein sollte, denn die Homilien bilden das Grundgerüst der ganzen Katenenüberlieferung zu Act. Der gedruckte Chrysostomustext wäre dann an dieser Stelle sekundär. Sicherheit ist nicht zu gewinnen, auch nicht darüber, wie die Katene, wenn sie denn das älteste Zeugnis für das Scholion ist, an den Text kam. Das Lemma Origenes könnte sich daher erklären, daß die Refutatio unter dessen Namen überliefert wurde; aber der vielseitige Alexandriner hat auch Homilien zu Act gehalten, die verloren sind[29].

3.3 Die Refutatio ist schlecht überliefert, aber gut herausgegeben. Buch IV—X sind nur in einer einzigen, fehlerhaften, zum Teil abgeriebenen und am Ende unvollständigen Handschrift des 14. Jh.s (P) erhalten[30]. Einzige Nebenüberlieferung des Essenerberichts ist das besagte Scholion. P ist

---

[27] MPG 125 (1864), col. 1028f., nach Vatikanbibliothek, Vat. Gr. 652. Verwandte Überlieferung bei von Soden 689—691.

[28] MPG 60 (1862), col. 324. Nicht bei P.R. Coleman-Norton, St. Chrysostom's Use of Josephus, Classical Philology 26 (1931), 85—89; Schreckenberg, Tradition 90f. Nach E.R. Smothers, Toward a Critical Text of the Homilies on Acts of St. John Chrysostom, in: K. Aland — F.L. Cross, ed., Studia Patristica Vol. I. Papers presented to the Second International Conference on Patristic Studies held at Christ Church, Oxford, 1955. Part I (TU 63), Berlin 1957, 53—57; F.T. Gignac, The Text of Acts in Chrysostom's Homilies, Traditio 26 (1970), 308—315, zerfällt die Überlieferung in eine ungeglättete Rezension, die ursprünglich ist, und eine aus ihr entstandene geglättete; die Drucke geben einen Mischtext aus beiden mit Vorherrschaft der geglätteten.

[29] O. Bardenhewer, Geschichte der altkirchlichen Literatur II[2], Freiburg i. Br. 1914 = Darmstadt 1962, 138.

[30] Paris, Bibliothèque Nationale, Suppl. grec 464.

durch Wendlands Ausgabe zugänglich. Änderungen und Ergänzungen des überlieferten Textes sind ausgewiesen. Das Scholion ist nicht berücksichtigt, aber das macht nichts; es kann P bestätigen, aber nicht ändern. Wendland emendiert an einigen wenigen Stellen unnötig, meist nach Josephus. Wieweit diese knappste aller denkbaren Überlieferungen Hippolyts Originaltext verändert und verkürzt, kann man nur vermuten; auch sekundäre Kontamination mit Josephus ist nicht ausgeschlossen. Das macht die Rekonstruktion der Vorlage noch heikler, als sie dank Hippolyts Bearbeitung schon ist.

4.1 Etwa ein halbes Jahrhundert nach Hippolyt griff *Porphyrius, De abstinentia ab esu animalium* (270/Ende 3. Jh.), IV 11–13[31] Josephus' Essenerbericht auf und stellte ihn unter die sittengeschichtlichen Zeugnisse für Enthaltsamkeit bei Griechen und Barbaren, die den größten Teil von Buch IV füllen. Nach der hellenischen Vorzeit, den Spartanern und Ägyptern kommt Porphyrius in IV 11 auf die Juden und hier schnell auf die Essener. Er beginnt mit Bell 2,119, frei wiedergegeben, unterbricht sich dann aber: οἱ οὖν τρίτοι (die Essener) τοιοῦτον ἐποιοῦντο τὸ πολίτευμα, ὡς πολλαχοῦ Ἰώσηπος τῶν πραγματειῶν (Abhandlungen) ἀνέγραψεν, καὶ γὰρ ἐν τῷ δευτέρῳ τῆς Ἰουδαικῆς ἱστορίας, ἣν δι' ἑπτὰ βιβλίων συνεπλήρωσεν, καὶ ἐν τῷ ὀκτωκαιδεκάτῳ τῆς ἀρχαιολογίας, ἣν διὰ εἴκοσι βιβλίων ἐπραγματεύσατο, καὶ ἐν τῷ δευτέρῳ τῶν πρὸς τοὺς Ἕλληνας, εἰσὶ δὲ δύο τὰ βιβλία (245,15–21 Nauck[2]). Die Quellenangaben sind in De abst. IV sorgfältiger als im übrigen Buch, wohl um die zum Teil abgelegenen und exotischen Dinge, die berichtet werden, zu bekräftigen[32]; die Vorstellung eines ganzen Oeuvres samt Anzahl der Bücher ist einmalig. Offenbar gehörte Josephus für Porphyrius und seine Leser nicht zu den selbstverständlichen Bildungsgütern. Es ist darum verzeihlich, daß der Hinweis auf c Ap falsch ist. Gemeint ist wohl nicht ein verlorenes Stück, auch nicht irrtümlich Vit 10[33], sondern die Doxographie der jüdischen Religion 2,145ff. (dazu gleich). Nach der Unterbrechung geht der Autor mit εἰσὶ τοίνυν οἱ Ἐσσαῖοι zu Bell 2,119 zurück und bleibt bis IV 13 Ende bei Josephus' Essenern. In IV 14 kommen dann noch ein paar Dinge, die alle Juden betreffen, darunter ein Abschnitt, der ohne Quellenangabe auf c Ap 2,213 fußt (251,9–14).

Bei Porphyrius' Gelehrtheit darf man annehmen, daß er Josephus selber vor Augen hatte. Er gibt seine Vorlage freilich nicht vollständig und nicht

---

[31] A. Nauck, Porphyrii philosophi platonici opuscula selecta (Bibliotheca Scriptorum Graecorum et Romanorum Teubneriana 80)[2], Leipzig 1886 = Hildesheim 1963, 245–251.

[32] J. Bernays, Theophrastos' Schrift über Frömmigkeit. Ein Beitrag zur Religionsgeschichte. Mit kritischen und erklärenden Bemerkungen zu Porphyrios' Schrift über Enthaltsamkeit, Berlin 1866, 18f.

[33] So ich selber bei Adam[2] 55 A. zu Z. 31f.

immer wörtlich wieder. Daß die Änderungen und mindestens einige der Auslassungen seinen eigenen Absichten dienen, hat J. Bernays gezeigt[34]. Es fehlen außer Kleinigkeiten Bell 2,121 καὶ — πίστιν, 125 κηδεμὼν — 126 παισί, 134—136, 145—147 außer einem Satz, 149—151, 155 καὶ ταῖς μὲν ἀγαϑαῖς — 158 und 160f. außer der Schlußbemerkung[35]. Eingriffe in den übernommenen Text sind zunächst selten. 124 Ende — 125 Anfang und 142 Ende — 143 Anfang sind gerafft. Zu 131 τροφῆς hat Porphyrius in IV 12 ἁγνῆς οὔσης καὶ καϑαρᾶς (247,22) zugesetzt und so den Essenern Vegetarismus unterstellt. Gegen Ende werden die Änderungen stärker. Das Verbot 2,147, am Sabbat auszutreten, hat Porphyrius an seiner Stelle mitsamt 145—147 ausgelassen; er schreibt dann aber nach der Wiedergabe von 148 in IV 13: τοσαύτη δ᾽ ἐστὶν αὐτῶν ἡ λιτότης ἡ περὶ τὴν δίαιταν καὶ ὀλιγότης, ὡς τῇ ἑβδομάδι μὴ δεῖσϑαι κενώσεως, ἣν τηρεῖν εἰώϑασιν εἰς ὕμνους τῷ ϑεῷ καὶ εἰς ἀνάπαυσιν (250,1—4). Danach geht er mit ähnlicher Einleitung zu 152 über und beginnt später auch die Wiedergabe von 159 entsprechend. Solche Wendungen, die Porphyrius z.B. auch IV 5.9 gebraucht, stellen essenische Eigenheiten stärker als bei Josephus als Folge ihrer Askese hin. Trotz allem darf man Porphyrius' Wiedergabe von Bell 2,119—161 noch ein Zitat nennen.

4.2 De abst. IV 11—13 ist öfter zitiert und benutzt worden.

4.2.1 Ein vollständiges und genaues Zitat von εἰσὶ τοίνυν οἱ Ἐσσαῖοι — ἀστοχοῦσι (245,21—251,5) liefert Euseb, Praeparatio evangelica (312/22), IX 3,1—21[36]. Er gibt De abst. IV als Quelle an, verschweigt aber Porphyrius' Bezug auf Josephus und behauptet, er schöpfe ἐκ παλαιῶν, ὡς εἰκός, ἀναγνωσμάτων (IX 3,22). Das heißt nicht, daß Euseb De abst. indirekt benutzt hätte. Er wird das Exemplar der Bibliothek von Cäsarea abgeschrieben haben oder vielmehr haben abschreiben lassen.

4.2.21 Nicht viel mehr als ein Hinweis ist Hieronymus, Adversus Jovinianum (393), II 14[37]: *Iosephus in secunda Iudaicae captivitatis historia et in octavo decimo Antiquitatum libro et contra Appionem duobus voluminibus tria describit dogmata Iudaeorum: Farisaeos, Sadduceos, Esseos. quorum novissimos miris effert laudibus, quod et uxoribus et vino et carnibus semper abstinuerint et cottidianum ieiunium verterint in naturam. super quorum vita et Philo, vir doctissimus, proprium volumen edidit.* Der Passus ist eins aus einer Reihe sittengeschichtlicher Argumente gegen die

---

[34] 23—28.155f. Merkwürdig die Namensform Εσσαιοι statt Εσσηνοι, die bei Bell 2,119—161 kein Textzeuge außer Porphyrius und Abkömmlingen hat. Kannte Porphyrius die Essener schon, bevor er auf Josephus stieß?
[35] Anders Niese 185: „ἀστοχοῦσιν [2,159Ende] finit Porphyr".
[36] K. Mras, Eusebius Werke VIII. Die Praeparatio evangelica (GCS 43,1), Berlin 1954, 486—489.
[37] E. Bickel, Diatribe in Senecae philosophi fragmenta I. Fragmenta de matrimonio, Leipzig 1915, 416,5—10; Adam² 55f.

These, daß Nahrungsaskese unter anderem deswegen verworfen werden müsse, weil sie schöpfungswidrig sei, wie Jovinian behauptet hatte. Die Reihe stammt fast ganz aus De abst. IV, obwohl Hieronymus das nicht sagt, und zwar direkt. Daß *Iosephus-Esseos* auf IV 11 (245,11–21) fußt, zeigen das falsche *et contra Appionem* und die Namensform *Esseos*. Dagegen ist *quorum-naturam* kein Zitat, es sei noch so frei. Zu erwägen ist, ob Hieronymus hier den Essenern Züge der Therapeuten leiht; Philos *proprium volumen* wäre dann De vita contemplativa[38]. Die Therapeuten sind aber für Hieronymus nach De vir. ill. 11 im Gefolge Eusebs[39] die ersten ägyptischen Christen. Er wird in *quorum-naturam* also eher, wie auch anderswo, mit eigenen Worten zusammenfassen, was er bei Porphyrius las oder vielmehr lesen wollte[40]. *quod-abstinuerint* lehnt sich im übrigen an eine schon II 13 (415,7f. Bickel) gebrauchte Formulierung an.

4.2.22 Hieronymus hatte in Ep. 22 ad Eustochium (384), 35,8 am Ende einer Beschreibung des *coenobium*, der besten der drei ägyptischen Arten von Mönchen, Josephus' Essenerbericht schon einmal erwähnt[41]: *tales Philo, Platonici sermonis imitator, tales Iosephus, Graecus Livius, in secunda Iudaicae captivitatis historia Essenos refert*. Der bloße Hinweis ist aber kein Textzeugnis.

4.2.23 Peter Abälard, Theologia christiana (1123/25, revidiert 1134/35 und 1136/40), II 63 zitiert mit Quellenangabe Hieronymus' eben genannten Satz, in II 67 ohne Quelle und frei auch Adv. Jov. II 14[42]. Auf diese Stelle wird auch die Erwähnung der drei jüdischen Sekten in Ep. 1 seu Historia calamitatum (nach 1132)[43] zurückgehen.

4.2.3 Kyrill von Alexandrien, Contra Julianum (433/41), V Ende[44] zitiert mit Autorenangabe De abst. IV 13 Ende (250,21–251,5) par. Bell 2,159. Kyrill dürfte das Buch, das er wie andere des Philosophen in C. Jul. noch öfter anführt, direkt vor sich gehabt haben, nicht etwa über Euseb. Eine moderne Ausgabe fehlt.

4.2.41 Eine gekürzte Bearbeitung von De abst. IV 11–13 bildet den Haupt-

---

[38] Bickel 416 A. zu Z. 9 *(cottidianum ieiunium . . .)*; ich selber bei Adam² 56 A. zu Z. 3–5. Vgl. De vita cont. 34–37.73f.81.

[39] S.u. 4.2.41.

[40] Zusätzliche, womöglich authentische Überlieferung über die Essener liegt jedenfalls nicht vor.

[41] I. Hilberg, Sancti Eusebii Hieronymi epistulae I (CSEL 54), Wien-Leipzig 1910, 200.

[42] E.M. Buytaert, Petri Abaelardi opera theologica II. Theologia christiana. Theologia scholarum, recensiones breuiores. Accedunt capitula haeresum Petri Abaelardi (CChr. Continuatio mediaeualis XII), Turnhout 1969, 157,868–872; 159,944–160,949. Daten nach Buytaert.

[43] MPL 178 (1855), col. 131. Hinweis von H. Lichtenberger. Nicht in der Liste Adam² 71 und bei Schreckenberg, Tradition 141.

[44] MPG 76 (1863), col. 776. Nicht bei Schreckenberg, Tradition 97.

teil der Beschreibung der Essener bei Georgius Monachus, Chronikon (beendet 866/67), VIII 5[45]. Sie ist in einen Bericht über Markus und die von ihm gegründete älteste Gemeinde Ägyptens (327,12–334,11 de Boor) eingebettet. Ihm liegt direkt oder indirekt Euseb, Hist. eccl. II 16,1–18,1 zugrunde, wo Euseb in einem ausführlichen, mit Zitaten durchsetzten Referat von Philo, De vita cont., die Therapeuten als Markuschristen deutet. Euseb ist eingangs und am Ende genannt. Nach einer wohl redaktionellen Bemerkung über Markus referiert Georgius zunächst Eusebs Einleitung zur Wiedergabe von Philos Buch Hist. eccl. II 16,1–17,2 (327,12–328,6). Da aber die Markuschristen als gebürtige Juden von den Essenern als dem edelsten Teil Israels herstammten und sie wiederum von den Rechabiten (328,6–10), beschreibt Georgius erst einmal diese (328,10–329,4) und dann, nach einem wohl auch redaktionellen Satz über die Lebensweise der Essener (329,5–10), die Ἐσσαῖοι ὥς φησιν Ἰώσηπος (329,10–331,21). Angehängt ist ein Referat von Vit 11f. (331,22–332,4). Erst dann kommt die eigentliche Beschreibung der Markuschristen nach Hist. eccl. II 17,3–18,1 (332,5–334,11). Daß Georgius' Ausführungen über die Ἐσσαῖοι ὥς φησιν Ἰώσηπος nicht auf diesen, sondern eben auf Porphyrius zurückgehen, ist leicht zu sehen, wenn man dessen oben unter 4.1 notierte Auslassungen und Abweichungen vergleicht. Ob Georgius Porphyrius direkt oder über eine Zwischenquelle benutzt hat, kann ich noch nicht sagen[46]. Er scheut sich wie die meisten byzantinischen Chronisten nicht, alte Quellen aus zweiter oder dritter Hand zu übernehmen; andererseits ist De abst. in Mönchskreisen lebendig geblieben. Jedenfalls erscheint Porphyrius' Text, durch wen auch immer, bei Georgius gekürzt und sehr verändert. Es fehlen auch noch Bell 2,123f., 126f., 143f., 148, 152–154, so daß nur 119–122, 128–133, 137–142, je ein Splitter von 147 und 143 und schließlich 159 repräsentiert sind. Das Übernommene ist stark paraphrasiert und gelegentlich aufgebläht, dabei dem christlichen Mönchtum angenähert.

Georgius' Beschreibung der Essener hat nachgewirkt, wobei ich von den Fortsetzungen, Bearbeitungen[47] und Übersetzungen des bis in den slawischen Bereich hinein äußerst einflußreichen Chronikons absehe.

4.2.42 Ein Satz aus VIII 5 (329,11–17) entsprechend Bell 2,119f. bildet

---

[45] C. de Boor, Georgii Monachi Chronicon (Bibliotheca Scriptorum Graecorum et Romanorum Teubneriana 41m), Leipzig 1904, I 329,10–331,21. Die angekündigte editio correctior von P. Wirth scheint noch nicht erschienen zu sein. Ich zitiere nach de Boors Seiten und Zeilen, weil es keine Paragrapheneinteilung gibt. Auch die Kapitel stammen nicht aus den Handschriften. De Boor hat die Abhängigkeit von Porphyrius offenbar nicht erkannt.

[46] Gegen Euseb spricht, daß der Josephus als Autor nicht nennt.

[47] Eine erweiternde Bearbeitung ist MPG 110 (1863) nachgedruckt. Doch weicht der Essenerbericht col. 392f. von Chronikon 329,10–331,21 kaum ab.

das Kernstück von Suda (um 1000), E 3123 Ἐσσαῖοι[48]. Er ist wohl durch die (hier nicht erhaltenen) Exzerpte des Konstantinus VII. Porphyrogennetus (vor 959) vermittelt, trotzdem ziemlich exakt.

4.2.43 Die ganze Beschreibung der Markuschristen kehrt mit einigen Kürzungen wieder bei Georgius Kedrenus, Synopsis historiarum (Ende 11./Anfang 12. Jh.)[49], der seinen Namensvetter auch darüber hinaus Seite um Seite nachschreibt. Der auf Porphyrius fußende Abschnitt (329,10—331,21) ist ohne große Abweichungen vorhanden.

4.2.44 Das vielfältig und kompliziert überlieferte Chronikon[50] liegt in de Boors Ausgabe vor. Die Suda hat er benutzt, wenn auch noch nicht nach Adler, Kedrenus wohl nicht zu Unrecht weggelassen, denn er hätte bestenfalls den Wert einer Handschrift unter vielen, und auch das nur, wenn er gut herausgegeben wäre. Da für Porphyrius ohnehin nicht viel zu erhoffen ist, wird de Boor genügen.

4.3 Porphyrius ist ziemlich gut überliefert, aber schlecht herausgegeben. Den Handschriftenbestand notiert H.-R. Schwyzer[51]. An Nebenüberlieferung zu IV 11—13 sind Euseb, mit Abstand auch Kyrill und Georgius Monachus textkritisch nützlich. Aber Naucks Ausgabe ist überholt[52]. Die Handschriftenbasis ist zu schmal[53]. Euseb und Kyrill sind benutzt, aber für

---

[48] A. Adler, Suidae Lexicon (Lexicographi Graeci I), Leipzig, II 1931, 422; Adam[2] 59. Nicht bei Schreckenberg, Tradition 130—133.

[49] MPG 121 (1894), col. 385.388f. Keine Buch- und Kapiteleinteilung. Die Ausgabe ist ganz unzureichend. Überlieferung bei M.E. Colonna, Gli storici bizantini dal IV al XV secolo. I. Storici profani, Neapel 1956, 13—15 (Bibliographie der Handschriften, Ausgaben und Sekundärliteratur).

[50] Zur Überlieferung K. Krumbacher, Geschichte der byzantinischen Litteratur von Justinian bis zum Ende des oströmischen Reiches (527—1453) (Handbuch der klassischen Altertumswissenschaft IX 1)[2], München 1897 = (Burt Franklin Bibliographical Series 13), New York 1958, 352—358; C. de Boor, Römische Kaisergeschichte in byzantinischer Fassung II. Georgius Monachus. Georgius Cedrenus. Leo Grammaticus, ByZ 2 (1893), 1—21; Colonna 50—53; G. Mihăilă, L'historiographie roumaine ancienne (XVe siècle — début du XVIIe siècle) par rapport a l'historiographie byzantine et slave, in: Actes du Premier Congrès International des Etudes balkaniques et sud-est européennes. III. Histoire (V[e] — XVe ss.; XVe — XVIIe ss.), Sofia 1969, 507—535, bes. 510f.

[51] Chairemon, Diss. phil. Bonn 1932 = (Klassisch-Philologische Studien 4), Leipzig 1932, 17—21; zu den alten Ausgaben bis Nauck[1] Bernays 136f.

[52] R. Beutler, Porphyrios 21, PW 22,1, 1953, Sp. 275—313, hier 291: „Neuausgabe ist dringend erforderlich".

[53] Doch Schwyzer 18: „Ceterum quicumque opus Porphyrii denuo editurus est, eum solum V codicem [Vat. Gr. 325, f. 282—325, s. XIV] inspicere sane satis erit". IV 11—13 steht f. 319 v—321 r. Nach einer ersten Durchsicht stimmt der Text bis auf Orthographisches mit Naucks Handschriften überein. Offenbar geht die ganze handschriftliche Überlieferung auf einen nicht mehr einwandfreien Archetyp zurück. Der Schluß ist in keiner Handschrift erhalten, läßt sich aber teilweise aus Hieronymus, Adv. Jov. II 14 rekonstruieren. Euseb und noch Georgius Monachus reflektieren ein älteres und besseres Überlieferungsstadium.

den ersten gibt es jetzt eine kritische Ausgabe. Georgius hat Nauck nicht gekannt. Außerdem emendiert er zu oft nach Josephus, was sich aber mit Hilfe des Apparats rückgängig machen läßt. Wahrscheinlich bringt eine Neuausgabe für IV 11–13 keinen wesentlich anderen Text als Naucks, aber auch ein sichererer wäre erwünscht.

5.1.1 Eine Kurzfassung von Bell 2,120–157 gibt *Niketas Choniates, Panoplia dogmatike* (beendet 1207?), I 36[54]. Die Panoplia, aus der Gattung adversus haereses, ist eine erweiterte Neubearbeitung von Euthymius Zigabenus' gleichnamigem Werk (um 1100), doch gehört Buch I zu Niketas' Eigenem[55]. Es enthält nach der allgemeinen Einleitung eine Doxographie des Heidentums (1–29), in der eine ganze Kosmologie samt Astronomie und Meteorologie untergebracht ist (6–29), und des Judentums mit seinen Häresien (30–44). Abgesehen von 6–29 scheint es sich im wesentlichen um einen knappen Auszug aus Epiphanius, Panarion, Tom. I, Haer. 1–20 mit gelegentlichen Rückgriffen auf die entsprechenden Stellen der Anakephalaiosis zu handeln, bei 40–44 genauer aus Haer. 8–20. I 36 ist ein Einschub sozusagen zwischen Haer. 13 (Dositheer, letzte der samaritanischen Sekten) und 14 (Sadduzäer, erste der jüdischen Sekten). Repräsentiert sind Bell 2,120, 122f., 126–132, 134–138, 145, 147, 151–157. Davon sind 122, 127, 135 ziemlich und 154–157 ganz vollständig und wörtlich wiedergegeben. Im übrigen sind Splitter aneinandergefügt, was Umformulierungen mit sich brachte, wobei das Präsens ins Imperfekt verwandelt wurde.

5.1.2 Auch im Pharisäerkapitel I 40 steckt ein Stück aus Josephus' Essenerbericht. Die beiden ersten Drittel sind wieder aus Epiphanius, Haer. 16,1,2–2,2 Anfang. Dann folgen zwei Sätze des Inhalts, daß die Pharisäer keinen Schwangeren beiwohnen und ihre Frauen sich wie die Männer verhüllt baden, was offenbar aus Bell 2,161 stammt, wo es von den heiratenden Essenern gesagt ist, und ein Satz über den Jenseitsglauben, dieser aus Bell 2,163 und also richtig den Pharisäern zugeordnet.

---

[54] Zu Verfasser und Datum J.-L. van Dieten, Niketas Choniates. Erläuterungen zu den Reden und Briefen nebst einer Biographie (Supplementa Byzantina 2), Berlin–New York 1971, 46f.; zum Werk außer den Handbüchern J.L. van Dieten, Zur Überlieferung der Panoplia Dogmatike des Niketas Choniates. Codex Parisiensis Graecus 1234, in: P. Wirth, Hg., Polychronion. Festschrift Franz Dölger zum 75. Geburtstag (Corpus der griechischen Urkunden des Mittelalters und der neueren Zeit. Reihe D: Beihefte, 1), Heidelberg 1966, 166–180; Zur Überlieferung und Veröffentlichung der Panoplia Dogmatike des Niketas Choniates (Zetemata Byzantina 3), Amsterdam 1970. Nicht bei Schreckenberg, Tradition. – Ich habe Herrn van Dieten für brieflichen Rat zu danken.
[55] Weil, wie er in der Vorrede schreibt, ἡ δὲ δέλτος, ἥτις Δογματικὴ Πανοπλία ὠνόμασται, τῶν μὲν παλαιτέρων αἱρέσεων βραχύν τινα λόγον ἔθετο (van Dieten, Überlieferung und Veröffentlichung 58,25f.).

5.2 Niketas' Text hat nichts mit Hippolyt oder Porphyrius zu tun. Ob er Josephus direkt benutzt, bleibt zu prüfen. Denkbar ist es, denn er verwendet offenbar auch Epiphanius und eine ganze Reihe anderer altkirchlicher Schriftsteller unmittelbar, nicht ohne Nutzen für deren Textkritik[56]. Daß Bell 2,161 auf die Pharisäer bezogen ist, wäre dann Niketas' Flüchtigkeitsfehler.

5.3 Niketas' Panoplia ist vollständig in vier Handschriften des 13.—14. Jh.s und stückweise in einigen weiteren überliefert, aber bis auf Proben ungedruckt[57]. I 36 und der Josephussplitter in I 40 sind vorläufig nur in lateinischer Übersetzung zugänglich[58]. Über Niketas' Josephustext läßt sich erst etwas sagen, wenn das Buch griechisch vorliegt.

6. Ein schwieriger Fall ist *Josippus, Liber memorialis* (4./9. Jh.), 141,3f.[59]. Das formgeschichtlich schwer klassifizierbare Buch, eine Art Sammlung von Merkstoff zur Bibelkunde, dessen Verfasser und Zeit ganz unsicher sind, nennt unter den 5 jüdischen Sekten zwei Arten von Essenern: γ'. Ἐσσηνοί, ἀκριβεῖς περὶ τὰ νόμιμα, γάμου ἀπέχονται καὶ παιδοποιΐας, καὶ συναλλαγμάτων καὶ προόδων τῆς ἀνοήτου συντυχίας. δ'. Ἔστι δὲ καὶ ἄλλο τάγμα Ἐσσηνῶν, τὰ μὲν νόμιμα ὁμοίως τοῖς ἄλλοις ἀκριβοῦντες, γάμον δὲ καὶ παιδοποιΐαν οὐκ ἀρνούμενοι, ἀλλὰ καὶ ἄλλων καταγινώσκοντες, ὅτι τὴν τοῦ γένους διαδοχὴν ἀποτέμνουσιν. 141,4 geht letztlich auf Bell 2,160 zurück (nicht über Hippolyt). 141,3 erinnert anfangs an 2,120, läßt sich aber im übrigen nur schwer aus 2,119ff. ableiten, zumal man fragen kann, ob nicht der Text gestört ist[60]. Falls der Passus letztlich

---

[56] van Dieten, Überlieferung und Veröffentlichung 45f.

[57] I 36.40 nur in den vollständigen Handschriften Paris, Bibliothèque Nationale, Gr. 1234 (P); Vatikanbibliothek, Vat. Gr. 680 (V); Oxford, Bodleian Library, Roe 22, f. 6r—7v.7v (R); Florenz, Biblioteca Medicea-Laurenziana, Plut. IX.24 (M) (beschrieben von van Dieten, Überlieferung; Überlieferung und Veröffentlichung 1—15). Ich habe bislang nur R gesehen. Stücke und Lesarten aus P zitiert F. Oehler, S. Epiphanii episcopi Constantiensis Panaria eorumque Anacephalaeosis (Corporis haereseologici tomus II—III), 4 Teile, Berlin 1859—1861, in den Fußnoten zum Text und den Addenda et Corrigenda, II 1 (Corporis . . . II 3), 1861, 592ff., weil Niketas „innumerabilibus in locis de Panario Epiphanii hausit, quo fit ut multum interdum conferat ad verba eius sive emendanda sive illustranda" (II 1, 595). Aus Niketas' Abschnitt über die Juden sind es I 33: II 1, 595f.; I 34: 596; I 35: teilweise I 1, 1859, 77.79; I 40: teilweise 84f.; I 43: teilweise 95f. (falsch mit 33 beziffert), ganz II 1, 598. Auch K. Holl, Epiphanius (Ancoratus und Panarion) I (GCS 25), Leipzig 1915, hat Niketas gelegentlich (genug?) verwertet. Beide nicht in der Übersicht über die gedruckten Stücke bei van Dieten, Überlieferung und Veröffentlichung 28—42.

[58] MPG 139 (1894), col. 1121f.1123f. nach der Übersetzung von P, Buch I—V durch P. Moreau, Paris 1580 (sic van Dieten, Überlieferung und Veröffentlichung 28f.). Kapiteleinteilung und -überschriften offenbar nicht aus der Handschrift.

[59] MPG 106 (1863), col. 157.160; Adam[2] 63 (Lit.). Nicht bei Schreckenberg, Tradition 89.

[60] Enthaltung vom Schicksal gibt keinen Sinn.

aus Josephus stammen sollte, dann steht er doch inhaltlich so weit ab, daß er als Textzeugnis ausscheidet. Im übrigen ist der Liber nur in einer einzigen Handschrift des 10. Jh.s erhalten, offenbar nicht vollständig. Über die Qualität der Ausgabe weiß ich nichts.

7. Anhangsweise sei noch *Theodoret von Kyrus, Quaestiones in libros Regnorum et Paralipomenon* (453/57), 56 zu 1 Sam 24,4[61] erwähnt: Πῶς νοητέον τὸ «Εἰσῆλθε Σαοὺλ ἀνασκευάσασθαι εἰς τὸ σπήλαιον»; Σεμνῶς ἡρμηνεύθη παρὰ τῶν Ἑβδομήκοντα ῾Ο δὲ Ἀκύλας αὐτὸ σαφέστερον εἴρηκεν. «Εἰσῆλθε γὰρ, φησίν, ἀποκενῶσαι». ῾Ο δὲ Ἰώσηπος «τὰς φυσικὰς ἐκκρίσεις ποιήσασθαι». In Josephus' Nacherzählung der Geschichte von Davids Großmut gegenüber Saul in der Höhle von Engedi 1 Sam 24 heißt es aber Ant 6,283: ἐπειγόμενος οὖν ὑπὸ τῶν κατὰ φύσιν εἴσεισιν εἰς αὐτὸ μόνος. Schreckenberg verweist deshalb auf Bell 2,149[62], ohne daß ich sähe, wie Theodoret diese Stelle mit 1 Sam 24,4 verknüpft hat. Textzeuge ist er jedenfalls nicht.

8.1 Die Texte, die die Nebenüberlieferung von Bell 2,119—161 bilden, sind also abgesehen von der bloßen Erwähnung Hieronymus, Ep. 22,35,8 nach folgendem Stemma (vgl. S. 92) untereinander und mit Josephus verwandt[63]:

---

[61] MPG 80 (1864), col. 580.
[62] Tradition 98.
[63] Die Wiedergaben des ganzen Abschnitts sind unterstrichen. Durchgehende Linien: direkte, d.h. durch Abschriften des Originals vermittelte Abhängigkeit; gestrichelte Linien: Art der Abhängigkeit ungeklärt.

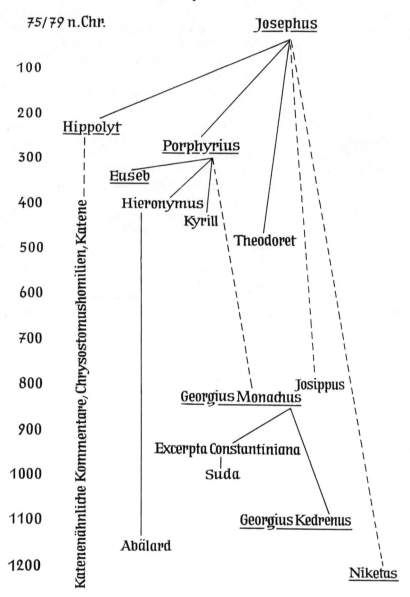

Textzeugen für Bell 2,119—161 sind also nur Hippolyt, Ref. IX
18,2—28,2, Porphyrius, De abst. IV 11—13, Josippus, Lib. mem. 141,4
und Niketas Choniates, Pan. dogm. I 36.40. Der Rest der Nebenüberlieferung hängt von Hippolyt und vor allem Porphyrius ab und bedeutet für
Josephus nur etwas, soweit er die beiden rekonstruieren hilft.

8.2 Wieweit Bell 2,119–161 im einzelnen belegt ist, gleichviel wie vollständig oder wörtlich, ergibt sich aus der folgenden Konkordanzenliste[64] (eingeschlossen die im Lauf der Untersuchung erwähnte Nebenüberlieferung zu anderen Josephusstellen):

Bell 2, 119 Hipp (Scholion) Porph (Eus Hier GMon GKedr Suda Abäl)
         120 Hipp Porph (Eus Hier GMon GKedr Suda) Nik
         121 Hipp Porph (Eus GMon GKedr)
         122 Hipp Porph (Eus GMon GKedr) Nik
         123 Hipp Porph(Eus) Nik
         124 Hipp Porph(Eus)
         125 Hipp Porph(Eus)
         126 Hipp Porph(Eus) Nik
         127 Hipp Porph(Eus) Nik
         128 Hipp Porph(Eus GMon GKedr) Nik
         129 Hipp Porph(Eus GMon GKedr) Nik
         130 Hipp Porph(Eus GMon GKedr) Nik
         131 Hipp Porph(Eus GMon GKedr) Nik
         132 Hipp Porph(Eus GMon GKedr) Nik
         133 Hipp Porph(Eus GMon GKedr)
         134 Hipp Nik
         135 Hipp Nik
         136 Hipp Nik
         137 Hipp Porph(Eus GMon GKedr) Nik
         138 Hipp Porph(Eus GMon GKedr) Nik
         139 Hipp Porph(Eus GMon GKedr)
         140 Hipp Porph(Eus GMon GKedr)
         141 Hipp Porph(Eus GMon GKedr)
         142 Hipp Porph(Eus GMon GKedr)
         143 Hipp Porph(Eus GMon)
         144 Hipp Porph(Eus)
         145 Hipp Nik
         146 Hipp
         147 Hipp Porph(Eus GMon GKedr) Nik
         148 Hipp Porph(Eus)
         149 Hipp Theod
         150 Hipp
         151 Hipp Nik
         152 Hipp Porph(Eus) Nik
         153 Hipp Porph(Eus) Nik
         154 Hipp Porph(Eus) Nik
         155 Hipp Porph(Eus) Nik
         156 Hipp Nik
         157 Nik
         158
         159 Hipp Porph(Eus Kyr GMon GKedr)
         160 Hipp Josip

---

[64] In Ergänzung von Schreckenberg, Tradition 186f. Nicht berücksichtigt sind Hieronymus, Ep. 22,35,8; Adv. Jov. II 14 ab *quorum* und Josippus, Lib. mem. 141,3, die sich keiner bestimmten Stelle zuordnen lassen. Autoren in Klammern sind vom Autor vor der Klammer direkt oder indirekt abhängig.

```
      161  Hipp Porph Nik
      162  Hipp
      163  Hipp Nik
      164  Hipp
      165  Hipp
      166  Hipp
Ant 20,  186  Scholion
Vit      11f  GMon(GKedr)
c Ap 2,  213  Porph
```

8.3 Der Aussagewert der vier Nebenzeugen ist verschieden. Hippolyt und Porphyrius hatten sicher, Niketas mit einiger Wahrscheinlichkeit eine Josephushandschrift oder ein Exzerpt vor sich. Aber Hippolyt hat seine Vorlage mit ausgeprägtem Eigeninteresse umgearbeitet; der Stoff ist fast ungekürzt erhalten, aber Josephus' Wortlaut an vielen Stellen verändert. Zudem kümmerlich überliefert, wenn auch gut herausgegeben, ist Hippolyt insgesamt ein schwieriger Zeuge. Porphyrius gibt ein Zitat mit einigen Lücken und kleinen sachlichen Retuschen. Er ist ziemlich breit überliefert. Eine zuverlässige moderne Ausgabe fehlt, doch sind kaum Textüberraschungen zu erwarten. Porphyrius ist ein guter Zeuge. Josippus paraphrasiert einen einzigen Paragraphen und ist unsicher überliefert. Sein Zeugniswert ist gering. Niketas ist teils Auszug, teils Zitat. Die Überlieferung ist anscheinend zuverlässig, aber es gibt keine Ausgabe. Soweit Niketas zitiert, ist er ein guter Zeuge.

IV.

9.1 Von den vier Textzeugen, auf die sich die Nebenüberlieferung zu Bell 2,119—161 reduziert, hat die Josephusphilologie, das heißt hat Niese nur Porphyrius benutzt; dessen Lesarten sind im Apparat ausgewiesen[65]. Hippolyt, Josippus und Niketas tauchen nicht auf und sind anscheinend überhaupt noch nie zur Stelle beachtet worden. Das ist bei den beiden letzten wohl kein Verlust. Josippus ist zu kurz und verformt, um textkritischen Nutzen zu stiften. Niketas stammt aus einer Zeit, aus der schon Bellum-Handschriften erhalten sind (ab 10. Jh.)[66]. Er mag textgeschichtlich interessant sein, die Textkritik wird nicht viel von ihm haben. Bleibt Hippolyt.

9.2 Soweit ich bisher sehe, läßt sich Hippolyts Josephus keiner der heute zugänglichen Handschriften und Übersetzungen, auch keiner der beiden Bellum-Handschriftengruppen PA und VR eng zuordnen, sondern befindet sich in wechselnden Koalitionen, vielleicht mit Schlagseite nach (L)VR(C).

---

[65] Niese hat außer Nauck und Euseb auch Suda und Kedrenus verwertet, ohne zu wissen, daß sie von Georgius Monachus abhängen (vgl. XXII A. 2). Sie gehören nicht in eine Josephusausgabe.

[66] Liste bei Schreckenberg, Tradition 13—55.

Wenn sich das bestätigt, dann sieht er im Prinzip so aus wie die anderen frühen Zeugen, Pap. Gr. Vindob. 29810 (Ende 3. Jh.), Lat. (Rufin?, † 410), Porphyrius (nach 270) und Euseb († 339/40)[67]. Schreckenberg könnte ihn ohne Mühe in sein gegen Niese entwickeltes Bild der Textgeschichte[68] einordnen, nach dem die Gruppen sich nicht schon vor Porphyrius (Hippolyt müßte es jetzt heißen), sondern erst nach Euseb und Lat gebildet haben und die frühen Zeugen also nicht Verschnitte aus schon bestehenden Texttypen sind, sondern Ausschnitte aus dem Frühstadium der Textentwicklung, als es solche Typen noch nicht gab. Textkritisch bedeutet das, daß die Frühen stärker gehört werden müssen, praktisch daß Niese PA zu hoch geschätzt hat, womit die Textherstellung noch eklektischer wird, als sie auch bei Niese war, denn daß kein Überlieferungsträger oder -zweig allein die ganze Wahrheit sagt, galt schon immer. Wie dem auch sei, Hippolyt ist auf jeden Fall alt genug, um mitreden zu dürfen. Er ist der früheste Zeuge für Bell 2,119—161 (und der erste textkritisch verwertbare Josephuszeuge überhaupt). Zudem schrieb er in der Stadt, in der nur anderthalb Jahrhunderte früher Josephus die griechische Fassung des Bellum veröffentlicht hatte (75/79 n. Chr.). Es ist gut möglich, daß der Kirchenvater ein römisches Bellum-Exemplar benutzte, und das könnte sogar noch eins von denen gewesen sein, die Josephus selber unter die Leute gebracht hatte[69].

9.3 Beispielshalber zum Abschluß einige Stellen, die meines Erachtens dank Hippolyt neu bedacht werden sollten[70]:

2,129 πάλιν] ἔπειτα πάλιν LVRC Hipp Porphyr

130 τοὺς[71] ἄρτους] ἄρτους LVRC Hipp Porphyr

131 θεὸν] τὸν θεόν LVRC Hipp Porphyr

140 τινὶ ἤ] ἤ τινι LVRC Lat Hipp Porphyr (Thackeray, fort. rectius Niese)

141 προβάλλεσθαι] ἐλέγχειν προβάλλεσθαι codd. (Lat) (Michel-Bauernfeind)); ἐλέγχειν Hipp; προβάλλεσθαι Porphyr[72]

146 ὑπακούουσιν... ἐν καλῷ] ὑπακούειν... ἐν καλῷ τίθενται ML(V)RC

---

[67] Schreckenberg, Tradition 54f.59f.76f. (Porphyrius sollte im 3. Jh. registriert werden). 85.

[68] Tradition 172—181.

[69] Ohne daß es deswegen besonders gut gewesen sein müßte (vgl. o. A. 12).

[70] Text und griechische Handschriften nach Niese. H.St.J. Thackeray, Josephus II (The Loeb Classical Library), London—Cambridge, Mass. 1927, und Michel-Bauernfeind lesen wie Niese, wenn nicht anders angegeben.

[71] Michel-Bauernfeind I 206 A. 8 notieren, daß τούς nur von PM (irrtümlich auch Porphyrius genannt) bezeugt wird, haben also offenbar auch Zweifel.

[72] Michel-Bauernfeind I 208 A. 13: „Das Wort [ἐλέγχειν] könnte eher weggelassen als eingefügt sein". Hippolyt bestätigt das insofern, als man ἐλέγχειν nicht mehr auf Grund von Porphyrius für interpoliert erklären kann (so Niese; Schreckenberg, Tradition 77: „wahrscheinlich"). Er spricht aber auch dafür, daß nur ein Infinitiv ursprünglich ist. Auch das altrussische Bellum hat nur obličiti „überführen" (aber wofür?).

(Thackeray, fort. recte Niese);ὑπακούεω διδάσκονται Hipp
160 ἀν τὸ γένος] ἄπαν τὸ γένος LVRC; τὸ πᾶν γένος ἀνϑρώπων Hipp (zu γένος ἀνϑρώπων vgl. *genus humanum* Lat Altruss).

Ob Hippolyts Unterstützung genug ist, um die Lesarten aus dem Apparat in den Text zu befördern, müssen die Fachleute beurteilen.

Die Arsakiden bei Josephus

Von Carsten Colpe, Berlin

Für die Rekonstruktion der Arsakidengeschichte, die aus im weiteren Sinne einheimischen oder gar im engeren Sinne iranischen Quellen gar nicht zu gewinnen wäre, ist Josephus einer der vier Wichtigen neben Justinus, Tacitus und Cassius Dio. Für die Erkenntnis von Tendenz und Arbeitsweise des Josephus ist die historische Rolle der Parther, wie sie bei ihm sich darstellt, von ähnlichem Rang wie die Rezeption des biblischen Altertums als eines neuen Bildungsgutes für „Griechen" und wie die Verherrlichung der Sendung Roms in seinem Gegensatz zum Orient — dies, obwohl der Orient nicht nur durch Völker repräsentiert ist, die allein wegen ihrer faktischen Macht interessant waren, sondern sogar durch die Juden, bei denen doch unanzweifelbare Glaubenshaltung und unzersetzte Heldenhaftigkeit hervorgehoben werden mußten[1].

Diese beiden Gesichtspunkte heben aus den unendlich vielen Gegenständen, welche die großen Historiker in den Kreis ihrer Darstellung einbeziehen mußten, welche heute aber häufig nur mehr Schulaufgaben hergeben, einen von der Art heraus, an dem man das Verständnis von Geschichte in beiderlei herkömmlichem Sinn exemplifizieren kann: Was trägt ein solcher Historiker zur Erkenntnis dessen bei, wie bestimmte Dinge wirklich gewesen sind, und welchen Einfluß hatte die Herausforderung des Geschehenen auf den Charakter seiner Geschichtsschreibung?

Was den ersten Gesichtspunkt anlangt, so hat Josephus seinen selbstverständlichen Platz nicht nur in Darstellungen des Hellenismus oder der Neutestamentlichen Zeitgeschichte im allgemeinen, sondern auch in den —

---

[1] Hiermit wird die Zusammenschau der unterschiedlichen dem Josephus zuteilgewordenen Beurteilungen akzeptiert, wie sie O. Michel und O. Bauernfeind, Flavius Josephus. De Bello Judaico..., zweisprachige Ausgabe ... Bd. 1, Darmstadt 1959 vornehmen: Josephus stand „im geschichtlichen Zwielicht: Er blieb Bekenner des jüdischen Glaubens, stand aber im Dienst einer bestimmten heidnischen Dynastie" (S. XVII; „der Hauptwiderspruch aber liegt in der Person und Situation des Autors selbst, der als Priestersohn, Pharisäer und ehemaliger Anführer jüdischer Truppen den siegreichen Kampf seiner einstigen Gegner und jetzigen Gönner beschreiben soll, die seine Heimat zugrundegerichtet haben" (S. XX). Es gelingt sogar, diesen Widerspruch bis in die Abzweckung der ersten Ausgabe des Bellum zu verfolgen: nicht nur den Juden, sondern vor allem den Parthern, die den römischen Kaisern stets viele Schwierigkeiten machten, sollte sie zur Warnung dienen, die römische Macht zu leicht zu nehmen (S. XXI). Der folgende Beitrag versucht, am Gesamtwerk mehr Beobachtungen ähnlicher Art zu machen. Der Gratulant muß sich freilich dessen bewußt sein, daß er damit einen Untersuchungsansatz vereinzelt, wie in der Arbeit des Jubilars zahllose enthalten sind, und daß die wichtigeren unter diesen die so viel schwieriger zu gewinnenden sind, mit denen ein großer Josephus-Forscher hinter Einrichtung, Übersetzung und Kommentierung eines Textes zurücktritt.

relativ wenigen — Untersuchungen, die sich speziell mit der Arsakiden-
bzw. Parthergeschichte befassen. Die fünf gewichtigsten davon sind: die
erste moderne Auffüllung der großen Lücke zwischen den beiden sich
selbst mit Anspruch auf Nachvollzug ihres national-iranischen Selbstverständnisses darstellenden Epochen, welche wohl für immer dargetan hat,
um wieviel mehr als für Achämeniden- und Sasanidenzeit die Forschung
hier auf griechische und römische Quellen angewiesen bleiben wird[2]; eine
— erst fünfzig Jahre später nötig gewordene — Neubearbeitung des Materials, das inzwischen durch neue Editionen, vor allem von Münzen und
Inschriften, beträchtlich angewachsen war[3]; die Untersuchung jener genau
die Mitte der parthischen Geschichte haltenden Dezennien, in denen es
einem bedeutenden König gelang, die römischen Kaiser von Augustus bis
Caligula immer wieder auszumanövrieren[4]; die nach weitgehend erreichter
Klarstellung der historischen Verhältnisse möglich gewordene Herausar-
beitung von Abreden, Abkommen und Verträgen, durch welche sich die
welthistorisch gleichrangig gewordenen Staaten gegenseitig zu Partnern
banden[5]; und die — den Anfang eines monumentalen fünfbändigen Werkes
bildende — Detaillierung der weitausgreifenden Forschung zu einer Geschichte der wichtigsten Minderheit im Partherreich[6].

Selbstverständlich wird in diesen Büchern sowie in mancherlei Einzelunter-
suchungen[7] da, wo es nötig ist, auch jener Gesichtspunkt berücksichtigt,
wie es um historiographische Eigenart und dementsprechend Zuverlässigkeit des Josephus bestellt ist. Aber nur einmal — vor 70 Jahren — scheint
dies direkt thematisiert worden zu sein[8]. Da diese Arbeit vor jenen großen
Werken liegt, die über ihre Mitverwertung des Josephus auch zur Präzisierung des quellen- und prosopographisch-kritischen Gesichtspunktes beigetragen haben, erscheint es sinnvoll, der Frage noch einmal in gebotener
Kürze nachzugehen.

---

[2] A. von Gutschmid, Geschichte Irans und seiner Nachbarländer von Alexander dem
Großen bis zum Untergang der Arsaciden, Tübingen 1888; zu Josephus siehe besonders
S. 80 und 121—123, jeweils Anm. 1; S. 116 Anm. 2. Im Anhang die ältere Literatur.
[3] N. C. Debevoise, A Political History of Parthia, Chicago 1938.
[4] U. Kahrstedt, Artabanos III. und seine Erben, Bern 1950.
[5] K. H. Ziegler, Die Beziehungen zwischen Rom und dem Partherreich. Ein Beitrag
zur Geschichte des Völkerrechts, Wiesbaden 1964.
[6] J. Neusner, A History of the Jews in Babylonia, Bd. 1: The Parthian Period (Studia
Post-Biblica 9), Leiden 1965; 2., revidierte (und um insges. 13 Seiten erweiterte) Aufl.
1969.
[7] Liste der wichtigsten Titel in der Loeb-Ausgabe Bd. 9 (L. H. Feldman), 1965,
S. 567f.
[8] E. Täubler, Die Parthernachrichten bei Josephus, Diss. Berlin 1904 (65 S.). Demgegenüber war A. Bürcklein, Quellen und Chronologie der römisch-parthischen Feldzüge in den Jahren 713—718 d.St., Diss. Leipzig, Berlin 1879 (69 S.), S. 41—46 über
Dellius als Quelle des Jos., deren Glaubwürdigkeit nicht mehr zu kontrollieren sei,
nicht hinausgekommen.

Es empfiehlt sich heute, den Bestand nicht an Hand seiner Verteilung über das Werk des Josephus aufzunehmen[9], weil seine Faktenbasis in der Folge der Ereignisse dann nur undeutlich hervortritt, vor allem aber, weil sich die Berichte in diesem Falle mit dem, was als Überlieferung bestimmter von Josephus benutzter Autoren bereits ermittelt worden ist[10], besonders schlecht decken. Weiter führt es, im historischen Ablauf selbst, so wie er heute bekannt ist, die Gegenstände der Darstellung zu lokalisieren. Es zeigt sich nämlich, daß sie in sechs Zusammenhänge gehören, die sich als relativ geschlossene markieren lassen; damit ist schon ein erster Aufschluß gegeben.

a) Die Parther treten in den Bereich des von Josephus Berichteten, als das zehnjährige Intervall zwischen den beiden Regierungszeiten des Demetrios II Nikator (145–139/38 und 129–125) die Regentschaft des Antiochos VII Sidetes ermöglichte und sich dadurch sowie durch die Rivalität des Diodotos Tryphon mit beiden Herrschern laufend die Konstellationen änderten, welche die Hasmonäer Jonathan (160/52–143), Simon (143–134) und Johannes Hyrkanos I (134–105) zu bestehen hatten. Dieses Intervall war dadurch zustandegekommen, daß Demetrios, der mit Hilfe der in Mesopotamien wohnenden Griechen und Makedonier gegen den Partherkönig Arsakes (sc. VI, = Mithridates I, ca. 171–138/37) zu Felde ziehen wollte, die Schlacht verlor und gefangen wurde (Ant

---

[9] So tat es Täubler: Von der Verteilung der Nachrichten auf Bell 1, 2 und 7 sowie Ant 13–20 aus untersuchte er, da der „erste Teil" der Nachrichten (= gleich unter a–d) bis auf eine Kleinigkeit inhaltlich keinen Anstoß biete (S. 6) und nur Bell 7 neben Ant selbständigen Wert habe (S. 5), an den letzteren (18,39–52 aus einer anonymen Partherquelle; 20,69–74 zum größeren Teil ebenfalls, jedoch in 70–72 Einlage eines Missionsberichtes über Izates von Adiabene) die Differenzen zwischen Jos. und Tacitus, Sueton, Cassius Dio (S. 9–29), dann Ant. 18,96–105 (S. 29–62: 18,96.101–105 gehen auf Memoiren des Herodes Antipas, 97–100 wohl auf eine in einer mesopotamischen Griechenstadt entstandene Quelle zurück), dann Ant 18,310–379 und 20,17–96 (S. 62–65: Wiedergabe mündlicher Berichte parthischer Juden). Ferner, außer in den Indices der Niese- und der Loeb-Ausgabe, Ausschreibung des Wichtigsten mit kommentierender Literatur und Parallelstellen bei G. Boettger, Topographisch-historisches Lexicon zu den Schriften des Flavius Josephus, Leipzig 1879 = Amsterdam 1966, s.vv. Adiabene, Alanen, Armenia, Bactrianer, Carrä, Commagene, Dahä, Ecbatana, Parthi, Sacen, Scythen. Einzelstellen bei A. Schalit, Namenwörterbuch zu Fl. J., Leiden 1968, unter denselben Lemmata sowie unter Antiochos 4.5.15, Arsakes, Arsakides, Artabanos, Bazaphranes, Bologeses, Bonones, Dakoi, Daoi, Dareios 5, Demetrios 1.4.6, Diodotos, Helene, Izates, Kotardes, Krassos, Ktesiphon, Mithridates 2.5–8, Monobazos 1–3, Orsanes, Orodes 1.2, Ouardanes, Pakoros 1.2, Parthyaia, Parthyene, Parthyenoi, Sakai, Samachos, Sarmatai, Seleukos 2–4, Tiridates, Hyrkanoi, Philippos 7, Phraatakes, Phraates. Eine neue monographische Behandlung des Themas wäre lohnend.

[10] Liste bei H. Bloch, Die Quellen des Flavius Josephus in seiner Archäologie, Leipzig 1879 = Wiesbaden 1968, S. 168f; danach G. Hölscher, Die Quellen des Josephus für die Zeit vom Exil bis zum römischen Kriege, Leipzig 1904. Für das Thema Täublers erbrachten diese Untersuchungen nichts.

13,185 f), und von Arsakes (sc. VII, = Phraates II, 138/37—ca. 128) die Freiheit erhielt, als Antiochos VII gegen ihn nicht nur eine Schlacht, sondern auch das Leben verlor (Ant 13,250—253).

b) Knapp zwei Generationen später führten die Parther eine Reihe von Situationen herbei, die der Politik des Alexandros Iannaios (103—76) zugute kamen, nämlich zur Zeit des Antiochos X Eusebes Philopator (95—83) und seiner Rivalen aus der anderen Linie, Demetrios III Eukairos (bzw. Akairos) Philopator Soter (95—88) und Philippos Epiphanes Philadelphos; die letzteren beiden waren Söhne des Antiochos VIII Grypos (121—96) und entzweiten sich später ihrerseits. Sowohl Antiochos X als auch Demetrios III erlagen den Parthern: der erstere fiel, als er den Samener-Nomaden gegen die Parther zu Hilfe zog (Ant 13,371), der letztere starb in der Haft des Partherkönigs Mithridates II (ca. 123—88/87), nachdem er vom parthischen Gouverneur Mesopotamiens Mithridates Sinakes, den ein Verbündeter seines feindlichen Bruders Philippos zu Hilfe gerufen hatte, bei Beröa gefangen worden war (Ant 13,385 f).

c) In die Zeit des Hyrkanos II (67/63—40) fällt die Wende der römisch-parthischen Beziehungen durch die Niederlage des Crassus bei Carrhae 53 v. Chr. (Ant 14,119; Bell 1,180) — wobei nicht unerwähnt gelassen wird, daß Crassus auf seinem Zuge dorthin Jerusalem und den Tempel ausgeraubt hatte (Ant 14,105; Bell 1,179). Frevel und Niederlage des Crassus ließen bestimmte Gruppen der Juden innerlich auf die Seite der Parther treten.

d) Realpolitisch wirkte sich dies aus, als sich noch einmal für etwas über drei Jahre (40—37) ein Hasmonäer, Antigonos, als König halten konnte, obwohl die Etablierung Herodes', des späteren Großen, bereits im Gange war. Dieser Antigonos war zur Zeit des Partherkönigs Orodes II (57—37/36) durch das direkte Eingreifen von dessen Sohn Pakoros (nach seinem Vater für 2 Jahre König) und dem Satrapen Bazaphranes eingesetzt worden (Ant 14,330—336; 20,245; Bell 1,248—273). Die Episode ging zu Ende, indem Antonius' Feldherr P. Ventidius Bassus die Parther wieder vertrieb (Ant 14,392—395.420.434; Bell 1,288—290.309.317).

e) Ganz für sich steht der Abriß aus der Geschichte der arsakidischen Dynastie von Phraates IV (38—2 v. Chr.) bis Artabanos III (12—ca. 38 n. Chr.), einschließlich des Bündnisses zwischen Tiberius und Artabanos und der Beschuldigung des Tetrarchen Herodes, sich mit Artabanos gegen Caius (Caligula) verschworen zu haben (Ant 18,39—52.96—105.250).

f) Zwei dicht aufeinanderfolgende Ereignisse im Bereich der babylonischen Judenheit: die Errichtung eines jüdischen Briganten-„Staates" unter Anilai und Asinai ca. 20—35 n. Chr. unter den Augen des eben genannten Artabanos III, der die Bewegung zunächst duldete und sie dann durch seinen Schwiegersohn mit einem ihm ergebenen Herr besiegen ließ (Ant 18,313—370); und die Konversion der Adiabene zum Judentum unter der Königin Helena und ihrem Sohn Izates (II) nach 36 n. Chr. (Ant 20,17—53), die Artabanos III nicht nur duldete, sondern zur Unterstüt-

zung gegen seine Satrapen in Anspruch nahm, so daß die Erbfolge seiner —
so verkürzt nur bei Josephus — fünf Söhne, Vardanes (ca. 49—47/48),
Kotardes (= Gotarzes II, ca. 38—51) und Vologeses I (51/52—79/80) in
ganz Parthien, Pakoros in Medien und Tiridates in Armenien gesichert
blieb (Ant 20,54—74).

Es spiegeln sich hier also für die Hasmonäer folgenreiche Verwicklungen
zwischen Seleukiden- und Arsakidengeschichte (a,b), der kritische Punkt
des machtpolitischen Aufrückens des Partherreiches neben Rom (c), das
sich eine Zeitlang in Palästina sogar gegen den von Rom ernannten
Herodes durchzusetzen vermochte (d), schließlich jener erneute Machtzu-
wachs der Arsakidendynastie (e), der es als bemerkenswerte und für das
Judentum rühmliche Ereignisse erscheinen läßt, daß es im Machtbereich
jener Dynastie eine Zeitlang zu einer Art politischer Unabhängigkeit kommen und ein Fürstenhaus nebst seinen Untertanen zu sich hinüberziehen
konnte (f).

Damit zeigt sich, daß Josephus aus der Geschichte der Parther eine Auswahl trifft, die sich genau so rigide nach dem richtet, was von der jüdischen Geschichte aus oder für diese relevant erscheint, wie er es bei der
Geschichte der Römer tut. Es wäre immerhin denkbar gewesen[11] und

---

[11] Von der Anlage der Antiquitates und erst recht des Bellum her ist hingegen nichts
über die Frühgeschichte von Arsakiden und Parthern zu erwarten wie bei Justin
41,1—6 (ergänzend 2,1,3 und 2,3,6: Skythen haben Partherreich gegründet), Strabo
9,9,1—3 und Arrian, Parthica fr. 1 bei Photios, Bibliotheca 1,58 Bekker und Syncellus,
CSHB 12/13, p. 539f. Dindorf. Zur Sache heute J. Wolski, The Decay of the Iranian
Empire of the Seleucids and the Chronology of the Parthian Beginnings, Berytus 12,
1956/57, S. 35—52; davor ausführlicher in Bull. Intern. Acad. Polonaise, Classe de
Philologie . . ., d'Hist. et de Philos. Suppl. 5, Krakau 1947, S. 13—70, jetzt deutsch:
Der Zusammenbruch der Seleukidenherrschaft im Iran im 3. Jahrh. v. Chr., in: F.
Altheim—J. Rehork (Hsg.), Der Hellenismus in Mittelasien (Wege der Forschung 91),
Darmstadt 1969, S. 188—254; F. Altheim und R. Stiehl, Geschichte Mittelasiens im
Altertum, Berlin 1970, S. 443—549; sehr allgemein: M. A. R. Colledge, The Parthians,
London 1967 (S. 180—187 Bibliographie). Nicht durchgesetzt hat sich die These von
der südsibirischen Heimat der Arsakiden bei B. Ph. Lozinski, The Original Homeland of
the Parthians, 's-Gravenhage 1959 (wegen der reichen Literaturangaben, besonders der
russischen, dennoch wertvoll); vgl. die Rezension von R. Göbl, WZKM 58, 1962,
S. 276—278.
Titel zum rein archäologischen Material: R.N. Frye, Persien, Zürich 1962, S. 523
Anm.19 und 20 (Nisa); A. Belenickij, Zentralasien, S.59—109, und W.G. Lukonin,
Persien II (beide in: Archaeologia Mundi), Genf 1968 und 1967.
Die wichtigsten Ergänzungen und Korrekturen zu den Historikern bieten wie immer
die Münzen (siehe Anm. 23) und die Inschriften. Die in der alten parthischen Königs-
stadt Nisa (südl. Turkmenistan) entdeckten Ostraka (Nr. 1760 scheint Aršak I zu erwähnen; die meisten aus 77—66 v. Chr., einige seit 100 und bis 29 v. Chr.) sowie die
Pergament-Urkunde aus Awroman (südl. Kurdistan), von 11 v. Chr. oder 53 n. Chr.,
geben jetzt endlich Aufschluß über Handel und Eigentumsverhältnisse. Die Relief-
inschrift von Sar Pul bezieht sich wohl auf die Unterwerfung des Mithridates IV
(129—147?) durch Vologeses III (148—192); die Inschrift von Susa wurde am

hätte sein Gesamtkonzept nicht gesprengt, wenn er etwas darüber gesag٫
hätte, wie seit Mithridates I (ca. 171—138/37), dessen antiseleukidische
Aktivität evident mit derjenigen der mit ihm gleichzeitigen drei ersten
Makkabäer parallel geht, nicht mehr das Seleukidenreich die Parther nie-
derzuhalten hatte, sondern das Machtverhältnis sich umkehrte[12]: also das
Partherreich, das sich auf Kosten der abbröckelnden Seleukidenherrschaft
vergrößerte, der historisch bedeutendere Faktor war[13]. Entsprechend
brauchten die Römer nicht mit Pompejus, der in Armenien stand und die
Schlichtung des Streits zwischen Hyrkanos II und Aristobulos II zur Eroberung Jerusalems nützen würde, beinahe unvermittelt aufzutreten —
Hintergründe, wie Josephus sie beim zweiten Triumvirat so reichlich enthüllt, wären auch beim ersten aufschlußreich gewesen, zumal die Beziehungen zwischen Pompejus und Crassus denen zwischen Octavian und
Antonius an direkter Bedeutung für die Juden nicht nachstanden.

Hiermit ist nicht gesagt, daß zwischen Einbeziehung und Wertung der
Rolle des römischen wie des parthischen Reiches ein ausgewogenes Verhältnis besteht. Dafür war der Anteil der römischen Politik am jüdischen
Geschick schon rein quantitativ zu groß. Aber gerade weil Josephus es bei
den Gewichtungen des Faktischen läßt und diesen darüber hinaus eine fast
messianologische Bedeutung beimißt, ist es bemerkenswert, daß er jenes
Kaisertum und Reich, das für ihn schließlich den Ort einnahm, der dem

---

14.9.215 n. Chr. von Artabanos V (ca. 213—227) seinem Satrapen aufs Grab gesetzt.
Parthische Fresco-Graffiti und Ostraka aus Dura Europos reproduziert von R. N. Frye,
The Parthian and Middle Persian Inscriptions of Dura Europos (Corpus Inscriptionum
Iranicarum Part III, Vol. III), London 1968, pl. 13—16, 25—29, 31f. Bearbeitung eines
parth. Privatbriefes vom Ende 2./Anfang 3. Jh. von W. B. Henning bei C. Bradford
Welles u.a., The Parchments and Papyri (Excavations at Dura Europos, Final Report V
1), New Haven 1959, S. 414f. Die nichtgriechische Version der Grab-Bilingue aus
Armazi in Georgien (2. Jh. n. Chr., 2. Hälfte) hat sich inzwischen als parthisch erwiesen. Die Inschrift aus der Schlucht von Jangāl (südl. Chorasan) gehört wahrscheinlich
schon in frühsasanidische Zeit (Henning, JRAS 1953, S. 135). Vollständige Bibliographie der Inschriften und ihrer Auswertungen bei Ph. Gignoux, Glossaire des Inscriptions Pehlevies et Parthes (Corp. Inscr. Iran. Suppl. Series Vol. I), London 1972,
S. 43f.
[12] Den Unterschied zeigen die Karten zu 176 v. Chr. und 128—63 v. Chr. bei A.
Hermann, An historical Atlas of China (1935), Neuausg. von N. Ginsburg, Edinburgh
1966, S. 10f.
[13] G. Widengren, Geschichte Mesopotamiens, HO Abt. 1 Bd. 2, Abschn. 4 (Orientali-
sche Geschichte von Kyros bsi Mohammed) Liefg. 2, Leiden—Köln 1966, S. 11—22
gibt einen guten Überblick über die Geschichte des Gebiets von 129 (Sieg des Phraates
II über Antiochos VII Sidetes) bis 216/17 n. Chr. (Krieg zwischen Caracalla und Artabanos V) und stellt die wichtigsten parthischen Ausdrücke und Daten aus Verwaltung
und Diplomatik zusammen. Vollständigere Sammlung, vornehmlich aus hatrischen Inschriften, und Bearbeitung von D. Harnack bei Altheim-Stiehl (eben Anm. 11),
S. 492—549. Daß Josephus mehr gekannt hat, als er auszuführen für nötig hält, zeigt
seine beiläufige Erwähnung einer Kampagne des Seleukos II Kallinikos gegen die Parther 228 v. Chr. in c Ap 1,206.

Judentum hätte verbleiben müssen, ebenso unerklärt aus seinen bisherigen Entwicklungen hervortreten läßt wie seine große östliche Gegenmacht. Man darf vermuten, daß es gerade die heilsgeschichtliche Irrelevanz der letzteren war, welche diese säkulare Unvermitteltheit auch bei der Einführung der römischen Macht nahegelegt und so dazu mitgeholfen hat, daß der sinngebende Anfang aller Nomothesia und Physiologia (Ant 1,18) letztlich doch als Leistung des Mose und seines Volkes festgehalten werden konnte.

Kleinere Vermutungen ergeben sich, wenn man die sechs Zusammenhänge in ihrem Verhältnis zu solchen Vorgängen betrachtet, die auch bei Anerkennung des durch Direktheit der Beziehung zur jüdischen Geschichte bestimmten Auswahlprinzips Beachtung verdienen. Eine erste Gruppe (a—d) läßt sich als Arsakidennachrichten im weiteren, eine zweite (e und f) als solche im engeren Sinn kennzeichnen.

Zu a bis d. Der vieldiskutierte Beschluß[14], demzufolge der römische Senat das Angebot jüdischer Gesandter annahm, mit den Römern ein Freundschaftsbündnis zu schließen, wird bekanntlich in 1 Makk 15,16—24 in die Zeit des Simon Makkabaios, von Josephus (Ant 14,145—147) in die Zeit des Hyrkanos II gesetzt. Dabei ist diejenige Notiz weggefallen, daß der Beschluß dem Seleukiden Demetrios II (siehe S. 99), dem Attalos II von Pergamon (159—138), dem Ariarathes V von Kappadokien (162—130) und dem Arsakes (VI = Mithridates I von Parthien), dazu einer Reihe von kleineren, weder diesen noch Rom untertanen Staaten mitgeteilt worden sei. Wenn die frühe Datierung richtig ist, wofür vieles spricht, muß dieser Beschluß den arsakidischen Hof erreicht haben, als man sich dort zur Eroberung Babyloniens anschickte, und er muß darüber informiert haben, daß die palästinischen Brüder der von den Parthern bedrohten babylonischen Juden mächtige Bundesgenossen hatten[15]. Man hat nun bisher oft vermutet, Josephus habe die Urkunde mit einer bestimmten Absicht 92 Jahre später placiert — und, wie man hinzufügen darf, sie deshalb von der Funktion gelöst, die sie ursprünglich in der internationalen Diplomatie haben sollte. Dagegen steht die These, die Urkunde befinde sich bei Josephus, vielleicht schon von seiner Quelle her, an der richtigen Stelle, und es habe sie vielmehr der Autor von 1 Makk nach vorn gerückt[16]. Vielleicht kann man die Frage unter Berücksichtigung einer Stellungnahme zur Rolle der Arsakiden entscheiden, wie sie für Josephus nach allem, was über seine Tendenzen bisher ermittelt wurde, folgerichtig ist.

Zwischen Juden und Parthern bestand eine selbstverständliche, dauernde

---

[14] Literatur in der Loeb-Ausgabe Bd. 7 (R. Marcus), S. 775—777.

[15] Neusner, History, 1. Aufl. S. 24; 2. Aufl. S. 24 mit nicht überzeugendem Zusatz über die Allgemeinheit der Adressenangaben wie in Act 2,9.

[16] Nachweis beider Meinungen bei E. Kautzsch, Die Apokryphen und Pseudepigraphen des AT, Bd. 1, Tübingen 1900, S. 30. Die Kontroverse wurde in der in Anm. 14 nachgewiesenen Literatur weitergeführt.

Interessengleichheit[17] durch ihren gemeinsamen Gegensatz gegen die Römer; darüberhinaus gab es zwischen 87 und 83 v. Chr. besondere Gründe für ein Bündnis zwischen Arsakiden und Hasmonäern[18]. Damals, also wohl von Gotarzes I (91—81/80), wurde eine parthische Gesandschaft an Alexandros Iannaios (104—78) geschickt, wie jBer.7,2,48a en passant erwähnt wird[19]. Sie interessierte sich auch für die Lehren des Simeon b.Schetach, bestand also wohl aus Juden, die als „bedeutende Herren" für den Partherkönig tätig wurden[20]. Josephus erwähnt diese Gesandschaft nicht. Wenn es dafür einen Grund gibt, dann den, daß er nicht daran interessiert sein konnte, eine Beziehung zwischen den Juden und den mächtigsten Gegnern Roms festzuhalten, die der von ihm für richtig gehaltenen zwischen Juden und Römern entgegenstand. Dazu würde es sich nun fügen, daß er in die Regentschaft des Sohnes des Alexandros Iannaios, eben des Hyrkanos II, zwar nicht die Herstellung dieser römisch-jüdischen Beziehung, wohl aber deren urkundliche Besiegelung verlegte. Es ist plausibel, daß ihm die Dokumentierung seiner Tendenz in der Zeit nach Alexandros Iannaios wichtiger war als in der Zeit vorher; sie ermöglichte genau so gut wie ein etwaiger Verweis auf ein noch früheres Bündnis, dem Herunterspielen des Gegensatzes zwischen Römern und Juden etwas von seiner Peinlichkeit zu nehmen und auf dessen Partikularisierung vorzubereiten, die darin bestand, daß der Gegensatz im wesentlichen auf das Konto des Zelotismus gehe, während ein durch Anpassung durchsetzbares Judentum, dessen größter Repräsentant Josephus selber war, auf Unterstützung der Römer angewiesen blieb. Daß dabei die früheren Mitadressaten des Beschlusses, darunter der arsakidische, nicht durch in die spätere Zeit gehörige ersetzt wurden, versteht sich für einen nie bis zu direkter Fälschung gehenden Historiker. Die antiparthische Tendenz wird damit nicht beseitigt, sondern ins Unausgesprochene zurückgenommen — wie in wirklicher Diplomatie, die von da aus bei Bedarf auch zu einem Bündnis mit einem früheren Gegner kommen kann, wie Josephus es später seitens der Römer akzeptieren wird.

Im Sinne der antiparthischen, römisch-jüdischen Gemeinsamkeit ist es, daß Josephus nicht nur den Ventidius Bassus, sondern wenig später (34/33 v. Chr.) auch seinen Herrn M. Antonius gegen die Parther ziehen läßt (Ant 15,80; Bell 1,363), obwohl sich dieser Feldzug gegen Armenien richtete[21].

---

[17] Über das Politische hinausgehend: G. Widengren, Quelques rapports entre Juifs et Iraniens à l'époque des Parthes, Suppl. VT 4, 1957, S. 197—241.
[18] Näheres bei Neusner, History, 1. und 2. Aufl. S. 26; New Perspectives on Babylonian Jewry in the Tannaitic Age, Judaica 22, 1966, S. 1—32.
[19] Hervorgehoben von Neusner, 1. Aufl. S. 25, 2. Aufl. S. 26, der dies und anderes überzeugend zugunsten der Historizität der Geschichte auswertet. Deutsche Übersetzung bei A. Wünsche, Der Jerusalemische Talmud in seinen haggadischen Bestandteilen, Zürich 1880 = Hildesheim 1967, S. 25f.
[20] M. Smith bei Neusner, History, 2. Aufl. S. 26f.
[21] Debevoise S. 133f.

Dies wurde bisher für ein Versehen gehalten[22] und war es wohl auch, doch kann es seine Psychologie gehabt haben.

Natürlich ist der Schluß, hinter Umsetzung der Urkunde, Nichterwähnung einer Gesandschaft und Nennung von Parthern statt Armeniern als Rom-gegnern stehe dieselbe Tendenz, reine Hypothese. Sie darf vorgetragen wer-den, da sie nicht auf einer, sondern auf drei Beobachtungen beruht. Jede für sich vermag freilich auch zu einer anderen Erklärung zu führen.

Zu e und f. Die Zuverlässigkeit der Nachrichten des Josephus über Ereig-nisse in Babylonien, das damals längst im arsakidischen Machtbereich lag, ist oft aufgezeigt worden[23]. Sie schließt auch die Arsakidennachrichten im engeren Sinne ein. Die Treue zu seinen Quellen, die ihn hier selbst zu einer Primärquelle macht, läßt die Arsakidengeschichte auf den ersten Blick als Thema selbständiger und objektiver, das Interesse des Josephus an ihr direkter und positiver erscheinen, als im Gesamtwerk angelegt und in der Nachrichtengruppe a–d durchgeführt ist. Allein es waren diesmal die Tat-sachen selbst, die mit den Intentionen des Josephus harmonierten. Da die Römer inzwischen die Parther verschiedener Bundesschlüsse gewürdigt hat-ten – Augustus hatte anläßlich des Friedensschlusses von 20 v. Chr. dem Phraates IV eine italische Sklavin geschenkt, die dieser zur Königin erhob, nachdem sie ihm einen Thronfolger geboren hatte (Ant 18,40)[24]; L. Vitel-lius schloß für Tiberius i.J. 37 n. Chr. ein Bündnis mit Artabanos III, bei dem sich beide als gleichberechtigte Partner auf dem Euphrat trafen (Ant 18,96.101f)[25] –, gab es für Josephus keinen Grund mehr, die Feindschaft zwischen beiden zu betonen und von daher die Interessengleichheit zwi-schen Juden und Parthern abzuwerten. Dies umso weniger, als auch die Tatsachen, die sich zwischen ihnen abspielten, inzwischen eher Span-nungen anzeigten und dem Arsakidenkönig nicht zur Ehre gereichten: Artabanos muß die Autarkie des Anilai und Asinai dulden, weil er darin

---

[22] Täubler S. 6. Ein anderes Versehen (Ant 20,68: Nisibis nicht von Artabanos III den Armeniern entrissen, sondern vom osrhoenischen Vasallen auf den adiabenischen übertragen) ermittelt Kahrstedt S. 64f.

[23] Vor allem auf Grund weitgehender Übereinstimmung mit dem Münzbefund seit R. H. McDowell, Coins from Seleucia on the Tigris, Ann Arbor 1935. Die Münzimpres-sionen und -legenden ermöglichen nach wie vor die wichtigten Ergänzungen bzw. Korrekturen des von den Historikern Berichteten. Wichtigste Publikationen: A. von Petrowicz, Arsaciden-Münzen, Wien 1904 = Graz 1968; W. Wroth, Catalogue of the Coins of Parthia, London 1903 = Bologna 1964; G. F. Hill, Catalogue of the Greek Coins of Arabia, Mesopotamia, and Persia, London 1922. Einführung und zusammen-fassende Auswertung: E. T. Newell, The Coinage of the Parthians, in: A. U. Pope – Ph. Ackerman (Hsg.), A Survey of Persian Art Bd. 1, London 1939 = Teheran 1965 = Tokyo o.J., S. 475–492.

[24] Interpretation und weiteres Material bei Ziegler S. 50–52. Darauf folgt eine von Josephus nicht erwähnte Einigung zwischen Caius Caesar und Phraates V i.J. 1 n. Chr. (S. 53–57).

[25] Ausführlich Ziegler S. 57–64, auch zur Zuverlässigkeit des Josephus gegen Sueton und Dio Cassius.

einen Rückhalt gegen seine Satrapen fand, die gegen ihn rebellierten oder rebellieren wollten (Ant 18,330)[26], und dasselbe Motiv gilt für seine Unterstützung der Konversion der Adiabene[27]. Demgegenüber braucht Josephus nicht zu verschweigen, daß Adiabener im Krieg gegen Rom 66—73 eine führende Rolle spielten (Bell 2,520; 6,356f)[28]; waren sie doch höchstwahrscheinlich seine Gewährsleute für das, was sich unter Izates, Helena, Monobazos II und Artabanos III abgespielt hatte[29], und stellte ihr Einsatz, als der einer nur kleinen Gruppe parthischer Untertanen (inzwischen des Vologeses I, 51/52—79/80), keine ernsthafte Beeinträchtigung des römisch-parthischen Bündnisses dar[30].

Als die Geschichte bei Josephus' neuem politischen Messias, dem Kaiser Vespasian (Bell 3,400—402) angekommen ist, läßt der Autor die Arsakiden aus ihr ähnlich am Rande verschwinden, wie er sie unter den ersten Makkabäern hereingeholt hat. So wie dort, so hätte auch hier noch mehr hineingepaßt, wovon nur noch Spuren da sind: der Abfall des Antiochos III und seines Sohnes Antiochos IV von Kommagene (38—42 n. Chr.) und ihr Bündnis mit den Parthern (Bell 7,221.224.237), das zur Eroberung der Kommagene durch den Statthalter Caesennius Paetus führt[31], und die

---

[26] Dazu und zum ganzen Hintergrund Neusner, History, 1. Aufl S. 50—58; 2. Aufl. S. 53—61; Aspects of the Relationships between Tannaitic Judaism and Babylonian Jewry, ca. 10—130, Waltham/Mass. 1964. Zum Einfluß mächtiger Adelsgruppen auf die Stellung des Königs: J. Wolski, Aufbau und Entwicklung des parthischen Staates, in: Neue Beiträge zur Geschichte der Alten Welt Bd. 1, Berlin 1964, S. 379—388; L'aristocratie parthe et les commencements du féodalisme en Iran, Iranica Antiqua 7, 1967, S. 133—144.

[27] Mehr bei Neusner, History, 1. Aufl. S. 58—64; 2. Aufl. S. 61—67. Vorarbeit: The Conversion of Adiabene to Judaism, JBL 83, 1964, S. 60—66. Aus diesen und den in Anm. 26 zitierten Arbeiten geht auch die Zuverlässigkeit des Josephus als Quelle hervor.

[28] Vgl. Neusner, History, 1. Aufl. S. 64—67; 2. Aufl S. 67—70; On the Parthian Background of Jewish History in the First two Centuries C.E. (hebr.), New York o.J. (nach 1955, Privatdruck).

[29] Neusner, JBL 1964, S. 60.

[30] Ziegler S. 77 Anm. 237. — Josephus muß die staatsrechtliche Problematik erkannt haben, da er in der großen Rede des Agrippa von Chalkis zweierlei gebracht hat: die Hervorhebung der Botmäßigkeit der Parther (= wieder eine Fehlleistung statt der Armenier? Es ist von einem Phylon die Rede, also kann nicht einfach die Dynastie „Parther" gemeint sein, zu welcher der Geiselgeber Tiridates I von Armenien, Bruder des Vologeses I von Parthien, allerdings gehörte) gegenüber den Römern (Bell 2,379), und daß „der Parther" (= Vologeses I) die Teilnahme jüdischer Homophyloi aus der Adiabene am Kriege nicht erlauben werde, da er dies als Bruch der Verträge mit den Römern ansehen müsse (Bell 2,389). Welchen Eindruck der Übertritt der Adiabene auf das Rabbinat machte, zeigt Gn.r.46,10 zu 17,8 (Schwierigkeit der Beschneidung) und Joma 3,10 (Helena und ihr Sohn Monobazos stiften Goldgeräte).

[31] Dazu Debevoise S. 199; Ziegler S. 79 und besonders Michel, Textausgabe Bd. II 2, 1969, S. 259f, der schließt, daß dem Josephus über die Auseinandersetzung mit den Parthern noch mehr bekannt war.

Invasion des parthischen Territoriums durch die Alanen (Bell 7,244—251; Ant 18,97)[32]. Beide Ereignisse gehören in viel größere Zusammenhänge[33]. Aber sie hätten durchaus noch mit auf dieselbe Linie gebracht werden können, auf der die beiden so unterschiedlichen Nachrichtengruppen zu liegen scheinen.

Abschließend sei eine Antwort auf die beiden eingangs gestellten Fragen versucht. Josephus trägt zur Kenntnis dessen, wie es gewesen ist, politische Einzelheiten bei[34], die auf die Geschichte der Dynasten und ihrer Feldzüge ausgerichtet und dementsprechend verkürzt sind. So gut wie nichts erfahren wir über innere Verhältnisse des Partherreichs[35], nicht einmal für Königtum[36] und auf militärischem Gebiet[37]. Auch nichts über Wirtschaftliches[38], nur wenig über Religion[39]; Kongruenz und Diastase zwischen

---

[32] Dazu F. Altheim, Geschichte der Hunnen, Berlin [2]1969, S. 57—84.

[33] Neuere Lit: J. Neusner, Jews and Judaism under Iranian Rule: Bibliographical Reflections, History of Religions 8, 1968, S. 159—177.

[34] Nicht untersucht werden konnte hier die Überlieferung der unzähligen Einzelheiten bei Josephus und ihr Verhältnis zu der anderer Autoren; vgl. *zur Nachrichtengruppe a:* Debevoise S. 32 Anm. 12; 34 Anm. 21. *Zu b:* S. 46 Anm. 66; 50 Anm. 19. *Zu c:* S. 77 Anm. 28 (dazu jetzt: E. Bammel, The Organization of Palestine by Gabinius, Journ. Jew Stud. 12, 1961, S. 159—162); 78 Anm. 36; 81 Anm. 41. *Zu d:* S. 111 Anm. 72; 113 Anm. 77; 114 Anm. 81; 116 Anm. 88f; 118 Anm. 97; 122 Anm. 6; 95 Anm. 72; 123 Anm. 1; A. Schalit, König Herodes, Berlin 1969, ·S. 59.74—80 und Zusätze am Schluß des Bandes. *Zu e:* Debevoise S. 144 Anm. 4; 149 Anm. 23; 151 Anm. 33—36; 152 Anm. 40; 158 Anm. 60; 159 Anm. 61; 160 Anm. 63; 162 Anm. 68; 163 Anm. 69; Kahrstedt S. 17—23. *Zu f:* Debevoise S. 165 Anm. 72f; 166 Anm. 76; 170 Anm. 86; 174 Anm. 98; 176 Anm. 104; 177 Anm. 105; 198 Anm. 49; 155f; 178 Anm. 107.

[35] Vgl. vor allem N. Pigulevskaja, Les Villes de l'état Iranien aux époques Parthe et Sassanide, Paris 1963, die S. 17—89 nur einige Angaben aus der Nachrichtengruppe f mitverwerten kann; S. 65 meint sie übrigens, daß Josephus die Taten des Izates hier übertrieben habe. Interessant jetzt auch der Bericht über die Mission des Kan Ying nach Rom, der 97 n. Chr. in der Mesene haltmachen mußte: F. Grosso, Roma e i Parti a fine I inizio II secolo d.Cr. attraverso fonti Cinesi, Acc. Naz. dei Lincei 363, Rom 1966, S. 157—176.

[36] J. Neusner, Parthian Political Ideology, Iranica Antiqua 3, 1963, S. 40—59 (bespricht vor allem die in Anm. 11 genannten Stellen); dort S. 59 und bei Ziegler S. XX weitere, hier nicht zitierte Arbeiten von J. Wolski. Ferner: J. Junge, Saka-Studien. Der ferne Nordosten im Weltbild der Antike, Klio Beiheft 41, 1939 = Aalen 1962, S. 106—112: Zur Wiederaufnahme des Titels „großer König der Könige" in der Partherzeit.

[37] Nach anderen Quellen: J. Wolski, Le rôle et l'importance des mercenaires dans l'état Parthe, Iranica Antiqua 5, 1965, S. 103—115; E. Gabba, Sulle influence reciproche degli ordinamenti militari dei Parti e dei Romani, in: La Persia e il mondo Greco-Romano (worin auch F. Grosso, siehe Anm. 35), S. 51—74 (reiche allgemein historische Literaturangaben).

[38] Zu den Handelswegen vgl. A. Hermann, Die alten Seidenstraßen zwischen China und Syrien, Berlin 1910, und Atlas (oben Anm. 12) S. 18f; Vorkommen und Handel von Mineralen, Edelmetallen, Gewürzen, Textilien, Kulturpflanzen: B. Laufer, Sino-Iranica, Chicago 1919 = Taipei 1967.

[39] Z.B. Ahnenverehrung bei den Arsakiden Ant 18,344 und anderes, in größere Zu-

beidem muß ohnehin erst der moderne Historiker ermitteln. Die Beschränkung auf einen Teil[40] dessen, was in der marxistischen Theorie Überbau heißt, ist von anderer Art als die Beschränkung auf den Bezug aller Ereignisse zur Geschichte der Juden in Palästina und Babylonien[41], der sich damit kreuzt. Das Festhalten an diesem Bezug war es, von dem aus Josephus sich durch das Gegen- und Nebeneinander einer westlichen und einer östlichen Welt herausgefordert fühlen mußte[42], das weder aus der Perspektive eines gegen Rom kämpfenden noch aus der eines mit Rom sich arrangierenden Judentums mit universal- oder gar heilsgeschichtlichem Sinn erfüllt werden konnte. Darauf war nur mit einer historiographischen Pragmatik zu reagieren[43], die wie jede pragmatische Einstellung den Josephus für den heutigen Historiker bald kritisierbar, bald akzeptierbar macht.

---

sammenhänge gestellt von J. M. Unvala, Observations on the Religion of the Parthians, Bombay 1925, weitergeführt von C. Colpe, Überlegung zur Bezeichnung „iranisch" für die Religion der Partherzeit, ZDMG Suppl. I (17. Deutscher Orientalistentag Würzburg 1968) 3, Wiesbaden 1969, S. 1011—1020.

[40] Zu beachten ist, daß sich in der Kunst (zuletzt am vollständigsten bei R. Ghirshman, Iran. Parther und Sassaniden, München 1962, S. 1—117; Korrektur der zahllosen vom Laien nicht zu bemerkenden Sachfehler in der deutschen Ausgabe bei K. Erdman, Gnomon 36, 1964, S. 485—493) der Begriff des Parthischen nicht mit dem in historischer Ethnologie und politischer Geschichte gebrauchten deckt. Deshalb werden von der „parthischen Kunst" aus häufig falsche historische Schlüsse gezogen.

[41] Dazu J. Neusner, Tannaitic Scholars in Babylonia during Parthian Times, in: Central Conference American Rabbis Journal April 1963, S. 55—61 (Hillel der Babylonier und Nehemia v. Beth Deli in Nehardea nach 50 n. Chr., zwei Juda ben Bathyra in Nisibis 30—90 und 90—150/60, Hanania in Nehar Pekod um 145 und noch spätere).

[42] Indem Josephus den großen Exkurs Bell 3,70—109 über das römische Heer übernimmt, an dessen Schluß (3,107) der Euphrat als die Ostgrenze der römischen Macht bezeichnet wird, scheint er sich auch dessen bewußt zu sein, daß er in einer Zeit des Gleichgewichtes der Kräfte schreibt.

[43] Was unter pragmatischer Geschichtsbetrachtung bei Josephus weiterhin zu verstehen ist, hat zuletzt O. Michel, Bd. 3 (= Ergänzungen u. Register) der zweispr. Bellum-Ausgabe, 1969, S. XXV dargelegt, worauf hier zur Vertiefung verwiesen sei.

Die biblische Prophetie bei Josephus*

Von Gerhard Delling, Halle (DDR)**

Der Prophet redet und handelt nach Josephus im Auftrag und in der Kraft Gottes, in der Kraft des Geistes Gottes (zumindest erhebt der Prophet den Anspruch, daß das durch ihn geschieht); insbesondere verkündet er Verborgenes. Zeitlich gesehen, kann sich das Kundmachen von Unbekanntem durch den Propheten auf die Vergangenheit, die Gegenwart oder die Zukunft beziehen; der letzte Bezug ist freilich der häufigste. Jedenfalls wird die Wortgruppe durch Josephus in einer bestimmten Breite verwendet.

I.

Auf den ersten Blick erscheint als auffallendste Weise prophetischen Mitteilens das Kundmachen von Vergangenem. Von ihr redet Josephus in c Ap 1,39f innerhalb des Zusammenhangs, in dem er sich über die 22 Bücher des Alten Testaments äußert[1]. Nach den fünf Büchern des Pentateuch, als deren Autor Mose gilt, werden von Josephus dreizehn Bücher (vgl. Ant 10,35) auf Propheten nach Mose zurückgeführt, die jeweils die Geschehnisse ihrer Zeit aufzeichneten (s. schon c Ap 1,29). Josephus nimmt damit offenbar Vorstellungen seiner Zeit auf, die uns entsprechend in einer Bar BB 14b/15a bezeugt sind. Hier werden z.b. Mose, Josua, Samuel als Verfassser je „ihres" Buches bezeichnet, Jeremia u.a. als der der Königsbücher usw. Gelten für Josephus nach c Ap 1,40 „die Propheten nach Mose" zunächst als Berichterstatter je über ihre Zeit, so hatte er vorher in 1,37 gesagt, die Propheten hätten die ältesten Ereignisse auf Grund der von Gott kommenden Eingebung „gelernt"; hier ist Mose jedenfalls eingeschlossen[2] — von der Tora stellt Josephus ausdrücklich fest, sie umfasse die Gesetze und die Überlieferung von der Erschaffung des Menschen bis zum Tode Moses (1,39). Die besondere Geltung, die die Bücher des Alten Testaments — es ist sichtlich noch von den Geschichte darstellenden die Rede — im Judentum haben, wird in 1,41 mit der „genauen Sukzession der Propheten" in Zusammenhang gebracht, die mit der Zeit des Artaxerxes, des Nachfolgers des Xerxes, endet[3].

Auf diese Weise wird der Gedanke der Inspiration der Schrift in allen ihren Teilen von einer bedeutsamen biblischen Vorstellung her begründet. Denn

---

* Der Beitrag grüßt den einstigen Halleschen Dozenten (1929—1940).
** Der Verf. ist Prof. em. der Martin-Luther-Universität Halle-Wittenberg, Sektion Theologie, DDR 401 Halle/Saale.

[1] Vgl. dazu den Beitrag von R. Meyer in dieser Festgabe.
[2] Ferner ist z.B. an den Verf. von 1 Chr 1—9 zu denken, vgl. BB 15a.
[3] Nach Josephus wirken Esra und Nehemia unter Xerxes, Ant 11,121—183. Die Schilderung der Ereignisse in Est endet 11,296; nach Josephus spielen sie sich unter Artaxerxes I. ab (s. LXX).

daß die Propheten unter der Einwirkung des Geistes Gottes redeten, das ist eine im Alten Testament allgemein gültige und vom Judentum akzeptierte Aussage, die Josephus voll und ganz übernimmt.

Tatsächlich erlaubt das Wort προφήτης eine Verwendung in der in c Ap 1,37—41 vorausgesetzten Weite durchaus. Denn mit ihm verbindet sich nicht zuerst die Vorstellung des Vorhersagens, sondern die des Hervorsagens, des Heraussagens von Unbekanntem, des öffentlichen Verkündens[4]. Dementsprechend wendet Josephus die Wortgruppe (speziell das Verb) z.B. c Ap 2,286 auf Mose an: die Juden glauben den Prophetenworten Moses über Gott. Der Prophet gibt die Offenbarung Gottes weiter[5], er redet (und schreibt) unter Gottes Einwirkung. Weitgespannt ist die Verwendung der Wortgruppe auch, wenn nach Ant 4,165 Mose den Josua als Nachfolger in den prophetischen Funktionen[6] einsetzt, die hier zuerst genannt werden. Der Plural deutet dabei wohl zunächst an, daß das Wirken Moses überhaupt von Gott eingegeben und gelenkt ist. Etwas Ähnliches liegt bei Samuel vor, den Josephus bemerkenswert häufig als den Propheten Samuel oder auch kurz als den Propheten bezeichnet (in 1 Sam erscheint die Benennung für Samuel nur 3,20[f]). Sichtlich ist in Ant 6,38 das Wirken Samuels überhaupt als prophetisch bezeichnet[7]. Gott „zeigt" dem Propheten seinen Willen an, den dieser ausführt (so hinsichtlich der Einsetzung des Herrschers in sein Amt, 6,50; vgl. 7,27.53). (Der Prophet erfährt von Gott überhaupt Verborgenes, das Gott ihm „zeigt", so den Aufenthaltsort Sauls, 6,64; in 6,47 wird die Auskunft über die Eselinnen als προφητεία bezeichnet.)

Bedeutsames prophetisches Geschehen ist der Empfang und das Kundmachen göttlicher Weisungen in 5,120 (durch den Hohenpriester Phineas; in Jdc 1,1f wird kein Übermittler der Antwort Jahwes genannt). Künder des Willens Gottes wird der Prophet auch ohne eine an ihn bzw. an Gott gestellte Frage, wie etwa an Nathan deutlich wird, durch den Gott dem David den Tempelbau verwehrt (Ant 7,92.371, s. 1 Chr 17,3—6; 22,8; 28,3) und durch den er ihn zur Umkehr ruft (Ant 7,147—153; 2 Sam 12,1—15).

Zwischen Josua und Samuel war hier auch eine Frau zu erwähnen, die Josephus im Anschluß an Jdc 4,4 Prophetin nennt[8], Debora (Ant 5,200).

---

[4] G. Friedrich, ThW VI 783. Josephus behandelt das Verb als Kompositum.

[5] Daß es in c Ap 2,286 nicht nur um die Gesetze geht, sondern um die Tora, darauf weist 281: die Kundmachung der rechten Gottesvorstellung und die Unterweisung über das rechte Verhalten sind entscheidende Inhalte der Tora.

[6] ἐπί c. dat. schon klassisch von Amt, Funktion usw. gebraucht, s. die Lexiken. Die Formulierung in Ant 4,165 erinnert in bemerkenswerter Weise an Sir 46,1. In Sir 46,1—6 erscheint Josua vor allem als begnadeter Führer in den Kämpfen Israels.

[7] Josephus interpretiert damit wohl das „dir" 1 Sam 8,8 Ende.

[8] Dagegen übernimmt er nicht die Bezeichnung Mirjams als Prophetin aus Ex 15,20 (s. Ant 2,346).

Auch bei ihm besteht ihre Funktion darin, daß sie Weisung von Gott her
zu geben hat (202). Ihr prophetischer Auftrag umschließt aber ebenso die
Fürbitte für das Volk (201) und das Ankündigen von Kommendem
(202.209); die Aussage (202) und der Hinweis (209) sind von Josephus
eingefügt.

II.

Eine besondere Rolle spielt indessen bei Josephus, wie eingangs bemerkt,
die Prophetie als Kundmachung von Künftigem (neben „prophezeien"
bzw. „Prophetie" gebraucht Josephus dafür gern auch „voraussagen", vom
Propheten z.B. Ant 4,125.312; 8,232.407; 9,27.74.183; 10,92.268, vgl.
„Voraussage" 4,303, „vorausreden" Bell 7,342, „vorausverkünden" Ant
10,79 usw.). Als Künder kommender Ereignisse erscheint bereits Adam (er
sagt Sintflut und Weltbrand voraus, 1,70[9]), erscheint Mose (3,60). Als
„Vorhersage des Zukünftigen" wird Moses Prophetenwort in Dtn 32 verstanden (Ant 4,303). Auf die Zukunft bezieht sich jedenfalls das offen-
barende Reden Moses (Verb, c Ap 2,218), wenn er denen, die um der
Treue zum Gesetz willen den Tod auf sich nehmen, ein neues, besseres
Leben zusagt. Als Prophet der Zukunft begegnet Josua in Ant 4,311–314;
so, wie die Gottheit es ihm offenbarte, sagte er unter anderem die künftige
Not des Volkes, die wiederholte (!) Zerstörung und Wiederherstellung des
Tempels voraus.

Wir kommen nun zu der langen Reihe von Propheten im engeren Sinn, die
befragt oder unbefragt Zukünftiges ankündigen. Übergehen wir Bileam,
der kein Israelit ist (Ant 4,104–130; auf einige Aussagen dieses Passus
kommen wir in IV zurück), so ist zuerst[10] noch einmal Samuel zu nennen,
der nicht nur Sauls Tod im voraus anzeigt (6,378, s. 335f, vgl. 1 Sam
28,18f), sondern nach Josephus auch die künftigen Ereignisse überhaupt
aufschreibt, die Niederschrift in Gegenwart des Königs verliest und in der
Stiftshütte deponiert zum Zeugnis für die späteren Generationen (Ant
6,66; in 1 Sam 10,25 ist dagegen von der Niederschrift des Rechtes des
Königtums die Rede). – Auch Nathan erscheint betont als Prophet von
Künftigem, Ant 7,93f.152f (2 Sam 7,14–17; 12,11–15); in 7,214 wird
durch Josephus die Erfüllung der ersten Weissagung von 7,152 hervorgehoben (ohne Entsprechung in 2 Sam 16,22).

Josephus übersieht auch nicht die Tätigkeit von Propheten, die in der
alttestamentlichen Berichterstattung nur vorübergehend eine Rolle spielen.
Der Prophet Gad hat einmal David eine Strafe Gottes anzukündigen (Ant

---

[9] Vgl. Gershom Scholem, Judaica (Frankfurt 1963) 16. Adam sieht die künftige Geschichte voraus: AZ 5a; Sanh 38b usw.; geschlossen wird das aus Gen 5,1. Vgl. M.
Guttmann, EJ I 770.

[10] Samuel als erster in der Reihe der Propheten: Act 3,24.

7,321—324; 2 Sam 24,11—15); im Anschluß an das Strafgeschehen hat er dem König einen Auftrag Gottes zu übermitteln (Ant 7,329; 2 Sam 24,18). — Ein ungenannter Prophet sagt Salomo gegen Ende seiner Herrschaft Gottes Strafe für seine Beteiligung an heidnischen Kulten an, Ant 8,197f, s. 1 Kön 11,11—13; die Worte „Jahwe sprach zu Salomo" versteht Josephus dahin, daß Gott durch einen Propheten zum König redet. Entsprechend verfährt Josephus 9,139 (2 Kön 10,30; hier handelt es sich um eine Heilsansage).

Zweimal hat Jerobeam mit dem Propheten Ahia aus Silo zu tun. Das erste Mal zeigt dieser ihm die Teilung des Reiches an, in Verbindung mit einer symbolischen Handlung (Ant 8,206—208; 1 Kön 11,29—38[11]). Das andere Mal weissagt Ahia dem König (der ihn wegen einer Erkrankung seines Sohnes befragen läßt) den Untergang seines Hauses (Ant 8,266—273; 1 Kön 14, 1—18). — Zwischen diesen beiden Begebenheiten berichten Altes Testament und Josephus von einem bei Josephus namenlosen Propheten (Semaja 1 Kön 12,22—24), durch den Gott den Rehabeam an einem Kriegszug gegen das Nordreich hindert (Ant 8,223), sowie von dem Auftreten und dem Geschick eines in 1 Kön 13,1—6 namenlosen Propheten, der bei Josephus (Ant 8,231—234) Jadon heißt (vgl. 2 Chr 9,29). Er kündigt angesichts des Altars von Bethel die Kultusreform des Josia an; die Gültigkeit seines Wortes werde durch ein Zeichen bekräftigt werden, der Altar werde bersten. Das geschieht tatsächlich, nachdem an Jerobeam, der gegen den Propheten vorgehen will, ein Strafwunder geschehen ist; danach wird der König auf des Propheten Bitte wiederhergestellt. An dem plötzlichen Eintreten des angekündigten Zeichens erkennt der König — so nur Josephus (8,234) —, daß der Prophet von Gott gegebenes Vorauswissen besitzt. Anschließend erzählen Altes Testament und Josephus von der Bestrafung desselben Propheten durch Gott wegen eines Aktes· des Ungehorsams mit dem Tod (236—242[12]; 1 Kön 13,11—31).

Der Bericht ·über Jadon erinnert in besonderer Weise an die Erzählungen über Elia und Elisa, an denen Josephus vollends nicht vorbeigeht. Denn sichtlich ist für ihn die Wiedergabe dieser Geschichten durchaus bedeutsam[13]. Auch hier macht das Wunder für Josephus sichtbar, daß Gott tatsächlich mit dem Propheten spricht (8,327) und daß der Prophet in Gottes Auftrag redet und handelt. Zuletzt aber geht es um den Erweis dessen, daß der Gott Israels der „eine, größte und allein wahre Gott" ist (343). Er ist es, der dem Propheten erscheint (9,20), ihn beauftragt (21), durch ihn

---

[11] Mit LXX 11,32 redet Josephus 8,207 von zwei Stämmen, die Jerobeam nicht gegeben werden sollen.

[12] Hier ist u.a. die weitgehende Umzeichnung des Bildes eines anderen Propheten, der mit dem Geschehen zu tun hat, bemerkenswert (bis 245).

[13] Das ist umso bemerkenswerter, wenn sich bei Josephus in der Wiedergabe biblischer Berichte gelegentlich gewisse Abschwächungen oder Rationalisierungen des Wunderbaren zeigen oder wenn er Erzählungen solcher Art nicht aufnimmt.

redet (26). Auch in bezug auf die Ankündigungen Elias wird mehrfach betont, daß sie in Erfüllung gegangen seien (9,27.119f.124.129).

Ausdrücklich wird zu dem Bericht von der wunderbaren Errettung Elisas (2 Kön 6,15—23) festgestellt, daß in dem gesamten, eingehend wiedergegebenen Geschehen (Ant 9,54—59) die machtvolle Epiphanie Gottes sichtbar wurde, der dem Propheten in so deutlicher Weise zur Seite war (9,60; vgl. die Formulierung in 55). Entsprechend betont Josephus in einer abschließenden Würdigung Elisas, die höchst wunderbaren Taten[14], die er in seinem prophetischen Wirken verrichtete, machten sichtbar, wie ihm Gott beistand (9,182). Offenbar sieht Josephus jedenfalls bei Gestalten wie Elisa einen spezifischen Zusammenhang zwischen Prophetie und durch Gott gewirktem Wunder. Daß Gott durch seinen Propheten am Werk ist, wird freilich schon darin sichtbar, daß dessen Ankündigungen in Erfüllung gehen — das letzte wird auch für Elisa wiederholt hervorgehoben (9,72.74.86.175.179.184), aber ebenso für andere —; der besondere Erweis durch das Wunder wird nur einigen hervorragenden Gestalten zuteil. Zumal darum berichtet Jospehus so eingehend darüber, bis hin zu der Erzählung von der „göttlichen Kraft", die noch von dem toten Elisa ausging (9,183; 2 Kön 13,21). Offenbar besteht zwischen ansagendem Prophetenwort und angekündigtem Ereignis ein Geschehenszusammenhang; dabei kann sich die Vorstellung andeuten, daß das Wort des biblischen Propheten das Geschehen einleitet (s. 9,179 Mitte).

Zu der Reihe der Propheten, deren Namen keines der Prophetenbücher nach unserem Verständnis der Bezeichnung trägt, gehört schließlich Micha ben Jimla (1 Kön 22,8—28). Auch in dem längeren Bericht bei Josephus[15] (8,403—410) spielt die Auseinandersetzung zwischen falschen und wahren Propheten eine entscheidende Rolle. Sie wird von Josephus unter anderem dadurch profiliert, daß nach ihm der Lügenprophet Zedekia mit der Micha erteilten Ohrfeige Gott auf die Probe stellt: straft Gott ihn nicht (auf eine angegebene Weise), so lügt Micha (408). Daß Zedekia straffrei ausgeht, wird durch Josephus mit dem Schicksalsgedanken in Verbindung gebracht (409; damit wird offenbar 1 Kön 22,19—23 verwertet[16]). Auf jeden Fall ist es bemerkenswert, daß auch für Josephus die Möglichkeit offenbleibt, daß Gott sich nicht durch äußere Zeichen zu seinem Propheten bekennt. Dagegen vermag auch die List der Könige nicht die Weissagung Michas aufzuheben (Ant 8,412—415; 1 Kön 22,29—35). — Die Zeichenhandlung des Heilskünders Zedekia (1 Kön 22,11) berichtet Josephus (8,409) in eindrucksvoller Weise im Anschluß

---

[14] Die Wunder Elisas werden herausgestellt in Sir 48,(12—)14.

[15] Dieser identifiziert Ant 8,389—392 anscheinend bereits den namenlosen Propheten von 1 Kön 20,35—43 mit Micha ben Jimla.

[16] Das geschieht in einer interessanten Abänderung; die Szene vor dem Thron Gottes wird in eine hellenistisch gefaßte Aussage umgesetzt. Josephus berücksichtigt auch Jes 6,1—10 usw. nicht.

an die vorhin erwähnte Szene (408f). Der Spruch Michas in 1 Kön 22,17 wird durch Josephus in der hier vorliegenden Bildrede wiedergegeben und durch eine Deutung ergänzt, die er dem Propheten in den Mund legt (404f).

Auch hier ist eine Prophetin zu nennen, Hulda (10,59–62; die Bezeichnung „Prophetin" begegnet 2 Kön 22,14). Ihr werden voll prophetische Funktionen gesprochen. Über den alttestamentlichen Bericht hinaus erwartet man von ihr nach Ant 10,59, daß sie (nicht der Hohepriester) Sühne zu schaffen vermag; sie muß indessen antworten, daß Gottes Ratschluß, das Volk zu strafen, schon feststeht (60).

III.

Von den Männern, deren Namen (nach unserem Verständnis der Bezeichnung) Prophetenbücher tragen, begegnet bei Josephus als erster Jona. Josephus erwähnt zunächst die Prophezeiung des in 2 Kön 14,25 genannten Jona, den er wie der Autor von Jon 1,1 mit dem hier genannten Jona gleichsetzt; er gewinnt dadurch die Möglichkeit, diesen in die Geschichte der Könige Israels einzuordnen (Ant 9,205–207), wie er das für alle von ihm erwähnten Propheten durchzuführen bemüht ist[17]. In 208–214 gibt Josephus dann hauptsächlich den ersten Teil des Jonabuches wieder. Obwohl er von der Rettung durch den Walfisch mit einer gewissen Zurückhaltung berichtet (213, s. schon 208 Anfang), liegt ihm doch offenbar an dem besonderen Geschehen. Die Gerichtsankündigung durch Jona wird in 214 nur kurz genannt (214 beginnt mit der Erwähnung der Bitte des Jona um Vergebung, von der in Jon nicht die Rede ist). Offenbar zeigt die Jonageschichte auch[18] für Josephus, wie Gott den vor ihm Fliehenden ein- und herumholt und zur Ausführung seines Auftrags bringt; kein Wort fällt über die Wirkung der Botschaft des Jona und die Nachgeschichte.

Ein Passus über Nahum ist in 9,239–242 eingesetzt (er wird in den Bericht über Jotham eingeschoben). Der Abschnitt besteht fast nur aus einer Paraphrase von Nah 2,9–14; das ist ein bei Josephus seltenes Verfahren[19] (jedenfalls macht unser Passus es wahrscheinlich, daß Josephus das Dodekapropheton kennt). Geläufig ist dagegen der Hinweis auf die Erfüllung der Weissagung (242). Josephus gibt einen Abstand von 115 Jahren zwischen Drohwort und Vollzug an; mit der Zeitangabe will er gewiß andeuten, daß die biblische Prophetie gerade im längeren Zeitabstand zwischen Weissagung und Ereignis ihre Gültigkeit erweist, auch wenn er das hier nicht ausdrücklich sagt (dazu s.u.).

---

[17] Für Nahum ist das schwierig, daher die allgemeine Formulierung „zu dieser Zeit" 9,239.

[18] Entsprechend die – hellenistisch-jüdische – Schrift de Jona.

[19] Denkt Josephus bei Ninive an Rom (s. besonders 241 Ende)?

Vom Wirken Jesajas berichtet Josephus nur im Kontext seiner Darstellung der Zeit Hiskias, 2 Kön 19,2–7 (Jes 37,2–7) Ant 10,12–14; 2 Kön 19,20–34 (Jes 37,21–35) Ant 10,16[20]; 2 Kön 20,1–11 (Jes 38,1–8) Ant 10,27–29; 2 Kön 20,14–19 (Jes 39,3–8) Ant 10,32–34. Offenbar hält sich Josephus damit an die Darstellung in 2 Kön. Jes 1–35 verwertet er in seinem Bericht in Ant 10 ebensowenig wie Jes 40–66, Komplexe, die für ihn auf den gleichen Verfasser zurückgingen (Ant 11,6). Dabei hat er sehr wohl Kenntnis etwa von Jes 45 (vgl. V. 1.13[21]), wie Ant 11,5 zeigt. Hier gibt Josephus die Prophezeiung (in zusammenfassender Paraphrase) als direkte Gottesrede wieder. In ihr kündigt Gott an, er wolle Kyros als König über viele große Völker einsetzen, sein Volk in das ihm eigene Land bringen und seinen Tempel bauen. Als Kyros diese Weissagung las, faßte ihn Erstaunen über die Gottheit (die durch Jesaja gesprochen hatte), und er führte das Geschriebene aus (11,6). Josephus stellt dabei fest, daß Jesaja das Buch seiner Prophetie 220 Jahre vor Kyros' Befehl (11,3f) hinterlassen hatte (11,5), 140 Jahre vor der Zerstörung des Tempels (11,6). Die chronologische Einordnung des Geschehens in 11,5f zielt darauf, die unbedingte Zuverlässigkeit und Gültigkeit biblischer Prophetie zu demonstrieren. Über Jahrhunderte hinweg sagt Jesaja das Handeln des Kyros voraus, kündigt er den Wiederaufbau des Tempels an, lange bevor er überhaupt zerstört ist. Kyros erkennt denn auch das Wort Jesajas als auf sich bezogen an und ist bereit, Werkzeug des durch Jesaja redenden Gottes zu sein (vgl. dazu Bell 5,389).

Entsprechend weist Josephus in Ant 13,64; Bell 7,432 darauf hin, daß die Errichtung des Tempels von Leontopolis über bzw. gegen 600 Jahre zuvor vorausgesagt sei (Jes 19,19)[22]. In der Bezugnahme des Onias auf Jes 19,19 in Ant 13,68 begegnet z.T. der Wortlaut der Bibelstelle (vgl. LXX). Das Prophetenwort wird durch Ptolemaios (VI.) Philometor anerkannt (s.o. Kyros); er möchte sich nicht gegen Gott vergehen (13,71).

In Ant 10,35 gibt Josephus ein Urteil über Person und Wirken Jesajas ab. Jesaja habe in dem Vertrauen, daß er schlechthin nichts Falsches gesagt habe, seine Prophetenworte aufgezeichnet; ihre Gültigkeit solle von der Ausführung her den Kommenden erkennbar werden. Entsprechendes gilt nach 10,35 auch von den anderen zwölf Propheten (s. c Ap 1,40); was „bei uns geschieht, ereignet sich gemäß der Prophetie jener".

Nur beiläufig wird in 10,92 Micha genannt, unter sichtlicher Bezugnahme auf Jer 26,18f; obwohl er, wie auch andere, Unheil prophezeit habe (s. Mi 3,12), sei ihnen (so sagt man dort) von den damaligen Königen nichts Böses geschehen, Micha sei vielmehr als Prophet Gottes geehrt worden.

---

[20] Eine Pointe von 10,12–16 ist schon in 9,276 vorweggenommen.

[21] 2 Chr 36,22f; (2) Esr 1,1f können schon deshalb nicht hinter Ant 11,5f stehen, weil der Kyros betreffende Gottesspruch dort auf Jeremia zurückgeführt wird.

[22] Vgl. Otto Michel – Otto Bauernfeind, Flavius Josephus, De Bello Judaico/Der Jüdische Krieg II 2 (München 1969) 284 Anm. 206.

Micha von Moreset begegnet bei Josephus nur hier, im Zusammenhang des Berichtes über Jeremia.

Von Jeremia ist in Ant 10 wiederholt die Rede. Für die hier gegebenen Berichte boten die erzählenden Partien speziell innerhalb des mittleren Hauptteils des Jeremiabuches[23] eine brauchbare Vorlage, die Josephus entsprechend ausgewertet hat (s. Jer 26,6–19 zu Ant 10,89–93; Jer 36,4–26 zu Ant 10, 93–95; Jer 37,6–16 zu Ant 10,112–114; Jer 38,2–27 zu Ant 10,117–130; Jer 40,4–6 zu Ant 10,156–158; Jer 42,1–43,13 zu Ant 10,176–181). Josephus folgt dabei z.T. auch in Einzelzügen seiner Vorlage, z.T. faßt er ziemlich knapp zusammen. Thematisch geht es bei der dargestellten Prophetie Jeremias vor allem um den Untergang Jerusalems und die Zerstörung des Tempels; offenbar war Josephus daran innerlich in besonderer Weise beteiligt. Hat er doch zu seiner Zeit seinen Volksgenossen zugeredet, Jerusalem den Römern in die Hände zu geben. Demgemäß verweist er in einer Ansprache warnend auf die Verachtung der Prophetensprüche Jeremias durch Zedekia[24].

Zweimal hebt Josephus aus einem besonderen Anlaß hervor, daß Jeremias Prophetie in Erfüllung gegangen ist (s. noch 10,180f). Es handelt sich dabei um die scheinbare Differenz zwischen den Ankündigungen des Geschickes Zedekias bei Jeremia und Ezechiel (10,106f.140f). Jeremia habe angesagt, der König werde nach Babylon gebracht werden (Jer 32,4), Ezechiel dagegen, er werde Babylon nicht sehen (Ez 12,13). Tatsächlich wurde Zedekia nach Babylon verschleppt, aber er sah die Stadt nicht, weil er geblendet worden war (Ant 10,140; Jer 39,7). Josephus erhält hier eine Gelegenheit eigener Art, die Zuverlässigkeit biblischer Prophetie zu erweisen. Das Auflösen scheinbarer Widersprüche innerhalb des Alten Testaments spielt in der schriftgelehrten Exegese des Judentums eine nicht geringe Rolle; vielleicht konnte sich Josephus im vorliegenden Fall an Vorgänger anschließen.

Den durch ihn erörterten Befund nimmt Josephus zum Anlaß einiger grundsätzlicher Aussagen. Die Tatsache, daß die sich scheinbar widersprechenden Prophetenworte beide eingetroffen sind, vermag Gottes Wirken deutlich zu machen. Er setzt die Ereignisse in fester Ordnung und sagt (durch seine Propheten) voraus, „was geschehen muß"[25]. Aber zugleich wird das Nichtwissen und das Nichtglauben der Menschen deutlich – Josephus hat davon gesprochen, daß Zedekia infolge des Widerspruchs in den ihn selbst betreffenden Aussagen der beiden Propheten ihren Weissa-

---

[23] Jer 26–45, vgl. Otto Eißfeldt, Einleitung in das Alte Testament (Tübingen ³1964) 469f.

[24] Bell 5,391. In 392 nimmt er offenbar auf Jer 26,18f Bezug, s. Ant 10,92f.

[25] Josephus gebraucht hier die Wendung von Dan 2,28.29 LXX (und Theodotion); Apk 1,1; 4,1; 22,6, wo ebenfalls von der Ankündigung künftigen Geschehens die Rede ist.

gungen überhaupt keinen Glauben schenkte (10,107) –, die unentrinn-
baren Geschehnissen ausgeliefert sind (142). Josephus verbindet hier (und
anderswo) Prophetie und Schicksalsgedanken in einer hellenistisch gefärb-
ten Aussageweise. In 10,90 formuliert er in einem entsprechenden Satz
etwas anders: die Ankündigung des kommenden Unheils durch Jeremia
trug nichts aus, weil keine vorhanden waren, die gerettet werden sollten.
Hier legt sich die Annahme nahe, daß hinter Josephus' negativer Formulierung – „keine, die gerettet werden sollten" – die Vorstellung der Ver-
stockung (oder Ähnliches) steht. Ursprünglich verbindet sich mit der Wendung „die gerettet werden sollten" wohl der Gedanke, daß durch Acht-
haben auf das Prophetenwort bzw. durch Umkehr vom falschen Wege das
Unheil abgewendet werden könnte, eine Möglichkeit, die indessen nach
10,90 dem ganzen Volk versagt war.

Sowohl für Jeremia (s. Jer 36,32) wie für Ezechiel wird hervorgehoben,
daß sie ihre Prophetien über das Schicksal Jersualems und Babylons
schriftlich hinterlassen haben (10,79; Ezechiel in zwei Büchern). Für beide
wird übrigens ausdrücklich bemerkt, daß sie priesterlicher Herkunft
waren (80; s. Jer 1,1; Ez 1,3); Josephus sieht anscheinend wenigstens für
die alte Zeit gewisse Verbindungslinien zwischen dem Amt des Propheten
und dem des Priesters (vgl. 10,12: „der Prophet Jesaja" soll für die Rettung des Volkes Opfer darbringen). – Nach 10,106 schrieb Ezechiel in
Babylon (vgl. 98) seine Weissagungen über die Geschicke des Volkes auf
und sandte sie nach Jerusalem. Damit sind alle Zusammenhänge genannt
(zu 141 s.o.), in denen der Name Ezechiel bei Josephus begegnet. Einzelheiten der Prophetie Ezechiels interessieren ihn in den „Altertümern"
ebensowenig wie die prophetische Tätigkeit der meisten Männer des
Dodekapropheton.

Dagegen gilt die Aufmerksamkeit des Josephus in besonderer Weise
Daniel, auch um seines Geschickes willen, von dem Josephus ziemlich
ausführlich berichtet (10,188–194.211–215.249.265f), vor allem aber
um seiner Prophetie bzw. seiner Traumdeutung willen (10,195–210. 216f.
237–247.269–276). Josephus ordnet Daniel entsprechend dem Danielbuch
im ganzen in das 6. Jh. v. Chr. ein; umso bemerkenswerter wird das genaue
Eintreffen seiner Prophetien, die nicht nur, wie die anderer Propheten,
allgemein künftige Ereignisse anzeigen, sondern dafür auch die Zeit angeben (267). So bezieht Alexander der Große eine Prophetie Daniels auf sich
(Ant 11,337, s. 10,273f, vgl. Dan 8,5–8.21). Die Verödung des Tempels
unter Antiochus IV. kündigte Daniel 408 Jahre zuvor an (Ant 12,322, s.
10,275f, vgl. Dan 7,25; 8,11f.23–25). Besonders bedeutsam ist es für Josephus indessen, daß sich die Prophetie bis in seine Gegenwart und über sie
hinaus erstreckt. Daniel hat zunächst die Herrschaft Roms über Palästina angezeigt (10,276, s. 209; vgl. Dan 2,40). In die Zukunft weist die Aussage
über den mächtigen Felsen (Dan 2,34f.44f), über den Josephus jedoch nicht
reden will, weil er nur das Geschehe darstellt, nicht das Künftige (10,210).
Tatsächlich hat Josephus allen Grund, die Erwartung nicht auszusprechen,

die für das jüdische Volk mit dem Stichwort des „Felsens" von Dan 2,34f
gegeben ist[26]. Damit gehört der nachdrückliche Hinweis darauf zusammen,
daß Daniel das kommende Heil angekündigt habe (10,268). Vielleicht ist es
nicht von ungefähr, daß die erste Hälfte der „Altertümer" mit dem Propheten schließt, der die Rettung des jüdischen Volkes aus der hoffnungslos
scheinenden Situation zur Zeit der Abfassung des Werkes zusagt.

Wir können auf die Fragen, die mit der Begründung der jüdischen Zukunftserwartung von Dan 2 her bei Josephus zusammenhängen, hier ebenso nur andeutend hinweisen wie etwa auf die Würdigung des Propheten
Daniel in Ant 10,266—269. Der Passus 277—280 führt noch einmal aus,
wie bedeutsam das Eintreffen des Geweissagten für den Gottesglauben ist.
Die Erfüllung der Prophetien Daniels erweist, daß das All und die Geschehnisse in ihm von Gott gelenkt werden, usw.

Schließlich erwähnt Josephus in Ant 11,96.106, daß Haggai und Sacharja
die Juden zum Wiederaufbau des Tempels ermutigten; Gott sage voraus,
daß die Perser ihn nicht hindern werden (96). In Bell 6,270 wird Haggai
als Gründer des zweiten Tempels genannt (vgl. Hag 1,1—13).

IV.

Einsichten in das Verständnis der biblischen Prophetie bei Josephus überhaupt haben sich uns bisher mannigfach ergeben. Wir wollen dazu noch
einige weitere Beobachtungen fügen. Dabei ziehen wir auch einige Aussagen heran, die in der Wiedergabe des alttestamentlichen Berichtes über
Bileam begegnen (in 4,157f wird besonders begründet, wieso Bileams
Sehersprüche trotz seiner feindlichen Gesinnung gegen Israel in Moses
Schriften aufgenommen wurden). An den Äußerungen des Josephus werden nämlich dadurch bestimmte Züge der Inspiration in besonderer Weise
sichtbar, daß Bileams Sprüche nicht mit seiner eigenen Absicht überein-
stimmen (4,122.124). Wenn Gottes Geist den Menschen ergreift, steht es
nicht bei ihm, etwas zu verschweigen oder auszusprechen. Gott redet
durch ihn, was er, Gott, will, ohne daß der Redende weiß, was er sagt
(119; vgl. Num 23,12). Die Gottheit sagt vor (diktiert; 4,121); Gott selbst
„legt" die Botschaft „unter" (4,122 Ende[27]). Wenn die Gottheit in den
Menschen einging, ist nichts in ihm mehr sein eigen (121). Bileam jedenfalls ist „nicht mehr in sich selbst, sondern durch den Geist Gottes be-
siegt" (118).

Wird dieses Verständnis der Inspiration gerade im Blick auf Bileam entfaltet, so ist das, wie bemerkt, durch den besonderen Fall veranlaßt; die

---

[26] Zur Erwartung der Vernichtung der römischen Herrschaft bei Josephus' Zeitgenossen s. etwa Martin Hengel, Die Zeloten (Leiden 1961) 308.
[27] Vgl. Philo Mos 1,277 Ende. Bileam „sagt nichts Eigenes, sondern das, was ihm die
Gottheit eingibt (‚untertönt')", 1,281; s. weiterhin 1,283.286.

Sätze entsprechen aber der Auffassung des Josephus überhaupt (abgesehen von dem Widerspruch zwischen dem, was Bileam sagen möchte und aussprechen muß). In der Tat macht etwa Philon ganz ähnliche Aussagen über die prophetische Inspiration auch in anderen Zusammenhängen. Die Sprüche Bileams sind bei Philon wie bei Josephus von dem einen Gott, dem Gott Israels, eingegeben. Demgemäß betont Josephus auch in bezug auf Bileam, daß er Ereignisse voraussagte, die in ferner Zukunft lagen (sie betrafen teilweise damals noch gar nicht bewohnte Städte). Daß seine Ankündigungen bisher vollzogen wurden, legt den Schluß nahe, daß das auch künftig geschehen wird (4,125).

Auch mit diesem Satz stellt Josephus die Prophezeiungen Bileams in eine Reihe mit denen israelitischer Propheten, einschließlich Moses. In 4,303 sagt er von dem Moselied (das im Judentum der hellenistisch-römischen Zeit eine bedeutende Rolle spielt), es enthalte „Vorhersage des Künftigen, nach der alles geschehen sei und geschehe". Die alttestamentliche Weissagung hat bei Josephus Bedeutung für Gegenwart und Zukunft als Ankündigung des Gotteswillens, der sich im gegenwärtigen und künftigen Geschehen erfüllt. Das heißt aber insbesondere, daß die Geschicke des jüdischen Volkes nach dem im Alten Testament angezeigten Plan Gottes ablaufen werden; und das schließt sichtlich ein, daß sich Gottes Verheißungen für sein Volk an ihm erfüllen werden.

Ein Beispiel für die bleibende Bedeutung der Bileamsprüche bietet Josephus in 4,116. Die Zusage des großen Wachstums Israels in Num 23,10 sieht er verwirklicht in der Ausbreitung des jüdischen Volkes über die Ökumene – sie ist ihm als Wohnsitz für immer angewiesen (s. schon 115), auf den Inseln und dem Festland werden die leben, die zahlreicher sein werden als die Sterne am Himmel (in solcher Redeweise wird etwa auch bei Philon von der Ausdehnung der Judenschaft gesprochen[28]). Der Schluß der Weissagung, die in der Wiedergabe bei Josephus zu einem Lied auf das jüdische Volk wird (114–117), ist auch von der Gegenwart des Josephus aus als Verheißung für die Zukunft verstehbar[29]; danach wird dem jüdischen Volk unaufhörlich Sieg und die Fülle aller Güter gewährt werden von dem Gott, „dem die Kraft eigen ist, das Große gering zu machen und das Mangelnde zu geben" (117). Das ist eine deutliche Aussage jüdischer Hoffnung im Blick auf die „Großen" der Zeit des Josephus und auf das eigene Volk.

Mit Äußerungen zur prophetischen Voraussage, die uns schon begegneten, verbinden sich neue auch in 8,418–420. Die Sätze erhalten ihr Gewicht

---

[28] Abgesehen vielleicht von der letzten Wendung; zu dieser s. im Frühjudentum etwa Sir 44,21; Dan 3,36.

[29] Hengel, Zeloten (s. Anm. 26) 245 mit Anm. 4. Vgl. V. Nikiprowetzky, La mort d'Éléazar fils de Jaire et les courants apologetiques dans le *De Bello Judaico* de Flavius Josèphe, Hommages à André Dupont-Sommer (Paris 1971) 461–490, spez. 488.

dadurch, daß vorher von einem Versuch die Rede ist, zwischen Ankündigungen zweier Propheten (Elia und Micha ben Jimla) Widersprüche festzustellen (406–408, s.o.). Die Einsicht, daß sich die Weissagungen beider
erfüllten, führt dazu, daß man die Größe der Gottheit erkennt und sie in
heiliger Scheu ehrt. Der besondere Nutzen der Prophetie ist darin gegeben,
daß Gott in ihr kundmacht, wovor man sich hüten muß (418). Anschließend nimmt Josephus das Stichwort der „Macht des Schicksals" auf,
dem zu entrinnen unmöglich ist, auch wenn man sein Geschick voraus-
kennt (419, s. 412; vgl. das Stichwort „Notwendigkeit" 10,246); hier
entsteht sichtlich eine bestimmte Spannung zu dem vorher Gesagten.
Näher an der Bibel ist die Fassung in 10,34: Es ist unmöglich, Gottes
Beschluß zu ändern (eine bestimmte Entscheidung der Gottheit ist auch
durch Bitten nicht aufzuheben, heißt es 10,60; dazu gehört die Fortsetzung: Gottes Gottsein erweist sich in der Durchführung dessen, was er
durch die Propheten angekündigt hat – er lügt nicht –, 61).

Josephus kennt auch in seiner Zeit[30] Männer, die „von Gott her Voraus-
kenntnis des Zukünftigen" besitzen (15,373). Auf einen Vergleich der
Aussagen, der schon im Blick auf das verwendete Vokabular nicht uninter-
essant wäre, müssen wir hier verzichten[31]. Insgesamt kann man wohl
sagen, daß die biblischen Propheten bei Josephus eine besondere Stellung
innehaben, und zwar nicht nur um der weitreichenden Bedeutsamkeit
ihrer Prophetien willen.

Der alttestamentliche Prophet ist durch einen spezifischen Auftrag Gottes
mit der Prophetie betraut. Josephus gibt zwar keine Berichte über die
unmittelbare Berufung von Propheten durch Gott wieder. Aber er spricht
etwa davon, daß Gott dem Propheten erscheint, um ihm eine bestimmte
Weisung zu geben (Nathan, 7,92.147; Samuel, 6,38; Elia, 9,20; Jeremia,
10,177). Der Prophet ist ermächtigt, zu behaupten: „Gott sagt voraus"
(5,202; 8,232.406; 9,139; 10,33.142; 11,4); „Gott sagt" (9,26; „prophetisch reden" wird hier interpretiert als Anzeigen dessen, was Gott sagt);
damit werden im Alten Testament verbreitete Redeformen aufgenommen
bzw. variiert. Gott zeigt an (5,202) bzw. der Prophet spricht aus, was Gott
ihm anzeigt (4,312; 9,92); dem entspricht: Gott befiehlt dem Propheten,
jemandem etwas anzuzeigen (10,27); dieser redet nach Gottes Weisung
(„Gebot", 10,28,vgl. auch 9,21). Von seinem Beauftragtsein her heißt er
„göttlicher" Prophet, d.i. Prophet Gottes (8,243; 10,35), im Gegensatz zu
dem „gottlosen" (8,243, s. den Kontext 243–245), dem Pseudopropheten

---

[30] Zu den jüdischen Weissagern des 1. Jahrh. n. Chr. bei Josephus s. O. Michel,
Spätjüdisches Prophetentum, Neutestamentliche Studien für Rudolf Bultmann (Berlin
²1957) 60–66, spez. 60–63; Rudolf Meyer, der Prophet aus Galiläa (Leipzig 1940)
42–47.54–58.
[31] Ebensowenig können wir Aussagen über die biblischen Propheten in der Literatur
des frühen Judentums sonst vergleichen, etwa in der Reihe Sir 46,13–47,1;
48,1–14.22–25; 49,7–10 (vgl. oben Anm. 6.14).

(8,236.406); er selbst ist der echte („wahre") Prophet (9,23). Anders gesagt: der Prophet „kommt von Gott" mit seiner Botschaft (10,28), er ist von ihm gesandt (die beiden Verben dafür 7,334; 8,197.231; 10,27) und autorisiert.

Das Beauftragtsein des Propheten durch Gott bzw. Gottes Reden durch ihn wird dann insbesondere so ausgesagt, daß Gottes Geist in ihm wirksam werde („die Kraft des göttlichen Geistes", 8,408); wir haben früher mehrfach auf die Verwendung des Ausdrucks hingewiesen, der das göttliche Wirken im prophetischen Geschehen kennzeichnet.

Die Bedeutsamkeit der biblischen Prophetie für die Zeit des Josephus selbst wurde uns wiederholt insbesondere nach zwei Seiten sichtbar; einmal im Blick auf das Gottesverständnis, den Gottesglauben, zum anderen im Blick auf die Zukunft — biblische Prophetie lehrt, an Gottes Verheißung für sein Volk festzuhalten. Im ersten geht es Josephus um Gottes Gottsein überhaupt, im zweiten darum, daß er sich als Gott Israels und damit als der Herr der Geschichte erweist. In beiden — für ihn zusammengehörenden — Aussagen schlägt das Herz des Josephus.

Der lateinische Josephus und der hebräische Josippon

Von David Flusser, Jerusalem

Anläßlich meiner Arbeit an einer kritischen Ausgabe der mittelalterlichen Darstellung der Geschichte des Zweiten Tempels, die man „Josippon" nennt[1] — diese Ausgabe befindet sich bereits im Druck — hat es sich gezeigt, daß die alten lateinischen Übersetzungen des Josephus noch wenig wissenschaftlich bearbeitet worden sind. Es wäre z.B. sehr wichtig, die kritische Ausgabe der Altertümer, die nur bis zum fünften Buch gelangt ist, fortzusetzen[2]. Doch davon später.

1. Die Versionen des Josippon

Solange man nur die gedruckten Ausgaben des Josippon benutzen konnte, war es kaum möglich, über dieses Werk etwas Genaues auszusagen[3]. In der Handschrift, die der jüdische Arzt Abraham Conat als Editio princeps in Mantua vor dem Jahre 1480 herausgegeben hat[4], ist jede Erwähnung des Josephus als Schriftsteller getilgt. Eine andere, um ein Drittel längere, Version des Werkes wurde durch Tam ben David ibn Jahia im Jahre 1510 in Konstantinopel gedruckt. Diese Version muß schon vor 1160 existiert haben, da sie der jüdische Gelehrte und Historiker Abraham ibn Daud in dieser Zeit für seine historiographischen Werke benutzt hat. Der Konstan-

---

[1] Der Name „Josippon" findet sich nicht in der ursprünglichen Version des Buches. Bei ihm handelt es sich um den griechischen Akkusativ des Namens „Josippos". Schon seit der talmudischen Zeit wurden manchmal die griechischen Namen, die auf -os enden, von den Juden in der Form des Akkusativs benutzt. So heißt z.B. Nikodemos im Talmud Naqdemon. Die Form Josippon — und nicht Josephon — ist auch verständlich. B. Niese hat in seiner Ausgabe (Bd. 1, S. V, siehe auch Bd. 6, S. XIX, Anm. 3) darauf hingewiesen, daß Josephus selbst „Josepos" heißen müßte. Dies war die normale griechische Form des Namens Joseph schon seit der ptolemäischen Zeit, wie man leicht aus dem Corpus Papyrorum Judaicarum, Bd. 3 Anhang 3 ersehen kann. Auch eines der Mitglieder der Sekte von Qumran hieß „Iosipos" (RB 61,1954,S. 229). Diese Form ist schon die Folge des sogenannten Itazismus, der sich dann später durchgesetzt hat. So ist es klar, daß die Juden im Mittelalter den Josephus „Josippon" genannt haben. — Zur Form „Josipus" siehe auch L. Traube: Zum lateinischen Josephus. Vorlesungen und Abhandlungen, ed. Boll, München 1920, Bd. III, S. 83.

[2] Fr. Blatt: The Latin Josephus, Acta Jutlandica, 1958. Zur Tradition des Josephus im Mittelalter siehe H. Schreckenberg: Die Flavius-Josephus-Tradition in Antike und Mittelalter, Leiden 1972. Leider werden die lateinischen Übersetzungen des Josephus in dieser Arbeit stiefmütterlich behandelt. Siehe auch meine Besprechung der Ausgabe von Fr. Blatt in Kirjath Sefer Bd. 33, S. 458—463 (hebräisch).

[3] Siehe D. Flusser, Der Verfasser des Buches Josippon, seine Person und seine Zeit, Zion Bd. 18, 1954, S. 110—126 (hebräisch).

[4] Diese Ausgabe wurde durch den Baron David Günzburg in Berditschev, 1896—1913, neu gedruckt.

tinopolitaner Druck beruht auf einer Ausgabe dieser Version, die im 14. Jh. von Jehuda Mosconi hergestellt worden ist.

Diese Version der Konstantinopolitaner Ausgabe des Buches Josippon ist deshalb besonders erwähnenswert, weil sie für die Geschichte des Buches Josippon eine negative Bedeutung gehabt hat; sie wurde nämlich allen späteren gewöhnlichen Drucken des Buches zugrundegelegt. Meine Arbeit hat ergeben, daß es *drei Versionen* des Buches Josippon gibt: Den ursprünglichen Text (A), dann eine stilistische Bearbeitung des Josippon (B), die in der Handschrift Vat. hebr. 408 und in der Mantuaner Ausgabe (m) erhalten ist, die einen schlechten Text der Version B abgedruckt hat, und schließlich die „lange" Version (C), die wir in zwei Handschriften und in den gewöhnlichen Drucken besitzen, die, wie schon erwähnt, auf die Konstantinopolitaner Ausgabe zurückgehen. Diese „lange" Version ist eine gründliche Neubearbeitung der Version B nach einer Handschrift, die dem Mantuaner Druck ähnlich war. Daraus ergibt sich, daß die beiden Drucke die spätesten Entwicklungsstufen des Textes widerspiegeln. Darüberhinaus ist die Version C eine Bearbeitung des Werkes im Geist der ersten Hälfte des 12. Jhs., der Zeit der Chansons de geste und der Artussage. Unter anderem wurde der Josippon in dieser Bearbeitung zu einem *pseudepigraphischen* Werk: Josephus erscheint nun als der Verfasser des Buches, der in der ersten Person von sich spricht. Der Bearbeiter hatte irgendwie erfahren, daß der wirkliche Josephus außer dem griechisch geschriebenen „Jüdischen Krieg" das Thema dieses Werkes auch für seine Landsleute behandelt hatte, und gibt nun vor, das hebräische Buch Josippon sei dieses von Josephus für die Juden abgefaßte Werk. Der pseudepigraphe Charakter der Bearbeitung ist nicht nur die Folge des abenteuerlichen Zeitgeistes, der in ihr weht, sondern auch das Ergebnis der schon seit dem Anfang des 11. Jhs. herrschenden Auffassung, der Verfasser des Buches Josippon sei mit Josephus Flavius identisch; so haben alle, unter anderen auch Raschi, gedacht. Der Name des Verfassers wurde sehr bald vergessen — vielleicht war er in der Schrift nicht einmal genannt — und so konnte man, wenn man nicht aufpaßte, irrtümlicherweise annehmen, die Hauptquelle, nämlich Josephus, die als solche durch den wirklichen Verfasser angegeben wird, sei der wahre Autor des Buches gewesen. In zwei Fällen hat man allerdings erkannt, daß der Verfasser des Buches Josippon den Josephus nur als Quelle zitiert, doch wurde dies als ein Mangel empfunden, dem man abhelfen wollte. Einmal hat dies der Schreiber der Handschrift, die in der Mantuaner Ausgabe abgedruckt ist, gesehen, aber jede Erwähnung des Josephus als Quelle in seiner Handschrift weggelassen, da sich ja Josephus als Autor nicht selbst zitieren kann. Der zweite Mann, der nicht ertragen konnte, daß Josephus nicht als Autor des Werkes erscheint, war der Urheber der „langen" Version. Um die Verfasserschaft des Josephus wirklich klarzustellen, hat er aus dem anonymen Werk ein Pseudepigraphon gemacht: In der „langen" Version verkündet Josephus, er sei der wahre Verfasser des Buches Josippon.

2. Die Quellen des Josippon und sein Verhältnis zu Josephus

Wer also den Josippon nur aus den gedruckten Ausgaben kennt, dem ist
der Zugang zum Verständnis dafür versperrt, wie sich der Autor zu Josephus Flavius tatsächlich verhielt. Denn in den gewöhnlichen Drucken wurde ja Josephus zum Verfasser des Werkes, und in der Mantuaner Ausgabe
fehlt jede Erwähnung des Josephus als Verfasser. Es gilt nun, herauszu-
finden, was der Autor des Josippon über Josephus als seine Quelle wirklich
geschrieben hat[5].

Das 14. Buch der Antiquitates (14,1—3) beginnt mit der Versicherung des
Josephus, daß er dem Weg eines guten Historikers folge und nur die Wahrheit erzähle. Der Autor des Josippon übernimmt diese Aussage und gibt sie
folgendermaßen wieder: „Und nun will ich über die Tatsachen berichten,
die nach ihr (nach dem Tode Alexandras) geschehen sind; denn
ein jeder, der Bücher zu schreiben beabsichtigt und von der Vergangenheit
erzählt, soll der Ordnung nach und ruhig schreiben, um nichts von den
Taten zu vergessen, die geschehen sind. Und vor allem soll der Mann, der
Bücher verfaßt, die Wahrheit schreiben; denn so hat Joseph der Sohn
Gorions, der Priester, befohlen, der das Haupt der Verfasser aller Bücher
gewesen ist, die geschrieben worden sind, außer den vierundzwanzig
Büchern der Heiligen Schrift und den Weisheitsbüchern, die Salomo, der
König Israels, und die Weisen geschrieben haben. Und ich habe Worte aus
dem Buche des Joseph, Gorions Sohn, und aus den Büchern anderer Verfasser gesammelt, welche über die Taten unserer Väter geschrieben haben,
und habe sie in einem Buch vereinigt" (Josippon 35,1—8). Josephus heißt
also im Josippon „Joseph Gorions Sohn"; diesen Namen werden wir später noch erklären. Die hier zitierte, aus Josippon übersetzte Stelle ist
besonders wichtig. Wenn man nämlich von der verbreiteten, phantastisch
bearbeiteten Version C absieht und den ursprünglichen Text liest, wird es
nicht nur klar, daß der Verfasser nicht vortäuschen will, er wäre Josephus
selbst; vielmehr erkennt man auch, daß er dem Rat des Josephus folgt und
versucht, ein *echter Historiker* zu sein, der aufgrund seiner Quellen und
besonders aufgrund des Josephus nur Wahres berichten will. Da er für
seine Aufgabe besonders begabt war, kann man noch heute viel über das
antike Judentum von ihm lernen. Unsere Ausgabe wird zeigen, daß die
gewöhnliche Vorstellung, Josippon sei eine Fundgrube für verschollene
Traditionen oder das volkstümliche Werk eines fabelnden Verfassers, ganz
falsch ist. Mit Ausnahme der wenigen Abschnitte, in denen der Autor
frühmittelalterliche lateinische Quellen benutzt hat, sind seine Quellen die
gleichen, aus denen auch wir die Geschichte des Zweiten Tempels kennen.
Diese Quellen gibt der Verfasser in der oben zitierten Stelle selbst an: Es
sind die *Schriften des Josephus* und Werke anderer Verfasser, „welche
über die Taten unserer Väter geschrieben haben". Neben den heiligen

---

[5] Wir zitieren das Buch Josippon nach den Kapiteln und den Ziffern der kritischen
Ausgabe.

Schriften der *hebräischen Bibel* nennt der Verfasser hier die Weisheits-
bücher, die König Salomo verfaßt hat, und meint damit die vom jüdischen
Standpunkt als außerkanonisch geltende „*Weisheit Salomos*", die er demnach gekannt, freilich, soviel ich sehe, in seinem Buch nicht herangezogen
hat. Die anderen Bücher, welche „die Weisen Israels geschrieben haben",
sind, wie man aus dem Josippon selbst ersehen kann, die *Apokryphen der
Vulgata*. An einer Stelle wird nämlich ersichtlich, daß der Verfasser das
Buch Ben Sira gelesen hat; die Makkabäerbücher führt er selbst als Quelle
an und benützt auch das 3. Buch Esra und die Zusätze zu Esther und
Daniel. Was er aus diesen Büchern und aus Josephus über die Geschichte
der nichtjüdischen Welt nicht lernen konnte, schöpfte er aus anderen,
meist trüben Quellen: Er kannte die Chronik des Hieronymus im Original
oder in einer Bearbeitung; die Geschichte des Todes von König Cyrus
erzählte er nach einer Quelle, die von Orosius abhängig ist; über die Kriege
Hannibals war er von einer fabelnden Quelle unterrichtet, die irgendwie
von Livius beeinflußt ist; über Cäsar berichtete er einiges aus einer trüben
Quelle, die unter anderem über Cäsars Geburt durch Kaiserschnitt in denselben Worten gesprochen hat wie der byzantinische Chronist Malalas. Die
sonderbarste Quelle (oder Quellen), die er verwendet hat, beschrieb die
Altertümer Italiens; sie erscheint im 2. Kapitel des Josippon. Ihre wilde
Fabulistik ist für das „bleierne" Zeitalter typisch; in den Quellen aus dem
Anfang des Mittelalters finden wir Parallelen zu diesem Abschnitt im
Josippon. Es ist lehrreich, daß Äneas in dieser Geschichte Agneas heißt;
solch eine Änderung ist von der Uncialschrift her verständlich.

Wir wollen durch die Erwähnung dieser frühmittelalterlichen Quellen das
Gesamtbild des Buches Josippon nicht dunkel erscheinen lassen; für die
Abschnitte, in denen Josippon phantastisch und unhistorisch ist, tragen
seine Quellen allein die Schuld. Außerdem sind solche Abschnitte äußerst
selten, denn seine Hauptquellen sind ja die Apokryphen der lateinischen
Bibel und Josephus.

3. Ort und Zeit der Entstehung des Josippon

Bevor wir den wichtigsten Gegenstand dieser Untersuchung, nämlich die
vom Verfasser benutzte lateinische Handschrift des Josephus, berühren,
wollen wir kurz auf die Frage eingehen, wo der Verfasser gelebt und wann
er sein Buch geschrieben hat. Die Forscher haben richtig festgestellt, daß
der Autor des Buches Josippon ein süditalienischer Jude gewesen ist. Seine
Muttersprache war italienisch, auch beherrschte er das Latein ziemlich gut,
während er das Griechische nicht lesen konnte. Im ersten Kapitel erwähnt
er, daß die Ungarn, Bulgaren und die Petschenegen an der Donau sitzen —
er hat also nach dem Jahre 900 geschrieben. Der Autor selbst lebte unter
der Oberherrschaft der Byzantiner, vielleicht in Neapel, wo man lateinisch
schrieb; von dieser Stadt berichtet er wohl aus eigener Anschauung[6]. Die

---

[6] Kap. 2,112—115: „Doch in der Stadt Sorrento brach eine Ölquelle hervor, und viele

Byzantiner kämpften damals im Osten mit den Arabern, für die die Stadt
Tarsus ein wichtiger Stützpunkt war. Josippon berichtet, daß die Leute
von Tarsus den Glauben der Griechen annahmen, „und als die Ismaeliten
das Land von Tarsus erobert hatten, flohen dessen Bewohner in das griechische Gebiet und kämpfen mit den Ismaeliten, die in Tarsus sitzen"
(Kap. 1,23—25). So war es bis zum Jahre 965, in dem der byzantinische
Kaiser Nikephoros Phokas die Stadt Tarsus eroberte. Josippon wurde also
in Süditalien zwischen den Jahren 900—965 geschrieben.

Während der Jahre 952—953 beschlossen die Byzantiner, einen Angriff auf
Tarsus zu wagen, und der schreiblustige Kaiser Konstantinos Porphyrogen-
netos hat bei diesem Anlaß seine Ansprache an seine Heere geschickt, die
vor kurzem veröffentlicht wurde[7] — doch endete der Angriff damals mit
einer Niederlage der Griechen. Es scheint, daß der Verfasser des Josippon
durch diese griechische Offensive zu seinem Satz über den Kampf um
Tarsus veranlaßt wurde; denn aus einer Josippon-Handschrift[8] wissen wir,
daß der Verfasser im Jahre 953 an seinem Buch geschrieben hat. Er bearbeitet in ihm die große Sammlung der römischen Privilegien für die Juden,
die Josephus im 14. Buch der Altertümer bringt. Dabei sagt er, Josephus
habe alle Briefe der Römer an die Juden erwähnt, „und ich wurde müde,
sie alle aufzuschreiben. Denn ich schrieb nur weniges aus ihren Briefen
aus, wie ich es im Buche Josephs, des Sohnes Gorions, geschrieben fand"
(Kap. 40,8—10). Und wirklich läßt der Verfasser des Josippon die Stelle
Ant 14,211—264 aus, ein weiterer Beweis für seine Glaubwürdigkeit. Am
Ende der Briefsammlung (Kap. 40,42—44) schreibt der Verfasser: „Und
viele solche Briefe, welche wir im Buche Josephs, des Sohnes Gorions,
gefunden haben, haben wir hier nicht geschrieben, denn er (Josephus)

Jahre hindurch befand sich die Stadt unter ihr, und es bedeckte sie (die Stadt) das
Meer; das war zwischen Napoli und dem neuen Sorrento; und doch hörte jene Quelle
nicht zu fließen auf, denn bis jetzt quillt das Öl herauf und steigt auf das Meerwasser
und die Einwohner von Neapel sammeln es immer." In ähnlicher Weise berichtet er
über die Gräber zweier Helden, die wir aus der Aeneis Vergils kennen, des Turnus und des
Pallas (Kap. 2,32—36): „(Die zwei Gräber) sind an der Wegkreuzung und eine gepflasterte
Straße ist zwischen ihnen, Torre Pallas an einer Seite und Loco Turnus an der anderen, bis
an den heutigen Tag, und zwar zwischen Albano und Rom "
[7] P. Lemerle: Le premier humanisme byzantin, Paris 1971, S. 273.
[8] Es handelt sich um die berühmte, prächtig illustrierte hebräische Handschrift Rothschild 24, die in Italien, vielleicht in Ferrara, um 1470 geschrieben worden ist. Die
Handschrift wurde bei der Besetzung Frankreichs aus der Bibliothek der Pariser Roth-
schilds entwendet, dann von dem Baron James de Rothschild wieder gekauft und dem
Bezalel National Museum in Jerusalem im Jahre 1957 geschenkt, wo sie die Nummer
MS 180/51 trägt. Die Handschrift enthält auch den Josippon. Über die Handschrift
siehe Israel Levi, Revue des Etudes Juives Bd. 89, 1930, S. 281—292; Hebrew Illumi-
nated Manuscripts from Jerusalem Collections, Jerusalem 1967, S. 10. Der Text des
Josippon, wie auch zweier anderer Handschriften beruht auf dem eines Manuskripts, das
Rabbenu Gerschom eigenhändig abgeschrieben hat.

erzählte viel aus jenen Briefen[9], die wir in seinem Buch aus dem Jahre 508 nach der Zerstörung des Tempels gefunden haben. Und wir haben geschrieben und übersetzt aus dem Buch Josephs, des Priesters, Gorions Sohn, im Jahre 885 nach der Zerstörung des Tempels". Da die Juden meinten, der Tempel sei im Jahre 68 zerstört worden, ist das Datum, das der Verfasser in seiner Handschrift des Josephus vorfand, das Jahr 576, und das Jahr, in dem der Autor an seinem Buch geschrieben hat, das Jahr 953, ein Datum also, das nicht nur den schon erwähnten Zeitgrenzen 900—965 entspricht, sondern auch mit all dem im Einklang steht, was wir über die Zeit des Verfassers aus dem Buch Josippon selbst lernen können. Das Datum 576, das der Verfasser in seiner Handschrift gefunden hat, werden wir später besprechen.

4. Der lateinische Josephus

An einer Stelle erwähnt der hebräisch schreibende Autor des Josippon die Schrift „Contra Apionem" und äußert dabei die Ansicht, Josephus habe auch ein Weisheitsbuch geschrieben, in dem er nicht über Kriege sprach. Zu dieser Annahme konnte er leicht durch die Worte des Josephus gelangen, der ein solches Werk tatsächlich geplant hat[10]. Ob der Verfasser des Josippon das „Bellum Judaicum" gelesen hat, ist ungewiß; er hat in diesem Buch höchstens geblättert. Eines ist jedoch sicher: Als er an seinem Werk arbeitete, lagen auf seinem Arbeitstisch zwei Bücher, nämlich eine *lateinische Bibel* und eine *Handschrift des lateinischen Josephus*. Daß der Josephus unserem Verfasser in einem Kodex vorlag, konnten wir schon sehen; denn er spricht von dem Buch Josephs, des Gorion Sohn. Aus Josippon kann man ersehen, daß dieser Kodex *sechzehn* von den zwanzig Büchern der Antiquitates und auch den *Hegesippus* enthalten hat. Der Verfasser des Josippon hat also das Bellum Judaicum wohl kaum gelesen und die letzten vier Bücher der Antiquitates nicht gekannt. Eine Ausnahme bildet die Geschichte von der Ermordung Caligulas und dem Besuch Philons in Rom (Kap. 58,10—38). Diese Geschichte befindet sich im 18. Buch der Antiquitates und wird nicht von Hegesippus erzählt. Aber im Gegensatz zur Behandlung des Stoffes aus Josephus und Hegesippus wird diese Geschichte im Josippon ungenau, abrupt und vom historischen Standpunkt aus fehlerhaft erzählt. Der Verfasser hat also von Caligula und Philon nicht in seinem Josephus erfahren, sondern aus einer späteren, christlichen Quelle, die zwar mit Josephus zusammenhing, aber mit den

---

[9] Hier bricht der Satz in den übrigen Handschriften und in den Drucken ab. Dies ist verständlich, denn Josippon wurde im Mittelalter für das Werk des Josephus selbst gehalten; darum haben die Abschreiber gemeint, die zwei Zeitangaben wären eine Notiz eines späten Abschreibers, und darum haben sie das — ihrer Ansicht nach unechte — Ende des Satzes ausgelassen.

[10] Josippon konnte nicht wissen, was das Werk beinhalten sollte, denn, wie wir noch sehen werden, er hat nicht Ant 20,268 gelesen. Über das geplante Buch des Josephus siehe E. Schürer: Geschichte des jüdischen Volkes I, Leipzig 1901, S. 91—2.

Tatsachen frei umgegangen ist. Auch in diesem Falle gilt also der Satz, daß die Ausnahme die Regel bestätigt.

Soweit mir bekannt ist, gibt es vier Handschriften des lateinischen Josephus[11], die wie der vom Autor des Josippon benutzte Kodex sechzehn Bücher der Antiquitates und den Hegesippus enthalten: 1. Die Handschrift B aus dem Ende des 10. Jhs., die aus Benevent stammt und sich in der Nationalbibliothek in Neapel als Cod. Lat. VF 34 befindet, 2. die süditalienische Handschrift La aus de Anfang des 11. Jhs., die sich in der Laurentiana in Florenz als Laur. plut. 66,1 befindet, 3. die Handschrift Pi aus dem 13. Jh. (Nr. 20 in der erzbischöflichen Bibliothek in Pisa), 4. die Handschrift V aus dem 11. Jh., jetzt mit der Signatur Vat. lat. 1989 in der vatikanischen Bibliothek. Außerdem ist im Britischen Museum eine italienische Handschrift aus dem Jahre 1457 mit der Signatur Harl. 3691 (ho); sie enthält die ersten zehn Bücher der Antiquitates,das Bellum Judaicum und den Hegesippus. Soweit ich feststellen konnte, ist der Text der vier Handschriften verwandt: Die Handschrift V ist der Handschrift B ähnlich, obzwar es zwischen ihnen auch Unterschiede gibt; und auch die beiden Handschriften Pi und V sind verwandt[12]. Die Schriftproben sowohl von den Antiquitates als auch vom Hegesippus, die ich aus Neapel und aus der Laurentiana erhalten habe, zeigen, daß die Handschrift B und die Handschrift La sehr nah verwandt sind[13]. Diese vier Handschriften wurden in Italien, der Heimat des Josippon, geschrieben, und von dort stammte demnach auch ihr Archetyp. Leider hat man den Nutzen nicht erkannt, der sich aus einer Erforschung dieser Gruppe von Handschriften gleichen Inhalts für die Geschichte der Überlieferung sowohl der lateinischen Übersetzung der Antiquitates als auch des Hegesippus ziehen ließe. Schon längst hat Ussani[14] in einem Artikel sieben verwandte italienische Handschriften des Hegesippus behandelt; leider war mir diese Arbeit nicht zugänglich. Aus einer kurzen Zusammenfassung seines Artikels[15] wurde mir klar, daß zu den sieben Handschriften drei von den vier Manuskripten unserer Gruppe gehören, nämlich B, La und V; eine nähere Untersuchung würde wohl zeigen, daß auch die Pisaner Handschrift mit dieser Gruppe zusammenhängt. Es wäre natürlich wichtig, zu wissen, wie viele unter den restlichen vier Handschriften der Gruppe, die Ussani „Codices Cassinen-

---

[11] Über die lateinischen Handschriften der Altertümer siehe Fr. Blatt: The Latin Josephus. Introduction and Text, The Antiquities Books I—V, Aarhus 1958.

[12] Dies habe ich aus der Einleitung Blatts gelernt.

[13] Meine Erfahrung steht im Gegensatz zu dem Stemma von Blatt.

[14] V. Ussani. Un ignoto codice Cassinense del cosi detto Egesippo e i suoi affini, Cassinensia, miscellanea di studi Cassinesi publicati in occasione del XIV centenario della fondazione della badia di Montecassino, 1929, S. 601—614.

[15] Carolus Mras in der Einleitung zu Hegesippi qui dicitur historiae Libri V ed. V. Ussani, Pars posterior, Corpus Scriptorum Ecclesiasticorum Latinorum, vol. LXVI, Wien 1960, S. XX—XXI.

ses" nennt, neben Hegesippus auch die sechzehn Bücher der Altertümer enthalten. Von den dreien weiß ich es, bei den restlichen kann ich es aus der mir zur Verfügung stehenden Übersicht nicht erkennen. Es wäre sogar sehr wichtig, wenn es sich zeigen würde, daß wir Handschriften besitzen, die nur den Hegesippus enthalten, dessen Text demjenigen verwandt ist, der in unserer Gruppe den sechzehn Büchern der Altertümer als Hegesippustext folgt. Es ist nämlich sicher, daß die Vorlage unserer Gruppe so entstanden ist, daß jemand eine Handschrift des Hegesippus nicht einfach abschreiben ließ, sondern beschloß, den Hegesippus sozusagen *nach rückwärts zu vervollständigen*. Das Werk, das man „Hegesippus" nennt und das richtiger „Josippus" heißen sollte, wurde bekanntlich um das Jahr 370 verfaßt. Sein Autor war ein getaufter Jude[16], und seine Hauptquelle war das Bellum Judaicum, das er manchmal mit Hilfe der Antiquitates aufgefüllt hat. Er beginnt zwar sein Werk mit der Erwähnung der Makkabäer, seine Darstellung wird aber erst ausführlich mit den letzten Jahren der Regierung des Herodes. Da das sechzehnte Buch der Antiquitates mit der Hinrichtung der beiden Söhne des Herodes endet, hat jemand die sechzehn Bücher der Antiquitates einer Handschrift des Hegesippus *vorangestellt*, das Ganze abschreiben lassen und dadurch eine vollständige Geschichte von der Erschaffung der Welt bis zum Fall von Masada erhalten. Der Mann, der diesen Archetypus schreiben ließ, lebte nach dem 6. Jh., in dem die Antiquitates ins Lateinische übersetzt worden sind, und vor dem Jahre 953, in dem der Verfasser des Josippon eine Handschrift benutzte, die von diesem Archetypus stammte. Vielleicht entstand der Archetypus in dem berühmten Kloster Monte Cassino.

Wie hat der Verfasser des Josippon die Handschrift kennengelernt, die ihn zu seinem Werk veranlaßt, ihm die ruhmvolle Vergangenheit seiner Vorfahren so bedeutsam gemacht hat, daß er sie auch solchen jüdischen Mitbürgern vermitteln wollte, die das Latein nicht lesen konnten? Wir haben die Vermutung ausgesprochen, der Autor des Josippon habe in Neapel gelebt. Schon der Herzog Sergius (840—864) hat der bischöflichen Bibliothek von Neapel drei Handschriften des Josephus geschenkt[17]. Wichtiger ist noch, daß *Johannes III,* der Herzog von Neapel, der 928—968, also zur Zeit des Josippon, in Neapel regiert hat, eine Abschrift des Josephus herstellen ließ, und zwar ganz kurz vor der Zeit, in welcher der hebräische Verfasser an seinem Werk gearbeitet hat. Nachdem seine junge Frau Theodora, die aus einer römischen Adelsfamilie stammte, um das Jahr 951 gestorben war, beschloß der Herzog, zu ihrem Gedächtnis seine Bibliothek zu erneuern. Er befahl deshalb, die heiligen Schriften abzuschreiben, dazu auch Historiker, unter anderen den Josephus und Titus Livius, und

---

[16] Das hat endgültig C. Mras (siehe Anm. 15) S. XXXIII—XXXVII gezeigt.
[17] M. Schipa: Il mezzogiorno d'Italia, Bari 1923, S. 113.

belohnte die Abschreiber reichlich[18]. Wir wissen natürlich nicht, was die Josephushandschrift, die der Herzog anfertigen ließ, beinhaltet hat. Nach einer Vermutung[19] existieren zwei Handschriften, die Josephus- und die Liviushandschrift, noch heute; die des Josephus wäre mit einer Handschrift in Monte Cassino identisch. Träfe das zu, so wäre es nicht die Handschrift des Josippon, weil sie die zwanzig Bücher der Altertümer enthält. Aber die Identifikation mit der Monte-Cassino-Handschrift beruht nur auf einer gelehrten Vermutung; vielleicht hat der Verfasser des Josippon doch die vom Herzog hergestellte Josephushandschrift benützt. Er war sicher kein Rabbi, sondern ein Intellektueller; seine talmudische Bildung ist ganz gering im Vergleich zu seiner weltlichen, und das Latein beherrschte er nicht weniger als seine gebildeten, nichtjüdischen Zeitgenossen. Er wird also wohl ein Arzt gewesen sein, wofür es in seiner Schrift an Anzeichen nicht fehlt. Vielleicht hat ihn sein Beruf mit dem Herzog zusammengebracht, und als er dort die neue Handschrift des Josephus sah, beschloß er, den hier entdeckten Schatz mit seinen Glaubensgenossen zu teilen; so schrieb er sein historisches Werk. Aber auch das können nur Vermutungen sein.

5. Das Datum 576

Nachdem wir Umfang und Eigenart des Josephustextes kennengelernt haben, der für Josippon benützt worden ist, müssen wir fragen, was das Datum 576 bedeutet, das der Verfasser des Josippon in seinem lateinischen Exemplar des Josephus — wahrscheinlich im Kolophon — gefunden hat. Eines konnte es sicherlich nicht bedeuten, nämlich das Jahr, in dem der Archetypus seiner Handschrift geschrieben wurde. Die Antiquitates wurden ja bekanntlich im 6. Jh. ins Lateinische übersetzt, und es mußten sicherlich Jahrzehnte verfließen, bis jemand beschloß, die letzten vier Bücher wegzulassen und mit den übrig gebliebenen sechzehn seinen Hegesippus zu vervollständigen. Das Jahr 576 könnte aber das Datum angeben, an dem die Antiquitates im Auftrag von Cassiodorus ins Lateinische übersetzt wurden. Cassiodor ist um 490 geboren; seine Schrift „De orthographia" verfaßte er in seinem 93. Lebensjahr. In ihr erwähnt er sein berühmtestes Werk, die Institutiones, die er wahrscheinlich in den Jahren 551—562 verfaßt hat. An diesem Werk hat er aber noch gearbeitet, als er die Schrift „De orthographia" verfaßt hatte, denn er erwähnt diese zweimal, in Kap. 15 und 30 des ersten Buches der Institutiones[20]. Von der Übersetzung der Antiquitates spricht Cassiodorus in Kap. 17 des ersten Buches der Institutiones. Das Datum 576 fällt also sicher vor das Jahr, in

---

[18] Siehe den Alexanderroman des Archipresbyters Leo, ed. Fr. Pfister, Heidelberg 1913, S. 45; Schipa, S. 107, 113.
[19] Fr. Blatt, S. 31—2.
[20] Siehe R. Helm im Reallexikon für Antike und Christentum Bd. II, Stuttgart 1954, S. 922—925. Die zwei Erwähnungen in der Schrift de orthographia in den Institutiones sind keine Interpolation, denn sie fehlen in keiner von den Handschriften des Werkes.

dem Cassiodorus die Schrift „De orthographia" verfaßt hat und noch an den Institutiones arbeitete; darum können wir nicht wissen, ob er die von ihm veranlaßte Übersetzung nach dem Jahr 576 in die Institutiones einge-fügt hat. Das Datum 576 könnte also wirklich das Jahr der lateinischen Übersetzung der Antiquitates gewesen sein. Wenn dies stimmen sollte, so fand der Verfasser des Josippon dieses Datum in einer historischen Notiz, die am Schluß seiner Handschrift des lateinischen Josephus stand.

Die zweite Möglichkeit, die Zahl 576 zu erklären, wäre, in ihr das Datum der Abschrift des Hegesippus-Manuskripts zu sehen, das der Verfasser des Archetypus benutzt hat. Dieser hätte dann also eine Handschrift aus dem Jahr 576 zusammen mit dem Kolophon dieser Handschrift abgeschrieben und davor die sechzehn Bücher der Antiquitates gesetzt. Hegesippus wur-de, wie schon erwähnt, um das Jahr 370 verfaßt. Eine Handschrift aus dem Jahr 576 liegt nicht nur im Bereich der Möglichkeit. Vielmehr besit-zen wir eine Hegesippus-Handschrift, deren erster Teil im 5. oder 6. Jh. und deren zweiter Teil im 7. Jh. geschrieben wurde[21]; eine weitere Hand-schrift stammt sogar genau aus der zweiten Hälfte des 6. Jhs.[22]. Man könnte deshalb das Datum 576 auch auf diese Weise plausibel erklären.

6. Der Name Joseph ben Gorion

Der besondere Inhalt der Josephushandschrift, die der Verfasser des Josip-pon seinem Werke zugrunde gelegt hat, erklärt auch, warum er den Josephus Flavius „Joseph ben Gorion" nennt. Der Vater des Josephus hieß in Wirklichkeit Matthias; das erfahren wir aus der Vita (5,7) und aus dem Bellum Judaicum (1,9; 2,568; 5,533). Der Autor des Josippon hat aber die Vita nicht gekannt und im Bellum höchstens geblättert. Der Name des Vaters des Josephus wird dagegen im Hegesippus nie genannt, auch dort nicht, wo durch das Fehlen ein Mißverständnis entstehen konnte, nämlich bei der Aufteilung Palästinas auf die Feldherrn des Jüdi-schen Krieges. Josephus schreibt Bell 2,568, daß damals für die beiden Galiläa Joseph, der Sohn des Matthias, bestimmt wurde. Am Anfang der Liste der Feldherrn wird aber ein Joseph, Sohn des Gorion, genannt (ib § 563). Auch Hegesippus (III,3,2) erwähnt einen „Josephus Gorione geni-tus" an erster Stelle der Liste. Aber er verschweigt nicht nur, seiner sonsti-gen Gepflogenheit entsprechend, den Matthias als Vater des Josephus, sondern läßt auch den am Ende der Liste des Bellum stehenden Joseph, Sohn des Matthias, aus und erwähnt ihn wenig später als Josephus, als er über dessen Vorbereitungen zum Krieg erzählt (§ 4, vgl. Bell 2,569). Wur-de also bei Hegesippus der am Ende der Liste stehende Josephus ausgelas-sen? Das ist möglich, aber nicht sicher[23]. Klar ist jedenfalls, daß der

---

[21] Siehe C. Mras (siehe oben Anm. 15), S. VIII—XI. Die Handschrift wurde in Nord-italien geschrieben.
[22] Siehe dort S. XV—XVI.
[23] So vermutet Schürer I, S. 160.

Verfasser des Josippon aus seiner Josephusvorlage nicht erfahren konnte,
wie der Vater des Josephus Flavius wirklich geheißen hat. Darum hat er
angenommen, Josephus sei identisch mit dem an erster Stelle der Liste
genannten „Josephus Gorione genitus"[24] ; so wurde Josephus im Josippon
zum „Joseph ben Gorion"[25]. Und da man das Buch dem Joseph selbst
zugeschrieben hat, bekam das hebräische Buch den Namen „Josippon"
oder „Joseph ben Gorion"[26], im traditionellen jüdischen Sprachgebrauch
„ben Gurion". Nach dem Titel des volkstümlichen Buches hat dann der
israelitische Politiker David ben Gurion, wie er mir selbst bestätigt hat,
seinen Namen hebraisiert.

Josippon war für die jüdischen Leser und Gelehrten des Mittelalters die
Hauptquelle für ihr Wissen von der Zeit des Zweiten Tempels. Das Buch
hat ihnen geholfen, die späteren Bücher der Bibel und die talmudische
Literatur besser zu verstehen. Es ist somit das Verdienst eines jüdischen
Verfassers, der vor mehr als tausend Jahren gelebt hat, daß er den lateinischen Josephus und dessen Bedeutung entdeckt und seinen Glaubensgenossen als eine bedeutende Quelle ihrer Geschichte zugänglich gemacht
hat. Heute hat jedermann einen direkten Zugang zu den Quellen des
Josippon. Wenn die kritische Ausgabe erscheint, wird sich zeigen, daß
Josippon nicht ein Volksbuch ist, das aus verschütteten Quellen gespeist
worden ist, oder auch eine geheimnisvolle Frucht der Volksseele, sondern
in Wirklichkeit das Werk eines begnadeten Künstlers und eines verant-
wortungsbewußten Historikers. Doch das Buch Josippon ist nicht nur für
die hebräische Literatur des Mittelalters wichtig, sondern wie ich hier zu
zeigen versuchte, auch ein Zeuge für die Geschichte der Werke des
Josephus im Mittelalter.

---

[24] Theoretisch besteht auch die Möglichkeit, Josippon könnte den Josephus „Joseph
ben Schimeon" genannt haben, denn ein „Josephus Simonis" ist bei Hegesippus (III
3,3) in der Liste als Befehlshaber über Jericho genannt, aber „Joseph Gorions Sohn"
ist als erster in der Liste erwähnt.
[25] Zum Namen „Joseph ben Gorion" siehe L. Zunz: Die gottesdienstlichen Vorträge
der Juden, Frankfurt a.M. 1892, S. 157, Anm. C.
[26] Über die mögliche Verwandtschaft zwischen dem in Josephus genannten Joseph
ben Gorion und dem Nikodemos, der im Evangelium Johannis vorkommt, siehe D.
Flusser: Jesus, Rowohlts Monographien 140, Reinbek 1968, S. 120—122.

Die Preisgabe eines Menschen zur Rettung des Volkes

Priesterliche Tradition bei Johannes und Josephus

Von Werner Grimm, Bitzfeld

In Joh 11,47—53 wird das Verhältnis der historisch pragmatischen Seite der Passion Jesu zur heilsgeschichtlichen Bedeutung seines Todes bedacht, wie das in den synoptischen Evangelien nirgends geschieht.

Der vierte Evangelist legt eines der historisch wahrscheinlichen Motive der Beseitigung Jesu frei (V. 47.50.53), verweist zugleich aber auf den Ratschluß Gottes, der hinter den vordergründigen Geschichtsereignissen steht (V. 51.52): Gott bedient sich zur Durchführung seines Heilsplans menschlicher Werkzeuge, zu denen — ungewollt — auch diejenigen werden können, die ganz andere Absichten verfolgen.

Wir fragen nach dem Recht dieser Darstellung der Passion Jesu. Hat Johannes historisch richtig geurteilt, und ist die theologische Interpretation von V. 51—52 sachgemäß, d.h. gründet sie auf der Deutung, die Jesus selbst seinem Leiden und Sterben gab?

Die erste Frage hängt mit der Beurteilung des in 11,47—53 verwendeten Materials zusammen. Greift Johannes in der Schilderung der Überlegungen des Synhedriums auf zuverlässige Tradition zurück? Mit einem gewissen Recht hat C.H. Dodd[1] darauf hingewiesen, daß die „Prophetie" des Kaiphas (V. 49.50) sprachlich und inhaltlich in starker Spannung zu ihrer Deutung in V. 52 steht. Allerdings ordnet Dodd zu Unrecht V. 51 der Überlieferung V. 47—50 zu und trennt ihn von V. 52: V. 47—51 seien eine alte "pronouncement story", die man in der frühen Jerusalemer Gemeinde überliefert habe, V. 52 erst enthalte die johanneische Deutung.

In Wirklichkeit sind V. 51—52 eine unauflösliche Einheit mit genau derselben Struktur, die in 1 Joh. 2,2 zu erkennen ist. 1 Joh 2,2 weist die Wiederholung „für das Volk" V. 51/52 eindeutig als eine johanneische Stileigentümlichkeit aus. V. 47—50 bilden dann keine christliche "pronouncement story"–sie hätte gewiß nicht mit dem Argument des Hohenpriesters Kaiphas abgeschlossen! —, sondern spiegeln ein historisches Faktum, das Johannes mittelbar oder unmittelbar erfahren haben muß. V. 51—52 dagegen bringen die johanneische Deutung des Kaiphas-Arguments, das als unbewußte Weissagung des eschatologischen Heilstodes Jesu gewertet wird.

Die vorliegende Untersuchung möchte den zeitgeschichtlichen Kontext, den traditionsgeschichtlichen Hintergrund des Kaiphas-Arguments und die

---

[1] The Prophecy of Caiaphas, in: Freundesgabe Oskar Cullmann, Neotestamentica et Patristica, Suppl. NovTest 6, S. 134—143.

historische Zuverlässigkeit von V. 47—50.53 aufzeigen, aber auch den Hintergrund der johanneischen Deutung des Todes Jesu in V. 51f erhellen.

1. Die historische Dimension der Perikope

Die Prophetie des Hohenpriesters

Johannes verwendet eine weithin verbreitete Auffassung zur Legitimation seiner theologischen Aussage v. 52: Der Priester ist als solcher de iure dignitatis Prophet[2].

Man vergleiche vor allem die „Prophetie" des Josephus vor Vespasian, die in dem Jotapata-Erlebnis gründet: „Josephus verstand sich nämlich . . . auf die Auslegung von Gottessprüchen, die zweideutig geblieben waren. Da er selbst Priester war und aus priesterlichem Geschlecht stammte, waren ihm die Prophetien der heiligen Schriften gut bekannt" (Bell 3,350ff). Die Josephus-Prophetie ist damit vor allem durch folgende Merkmale gekennzeichnet: 1. Sie wird auf eine priesterliche Qualität zurückgeführt. 2. Sie ist nicht selbständig, sondern schriftgebunden, d.h. sie deutet eine Weissagung des AT's.

Dieselben Merkmale finden wir in der — unbewußten — Kaiphasprophetie, denn was für Johannes die Prophetie ausmacht, ist — wie wir sehen werden — das Einfließen der Verheißung Jes 43,4f in die Worte des Hohenpriesters.

Der Todesbeschluß des Synhedriums (V. 47f.53)

Zu Unrecht meint C.H. Dodd, Joh 11,47—53 habe mit der synoptischen Überlieferung Mk 14,1—2/Mt 26,3—5 nichts zu tun[3]. Dieses Urteil wurde nur durch falsche formgeschichtliche Klassifizierungen (Joh 11,47ff: "pronouncement story", Mk 14,1—2: „Sammelbericht") möglich. In Wirklichkeit dürften beide Überlieferungen das in der Urgemeinde selbstverständliche Wissen der ersten Christen um eine Initiative des Synhedriums (Mk 14,1: Hohepriester und Schriftgelehrte; Joh 11,47 — etwas ungenauer —: Hohepriester und Pharisäer) bei der Ergreifung Jesu ausdrücken.

Es fällt ja auf, daß Matthäus in Mt 26,3—5 die mkn. Vorlage mit 3 Einzelheiten ergänzt, die seinen Bericht nahe an Joh 11,47ff rücken: Matthäus erwähnt — über Mk 14,1—2 hinausgehend — Kaiphas als Hohenpriester, die ordentliche Versammlung ($\sigma\upsilon\nu\acute{\alpha}\gamma\varepsilon\sigma\vartheta\alpha\iota$) des Synhedriums und die Beratung ($\sigma\upsilon\mu\beta\upsilon\lambda\varepsilon\acute{\upsilon}\varepsilon\sigma\vartheta\alpha\iota$). Aber Matthäus verwendet keine besondere Quelle, scheint vielmehr Mk 14,1—2 zu verdeutlichen mit historischen Einzelheiten, die ihm ohne weiteres zur Verfügung standen und die, da sie auch

---

[2] Vgl. Ant 11,327; 13,299—300; Tosefta Sota 13,5—6.
[3] A.a.O., S. 135f.

in Joh 11,47 aufgeführt werden, offenbar selbstverständlicher Besitz der christlichen Gemeinde waren. D.h.: Mk 14,1–2; Mt 26,3–5; Joh 11,47–50.53 dürfen als historisch glaubwürdige Berichte angesehen werden.

Dabei ist gar nicht ausgeschlossen, daß Johannes bessere Informationen über die Vorgänge im Synhedrium besaß als die Synoptiker. Es fällt ja auf, daß er mehr und zuweilen Genaueres über die Rolle des Synhedriums beim Prozeß zu berichten weiß als die Synoptiker (vgl. etwa Joh 7,45; 11,57; 18,12–16.28.31; 19,15) und daß er sein Sonderwissen aus erster Hand haben will: „Jener Jünger aber war dem Hohenpriester bekannt, und er ging mit Jesus in den Hof des Hohenpriesters hinein." (Joh 18,15).

Der hohenpriesterliche Pragmatismus

Man wird die Politik des Hohenpriesters Kaiphas als „pragmatisch" charakterisieren dürfen. Es ist, wie die Verben λογίζεσθαι und συμφέρειν im Kaiphas-Rat anzeigen, eine Politik des Kalküls, des nüchternen Achtens auf das, was dem Volk „Nutzen" bringt, eine Politik, der es darum geht, dem Volk das geschichtliche Überleben unter politisch schwierigen Umständen zu ermöglichen (V. 50) und das Schlimmste (daß die Römer kommen und Volk und Tempel wegnehmen V. 48) zu verhindern. In dieses Bild paßt gut die Schlußbemerkung von V. 53: „Sie beratschlagten, wie sie ihn töten könnten." Die Sache Jesu ist nicht ein Problem des Rechts, sondern des zweckmäßigsten Vorgehens. Bestätigt wird der hohenpriesterliche Pragmatismus von anderen johanneischen Notizen (7,45; 19,15), vor allem aber durch Mk 14,2: Man will Jesus ergreifen, aber „nicht am Feste, damit kein Aufruhr (θόρυβος) entsteht". Das ist mit anderen Worten dieselbe Sorge, die in Joh 11,47f formuliert wird: die Furcht vor den Konsequenzen einer — im weiteren Sinne — messianischen Bewegung.

Wie man sich solche messianischen Bewegungen, die immer auch einen politischen Aspekt haben und meist antirömisch ausgerichtet sind, konkret vorzustellen hat und, vor allem, wie sie der Hohepriester einschätzen mußte, zeigen wiederum josephische Berichte (Ant 18,85f; 20,97f.167ff.188; Bell 2,259–263.433ff; 4,575; 6,285; 7,437f), aber auch ntl. Texte (Joh 6,13–15; 7,45–48; 11,47ff; Act 5,34–40; 21,38).

Bestimmte Männer, die sich als eschatologische Heilsbringer — vor allem im nationalen Sinn — verstehen, versuchen sich durch „Zeichen(wunder)" zu legitimieren und Nachfolger um sich zu scharen, die aufgrund der Zeichen zum „Glauben" kommen bzw. — aus priesterlicher Sicht — „verführt werden" (vgl. Dtn 13,6.10). Bei alledem spielt die Erwartung eines eschatologischen Propheten „wie Mose" (Dtn 18,15; Ex 14,31) eine wichtige Rolle.

Die Bewegungen enden entweder in einer Katastrophe, vor allem wenn Rom eingreift, oder lösen sich von selbst auf, nachdem sie von Gott nicht bestätigt worden sind.

Doch wollte sich Jesus keineswegs als national-militanten Messias verstanden wissen; Stellen wie Mk 11,17; 14,48; Joh 10,1.8; 18,40 zeigen, daß Jesus sich von diesem Messiasideal distanziert hat. Joh 11,47ff stellt mit Recht die Andersartigkeit der Messianität Jesu heraus.

Den Pragmatismus der priesterlichen Führer Israels kennen wir vor allem noch aus dem Bellum Judaicum. Josephus schiebt, wo die politische und militärische Lage zugespitzt ist, lange Reden kluger Personen ein, die z.T. unter dem Gesichtspunkt des συμβουλεύειν und des συμφέρειν gehalten werden. So versteht Agrippa seine Rede als ein συμβουλεύειν (Bell 2,345) unter dem Motto: εἰπεῖν ἃ νομίζω συμφέρειν (Bell 2,346), und auch der erste Teil der großen Josephusrede (5,362–374) bringt φανεραὶ συμβουλίαι (Bell 5,375), die auf das συμφέρον (5,372) zielen. Der josephische Pragmatismus erstrebt nicht anders als der von Kaiphas das geschichtliche Überleben des Volkes, das mittels einer kompromißbereiten Politik gegenüber dem überlegenen Imperium Romanum gesichert werden muß.

Dabei spielt ein Motiv die entscheidende Rolle: das Ringen um die σωτηρία (=geschichtliches Überleben) von Volk, Stadt und Tempel[4], die zuletzt verspielt ist (vgl. Eleazar-Rede in Bell 7). Man beachte nun, daß die σωτηρία von „Volk und Tempel" in Joh 11,48.50 genau das ist, was nach Meinung des Synhedriums auf dem Spiele steht und verloren zu gehen droht: σώζεσθαι und ἀπόλλυσθαι sind die beiden möglichen Alternativen (vgl. Joh 3,16f).

Vor allem in einer Gestalt des Bellum Judaicum konzentrieren sich die hier genannten priesterlichen Anliegen: in der Person des sadduzäischen Hohenpriesters Ananus (Ant 20,199!). Josephus formuliert in einer Art Nachruf seine politischen Leitsätze, von denen wir uns aufgrund von Joh 11,47ff unschwer vorstellen können, daß sie auch für den wohl ebenfalls sadduzäischen Hohenpriester Kaiphas[5] grundlegend waren: „Er besaß eine außerordentliche Liebe zur Freiheit . ., stellte stets das Wohl des Staates (τὸ κοινῇ συμφέρον) vor den eigenen Nutzen und sah die Erhaltung des Friedens als oberstes Ziel seiner Bemühungen an. Denn er wußte zwar, daß die Macht der römischen Waffen unwiderstehlich war, dennoch traf er notgedrungen Vorbereitungen für den Krieg, damit die Juden, wenn sie schon zu keiner Verständigung mit den Römern kämen, wenigstens ehrenvoll abschnitten. Um es kurz zu sagen: wäre Ananus am Leben geblieben, so wäre sicherlich ein Vergleich zustande gekommen. Denn er war ein eindrucksvoller Redner und imstande, das Volk zu überzeugen; ja er war schon auf dem besten Wege, auch mit seinen Widersachern fertig zu werden." (Bell 4,319–321)

Wir können der josephischen Darstellung weiter entnehmen, daß Ananus ähnlich wie Kaiphas Reden unter dem Gesichtspunkt des συμβουλεύειν

---

[4] Der σωτηρία-Begriff taucht in den Reden ständig auf und ist auf „Volk, Stadt und Tempel" (eine feste, manchmal entfaltete Wendung) bezogen: Bell 2,400; 5,362.416ff; 6,97.309.328.349; 7,379.

[5] Nach G. Maier, Mensch und freier Wille, Tübingen 1971, S. 134ff darf man sich die Priesteraristokratie grundsätzlich sadduzäisch denken.

und des συμφέρειν gehalten hat (Bell 4,160ff.320f). Dazu mag ihn einerseits seine Führerstellung, andererseits sein sadduzäisches Ideal bewogen haben. Josephus informiert uns dahingehend, daß sich die Sadduzäer in die Tradition der Weisheit Israels gestellt haben (Ant 18,16f; vgl. G. Maier, a.a.O., S. 132). Vielleicht hat die geschichtlich wirksame Rede in diesen Kreisen eine besondere Rolle gespielt. Man vergleiche Sir 39,1–2: „Die Weisheit aller Vorfahren erforscht er [der Weise] . . . Er bewahrt die Reden berühmter Männer." Der Verfasser dieser Verse ist nach G. Maier, a.a.O., S. 136ff ein Vorläufer der Sadduzäer.

Im Judentum des ersten nachchristlichen Jahrhunderts betrieben die priesterlichen Führer Israels also eine pragmatische Politik, deren Prinzipien z.T. den Bellum-Reden und Joh 11,47–53 zu entnehmen sind.

Diese Politik hat letztlich atl. Wurzeln. Schon in der davidischen Geschichtsüberlieferung sind verschiedene Reden unter dem Motto des συμβουλεύειν und des συμφέρειν gehalten worden[6]: in kritischen Situationen treten Weise auf, die einen „Rat" bezüglich des „Nützlichen" geben (z.B. 2 Sam 20,20ff; 17,14)[7].

Ein Teil der Josephusreden im Bellum und im NT Joh 11,47ff und Act 4,15–18 setzen diese atl. Tradition fort. Im Vollzuge ihrer pragmatischen Politik haben die sadduzäische Priesterschaft und ihre Vertreter Josephus, Ananus und Kaiphas das Verhältnis Israels zu den Weltmächten und vor allem zu Rom verändert. Die Makkabäer waren aufgrund der Erfahrung der Religionsnot auf die völlige Unabhängigkeit Israels von den Weltmächten bedacht und suchten diese um jeden Preis gegen den jeweiligen Gegner durchzusetzen; die Zeloten sind ihrem Beispiel gefolgt. Dagegen konnten die Herodianer die römische Reichsidee und die jüdische Messiaserwartung in eins zusammenfassen. Herodes der Große konnte behaupten, er habe mit seinem Großreich und mit seinem Tempelbau die Hoffnung der Juden auf einen David redivivus erfüllt und damit auch die Pax Augusta, das „Glück für die Menschheit" in einem Teilgebiet der Ökumene verwirklicht[8]. Für Kaiphas und Josephus war eine solche naive Verbindung von römischer Herrschaft und jüdischem Heil undenkbar. Sie betrieben eine pragmatische Politik, die sachlich zwischen der makkabäischen und der herodianischen steht: Man hat danach zu fragen, was in der bescheidenen Gegenwart unter der Herrschaft Roms dem jüdischen Volke nützt; die Wahrheit kann weder der Krieg gegen Rom noch die enthusiastische Zu-

---

[6] Vgl. H.J. Hermisson, Weisheit und Geschichte, in: Probleme biblischer Theologie, G.v. Rad zum 70. Geburtstag, München 1971, S. 136–154.

[7] Zum συμφέρειν-Denken für eine Gesamtheit von Volk oder Staat vgl. noch Esth 3,8 LXX; Jer 26,14f; 2 Makk 4,5f; 3 Makk 6,24.

[8] Vgl. A. Schalit, König Herodes, Berlin 1969, S. 474ff. Die herodianische Reichs-Idee ist insbesondere in der Nikolaos-Rede (Ant 16,31–57) dargestellt.

stimmung zur römischen Herrschaft sein, aber auch nicht die Botschaft vom
kommenden Gottesreich.

An dieser Stelle sei an ein Wort Jesu erinnert, das sowohl die herodianische Reichsidee
als auch den Pragmatismus der sadduzäischen Priesterschaft und des Josephus, aber
auch den makkabäischen und den zelotischen Weg zurückweist: „Die Könige der
Völker herrschen über ihre Völker, und die sie vergewaltigen, lassen sich Wohltäter
nennen. Bei euch sei es nicht so! Sondern der Größte unter euch soll sein wie der
Jüngste und wer etwas sein will wie der Dienende ... Ich bin mitten unter euch wie
der Dienende." (Lk 22,25f).

Die Werte des hohenpriesterlichen Judentums

Die Ziele und Werte des von Kaiphas und Josephus vertretenen Judentums
werden im Bellum Judaicum durch die Begriffe ‚Volk-Stadt-Tempel' charakterisiert.

Dabei geht es Josephus nicht um die bloße Existenz von Volk, Stadt und
Tempel. Der Wert dieser Größen liegt nicht in ihrem Bestand an sich,
sondern in ihrem „Wozu". In seinem Rückblick auf die atl. Geschichte
beschreibt Josephus indirekt dieses „Wozu": Israel lebte 70 Jahre in der
Fremde, „bis ihm Cyros die Freiheit schenkte zu Gottes Ehre. So wurden
sie von ihm entlassen und versahen erneut den Dienst am Tempel für den
Gott ihres Bundes." (Bell 5,389; vgl. 5,383). Dies ist nach 6,97, einer
programmatischen Zusammenfassung der folgenden Rede, auch das Ziel
der josephischen Bemühungen um die Bewahrung von Volk, Stadt und
Tempel: „Sie möchten doch die Vaterstadt schonen und den schon den
Tempel beleckenden Brand zerstreuen und auch Gott wieder die Opfer
darbringen."

Die drei Größen Volk, Stadt und Tempel stehen nicht etwa beziehungslos
nebeneinander, sondern machen zusammen den Sinn, die Wahrheit der
Existenz Israels aus. Die heilige Stadt und der Tempel als Wohnort der
Gottesgegenwart sind das äußerlich sichtbare Zeichen der Erwählung und
Gotteszugehörigkeit Israels, Garantie für den Fortbestand des Volkes, das
durch die täglich vollzogenen Opfer entsühnt wird.

Was das von Josephus vertretene priesterliche Judentum nicht aufgeben
kann, ist die religiöse Freiheit. Sie wird in Bell 5,405f so beschrieben:
„Die Römer dagegen verlangen nichts als den gewöhnlichen Tribut, den
unsere Väter ihren Vätern stets zahlten, und wenn sie diesen bekommen
haben, wollen sie weder die Stadt verheeren noch das Heiligtum anrühren,
vielmehr gewähren sie euch alles andere, was sonst noch in Frage kommt:
die Freiheit eurer Familien und die unbeschränkte Verfügung über den
Besitz und den Schutz der heiligen Gesetze."

Hier ist die Wurzel des insbesondere in der Ananus-Rede (Bell 4,160ff)
entfalteten josephischen Freiheitsbegriffes, und an ihm werden diejenigen
gemessen, mit denen das jüdische Volk im Krieg zu tun hat: die zelotischen Gruppen, die gerade diese Freiheit gefährden, und die Römer, die

sie prinzipiell nicht antasten, ja geradezu schützen wollen und sie gewissermaßen wider Willen zerstören (4,182–184; 5,363.405ff; 6,124–128). Man darf annehmen, daß es auch Kaiphas um die Wahrung der so beschriebenen religiösen Freiheit bei politischer Unterordnung unter das Imperium ging, als er zur Preisgabe Jesu riet. Die vom Bellum Judaicum her bekannte Wendung „Volk und Tempel" (Joh 11,48) deutet darauf hin.

Das Argument des Hohenpriesters

In den Augen des Hohenpriesters gefährdet Jesus den mit Mühe und durch Stillehalten erreichten Modus vivendi mit der römischen Weltmacht und dadurch die jüdisch-priesterlichen Werte „Volk und Tempel". Ein solcher Mensch ist — gegebenenfalls ohne Rechtsgrundlage — dem Wohl der Gesamtheit zu opfern.

Wieder bieten die Reden im Bellum Judaicum die besten Parallelen. Wenn sich Josephus und Ananus im leidenschaftlichen Schlußappell als Selbstopfer für das Wohl der Gesamtheit anbieten (Bell 4,190ff; 5,418ff) und damit den äußersten Einsatz für die bedrohte σωτηρία wagen, dann verstehen sie sich nicht etwa als Schuldige, die die Todesstrafe auf sich nehmen müssen, sondern als Menschen, die in einer schwierigen Situation die σωτηρία des Ganzen über die σωτηρία des Einzelnen stellen. Aus derselben Einsicht heraus soll nach der letzten Josephus-Rede Johannes von Gischala, der Tyrann, handeln, der der Rettung des Volkes im Weg steht, weil er für die Römer ein rotes Tuch ist. Josephus empfiehlt ihm das Beispiel Jechonjas, der sich in einer analogen Situation für das Überleben von Volk, Stadt und Tempel selbst opferte, indem er sich freiwillig in die Gefangenschaft begab (Bell 6,103–106). Wie sehr erinnert das an das Kaiphas-Argument!

Ein weiteres Beispiel aus dem Bellum sei angefügt.

Josephus schildert einen Vorfall aus der Regierungszeit des Caligula (37–41 n. Chr.): Auf Caligulas Befehl hin soll der syrische Statthalter Petronius eine Bildsäule im Jerusalemer Tempel aufstellen. Die Juden wehren sich: „Wolle er aber auch noch die Bildsäule aufstellen, so müsse er zuvor das ganze Volk der Juden opfern, denn samt Weib und Kind seien sie bereit, sich hinschlachten zu lassen. Staunen und Mitleid zugleich ergriff den Petronius, als er die unerschütterliche Frömmigkeit der Juden und ihre Bereitwilligkeit, den Tod zu erleiden, gewahrte, und unverrichteter Dinge trennte man sich für diesmal." Auf der nächsten Volksversammlung verkündet Petronius dann: „So will ich lieber die Gefahr auf mich nehmen: entweder ich stimme mit Gottes Hilfe den Caesar um und freue mich mit euch der Rettung, oder ich gebe, wenn er in Zorn gerät, mein Leben für so viele gern dahin (ὑπὲρ τοσούτων ἑτοίμως ἐπιδώσω τὴν ἐμαυτοῦ ψυχήν)." Dem Caligula schreibt Petronius dann, „wie er, wenn er nicht Land und Leute hätte zugrunde richten wollen, den Juden die Beobachtung ihres Gesetzes habe gestatten und die Erledigung seines Auftrages unterlassen müssen" (Bell 2,197–202).

Akute Gefährdung von Volk und Tempel kann dazu zwingen, Menschen für die größere Sache zu opfern. Dabei wird im Bellum auf die Eigeninitiative einsichtiger Personen Wert gelegt, die sich selbst als Opfer für das Wohl des Ganzen anbieten.

In Joh 11,47—53 ist das etwas anders: das stellvertretende Sterben eines Menschen wird als „Preisgabe" seitens des Synhedrium beschrieben. Doch dürfte zwischen „Preisgabe" (Joh 11,47—50) und „Selbst-Opfer" (Josephusreden) nur ein gradueller, kein prinzipieller Unterschied bestehen; in beiden Fällen geht es um Stellvertretung. Johannes stellt ja in 11,47—53 selbst ein und denselben Vorgang als „Preisgabe" (V. 49f) und als „Opfer" (V. 51f) dar, je nachdem ob er ihn vom Standpunkt des Kaiphas oder vom Standpunkt des christlichen Glaubens betrachtet. Letztlich ist es eine Frage der Macht, ob ein Opfer erzwungen werden kann (Preisgabe) oder von dem Betreffenden angeboten werden muß (Selbst-Opfer).

Daß es von Nutzen sein kann, einen Menschen für eine Gesamtheit zu opfern, ist ein im Judentum auch sonst bekannter Grundsatz[9]. Letztlich geht solche Argumentation auf atl. Tradition zurück. Vor allem Jon 1,12ff und die Erzählung von Sebas Aufstand (2 Sam 20) sind zu nennen. Eine weise Frau von Bichri setzt sich für ihre Stadt ein[10], als Joab eine Vergeltungsaktion gegen dieselbe startet. Sie redet allem Volk „in ihrer Weisheit" zu und erwirkt, daß *ein* Mann, nämlich Seba, der Hauptschuldige, von seinen Leuten getötet wird. Als Joab Sebas abgeschlagener Kopf als Beweis hingeworfen wird, zieht er von der Stadt ab.

Kaiphas und Josephus — vor allem in Bell 6,103—106[11]— mögen bei ihren Ratschlägen die weise Frau von Bichri als Vorbild vor Augen gehabt haben: wie diese greifen sie in schwierigen Situationen in die Geschichte ein und versuchen die Dinge in eine den Umständen gemäß optimale Richtung zu treiben, indem sie auf die Möglichkeit der Preisgabe eines Menschen hinweisen.

Doch ist solcher Pragmatismus im Judentum nicht unwidersprochen. So opponiert etwa der Prophet Jeremia — nach der Tempelrede bedroht — zumindest indirekt dagegen: „Ich aber bin ja in eurer Hand, macht mit mir, was euch nützlich dünkt (LXX: συμφέρει). Doch wisset wohl: wenn ihr mich tötet, so bringt ihr unschuldiges Blut über euch und über diese Stadt und ihre Bewohner! Denn das ist gewiß, daß Jahwe mich zu euch gesandt hat, alle diese Worte zu euch zu reden" (Jer 26,14f).

Ein ähnliches Denken liegt Mal 3,14 zugrunde: „Ihr sagt: Es ist umsonst, daß man Gott dient. Was nützt es uns, daß wir seine Ordnungen einhalten

---

[9] Vgl. das Material von Bill. II 545f, dazu j.Scheq. 6,3 (50a). Vgl. auch 2 Kön 3,27.

[10] Vgl. 2 Sam 17,14: in der davidischen Geschichtsschreibung treten in schwierigen Situationen „Weise" auf, die einen Rat bezüglich des „Nützlichen" geben. Vgl. auch Apg 5,34—40.

[11] 2 Kön 24,1 2; Jer 22,28ff und 1 Chr 3,1 7 scheinen hier im Lichte von 2 Sam 20,21 interpretiert.

und vor dem Herrn der Heerscharen in Trauer einhergegangen sind" [im Kontext distanziert sich der Prophet von dieser Haltung]. Aufgenommen ist die negative Wertung des συμφέρειν als eines widergöttlichen Maßstabs vor allem in der Märtyrerüberlieferung von 4 Makk.. Dort wird in 5,11ff die Wahrheit, die bloß „nützt", vom Märtyrer Eleazar verworfen zugunsten der Wahrheit Gottes, die sich im Gesetz manifestiert und der allein Eleazar sich verpflichtet weiß.

In Jer 26,14f; Mal 3,14 und 4 Makk 5,11ff ist also das συμφέρειν dem Auftrag Gottes untergeordnet, ja tritt in Gegensatz zu diesem.

Auch die Argumentation des Pharisäers Gamaliel in Act 5,34—40 — er tritt wie Kaiphas als weiser Ratgeber im Synhedrium auf! — weicht deutlich von der pragmatischen Linie ab. Hier wird ein bloßes συμφέρειν-Denken verworfen und der Gesichtspunkt des Willens Gottes ins Spiel gebracht. Die Führer Israels sollen nicht eigenmächtig und vorschnell eingreifen, sondern Gott entscheiden lassen[12].

Die συμφέρειν-Politik, die für einen bestimmten Zweck das einzelne Menschenleben preisgeben kann, war also damals ebenso wie heute[13] umstritten. Zugunsten von Kaiphas muß gesagt werden: er sorgt sich immerhin doch um das geschichtliche Überleben des Volkes.

Gewiß kann man diese Motivation kritisieren, wenn man sich auf den in Jer 26,14f und 4 Makk 5,11ff angewandten Maßstab des göttlichen Willens beruft. Indes bleibt zu beachten, daß Johannes darauf verzichtet. Seine Konzeption ist im Grunde eine ganz neue: das συμφέρειν ist ihm weder legitimer Maßstab, noch etwas von vornherein Widergöttliches und zu Bekämpfendes; vielmehr kann nach Johannes das, was Menschen zu ihrem „Nutzen" ohne Gott ersinnen, von Gott in den Dienst seines Heilsplans gestellt werden (vgl. Jes 55,8f).

Wir halten fest: Kaiphas geht es um eine σωτηρία, die das geschichtliche Überleben des Volkes beinhaltet.

2. Die theologische Dimension

An die eschatologische σωτηρία denkt indes der Theologe Johannes. Mit

---

[12] Dem Rat des Gamaliel korrespondiert die pharisäische Lehre, wonach — unbeschadet der Verantwortlichkeit des Menschen — die Geschichte nach dem Plan Gottes verlaufe, während dem Rat des Hohenpriesters Kaiphas und des Josephus (Aufforderung zur Opferung eines Menschen) die sadduzäische Lehre von der Willensfreiheit des Menschen, der nach eigener Wahl Gutes und Böses tun könne, entspricht. Vgl. Ant 13,173: die Sadduzäer lehren, daß die ἀβουλία der Menschen schuld ist, wenn es ihnen schlecht geht.

[13] Das Kaiphas-Wort hat nichts von seiner Aktualität eingebüßt. Man denke an die Vorgänge 1968 in der CSSR; wie soll man diejenigen, die Dubček und seine Sache preisgaben, beurteilen: handelten sie aus Sorge um die Existenz des ganzen Volkes (vgl. Joh 11,50)?

Recht schreibt R.E. Brown: "To the perceptive ear of the Christian theologian he was echoing a traditional saying of Jesus himself: The Son of Man came . . to give his life as a ransom for many (Mark X 45). Caiaphas was right: the death of Jesus would save the nation from destruction. Yet Caiaphas could not suspect that Jesus would die, not in place of Israel but on behalf of the true Israel."[14]

Allerdings: Johannes hat nicht an das Lösegeldwort Mk 10,45, sondern an dessen unmittelbaren atl. Hintergrund gedacht. Wie ich in meinem Aufsatz „Weil ich dich lieb habe, gebe ich einen Menschen als Lösegeld an deiner Statt" (Jahresbericht des Institutum Judaicum 1968—70, S. 28—37) zeigte, verkündet Jesus in Mk 10,45 die Erfüllung von Jes 43,4f. Dasselbe tut — wenn auch unbewußt — der Hohepriester Kaiphas.

Jes 43,4ff wird im folgenden zietiert; dabei sind die Teile hervorgehoben, die von Joh 11,50—52 sprachlich oder inhaltlich berührt werden.

Jes 43,   4a   Weil du kostbar bist in meinen Augen
                 und wertvoll, und ich dich lieb habe,
         4b   *gebe ich einen Menschen als Lösegeld an deiner* [Israels]
                 Statt
         5a   Fürchte dich nicht, ich bin bei dir,
                 von Sonnenaufgang lasse ich deine Nachkommenschaft
                 kommen,
                 und vom Sonnenuntergang *sammele* ich dich,
         5b   sage zum Norden: gib, und zum Süden: halte nicht
                 zurück;
         6   laßt kommen *meine Söhne* von ferne
                 und *meine Töchter* vom Ende der Erde!

Es zeigt sich, daß Joh 11,50—52 sprachlich unabhängig von Mk 10,45 formuliert ist: es fehlt das „Lösegeld" und die „Vielen". Aber wie in Mk 10,45 wird der Tod Jesu auch in Joh 11,50—52 sehr deutlich mit Jes 43,4ff in Verbindung gebracht.

Das Nebeneinander des „Volkes" und der „zerstreuten Kinder Gottes" (Joh 11,52) entspricht genau dem Nebeneinander von Israel und den Leuten aus den verschiedenen Himmelsrichtungen (Jes 43,3f/5ff). Auffällig ist, daß sowohl in Jes 43,3ff als auch in Joh 11,50—52 beide Teile explizit aufgeführt und nicht etwa in *einen* Begriff oder *eine* Wendung zusammengefaßt werden, wie das in Mk 10,45 (πολλοί!) der Fall ist. D.h.: an diesem Punkt schließt sich Joh 11,52 enger als Mk 10,45 an Jes 43,4ff an. ἀποθνῄσκειν ὑπέρ (V. 51) ist freie, abkürzende Wiedergabe des Lösegeldmotivs von Jes 43,3f. Wir sehen am gleichwertigen Nebeneinander von „kofr^{e}ka" (Jes 43,3b) und „tāḥt^{a}eka" (43,4b), daß „tāḥāt" das „kofaer" ersetzen kann, und wir haben in 1 Tim 2,6 einen anschaulichen Beleg dafür, wie das ältere ἀντί (= „tāḥāt") der Lösegeldaussage (Mk 10,45) auf hellenistischem Boden zu ὑπέρ wird. Tatsächlich übersetzt auch LXX Jes

---

[14] The Gospel according to John I—XII, New York 1966, S. 442.

43,4b „tähtaeka" mit ὑπὲρ σοῦ. Somit ist ὑπὲρ τοῦ ἔθνους (Joh 11,50) sachgemäße Wiedergabe von Jes 43,4b, denn mit σοῦ ist dort ja niemand anders als das Volk Israel angesprochen. Der Zug von Jes 43,4b, daß „adam" als Lösegeld (in den Tod) gegeben wird, spiegelt sich in dem Ausdruck εἷς ἄνθρωπος (Joh 11,50), der innerhalb der Argumentation des Hohenpriesters besagt: *nur* einer, im Hinblick auf die Weissagung Jes 43,4 eine betont singularische Deutung des „adam" vertritt (anders LXX: πολλοὺς ἀνθρώπους). Schließlich ist auf das Motiv der Sammlung der Zerstreuten hinzuweisen. Linguistisch berühren sich Joh 11,52: τὰ τέκνα τοῦ θεοῦ mit Jes 43,6: „bᵉnai ... ubᵉnotai" LXX τοὺς υἱούς μου [Gottes] ... τὰς θυγατέρας μου [Gottes] und Joh 11,52: συναγάγῃ mit Jes 43,5b: „ᵃqabbeṣ" LXX συνάξω.

In der johanneischen Auslegung von Jes 43,4ff wird also „adam" auf Jesus Christus, „kofᵃᵉr ... tahtᵃᵉka" auf Jesu „Sterben für das Volk Israel" und der in Jes 43,5ff geschilderte Vorgang auf die Sammlung der Heiden(christen) gedeutet, die gleichfalls als Frucht des stellvertretenden Leidens Jesu Christi begriffen wird. Der Mensch Jesus stirbt demnach für Israel *und* die Heidenvölker – das Heilsorakel Jes 43,1–7 geht damit in Erfüllung.

Allerdings stellt sich Johannes die Erfüllung etwas anders vor als Mk 10,45: Jesus dachte an ein eschatologisches Heil der Vielen *jenseits* der Geschichte, Johannes an eine Verwirklichung des Heils im Raume der Geschichte: die e i n e Heilszeitgemeinde aus Juden und Heiden. Das Schwergewicht liegt bei ihm auf der *Einheit*[15] der Vielen, während in Mk 10,45 die eschatologische *Rettung* als solche in den Blickpunkt rückt.

Die Ambivalenz des Geschehens um Jesus ist bei Johannes ein durchgehender Zug; sie fällt außer in Joh 11,47–53 insbesondere in der Darstellung des Prozesses Jesu auf[16].

Zweimal weist Pilatus auf Jesus mit einem „siehe!" hin; beidemal kann man sein Wort profangeschichtlich-pragmatisch, aber auch heilsgeschichtlich-theologisch verstehen.

a) „Siehe, euer König!" (19,14): Das kann im ersten Sinne spöttisch oder mitleiderregend gemeint sein – ein verborgener Sinn offenbart sich dem, der die Jesusgeschichte gläubig, d.h. unter dem Aspekt der atl. Verheißung betrachtet; für ihn mag das Pilatuswort die prophetische Präsentation des messianischen Heilsbringers bedeuten (vgl. 1 Sam 10,1–7; 16,12f; 1 Kön 19,15f; 2 Kön 9,6; Jes 40,9; 42,1; 52,13; Mt 3,17). Die Juden drängen – selbst den römischen Standpunkt einnehmend (Joh 19,5) – Pilatus zur Präzisierung (19,21) und zum Hinrichtungsbefehl (19,15). Mit letzterem

---

[15] Vgl. zu διεσκορπισμένα συναγάγῃ εἰς ἕν die johanneischen Parallelen 6,12f; 10,15f; 12,32.

[16] Vgl. zunächst Joh 18,36: „Mein Reich ist nicht von dieser Welt"; 18,38: „Was ist Wahrheit? "

haben sie Erfolg, mit ersterem nicht. Pilatus beläßt es bei der Ambivalenz: „Was ich geschrieben habe, habe ich geschrieben." (19,22)

b) „Siehe, der Mensch!" (19,5): Diese auffällige – noch nicht wirklich erklärte – Stelle ist nichts anderes als eine typisch johanneische Anspielung auf Jes 43,4: „ich gebe einen Menschen"[17]. Sie transzendiert die Intention des Pilatus, die man mit Bultmann als ein „Da, seht die Jammergestalt!" charakterisieren mag. D.h.: „Mensch" ist hier genauso doppelsinnig wie im Munde des Kaiphas: Die Repräsentanten des politischen Israel und des römischen Imperiums werden ungewollt zu Kündern des Geheimnisses Jesu Christi; hinter ihrem Wort, hinter einem profangeschichtlichen, auch ohne Gott zu verstehenden Vorgang kann der atl. geschulte Hörer und Leser die Erfüllung der dtjes. Verheißung, die Verwirklichung des göttlichen Heilsplans erkennen. Darauf, daß dies vom 4. Evangelisten intendiert ist, läßt insbesondere das „siehe" schließen, das 19,5 mit dem „siehe" des Täufers 1,29 verbindet. An beiden Stellen geht es um die Präsentation eines gottgesandten, zum Leiden bestimmten Menschen[18]. Das Eigentümliche von Joh 19,5 besteht darin, daß hier ein Heide zum prophetischen Zeugen des großen Geheimnisses Jesu wird. So wandert das Zeugnis von Johannes dem Täufer (1,29), dem wahren Israeliten, über Kaiphas, den Repräsentanten des politischen Israel (11,50ff), zum Vertreter des Imperium Romanum: Pilatus (19,5) – gewiß ein symbolischer Hinweis des Evangelisten auf den Weg des Evangeliums.

Zu beachten ist auch der hintergründige Sinn des Kontextes von Joh 19,5.
19,3: καὶ ἐδίδοσαν αὐτῷ ῥαπίσματα, klingt an Jes 50,6b LXX τὸν νῶτόν μου δέδωκα εἰς ῥαπίσματα an, und 19,4b.6: ἐγὼ γὰρ οὐχ εὑρίσκω ἐν αὐτῷ αἰτίαν erinnert an Jes 53,9 LXX ὅτι ἀνομίαν οὐκ ἐποίησεν οὐδὲ εὑρέθη δόλος ἐν τῷ στόματι αὐτοῦ.

Kommen wir abschließend auf die eingangs gestellte Frage zurück: Hat Johannes historisch und theologisch richtig geurteilt? Insofern er den Tod Jesu unter dem Gesichtspunkt der Erfüllung von Jes 43,4ff sieht, wird er der Intention Jesu (Mk 10,45) gerecht; insofern er Kaiphas Jesu Tod pragmatisch begründen läßt, trifft er die Motive der sadduzäischen Priesterschaft beim Prozeß Jesu.

Überhaupt fällt die sachgemäße, differenzierende Beurteilung des Todes Jesu durch den 4. Evangelisten auf. Jesus stirbt

1. als „Mensch", der den Heilsplan Gottes (Jes 43,4ff; 53) erfüllt[19];
2. als Messiasprätendent, den Gott nach Meinung der Juden nicht in eindeutiger Weise als Messias ausgewiesen hat. Er muß nach dem Gesetz Israels sterben, weil er „sich selbst zum Sohn Gottes erklärt hat" (19,7; vgl. 10,33ff)[20];

---

[17] Beachtenswert ist dabei die Lesart von 1 QIs^a: „ha'adam".
[18] Joh 1,29: „das Lamm Gottes" = Jes 53; Joh 19,5: „der Mensch" = Jes 43,4.
[19] Joh 11,50ff; 19,5; vgl. 1,29; 6,51; 10,15f.
[20] Vgl. dazu die Bemerkung über Barkochba in Sanh 93b und die Rede des Gamaliel in Act 5,34ff.

3. *aus pragmatischen Gründen* der sadduzäischen Hohenpriester (11,47–53). Bezeichnenderweise kann von diesen auf die Pilatusfrage kein eigentlicher Rechtsgrund genannt werden (18,30; vgl. entsprechend 18,23f!)[21];

4. als Opfer der loyalen, opportunistischen Politik des römischen Statthalters (19,12.15f): „Jeder, der sich zum König macht, ist der *Feind des Kaisers.*"

Den Punkten 2–4 entspricht die Aufführung der Größen τὸ ἔθνος (2), οἱ ἀρχιερεῖς (3) und Pilatus (4) in V. 35. Sie alle haben den Kreuzestod Jesu – historisch gesehen – veranlaßt, wenn auch aus ganz verschiedenen Beweggründen.

3. Johannes, der Exeget von Jes 43

Es ist hinlänglich bekannt, daß Johannes den Tod Jesu vor allem im Lichte von Jes 53 sah. Es ist bisher noch nicht beachtet worden, daß er an zahlreichen Stellen seines Evangeliums die Heilsbedeutung dieses Todes von Jes 43,3–7.22–25 her zu explizieren suchte, vielleicht deshalb nicht, weil diese Stellen jeweils mit anderen – meist atl. – Motiven verbunden sind. In Kürze sei aufgezeigt, wo in der johanneischen Verkündung des Heilstodes Jesu Jes 43 anklingt.

1. Das Liebesmotiv (daß Gott aus Liebe einen Menschen in den Tod gibt, Jes 43,4) finden wir als Begründung der Lebenshingabe Jesu in Joh 3,16; 13,2: der Liebes-Dienst der Fußwaschung symbolisiert den Dienst der Lebenshingabe; 15,13; 1 Joh 4,10.

2. Die Bezeichnung Jesu als „Mensch", der sterben soll, in Joh 11,50; 19,5 spiegelt Jes 43,4 „ich gebe einen Menschen hin".

3. Das „Geben" Jahwes als verkürzter Ausdruck für „in den Tod geben" (Jes 43,4) findet sich in demselben Sinne in Joh 3,16.

4. Daß Jesu Tod „Rettung" und „Nicht-verloren-Gehen" bedeutet (Joh 3,16f; 11,50f), ist in Jes 43,3 LXX im Jahwewort formuliert: ὁ σῴζων σε.

5. Die Rettung kann als „Sammlung der zerstreuten Kinder Gottes" (= Jes 43,5ff) beschrieben werden: Joh 11,51f; 12,32; 6,12f. Dabei ist die differenzierende Aufführung des Volkes bzw. von „uns" *und* den Heidenvölkern bzw. der Welt in Joh 11,50–52 und 1 Joh 2,2 aufschlußreich – sie entspricht der Struktur von Jes 43, V. 4 (Israel) – V. 5ff (die Zerstreuten in der Welt). Der Begriff „Kosmos" (Joh 3,16f) umfaßt die in Jes 43,4ff differenziert aufgeführten Empfänger des Heils und korrespondiert in diesem Kontext dem synoptischen „viele".

---

[21] Gesucht hat man vielleicht (vgl. Joh 18,19) nach einer Schuld im Sinne von Dtn 13,1–10.

6. Variationen der auch in Mk 10,45 aufgenommenen Antithese von Jes 43,22ff (nicht wir dienen Gott, sondern Gott dient uns) sind: Joh 13,6; 15,16; 1 Joh 4,10.

Jes 43,22ff könnte im übrigen die exegetische Grundstelle der johanneischen Auffassung sein, wonach Christus den jüdischen Opferkult überflüssig gemacht hat (Joh 4,23f; 13).

Nur an einem Punkt hat Johannes die Erfüllung von Jes 43 in Jesu Heilstod unzureichend dargestellt und ist dabei hinter Jesu Wort Mk 10,45 zurückgeblieben: Der Tod Jesu ist nicht exakt als Lösegeld-Tod, d.h. als stellvertretendes Leiden „anstelle von" bezeichnet, sondern hinsichtlich seiner Deutung umschrieben, in viele Richtungen hin entfaltet und interpretiert. Dabei ist etwas Wichtiges unter den Tisch gefallen: das Heilswerk Jesu als objektive Heilstatsache, als exklusive Tat Gottes, die keiner Ergänzung oder besonderen Aneignung seitens des Menschen bedarf, um für ihn gültig zu werden (Mk 10,45), deren Effektivität also auch nicht vom Glauben des Menschen abhängig gemacht werden darf (Joh 3,16).

Nachbiblische Traditionen vom Tod des Mose

Von Klaus Haacker, Tübingen,

und Peter Schäfer, Köln

Das Verhältnis zu Mose ist von grundlegender Bedeutung für die verschiedenen Ausformungen der jüdischen Religion. Es zeichnet sich mit besonderer Klarheit ab in der jeweiligen Überlieferung vom Tod des Mose. Die gemeinsame Grundlage im biblischen Text und die Verschiedenheit späterer Entwicklungen wirken zusammen zu einem Komplex von Traditionen, in dem keine Stimme ohne die anderen hinreichend verstanden werden kann. Im folgenden sollen, ausgehend von Josephus, einige dieser Traditionen vorgestellt und besprochen werden. Dabei kann es sich weder um eine umfassende Übersicht über die vorhandenen Quellen, noch um eine erschöpfende Interpretation aller ausgewählten Texte handeln. Es soll lediglich ein Beispiel der Arbeiten vorgelegt werden, die unter der Leitung und Anteilnahme des Jubilars in vergangenen Jahren am Institutum Judaicum der Universität Tübingen getan werden konnten.*

I. Josephus

Die Erzählung vom Tod des Mose steht bei Josephus im Zusammenhang seiner grundsätzlichen Tendenz, die Größe des Gesetzgebers herauszustreichen. In Ant 1,6 nennt er als einen seiner lange vor Abfassung des Bellum gehegten schriftstellerischen Wünsche: „Zu zeigen..., von welchem Gesetzgeber sie (die Juden) erzogen worden sind zur Frömmigkeit und sonstigen Tugendübung." Entsprechend heißt es in einer Zwischenbemerkung in Ant 3,187, daß „die Ereignisse uns oft und in vielem Gelegenheit geben, von der Leistung ($\dot{\alpha}\rho\epsilon\tau\dot{\eta}$) des Gesetzgebers zu handeln". Josephus geht sogar so weit, die $\delta\dot{o}\xi\alpha$ $\kappa\alpha\dot{\iota}$ $\tau\iota\mu\dot{\eta}$, die Mose bei den Menschen erlangen soll, im Rahmen der Berufung am Dornbusch von Gott weissagen zu lassen (Ant 2,268).

---

*) Die hier veröffentlichten Studien gehen auf eine Übung zurück, die die Verfasser zusammen mit Prof. Dr. H. P. Rüger im SS 1971 gehalten haben. Für die Teile I—IV zeichnet Klaus Haacker, für Teil V Peter Schäfer verantwortlich, doch sind in allen Teilen gegenseitige Hinweise verarbeitet. — Die *Literatur* zum Thema ist nahezu vollständig aufgeführt bei J. Jeremias, Art. Μωυσῆς, ThW IV, S. 852f. Vgl. ferner: S. De Benedetti, Vita e Morte di Mosè, Pisa 1879; Sch. Löwenstamm, „Môt Mošǣ", Tarbiz 27, 1958, S. 142—57; E. Munk, Des Samaritaners Marqah Erzählung über den Tod Moses', Diss. Phil. Königsberg 1890, Berlin o.J.; M. Rosenfeld, Der Midrasch Deuteronomium rabba Par. IX und XI,2—10 über den Tod Moses verglichen mit der Assumptio Mosis... Mit einem Anhang über den Tod Moses in der hebräischen Poesie des Mittelalters, Diss. Phil. Bern, Berlin 1899; Ch. Sondel, *Jālqût 'āl pᵉṭîrāt Ahᵃrôn uMošǣ*, Warschau 1874 (konnte leider nicht eingesehen werden); L. J. Weinberger, The Death of Moses in the Synagogue Liturgy, Ph. D. Brandeis University 1963; ders., „Midraš 'āl pᵉṭîrāt Mošǣ šaen-nae'ᵃᵉbäd", Tarbiz 38, 1969, S. 285—93.

Was nun das Lebensende Moses betrifft, so überragt seine Schilderung an Umfang bei weitem die Nachrichten über das Sterben der Patriarchen (Abraham: Ant 1,256; Isaak: 1,346; Jakob: 2,196; Joseph: 2,198). Die Bedeutung des Themas wird weiter unterstrichen durch kompositorische Mittel: schon in Ant 1,152 begegnet in der Wiedergabe der Genealogie von Gen 11 eine Vorausdeutung auf den Tod Moses. Josephus erklärt das allmähliche Abnehmen des Lebensalters der Menschen als eine auf Mose zielende Entwicklung; die in Gen 6,3 ausgesprochene Begrenzung des Lebensalters der Menschen auf 120 Jahre wird in ihm verwirklicht, so daß er die Grenze verkörpert, die den Späteren gesetzt ist (vgl. Dtn 34,10!).

Ferner bietet Ex 32,1 (das Ausbleiben Moses auf dem Sinai) dem Schriftsteller einen Anlaß, über die biblische Vorlage hinausgehend schon einmal den Tod Moses in seinen Konsequenzen zu erörtern: „Von allen Schrecken, die sie erlebt hatten, hatte keiner sie so bestürzt gemacht wie der Gedanke, Mose sei umgekommen." (Ant 3,95) Freilich scheiden sich bei diesem Anlaß die Geister. Die einen, die Mose feindlich gegenüberstehen, nehmen an, daß Mose wilden Tieren zum Opfern gefallen sei, — andere dagegen deuten sein Verschwinden als Weggang zu der Gottheit[1] (§ 96). Die Weisen freilich finden an keinem der beiden Gedanken Gefallen, wiewohl sie das erstere für ein vorstellbares menschliches Geschick halten und auf der anderen Seite durchaus damit rechnen, daß einer wegen seines Verdienstes (ἀρετή) von Gott zu ihm entrückt werden könnte (§ 97). Vielmehr steht der eigene Verlust als bedrückende Möglichkeit vor Augen, hieße er doch „eines Führers und Helfers beraubt zu sein, wie man wohl keinen mehr finden könnte" (§ 98, vgl. Dtn 34,10).

Die eigentliche Erzählung vom Ende Moses beginnt in Ant 4,176—193 mit einer Abschiedsrede in Anlehnung an paränetische Stücke des Dtn. Darauf folgt eine Klage des Volkes, die wieder deutlich werden läßt, in welchen Kategorien die Rolle Moses verstanden ist und wie unersetzlich und unwiederholbar er in dieser Rolle erscheint (Ant 4,194):

„Sie aber weinten und beklagten die Trennung von ihrem Heerführer sehr — im Gedenken daran, wie er sich für ihr Heil eingesetzt und abgemüht hatte, und ohne Hoffnung für die Zukunft, weil sie nie wieder eine solche Regierung (ἀρχή) haben würden und weil Gott nun nicht mehr in dem Maße wie bisher auf Moses Fürsprache hin (διὰ τὸ Μωυσῆν εἶναι τὸν παρακαλοῦντα)[2] für sie sorgen würde."

Mose dagegen versucht, den Blick des Volkes von seiner Person wegzulenken auf sein bleibendes Werk, indem er sie ermahnt, sich an die Verfassung zu halten und sie in die Tat umzusetzen (χρῆσθαι τῇ πολιτείᾳ παρεκάλει, § 195).

---

[1] Letzteres ist genau so formuliert wie der Bericht über Henochs Entrückung (Ant 1,85). Vgl. unten S. 150 Anm. 14.

[2] Zur Erwähnung der Fürsprache Moses in diesem Zusammenhang vgl. Ps-Philo AB 19,3.8f; Ass Mos 11,11.17; 12,6 (?); Mem Marq V,3 p. 123,17f; p. 124,17; Midr Peṭ Moš Hś Paris 710 (s.u. Teil V, Anm. 13) fol. 124r; vgl. BHM I, S. 129.

An dieser Stelle unterbricht Josephus die Erzählung, um einen Überblick über die Gesetze zu geben (Ant 4,196—301). Noch stärker als in Dtn wird damit das Gesetz bzw. „die Verfassung" als sein persönliches Vermächtnis hingestellt[3]. Es folgen weitere Abschiedsreden[4] in engem Anschluß an die letzten Kapitel von Dtn (Ant 4,302—320), in erneute Klage mündend (§§ 320—322), durch die sogar Mose selbst zu Tränen gerührt wird[5].

Der schließliche Abschied vollzieht sich in drei Stufen: Zuerst läßt Mose das Volk hinter sich zurück (§ 323f.). Auf dem Berg Abarim[6] angekommen, werden auch die Ältesten entlassen, die bis dahin mitgegangen waren (§ 325).

„Als er aber auch mit Eleazar und Josua Abschiedsgrüße tauschte und noch mit ihnen redete, da kam plötzlich[7] eine Wolke[8] über ihn[9] und er verschwand[10] in einer

---

[3] Vgl. Ant 4,320: πολιτείαν μὲν οὖν τοιάνδε Μωυσῆς κατέλιπε.

[4] Zur Gattung der Abschiedsrede vgl. Ant 4,179: Abschiedsworte verdienen besonderen Glauben, weil die Seelen, wenn das Ende naht, sich in ihrer ganzen ἀρετή mitteilen.

[5] Hier schaltet Josephus ein Motiv einer allgemeinen *Ars moriendi* ein: Mose sei eigentlich „zeitlebens überzeugt gewesen, man dürfe angesichts des bevorstehenden Endes nicht verzagen, wissend, daß man dies nach Gottes Willen und durch ein Naturgesetz erleide" (§ 322). Der stoische Einfluß ist unverkennbar (vgl. etwa die Zitate bei R. Bultmann, das Urchristentum im Rahmen der antiken Religionen, Kap. IV,1: Das Ideal des stoischen Weisen). Ganz anders die Haltung Moses in Midr Peṭ Moš, vgl. unten S. 167—170.

[6] Vgl. Dtn 32,49; Josephus gebraucht den Ortsnamen Nebo (Dtn 32,49; 34,1) weder hier noch sonst irgendwo; vgl. A. Schalit, Namenswörterbuch zu Flavius Josephus (A Complete Concordance to Flavius Josephus, ed. K. H. Rengstorf, Suppl. I, 1968) S. 139. Josephus erwähnt die Aussicht ins Land Kanaan, die der Berg ermöglicht, übergeht aber selbstverständlich in seinem für Nichtjuden geschriebenen Werk die Überlieferung von Dtn 32,41f, nach der es eine Strafe Gottes war, daß Mose das Land nur sehen und nicht betreten darf.

[7] Plötzlichkeit ist oft ein Aspekt göttlichen Handelns; vgl. D. Daube, The Sudden in the Scriptures (1964) passim. Die Vokabel αἰφνίδιος kommt in der Bibel nur Lk 21,34 vor, dort in Verbindung mit ἐφιστάναι (Daube, ebd. 28). Auch Romulus wird nach Livius I 16,1 „plötzlich" durch einen Sturm entrückt.

[8] Dieses Motiv fehlt in der biblischen Vorlage und ist ebenfalls häufig Begleiterscheinung göttlichen Eingreifens oder Erscheinens, sowohl in Israel als auch im Griechentum; vgl. A. Oepke, Art. νεφέλη νέφος: ThW IV (1942, 904—912) S. 906f. Im Midrasch erscheint die Wolke über Mose auch beim Aufstieg Moses auf den Berg Sinai; vgl. PesR S. 96b ff; BHM I, S. 58ff; MHG Ex S. 560f. Naheliegende Parallelen sind ferner Act 1,9 (zu dieser Stelle wird gelegentlich auch auf Ant 4,326 hingewiesen); Dion Hal, Ant Rom II 56,2 (Ende des Romulus) und Livius I 16,1, sowie Apollodor, Bibl II 7,7 (Ende des Herakles). Zur samaritanischen Überlieferung s.u. S.162f. Die formale Ähnlichkeit zwischen der Himmelfahrtsgeschichte und der Romulustradition sah schon Tertullian, Apol XXI,23 (CC SL 1, 126f.); vgl. M. S. Enslin, The Ascension Story: JBL 47 (1928, 60—73) S. 72. Vergleichbar, wenn auch entfernter, ist auch das Ende des göttlichen Besuches bei Ilia in Dion Hal, Ant Rom I 77,2: ταῦτα δὲ εἰπόντα νέφει περικαλυφθῆναι καὶ ἀπὸ γῆς ἀρθέντα φέρεσθαι δἰ ἀέρος ἄνω.

[9] Die Formulierung νέφους αἰφνίδιον ὑπὲρ αὐτὸν στάντος steht Apollodor, Bibl II 7,7 (νέφος ὑποστὰν... αὐτόν) besonders nahe.

Schlucht[11]. Er hat aber in den heiligen Büchern selbst geschrieben, daß er gestorben sei[12], weil er fürchtete, man könnte sich zu der Behauptung hinreißen lassen[13], er sei wegen seiner überragenden Tugend zu der Gottheit weggegangen[14]." (§ 326)

Zusammenfassend kann man sagen, daß der Tod Moses für Josephus außer Frage steht[15] und in seiner Tragweite im Lichte von Dtn 34,10 gesehen wird.

Auffällig ist noch die Datierung von Moses Tod bei Josephus: Nach c Ap 1,39 starb Mose kurz vor dem Jahre 3000 seit der Schöpfung und nach c

---

[10] ἀφανίζεται. Auch § 323 spricht vom Ort οὗ ἔμελλεν ἀφανισθήσεσθαι. Die Rede vom „Verschwinden" gehört in diesem Zusammenhang zum zurückhaltenden Erzählungsstil des Historikers, der sich auf die Wahrnehmungen von Augenzeugen stützen will (vgl. c Ap 1,45ff). Vgl. Livius I 16,1: „tam denso regem operuit nimbo, ut conspectus eius contioni abstulerit, nec deinde in terris Romulus fuit"; ähnlich Berossus über die Entrückung des Sintfluthelden, vgl. Jacoby, FGrHist, 3. Teil C (1958) Nr. 680 S. 380. In diese Richtung tendiert auch die westliche Textüberlieferung in Act 1,9—11, vgl. D. Plooij, The Ascension in the „Western" Textual Tradition (1929). — Zur Anlehnung des Josephus an die Maßstäbe hellenistischer Historiographie vgl. O. Betz, oben S. 27.

[11] Vgl. Dtn 34,6a: „Und er begrub ihn *im Tal,* " was freilich in LXX als Ortsname (ἐν Γαι) aufgefaßt worden war.

[12] Philo, Vit Mos 2,290f, sieht darin den höchsten Beweis der prophetischen Inspiration des Mose und den krönenden Abschluß der Gesetzgebung („gleichsam das, was für ein Lebewesen der Kopf ist").

[13] Mit dieser Einführung des Gedankens setzt sich Josephus von dem Inhalt der Behauptung ab. Er zitiert sie aber, weil er ihre aretalogische Tendenz teilt und propagandistisch ausnutzen möchte. Josephus redet hier nicht als ein Theologe, dem es mit letztem Eifer um die Wahrheitsfrage geht, sondern als „politischer" Schriftsteller, der sogar Irrtümern etwas abgewinnen kann, wenn sie in ihrer Intention mit seinen Zielen zusammenstimmen.

[14] Vgl. Ant 1,85 (Henoch) und 3,96 (Mose, s.o. S. 148). Die hier abgelehnte Parallelisierung von Mose und Henoch begegnet vereinzelt in der rabbinischen Literatur, s.u. S. 172f. Philologisch unsicher ist, ob ἀναχωρῆσαι hier eine Rückkehr oder nur ein Weggehen meint. Der Gebrauch von μεταστῆναι in Ant 3,97 für die gleiche Sache legt nahe, auch ἀναχωρῆσαι als Ausdruck eines bloßen Ortswechsels aufzufassen; s. J. Jeremias, a.a.O.: ThW IV, 859,11 — anders Thackeray zur Stelle.
Die Erwähnung einer „Schlucht" als Ort des Verschwindens sichert die Abweisung des Entrückungsgedankens: Schluchten, Erdspalten und dergleichen kommen für die Antike nicht als Weg zur (himmlischen) Gottheit in Frage; vgl. O. Böcher, Dämonenfurcht und Dämonenabwehr. Ein Beitrag zur Vorgeschichte der christlichen Taufe (1970) S. 72f.

[15] G. Vermès, Die Gestalt des Moses an der Wende der beiden Testamente: Moses in Schrift und Überlieferung (1963, 61—93) S. 90, macht Josephus dagegen zum „Wortführer" der Tradition von Moses Himmelfahrt. Es ist aber nicht glaubhaft, wenn Vermès im Anschluß an S. Rappaport annimmt, daß Josephus die Angabe der Torah lediglich als heilsame Zwecklüge zur Vermeidung eines Personenkults angesehen habe. Josephus hätte angesichts der Parallelen keinen Grund gehabt, einen etwaigen Glauben an Moses Himmelfahrt seinen hellenistischen Lesern gegenüber zu verbergen und als bloß mögliche Meinung zu referieren.

Ap 1,35; 2,226; Ant 1,16 gut 2000 Jahre vor der Gegenwart des Verfassers[16]. Die Angabe von gut 2000 Jahren seit Mose deckt sich mit der Lehrmeinung der Schule des Eliahu nach b Sanh 97a/b und b Ab Za 9a: „6000 Jahre wird die Welt bestehen: 2000 Jahre Chaos, *2000 Jahre Tora*, 2000 Jahre messianische Zeit; doch wegen unserer vielen Sünden sind *schon manche von diesen verstrichen.*" Besteht hier — trotz der Abweichung in der vormosaischen Zeit — ein Zusammenhang, so hat Josephus in seiner Chronologie ein apokalyptisches Schema bewahrt, wie es hinter der Angabe von Bell 6,312 vermutet werden muß[17].

II. Pseudo-Philo

Etwa um die gleiche Zeit wie Josephus oder wenig später schrieb ein unbekannter Verfasser eine Nacherzählung biblischer Geschichte, die zeitweise dem Philo von Alexandrien zugeschrieben wurde und den Titel „Liber Antiquitatum Biblicarum" erhielt[1]. Moses Abschied und Tod werden im 19. Kapitel berichtet, beginnend mit einer Rede Moses, die auf Dtn 31,29 und 16f. basiert:

2 „Siehe, ich lege mich schlafen zu meinen Vätern und gehe zu meinem Volk. Ich

---

[16] Das ergibt die Gesamtzahl von 5000 Jahren für die von Josephus beschriebene biblische und nachbiblische Geschichte (vgl. c Ap 1,1).

[17] „Was sie aber am meisten zum Krieg aufstachelte, war eine zweideutige Weissagung, die sich ebenfalls in den heiligen Schriften fand, daß *in jener Zeit* einer aus ihrem Land über die bewohnte Erde herrschen werde. Dies bezogen sie auf einen aus ihrem Volk, und viele Weise täuschten sich in ihrem Urteil. Der Gottesspruch zeigt vielmehr die Herrscherwürde des Vespasian an, der in Judäa zum Kaiser ausgerufen wurde." Vgl. Exkurs IV: Der χρησμὸς ἀμφίβολος und seine Deutung, bei O. Michel und O. Bauernfeind, Flavius Josephus De Bello Judaico. Der Jüdische Krieg. Zweisprachige Ausgabe der sieben Bücher, Bd. II,2 (1969) S. 190—192 sowie M. Hengel, Die Zeloten (1961) S. 243—246.

[1] Vgl. G. Kisch, Pseudo-Philo's Liber Antiquitatum Biblicarum (Publications in Mediaeval Studies 10, 1949) S. 3—5. An modernen Übersetzungen liegen vor: M.R.James, The Biblical Antiquities of Philo Now First Translated from the Old Latin Version (1917) und P.Riessler, Altjüdisches Schrifttum außerhalb der Bibel übersetzt und erläutert (1928=1966, S. 735—861. Die Abfassungszeit ergibt sich einerseits aus dem Terminus a quo 70 n.Chr. auf Grund von AB 19,7, wo für die Einnahme Jerusalems durch die Babylonier ein Tag angegeben wird, der von Hause aus mit der Eroberung durch Titus verbunden ist; vgl. James S. 29—31. Ein Terminus ad quem ist weniger genau festzulegen, aber die Rezeption und Überlieferung der Schrift im Raum der Kirche legt es nahe, nicht allzu weit ins 2.Jh. n.Chr. herabzugehen; vgl. James S. 33. H.M.Teeple, The Mosaic Eschatologiecal Prophet (JBL Monograph Series 10, 1957) S. 14, vermutet ca. 110—130, doch reichen die Anhaltspunkte für eine so genaue Angabe nicht aus. Chr. Dietzfelbinger, Pseudo - Philo, Liber Antiquitatum Biblicarum (Diss. theol. Göttingen 1964, maschinenschriftlich vervielfältigt). S. 193f. nennt gute Gründe für ein Datum vor Bar Kochba. Die Arbeit ging mir zu spät zu, um in Einzelfragen berücksichtigt zu werden; wichtige Punkte sind davon nicht berührt.

weiß aber, daß ihr euch aufmachen werdet und die Worte verlassen werdet, die euch durch mich festgesetzt worden sind[2]. Und Gott wird zornig werden über euch und euch verlassen[3] und aus eurem Lande weggehen[4].

Und er wird über euch heranführen, die euch hassen, und sie werden über euch herrschen — nicht bis zum Ende, denn Gott wird sich des Bundes erinnern, den er euren Vätern gestiftet hat[5].

3 Dann werdet ihr und eure Kinder und alle eure Nachkommen, die nach euch aufstehen werden[6], den Tag meines Todes beklagen[7] und in ihrem (!) Herzen sprechen:

‚Wer gibt uns einen Hirten[8] wie Mose
oder einen solchen Richter den Söhnen Israels,
der zu jeder Zeit für unsere Sünden bete[9]
und erhört werde für unsere Übertretungen? ' "

Der Ruf nach einem *gleichwertigen Ersatz* für Mose muß — auch wenn der Prophetentitel fehlt — vor dem Hintergrund von Dtn 18,15.18 gesehen werden. Diese Weissagung konnte entweder in einer Gestalt der fernern Vergangenheit (z.B. Josua oder Esra) erfüllt gesehen werden oder zur Legitimation aktueller Ansprüche dienen oder ein Moment der Zukunftserwartung begründen[10]. Ps-Philo hat diese Frage im historischen Sinne entschie-

---

[2] Die gleiche Thematik wird weiter unten (§ 6) noch einmal in einer Gottesrede angesprochen. Vgl. auch s Bar 84,4.

[3] Vgl. AB 39,1 sowie 2 Chr 12,5; 15,2; 24,20.

[4] Vg'. Ez 8,12; 9,9.

[5] Vgl. AB 30,7; Ass Mos 3,9; 4,5; 11,17; 12,13.

[6] James und Riessler übersetzen das „que surgent" der Handschriften ungenau.

[7] Hinter „querent diem mortis mee" scheint ἐπιζητέω zu stehen; vgl. das in einer römischen Inschrift belegte ἐπιζήτητος in der Bedeutung „bedauert", „beklagt" (IG 14,2072), sowie ἐπιζήτησις in Jos Ant 4,194.

[8] Die Bezeichnung Moses als „Hirte" verwendet seinen weltlichen Beruf (vgl. § 9!) als Bild für seine Berufung — ein häufiger Gedanke (nächste Parallele ist Ps 78,70—72 mit dem gleichen Motiv bei David). Philo, Vit Mos 1,60—62 sieht in dem Hirtenberuf des Mose die beste Vorbereitung für seinen göttlichen Auftrag und bezieht den Titel auf den idealen König (vgl. Ez 34,23). Im Zusammenhang mit dem Tod des Mose steht das Hirtenbild schon in Num 27,17 als Ausdruck für die Führerschaft Moses und Josuas.

[9] Zur Fürsprache Moses in diesem Zusammenhang vgl.oben S. 148, Anm.2. In Jos Ant 4,194 und Ass Mos 11,11 geht wie hier dem Motiv der Fürsprache das der Führerschaft (ἀρχή bzw. „dux") voraus. Es scheint eine geprägte Tradition vorzuliegen, die auch in Joh 10 nachwirkt, indem die Führerschaft des wahren Hirten mit seinem Lebensopfer verbunden wird.

Daß Moses Fürsprache mit seinem Tode endet, entspricht der schroffen Ablehnung jeglicher Fürsprache von Toten bei Ps-Philo, AB 33,4f (vgl. auch slav Hen 53,1—3; anders Vit Proph 13).

[10] Vgl. Teeple (s.o. Anm.1) 5of. Die „Propheten",. die Josephus in Ant 18,85; 20,97—99. 169—172; Bell 2,259.261—263 erwähnt, sind auf dieser Linie zu verstehen; vgl. O.Betz, oben S.32. Bei den Samaritanern hat die Aktualisierung dieser Weissagung durch Dositheos zu einer Zurückdrängung der ursprünglich zentralen Erwartung des Propheten wie Mose geführt; vgl. H.G.Kippenberg, Garizim und Synagoge. Traditions-geschichtliche Untersuchungen zur samaritanischen Religion der aramäischen Periode (1971) S. 306—327. In Qumran und im Judenchristentum hat man die Stifter der Gemeinde von Dtn 18,15.18 her verstanden; vgl. zu Qumran Teeple (s.o.Anm.1)

den, wenn er in AB 24,6 Josua im Vergleich mit Mose „ducem similem eius" nennt[11]. Aber auch Samuel ist nach AB 53,2 in Gottes Augen „similis Moysi famulo meo". Ps-Philo versteht also die Weissagung von Dtn 18 im „distributiven" Sinne, auf die Folge der Propheten im ganzen bezogen[12], wobei der Prophetenbegriff weit gefaßt ist. Dementsprechend tritt auch das Problem des Abfalls nach dem Tod einer Führergestalt für Ps-Philo immer wieder in der Geschichte Israels auf[13]. Mose ist nicht mehr als „primus omnium prophetarum" (AB 35,6).

Nach der Rede Moses spricht Gott ihn „ein drittes Mal"[14] an und kündigt ihm den Tod und den künftigen Abfall des Volkes an (§ 6). Er erhält die Zusage, daß er das Land sehen darf[15], insbesondere „den Ort, an dem sie mir dienen werden 740 Jahre lang"[16] — bis zur Zerstörung (§ 7)[17]. Danach besteigt Mose den Abarim[18] und spricht ein letztes Gebet für Israel (§ 8f).

S. 51f. (mit weiterer Literatur) und O.Betz, Offenbarung und Schriftforschung in der Qumransekte (WUNT 6, 1960) S. 62—64, zum Judenchristentum H. J. Schoeps, Theologie und Geschichte des Judenchristentums (1949) S. 87—98 und 113—116.

[11] Oder soll man zwischen „similem" in AB 24,6 und „talem" in 19,3 eine bewußte Differenz sehen? Derart scharfe Distinktionen, wie wir sie aus den christologischen Debatten der Alten Kirche kennen, dürfen wir im Sprachgebrauch dieses Erzählers und v.a. auf der Stufe der Übersetzung kaum erwarten. — Auch bei den Samaritanern hat die antidositheanische Reaktion in Josua die Erfüllung von Dtn 18,15.18 gesehen, vgl. Kippenberg (s.o.An.10) S. 321f.

[12] Vgl. G.v.Rad, Theologie des Alten Testaments II (1962) S. 274 Anm. 44 und ders., Das fünfte Buch Mose (ATD 8, 1964) S. 88. V.Rad bezweifelt, daß dies die ursprüngliche Bedeutung ist.
Ganz unbegründet und abwegig ist die Behauptung von B.W. Bacon, The Gospel of the Hellenists (ed. H.C.Kraeling, 1933) S. 84, daß die Samaritaner im Gegensatz zum Judentum bei Dtn 18,15 an eine Folge von Propheten gedacht hätten. Gerade im Judentum konnte diese Deutung vertreten werden, bei den Samaritanern nicht.

[13] Vgl. AB 24,4; 28,2.4; 30,6f. Biblische Grundlage ist Jdc 2,7—12.

[14] Diese Zählung reiht wohl Num 27,12ff.; Dtn 31,14 und 32,48 aneinander als eine Reihe von Rufen Gottes (unmittelbar Kap.19 ist in AB die Bileamsgeschichte Num 22—25 nacherzählt!). Dieses Durchzählen der genannten Stellen ist wohl traditionsgeschichtlich eine Vorstufe zu dem Motiv der wiederholten Bat Qôl, nach dem Midr Peṭ Moš dramatisch gegliedert ist.

[15] Vgl. Dtn 32,48—50.52.

[16] James emendiert im Anschluß an L.Cohn (JQR, Old Series 10, 1898, S. 327) zu „850" in der Annahme einer Übereinstimmung mit Sedaer Olam Rābbā 11. Daß Mose insbesondere den Ort des Heiligtums sehen darf, erzählt auch Marqah, Mem V,3 p.126,23f. (s.u.).

[17] Hier steht die oben in Anm.1 erwähnte Angabe des Datums (17.Tag im 4.Monat).— Das Sehen des Landes geht über in das Sehen der Schicksale des Volkes im Land: dies ist der Ansatzpunkt für die apokalyptische Auffüllung der Erzählung. Vgl. auch im Targum zu Dtn 34,1ff.

[18] Vgl. Dtn 34,1a. Auch Ps-Philo unterschlägt wie Josephus den Ortsnamen Nebo. — Ein Teil der handschriftlichen Überlieferung liest hier „Horeb". Das mag ein Reflex der haggadischen Überlieferung sein, die den Aufstieg auf den Abarim bzw. Nebo mit dem zweimaligen Aufstieg auf den Sinai verbunden hat; vgl. TPsJ Gen 32,49; Mem Marq V,2 p. 120,23ff.

Dann zeigt Gott ihm das Land[19], doch nicht nur das Land, sondern auch kosmologische Geheimnisse und Orte der Himmelswelt[20]. Diese Offenbarungen sind jedoch — anders als bei Henoch — keine Vorboten der Entrückung in den Himmel: erst nach dem Todesschlaf in der Erde soll Mose durch die Auferweckung in die „unsterbliche Wohnung" des neuen Himmels gelangen (§ 12f). Auf diese Zukunftsschau hin erlaubt sich Mose die kühne Frage[21], wie nahe das Ende denn nun sei (§ 14). Die Antwort wird ihm zunächst in Metaphern[22], dann in klaren Zahlen gegeben: viereinhalb Teile der Weltzeit sind schon vergangen, zweieinhalb stehen noch bevor (§ 15)[23]. Damit erreicht die Erzählung ihren Höhepunkt:

16 „Als Mose dies hörte, wurde er mit Einsicht (sensu) erfüllt, und seine Gestalt wurde verwandelt in Herrlichkeit (in gloria), und *er starb* in Herrlichkeit *gemäß dem Munde des Herrn*, und *Er begrub ihn*, so wie Er es ihm versprochen hatte."

Diese Sätze enthalten die Feststellung von Tod und Begräbnis des Mose in wörtlicher Anknüpfung an Dtn 34,5f, wobei das 'al pî JHWH des biblischen Textes philologisch richtig[24] interpretiert wird als Rückverweis auf

---

[19] Vgl. Dtn 34,1b—4.

[20] Vgl. Midr Pet Moš BHM I, S. 125: Gott zeigt Moses das Land, „daß er es erblicke, das Verborgene in der Höhe, das Versteckte offenbar und das Entfernte nah. . . "; SiphZ S. 276; Jalq beha'alotka § 739 S. 483b oben. Vgl. ferner äth Hen 41,3—9; 43f.; 59; 72—82.

[21] Beachte die unterwürfige Einleitung der Frage und vgl. zur Sache Mk 13,32 Par.; Act 1,7.

[22] Die Stelle ist ziemlich verderbt und auch James' Emendation überzeugt nicht; vgl. aber Anm. 23.

[23] Die Einheit ist wahrscheinlich ein Jahrtausend, denn in AB 28,8 spricht Ps-Philo von einer Weltzeit von 7000 Jahren. Er scheint demnach, wenn die übliche zeitliche Ansetzung von Ps-Philo stimmt, das Weltende nicht für seine eigene Generation erwartet zu haben (s.o.Anm.1.). Andernfalls hätte er auch einen Traditionsweg konstruiert, auf dem dieses Wissen der letzten (nämlich der eigenen) Generation übermittelt werden sollte (so etwa in Ass Mos durch die Einweihung Josuas durch Moses Abschiedsrede). Möglich ist, daß Ps-Philos Interesse an der Chronologie einer kritischen Auseinandersetzung mit apokalyptischen Berechnungen entspringt, wie sie in b Sanh 97a/b und b Ab Za 9a — mit anderer Lösung — vorliegt; vgl. oben S. 151. Dafür spricht insbesondere, daß die vor der Zahlenangabe verwendeten Metaphern doch wohl ursprünglich die Vorstellung eines winzigen Restes vermitteln sollen, so jedenfalls die unversehrte Wendung „ein Tropfen vom Becher" (vgl. Jes 40,15). Diese Metaphorik, die von Hause aus eine hochgespannte Naherwartung ausdrückt, steht in Spannung zu der nachfolgenden Zeitangabe. Ähnlich steht auch 4.Esr 4,47—50 in Spannung zur Tatsache des Zeitraums zwischen Esra und dem wirklichen Verfasser und seinen Lesern. Sehe ich recht, so zeigen die beiden Stellen, daß ein Moment der „Parusieverzögerung" nicht als Widerspruch zur apokalyptischen Geschichtsauffassung empfunden wurde und daß apokalyptisches Denken nicht notwendig mit Naherwartung verbunden ist. Die Erfahrung der Parusieverzögerung in der Urkirche dürfte dann aber kaum die Bedeutung gehabt haben, die man ihr für die Entwicklung des frühchristlichen Denkens weithin beimißt. Insbesondere das Zurücktreten der Eschatologie überhaupt läßt sich dann keineswegs allein von hier aus erklären.

[24] Vgl. Gen 41,40, s. Koehler-Baumgartner, Lexicon, s.v. 6. (nicht 7 c!).

ein vorheriges Wort Gottes. Dieses Wort ist die vom Erzähler vorher mitgeteilte Ankündigung[25]:

12 *„Dich aber werde ich* von hier wegnehmen und schlafen lassen mit deinen Vätern
und dir Ruhe geben an deiner Ruhestätte und dich in Frieden *begraben.*
Und es werden dich beklagen alle Engel und die Heerscharen des Himmels dich
betrauern.
Keiner der Engel und Menschen aber *wird dein Grab kennen*, in dem du begraben
werden wirst, sondern du wirst in ihm ruhen, bis ich die Welt heimsuche."

In dieser Ankündigung ist der Gedanke der Ruhe und des Friedens das
beherrschende Thema; er interpretiert die biblische Nachricht von der
Verborgenheit des Grabes[26] Daneben steht das Motiv der Trauer im
Himmel[27]. Es wird am Schluß des Berichtes noch breiter entfaltet:

16 „Und es trauerten die Engel bei seinem Tode, und es gingen ihm voraus Blitze und
Fackeln und Pfeile, alle in Eintracht[28].
Und an jenem Tage wurde der Lobpreis der Heerscharen nicht gesprochen wegen
des Abscheidens Moses.
Und es gab keinen solchen Tag seit dem, an welchem der Herr den Menschen auf
der Erde gemacht hatte, noch wird es einen solchen geben bis in Ewigkeit: daß der
Lobpreis der Engel wegen der Menschen unterdrückt würde; denn Er liebte ihn
sehr.
Und *Er begrub ihn* mit seinen (eigenen) Händen an einem hohen Ort und im Licht
des ganzen Erdkreises."

Hier ist die Klage über Moses Tod in unerhörter Weise auf die Spitze
getrieben. Nicht nur die Engel trauern, sondern die Unterbrechung des
Lobpreises — mit der Begründung „denn Er liebte ihn sehr" — bedeutet,
daß Gott selber trauert[29].

So gewiß nun Ps-Philo an der Tatsache des Todes Moses festhält[30], so

---

[25] Ich zitiere den Passus erst hier, weil Ps-Philos Bild vom Lebensende des Mose sich
erst aus der Zusammenschau von Ankündigung und Bericht ergibt; z.B. die Aussage
über das Grab aus Dtn 34,6b kommt nur in der Ankündigung vor.
[26] AB 28,10 preist die Ruhe der Gerechten nach dem Tode, weil sie die Sünde der
Menschen nicht mehr miterleben müssen; das ist für Mose, der den Abfall Israels
voraussieht, besonders relevant. AB 64,7 spricht — über die Vorlage 1 Sam 28,15
hinausgehend — von der Störung der Ruhe der Gebeine Samuels. Das Ruhemotiv
scheint für Ps-Philo wichtig gewesen zu sein.
[27] Zur Anteilnahme der Himmlischen am Geschick von Menschen vgl. Lk 15,7.10 und
dazu die Texte bei Billerbeck, 2,209f.
[28] Vgl. Mt 27,52—54; Lk 23,45. Vielleicht will Ps—Philo Züge der Sinai-Theophanie
auf die Abschiedsszene übertragen, vgl. AB 11,5 und oben Anm.18, unten Anm.32.
[29] Vgl. Joh 11,36. Als von Gott geliebt werden in der Bibel folgende Einzelne genannt: Salomo (2 Sam 12,24), Jakob (Mal 1,2; Ps 47,5; Röm 9,13: Zitat aus Mal 1,2),
Jesus (Joh 10,17; 17,24); Sap Sal 4,10 spielt möglicherweise auf Henoch an. Die
Rabbinen sprechen ausdrücklich von der Trauer Gottes, vgl. Midr Pᵉṭ Moš Hs Paris 710
fol.124r f. und BHM I, S. 129.
[30] Vgl. AB 20,2: Josua wird ermahnt, am Tode Moses nicht zu zweifeln und keine
vergeblichen Hoffnung zu nähren, daß Moses noch am Leben sein könnte.

deutlich sind nun aber einige Motive, die doch eine Erhöhung über normales menschliches Maß hinaus andeuten und damit im Übergang zur Entrückungsvorstellung stehen[31] oder von ihr beeinflußt sind. Besonders die *Verklärung* vor dem Tod („mutata est effigies eius in gloria") entspricht viel eher einem Eingang in die himmlische Welt als einem natürlichen Lebensende[32]. Die biblischen Ortsangaben zum Begräbnis sind nicht nur weggelassen, sondern in einem Punkt ins Gegenteil verkehrt: Mose wird nicht „im Tal" bestattet, sondern *auf dem Berg* selbst, und zwar „im Licht des ganzen Erdkreises"[33]. Eine merkwürdige Formulierung im Zusammenhang der Bestattung ist auch das „sepulcrum tuum in quo incipies sepeliri" in § 12, das so klingt, als sei das Grab noch eine Durchgangsstation. An die Vorstellung einer Entrückung erinnert auch die Wendung „te ... *accipiam* inde" (§ 12). Und schließlich heißt es *nach* der Erwähnung von Tod und Begräbnis in § 16, daß Blitze und Flammen ihm „vorangingen" (precedebant eum). Die an sich ausgesprochene Abgrenzung gegen den Gedanken eines Weiterlebens Moses hat sich offenbar nicht restlos in allen Einzelheiten durchgesetzt[34]. Ps-Philo erweist sich damit als ein Autor, der seine Traditionen nicht rigoros von seiner Position her redigiert.

III. *Assumptio Mosis (= Testament Moses)*

Die unter dem Namen „Assumptio Mosis" bekannte, von E. M. Laperrousaz neuerdings auch wieder mit „Testament des Mose" betitelte Schrift[1] ist in der Hauptsache eine große Abschiedsrede prophetischen

---

[31] Ps-Philo kennt die Entrückung Henochs (Ab 1,16) und die Entrückung des Pinhas, der für ihn mit Elia identisch ist (AB 48,1).

[32] Marqah fragt sich, wie derjenige sterben konnte, der auf dem Sinai mit geheiligtem Körper in die Gegenwart Gottes eintreten durfte (Mem Marq V,3 p.126,11–16). Dieses Argument begegnet auch in Moses Diskussion mit Gott BHM I. S. 116; TanBu wa'aeṯḥännän § 6; Tan ebd.

[33] Diese schwer verständliche Wendung meint entweder eine für alle Welt sichtbare Höhe (?) oder einen als „Licht der Welt" gedeuteten Ort (Heiligtum?). Vgl. vielleicht Ass Mos 1,15 „palam omnem plebem".

[34] Weitere Erhöhungsmomente tauchen in vermutlich sekundären, v.a. von der Editio princeps gebotenen Varianten in der Textüberlieferung auf, so „glorificabo" statt „dormificabo" in § 12, die Auslassung von „sed in eo requiesces" nach „incipies sepeliri" ebd., und in § 16 die Lesarten „recessu" und „processu" statt „decessu".

[1] Vgl. E.M.Laperrousaz, Le Testament de Moïse (généralement appelé 'Assomption de Moïse'). Traduction avec introduction et notes (Semitica 19, 1970). Auf S. 104–111 (nicht numeriert) findet sich ein fotomechanischer Abdruck der Editio princeps von A.M.Ceriani aus: Monumenta Sacra et Profana ex codicibus praesertim Bibliothecae Abrosianae ... I,1 (Mailand 1861) S. 55–62. Ich behalte den eingebürgerten Titel der Schrift bei und stimme darin überein mit E.Brandenburger, der Ass Mos in der von Habicht, Kaiser, Kümmel und Plöger vorbereiteten Sammlung „Jüdisches Schrifttum aus hellenistisch-römischer Zeit" bearbeitet und mir brieflich Bedenken gegen den Vorschlag von Laperrousaz mitgeteilt hat.

Inhalts[2]. Ihr Schluß ist nicht erhalten, doch wird der bevorstehende Tod an drei Stellen (1,15; 10,12.14) erwähnt.

Die von 1,10 bis 10,15 reichende Rede Moses an Josua ist eine Entfaltung des Themas „Abfall, Gericht, Rettung"[3]. Die Antwort Josuas (Kap. 11) geht auf diese Geschichts- und Endschau nicht ein, sondern reflektiert nur den bevorstehenden Tod Moses. Das einzige konkrete Motiv aus dem biblischen Bericht ist dabei die Grabtradition, die in eigenartiger Form aufgegriffen wird (11,5—8):

5 „Welcher Ort nimm[t] dich auf,
6 und was wird das Denkmal (deiner) Bestattung sein,
7 und wer wird es wagen[4], deinen Leichnam in . . .[5] von einem Ort zum andern zu befördern?[6]
8 (Alle Sterbenden haben ja je nach ihrer Größe[7] ihre Grabstätten in der Erde[8] .)
   Denn deine Grabstätte reicht vom Aufgang der Sonne bis zu ihrem Niedergang und vom Süden bis zum äußersten Norden: der ganze Erdkreis ist dein Grab![9]

---

[2] Die von Laperrousaz vorgeschlagene Überschrift „Testament', Moses entspricht zwar der Form der Schrift, läßt aber inhaltlich ein größeres Maß an Verwandtschaft mit der übrigen Testamentenliteratur erwarten, v.a. eine stärker paränetische Ausrichtung, während Ass Mos primär eine Offenbarungsschrift ist. Was in anderen Traditionen vom Tod Moses als Vision des Scheidenden erzählt oder angedeutet wird, erscheint hier als letzte Botschaft an die Zurückbleibenden (vgl. oben Teil II, Anm. 23).
Zur Frage der geistigen Herkunft von Ass Mos und zur Abfassungszeit vgl. meine Studie „Assumptio Mosis — eine samaritanische Schrift?": ThZ 25 (1969) S. 385—405. Laperrousaz bringt in diesem Zusammenhang keine neuen Gesichtspunkte in die Diskussion und sieht auch nicht das Problem von Ass Mos 1,17f., wo Josua mit dem für das Heiligtum erwählten Ort in Verbindung gebracht wird. Diese Stelle ist für mich der Grund, trotz mancher Bedenken gegen Teile meiner übrigen Argumentation an meiner These samaritanischer Herkunft von Ass Mos festzuhalten. Als Datierung schlage ich auf Grund von Ass Mos 8,1 die Zeit nach 135 n.Chr. vor; vgl. a.a.O. S. 403—405.
[3] Der Abschnitt 2,1 — 4,6 entspricht dabei dem Schema von „Sin, Exile, Return" in den danach benannten „SER-Stücken" in Test XII; vgl. J.Becker, Untersuchungen zur Entstehungsgeschichte der Testamente der zwölf Patriarchen (AGJU 8, 1970) S. 172—177. Dagegen geht der eschatologischen Rettung keine Umkehr des ganzen Volkes, sondern das Selbstopfer des Leviten „Taxo" mit seinen Söhnen voraus; vgl. Ass Mos 9/10.
[4] Die Handschrift schreibt „audeuit" statt „audebit".
[5] Das „in (e)ut homo" der Handschrift ist bis heute nicht befriedigend geklärt. Zu einigen Vorschlägen vgl. Laperrousaz (s.o. Anm.1) S. 132f. Anm.7. Vielleicht ist ein seltenes Wort für „Sarg" o.ä. verstümmelt worden.
[6] Vgl. t Sot 4,8 (s.u. S. 165) und Mem Marq V,4 p.127,28 — 128,3 zu dem Gedanken, daß es einer besonderen Würde bedarf, einen „Großen" zu bestatten.
[7] Vgl. C.Clemen, Die Himmelfahrt Moses: Die Apokryphen und Pseudepigraphen des Alten Testaments (hrsg.v.E.Kautzsch) II, 311—331, S. 329 Anm.e.
[8] Eigentlich Plural „in terris".
[9] Vgl. die Erwähnung des Erdkreises in Ps-Philo AB 19,16 Ende. Clemen (s.o.Anm.7) 329 Anm.f, verweist auf Thuc II,43: ἀνδρῶν γὰρ ἐπιφανῶν πᾶσα γῆ τάφος. Eine ähnliche Reflexion enthält die Klage des Sultans Dau el-Makan in: Die Erzählungen aus den tausendundein Nächten, Vollständige deutsche Ausgabe . . . Übertragungen von E. Littmann (1953) Bd.1, S. 763f.

Die übrige Rede Josuas beklagt die Situation, die durch den Tod Moses entsteht (11,9–19):

9 „Herr, du gehst hinweg[10], – und wer nährt jetzt dieses Volk?
10 Und wer ist es, der sich ihrer erbarmen wird? [11']
Und wer wird ihnen Führer sein auf dem Wege?
11 Und wer wird für sie beten[12], ,ohne auch nur einen Tag nachzulassen', damit ich sie in das Land . . . hineinführe? "

Hier geht die Klage über in den Zweifel Josuas an seiner eigenen Befähigung zum Nachfolger Moses in der Leitung des Volkes (11,12–15)[13]. Vor allem aber wird Mose fehlen als der eigentliche Garant der Existenz des Volkes angesichts der Bedrohung durch Feinde, – eine Bedrohung, die dann gefährlich wird, wenn Israel in Sünde gefallen ist und sich den Zorn Gottes zugezogen hat:

16 „Aber auch die Könige der Amoräer werden glauben, uns besiegen zu können, wenn sie hören werden, daß du[14] nicht mehr da bist, – du heiliger Geist, würdig des Herrn, vielfältig und unbegreiflich[15], Herr des Wortes[16], treu in jeder Hinsicht[17], göttlicher[18] Prophet für den ganzen Erdkreis[19], in Ewigkeit[20] vollkommener Lehrer –

---

[10] Lies „abis" statt „ab his".

[11] Vgl. Mem Marq V,3 p.124,18, sowie III,2 p.57,15ff.; IV,7 p. 97,13ff.

[12] Vgl. Jos Ant 4,194; Ps-Philo AB 19,3; (s.o.S.148 Anm. 2,S.152 Anm. 9) sowie Mem Marq V,3 p. 124,17.

[13] Im Hintergrund steht die Diskussion über Dtn 18,15.18; vgl. oben S. 152f zu Ps-Philo AB 19,3.

[14] Lies „temet" statt „semet"; vgl. Laperrousaz (s.o. Anm.1). S. 134 Anm.16.

[15] Vgl. Sap Sal 7,22. Mose wird hier mit dem weisheitlich verstandenen heiligen Geist gleichgesetzt – eine Analogie zur Gleichsetzung Jesu mit dem göttlichen Logos bei Johannes; vgl. K. Haacker, Die Stiftung des Heils. Untersuchungen zur Struktur der johanneischen Theologie (1972) S. 126. Dem entpricht die Aussage über eine Art Präexistenz des Mose in Ass Mos 1,14; vgl. ebd. S. 122–125. – Zu „incomprehensibilis", vgl. Ignatius Mg 15: ἀδιάκριτον πνεῦμα, ὅς ἐστιν Ἰησοῦς Χριστός.

[16] „Herr des Wortes" ist ein traditioneller Titel des Hermes, als dessen Epiphanie man Paulus in Lystra verstand; vgl. Act 14,12: ὁ ἡγούμενος τοῦ λόγου vgl. W. Bauer, Wörterbuch Sp.679. Auch bei Artapanus 3,12 wird Mose mit Hermes identifiziert; vgl. K.Haacker (s.o. Anm.15) S. 113–115 (Exkurs: Zur Gleichsetzung Moses mit Hermes/ Thot). Das verbindet wiederum die Mosetradition mit der Henochtradition; vgl. M.Hengel, Judentum und Hellenismus. Studien zu ihrer Begegnung unter besonderer Berücksichtigung Palästinas bis zur Mitte des 2.Jh.s v.Chr. (WUNT 10, 2.Aufl.1973) S. 390 und ders., Die Begegnung von Judentum und Hellenismus im Palästina der vorchristlichen Zeit: Verborum Veritas (Festschrift für G.Stählin, 1970) 329–348, S. 345.

[17] Vgl. Num 12,7, worauf auch in Mem Marq V,3 mehrfach zurückgegriffen wird.

[18] Zu Tendenzen, Mose als göttlich anzusehen, vgl. W.A. Meeks, Moses as God and King: Religions in Antiquity. Essays in Memory of E.R. Goodenough (1968) 354–371.

[19] Vgl. die Erwähnung des Erdkreises in Ass Mos 11,8 (s.o.).

[20] So verstehe ich „in saeculo". Zu diesem Zusammenhang vgl. Amram Darah, Hymne 5 (J.Macdonald, ALUOS 2, 1961, S. 70): „The Lord ist the God of the generations and Moses the prophet of all generations."

dann werden sie sprechen: ,Laßt uns gegen sie aufbrechen!'[21]

17 Wenn die Feinde sich noch einmal[22] gegen ihren Herrn versündigt haben, dann haben sie keinen Verteidiger[23], der für sie Bitten vor den Herrn bringe[24], nach der Art, wie Mose ein großer Botschafter[25] war, der stündlich bei Tag und bei Nacht seine Kniee auf die Erde gestemmt hatte, bittend und aufblickend zu dem ,Herrn'[26], der den Erdkreis mit Erbarmen und Gerechtigkeit beherrscht, erinnernd an den Bund mit den Vätern[27], um den Herrn durch den Schwur[28] zu besänftigen.'

18 Sie werden nämlich sagen: ,Jener ist nicht (mehr) bei ihnen. Laßt uns also gehen und sie vom Erdboden vertilgen.'

---

[21] Vgl. Sam.Josuabuch (Chronik IV) Kap. 8 (Juynboll S. 140): „Nam laetatae erant quam maxime, postquam Prophetae mors iis innotuerat, et Israelitis bellum inferre volebant." Ähnlich Ps-Philo AB 64,2, aber im Zusammenhang mit dem Tod Samuels.

[22] Vgl. Num 14,41−45; Dtn 1,42−44.

[23] Der Begriff des Verteidigers hat hier die Doppelbedeutung von „Beistand vor Gericht" und „Helfer im Krieg". Der rätselhafte Titel des Elia in 2 Kön 2,12 und der − von dieser Stelle herkommende − Würdename des Jakobus im Bericht des Hegesipp bei Euseb, hist eccl II 23,6f liegen auf dieser Linie; auch Mem Marq IV,7 p.97,14ff verbindet Fürbitte und Schutz gegen Feinde.

[24] Vgl. oben Anm.12.

[25] Vgl. die Bezeichnung Moses als šaliᵃḥ und die Rede von seiner šᵉlîḥûtā in der samaritanischen Literatur; vgl. Mem Marq I,9 p.21,31; II,9 p.45,21; II,12 p.50,31; III,6 p. 74,6f.; V,3 p. 123,8 (diese Stelle steht im Bericht vom Tod Moses); VI,3 p. 137,8; VI,7 p. 142,16. W.A. Meeks, The Prophet-King. Moses Traditions and the Johannine Christology (Suppl Nov Test 14, 1967) S. 302 urteilt darüber: „There ist no comparable theme in the Rabbinic haggada, although occasionally Moses is called the (šaliᵃḥ) of God in the context of a specific task he had to do." Das bedeutet, daß die immer wieder herausgestellte Differenz zwischen dem jüdischen Begriff des Gesandten und dem neutestamentlichen Apostolat hier nicht besteht. Es ist ernsthaft zu erwägen, ob der neutestamentliche Apostelbegriff nicht aus einer Mosetradition stammt, wie sie von Ass Mos und der (übrigen) samaritanischen Tradition vertreten wird. Paulus konfrontiert in 2 Kor 3 den apostolischen Dienst mit dem Amt des Mose, und in der Mosetradition sind die fünf Grundelemente des paulinischen Apostolats vorgegeben: Offenbarungsempfang, Botendienst, Leiden, Fürbitte, Wunder. Es zeigt sich hier die Möglichkeit einer traditionsgeschichtlichen Einordnung des christlichen Apostelbegriffs, die den von Schmithals (Das kirchliche Apostolat, 1961) herausgestellten gnostischen Parallelen insofern gerecht wird, als ein möglicher gemeinsamer Mutterboden sichtbar wird, von dem christliches und gnostisches Denken in diesem Zusammenhang herkommen. Zu Verbindungslinien zwischen gnostischer und samaritanischer Tradition am Beispiel von Simon Magus vgl. Kippenberg (s.o. II, Anm.10), S. 328ff.

[26] Ich emendiere das „homini" zu „dominum" ; vgl. „dominus orbis terrarum" in 1,11.

[27] Vgl. 3,9; 4,5; Ps-Philo AB 19,2; 30,7.

[28] Gedacht ist nicht an beschwörendes Gebet (so Clemen, s.o. Anm. 7, S. 330), sondern es geht − parallel zum Bundesbegriff − um den Eid Gottes. Bund und Eid stehen auch in 12,13 nebeneinander. Wahrscheinlich steht Dtn 32,40ff. im Hintergrund; denn Ass Mos 9,7 − die entscheidende Stelle für die Eschatologie der Schrift − weist wohl auf Dtn 32,43 zurück. Es sei angemerkt, daß m.E. dabei die Textform von Dtn 32,43 vorausgesetzt ist, die in 4 Q bezeugt ist; vgl. R.Meyer, unt. S.291. Darauf deutet das „filios suos" in Ass Mos 10,3 und das Motiv der Freude, das diesen Abschnitt beherrscht (vgl. 10,1.8.10) und der Textform von 4 Q besser entspricht.

19 Was wird dann mit diesem Volk geschehen, Herr Mose[29]? "

Die Antwort Moses auf diese Klage verweist auf die allgemeine und spezielle Vorsehung Gottes (12,4f.13), in der auch das Amt Moses begründet ist – und nicht in persönlichen Qualitäten Moses (12,7). Es ist ein Amt, das in besonderer Weise auf die Sünden Israels bezogen ist (12,6), – leider ist die Handschrift gerade an dieser Stelle nur noch lückenhaft lesbar. Daß es um ein Fürsprechamt *nach* dem irdischen Leben Moses ginge, ist durch nichts angedeutet[30]. Die einzige Spur eines Entrückungsgedankens ist die in 10,12 als Variante zu „morte" in den Text eingedrungene Glosse „receptione"[31].

IV. *Memar Marqah*

Das fünfte Buch des Memar Marqah ist ein ausführlicher Midrasch über den Tod des Mose[1]. § 1 beginnt mit Zitaten aus Dtn 32,48—50

---

[29] Auf die Anrede „domine" für Mose in Ass Mos 11,4.9.19 (14 ist übersehen) hatte schon G.Dalman, Die Worte Jesu Bd.1, 2.Aufl. 1930, S. 267 hingewiesen. Eine Anrede mit oder Erwähnung als „Herr NN" wie in Ass Mos 11,4.14.19 (in 11,9 steht nur „domine") begegnet öfter in der samaritanischen Literatur, wobei konsequent adon verwendet wird; vgl. Mem Marq V,2 p.119,2 von Mose im Munde Josuas; Cod. Gaster No.1168 fol.1b—8b (abgedruckt in: M.Gaster, The Asatir. The Samaritan Book of the Secrets of Moses, 1927) mehrfach von Mose, Josua, Eleazar, Pinhas; Chron II Jud § E: J* spricht von „unserem Herrn Pinhas", sowie von „unserem Herrn, dem Hohenpriester Abisa" (so auch ebd. § F : A*).
Auf der anderen Seite wird jedenfalls von Marqah der Titel mārā *nur für Gott* gebraucht. Dalman hatte auf die Häufigkeit dieser Gottesbezeichnung bei Marqah hingewiesen (a.a.O. S. 148). Der (seltene) absolute Gebrauch liegt mit Sicherheit vor in Mem Marq I,2 p. 7,26; I,4 p. 13,20 und 15,3; ziemlich sicher auch in IV,10 p. 105,19.20.21.22.23 und V,3 p. 126,5; VI,5 p. 139,18. Bei diesem Sprachgebrauch handelt es sich nicht um einen Ersatz für das Tetragramm, das vielmehr daneben begegnet. Das Phänomen bedürfte noch einer näheren Untersuchung unter Hinzuziehung der Liturgie. Im Blick auf das neutestamentliche „Maranatha" müßte der Befund bei den Samaritanern stärker als bisher in die Diskussion um den Kyriostitel eingebracht werden. Die samaritanische Tradition lebte in neutestamentlicher Zeit sicher nicht so abseits vom jüdischen Traditionsstrom, daß man das hier erhaltene Sondergut für die Erforschung des Neuen Testaments vernachlässigen könnte. Es liegt in dieser Frage eindeutig ein reflektierter theologischer Sprachgebrauch vor (vgl. unten S. 162, Anm.13!). Von daher verbietet es sich, a limine auszuschließen, daß im Kyriostitel Jesu eine auf Jesus übertragene Gottesbezeichnung vorliegen könnte.
[30] Gegen Meeks (s.o. Anm.25) S. 160.
[31] Ceriani gibt die in Scriptio continua gehaltene Handschrift an dieser Stelle mit „receptio*nem* usque" wieder. Das „*m*" dürfte jedoch eher Rest eines ursprünglichen „mea" sein und nicht falsche Kasusendung. Zur Tendenz der Glosse vgl. oben S. 156, Anm. 34 zur Textüberlieferung von Ps-Philo.

[1] Ich zitiere nach der Ausgabe von J.Macdonald, Memar Marqah. The Teaching of Marqah, ed. and translated (BZAW 84, 1963, 2 Bände), nach Buch (I—VI), §, sowie S. und Z. des Textes (Bd.1).

(p. 117,9ff). Ein neuer Einsatz erfolgt dann innerhalb von § 2 (p. 121,1ff) mit Zitaten aus Dtn 33,1—4[2]. Von § 3 Ende (p. 126,28ff) bis zum Schluß von § 4 sind die Ausführungen durchzogen von Zitaten aus Dtn 34,5—12 in der Reihenfolge des biblischen Textes[3].

Eine Wiedergabe und Besprechung im ganzen ist an dieser Stelle ebenso wenig möglich wie im Falle der rabbinischen Überlieferung. Ich beschränke mich daher auf zwei Themenkreise, an denen sich Eigentümlichkeiten der einschlägigen samaritanischen Überlieferung zeigen: die Haltung Moses angesichts des bevorstehenden Todes und die Schilderung des Endes selbst.

a) Die Antwort Moses auf den Todesbescheid

Der rabbinische Midrasch über den Tod des Mose erhält seine Spannung durch die zahlreichen Einwände Moses gegen den Beschluß Gottes, ihn sterben zu lassen. Auch Marqah kennt Argumente, die eigentlich dagegen sprechen sollten, daß Mose sterben muß: alle Wunder, die durch ihn geschehen sind, und insbesondere der Aufstieg in himmlische Bereiche beim Empfang des Gesetzes[4]. Aber keines dieser Argumente begegnet im Munde Moses. Im Gegenteil: er antwortet auf die Ankündigung seines Todes mit einer Doxologie[5]. Zwar bricht er in Tränen aus, nachdem sich die Fürbitte der Engel, der fünf Bücher der Schrift und anderer Fürsprecher[6] als vergeblich erwiesen hat[7]. Aber er weint „nicht um sich selbst, sondern um die Gemeinde"[8]. Und während er, aus Mitleid weinend, den Berg besteigt, „freut sich seine Seele auf den Termin ihres Herrn"[9]: die Todesstunde, die in Midr Peṭîrāt Mošǣ in immer drohenderer Nähe angesagt wird, erscheint hier als ehrenvolle Einladung und willkommene Verabredung. Insbesondere die Offenbarung dessen, was jenseits des Tages der Rache liegt, d.h. der Einblick in die Heilszeit, der ihm geschenkt wird, erfüllt Moses Herz mit großer Freude, so daß er den Tod nicht fürchtet[10]. Am freudigen Charakter dieser Todesbejahung ändert sich auch dadurch

---

[2] Die von J. Macdonald nach thematischen Gesichtspunkten gewählte Einteilung in Paragraphen (vgl. Bd.1, S. XXXVIII) überzeugt nicht immer, wie dieses Beispiel illustriert. Vgl. Auch Buch IV, wo die Meditation über Dtn 32,4 sich über drei §§ hin erstreckt (2—4).

[3] Andere Pentateuchzitate, v.a. aus den letzten Kapiteln des Dtn, sind ohne erkennbare Ordnung eingestreut.

[4] Vgl. Mem Marq V,3 p.126,11ff.

[5] Vgl. Mem Marq V,1 p.117,14ff.

[6] Diese Fürbitten nehmen den Hauptteil von § 1 ein (ab p.117,17).

[7] Das starke emotionale Moment an dieser Stelle beweist, daß die Todesbejahung Moses in der samaritanischen Tradition nichts zu tun hat mit dem stoischen Ideal des Josephus; vgl. oben S. 149, Anm.5.

[8] Mem Marq V,2 p.118,19. Eine ausführliche Klage Moses über das Volk steht ebd. p.119,23ff.

[9] Mem Marq V,3, p. 124,1.

[10] Mem Marq V,3 p.126,20f.

nichts, daß Moses sein eigenes Todesschicksal auf den Sündenfall Adams zurückführt[11] und daß seine Doxologie an den Stil einer Gerichtsdoxologie erinnert[12]. Gerade in seinem Sterben erweist sich Mose als der vorbildliche „Knecht", der dem Wort seines Herrn[13] willig Folge leistet: sein Sterben ʿăl mêmăr JHWH ist die Besiegelung seines lebenslangen Gehorsams:

„Groß ist er, dieser große Prophet, bei dem alles nach dem Wort des HERRN (zuging)."

b) Der Bericht vom Ende Moses

Im Bericht vom Tod Moses bei Marqah zeichnen sich deutlich zwei entgegengesetzte Aspekte ab: der Verlust für das Volk und die Verherrlichung Moses. Ersteres spiegelt sich darin wider, daß die Erzählung mehrfach mit der Einleitung „Bitter war die Stunde..." neu einsetzt[15], letzteres kommt in den Einleitungen „Groß war die Stunde" oder „Groß war die Freude" zum Ausdruck[16]. Auch im Gang der Erzählung treten die beiden Aspekte auseinander. Für das Volk ist das Letzte im Leben Moses sein Eingang in die Wolke, die ihn von da ab verhüllt:

„Bitter war die Stunde, in der der große Prophet Mose in die Wolke eintrat und verdeckt wurde wie ein Lichtkörper[17]. Und als der große Prophet Mose verhüllt wurde vor den Augen (oder: Blicken) der Gemeinde Israels, da war ein jeder voll Trauer und Weinen..."[18]

„Und als er den Gipfel des Berges erreichte, kam die Wolke herab und nahm ihn weg[19] aus der Sicht der ganzen Gemeinde Israel."[20]

Erst in der Wolke, für das Volk verborgen[21], spielt sich die Verherrlichung Moses bei seinem Tode ab:

---

[11] Vgl. Röm 5,12.

[12] Mem Marq V,2 p.118,21ff.

[13] Interessant ist die Wortwahl: das Verhältnis Moses zu „seinem Herrn" (mrh), entspricht dem eines Knechtes zu „seinem Herrn" (rbh), p. 126,29. Die Stelle beweist, daß mrh bewußt für den theologischen Gebrauch reserviert wird. Vgl. oben, Teil 3, Anm. 29.

[14] Vgl. Mem Marq V,3 Ende, p. 126,28—127,2 im Anschluß an Dtn 34,5.

[15] Vgl. V,1, p.117,13; V,2, p.118,16 und p.119,13; V,3 p.124,4

[16] Vgl. unten.

[17] Vgl. Gen 1,14—16; Ps 74,16. Marqah vergleicht Mose auch sonst mit der Sonne, vgl. etwa VI,8 p.143,29 f und in unserem Zusammenhang V,4 Anfang, p. 127,4.

[18] Mem Marq V,3 p.124,4—6.

[19] Macdonald übersetzt wsgbh mit „lifted him up" (Bd. 2, S. 208). Tatsächlich kann die Vokabel „hochheben" und „wegnehmen" bedeuten. Der Zusammenhang und die Verwendung der gleichen Vokabel in V,3 p. 124,4—6 sprechen jedoch für letzteres. (Vielleicht steht dieselbe Doppeldeutigkeit hinter dem Schwanken der handschriftlichen Überlieferung zwischen ἐπήρθη und ἀπήρθη in Act 1,9.). Von einer „Assumptio" Moses wird man bei Marqah danach nicht reden können. (gegen J. Macdonald, The Theology of the Samaritans, London 1964, S. 215).

[20] Mem Marq V, 4 p. 128,1f. Vgl. Jos Ant 4,326, s.o. S. 149 mit Anm. 8.

[21] Das Folgende erweist sich damit als ursprünglich esoterisches Wissen.

„Wie groß war die Stunde, da der große Prophet Mose auf dem Gipfel des Berges Nebo stand und alle Engel des Himmels anwesend waren und ihn ehrten[22]. Und sein Herr würdigte[23] ihn und enthüllte das Licht seiner Augen und zeigte ihm die vier Viertel der Welt. Groß war die Freude, die im Herzen Moses war, als Er ihm enthüllte, was nach dem Tag der Rache (kommt); darum fürchtete er sich nicht vor dem Tode.

Groß war die Freude, die im Herzen Moses einkehrte[24], als er die Engel bei sich stehen sah, zur Rechten und zur Linken, hinter ihm und vor ihm. Und der große Kabod faßte ihn bei der Rechten, umarmte ihn[25] und ging vor ihm her.

Da hob der große Prophet Mose seine Augen auf und erblickte Härg^erîzîm[26] und warf sich nieder, das Gesicht auf die Erde. Und als er aufstand von seiner Proskynese, sah er den Eingang der Höhle sich vor ihm öffnen.

Und als er den Eingang der Höhle offenstehen sah, beweinte er den Menschen[27] und pries den, der ewiges Leben besitzt[28]. Groß war die Stunde, in der der große Prophet Mose sein Haupt neigte und ins Innere der Höhle eintrat. Er wandte sich mit dem Gesicht zum Härg^erîzîm und legte sich auf die Erde schlafen und verhüllte sein Antlitz (?). Da ließ Gott Schlaf über ihn kommen, und seine Seele verließ ihn ohne Schmerz, ja, ohne daß er es merkte."[29]

An der Tatsache des Todes Moses kann nach diesem Bericht kein Zweifel bestehen. Was Mose tröstet, ist der eschatologische Ausblick in die Zeit nach dem Tag der Rache[30]. Damit ist sicher auf die Hoffnung der Auferstehung angespielt, die Marqah teilte[31]. Bis dahin ruht Mose im Grabe; denn so versteht Marqah den Satz aus Dtn 34,6b: „Und kein Mensch kennt sein Grab *bis zu diesem Tage*":

„Und was ist ‚dieser Tag'? — Der Tage der Rache."[32]

Dies gilt, obwohl Marqah im Tod Moses ein Verhängnis für Isreal sieht, den eigentlichen Grund für das Ende der Gnadenzeit[33]:

---

[22] Vgl. vorher p.124,19: „Und die Engel des Himmels freuten sich über sein Nahen und stiegen herab vom hohen Ort, um ihn zu ehren," desgleichen „die Mächte" und „der Kabod".
[23] Ich erkläre 'sqph als sipq af. mit Metathesis.
[24] Wörtlich: „wohnte".
[25] Dies ist der einzige, aber deutliche Anklang an die rabbinische Tradition vom Kuß Gottes; vgl. schon vorher p.124,2of.: „Der Kabod nahte sich ihm und umarmte ihn."
[26] Vgl. Ps-Philo AB 19,7.
[27] Oder: „Adam"; vgl. oben Anm. 12.
[28] Daß Gott der Besitzer ewigen Lebens ist, ist ein Thema, das in den Hymnen Marqahs häufig erwähnt wird; vgl. P. Kahle, Die Zwölf Marḳa-Hymnen aus dem „Defter" der samaritanischen Liturgie: Opera Minora (1956) 186—212 (Hymne V,8; IX,1; X,8.11; XII,8); ähnlich Mem Marq IV,4 p.90,18f.: „Sein ist das ewige Leben, und alles Leben ist von dem Seinigen genommen."
[29] Mem Marq V,3 p.126,19—27 Es folgt das dreimalige Zitat von Dtn 34,5 vgl. oben bei Anm.13/14.
[30] Vgl. Dtn 32,35 nach samar. Lesart.
[31] Zum Thema Auferstehung in der Geschichte der samaritanischen Theologie und in der antisamaritanischen Polemik der Rabbinen und Kirchenväter vgl. J.Bowman, Early Samaritan Eschatology: JJSt 6,2 (1955) 63—72.— Ausdrücklich redet Ps-Philo von der künftigen Auferweckung Moses, vgl. AB 19,12.
[32] Mem Marq V,4 p.128,3.
[33] Üblich ist die Datierung der Zeit der Ungnade von der Gründung des Heiligtums in Silo ab.

„Gedenket für immer zum Guten des großen Propheten Mose, der nach seinem Tode unermeßliche Klage veranlaßte. Die Sonne der Gnade wurde verhüllt[34] und ist in die Höhle eingegangen. Sie geht nicht mehr auf und wird nicht mehr enthüllt. Die Tür der Höhle ist verschlossen von der Hand der Gottheit und geht nicht mehr auf und wird nicht entdeckt bis zum Tag der Rache, wie es heißt: ,Und kein Mensch kennt sein Grab bis zu diesem Tag.' "[35]

Irgendwelche Erwartungen eines Moses redivivus werden bei Marqah von Mose selbst vorsorglich abgewiesen[36]:

„Ich steige hinauf zum Berg Nebo; erwartet nicht, daß ich jemals (wieder) herabsteigen werde!"[37]

„Nach diesem Tag (= von heute an) gibt es nie mehr ein Geben und Nehmen zwischen mir und euch."[38]

Das heißt: Mose hat nach seinem Tode nur eine „Wirkungsgeschichte" und keine aktive geschichtliche Rolle, weder durch eine Wiederkehr noch durch eine dem Volk zugeordnete himmlische Funktion. Die außerordentliche Bedeutung Moses für die samaritanische Religion, die mit Recht viele Forscher an die neutestamentliche Christologie erinnert, hat jedenfalls bei Marqah[39] nicht zu einer Entkräftung der biblischen Aussage über den Tod Moses geführt.

V. Rabbinische Literatur

Die Aussagen über Mose, über seinen Tod und sein Begräbnis, in der rabbinischen Literatur sind sehr zahlreich und vielfältig. Z.T. mag dies an der Mehrdeutigkeit des Berichtes im Alten Testament liegen, z.T. sicher aber auch an Traditionen in Gruppen am Rande oder außerhalb des „normativen" rabbinischen Judentums, die diese Aussagen — negativ oder positiv — beeinflußten (so etwa die Samaritaner oder die Christen). Vergleicht man diese verschiedenen Aussagen miteinander, lassen sie sich im wesentlichen auf zwei Überlieferungskomplexe zurückführen, einmal auf die Überlieferung nämlich, daß Mose gestorben sei und von Gott selbst begraben wurde, und zum anderen auf die Tradition, daß Mose nicht starb, sondern in irgendeiner Weise leibhaftig in den Himmel aufstieg. Diesen beiden Vorstellungsbereichen sei im folgenden — ohne Anspruch auf Vollständigkeit zu erheben — unter systematischen Gesichtspunkten, die sich freilich

---

[34] Vgl. oben V,3 p.124,4—6 (Bei Anm.17).

[35] Mem Marq V,4 p.127,3—6.

[36] Vgl. Jos Ant 4,326 (s. o. S. 150).

[37] Mem Marq V,2 p.122,13f Vgl. auch V,3 p.123,17 „Du gehst jetzt weg von uns, und wir sehen dich danach nicht mehr."

[38] Mem Marq V,3 p.123,6. Zu „Geben und Nehmen" als Ausdruck der Gemeinschaft vgl. Phil 4,15.

[39] Daß es andere Stimmen gab, läßt sich aus den abgrenzenden Aussagen bei Marqah vermuten und aus anderen (späteren) samaritanischen Quellen belegen. Eine umfassende Behandlung dieses Themas in der ganzen samaritanischen Literatur kann an dieser Stelle nicht einmal skizzenhaft versucht werden.

aus den Texten ergeben haben, nachgegangen. Bei der Auswertung der verschiedenen Traditionen wird insbesondere auf den Zusammenhang zwischen der biblischen Überlieferung und der jeweiligen Interpretation und Weiterbildung des Midraschs zu achten sein.

1. Tod und Begräbnis

Quellenmäßig weitaus am besten bezeugt und zweifellos auch dem Wortsinn des biblischen Berichtes entsprechend (Dtn 34,5f.: „Dort *starb* Mose, der Knecht des Herrn . . . und er *begrub* ihn im Tal . . .“) ist die Überlieferung, daß Mose gestorben ist und begraben wurde. Schon in den ältesten literarischen Quellen, der Mischna, Tosephta und Mechilta, findet sich die Tradition, daß Gott selbst sich mit dem Begräbnis Moses befaßte (m Sot 1,9):

„*Josef* wurde gewürdigt, seinen Vater zu begraben, denn es gab unter seinen Brüdern keinen Größeren als ihn, wie es heißt: Josef zog hinauf, seinen Vater zu begraben . . ., und mit ihm zogen Wagen und Reiter (Gen 50,7.9). Wer ist uns da größer als Josef, mit dem sich kein anderer als *Mose* befaßte? Mose wurde gewürdigt, Josef zu begraben[1], denn es gibt in Israel keinen Größeren als ihn, wie es heißt: Und Mose nahm die Gebeine Josefs mit sich (Ex 13,19). Wer ist größer als Mose, mit dem sich kein anderer als *Gott (häm-maqôm)* befaßte?, denn es heißt: Und er begrub ihn im Tal (Dtn 34,6)“[2].

Dieser Midrasch läßt keinen Zweifel am Tod des Mose. Die einzige Konzession an seine überragende und außergewöhnliche Persönlichkeit besteht darin, daß er nicht von einem ebenfalls sterblichen Menschen begraben wird, sondern von Gott (in der Steigerung Jakob, Mose, Gott): Da kein Mensch größer ist als Mose, muß Gott ihn begraben. Dies ergibt sich zwanglos aus dem *wäjjiqbor* des Bibelverses Dtn 34,6 (er = Gott begrub ihn) und aus der Tatsache, daß „niemand sein Grab kennt“ (ebenfalls Dtn 34,6): Wenn sein Grab unbekannt ist, dies ist vermutlich auch impliziert, kann ihn niemand anders als Gott selbst begraben haben.

Andere Midraschim gestalten diese Tradition weiter aus, so etwa dahingehend, daß auch der himmlische Hofstaat (die Engel) beim Begräbnis beteiligt waren (TPsJ Dtn 34,6):

„Gepriesen sei der Name des Herrn der Welt . . ., der uns lehrte, Tote zu begraben, [am Beispiel] des Mose, über dem er sich in seiner Memra offenbarte, und mit ihm Gruppen von Dienstengeln. Michael und Gabriel bereiteten eine goldene Liege, besetzt mit Gemmen, Sardonyx und Beryll, bedeckt mit feinwollenen Matratzen, purpurnen Leintüchern und weißen Umhängen. Metatron, Jofiel, Uriel und Jefefiah, die Lehrer der Weisheit, legten ihn darauf, und in seiner Memra brachte er (= Gott) ihn vier Mil fort und begrub ihn im Tal . . .“[3].

---

[1] Wörtlich: erwarb Verdienst (wurde gewürdigt) an den Gebeinen Josefs.
[2] t Sot 4,8; Mech S. 79; Tan *bešällāh* § 2. Bei den Samaritanern vgl. die Trias Jakob, Aaron, Mose: Mem Marq V,4 p. 127,28—128,3.
[3] Vgl. auch DebR 11,10; Jalq *wajjelaek* § 940 S. 667b oben; *Midrāš Peṭirāt Mošæ* (s. u. Anm. 13) Hs Paris 710 fol. 124r; BHM I, S. 129.

Die hier nur angedeutete Tradition, daß Gott Mose vier Mil weit vom Berg
Nebo wegbrachte und dort begrub, ist im Midrasch ausführlich bezeugt
und begründet. Diese Begründung ist für unseren Zusammenhang von
Interesse (SiphDt § 355 S. 417f):

> „Und zu Gad sprach er (Dtn 33,20) . . . Denn dort ist des Gesetzgebenden (= Moses)
> Teil verborgen[4] (ebd. V. 21) — das ist das Grab des Mose, das sich im Gebiet Gads
> befindet. Aber starb er denn nicht im Gebiet Rubens? Es heißt doch: Steig auf dieses
> Gebirge Abarim, den Berg Nebo (Dtn 32,49). Der [Berg] Nebo aber liegt im Gebiet
> Rubens, wie es heißt: Die Söhne Rubens bauten usw. . . . Nebo[5] und Baal Maon usw.
> (Num 32,37f). Was meint also die Schrift, wenn sie sagt: Denn dort ist des Gesetzge-
> benden Teil verborgen? Dies lehrt, daß Mose auf den Flügeln der Schechinah lag bei
> den vier Mil zwischen dem Gebiet Rubens und dem Gebiet Gads. Und die Dienstengel
> stimmten die Totenklage über ihn an und sprachen: Zum Frieden geht er dahin, ruht
> auf seinem Lager (Jes 57,2)“[6].

Der Midrasch unterscheidet, wie möglicherweise schon der biblische Bericht, zwischen einem Sterbe- und einem Begräbnisort des Mose. Der Sterbeort ist der im Gebiet Rubens lokalisierte Berg Nebo, der Dtn 32,49 und
auch im Bericht vom Tod selbst (Dtn 34,1ff) ausdrücklich erwähnt ist; der
Begräbnisort dagegen befindet sich im Gebiet Gads. Letzteres steht deutlich im Widerspruch zum biblischen Text und wird zweifellos sekundär aus
Dtn 33,21 („denn dort — im Gebiet Gads — ist des Gesetzgebenden Teil
verborgen“) entwickelt. Dies bedeutet allerdings nicht, daß auch die zu-
grundeliegende Tradition sekundär sein muß. Berücksichtigt man die
merkwürdig genaue (und überdies in allen Parallelstellen übereinstimmend
tradierte) Angabe von vier Mil, die der Begräbnisort vom Sterbeort entfernt ist, hat die Vermutung einiges für sich, daß der Midrasch auf eine
konkrete Tradition zurückgeht[7]. Trifft diese Vermutung zu, liegt hier eine
mit Sicherheit sehr alte Tradition vor, die — entgegen der üblichen Annahme — das Grab Moses im Stammesgebiet Gads lokalisierte. Es ist hier nicht
der Ort, diesem Problem weiter nachzugehen[8] — für unseren Zusammenhang bedeutet diese Lokalisierung jedenfalls eine sehr starke Verwurzelung
vom Tod und Begräbnis des Mose im Volksglauben.

2. „Durch den Kuß Gottes“

Die bisher besprochenen Midraschim gingen von der unbezweifelbaren

---

[4] So im Sinne des Midraschs.

[5] Daß hier im MT die *Stadt* Nebo gemeint ist, spielt für den Midrasch selbstverständlich keine Rolle.

[6] Parallelen: t Sot 4,8; j Sot Kap. 1 Halacha 10; b Sot 13b; Jalq b^erakā § 962 S. 685b
unten; SiphNu § 106; Jalq b^ehä^alotka § 742 S. 484b unten; dazu A. Goldberg, Untersuchungen über die Vorstellung von der Schekhinah in der frühen rabbinischen Literatur, Berlin 1969, Abschnitt 333.

[7] So auch Goldberg, a.a.O., S. 337.

[8] Zu den christlichen Lokalisierungsversuchen und archäologischen Bemühungen vgl.
Löwenstamm *Môt Mošǣ*, S. 151f.

Tatsache aus, daß Mose gestorben ist und begraben wurde. In einem nächsten Abschnitt wenden wir uns einer Tradition zu, in der bereits eine abschwächende Tendenz zu erkennen ist. Ausgangspunkt dieser Midraschim ist wieder der biblische Bericht vom Tod des Mose, Dtn 34,5: „So starb dort Mose, der Knecht des Herrn, im Lande Moab, *'ăl pî JHWH"*. Was bedeutet diese Wendung *'ăl pî JHWH?* Im üblichen Sprachgebrauch versteht man darunter „auf Befehl von" oder auch „in Übereinstimmung mit"[9]; entsprechend lesen die meisten Übersetzungen: „So starb dort Mose . . . *nach dem Geheiß* des Herrn"[10]. Diese Übersetzung findet sich auch schon in den alten Targumim, so etwa in der LXX: διὰ ῥήματος κυρίου, im TO: *'ăl mêmrả daJWJ* (auf die Memra — und dies ist hier wohl wörtlich zu verstehen: auf *das Wort* Gottes hin), im FrgmT: *'ăl pûm g^ezêrăt memrả daJJ* (auf den Beschluß der Memra Gottes hin) und im CN: *'ăl pum* (Glosse: *pûm*) *g^ezêrăt mêmrah daJJJ.* Gegen diese (zweifellos korrekte) Übersetzung der Targumim und der modernen Bibelausgaben kann man das *'ăl pî JHWH* jedoch auch in streng wörtlichem Sinne mit „auf (oder durch) den Mund Gottes" wiedergeben, und genau so versteht ein weiteres Targum (TPsJ z.St.) den Bibeltext. TPsJ übersetzt:

„So starb[11] dort Mose, der Knecht des Herrn, im Lande Moab, *durch den Kuß* der Memra Gottes"[12].

Diese Tradition ist auch im Midrasch bezeugt, so etwa im Midrasch DebR (11,10; Jalq *wajjelæk* § 940 S. 667a Mitte f) und vor allem in dem in seiner Endreaktion relativ späten *Midrăš P^eṭirăt Mošæ* (Midrasch vom Tod, wörtl.: Hinscheiden, des Mose). Dieser Midrasch, der in zwei deutlich verschiedenen Fassungen vorliegt[13], schildert die letzten Tage und Stun-

---

[9] Vgl. Gesenius, Handwörterbuch, S. 586 und 635; Köhler-Baumgartner, Lexicon, S. 704 und 753.

[10] Z.B. A. Goldberg, Die Heilige Schrift des Alten Testaments aus dem Urtext übersetzt . . ., Bd. I/2: Leviticus-Numeri-Deuteronomium, Freiburg i.Br. 1966, z.St.

[11] Wörtlich: wurde versammelt.

[12] Zum Motiv des Todeskusses vgl. G.Stählin, Art. φιλέω κτλ, ThW IX, S. 125f.

[13] BHM I, S. 115–29 (= Erstdruck Konstantinopel 1515/16: 1. Version des Midraschs); BHM VI, S. 71–78 (= Hs Paris 710: 2. Version); *'Oṣăr Midrašîm*, S. 372–83 (= Druck Paris 1629): dies ist nicht, wie Jellinek, BHM VI, S. XXI meinte, eine dritte Rezension des *Midrăš P^eṭirăt Mošæ*, sondern mit der Hs Paris identisch (der Druck geht auf die Hs zurück); so richtig schon M. Abraham, Légendes juives apocryphes sur la Vie de Moïse, Paris 1925, S. 32f. Da in der Hs Paris der erste Teil des Midraschs fehlt (fol.106r bis 122r), ist der vollständige Midrasch aus dem Druck und aus der Hs Paris zu rekonstruieren. Obwohl der Text deutlich sekundäre Erweiterungen enthält, dürfte er auf eine bessere Vorlage zurückgehen als die Editio princeps. Über den Redaktor und die Entstehungszeit des Midraschs in seiner heutigen Form läßt sich kaum noch etwas ermitteln. Einigermaßen sicher dürfte nur sein, daß er noch vor dem 11. Jh. entstand, da er in dem Pijut *'ên l^ephăc̆ne^ah* von Benjamin b. Samuel (frühes 11. Jh.) vorausgesetzt wird; vgl. L.J. Weinberger, The Death of Moses in the Synagogue Liturgy, ungedruckte Diss. Phil. Brandeis University 1963, S. 149. — Parallelen in der rabbinischen Literatur: MidrTann S. 224; TanBu *wa'æṭḥannăn* § 6 S. 12; PRK S. 448; DebR Liebermann S. 129; DebR 11,5; Bat Midr I, S. 286. Davon zu unterscheiden ist ein

den Moses vor seinem Tod. Durch ein — soweit ich sehe erstmals in der hebräisch-jüdischen Literatur angewandtes — Stilmittel (eine Himmelsstimme gibt jeweils die Zahl der Stunden, und zum Schluß sogar der Minuten und Sekunden, bekannt, die Mose noch zu leben hat) ist er geradezu dramatisch aufgebaut. Er enthält im wesentlichen Streitgespräche zwischen Mose und Gott, in denen Mose sich gegen seinen bevorstehenden Tod wehrt, den erfolglosen Versuch Samaels, des Todesengels, Moses Seele zu holen und schließlich den Tod des Mose durch den Kuß Gottes[14]. Ich zitiere aus dem letzten Teil[15]:

„Sofort ging Samael[16] in großer Freude vom Heiligen, er sei gepriesen, weg, gürtete sein Schwert um, bekleidete sich mit Grausamkeit, hüllte sich in seinen Zorn und ging zu Mose in seiner Weisheit[17]. Als er ihn aber erblickte, wie er saß und den unaussprechlichen Gottesnamen schrieb — Feuerstrahlen kamen aus seinem Munde, der Glanz seines Angesichtes[18] strahlte wie die Sonne und er glich einem Engel des Herrn der Heerscharen —, da zitterte Samael und sprach in seinem Herzen: Die Engel sprachen tatsächlich die Wahrheit, [als sie sagten], daß sie seine Seele nicht nehmen können[19]! Als Mose seine Augen erhob und auf Samael blickte, wie er mit dem Schwert umgürtet ihm gegenüber stand, da verdunkelten sich sogleich die Augen Samaels durch den Glanz der Augen des Mose, und als Samael den Glanz des Angesichtes von Mose sah, fiel er sogleich in Furcht und Schrecken auf sein Angesicht, und es ergriffen ihn Krämpfe wie eine Gebärende, und er vermochte ihn nicht anzusprechen, bis Mose, unser Lehrer, zu ihm sagte: Samael, Samael, es gibt keinen Frieden, spricht der Herr, für die Frevler (Jes 48,22) — Was tust du [hier], was stehst du vor mir? ! Er antwortete: Deine Zeit, von der Welt zu scheiden, ist gekommen — gib mir deine Seele! [Mose] fragte ihn: Wer hat dich zu mir geschickt? [Samael] antwortete: Der die Welt und die Seelen erschaffen hat. [Mose]: Ich gebe dir meine Seele nicht! [Samael]: Sind denn nicht alle Seelen aller Geschöpfe in meine Hand gegeben? ! [Mose]: Ich vermag mehr als alle Geschöpfe! [Samael]: Und was vermagst du? (Mose zählt Samael alle seine Großtaten auf.) Frevler, geh, flieh vor mir, denn ich gebe dir meine Seele nicht! ... Sofort kehrte Samael um, um dies vor Gott[20] zu bringen. (Gott schickt ihn ein zweites

---

Traditionskomplex in SiphDt § 305 (ARN Vers. A Kap. 12 S. 50; Vers. B Kap. 25 S. 51): Der Todesengel sucht Mose, kann ihn aber nicht finden, „denn Gott nahm ihn weg für das Leben der zukünftigen Welt", und niemand kennt sein Grab. Vgl. zu dem Suchmotiv auch Weinberger, „*Midraš ʾal pᵉṭirāt Mošæ šæn-naeʾæbŭd*", Tarbiz 38, 1969, S. 285—93.

[14] Eine Liste der verschiedenen Übersetzungen des Midraschs s. bei Abraham, a.a.O., S. 43—45.

[15] Nach der Hs Paris 710 fol. 123r—124r (Mikrofilm im Besitz des Institutum Judaicum der Universität Tübingen), die sich weitgehend mit Jalq *wajjelæk* § 940 S. 667b oben deckt.

[16] Zu Samael/Satan als Todesengel vgl. b BBa 16a; MHG Gen S. 141; MHG Num S. 406; Tan *bᵉḥuqqotaï* § 1 parr.; b Schab 30b parr.; KohR 3,2 § 3 parr.

[17] Um Moses Seele zu holen.

[18] *mᵃʾamarô* verschrieben aus *mǎrʾehû* (so in Jalq *wajjelæk* § 940)?

[19] Gabriel und Michael hatten sich geweigert, Moses Seele zu holen.

[20] *gᵉbûrā*, vgl. zu dieser Gottesbezeichnung A. Goldberg, „Sitzend zur Rechten der Kraft. Zur Gottesbezeichnung Gebura in der frühen rabbinischen Literatur", BZ N.F. 8, 1964, S. 284—93.

Mal zu Mose. Samael weigert sich zunächst, muß sich dann aber fügen.) Was tat Samael in dieser Stunde? Er nahm sein Schwert aus der Scheide und stellte sich gegen Mose. [Dieser] empfing ihn sofort mit großer Wut[21], zürnte über ihn und ergriff den Stab Gottes, auf dem der unaussprechliche Gottesname eingeritzt ist, schlug Samael [damit] und schrie ihn an mit aller Kraft und großem Gebrüll, bis er vor ihm floh[22].

Bis dahin verging [Mose] (der letzte) halbe Augenblick. Eine Himmelsstimme ging aus und sagte zu ihm: Mose, was betrübst du dich, daß Ende deiner Todesstunde ist gekommen! Sofort stellte Mose sich hin im Gebet vor den Heiligen, er sei gepriesen, und sprach vor ihm: Herr der Welt, gedenke des Tages, da du dich mir im Dornbusch offenbartest; gedenke des Tages, da ich vor dir auf den Berg Sinai hinaufstieg, deine Torah empfing und sie deinem Volk Israel gab — ich bitte dich, barmherziger und gnädiger Gott, überliefere mich nicht der Hand des Todesengels! Da ging eine Himmelsstimme aus und sagte zu ihm: Dein Gebet ist schon angenommen, ich selbst befasse mich mit dir [und] deinem Begräbnis! Sofort stand Mose, unser Lehrer, auf, heiligte sich wie die Seraphim der Pracht, und der Heilige, er sei gepriesen, stieg von den höchsten Himmeln herab, die Seele des Mose in Empfang zu nehmen. ... Drei Engel stiegen mit dem Heiligen, er sei gepriesen, in dieser Stunde herab: Michael, Gabriel und Genael[23]. Gabriel stellte das Bett des Mose auf, Michael breitete ein purpurnes Gewand aus, und Genael legte ein wollenes Kissen am Kopfende nieder. Der Heilige, er sei gepriesen, stand zu seinen Häupten, Genael zu seinen Füßen, Gabriel auf der einen und Michael auf der anderen Seite. Der Heilige, er sei gepriesen, sprach zu ihm: Lege deine Füße aufeinander, und er legte [sie] aufeinander; weiter sagte er zu ihm: Lege deine Hände auf die Brust, und er legte sie [auf die Brust]; und weiter sagte er zu ihm: Lege deine Augenwimpern aufeinander, und er legte sie aufeinander. Schließlich rief der Heilige, er sei gepriesen, die Seele des Mose und sprach zu ihr: Meine Tochter, 120 Jahre war das dir [bestimmte] Zeitmaß im Körper des Mose. Geh heraus, säume nicht, denn deine Zeit, ihn zu verlassen, ist gekommen. Sofort antwortete [die Seele] vor dem Heiligen, er sei gepriesen: Ich weiß, daß du der Gott der Geister und Seelen bist, in deiner Hand sind die Lebendigen und die Toten, du hast mich erschaffen, du hast mich gebildet, du hast mich 120 Jahre in den Körper des Mose gegeben. Hat denn jemand einen reineren Körper als Mose? — Ich will nicht aus ihm herausgehen! Wiederum sprach [der Heilige, er sei gepriesen] zu ihr: Säume nicht, denn dein Ende ist gekommen! Siehe, ich erhebe dich in die höchsten Himmel und setze dich in Herrlichkeit unter den Thron der Herrlichkeit! Als Mose sah, daß seine Seele sich schwer tat, aus ihm herauszugehen, sprach er zu ihr: Warte[24], denn der Todesengel wird über dich herrschen! Da sprach sie zu ihm: Dies wird der Heilige, er sei gepriesen, nicht tun — denn du errettest meine Seele vom Tod (Ps 56,14). — Warte, denn du wirst in den Gehinnom verstoßen! Da sprach sie zu ihm: Und meine Füße, daß sie nicht stürzen (vgl. Ps ebd.). Und wohin wirst du dann gehen? Sie antwortete ihm: Ich werde wandeln vor dem Herrn im Lande des Lebens (vgl. Ps ebd.). Als [Mose] dies von ihr hörte, gab er ihr die Erlaubnis und sprach zu ihr: Kehre, meine Seele, zu deiner Ruhe

---

[21] Wörtlich: Schrecken, Furcht (*gegen* Samael gerichtet).

[22] In der Parallele Jalq *wajjelæk* ist hier noch eingeschoben: „Mose lief mit dem unaussprechlichen Gottesnamen hinter ihm her, nahm den Lichtstrahl (*qaeraen*) von seiner Stirn und blendete seine Augen." Dies spielt auf die verbreitete Etymologie des Namens Samael von *sôma* = blind an.

[23] Der Name ist korrupt. BHM I, S. 129 liest Zagziel; Jalq *wajjelæk* Zagzael; 'Ôṣār Midrašîm Zeganael (? *zgn''l*); Pijut (s. o. Anm. 13) Zagnazgael.

[24] Wörtlich: zögere, säume.

zurück, denn der Herr tut Gutes an dir (Ps 116,7)[25]. Als der Heilige, er sei gepriesen, dies sah, küßte er ihn und nahm seine Seele durch den Kuß [des Mundes], wie es heißt: ... (Dtn 34,5). ..."[26]

Dieses übersetzte Stück ist der Höhepunkt des Midraš Pᵉṭirāt Mošǣ, der in seiner ganzen Anlage eine Auseinandersetzung mit dem als Problem empfundenen Tod des Mose darstellt[27]. Der Midrasch hält zwar am Faktum des Todes fest, akzentuiert aber in einem entscheidenden Punkt anders als die bisher besprochenen Texte. Nicht nur befaßt Gott sich selbst mit dem Begräbnis des Mose (auch diese Tradition gewinnt hier einen anderen – pointierteren – Sinn als in den oben zitierten Midraschim), was noch bedeutsamer ist, er führt diesen Tod selbst herbei (durch seinen Kuß) und überläßt dies nicht demjenigen, dem diese Aufgabe eigentlich zukommt, dem Todesengel. Diese in sich widersprüchliche Zurückdrängung des Todesengels (der Todesengel wird schließlich von Gott ausgeschickt!) ist zweifellos ein Kompromiß zwischen den beiden extremen Anschauungen „gestorben – nicht gestorben", ein Kompromiß, der zwar am Tod des Mose festhält, Mose aber dennoch nicht der Gewalt des sonst nahezu allmächtigen Todesengels unterstellt. Mose ist damit letztlich dem Schicksal der gewöhnlichen Sterblichen entzogen. Er stirbt zwar noch, aber er stirbt einen Tod, der seinen Schrecken völlig verloren hat und diesen Namen fast schon nicht mehr verdient[28].

3. Entrückung und Wiederkehr

Auch der Traditionskomplex, dem wir uns in einem letzten Abschnitt zuwenden, geht auf den biblischen Bericht vom Tod des Mose zurück. Ausgangspunkt des Midraschs ist hier das klassische Problem der kritischen Bibelwissenschaft, die Frage nämlich, wie Mose der Verfasser des ganzen Pentateuch sein kann, wo doch einige Verse vor Abschluß des fünften Buches von seinem Tod berichtet wird[29]:

---

[25] Dieses Stück ist deutlich vom Motiv des „Trostmidraschs" geprägt und schwerlich ursprünglich. Die einzelnen Versionen des Midraschs weichen hier stark voneinander ab. In dem Anm. 13 erwähnten Pijut von Benjamin b. Samuel heißt es (Übersetzung Weinberger, a.a.O., S. 147): „And she said, 'My Lord, my Lord, allow me to remain in my place O Dweller of the heavens.' – And the Lord kissed her as she did him and his (Moses') soul to Him He embraced. – His (Moses) portion is in the bond of life and his righteousness endures forever."

[26] Es folgt die Totenklage Gottes, der Dienstengel usw.

[27] Was nicht ausschließt, daß der im Mittelalter weit verbreitete Midrasch (er liegt auch in jiddischer Bearbeitung vor) als „Trostbuch" für die eigene Sterbestunde gelesen werden konnte. Dies ist jedoch kaum die ursprüngliche Intention des Midraschs bzw. der ihm zugrundeliegenden Quellen.

[28] Zum Ganzen und insbesondere zu den angelologischen Implikationen dieses Midraschs vgl. P. Schäfer, Rivalität zwischen Engeln und Menschen. Untersuchungen zur rabbinischen Engelvorstellung, Masch. Habil. Schrift, Frankfurt 1972 (Erscheint in der Reihe „Studia Judaica", Verlag W. de Gruyter, Berlin).

[29] SiphDt § 357 S. 427f; MidrTann S. 224; b Sot 13b.

„Und Mose starb dort (Dtn 34,5). Ist es möglich, daß Mose starb und [selbst] schrieb: Und Mose starb dort (Dtn ebd.)? ! Vielmehr: Bis hierhin schrieb Mose und von hier an schrieb Josua.

R. Meir sagt: Es heißt aber doch: Und Mose schrieb diese Torah (Dtn 31,9) — Ist es möglich, daß Mose die Torah [Israel] [über]geben hat und auch nur ein einziger Buchstabe in ihr fehlte? ! Vielmehr, dies lehrt, daß Mose aufschrieb, was ihm der Heilige, er sei gepriesen, sagte: Schreibe [es]!, wie es heißt: Und Baruch antwortete ihnen: [Jeremia] hat mir mündlich alle diese Worte gesagt, und ich schrieb sie mit Tinte in die Buchrolle (Jer 36,18).

R. Eliezer sagt: Eine Himmelsstimme ertönte im Lager im Umkreis von 12 Mil, die verkündete und sprach: Mose ist gestorben[30].

Semaljon[31] sagt: Und Mose starb *dort* (Dtn ebd.)[30]. Und woher weißt du dies? Ein unterirdischer Gang ging aus vom Grab des Mose zu den Gräbern der Väter. Hier heißt es: Und Mose starb *dort* (Dtn ebd.), und dort heißt es: *Dort* begrub man Abraham und sein Weib Sara, *dort* begrub man Isaak und Rebekka, sein Weib, und *dort* begrub ich Lea[32] (Gen 49,31).

Manche sagen: Mose starb nicht, sondern er steht und dient oben (*'ômed ûme šaret lemă 'lā*)[33]. Hier heißt es: *Dort* (Dtn 34,5), und dort heißt es: Und er war *dort* bei dem Herrn [vierzig Tage und vierzig Nächte. Brot aß er nicht und Wasser trank er nicht. Er schrieb auf die Tafeln die Worte des Bundes, die zehn Gebote] (Ex 34,28)."

Dieser Midrasch ist in verschiedener Hinsicht aufschlußreich. Zunächst einmal bringt er als anonyme Überlieferung die für unseren Zusammenhang wichtige und eindeutige Aussage, daß Mose nicht gestorben ist, sondern — dies ist zweifellos impliziert — in den Himmel entrückt wurde. Dieser Aussage kommt nicht zuletzt auch deswegen besonderes Gewicht zu, weil sie sich in einer relativ frühen Quelle findet und mit Sicherheit in die tannaitische Zeit gehört; daß die Tradition als solche noch älter ist, bezeugt neben Josephus[34] und Philo[35] auch das Neue Testament[36]. Darüber hinaus beschreibt der Midrasch genauer, welche Funktion Mose im Himmel verrichtet: Er wurde entrückt, um im himmlischen Heiligtum zu dienen, d.h. um den kultischen Dienst vor Gott zu versehen. Dies ergibt sich eindeutig aus der Wendung *'ômed ûme šaret le mă' lā*, die schon auf biblischen Sprachgebrauch zurückgeht und dort speziell den priesterlichen Dienst im Tempel bezeichnet[37]. Diese Vorstellung vom im himmlischen Heiligtum dienenden Mose ist, soweit ich sehe, für das rabbinische Judentum absolut singulär. Die rabbinische Literatur kennt sonst nur den

---

[30] b Sot fügt hinzu: *săphra'răbbā de Jiśra'el* — der große Schreiber Israels.

[31] Nach Raschi z.St. Name eines Rabbi; nach Goldschmidt, Der Babylonische Talmud VI, S. 54 Anm. 584 ein Engelname; vgl. auch Finkelstein, SiphDt z.St.

[32] In eben dieser Höhle bittet Jakob, begraben zu werden, d.h. das Grab des Mose ist das Grab der drei Väter (*gezerā šawā*).

[33] b Sot: *'ômed ûme šămmeš.*

[34] S. oben S. 150 (Ant 4, 326).

[35] Vgl. Quaest Gen I, 86: Henoch, Mose und Elia werden gemeinsam als Beispiele eines nicht gewöhnlichen Todes genannt.

[36] Mk 9,2—8 par Mt 17,1—17; Apk 11,3—6.

[37] Vgl. etwa Num 16,9; Dtn 10,8; 17,12; 18,5; 1 Kön 8,11; 2 Chr 5,14; 29,11; Ez 44,15.

„großen Fürsten" Michael, der, wie G. Scholem nachgewiesen hat, in bestimmten (mystischen) Kreisen mit Metatron identifiziert wurde[38], als himmlischen Hohenpriester[39]:

„In dem $z^e b\hat{u}l$ (Wohnung) genannten Himmel[40] befinden sich Jerusalem, das [himmlische] Heiligtum und der Altar, an dem Michael, der große Fürst, steht und Opfer darbringt, wie es heißt: Gebaut habe ich dir ein Haus ($b\check{a}jit$ = Tempel) zur Wohnung ($z^e b\hat{u}l$), eine Stätte deines Wohnens in Ewigkeit (1 Kö 8,13)[41]."

Die Vermutung liegt nahe, daß der Verfasser oder Redaktor unseres Midraschs in SiphDt § 357/b Sot 13b Züge auf Mose übertragen hat, die ursprünglich mit dem Erzengel Michael in Zusammenhang gebracht wurden. Doch führt der Midrasch noch weiter. Von einer Michael/Metatron-Tradition läßt sich die Vorstellung des himmlischen Kultes ohne weiteres erklären, nicht jedoch die (bei Mose) notwendig damit verbundene Vorstellung der (leiblichen) Entrückung. Nun hat Scholem in seinem oben erwähnten Beitrag gezeigt, daß in der Gestalt Metatrons nicht nur ursprünglich mit Michael verbundene Traditionen, sondern auch Henoch-Überlieferungen zusammengeflossen sind. Er vermutet, daß die Metatron-Traditionen im b Talmud auf eine Metatron/Michael-Identifikation zurückgehen und die Metatron-Traditionen in der aggadischen und targumischen Literatur außerhalb des Talmuds auf eine Metatron/Henoch-Identifikation; zur Zeit der Redaktion des 3. Henoch seien diese beiden Aspekte der Metatron-Überlieferung bereits vermischt gewesen[42].

Ausgehend von diesem Modell der Vermischung von Michael/Henoch/ Metatron-Traditionen[43] wäre es denkbar, daß auch in der Gestalt des Mose nicht nur Michael-, sondern auch Henoch-Überlieferungen zusammengeflossen sind und daß die Entrückung Moses aus dem Zweig der Henoch-Überlieferung zu erklären ist. Für diese Vermutung spricht ein Hinweis in Sot 13b, wo Mose ausdrücklich als $s\check{a}phr\check{a}$ $rabb\bar{a}$ (großer

---

[38] Jewish Gnosticism, Merkabah Mysticism, and Talmudic Tradition, New York 1960, S. 44ff. Scholem stützt sich vor allem auf BatMidr II, S. 132f. (*Paeraeq r^e'ijjôt J^ehaezqe'l*, jetzt unter dem Titel *R^e'ûjjôt J^ehaezqe'l* kritisch ediert von E. Greenwald, Temirin, Texts and Studies in Kabbala and Hasidism, vol. I, Jerusalem 1972, S. 101—39) und erklärt mit dieser Identifikation die Übertragung des Titels „Fürst der Welt" auf Metatron (S. 48ff.).

[39] Neben dem endzeitlichen Hohenpriester Elia, vgl. dazu die zusammenfassende Darstellung von J. Jeremias, ThW II, S. 934f.

[40] Der vierte der sieben Himmel.

[41] b Chag 12 b; BatMidr II, S. 132f.; vgl. auch Men 110 a; Zeb 62a (hier Michael); BamR 12,12; *Maerkabā šelemā* fol. 40a (Metatron; dazu Scholem, a.a.O., S. 49 mit Anm. 20).

[42] Scholem, a.a.O., S. 50f.

[43] Die kaum zu bezweifeln ist, wenn auch die Verteilung der beiden „Traditionsstränge" auf die talmudische und außertalmudische Literatur weniger einleuchtet. Dagegen spricht, wie auch Scholem bemerkt (a.a.O. S. 51 Anm. 24), die Stelle Chag 15a und, wenn unsere Interpretation zutrifft, auch Sot 13b.

Schreiber) bezeichnet wird[44]. Dieses Epitheton ist im Zusammenhang mit Mose ganz ungewöhnlich, dagegen eine alte, schon im Frühjudentum nachzuweisende Bezeichnung für Henoch/Metatron. So heißt es etwa Jub 4,23: „Und er (= Henoch) ward weggenommen unter den Menschenkindern, und wir führten ihn in den Garten Eden zu Hoheit und Ehre und siehe, *er schreibt* dort das Gericht und das Urteil über die Welt und alle Bosheiten der Menschenkinder"[45]. Das Targum (TPsJ zu Gen 5,24) identifiziert ausdrücklich Henoch mit Metatron und nennt ihn ebenfalls „großer Schreiber": „Und *Henoch* diente in Aufrichtigkeit vor dem Herrn, und siehe, er war nicht [mehr] mit den Bewohnern der Erde, denn er wurde weggenommen und stieg in den Himmel auf durch das Wort des Herrn[46], und sein Name wurde genannt *Metatron*, der große Schreiber (*săphra̓ răbbả*)."

Zusammenfassend ist die Wahrscheinlichkeit recht groß, daß Mose in unserem Midrasch sowohl Michael- als auch Henoch-Überlieferungen adaptiert hat, die, soweit wir die Traditionen verfolgen können, sonst nur Metatron annimmt. Ob diese Adaptation auf direktem Wege erfolgte oder über eine Metatron-Gestalt, in der die verschiedenen Überlieferungen bereits zusammengeflossen waren, läßt sich nicht mehr feststellen. Immerhin spricht einiges dafür — so vor allem das auffällige *'ômed ûmᵉšámmeš* in b Sota (statt *mᵉšaret* in SiphDt), das eindeutig in den Bereich der esoterischen Kultterminologie gehört[47] —, daß die Vorstellung von einem entrückten und im Himmel dienenden Mose im rabbinischen Judentum in ähnlichen (esoterischen) Kreisen beheimatet war, wie die Vorstellung des Michael/Henoch/Metatron. Dies würde auch erklären, warum diese Tradition nur noch in Spuren nachzuweisen ist und offenbar keine weitere Verbreitung gefunden hat bzw. unterdrückt wurde.

Von der Tradition der Entrückung Moses in den Himmel ist nur ein kleiner (und im Rahmen jüdischer Entrückungs-Traditionen konsequenter) Schritt zur Vorstellung einer endzeitlichen *Wiederkehr des Mose*. Auch dieser Gedanke findet sich, darauf sei abschließend hingewiesen, in der rabbinischen Literatur[48]:

(Kontext: Mose hat nach der Sünde des Goldenen Kalbes Fürsprache für Israel eingelegt und die zweiten Tafeln erbeten:)

---

[44] Diese Bezeichnung findet sich zwar nicht in der anonymen Überlieferung, die den Tod Moses leugnet, sondern im Dictum R. Eliezers und des mysteriösen Semaljon, doch ist der Text im b Talmud zweifellos korrupt, und es ist sehr zu erwägen, ob die (später nicht mehr verstandene) Bezeichnung nicht ursprünglich gerade zu dem anonymen Dictum gehörte. — Auch der denkbare Einwand, daß der Titel *săphra̓ răbbả* durch den Kontext nahegelegt sein könnte (Mose schreibt nach Dtn 31,9 die Torah) ist nicht sehr stichhaltig, da dieser Kontext in b Sot gerade fehlt.

[45] Übersetzung E. Littmann, in: Kautzsch, Die Apokryphen und Pseudepigraphen des Alten Testaments II, S. 47. — Vgl. auch Jub 10,17; 1 Hen 12,3–5 (hier ausdrücklich: „Henoch der Schreiber").

[46] Wörtlich: vor dem Herrn.

[47] Vgl. J. Maier, Vom Kultus zur Gnosis, Salzburg 1964, S. 145f. mit Anm. 196f.

[48] DebR 3,17 (Ende); nur hier.

„Der Heilige, er sei gepriesen, sprach [zu ihm]: Mose, bei deinem Leben, so wie du dein Leben für sie eingesetzt (hingegeben) hast in dieser Welt, so sollt ihr dereinst, wenn ich ihnen den Propheten Elia bringe, beide zusammen kommen. Woher dies? Es steht geschrieben: Gott ist langmütig, groß an Kraft, und ungestraft läßt er nicht, der Herr, in *Schilf*[49] und *Sturm* ist sein Weg, die Wolken sind der Staub seiner Füße; er schilt das Meer und macht es trocken, trocken macht er alle Flüsse; es welkt Basan und Karmel, die Blüte des Libanon welkt (Nah 1,3 und 4). ,*Im Schilf*', das ist Mose, wie geschrieben steht: Sie konnte ihn nicht länger verbergen und nahm einen Kasten aus Binsen, pichte ihn mit Pech und Schwefel, legte das Kind hinein und setzte ihn ins *Schilf* am Ufer des Nils (Ex 2,3). ,Und *im Sturm*', das ist Elia, wie geschrieben steht: Und es geschah, als sie fortgingen und im Gehen redeten, siehe, da [kam] ein feuriger Wagen mit feurigen Rossen und trennte sie beide, und Elia fuhr im *Sturmwind* gen Himmel . . . (2 Kön 2,11 und 12). In dieser Stunde kommt er und tröstet euch. Woher dies? Es heißt: . . . (Mal 3,23f)."

Nach Auffassung dieses Midraschs sind Mose und Elia Gestalten der Endzeit, die, dies darf man aufgrund der Elia-Traditionen voraussetzen[50], als Vorläufer des Messias auftreten werden[51]. Zu erwägen wäre, ob nicht auch hier eine ursprüngliche Henoch-Tradition — Henoch und Elia sind als Vorläufer des Messias sehr viel besser bezeugt[52] — auf Mose übertragen wurde; dagegen spricht jedoch — wenn man nicht eine solche Übertragung sehr früh ansetzen will — das Nebeneinander von Mose und Elia im Neuen Testament[53]. Auf jeden Fall geht es nicht an, den vorliegenden Midrasch als eine „sehr späte . . . Stelle"[54] abzuqualifizieren — weder ist der Midrasch DebR eo ipso sehr spät noch ist dies, gerade im Blick auf die neutestamentlichen Parallelen, die Tradition von der endzeitlichen Wiederkehr des Mose und Elia.

---

[49] So im Sinne des Midraschs. Im MT: Wirbelwind.

[50] Vgl. Art. „Elijahu" in EJ (1928ff.), Bd. VI, Sp. 481—96 (H. Schlobies); Art. „Eliah" in EJ (1971), Bd. VI, Sp. 632—40 (D. Noy); Art. 'Ηλ(ε)ίας, ThW II, S. 930—43 (J. Jeremias).

[51] Daß Gott selbst im ausgelegten Bibelvers Nah 1,3f. Subjekt ist, sollte nicht überinterpretiert werden.

[52] Vgl. 1 Hen 90,31; 4 Esr 6,26; Apk Pt 2; kopt. Elias Apk (Steindorff, Texte und Untersuchungen, S. 163.169); dazu W. Bousset, Der Antichrist, Göttingen 1895, S. 134—39.

[53] S. oben Anm. 36; ferner (möglicherweise) Joh 1,21; 6,14; 7,40 u.ö.

[54] Jeremias in ThW IV, S. 59 Anm. 96 (mit Berufung auf Billerbeck I, 756; IV, 785).

Zeloten und Sikarier

Zur Frage nach der Einheit und Vielfalt der jüdischen
Befreiungsbewegung 6–74 nach Christus*

Von Martin Hengel, Tübingen

Das schwierigste Problem, vor dem der Erforscher der Alten Geschichte
steht, ist die Beschränktheit, Zufälligkeit und Tendenzgebundenheit der
Quellenaussagen. Die für den Theologen besonders aufschlußreiche jüdische Geschichte um die Zeitenwende macht hier ganz gewiß keine Ausnahme, sie ist eher ein Paradebeispiel dafür.

Unsere Hauptquelle ist Josephus, unser Wissen würde in schwer vorstell-
barer Weise zusammenschrumpfen, wenn sein Werk nicht erhalten geblieben wäre. Der geschichtliche Rahmen des Neuen Testamentes verlöre alle
Konturen und verflüchtigte sich zu einem bloßen Schatten, der keine
historische Einordnung des Urchristentums mehr ermöglichte. Josephus ist
und bleibt der wichtigste antike „Kommentar" zum Neuen Testament.
Die zerstreuten und zufälligen Nachrichten der nichtjüdischen antiken
Schriftsteller über die jüdische Geschichte des 1. Jhs.[1] werfen mehr Probleme auf, als sie beantworten, und dasselbe gilt erst recht für die zersplit-
terten Notizen und Legenden aus der talmudischen Literatur, deren historische Problematik uns in jüngster Zeit J. Neusner vor Augen geführt hat[2].
Erst recht könnten die erstaunlichen Funde von Qumran ohne Josephus
überhaupt nicht richtig gedeutet werden. Wenn nun die Hauptquelle – in
unserem Falle Josephus – selbst widersprüchliche Aussagen macht, dann
verwickeln sich historische Probleme u.U. zu einem nahezu unauflösbaren
Knoten. Zu den historischen Rätseln, die uns der Bericht des Josephus
aufgibt, gehört die Frage nach der *Einheit bzw. Vielfalt der „jüdischen
Freiheitsbewegung"* zwischen dem Tode des Herodes 4 v. Chr. bzw. dem
Census des Quirinius 6 n. Chr. und dem jüdischen Krieg 66–74 n. Chr.,
einer Bewegung, die diesen Zeitabschnitt ganz wesentlich geprägt hat.
Diese Epoche besitzt zwei Markierungspunkte: Einmal sind dies die Unruhen nach dem Tode des Herodes, bei denen Judas, Sohn des „Räuber-
hauptmanns" Hiskia, mit „königlichen Ambitionen" auftrat und das hero-

---

* Herrn Kollegen Rengstorf danke ich herzlich für Belege aus seiner im Druck befindlichen Josephuskonkordanz.

[1] Leider nur sehr unvollständig gesammelt bei: Th. Reinach, Textes d'Auteurs Grecs
et Romains relatifs au Judaïsme, Paris 1895, Nachdr. Hildesheim 1963. Eine Neubearbeitung der Texte durch Menahem Stern ist in Vorbereitung.
[2] J. Neusner, Development of a Legend. Studies on the Traditions concerning
Yoḥanan ben Zakkai, Leiden 1970; ders., The Rabbinic Traditions about the Pharisees
before 70, Bd. I–III, Leiden 1971.

dianische Arsenal in Sepphoris plünderte[3]. Die Vermutung liegt nahe, daß dieser Judas mit dem gleichnamigen Galiläer identisch ist, der zehn Jahre später die Verweigerung des Census und den Aufstand gegen Rom predigte[4]. Der andere Markierungspunkt ist der Massenselbstmord der Verteidiger von Masada unter der Führung Eleazars, Sohn des Jair, eines Enkels jenes Judas[5], und die Vernichtung der nach Ägypten geflohenen letzten „Sikarier"[6].

Dazwischen liegt als das eigentliche *Rätsel* die Entfaltung dieser „Befreiungsbewegung", die wir allerdings — aufgrund der beschränkten Nachrichten des Josephus — erst im letzten Drittel, seit dem Tode Agrippas I. und der Rückverwandlung Judäas in eine römische Provinz 44 n. Chr., genauer verfolgen können. Hier ergibt sich schon der erste Streitpunkt: Kann man überhaupt von einer „jüdischen Freiheitsbewegung" sprechen oder handelt es sich bei den von Josephus in der Regel stereotyp als „Räuber" (ληϲταί)[7] oder „Aufrührer" (ϲταϲιαϲταί)[8] apostrophierten

---

[3] Bell 2,56 ist hier mißverständlich, klar dagegen Ant 17,272: ἐπιϑυμίᾳ μειζόνων πραγμάτων καὶ ζηλώϲει βαϲιλείου τιμῆϲ. S. dazu: M. Hengel, Die Zeloten, Leiden 1970, 333f. Den Anspruch auf die „Königswürde" wird man bei diesen radikalen Gruppen als messianische Ambitionen zu deuten haben, s. op.cit. 297ff und V.A. Tcherikover, CPJ I,90, Anm. 82. M. Black o.S. 45-54 vermutet eine Verwandtschaft mit der hasmonäischen Königsfamilie. Ganz anders M. de Jonge, NovTest 8 (1966) 145f; ThW IX, 511f. Josephus gebraucht den Begriff „christos" hier nicht, weil er ihn außer bei dem „Eigennamen" Ant 20,200 überhaupt nie verwendet. Die jüdische Zukunftshoffnung wird von ihm, dem Gegner der zelotischen Erwartung und Apologeten des Judentums gegenüber den Römern, weitgehend verschwiegen (s.u. S. 179 f.). Zum Problem s. auch den Beitrag von M. de Jonge u.S. 205–219 u. E. Bammel o.S. 9–22.

[4] Zeloten 336ff; vgl. K. Schubert, Die jüdischen Religionsparteien in neutestamentlicher Zeit, SBS 43,1970,67; S. Applebaum, The Zealots: The Case for Re-evaluation, JRomS 61 (1971) 159f u. M. Black o.S.45–54. Anders H.Kreissig,Die sozialen Zusammenhänge des judäischen Krieges, Berlin 1970, 114ff. und M. de Jonge u.S. 217. Das historische Rätsel der zweimaligen Nennung eines Aufrührers Judas löst sich vielleicht dadurch, daß die erste Erwähnung im Zusammenhang mit Sepphoris in Galiläa noch aus der Quelle des Nikolaos von Damaskus kommt, während die Erwähnung des Galiläers Judas von Josephus selbst stammt (s.u.A. 7).

[5] Bell 7,275–406. Zur Datierung der Eroberung im April 74 n. Chr. s. W. Eck, Die Eroberung von Masada und eine neue Inschrift des L. Flavius Silva Nonius Bassus, ZNW 60 (1969) 282–289. Zum Untergang der Sikarier und zur Rede Eleazars s. V. Nikiprowetzky, La mort d'Éléazar ... in: Hommages à André Dupont-Sommer, Paris 1971, 461–490; B. Hoenig, The Sicarii in Masada — Glory or Infamy? in: Tradition 11 (1970) 5–30; S. Spero, In Defense of the Defenders of Masada, aaO 31–43, dort S. 29 Anm. 1 und 41 Anm. 1.2 weitere Literatur. Vgl. auch H. Lindner, Die Geschichtsauffassung des Josephus im Bellum Judaicum, Leiden 1972, 33–40 u. Michel-Bauernfeind, Der Jüd. Krieg II, 2,276ff.

[6] Bell 7,409ff, dazu V.A. Tcherikover, CPJ I,79f. Man darf vielleicht doch annehmen, daß der von den „Sikariern" in Ägypten ausgestreute Samen weiterwirkte und mit zu der Katastrophe von 116/117 n. Chr. beitrug.

[7] Auffallend ist, daß Josephus — mit einer Ausnahme Ant 9,183 — den Begriff nur für

Aufständischen um zerstreute, untereinander völlig unabhängige Banden-
gruppen, die im Grunde nichts miteinander zu tun hatten? Für die letzte
These scheint zu sprechen, daß Josephus selbst die Situation in Judäa nach
Ausbruch des jüdischen Krieges und bis zu Beginn der Belagerung durch
Titus als ein Chaos mit einer Vielzahl von sich unter wechselseitigen Konstellationen gegenseitig bekämpfenden Gruppen schildert, wobei er in verschiedenen Aufzählungen[9] besonders fünf Gruppen hervorhebt:

1. Die sogenannten „Sikarier", die auf Judas Galiläus zurückgehen, sich
jedoch nach der Ermordung ihres Führers Menahem im Tempel zu Beginn
des Krieges auf die Festung Masada zurückgezogen hatten;
2. der Galiläer Johannes von Gischala und seine Anhänger, der zuletzt den
Tempelberg verteidigte;
3. Simon bar Giora und seine Parteigänger, der als letzter in Jerusalem
eingedrungen war, jedoch die stärkste Steitmacht besaß und die Hauptlast
der Verteidigung trug;
4. die Idumäer, die nach wechselnden Konstellationen schließlich an der
Seite Simon bar Gioras kämpften, und
5. die sogenannten „Zeloten", die ihren Rückhalt im eigentlichen Heiligtum besaßen und mit Johannes von Gischala zusammen den Tempelberg
verteidigten[10].

---

die Aufständischen gegen die römische Herrschaft verwendet. Die erste Erwähnung der
„Räuber" (λῃσταί) beginnt mit dem Bericht über die Tötung des „Räuberhauptmannes
Hiskia" — vermutlich des Vaters von Judas Galiläus — durch den jungen Herodes in
Bell 1,204 = Ant 14,159. Wahrscheinlich übernahm Josephus diesen Sprachgebrauch
aus seiner antijüdisch-herodesfreundlichen Quelle, dem Geschichtswerk des Nikolaos
von Damaskus. Der Begriff entsprach römischem Rechtsdenken, nach dem alle Aufrührer, die Rom nicht offiziell den Krieg erklären konnten bzw. keiner Kriegserklärung
von seiten Roms würdig waren, nicht als hostes, sondern als latrones betrachtet wurden: Pomponius nach dig. 50,16,118: Hostes hi sunt, qui nobis aut quibus nos publice
bellum decrevimus: ceteri 'latrones' aut 'praedones' sunt." Ganz ähnlich Ulpian dig.
49,15,49 und Paulus ad Sab. dig. 49,15,19 § 2. Zum Ganzen s. Hengel, Zeloten 25—33
und R. Mac Mullen, Enemies of the Roman Order, Cambridge/Mass. 1966, 255ff. Vgl.
auch I. Opelt (u.A. 47), Index S. 247 s.v.latro.
[8] Josephus gebraucht den Begriff im Geschichtsbericht des Bellum erstmals 1,180 für
die „aufrührerischen Anhänger Aristobuls", dann 2,9 für die Aufrührer gegen Archelaos
im Tempel, 2,267.289f: die jüdischen Aufrührer in Cäsarea und schließlich mit großer
Regelmäßigkeit für die Urheber des Aufruhrs in Jerusalem: 2,406.411.424.432.441. Der
Begriff wird dabei synonym mit λῃσταί verwendet. Häufig erscheint dann „Aufrührer"
wieder in Buch 5 und 6, d.h. der Schilderung der Belagerung durch Titus. In den
Antiquitates ist στασιαστής dagegen sehr selten: 14,8 wird Antipater, der Vater des
Herodes,so genannt — ein Zeichen für die antiherodianische Wende des Josephus — und
14,382 Antigonos. 17,214 entspricht Bell 2,9, und 20,227 bezeichnet die Radikalen,
die den letzten Hohenpriester Pinehas ernannten.
[9] Bell 4,224ff.235; 5,248ff.358; 6,92.148 und die große Schlußabrechnung
7,254—274, dazu Michel-Bauernfeind II, 2,266ff.
[10] Bell 4,151ff.162ff.196—207.298ff.570—584; 5,7ff.98ff.358.562ff.

Die Verschiedenartigkeit dieser Gruppen ist auf den ersten Blick auffällig. Zwei sind an bestimmte Führerpersönlichkeiten gebunden, eine hat ausgesprochen landsmannschaftlichen Charakter, und nur von der ersten und der letzten erfahren wir eigentliche Parteinamen, „Sikarier" und „Zeloten", die ebenfalls wieder von ihrer Herkunft her eine völlig verschiedene Bedeutung besitzen. Für alle kämpfenden Gruppen zusammen benützt Josephus dagegen unspezifische Bezeichnungen, wie das abwertende „Räuber" (s.o. Anm. 7), „Aufrührer" (s.o. Anm. 8) oder einfach „die Juden"[11].

Freilich, eine derartige „atomisierende" Betrachtungsweise hat auch ihre Schwierigkeiten. Die Entstehung des jüdischen Krieges, seine Vorbereitung wie sein plötzlicher Ausbruch einschließlich der ersten Erfolge, der Befreiung des Tempels und Jerusalems und der Sieg über Cestius Gallus[12], werden damit unverständlich, denn hier war doch wohl — gegen den hinhaltenden Widerstand der Volksführer und eines großen Teiles der Jerusalemer Stadtbevölkerung — auf Seiten der radikalen „Befreiungsbewegung" *ein geschlossener Wille am Werk, dessen Ziel der offene „Volkskrieg" mit den römischen Unterdrückern war.* Josephus betont ausdrücklich, daß die Radikalen seit den Tagen des Census und des Aufstandsversuches unter Judas Galiläus auf dieses Ziel zusteuerten, und es gab mehrfach Situationen, wo dasselbe fast erreicht schien, so als Caligula sein Standbild im Tempel in Jerusalem aufstellen wollte (40/41 n. Chr.)[13], und dann wieder bei dem Racheunternehmen gegen die Samaritaner nach der Ermordung eines galiläischen Festpilgers bei Ginäa-Jenin unter dem Prokurator Cumanus (51/52 n. Chr.)[14]. Wenn man den jüdischen Krieg und seine Vorgeschichte nicht wie H. Kreissig (o.Anm. 4) völlig einseitig profan-politisch und sozio-ökonomisch erklären will, wird man auch *die Frage nach der verbindenden religiös-politischen „Ideologie"* stellen müssen, die hinter dem Bestreben der radikalen Gruppen stand, wider alle politische Vernunft und bis zum bitteren Ende das jüdische Volk in einen Krieg gegen

---

[11] Zeloten 44. στασιασταί und Ἰουδαῖοι gebraucht Josephus vor allem bei der Schilderung der Belagerung selbst. Vielleicht geht dies auf seine römischen Quellen zurück.
[12] Bell 2,408—555. Diese überraschenden Anfangserfolge wären kaum möglich gewesen, wenn die zum Krieg gegen Rom Entschlossenen nicht am Anfang gemeinsam gehandelt hätten. Den ersten — und schwersten — Bruch brachte die Ermordung des Menahem, s.u. S. 192.
[13] Bell 2,184—203 = Ant 20,261—309; vgl. Zeloten 109f.213.348; dazu E.M. Smallwood, Philonis Alexandrini Legatio ad Gaium, Leiden 2nd ed.197 und The Chronology of Gaius' Attempt to Desecrate the Temple, Latomus 16 (1957) 3—17. Die Deutung von H. Kreissig (o.Anm. 4) 124 verkennt völlig die Wirkung, die der Versuch Caligulas für das ganze jüdische Volk, nicht nur für die Oberschicht, hatte. Sein durch eine vulgärmarxistische Geschichtsdeutung fixiertes Unverständnis für die fundamentale Bedeutung der Religion im Judentum verführt ihn zu ständigen Fehlurteilen. Zu den Unruhen unter Cumanus s. Bell 2,232—246 = Ant 20,118—136; vgl. Zeloten 353ff.
[14] Bell 6,351.366.378ff; vgl. 7,323, dazu Michel—Bauernfeind, Der Jüdische Krieg II, 2,202 Anm. 190.

das allmächtige Rom zu treiben. Trotz aller Feindschaft untereinander hatten sie sich doch bis zum Schluß verschworen, sich nicht zu ergeben, und außer der landsmannschaftlichen Gruppe der Idumäer brach keine Fraktion aus dieser Übereinkunft aus (Bell 6, 351. 366. 378ff).

Eine derartige selbstmörderische Beharrlichkeit konnte im Grunde — nach allem, was wir über die jüdische Geschichte seit dem Makkabäeraufstand wissen — letztlich *nur religiös motiviert* sein; dies wird uns auch von so unbefangenen Zeugen wie Tacitus, Sueton und Dio Cassius bestätigt[15]. Religion und Politik waren für das antike Judentum untrennbar verschmolzen. Daß dagegen Josephus, der Pensionär des siegreichen flavischen Kaiserhauses, diese religiösen Motive zwar nicht völlig verschweigen kann, aber doch nach Kräften durch eine (a-)moralisch-politische zu verdrängen sucht[16], ist mehr als verständlich; blieb er doch in der neuen Umgebung seinem Volke und dem Glauben der Väter treu. Er wollte auf diese Weise das Volk und seine Religion als Ganzes entlasten und verteidigen. Die Ursache der verhängnisvollen Entwicklung lag für ihn — neben der Unfähigkeit der späteren römischen Prokuratoren — eben bei einzelnen verbrecherischen Personen und Gruppen; daß der Anstoß zur Katastrophe in gewissen Grundthemen des jüdischen Glaubens — etwa dem Ideal der „Theokratie", dem „Eifer für das Gesetz" und der messianischen Erwartung — verwurzelt war, das mußte er als Apologet des Judentums einer weithin feindlichen Umwelt gegenüber verschweigen. Man hat immer wieder bezweifelt, daß die jüdische Freiheitsbewegung ganz wesentlich eschatologisch begründet war, da Josephus darüber nichts berichte[17], über-

---

[15] Vgl. Tac hist 5,5 über die jüdische Religion, bes. 3: animosque proelio aut suppliciis peremptorum aeternos putant: hinc generandi amor et moriendi contemptus, sowie die Schilderung der Eroberung des Tempels bei Dio Cassius 65, 6,2f. Die Nachricht von einem „zweideutigen Orakel", das den jüdischen Krieg auslöste (Bell 6,312f; Tac hist 5,13 und Sueton Vesp 4,5) und die Heilsweissagungen kurz vor der Eroberung des Tempels (Bell 6,285f) bestätigen den eschatologischen Hintergrund der jüdischen Erhebung. Dahinter steht Nu 24,17. Konsequenterweise muß H. Kreissig (o.Anm. 4) 129f diese Aussagen als belanglos beiseite schieben. Die Ableitung dieser Weissagung aus einer bewußten Fehldeutung von Dan 9,22 in qumranitischen Kreisen durch I. Hahn in: Qumran-Probleme, hg. v. H. Bardtke, SSA 42, Berlin 1963, 171f.180 ist abenteuerlich. Zum Ganzen s. Zeloten 243—249; H. Windisch, Das Orakel des Hystaspes, Akad. v. Wetenschappen, Amsterdam, NR 23,3, 1929, 65ff; H. Lindner (o.Anm. 5) 69ff.

[16] Zur politischen „Tendenz" und „polemischen Umkehrung" bei Josephus s. Zeloten 6—16.188ff. Vgl. auch M. de Jonge u.S. 218f.

[17] Vgl. z.B. K. Wegenast, Art. Zeloten, PW 2.R. 9, 1967, 2483; weiter H. Kreissig (o.Anm. 4) 15.102ff.113—148: „Die Messiaserwartung hatte sicher auch bei den judäischen und galiläischen λῃσταί eine Rolle gespielt. Zum alles vereinigenden Hebel des Aufstands konnte sie jedoch nicht werden, da sie ihrem ganzen Charakter nach die Selbsthilfe der Menschen eher hemmen als fördern mußte Judas von Galiläa hatte dies erkannt, aber seine Forderung, die Hilfe Gottes durch das eigene Wirken zu provozieren, war ein Widerspruch in sich" (147f).

sah dabei jedoch völlig, daß er in seiner Stellung über diese jüdische Zukunftserwartung schweigen mußte; immerhin finden wir bei ihm eine Reihe von Andeutungen, die deutlich zeigen, daß er mehr wußte, als er sagte[18]. Er verkündete seinen römischen und jüdischen Lesern deutlich, daß Gott *jetzt* die Weltherrschaft den Römern gegeben habe[19], über die Zukunft schwieg er: sapienti sat. D.h. Josephus hatte keinerlei Interesse, seine Leser über die wahren Hintergründe des jüdischen Krieges und seine Vorgeschichte aufzuklären, ihm genügte es, einzelne als Verbrecher zu brandmarken und die Mehrzahl des Volkes als unschuldig und unglücklich darzustellen, um so Mitleid für die vom Schicksal Geschlagenen bzw. von Gott für die Sünden einer Minderheit Gestraften zu erwecken. Das bedeutet für unser Problem, daß die Nachrichten des Josephus über die „jüdische Befreiungsbewegung" während des jüdischen Krieges und seiner Vorgeschichte durchweg kritisch geprüft und mit anderen — etwa rabbinischen und christlichen — Nachrichten verglichen werden müssen und daß weiter die religiöse Motivation der Freiheitskämpfer durchweg eine größere war, als es der jüdische Historiker wahrhaben will.

Darauf, daß die jüdischen Aufständischen nicht nur unter dem — josephischen — Aspekt der chaotischen Zerrissenheit, sondern — wenigstens als Arbeitshypothese — auch unter dem Gesichtspunkt einer relativen „ideologischen Einheitlichkeit" gesehen werden können, weist nicht nur der gemeinsame heroische Kampf bis zum Untergang, sondern auch die Tatsache hin, daß am Anfang, bei der Durchführung des Provinzialcensus 6 n. Chr., die Begründung einer „theokratischen Ideologie des Freiheitskampfes" steht. Angeregt durch die Josephus-Übersetzung des Jubilars und des Anfang dieses Jahres verstorbenen O. Bauernfeind, bei der ich vor achtzehn Jahren mitarbeiten durfte, begann ich 1955 mit einer Untersuchung dieser ideologischen Grundlagen der jüdischen Freiheitsbewegung. Sie führte dann zu einer 1959 vollendeten Dissertation. Ausgangspunkt dieses schwierigen Unterfangens war eine Analyse der verschiedenen Bezeichnungen, die Josephus den Aufständischen beilegte: Räuber, Sikarier, Zeloten u.a.[20]; darauf folgte der Versuch, den religiösen Hintergrund des Kampfes gegen die Fremdherrschaft von verschiedenen Seiten her zu erfassen. Hier bot sich als selbstverständlicher Einstieg die Verkündigung des Aufruhrpredigers Judas Galiläus an, der nach Josephus zusammen mit dem Pharisäer Zadduk eine neue, „zuvor noch nie gehörte Lehre" einführte und damit eine „vierte Philosophensekte" im palästinischen Judentum begründete (Ant 18,9), d. h. eine neue jüdische „Partei" schuf[21]. Seine reli-

---

[18] Vgl. Ant 4,114.116f (Bileamsweissagung Num 24,17); 10,210 (Dan 2); s. auch 10,267,276, dazu Zeloten 245 und M. de Jonge u.S. 211f.

[19] S. jetzt dazu ausführlich H. Lindner (o.Anm. 5) 21ff.49ff.69ff.142ff.

[20] Zeloten 25—78.

[21] AaO 79—150: Die „vierte Philosophensekte" des Judas Galiläus.

giöse Grundforderung, die „Alleinherrschaft Gottes", daß man außer Gott
niemanden als Herrn und König anerkennen dürfe, findet sich fast siebzig
Jahre später am Ende der Tragödie bei den nach Ägypten geflohenen
„Sikariern" wieder, die sich lieber zu Tode foltern ließen, als daß sie dem
Kaiser als „Kyrios" und „Basileus" huldigten (Bell 7,417ff). Sollte man
darin Josephus folgen dürfen, daß dieser Judas entscheidende geistige
Grundlagen zu den späteren, nicht abreißenden Unruhen legte, die dann
schließlich in dem allgemeinen Brand des jüdischen Krieges endeten, einem
Brand, den Judas bereits selbst mit seiner Aufruhrpredigt – zunächst freilich
vergeblich – zu entfachen suchte[22]?

Der zweite Komplex betrifft den „Eifer", der sich an der heroischen Blut-
tat des Pinehas von Num 25,10ff orientierte, einer Tat, die dem Helden
den einzigartigen Beinamen „der Eiferer" verschafft[23], der dann selbst
wieder die ehrenvolle Parteibezeichnung „Eiferer" begründet; die einzige spezifisch jüdische Gruppenbezeichnung, die uns durch Josephus, den
Talmud und christliche Quellen aus der jüdischen „Freiheitsbewegung"
erhalten ist. Dahinter steht der Eifer für eine – im fremdenfeindlichen
Sinne – verschärfte Tora[24]. Als dritter Komplex schloß sich die Frage
nach dem charismatisch-eschatologischen Bewußtsein der jüdischen Auf-
standsgruppen an[25].

Auch wenn man ganz gewiß zwischen den verschiedenen Banden und
Gruppen differenzieren muß, so hatten doch alle dasselbe Ziel: die Befreiung des Gottesvolkes vom römischen Joch und die Reinigung des Heiligen Landes von allen Gesetzesübertretern und Verrätern; dies läßt auf
gewisse gemeinsame religiöse Grundtendenzen schließen. Bei dem Nachdruck, den Josephus auf die unheilvollen Folgen der Wirksamkeit des
Judas Galiläus legt, ist es unbezweifelbar, daß von dieser Gestalt und ihrer
Lehre entscheidende Wirkungen ausgegangen sind. So würde ich auch heute noch den damals vor achtzehn Jahren begonnenen Versuch für gerechtfertigt halten, die jüdische „Freiheitsbewegung" zwischen 6 und 70 n. Chr.
von gewissen einheitlichen religiösen Grundmotiven her zu erfassen. Als
Ergänzung würde ich freilich die soziale Komponente ihres Kampfes noch

---

[22] S. die ausführliche Schilderung der verhängnisvollen Rolle der durch Judas begrün-
deten „Sikarier" – Bell 7,253ff; man beachte das τότε 254. Vgl. Michel-Bauernfeind
(o.Anm.14)II,1 (1969), 267:„7,254.324 versteht die Sikarier als Träger der eigentlichen
Aufstandstradition, die bereits aus der Judaszeit abzuleiten ist." Ähnlich M. Black
o. S. 51: „fons et origo . . .". Vgl. dazu die übereinstimmenden Aussagen der fast 20
Jahre später verfaßten Ant 18,6ff.25: „Der Wahnsinn, der von dort (d.h. von Judas
und Zadduk) ausging, begann das Volk unter Gessius Florus anzustecken . . .".
[23] Zeloten 160ff s. auch u.S. 187 A. 40.Vgl. noch L.Ginzberg,The Legends of the Jews
3,383ff; 6,137f; 7,37; C. Colpe,ZDPV 85 (1969) 168ff.
[24] AaO 151–234.
[25] AaO 235–318.

stärker betonen, als es damals geschah[26], zumal für das antike Judentum von der prophetischen Predigt und dem Deuteronomium her gerechte Sozialordnung und religiöse Hoffnung untrennbar verbunden waren.

Die Kritik an meinem Buch hat sich vor allem an einem Punkt entzündet, der im Grunde ein Spezialproblem der Frage nach der Einheit oder Disparatheit der jüdischen „Freiheitsbewegung" darstellt: *der Anwendung der Parteibezeichungen „Zeloten" und „Sikarier"*.

Schon Kirsopp Lake hatte darauf hingewiesen, daß — im Gegensatz zum in der Forschung üblichen Sprachgebrauch — Josephus zwischen „Sikariern" und „Zeloten" einen deutlichen Unterschied macht:

"It is somewhat of a shock to discover from Josephus that, if his evidence be correct, the use of the name Zealot to describe a Jewish sect or party cannot be earlier than A.D. 66."

Diese — richtige — Beobachtung wird dann freilich in falscher Weise näher begründet:

"The first use of the word 'Zealot' in Josephus as the name of a party in Jerusalem is in *Bellum Judaicum* IV.3.9. After this he uses it frequently, and always in the same sense. It is the name arrogated to themselves by the followers of the famous John of Gischala ..."[27].

In Wirklichkeit erscheint die Bezeichnung οἱ ζηλωταί bereits dreimal im 2. Buch des Bellum. Davon bezieht sich 2,651 vom Kontext her eindeutig auf die *Partei der Zeloten* noch lange vor dem Auftauchen Johannes' von Gischala: Josephus schildert die gespaltene Situation in der Stadt nach dem Sieg über Cestius Gallus und die Bemühungen des Hohenpriesters Ananos um eine Dämpfung der Kriegsbegeisterung:

---

[26] Vgl. Zeloten 139ff.329f.341f; G. Baumbach, Das Freiheitsverständnis in der zelotischen Bewegung, in: Das ferne und nahe Wort, Festschr. L. Rost, BZAW 105, 1967, 11—19; M. Hengel, Das Gleichnis von den Weingärtnern ..., ZNW 59 (1968) 11ff.19ff; O. Michel, Simon bar Giora, in: Fourth World Congress of Jewish Studies. Pps. Vol. I, 1967, 77—80, und mit reichem Material, jedoch methodisch zu einseitig: H. Kreissig (o.Anm. 4). Daß jedoch die sozialen Gründe als Motivierung für die Entwicklung zwischen 6 und 74 (bzw. 135) n. Chr. in keiner Weise ausreichen, ergibt sich aus der Tatsache, daß in anderen Gebieten des Ostens, Syrien, Kleinasien oder auch Ägypten, kein solch erbitterter Freiheitskampf gegen die Römer geführt wurde, obwohl dort die Ausbeutung nicht geringer war als in Judäa. Die Kämpfe in Germanien, Teilen Galliens oder in Illyrien und Pannonien lassen sich mit denen in Judäa ebenfalls nicht vergleichen. In diesen Gegenden handelte es sich um erst jüngst unterworfene, kaum befriedete, barbarische Stämme. Auch die Nabatäer leisteten, trotz ihrer geographisch günstigeren Lage, der Annektion ihres Königreiches durch Trajan 105 n. Chr. keinen nennenswerten Widerstand. Vgl. auch M. Hengel, War Jesus Revolutionär? CH 110, 1970; Gewalt und Gewaltlosigkeit, CH 118,30.59f Anm. 71.72 und Eigentum und Reichtum in der frühen Kirche, 1973, 20ff.

[27] The Beginnings of Christianity. Part I: The Acts of the Apostles, Vol. I Prolegomena, London 1920, 421.423. Zur Kritik vgl. Zeloten 66.67 Anm. 2; vgl. auch G. Baumbach, ThLZ 90 (1965) 735; H.P. Kingdon, NTS 17 (1970/71) 69ff und 19(1972/73) 74 u. M. Black o. S. 51.

„Ananos freilich beabsichtigte, die Kriegsrüstungen allmählich einzustellen und die Aufführer wie auch den Wahnwitz der sogenannten ‚Zeloten' (καὶ τὴν τῶν κληθέντων ζηλωτῶν ἀφροσύνην) zum Nutzen des Allgemeinwohls zu dämpfen. Er unterlag jedoch der Gewalt."[28]

Die Vermutung meines schärfsten Kritikers, Morton Smith, damit sei nicht die Partei der Zeloten, sondern "many individual zealots in the city" gemeint, ist völlig unbegründet[29]. Josephus kennt "the ideal of 'the zealot' as a private individual, imitating Phineas and Elijah" nicht, bzw. er will davon nichts wissen; darüber hinaus ist die Existenz eines solchen „privaten Ideals", das zur individuellen Bezeichnung „der Eiferer" führte, äußerst fraglich (s. u. S. 186ff). Die Realisierung der vorbildlichen Tat des Pinehas, d.h. die Ausrottung der Gesetzesübertreter und ihrer heidnischen Verführer, bedurfte unter römischer Herrschaft der wohlorganisierten Gruppe. Politischer Terrorismus kann — wenn er dauerhaft und erfolgreich sein will, und in Palästina war er das, — nicht von einzelnen Desperados, sondern nur von festen Gruppen durchgeführt werden. Das gilt vom heutigen Irland so gut wie vom damaligen Palästina. In der nächsten Nennung der „Zeloten" Bell 4,160f wird der 2,651 abgebrochene Erzählungsfaden deutlich wieder aufgenommen:

„Die angesehensten unter den Hohenpriestern, Jesus, Sohn des Gamala, und Ananos, Sohn des Ananos, schalten bei den Zusammenkünften das Volk sehr hart wegen seiner Trägheit und stachelten es gegen die ‚Zeloten' auf. So nannten diese nämlich sich selbst, als ob sie edlen Zielen nachstrebten und nicht den schlimmsten Taten, worin sie sich gegenseitig noch übertrafen."[30]

Josephus führt hier keine neue Bedeutung der Bezeichnung οἱ ζηλωταί ein, in beiden Fällen geht es eindeutig um *die Partei der Zeloten in Jerusalem*. Von diesem Sprachgebrauch aus wird man auch die beiden anderen Stellen in Bell 2,564 und 444 zu deuten haben:

Bell 2,564 erwähnt erstmals einen der Führer der radikalen Kriegspartei in Jerusalem, Eleazar, Sohn des Simon: Obwohl er nach dem Sieg über Cestius Gallus einen großen Teil der römischen Beute und der öffentlichen Mittel an sich gebracht hatte, erhielt er bei der auf den Sieg folgenden Volksversammlung kein öffentliches Amt, „da man sein tyrannisches Wesen erkannte und die ihm untergebenen ‚Zeloten' sich als Leibwächter aufführten".

Daß hier τοὺς ὑπ᾽ αὐτῷ ζηλωτάς nicht mit „Anhänger" oder „Bewunderer" (so Thackeray: admirer) übersetzt werden darf und auch nicht "indi-

[28] Schon die Beifügung des κληθέντων weist auf eine parteiähnliche Gruppe hin, vgl. Bell 2,254; 4,400; Ant 20,186 für die Sikarier und Bell 4,161 und 7,268 für die Zeloten.
[29] HThR 64 (1971) 16; vgl. 6.
[30] Wir haben hier die einzige — uns bekannte — *Selbstbezeichnung* aus der jüdischen Freiheitsbewegung, s. Michel-Bauernfeind (o.Anm. 14) II,1, 213 Anm. 45. Vgl. die ähnliche Ableitung des Namens Bell 7,269. In Wirklichkeit hellenisiert und verschleiert Josephus die Herkunft des Begriffs, wie er auch in seinem Referat über die Tat des Pinehas Num 25,10ff den Begriff des „Eifers" nicht erwähnt: s. Ant 4,131—150 und dazu Zeloten 160.

vidual zealots", sondern eine feste Gruppe bedeutet, ergibt sich aus der Tatsache, daß eben dieser Eleazar, Sohn des Simon, später als der eigentliche Führer dieser Partei der „Zeloten" erscheint. Josephus kann von ihm sagen, daß er „schon am Anfang (des Aufstandes) die ‚Zeloten' von der Stadtbevölkerung abgespalten und in den Tempelbezirk gebracht" habe (Bell 5,5); überhaupt habe „der Angriff der Zeloten gegen die Stadtbevölkerung die Eroberung der Stadt eingeleitet" (5,3).

Nach ihrer Trennung von Johannes von Gischala nennt Josephus diese Gruppe teilweise einfach „die Anhänger des Eleazar".[31] Später, nach einem gelungenen Überfall auf den Tempel, schlossen sich die „Zeloten" wieder Johannes von Gischala an, aber auch dann blieb Eleazar ihr Führer. (Bell 5,98.104.250) Offen bleibt dabei die Frage, *wann* sich diese Gruppe der „Zeloten" zu einer „Partei" zusammengefunden hat; weiter scheint Eleazar nicht ihr Begründer gewesen zu sein, seine erste Erwähnung durch Josephus setzt sie bereits voraus, auch werden neben ihm noch andere Führer genannt, so Zacharias, Sohn des Amphikallei, der wie Eleazar selbst von priesterlicher Abstammung war (Bell 4,225) und dessen Gesetzesstrenge nach der talmudischen Legende den Ausbruch des Krieges gegen Rom provozierte[32].

Die schwierigste und umstrittenste Stelle ist die erste Erwähnung der τοὺς ζηλωτάς Bell 2,444[33]. Hier werden sie nicht mehr mit dem Priester Eleazar ben Simon, sondern mit Menahem, dem Sohn (oder Enkel) des Judas Galiläus, verbunden, d.h. mit jener Gruppe, die Josephus aufgrund ihrer mörderischen Taktik teilweise auch die „Sikarier" zu nennen pflegt[34]. Danach zog Menahem nach der Befreiung der Stadt in den Tempel

„voll Stolz und im Schmuck königlicher Kleidung" καὶ τοὺς ζηλωτὰς ἐνόπλους ἐφελκόμενος.

Morton Smith möchte hier τοὺς ζηλωτάς im Anschluß an Thackeray mit "his fanatical followers" übersetzen und beruft sich dabei auf die lateinischen Übersetzungen der Spätantike [35]. Diese Übersetzung widerspricht

---

[31] Bell 5,10.21.99: οἱ περὶ τὸν Ἐλεάζαρον vgl. 5,12: οἱ ἀμφὶ τὸν Ἐλεάζαρον.

[32] T. Schab 16,7; Gittin 56a; Lam R 4,2 § 3; vgl. Zeloten 367f und EJud 16,959.

[33] S. dazu C. Roth, The Zealots in the War of 66–73, JSS 4 (1959) 334; Hengel, Zeloten 66f; G. Baumbach, ThLZ 90 (1965) 733f; H.P. Kingdon (s.o. Anm. 27); Michel-Bauernfeind (o. Anm. 13) 271: „wobei ihm eine Schar bewaffneter Eiferer folgte".

[34] Bell 2,254.425; 4,400; 7,253ff; Ant 20,186.

[35] HThR 64 (1971) 7f. Der Verweis auf die antiken lateinischen Übersetzungen ist freilich irreführend. Hegesipp 2, 10,6 (CSEL 61,161) „regressusque in Hierosolyma stipatoribus tamquam regio more comitantibus immane insoleuerat" bezieht sich gar nicht – wie S. behauptet – auf Bell 2,444, sondern auf Menahems Einzug in Jerusalem 2,434 mit einem Übergang zu 442. Die Rufin zugeschriebene lateinische Übersetzung folgt ganz naiv dem üblichen griechischen Sprachgebrauch seiner Zeit (2. H. d. 4. Jhs.

jedoch dem zeitgenössischen griechischen Sprachgebrauch wie auch dem
des Josephus. In der griechischen Literatur bis ins 2. Jh. n. Chr. (Plutarch,
Lukian) erscheint ζηλωτής nur im Sinne von ‚Anhänger' bzw. ‚Nacheiferer', und zwar nie absolut, sondern bestimmt durch eine im Genitiv stehende Apposition, d.h. eine Sache oder Person, zumindest aber durch ein
Possessivpronomen, das an unserer Stelle gerade fehlt. Ich habe darauf
schon in den „Zeloten" aufmerksam gemacht, leider wurde dieser Tatbestand von Morton Smith überhaupt nicht beachtet [36]. Bei Josephus wird
dagegen im Bellum der Begriff ζηλωτής fünfundfünfzigmal verwendet,
davon dreiundfünfzigmal im absoluten Sinne als οἱ ζηλωταί, d.h. als Parteibezeichnung. Die umstrittene erste Erwähnung Bell 2,444 macht hier
keine Ausnahme! Im Sinne von „Anhänger eines Menschen" erscheint der
Begriff im Bellum überhaupt nicht, sondern nur noch zweimal auf die
römischen Soldaten bezogen, die als ζηλωταὶ τῆς ἀνδρείας gepriesen werden (Bell 5,314 und 6,59). Fast möchte man annehmen, daß im Sinne der
bei Josephus beliebten polemischen Umkehrung (s. o. S.179f). diese römischen „Nacheiferer der Tapferkeit" den verbrecherischen jüdischen „Zeloten" gegenübergestellt werden.

Ganz anders ist die Situation in den übrigen Schriften des Josephus. Hier
gebraucht er den Begriff insgesamt nur noch viermal. Ant 12,271 fordert
der Priester Mattathias seine Landsleute auf: „Wenn einer ein Anhänger
der väterlichen Sitten und der Verehrung Gottes ist, der folge mir!" (εἴ τις
ζηλωτής ἐστιν τῶν πατρίων ἐθῶν...). Es handelt sich um eine
Präzisierung der Aussage von 1 Makk 2,27: Πᾶς ὁ ζηλῶν τῷ νόμῳ καὶ
ἱστῶν διαθήκην ἐξελθέτω ὀπίσω μου.

Ant 20,47 befürchten die Mutter des Königs Izates von Adiabene und sein
jüdischer Lehrer Ananias, der König könnte den Thron verlieren, weil
seine Untertanen nicht einen Herrscher über sich duldeten, der ein τῶν

---

n. Chr.), wo das absolute ζηλωτής auch vereinzelt im Sinne von Schüler verwendet
werden konnte, s. die Belege in Zeloten 63 Anm. 8: Jamblich, Vit Pyth (VI) 29: εν
...Κρότωνι...: προτρεψάμενος πολλοὺς ἔσχε ζηλωτάς als Akk.-Obj. ohne Artikel und
Vita Procli c. 38 ed. Boissonade. In früherer Zeit läßt sich − soweit ich sehe − dieser
Sprachgebrauch noch nicht nachweisen.
[36] Zeloten 61ff. Die dort gesammelten Belege ließen sich beliebig vermehren. S.
Aeschin 2,166 (Reiske 50,26); Philodemos piet. 125,18f (Th. Gomperz, Herc. Stud. II,
Leipzig 1866): (ὁ δὲ ἀ)δελφὸς α(ὐτ)οῦ (κ)αὶ ζηλωτής vgl. Plut Cato Minor 781 F: ἑταῖρος
αὐτοῦ καὶ ζηλωτής; Lukian Scyth. 4; Plutarch, Cicero 878 A u. 882 E: ζηλωταὶ τοῦ
Κικέρωνος; Themist. 112 D; Pelopidas 292 A; Phokion 743 C; Epiktet nach Arrian
diss. 1, 19,6; 3, 24,40: ζηλωτὰ τῆς ἀληθείας καὶ Σωκράτους καὶ Διογένους. Die
einzige Ausnahme, die ich finden konnte, ist in ihrem Sinne dunkel, s. Th. Gomperz,
Die Überreste eines Buches von Epikur..., Wiener Studien I (1879) 30. Auffallend ist
weiter, daß es sich um einen überwiegend literarischen Begriff handelt, der zwar in
einzelnen Inschriften vorkommt, s. Dittenberger SIG[3] 675,27f; 717,33; 756,32; OGIS
339,90; 352,46 und SEG 19 (1963) 834,23f, nicht aber in den ägyptischen Papyri.

παρ' ἑτέροις ζηλωτής ἐθῶν wäre. In c Ap 1,62 wird nach einer alten These der jüdischen Apologetik behauptet, Pythagoras sei ein ζηλωτής der jüdischen Gesetze gewesen, und nur in Vit 11 bezieht sich der Begriff auf eine Person: Josephus sagt von sich selbst, er sein ein Schüler des Asketen Bannus geworden. Für eine Gruppe jüdischer Aufständischer ohne Genitivbestimmung wird dagegen der Begriff in allen drei Werken nicht mehr verwendet, der Sprachgebrauch entspricht vielmehr ganz dem üblichen griechischen.

Auch im Blick auf den schon von Kirsopp Lake postulierten und von Morton Smith wiederaufgenommenen angeblichen Sprachgebrauch von ὁ ζηλωτής als religiösem Ehrentitel für einzelne Fromme kann ich nur betonen, daß es − von einem Sonderfall abgesehen − keine eindeutigen Belege dafür gibt. Wir finden zwar im NT (Act 21,20; 22,3; Gal 1,14) und vereinzelt in der jüdisch-hellenistischen Literatur den Begriff des „Eiferers für das Gesetz" (2 Makk 4,2; Philo, Spec Leg 2,253; vgl. auch Ant 12,271), häufig ist auch diese Formel in der uns erhaltenen jüdisch-hellenistischen Literatur nicht. Die Genitivverbindung „Eiferer für das Gesetz" bzw. „für Gott" steht dabei noch durchaus im Rahmen der üblichen griechischen Verwendung des Wortes. Für den absoluten Gebrauch ὁ ζηλωτής weiß ich nur zwei Beispiele:

1. Den Jünger Simon ὁ ζηλωτής aus dem Zwölferkreis (Lk 6,15; Act 1,13 = ὁ Καναναῖος Mk 3,18; Mt 10,4). Hier muß die Frage offen bleiben, ob es sich nicht eben doch um eine palästinische Parteibezeichnung handelte. In diesem Falle würde es sich bei dem „Eiferer" Simon − ähnlich wie bei dem Essener Johannes (Bell 2,567; 3,11.19) − doch wohl um einen ehemaligen „Zeloten" handeln [37].

2. Die Bezeichnung des Pinehas als ὁ ζηλωτής in 4 Makk 18,12: Der Vater erzählte den Kindern von „dem Eiferer Pinehas". Hier handelt es sich eben nicht um einen beliebigen frommen „Eiferer", sondern um eine einzigartige Bezeichnung, die die Entstehung dieses Sprachgebrauches begründet und den religiösen Hintergrund des Parteinamens beleuchtet [38]. Die Bezeichnung von Gott als θεὸς ζηλωτής in der LXX als Übersetzung des 'el qanna' und den negativen christlichen Sprachgebrauch im Sinne von ‚Eifersüchtiger‘ können wir hier beiseite lassen [39].

---

[37] Zeloten 72f; H.P. Rüger, ZNW 59 (1968) 118. Die Spekulationen von S.G.F. Brandon, Jesus and the Zealots, Manchester 1967, s. Index s.v. Simon the Zealot, sind gänzlich ungerechtfertigt. Mit gleichem Recht könnte man aufgrund der Zöllnerperikopen in den Evangelien und des „Zöllners Matthäus" Mt 10,13 schließen, daß Jesus ein Römerfreund gewesen sei; s.o. H. Kreissig (o. Anm. 4) 120f, der sich dazu noch auf bSanh 43a beruft: „Jesus stand der Regierung nahe". Auf diese Weise kann man alles beweisen. Zu Brandon s. meine Rezension JSS 14 (1969) 231−240.

[38] Zeloten 164f. Der Vorwurf und die Deutung von Morton Smith, HThR 64 (1971) 11 gehen an der Sache völlig vorbei.

[39] Zeloten 63f; vgl. auch den Apologeten Aristides 7,3; 8,2; 10,7; 11,2: Es geht dabei

Entscheidend scheint mir der Tatbestand, daß in der rabbinischen Literatur die Bezeichnung „Eiferer" im Singular (qanna'j bzw. qan'an als substantiviertes Adjektiv) nur auf eine Gestalt, nämlich Pinehas, bezogen wird; Gott selbst hat Pinehas diesen Namen gegeben[40]. Für die von Lake, Morton Smith u.a. postulierte Beziehung des Ehrentitels „Eiferer" auf einzelne Fromme, ähnlich wie bei ṣaddiq oder ḥasid finde ich keine Belege. Daneben gibt es noch zwei Traditionen, wo die „Eiferer" (qanna'im) im Plural erscheinen:

1. Die Überlieferung von den „Eiferern" in der Version A der Aboth de Rabbi Nathan, die bei den Unruhen in Jerusalem die Getreidevorräte in Jerusalem anzünden. Hier ist deutlich die Partei der „Zeloten" gemeint. Auffallend ist dabei freilich, daß die Paralleltradition der Version B zweimal dieselbe Tat den „Sikariern" (siqarim) zuschreibt. Die Bemerkung von Morton Smith, hier handele es sich um "confusions of medieval copyists" zeigt nur seine Unkenntnis über das Alter und die Traditionsgeschichte

---

immer um die Abgrenzung des einen Gottes von den zornigen und eifersüchtigen Göttern der Heiden. Zum ϑεὸς ζηλωτής s. auch u. A. 40.

[40] Die Belege sind dabei erstaunlich selten, die wichtigsten habe ich schon in Zeloten 161 und 164 angeführt. Herrn Benjamin Kossovsky danke ich für die Überlassung der 4 Stellen aus dem Talmud babli. Der entsprechende Band seiner Konkordanz ist noch nicht erschienen. Im Sing. erscheint der Begriff nur einmal Sanh 82b: Die Dienstengel wollten Pinehas wegstoßen, doch Gott hindert sie daran: „laßt ihn, der ist ein Eiferer, der Sohn eines Eiferers, ein Zornabwender, der Sohn eines Zornabwenders". Mit dem „Sohn eines Eiferers" wird wohl auf seinen Ahnherrn Levi angespielt, s. Zeloten 164 A. 3 vgl. Nu R 21,3; Tanch. Pinchas § 3 ed. Buber 76a; Pirqe R. Eliezer 47(112b): Levi eiferte als erster gegen die Unzucht. Den Titel „qanna'j" erhält er jedoch nur im unmittelbaren Zusammenhang der Ehrung seines Nachkommen Pinehas. Vgl. Tg Jer I zu Nu 25,11: Pinehas, der Eiferer (qanna'ah), Sohn Eleazars bar Aharon, der Priester, der den Zorn von den Kindern Israel abwendete". In Tg Neofiti und Onkelos fehlt der Zusatz „der Eiferer". Die ursprünglichste Fassung finden wir wohl in Sifre Nu 25,1 (§ 131 Horovitz S. 173): „Pinehas, der Priester, Sohn eines Priesters, der Eiferer, Sohn eines Eiferers" (qanna'j bän qanna'j). S. noch Lev R 33,4 (Margulies IV, 752); Pesiqta R. Kah. 13,12 (Mandelbaum 236); Jalqut Schimoni zu Num 25 § 771 (S. 535). Man erhält den Eindruck, als sei die Bezeichnung des Pinehas als „Eiferer" teilweise wieder verdrängt worden. So fehlt er — soweit ich sehe — in jSanh und Nu R. Vermutlich handelt es sich hier um ein altes Relikt, das später — wie die Tat des Pinehas überhaupt — eher anstößig war. Daß diese Bezeichnung bis ins 1. Jh. n. Chr. zurückgeht, ergibt sich aus der Bezeichnung des Helden als ὁ ζηλωτής in 4 Makk 18,12 (s.o. A. 38). Entscheidend ist dabei, daß dieser einzigartige Ehrenname dem Pinehas von Gott selbst beigelegt wird s. Zeloten 164. Nur als Hypothese könnte man vermuten, daß dahinter der Gedanke der Nachahmung Gottes steht, das 'el qanna' des A.T. wird ja in der LXX mit ϑεὸς ζηλωτής übersetzt. Im übrigen wird der Begriff „qanna'j, qanna', qan'an" = eifersüchtig in den Targumim nur negativ gebraucht, so auch in Bezug auf Abraham Jalqut Schim zu Gen 14,13 (§ 72 S. 38) „qanna'j" = Gen R 41(42),8 (Albeck I,413) „qunjon" rachgierig. „Eiferer" im Singular ist so — abgesehen von der fixierten Pinehastradition — im Rabbinat gerade keine positive Frömmigkeitsbezeichnung.

dieser historisch besonders wertvollen rabbinischen Schrift und ihrer Versionen [41].

2. Die rätselhafte Mischna Sanh 9,6:

„Wer die Opferschale stiehlt und wer mit dem qosem flucht und wer einer Aramäerin (= Nichtjüdin) beiwohnt — über den fallen Eiferer her (qanna'in pog^{e}in bo)."

S. Krauß weist in seinem Kommentar[42] auf die Tatsache hin, daß die wertvolle Münchener Talmudhandschrift und die Gemara des palästinischen Talmuds (jSanh 9,11 27b.31) „haqqana'im" (bzw. haqqana'in) lesen, und er folgert daraus den erwägenswerten Schluß: „Umsomehr muß man an bestimmte Eiferer, u(nd) z(war) an die bekannten Zeloten denken". B. Salomonsen hat zwar diese Deutung bezweifelt und sich auf eine weitere rabbinische Nachricht berufen, daß schon der „Gerichtshof der Hasmonäer" den Verkehr mit einer Heidin verboten habe (Sanh 82a; AZ 36b). Er kommt zu dem Ergebnis, "the *qannaim* were private persons acting on behalf of the community during the age of the Hasmonaeans"[43]. In Wirklichkeit haben wir keinerlei Belege für die Wirksamkeit von „Eiferern" unter der hasmonäischen Herrschaft. Die ganze Bestimmung deutet vielmehr auf einen Akt der inoffiziellen Femejustiz hin, der entsprechend der Tat des Pinehas durchgeführt wurde, da die offizielle Strafverfolgung ausfiel. Dies paßt weniger in die Hasmonäerzeit, wo die Strafgerichtsbarkeit der Juden uneingeschränkt war, als vielmehr in die Zeit zwischen 6

---

[41]   S. Morton Smith, HThR 64 (1971) 11. Vgl. dazu AbRN ed. Schechter Vs A c. 6 S. 32: „Als Kaiser Vespasian kam, um Jerusalem zu zerstören, suchten ‚Eiferer' (qanna'im) mit Besitz (=Vorräte) allen Besitz (=Vorräte) mit Feuer zu verbrennen'.' Vgl. Vs B c. 13 S. 31:,,die ‚siqarin' verbrannten die Vorräte in Jerusalem" und Vs B c. 7 S. 20: „Als Vespasian kam und Jerusalem (mit einem Wall) umgab, schlug er das Lager im Osten auf. Alle ‚siqarin' erhoben sich und verbrannten alle Vorräte, die in Jerusalem waren." Eine Paralleltradition Koh R zu 7,12 (20a) spricht davon, daß „Ben Battiach", der Neffe Jochanan ben Zakkais, als „Anführer der Sikarier" (ro'š qsrjn = siqarin) die Verbrennung befohlen habe. Zur Historizität der Tradition s. Bell 5,24 und Tacitus, hist 5,12, vgl. auch Zeloten 51f.68f. Es handelt sich hier offenbar um 2 unabhängige Paralleltraditionen. Dabei fällt auf, daß die Rabbinen — gegen Josephus — auch die Verteidiger von Jerusalem als Sikarier bezeichnen konnten, s. dazu weitere Belege u. S. 193 A. 52. G. Friedlander in seiner Übersetzung der PRE, London 1916, 5f bringt ebenfalls die Notiz über die Verbrennung der Vorräte durch die *Zeloten*. In der üblichen Textausgabe Warschau 1852 fehlt diese Passage. Es handelt sich wohl um eine Sonderüberlieferung der von F. verwendeten Wiener Handschrift Epstein, die verloren ist. Zum Alter und zur Qualität der Überlieferung der AbRN s. die Einleitung der Ausgabe v. Schechter S. XXf; J. Finkelstein, JBL 57 (1938) 13—50; ders., Mabo le-Massektot Abot ve-Abot d'Rabbi Natan, New York 1950; J. Goldin, HUCA 19 (1945/6) 97—120; ders., The Fathers According to Rabbi Nathan, New Haven 1955, XVIIff. Nach Goldin wurden die AbRN zwischen dem 7. und 9. Jh. redigiert, sie enthalten jedoch nur tannaitische Überlieferung. Sprache und Stil entsprechen der tannaitischen Epoche. Vgl. das zustimmende Urteil von J. Neusner, Development of a Legend, Leiden 1970, 113.

[42]   Sanhedrin—Makkot, Gießener Mischna, 1933, 262, vgl. Zeloten 69ff.191f.

[43]   NTS 12 (1965/66) 175. Vgl. die Kritik von Morton Smith, aaO 9 A. 48.

und 66 n. Chr., wo — abgesehen von der kurzen Herrschaftsperiode des Agrippa I 41—44 — den Juden das Recht der Hinrichtung genommen war[44]. Eine derartige Lynchjustiz war auch nicht als Werk von einzelnen „Frommen", sondern nur von Gruppen möglich, darum der Plural. Daß in der Gemara des palästinischen und babylonischen Talmuds zu Sanh 9,6 jeweils in der den Rabbinen eigenen Drastik die Tat des Pinehas behandelt wird, ist kein Produkt sekundärer Schriftgelehrsamkeit[45], sondern ein Hinweis darauf, daß Pinehas aufgrund seiner Tat der Heros eponymos der „qanna'im" war. Die wenigen griechischen und rabbinischen Belege außerhalb des Bellum für den absoluten Sprachgebrauch von ὁ ζηλωτής = [haq]qanna'j lassen es so als durchaus möglich, ja wahrscheinlich erscheinen, daß es schon vor Ausbruch des jüdischen Krieges fanatische Gruppen gab, die sich „Eiferer" nannten und den „Eifer" des Pinehas nachzuahmen versuchten. Es ist darum kein Zufall, daß die Rabbinen später an der eifervollen Tat des Pinehas Kritik übten[46]. Eine allgemein verbreitete religiöse Ehrenbezeichnung wie ‚ṣaddiq' oder ‚ḥasid' war dagegen ‚qanna'j — qan'an — ζηλωτής' nach Ausweis der uns erhaltenen Quellen gerade nicht.

Offen bleibt die Frage, *wie sich diese „Eiferer" zu der „vierten Philosophensekte" des Judas Galiläus* und den daraus hervorgehenden späteren Sikariern verhalten. Josephus gibt ja der „4. jüdischen Sekte" zunächst keinen Namen! Hier wäre ein Blick auf die Verwendung des Begriffes σικάριος bei Josephus zu werfen. Es handelt sich hier um ein Lehnwort aus dem Lateinischen: sicarius, das nach den alten Glossaren vor allem den (Meuchel)mörder, u.U. auch den auf Mord erpichten bewaffneten Räuber bedeutet, abgeleitet von ‚sica', Dolch. In den Wirren des römischen Bürgerkrieges war es ein beliebtes Schimpfwort zur Diffamierung der gegnerischen Partei[47]. Auffällig ist nun, daß wir dieses Lehnwort nur bei Jo-

---

[44]Zeloten 70. Zum jüdischen Hinrichtungsrecht s. J. Blinzler, Der Prozeß Jesu, [4]1969, 229ff. Zur Frage der jüdischen Selbsthilfejustiz und ihrer Kritik s. Boaz Cohen, RIDA 2 (1955) 116f = Jewish and Roman Law, N. Y. 1966, II, 633f und Zeloten 219ff.

[45]So Salomonsen, aaO 174. Die Verbindung zwischen den „qanna'im" und dem einzigen in den rabbinischen Quellen namentlich erwähnten „qanna'j" Pinehas ist nicht eine zufällig-sekundäre Verbindung, sondern ein ursprünglicher Zusammenhang. Die rabbinische Tradition bringt den „Eiferer" Pinehas und die „Eiferer" von Sanh 9,6 dadurch miteinander in Verbindung, daß sie berichtet, Pinehas habe sich in höchster Not an die Mischna „erinnert" und daraufhin den Gesetzesübertreter und die heidnische Verführerin getötet: Sanh 82a; jSanh 27b, 30f; Nu R 20,25. In Wirklichkeit leiten die qanna'im ihren Namen von dem qanna'j Pinehas ab.

[46] Zeloten 172ff. Vgl. Boaz Cohen, aaO 117 (= II,634). Nach einer Baraita entsprach das Handeln des Eiferers „nicht dem Willen der Weisen": jSanh 27b,36.

[47]Vgl. dazu Ilona Opelt, Die lateinischen Schimpfwörter, 1965, 133.135.209; R. Till, Historia 11 (1962) 322 A. 14. S. auch die verschiedenen Deutungen von sicarius in den alten Glossarien, Corpus Glossariorum Latinorum ed. G. Löwe, G. Götz, F. Schöll, Leipzig 1888—1924: II,183,32 σφάκτης ἀνδροφόνος σφαγεὺς λῃστής; II,378,13: ξιφηφόρος sicarius ensifer; II,472,45: φονεύς homicida iugulator necator caesor

sephus, einmal bei Lk (Act 21,38), in den von diesen abhängigen Kirchenvätern und dann ganz vereinzelt in der rabbinischen Literatur finden, nicht
dagegen in den sonstigen griechischen literarischen Quellen und ebensowenig in den Papyri Ägyptens[48]. Offenbar wurde es aufgrund der besonderen — vielleicht im Osten des Römischen Reiches sogar einzigartigen —
Aufstandssituation in Palästina von den Römern eingeführt und dann von
den Juden übernommen.

Josephus erwähnt die „Sikarier" erstmals in der Zeit des Prokurators
Felix:

> „Kaum war das Land gesäubert, da trat in Jerusalem eine neue Art von Räubern
> hervor, die sogenannten Sikarier. Am hellichten Tage und mitten in der Stadt mor-
> deten sie Menschen, besonders an den Festen mischten sie sich unter die Menge und
> stachen mit kleinen Dolchen, die sie unter ihren Kleidern verborgen hatten, ihre Geg-
> ner nieder." (Bell 2,254f)

In dieselbe Zeit weist die Erwähnung der Sikarier Act 21,38, wo Lk den
Befehlshaber der Antonia Paulus fragen läßt:

> „So bist du nicht der Ägypter, der vor einiger Zeit einen Aufstand machte und dreitau-
> send Sikarier ἄνδρας τῶν σικαρίων) in die Wüste führte? "

Im ersten, historisch ursprünglicheren Bericht wird die Bezeichnung aus
einer neuen Taktik der jüdischen Freiheitsbewegung abgeleitet, die mit
ihrem Terror jetzt vom flachen Land selbst in die Hauptstadt eindrang und
die Bevölkerung durch einzelne Morde verunsicherte. Bei Lk ist sie dagegen
einfach ein Synonym für fanatische jüdische Aufständische in Palästina.
Der Kommandant der Antonia vermutet — nach Lk — in Paulus zunächst
einen gefährlichen Aufrührer und wird durch dessen griechische Bildung
rasch eines Besseren belehrt. Man wird daraus schließen dürfen, daß die
Römer aufgrund dieser neuen Taktik bestimmte besonders aktive Gruppen
„sicarii" nannten und daß dieser Begriff dann auch von den Juden übernommen und verallgemeinert wurde, so daß er schließlich auf die Aufständischen überhaupt angewandt werden konnte. Darauf weist neben Lk der

---

sicarius; III,336,21; 374,60 u.ö.: φονεύς; IV,171,14: latro; V,149,40: homicida per-
cussor; V,557,53 u.ö.: gladiator. S. dazu Zeloten 47f; O. Betz, ThW VII, 277f.
Sicarius war in erster Linie der *Meuchelmörder*, dann in übertragenem Sinne der be-
waffnete Räuber. Die unter Sulla entstandene lex Cornelia de sicariis wendet sich nach
inst. 4,18,5 gegen „homicidas ... vel eos, qui hominis occidendi causa cum telo
ambulant". Dort auch die Etymologie: „sicarii autem appellantur a sica, quod significat
ferreum cultrum." Schon im römischen Kriminalprozeß zur Zeit Ciceros wurden Mord-
sachen unter dem Stichwort „de sicariis" oder „inter sicarios" verhandelt s. Cic. de
orat. 2,105; fin. 2,54; off. 3,73; inv. 2,60; in M. Ant. Phil. 2,1(8) u.ö. Einen Teil der
Belege zu sicarius verdanke ich dem Thesaurus Linguae Latinae in München.

[48] S. Zeloten 48 A. 2. Lediglich P. Ox X, 1294,8 (2./3. Jh. n. Chr.) wird σικάριον als
Lehnwort aus dem Lateinischen für Dolch verwendet.

rabbinische Sprachgebrauch von „siqarim" wie auch die Gleichsetzung von
ζηλωταί und σικάριοι in den Philosophumena des Hippolyt hin[49].

Während Josephus im Bellum nur einmal die „Sikarier" und ihre neue
Taktik erwähnt, spricht er in den Antiquitates mehrfach von ihnen. Freilich legt er ihr erstes Auftreten im Gegensatz zum Bellum noch nicht in
die Zeit des Felix (52—59/60 n. Chr.) im Zusammenhang mit der Ermordung des Hohenpriesters Jonathan (20,165), sondern unter Festus
(60? —62 n. Chr.):

„Als Festus in Judäa ankam, geschah es, daß das Land von den Räubern verwüstet und
alle Dörfer niedergebrannt und ausgeraubt wurden. Die sogenannten Sikarier aber — dies
bedeutet Räuber — waren damals besonders zahlreich. Sie gebrauchten Dolche, die in
der Größe den persischen Akinaken ähnlich waren, in der Krümmung sind sie freilich
den römischen sicae ähnlich. Von daher empfingen die Räuber ihre Bezeichnung, und
sie ermordeten viele." (Ant 20,186)

Albinus bemühte sich, sie auszurotten (20,204), scheiterte jedoch bei diesem Versuch. So entführten sie den Sekretär des Tempelhauptmanns
Eleazar, Sohn des Ananias, der wenige Jahre später die Opfer für den
Kaiser einstellte und damit offiziell den Krieg eröffnete, und erreichten
dadurch die Freigabe von zehn ihrer gefangenen Anhänger, ein Erpres-
sungsmanöver, das sie mehrfach wiederholten:

„Nachdem sie schließlich eine beträchtliche Zahl erreicht hatten, bekamen sie noch
größeren Mut und terrorisierten das ganze Land."

Hier erscheinen die „Sikarier" als diejenige Gruppe innerhalb der Aufstandsbewegung, die durch ihre kühnen Unternehmungen schon vor dem
eigentlichen Kriegsausbruch den größten Einfluß und die größte Macht im
offenen Lande errang. Im Bellum tauchen sie dagegen ganz unvermittelt
erst wieder bei Beginn des jüdischen Krieges auf. Zur gleichen Zeit (ἅμα),
da der Tempelhauptmann Eleazar, Sohn des Hohenpriesters Ananias, die
Priesterschaft überredete, das Kaiseropfer einzustellen, eroberte „eine besonders kriegslüsterne Schar" (τινὲς τῶν μάλιστα κινούντων τὸν πόλεμον)
durch List die Festung Masada (Bell 2,408). Diese Koinzidenz war ganz
gewiß nicht Zufall, sondern Verabredung. Nachdem in Jerusalem selbst die

---

[49] IX,26,2 ed. P. Wendland GCS 26,260: (über die in 4 Gruppen aufgespaltenen Essener) ὅθεν ἐκ τοῦ συμβαίνοντος τὸ ὄνομα προσέλαβον, Ζηλωταὶ καλούμενοι, ὑπό τινων δὲ
Σικάριοι. Zur Textüberlieferung s. C. Burchard o. S. 78ff. Zur Beurteilung und
historischen Einordnung dieser ganzen, im Bericht des Josephus nicht enthaltenen
Notiz s. Zeloten 73ff, 195ff, 201ff. Die zusätzlichen Nachrichten über die rigorose
Einhaltung des Bilderverbots und die Zwangsbeschneidung werden historischen Hintergrund haben. Die Vermutungen von G.R. Driver, The Judaean Scrolls, Oxford 1965,
120 und 248f, daß aus diesen und anderen Gründen Sikarier bzw. Zeloten aus den
Essenern hervorgegangen seien, sind abenteuerlich. G. Baumbach, ThLZ 90 (1965) 737
und ders., Jesus von Nazareth im Lichte der jüdischen Gruppenbildung, 1971, 22
vermutet auf Grund der Hippolytnotiz einen engen Zusammenhang zwischen „zadokitischen" Essenern und priesterlichen Zeloten. Auch dafür haben wir in unseren
Quellen keinen Anhalt.

Kämpfe zwischen den Aufrührern, die den Tempel besetzt hielten, und den Friedenswilligen, unterstützt durch Truppen Agrippas und die römische Stadtkohorte, die die Oberstadt und die Antonia beherrschten, tagelang unentschieden hin- und hergewogt hatten, wurden die Aufrührer durch „eine große Anzahl von ‚Sikariern', die sich mit dem wehrlosen Volk in den Tempel eingeschlichen hatten", verstärkt. (Bell 2,425) D.h. die Aufständischen in Jerusalem erhielten Sukkurs von den erfolgreicheren Freiheitskämpfern außerhalb der Stadt. Diese Hilfe entschied den Kampf. Die Oberstadt und die Antonia wurden erobert, nur die Herodesburg im Westen der Stadt leistete noch kurze Zeit Widerstand. Die Niederbrennung des Stadtarchivs mit den Schuldverschreibungen zeigte dabei die soziale Komponente des Kampfes (2,427). Gleichzeitig kam Menahem, der Sohn des Judas Galiläus und der Eroberer von Masada, „wie ein König nach Jerusalem zurück, wurde Führer des Aufstandes und übernahm den Oberbefehl bei der Belagerung der Herodesburg" (γενόμενος ἡγεμὼν τῆς στάσεως διέτασσεν τὴν πολιορκίαν 2,433f. vgl. 437). Bis auf die drei Königstürme wurde die Burg rasch erobert, der Hohepriester Ananias, Vater des Eleazar, samt seinem Bruder Ezekias getötet. Menahem strebte offenbar die Alleinherrschaft an: ".. . da er glaubte, daß er keinen Gegner (mehr) habe, der ihm die Herrschaft streitig machen könnte, wurde er zu einem unerträglichen Tyrannen" (2,442). Kurze Zeit später wird er, wie er „in königlicher Kleidung und gefolgt von den bewaffneten Zeloten" (s.o. S. 184) in den Tempel einziehen will, von den Anhängern des Tempelhauptmannes Eleazar, Sohn des Ananias, überfallen und nach mißlungener Flucht getötet. Die Gründe für diesen Gewaltakt, der die Tür zum späteren Bürgerkrieg öffnete, können vielfältig sein:

1. der alte Gegensatz zwischen Priesteradel und Laien,
2. der nicht minder tiefe Gegensatz zwischen der Stadtbevölkerung und dem Landvolk,
3. die Blutrache für die Ermordung des Vaters und des Onkels oder
4. die Machtansprüche Menahems, die wahrscheinlich messianischer Art waren und die dem aus höchstem priesterlichem Adel stammenden Tempelhauptmann untragbar erschienen.

Auf der anderen Seite müssen die „Sikarier", die das offene Land beherrschten (oder besser: terrorisierten), und große Teile der Priesterschaft schon vor dem offenen Ausbruch des Krieges in engem Kontakt gestanden haben: Die Eroberung Masadas und die Einstellung der Kaiseropfer hängen als Fanal zum allgemeinen Aufstand offenbar zusammen, auch war die militärische Kooperation während der ersten Wochen vorzüglich und erfolgreich. Man hatte ein gemeinsames Ziel, die Abwerfung der Fremdherrschaft, die „Reinigung" des Tempels und der Heiligen Stadt, und man scheute das ungeheure Risiko des Krieges gegen Rom nicht. Nur diese erfolgreiche Zusammenarbeit machte den Ausbruch des offenen Aufstandes überhaupt erst möglich.

Schließlich ist auffallend, daß Josephus in diesem Zusammenhang sowohl die Bezeichnung οἱ σικάριοι (2,425) wie οἱ ζηλωταί (2,444) gebraucht und offenbar dieselbe Gruppe um Menahem meint. Dem entsprechen die beiden Versionen der Aboth de Rabbi Nathan und die Notiz des Hippolyt (s.o. S. 191). Nach dem Sammelbericht Bell 7,254 sammelten sich die Sikarier schon unter Judas z.Zt. des Census gegen Rom (τότε γὰρ οἱ σικάριοι συνέστησαν). „Sikarier" war dabei ursprünglich sicher keine Selbstbezeichnung *einer jüdischen Aufstandsgruppe*, sondern eine von den Gegnern verwendete sekundäre Bezeichnung, die die Taktik der Guerillakämpfer charakterisierte; die typisch jüdisch-religiöse Bezeichnung „Eiferer" kann dagegen sehr wohl von verschiedenen Gruppen jüdischer Aufständischer, den Anhängern Menahems wie dann später der stark priesterlichen „Partei" unter Eleazar, Sohn des Simon, beansprucht worden sein. Daß Josephus dann im weiteren Verlauf des Bellum die Bezeichnungen differenziert und die „Sikarier" auf den nach Masada geflohenen Rest der Anhänger des Menahem unter Eleazar, Sohn des Ari, beschränkt (Bell 4,400.516; 7,253ff), während er mit den „Zeloten" meist die Fraktion des Eleazar, Sohn des Simon, benennt, mag ganz einfach damit zusammenhängen, *daß er bestimmte Begriffe brauchte, um die verschiedenen Gruppen näher zu kennzeichnen.* „Eiferer" wollten sie vermutlich beide sein, das Vorbild des Pinehas war für die „Meuchelmörder" mit dem „Dolch im Gewande" noch eher zutreffend als für die priesterlichen „Zeloten", die sich im Heiligtum konzentrierten. Hinzu kommt, daß Josephus die begriffliche Unterscheidung gar nicht streng durchführt. Die Anhänger des Johannes von Gischala kann er eine Strecke weit als „Zeloten" bezeichnen[50], und die nach Ägypten geflohenen „Sikarier" stammten offenbar nicht von der Besatzung von Masada, die ja geschlossen Selbstmord beging, sondern von anderen Gruppen[51], und erst recht waren die „Sikarier" in der Cyrenaica (Bell 7,437.444) eine eher autochthone Bewegung. Im Gegensatz zu Josephus sprechen die talmudischen Quellen durchweg von den ‚siqarim' als den Aufständischen *in Jerusalem*[52].

---

[50] Dadurch kam es zu dem Irrtum von Kirsopp Lake (s.o. ¦S. 182 A. 27). Vgl. Bell 4,389ff.490.514.566ff577ff: Johannes kämpft als Führer der „Zeloten" gegen Simon bar Giora. 5,5ff: Abfall der priesterlichen „Zeloten" von Johannes von Gischala. 5,96ff: Eroberung des Tempels und Wiedervereinigung.

[51] Bell 7,410ff. Josephus spricht nur von solchen ἐκ τῆς στάσεως τῶν σικαρίων, die nach Ägypten fliehen konnten. Ihre Herkunft nennt er nicht. Die Übersetzung „Aufstand" oder „Partei" ist dabei umstritten, s. Michel-Bauernfeind II, 2,149.281 A. 190. Vgl. 7,210ff die Flüchtlinge aus Jerusalem und Machärus, die im Walde Jardes vernichtet werden. Die Aktivität der Sikarier in Ägypten paßt schlecht zur Passivität jener in Masada.

[52] Zeloten 51ff: Maksch. 1,6; Lament. R. zu 4,4 § 7 (nach der LA von S. Buber, Wilna 1899); Gittin 56a: „Abba Siqera, das Haupt der Banditen in Jerusalem", eine Weiterentwicklung älterer Überlieferungen, s. dazu o. S. 188 A. 41.

Es ist in diesem Zusammenhang interessant, zu sehen, wie die Vertreter
einer völligen Disparatheit der jüdischen Freiheitsbewegung vor und
während des jüdischen Krieges die einzelnen Gruppen völlig verschieden
charakterisieren. Baumbach sieht in den Sikariern eine stark sozial bestimmte galiläische (!) Bewegung, während Morton Smith mit Recht betont, daß Judas Galiläus — wie schon sein Name zeigt — bei seinem Protest
gegen den Census in Judäa aufgetreten sein muß und auch seine Söhne
und Anhänger später dort wirkten[53]. Weiter betrachtet Baumbach die
Zeloten als eine ausgesprochen priesterliche Partei, die zudem in engem
Kontakt mit den zadokitischen Essenern gestanden habe (s.o. A. 49). In
Wirklichkeit sind — aufgrund der Funde von Masada — Kontakte nur
zwischen den Qumran-Essenern und den Sikariern in Masada nachzuweisen[54]. Auf der anderen Seite scheinen doch noch Verbindungen zwischen
Masada und Jerusalem fortbestanden zu haben, zumindest hat man dort
das in Jerusalem geprägte Aufstandsgeld verwendet und die Priesterhebe
und den Zehnten entrichtet. Daß die „Sikarier" in Masada dem Pharisäismus nahestanden, zeigen das dort entdeckte rituelle Bad und die Synagoge.
Auch hier wird die klare Nachricht des Josephus, daß die „4. Philosophensekte" pharisäisch geprägt gewesen sei, gegen die Vermutungen von Baumbach und K. Schubert bestätigt[55]. Eine interessante, von S. Lieberman aus-
gegrabene rabbinische Notiz spricht von den „Idumäern", die „zu jener
Zeit Schüler des Hauses Schammai" waren, während es zwischen „Menahem und Hillel" zu „Streitigkeiten kam, und Menahem mit achthundert
Schülern, die in goldene Panzer gekleidet waren, auszog . . .". Im Folgenden wird dann noch die Ermordung des Hohenpriesters Ananias (Chanin)

---

[53] G. Baumbach, ThLZ 90 (1965) 735; Jesus von Nazareth 18ff. B. möchte daher —
ganz gegen Josephus — den Galiläer Johannes von Gischala mit den Sikariern verbinden. Richtig Morton Smith,HThR 64 (1971) 15 vgl. Zeloten 342f: Im galiläischen
Hoheitsgebiet des Herodes Antipas wurde 6 n. Chr. „der Census vermutlich gar nicht
durchgeführt, zum andern konnte auch der Beiname des Judas, ‚der Galiläer‘, überall
entstehen, nur nicht in Galiläa selbst"; ähnlich schon F.J. Foakes Jackson, Josephus
and the Jews, 1930,264.
[54] S. die Funde von Schriftrollenfragmenten aus Qumran in Masada: Y. Yadin, Masada,
1967, 172ff. Neben der Liturgie des Sabbat-Opfers dürften auch die Ben-Sira-Fragmente
und Reste der Jubiläen aus Qumran stammen.
[55] Zu den Münzfunden aaO 108.168; zum Priesterzehnten und zur Hebe s. 96f; rituel-
les Bad 164ff; Synagoge 181ff.   Zur Bezweiflung einer Verbindung zwischen
Pharisäern und Aufstandsbewegung s. G. Baumbach, Bibel und Liturgie 41 (1968) 6f;
Jesus v. Naz. 13ff.21f. B. kompliziert das Ganze noch dadurch, daß er den „Pharisäer
Saddok" (Ant 18,4.9) mit PsClem Recog 1,53f kombiniert und eine Verbindung zu den
sadokitisch-priesterlichen Zeloten herstellt. Hier öffnet sich der Spekulation Tor und
Tür. Zu K. Schubert s. seine Rezension meines Buches WZKM 58 (1962) 259 u. Die
jüdischen Religionsparteien in neutestamentlicher Zeit, SBS 43, 1970, 67ff. Die
Möglichkeit einer Spaltung der pharisäischen Bewegung wird dabei gar nicht erwogen.
Richtig R. Meyer, ThW IX,27ff.

durch Judas, einen Bruder Menahems, und später des Ananos durch Eleazar, Sohn des Simon, erwähnt. Der letztere habe die Römer aus Jerusalem vertrieben. Das ganze schließt: „Damals brachen Gegensätze und Streitigkeiten in Jerusalem aus" [56]. Hier wird das blutige Geschehen bei Ausbruch des jüdischen Krieges scheinbar anachronistisch als Streit rabbinischer Schulen geschildert. Es könnte aber doch einige historische Wahrheit dahinter verborgen sein. Auch Josephus bezeichnet ja Judas und Menahem als Lehrer ($\sigma o \varphi \iota \sigma \tau \dot{\eta} \varsigma$ Bell 2,118.433). Morton Smith möchte seinerseits jede priesterliche Vorherrschaft unter den „Zeloten" des Josephus bestreiten und glaubt, sie hätten sich aus der in die Stadt eingedrungenen Landbevölkerung rekrutiert. Unerklärt bleibt, warum sie dann immer den Tempel besetzt hielten und sich selbst nach ihrer Trennung von Johannes von Gischala auf die inneren Höfe des Heiligtums stützten [57], vor allem auf jene, die nur den Priestern zugänglich waren. Bei der Verteidigung des Tempels fanden sie auch ihr Ende. Das judäische Landvolk stand dagegen eher auf der Seite ihres erbitterten Gegners, des Simon bar Giora, während Johannes von Gischala vor allem auf seine galiläischen Flüchtlinge bauen konnte. Die Idumäer schlossen sich zunächst den Zeloten, dann teilweise Johannes von Gischala an, trennten sich jedoch von ihm und waren später an der Seite des Simon bar Giora zu finden. Zwischen allen zerrieben wurde die unglückliche Jerusalemer Stadtbevölkerung.

Wir sehen so während des Bürgerkriegs und der Belagerung teilweise wechselnde Machtkonstellationen, die wohl weniger mit einer spezifischen Ideologie als mit den Machtansprüchen der Führer und der einzelnen Landsmannschaften und mit den sozialen Gruppen zusammenhingen. Bei denjenigen Radikalen, die den unbedingten Kampf gegen die Fremdherrschaft auf ihre Fahne geschrieben hatten und die auch lieber starben, als daß sie die Stadt übergaben, scheint dabei trotz aller Machtkämpfe eine gewisse einheitliche religiöse Grundanschauung vorgeherrscht zu haben, die m.E. von dem ersten „Ideologen" des Aufstandes, dem Galiläer Judas, entscheidend geprägt worden war. Nur so läßt sich der fanatische Wille zum Krieg

---

[56] S. Lieberman, Greek in Jewish Palestine, 1965, 179—184. Damit wird indirekt die alte Vermutung von H. Graetz neu bestätigt, der meinte, daß die Schule Schammais der jüdischen Aufstandsbewegung nahestand, während die Schule Hillels, deren bedeutendster Vertreter Jochanan ben Zakkai war, dagegen opponierte. Vgl. Zeloten 89ff.204ff: zur Frage der 18 Halachot. S. auch 302 zu dem Ausscheiden Menahems aus dem Kreis der Lehrer, dazu Lieberman aaO 180f.

[57] HThR 64 (1971) 15ff. Die Vermutung "the roots of that party were mainly in the Judean peasantry" hat keinerlei Grund in den Quellen. Daß hinter ihrem Verhalten "peasant piety" stehe (17), ist ebenso willkürlich. Der Kern der Gruppe, in deren Mittelpunkt seit Beginn des Krieges Eleazar S. d. Simon stand (s. o. S. 183f A. 31), ist eindeutig priesterlich. Darum waren sie auch später die kleinste Fraktion. Darüber hinaus wurden sie von den ersten Flüchtlingen aus den Grenzgebieten, Galiläa, Peräa und der Küstenebene, die am frühesten nach Jerusalem flohen, unterstützt.

gegen Rom, der den jüdischen Krieg zielstrebig vorbereitete und erzwang, wie auch der nicht minder fanatische Endkampf erklären. Auch die Aufschriften der Aufstandsmünzen sprechen hier für sich[58].

Wenn wir heute diese Gruppen, einschließlich der „Sikarier", als „Zeloten" bezeichnen, so tragen sie diesen Namen zu Recht, denn an der paradigmatischen Tat des Pinehas waren sie alle orientiert. Daß das Problem der „Parteinamen" aufgrund des besonderen Sprachgebrauchs bei Josephus – unserer Hauptquelle – dabei seine Fragen aufwirft, soll nicht geleugnet werden.

Ein modernes Beispiel mag dies verdeutlichen: Nicht jeder Sozialist ist ein Marxist oder ein Kommunist, auch nicht jeder Marxist betrachtet sich als Kommunist, umgekehrt will aber jeder Kommunist wahrer Marxist und Sozialist sein. Von Leninisten, Titoisten, Maoisten, Trotzkisten und Revisionisten möchte ich dabei gar nicht reden; sie alle stehen aber doch irgendwie mit Karl Marx in Verbindung und erstreben „den Sozialismus"!

Wenn moderne Parteiverhältnisse und Ideologien so kompliziert sind, wie können wir uns erkühnen, die oft so dunklen und ungenauen Angaben des Josephus über die jüdische „Freiheitsbewegung" bis ins einzelne hinein erhellen zu wollen? Wir können immer nur fragen, welche Hypothesen durch die *Zusammenschau der Quellen* und d.h. zugleich durch die besseren Argumente unterstützt werden.

---

[58] Zeloten 120ff. S. jetzt L. Kadman, The Coins of the Jewish War, Jerusalem 1960; B. Kanael BA 26 (1963) 57ff; Y. Meshorer, Jewish Coins of the Second Temple Period, Tel-Aviv 1967, 88ff.154ff. Sie finden sich selbst in Masada in großer Zahl o.A. 55.

Imagines und Imago Dei

Aus der Genesis-Exegese des Josephus

Von Jacob Jervell, Oslo

Als Josephus seine Antiquitates Judaicae verfaßte, wollte er das Werk als „Einleitung" zum Bellum Judaicum verstanden wissen (Ant 1,6f.). Ant 20,259.268 zeigt ferner, daß Josephus nicht nur Ant und Bell als zusammengehörig bezeichnet, sondern er verweist zusätzlich auf ein geplantes Buch über Gott und das Gesetz[1]. Nun drückte er sich allerdings in Bell 1,17 anders aus: es sei überflüssig, die Geschichte Israels als Einleitung zu Bell darzubieten, denn viele Juden hätten diese Geschichte schon niedergeschrieben.[2]. Das besagt also, daß Josephus bis zur Abfassung der Antiquitates seine Meinung geändert hat[3], was sein Verhältnis zu seinem Volk betrifft[4]. Die Verknüpfung Bell und Ant, die er jetzt vornimmt, hat vermutlich theologische Gründe und entspricht nicht dem Wunsch nach historischer Vollständigkeit oder einer Kritik an anderen jüdischen Geschichtsschreibern. Im Folgenden soll gezeigt werden, wie dieses gegenseitige Interpretationsverhältnis von Bell und Ant einen merkwürdigen Zug in der Genesisexegese des Josephus erhellt.

Es handelt sich um die Auslegung von Gen 1,26f., wobei „Auslegung" eigentlich zu viel gesagt ist. Die Ausführungen des Josephus in Anlehnung an Gen 1,1—2,3 sind an sich schon sehr kurz gehalten. Vollends wortkarg aber wird er, wenn er die sechs Verse Gen 1,26—31 mit den dürren Worten wiedergibt: ἐν ταύτῃ (sc. ἡμέρᾳ) δὲ καὶ τὸν ἄνθρωπον ἔπλασε (Ant 1,32). Hier fehlt also fast alles, was in Gen 1 über die Erschaffung des Menschen gesagt wird, vor allem die Erwähnung der Gottebenbildlichkeit, und dies, obwohl Josephus den Menschen das schönste und erhabenste Werk Gottes nennt (Ant 1,21). Anscheinend will Josephus überhaupt Gen 1 nur kom-

---

[1] Vgl. auch Ant 1,25.29; 4,198.

[2] Es ist kaum richtig, Bell als anti-jüdisch zu bezeichnen. Richtiger ist, was C.Roth, An Ordinance against Images in Jerusalem A.D.66, HThR 49,1956, S. 178 sagt: Josephus „never really repudiated the Revulution of 66... He merely considered that it went too far." Immerhin ist es doch wohl richtig zu sagen, dass Josephus im Laufe der Zeit, d.h. zwischen Bell und Ant stärker jüdisch gesinnt wurde.

[3] R.Laqueur, Der jüdische Historiker Flavius Josephus, 1920 (Neudruck 1970) S. 259ff. meint, Josephus habe Ant geschrieben, um bei den Juden rehabilitiert zu werden. Vgl. dazu die Kritik bei H.St.J. Thackeray, Josephus, the Man and the Historian, 1929, S. 52. Laqueur hat aber selbstverständlich recht, wenn er S. 259 von der wahren jüdischen Gesinnung des Josephus redet, „ohne welche die Abfassung eines Werkes wie die Arch. nicht denkbar ist."

[4] Vgl. W.R. Farmer, Maccabees, Zealots, and Josephus, 1956, S. 63. Siehe auch Schürer, Geschichte I S. 71: In Ant und c Ap will Josephus Israel verherrlichen.

pendienartig und änigmatisch wiedergeben[5] – im Gegensatz zur Behandlung von Gen 3. Das genügt jedoch nicht zur Erklärung für die gänzliche Auslassung der Aussage von Gen 1,26f. Es kommt nämlich hinzu, daß Josephus die Rede von der Gottebenbildlichkeit des Menschen auch an anderen Stellen unterdrückt hat: In Anknüpfung an Gen 5,1–3 erwähnt er die Geburt des Seth, aber nicht die Gottebenbildlichkeit Adams (Gen 5,1) und die abgeleitete Ebenbildlichkeit Seths (Ant 1,83). In der Aufnahme von Gen 9,6 wird das Verbot des Mordes nicht wie im Bibeltext mit der Gottebenbildlichkeit des Menschen begründet (Ant 1,101). Auf derselben Linie liegt die Behandlung von Gen 3,5 und 22. Das „eritis sicut dii" wird umgedeutet in das Versprechen eines „seligen Lebens, das in keiner Hinsicht hinter Gott(es Leben) zurücksteht" (Ant 1,42).

Der Satz aus Gen 3,22 „Der Mensch ist geworden wie unsereiner" verschwindet ganz.

Die Annahme, Josephus habe einen Bibeltext benützt, der jene Aussagen nicht enthielt, ist selbstverständlich ausgeschlossen[6]. Vielmehr muß hinter der Auslassung aller Aussagen im Sinne der Gottebenbildlichkeit eine Absicht stehen. Man muß sogar sagen, daß Josephus sich intensiv und bewußt mit den für ihn so problematischen Versen Gen 1,26–27 beschäftigt hat. Erstens versetzt er einzelne Motive von Gen 1,26–27 an andere Stellen. So ist die Rede von „männlich und weiblich" aus V.27 nicht einfach gestrichen, sondern in den Zusammenhang der Erschaffung der Tiere verlegt (Ant 1,32); vgl. auch Ant 1,35 zu Gen 2,19[7]. Zweitens reflektiert Josephus das Verhältnis der zwei Schöpfungsberichte in Gen 1 und 2, die für ihn nicht parallele oder gar konkurrierende Erzählungen sind. Er versteht Gen 2 als Auslegung von Gen 1, besonders Gen 2,7 als Interpretation von Gen 1,26f. (Ant 1,34). Mit Gen 2,4 fängt Mose nach Josephus mit dem φυσιολογεῖν an (Ant 1,34). Nur in einem Punkt ist der zweite Schöpfungsbericht keine bloße Interpretation, sondern eine Ergänzung des ersten: im Bericht von der Erschaffung der Frau. Weil in Gen 2 gesagt wird, daß Adam allein war, konnte in Gen 1 die Erschaffung der Frau noch nicht berichtet sein, wie Josephus ausdrücklich folgert (Ant 1,35)[8]

---

[5] Es fehlt 1. überall das ki ṭôb, „daß es gut war", also in v.4,10,12,18, 21,25,31; 2. v.10; 3. v.22. – Und in der Schöpfungserzählung des Josephus redet Gott nicht mehr, nur indirekte Rede kommt vor.

[6] Zur Textfrage Thackeray op.cit S. 81; S.Rappaport, Agada und Exegese bei Flavius Josephus, 1930, S. Xff.

[7] Ausnahmweise finden wir dies auch in der pseudepigraphischen Literatur, so slav Hen 30,7 (Rez. A) und Jub 3,3 (in einer Auslegung von Gen 2,19ff.). Zu „männlich"/ „weiblich" als Problem in der jüdischen Exegese: J. Jervell, Imago Dei, 1960, S. 107ff.

[8] Nur von der Schöpfung der Frau ist in Gen 2 nach Josephus die Rede, denn alles andere ist schon geschaffen. Deswegen streicht Josephus Gen 2,4–6.

Anderswo bemerkt Josephus, daß Mose unsystematisch (σποράδην) vorge-
gangen sei (Ant 4,197); er selbst habe aber das Material aus den heiligen
Schriften systematisiert (τάξαι), was in der Behandlung von Gen 1—3 auch
besonders deutlich ist[9]. Der Gedanke des Philo, daß in Gen 1 und 2 von
zwei verschiedenen Menschen die Rede sei, begegnet freilich bei Josephus
nicht[10]. Das ordnende Eingreifen in die Überlieferung erklärt nun aber
nicht die Auslassungen zum Thema Gottebenbildlichkeit bzw. Gottgleich-
heit.

Das Problem ist in der Josephus-Forschung noch wenig diskutiert worden.
A. Schlatter meinte, die Anthropologie des Josephus habe es nicht erlaubt,
den Gedanken der Gottebenbildlichkeit aufzunehmen. Einerseits habe der
Körper des Menschen keine Ähnlichkeit mit Gott, andererseits sei der
Begriff „Bild" für die unsichtbare Seele des Menschen nicht brauchbar
gewesen[11] . Diese Erklärung befriedigt jedoch nicht. Denn gerade die hellenistisch-jüdische Literatur mit ihrer dualistischen Anthropologie (von der
Gnosis ganz zu schweigen) benutzt mit Vorliebe die Imago-Vorstellung im
kosmologischen und anthropologischen Zusammenhang. Man denke nur
an Philo oder Sapientia Salomonis[12] .

Eine andere erwägenswerte Erklärung legt das jüdische Hexaemeron-
Schema nahe. Bekanntlich waren die Rabbinen in der Auslegung von
Gen 1,26f. besonders vorsichtig, d.h. in der öffentlichen Auslegung. Vor
allem galt es, jede Rede von zwei Mächten in Himmel abzuwehren. So finden
wir in der Hexaemeron-Literatur die Stelle mit der Gottebenbildlichkeit
wegen des „Laßt uns Menschen machen" unerwähnt[13]. Josephus macht nun
tatsächlich darauf aufmerksam, daß er gewisse Hemmungen hat, den Inhalt
der heiligen Schriften vor Nichtjuden auszubreiten (Ant. 1,9). Weil aber die
griechische Übersetzung des Alten Testaments schon vorliegt, fühlt er sich
frei, auch das Übrige aus der Schrift auf Griechisch mitzuteilen (Ant.

---

[9] Z.B. ordnet er seine Wiedergabe von Gen 2 folgendermaßen: v. 7.18—23.8—17+ Gen
3,20. Er streicht aber Gen 2,24—25.
[10] Zur Frage, ob Josephus Philo kennt und benutzt: Thackeray, op.cit.S. 94; Rappaport, op.cit. S. XVIIIff.
[11] A. Schlatter, Die Theologie des Judentums nach dem Bericht des Josephus, 1932,
S. 15ff., bes. S.22. Schlatter betrachtet Josephus als viel stärker theologisch durchreflektiert, als er tatsächlich ist. Anthropologisch ist Josephus unreflektiert und unselb-
ständig. Interessant ist aber, was das Verständnis Schlatters impliziert: Josephus
streicht bewußt die Ebenbildlichkeitsvorstellung, arbeitet somit exegetisch kritisch.
[12] Vgl. Jervell, Imago Dei, S. 46ff.52—70.
[13] Jervell, Imago Dei, S. 19ff.73ff. Es gab einen Index über gefährliche Stellen in der
Schrift, wozu auch Gen 1,26—27 gehörten. Josephus kümmert sich aber wenig um
diese Stellen. Mit dem Maase-Bereschit-Verbot hat Josephus' Auslegung nichts zu tun,
denn das Verbot traf nicht das Reden über das, was innerhalb der sechs Tage der
Schöpfungswoche geschah, siehe Imago Dei S. 73.

1,10)[14]. Es bleibt jedoch für ihn ausgeschlossen, die Gebote wörtlich wiederzugeben, (Ant. 3,90), und vor allem gilt dies vom Tetragrammaton (Ant 2,276). Vor diesem Hintergrund könnte man annehmen, daß auch die Streichung von Gen 1,26f. zur Sicherung des monotheistischen Ansatzes erfolgt sei, zumal Josephus nach eigener Aussage für heidnische Leser schreibt (Ant 1,5).

Aber auch diese Erklärung ist nicht schlüssig. Erstens streichen die Schriften, die ein Hexaemeron-Schema enthalten, den Gedanken der Gottebenbildlichkeit nur im Zusammenhang mit Gen 1,26f, nicht aber im Falle von Gen 5,1 und 9,6[15]. Zweitens ließe sich auch in Gen 1,26 das „Laßt uns..." eliminieren, ohne die ganze Aussage zu unterschlagen[16]. Es scheint also tatsächlich so, als wäre für Josephus die Gottebenbildlichkeit als solche anstößig.

An dieser Stelle erscheint es mir nötig, etwas weiter auszuholen. Im Vorwort zu Ant macht Josephus klar, was er mit einem Werk beabsichtigt. Hier kommt das grundsätzlich Jüdische in der Gesinnung des Josephus zum Ausdruck[17]. Er will die Geschichte Israels darstellen (1,5), aber dies als ein Plädoyer für das Gesetz (1,14).[18] Das Gesetz aber ist für Josephus kein universales Sittengesetz, sondern ein Spezifikum der Juden, eine Offenbarung vom Sinai her (vgl. c Ap 2,25.82.171ff.; 1,39.43.60.109f.212). Die Tora ist für die Juden geschrieben (Ant 1,20). Auch die heftige Polemik gegen die Zeloten in Bell deutet in dieselbe Richtung. Josephus greift sie an als Feinde des Gesetzes, wegen Gesetzlosigkeit o.ä. Damit ist nicht unmoralisches Auftreten im allgemeinen gemeint, obwohl auch dieser Zug nicht fehlt, sondern Verstoß gegen die Mosetora; in diesem Zusammenhang ist besonders auf die Schändung des Tempels durch die Zeloten hinzuweisen[19].

---

[14] Die Aussage ist äußerst interessant, weil sie für die fromme jüdische Gesinnung des Josephus zur Zeit des Abfassung der Ant zeugt. Ganz anders drückt er sich Bell 1,17 aus. Dort kann er die von anderen jüdischen Historikern unternommene Übersetzung ins Griechische gutheißen. Jetzt aber sieht er sein Werk fast als Parallele zur Septuaginta. Schon übersetzt ist das Gesetz, Ant 1,13; jetzt will er selbst durch die übrige Geschichte die entscheidende Bedeutung des Gesetzes aufzeigen. Er ist sozusagen Nachfolger der Septuagintaverfasser.

[15] Jervell, Imago Dei, S. 19 und 73—75 mit vielen Belegen. Dies ist natürlich so, weil das Hexaemeron-Schema für die Öffentlichkeit bestimmt worden ist.

[16] Ebd.

[17] Vgl. M. Hengel, Die Zeloten, 1961, S. 15. Was das Gesetz für die Juden bedeutet, sagte Josephus in Bell nicht, so Farmer, op. cit. S. 59f. Das ist aber nur teilweise richtig.

[18] Dass die Gesetze aus Ex 21—23, Lev und Num meistens unerwähnt bleiben, ändert natürlich nichts daran, daß Josephus das Gesetz als Grundlage seines Werkes betrachtet.

[19] Die Belege bei Hengel, Zeloten, S. 188—190.

Die Bedeutung des Gesetzes für Josephus zeigt sich auch an der mehrfach erwähnten Absicht, ein Werk über Gott und das Gesetz zu schreiben (Ant 1,25.28; 4,198; 20,268). Er will darin περὶ ἐθῶν καὶ αἰτιῶν handeln (Ant 4,198), d.h. er will das spezifisch Jüdische im Gesetz interpretierend vermitteln. Er will erklären, warum einige Dinge erlaubt, andere verboten sind (Ant 20,268), d.h. er will das für Nichtjuden Unverständliche verständlich machen [20]. Gott und das Gesetz sind ihm unzertrennlich; nach Ant 20,268 geht es in dem geplanten Buch περὶ θεοῦ καὶ τῆς οὐσίας αὐτοῦ καὶ περὶ τῶν νόμων. Schließlich wird unsere Auffassung durch die Zusammenfassung des Gesetzes in Ant 4,198—308 bestätigt.

Zurück zum Vorwort der Antiquitates. Unzählige Dinge sind in den heiligen Schriften erzählt (Ant 1,13). Die Schrift in der Schrift ist aber das Gesetz. Entscheidend ist, was es heißt und wozu es führt, Gottes Willen zu befolgen oder zu übertreten (Ant 1,14.23). Davon sind Glück und Unglück abhängig. Gott und das Gesetz lassen sich aber nicht trennen. Man kann das Gesetz weder verstehen noch halten, wenn man Gott nicht versteht. Deshalb will Josephus die Gedanken seiner Leser auf Gott hin lenken (Ant 1,15)[21]. Warum behandelt er neben Gesetz und Geschichte auch die Naturphilosophie (φυσιολογία, Ant 1,18)? Weil man erst das Wesen Gottes aus den Werken erkennen muß, um Gott dann als das beste Vorbild nachahmen zu können (Ant 1,19). Diese Bezeichnung Gottes als Vorbild (παράδειγμα) ist zunächst im Hinblick auf den Gesetzgeber, Moses, selbst ausgesagt, wird aber in Ant 1,23f. auch auf die Leser des Josephus bezogen. Josephus will mit seinem Buch demselben Ziel dienen wie Moses mit seiner Gesetzgebung (Ant 1,15). Beide wollen den Blick der Leser auf Gott und die Erschaffung der Welt hinlenken (Ant 1,21). Auch die Leser des Josephus wollen dahin geführt werden, an Gottes Tugend teilzuhaben (vgl. Ant 1,6). Die Schöpfungsgeschichte steht damit im Dienst des Gesetzes. Durch die Wahrnehmung der Schöpfung wird man für das Leben nach dem Gesetz zugerüstet. Schöpfung und Gesetz gehören zusammen. Die erhabenste Schöpfung Gottes ist aber der Mensch vgl. Ant 1,21: τῶν ἐπὶ γῆς ἔργων τοῦ θεοῦ κάλλιστόν ἐσμεν ἄνθρωποι.

Das läßt eigentlich erwarten, daß Josephus die Erschaffung des Menschen

---

[20] Dazu mein Aufsatz: Die offenbarte und die verborgene Tora,StTh 25,1971, S. 90ff.

[21] Zur Gottesvorstellung des Josephus: A. Schlatter, op. cit. S. 1—24; von demselben Verfasser: Wie sprach Josephus von Gott? BFChTh 14,1910, S. 49—55; 68. Weiter G. Delling, Klio 43—45, 1965, S. 263—269; M.Hengel, Judentum und Hellenismus, 1969, S. 483f. Hengel redet von der universalen, national relativ wenig eingeschränkten Gottesauffassung des Josephus, „die wohl auch durch sein politisches Schicksal bedingt ist". Ob das richtig ist? Wie steht hier die Intention des Josephus im Verhältnis zu seinen Ausführungen und seiner Sprache, seiner Terminologie? Eigentlich kann man wohl die Gottesauffassung nur verstehen, wenn man auf die Torakonzeption eines jüdischen Verfassers sieht. Gott ist ja wohl für Josephus vor allem Gott der Israeliten, „der eigene Gott"; siehe Schlatter, Theologie des Judentums, S. 46ff.

ausführlicher erzählen müßte. Um so merkwürdiger ist sein oben festge-
stelltes Schweigen an dieser Stelle.

Erst wenn die Menschen durch die Erkenntnis Gottes und der Schöpfung
erzogen worden sind, lassen sie sich leicht zum Gesetz, zum Gehorsam
gegen Gottes Willen weiterführen (Ant 1,21). Im Gegensatz zu den übrigen
Gesetzgebern, die unangemessene Fabeln und Mythen über die Götter
erzählt haben, ist bei Moses Gottes Tugend ($\dot{\alpha}\rho\epsilon\tau\dot{\eta}$) entscheidend, und es
gilt, ihrer teilhaftig zu werden (Ant 1,22f.). Josephus bemüht sich sehr,
diesen Gegensatz herauszustellen (vgl. Ant 1,15.22)[22]. Die Absicht ist
klar: nur ein tugendhafter Gott wie der Gott Israels kann als Vorbild
dienen.

Es ist also klar, daß Josephus um des Gesetzes willen von der Schöpfung
berichtet. Es geht ihm nicht um Historiographie nach griechischem Mu-
ster. Er will für das Gesetz plädieren, zum Gesetz hinleiten, für das Gesetz
Verständnis wecken. Diesem Zweck dient auch die Rede von der „Natur"
($\varphi\acute{\upsilon}\sigma\iota\varsigma$) Gottes (Ant 1,15.18). Auch die Kosmologie interessiert Josephus
für sich genommen nicht, sondern nur im Zusammenhang dieser Absicht.
Ganz anders liegen die Dinge beispielsweise bei Philo, wie seine Darstellung in De opificio mundi beweist. Für Philo ist die Gottebenbildlichkeit
geradezu ein Schlüsselbegriff, mit dem er die „Sympathie" zwischen
Mensch und Kosmos erklärt und dabei das Gesetz als universales Weltge-
setz anthropologisch begründet[23]. Josephus dagegen ist in Anthropologie
und Kosmologie uninteressiert: die Möglichkeit einer Imitatio Dei ist für
ihn eine Selbstverständlichkeit, die keiner anthropologischen Theorie zu
ihrer Begründung bedarf[24]. Was Josephus in seiner Genesisexegese an
Kosmologie bietet, ist populäres, durchschnittliches Bildungsgut[25].
Während Philo das Gesetz in seine Kosmologie und Anthropologie ein-
baut, ist Josephus in der Behandlung von Gen 1 umgekehrt vom Gesetz
bestimmt.

Für Josephus gibt es keine Imago Dei, weil Gott selbst, sein Wesen, seine
Gestalt nicht beschreibbar sind. Das geht vor allem aus c Ap 2,167.190ff.
hervor. Gottes $\mu o\rho\varphi\acute{\eta}$ ist nicht darstellbar, $\ddot{\alpha}\varphi\alpha\tau o\varsigma$. Es ist unmöglich, ein Bild
von ihm herzustellen, weil $o\dot{\upsilon}\delta\dot{\epsilon}\nu$ $\ddot{o}\mu o\iota o\nu$ $o\ddot{\upsilon}\tau'$ $\epsilon\ddot{\iota}\delta o\mu\epsilon\nu$ $o\ddot{\upsilon}\tau'$ $\dot{\epsilon}\pi\iota\nu oo\tilde{\upsilon}\mu\epsilon\nu$ $o\ddot{\upsilon}\tau'$
$\epsilon\dot{\iota}\kappa\dot{\alpha}\zeta\epsilon\iota\nu$ $\dot{\epsilon}\sigma\tau\dot{\iota}\nu$ $\ddot{o}\sigma\iota o\nu$. Kein Material ($\ddot{\upsilon}\lambda\eta$) ist für die Herstellung eines Bildes
($\pi\rho\dot{o}\varsigma$ $\epsilon\dot{\iota}\kappa\acute{o}\nu\alpha$) geeignet. Die $\delta\acute{\upsilon}\nu\alpha\mu\iota\varsigma$ Gottes ist erkennbar, aber seine

---

[22] So auch Philo Op Mund I 1–3.

[23] Jervell, Imago Dei, S. 42ff.

[24] Zur Seelen-Lehre des Josephus: Schlatter, Die Theologie des Judentums, S. 18ff.
Die Seele als unsterblich und $\mu o\tilde{\iota}\rho\alpha$ $\vartheta\epsilon o\tilde{\upsilon}$, Bell 3,372, vgl.7,347f. Siehe aber auch oben
Anm. 11.

[25] Vgl.Hengel, Judentum, S. 316. — Vielleicht darf man Einzelheiten aus Ant 1,24
Kosmologie nennen; was Josephus hier sagt, wird aber nicht ausgeführt. Zum Naturbe-
griff des Josephus: Schlatter, Theologie des Judentums, S. 15ff.

οὐσία ist ἄγνωστος. Der Kontext dieser Aussagen ist eine ausführliche Apologie für das Gesetz des Moses. C Ap 2,190ff. bezieht sich auf das erste Gebot des Dekalogs. Dann spielt er deutlich auf die Schöpfungsgeschichte[26] und auf das zweite Gebot an. Er redet von den Werken Gottes — Licht, Himmel, Erde, Sonne, Wasser, Tiere etc. —, der Mensch aber wird nicht erwähnt[27]. Gott schuf alle diese Dinge, und Josephus fügt hinzu: durch sein bloßes Wollen und ohne einen Helfer (οὐ τινων συνεργασομένων ἐπιδεηθείς)[28]. Das zeigt eindeutig, daß Josephus die Probleme, die im Judentum mit der Exegese von Gen 1,26f. verbunden sind, kennt: die Rede von zwei Mächten im Himmel. In eben diesem Zusammenhang aber stellt er polemisch fest, daß es nichts auf Erden gibt, das Gott ähnlich ist[29]. Er kombiniert also die Schöpfungsgeschichte mit dem ersten und dem zweiten Gebot (Bilderverbot). Das macht den Gedanken der Gottebenbildlichkeit für ihn unmöglich. Das erklärt auch seine Auslassungen in der Nacherzählung von Gen 1 in Ant.

Freilich versichert Josephus in Ant 1,17; 10,218, daß er die heiligen Schriften vollständig und genau wiedergebe[30]. Trotzdem übergeht er bekanntlich ganze Abschnitte, die ihm unangenehm sind[31]. Es fällt also nicht aus dem Rahmen seiner Arbeitsweise, wenn er den Gedanken der Gottebenbildlichkeit bewußt stillschweigend übergeht[32]. Eine adäquate bildliche Vorstellung von Gott ist sowieso unmöglich. Josephus meint aber offenbar auch: sie ist abzulehnen auch unabhängig von der Möglichkeit.

Das Bilderverbot ist für Josephus vermutlich wohl auch deshalb ganz besonders wichtig, weil es im Zusammenhang des Jüdischen Krieges eine entscheidende Rolle spielte[33]. Es läßt sich zeigen, daß Josephus persönlich ebenfalls in diesem Punkt recht empfindlich ist[34]. Wir können an

[26] So auch Thackeray, op. cit. S. 95.
[27] Ebd.
[28] Falls Josephus Philos Op Mund kennt, sieht es hier so aus, als ob er ganz scharf gegen Philo polemisierte, siehe H.St.J. Thackeray, Josephus I (Textausgabe), repr.1966, S. 370, N.a.
[29] Er arbeitet fast mit einem „unendlich qualitativen Unterschied" Gott-Mensch, was möglicherweise aus der sehr eigenartigen Auslegung von Gen 1,6—8 hervorgeht; es gilt Himmel und Erde scharf von einander zu trennen, dargestellt durch die oberen und unteren Wasser (Ant 1,30). Anders sieht es aus z.B. in anthropologischen Ausdrücken z.B. in Bell, siehe oben Anm. 24.
[30] Dazu noch Ant 4,196; 1,26; 2,347; 8,159; c Ap 1,54. Siehe Rappaport, op. cit. S. XIV N. 1.
[31] Vgl. Rappaport, op. cit. XXVIII N.4. Josephus streicht vorwiegend Stellen, die seines Erachtens irrtümlich für die Juden sind, z.B. Gen 30,37f. Ex 2,12; 32.
[32] Eine Verbindung zwischen dem zweiten Gebot und der Gottebenbildlichkeit des Menschen kommt m.W. in der frühjüdischen Literatur kaum vor; siehe aber bRH 24a—b; b AZ 42b—43b.
[33] Siehe E.Bevan, Holy Images, S. 48; Farmer, op. cit. S. 59f.; C. Roth, op. cit. 169ff.; E.R. Goodenough, Jewish Symbols in the Greco-Roman Period, 4,S. 11.
[34] Philo dagegen hat offenbar nichts gegen Bilder, obwohl er selbstverständlich das

dieser Stelle nicht die Diskussion um den gesamten Komplex des Bilder-
verbotes in diesem Zusammenhang aufnehmen. Josephus selber ist jedenfalls in dieser Frage kein neutraler Historiker, sondern geradezu aller-
gisch[35]. Er berichtet z.B. über die Episode mit dem goldenen Adler Herodes des Großen (Bell 1,650; Ant 17,149ff.) und stellt fest, daß die Seditio
im Namen des Gesetzes geschehen sei[36]. Ähnlich kritisch ist die Stellungnahme zu den Tierbildern im Palast des Herodes in Vit 65. Mit deutlicher
Abneigung berichtet Josephus von den Versuchen, römische Feldzeichen
nach Jerusalem hereinzubringen (Bell 2,169ff. 185ff.; Ant 18,55ff.; vgl.
ferner Ant 18,261ff.; Bell 2,184ff. zu den Plänen, das Bild des Kaisers im
Tempel aufzustellen, vgl. Ant 15,276ff.) Singulär ist m.W. die Kritik an
Salomo wegen der Bilder und Statuen in seinem Palast; sie bedeutet eine
Verschärfung des Gesetzes (vgl. Ant 8,195)[37]. Die persönliche innere Beteiligung des Josephus in dieser Frage zeigt vielleicht am deutlichsten seine
Erörterung über die Cheruben im Tempel. Er behauptet, sie hätten keine
Ähnlichkeit mit irgend etwas gehabt, was Menschen je gesehen haben (Ant
3,157). Wie die Cheruben eigentlich aussahen, ist nach Ant 8,72ff. unmöglich zu sagen. Nach Ant 3,113.126 gab es überhaupt keine Bilder von
lebenden Wesen in der Stiftshütte, und im Tempel Salomons soll es auch
so gewesen sein (c Ap 2,12). Die Cheruben werden hier ganz unterschlagen. So konsequent bemüht sich Josephus, jeden Gedanken an ein Gottes-
bild auszuschließen.

Diese Haltung bringt Josephus natürlich in Schwierigkeiten, wenn die
Frage der Kaiserbilder und des Kaiserkultes auftaucht. Das ist deutlich in
c Ap 2,74—78 zu sehen. Apion greift die Juden an, weil sie es ablehnen,
Kaiserstatuen aufzustellen. Josephus verweist auf das mosaische Bilderverbot, fügt aber hinzu, daß damit nicht die Verehrung von Menschen (hier:
der Kaiser) verboten sei: Aliis autem honoribus post deum colendos non
prohibuit viros bono, quibus nos et imperatores et populum Romanorum
dignitatibus ampliamus.

Die Zusammengehörigkeit von Ant und Bell zeigt sich hier an einem sehr
deutlichen Beispiel. Die Bindung an das Gesetz bestimmt die Art der
Wiedergabe von Gen 1,26f. Sie erklärt zugleich einen wichtigen Aspekt im
Verhältnis der Juden zu Rom. In beiden Zusammenhängen hat Josephus
sein Jude-Sein in bemerkenswerter Weise durchgehalten, bis hin zur Sach-
kritik an einem Motiv der Schöpfungsgeschichte im Namen des Gesetzes.

---

zweite Gebot kennt. Siehe zu Philo und Josephus in dieser Beziehung, E.R. Goodenough, By Light, Light, 1935, S. 256—258; C. Roth, op. cit. S. 171f.

[35] C. Roth, op. cit. S. 171 meint, daß Josephus „adopted a stricter attitude during the
course of his public career, reflected in the writings composed after his retirement."

[36] Zum Adlerbild: Goodenough, Symbols 8, S. 121ff.

[37] Siehe Goodenough, Symbols 4, S. 11.

Josephus und die Zukunftserwartungen seines Volkes

Von Marianus de Jonge, Leiden

Das in diesem Beitrag behandelte Thema hat zwei Aspekte: Zuerst muß festgestellt werden, welche Erwartungen Josephus selbst über die Zukunft seines Volkes und der Welt hegte. Gleichzeitig muß man dann aber auch der Frage nachgehen, wie er — aus seiner eigenen Sicht über Gegenwart und Zukunft Geschichte schreibend — die Zukunftserwartungen anderer Juden seiner Zeit beschreibt. In diesem Beitrag liegt der Nachdruck auf dem ersten Aspekt[1].

Die Geschichtsanschauung des Josephus hat nach seinen eigenen Aussagen eine tiefgreifende Wandlung durchgemacht. Als er nach dem Fall von Jotapata kurz vor der Gefangennahme durch die Römer stand und die Wahl hatte zwischen Gefangenschaft und selbstgewähltem Tod, wählte er die Übergabe an die Römer — nach seiner eigenen Überzeugung als Diener Gottes. Die wichtige Passage Bell 3,350—354 ist schon oft analysiert worden. Hier genügt es, darauf hinzuweisen, daß Josephus sich selbst prophetische Gaben zuschreibt, ohne sich Prophet zu nennen[2]. Wesentlich ist ihm, daß Offenbarung aufgrund von Träumen geschenkt wird, durch Inspiration und durch Studium der Schrift. Die Bedeutung früher empfangener Träume wird ihm in der Krisensituation plötzlich durch Inspiration deutlich (ἔνϑους γενόμενος). So begreift Josephus aber auch gleichzeitig, wie biblische Prophetien interpretiert werden müssen. Für Josephus hat Gott jetzt über das zukünftige Los der Juden und des römischen Kaisers deutlich gemacht, „daß alles Glück zu den Römern übergegangen ist". Josephus übergibt sich den Römern, aber, wie er es in seinem Gebet vor Gott

---

[1] Für De Bello Iudaico wurde die zweisprachige Ausgabe von O. Michel und O. Bauernfeind benutzt (I—III, Darmstadt 1959—1969). Die vor allem in den späteren Teilen sehr reichhaltigen Anmerkungen wurden stets als fruchtbare Hilfe herangezogen (auch wenn sie nicht explizit zitiert werden). Ferner wurde für De Bello Judaico und für die Antiquitates Judaicae die Ausgabe von H.St.J. Thackeray/R. Marcus/A. Wikgren/L. H. Feldmann in der Loeb Classical Library (Cambridge I—IX, 1926—1965) herangezogen.
[2] Über Prophetie in dieser Periode vgl. vor allem O. Michel, Spätjüdisches Prophetentum, in: Neutestamentliche Aufsätze für R. Bultmann, hrsg. v. W. Eltester (B.Z.N.W. 21), Berlin 1954, 60—66; O. Betz, Offenbarung und Schriftforschung in der Qumransekte (W.U.N.T. 6), Tübingen 1960; R. Meyer, Prophetentum und Propheten im Judentum der hellenistisch-römischen Zeit, in: ThWB VI, 813—828; M. Hengel, Die Zeloten, Leiden/Köln 1961, 235—251; J. Blenkinsopp, Prophecy in Josephus (Vervielfältigtes Manuskript auf dem Int. Congress of Learned Societies in the Field of Religion, 1.—6.9.1972 in Los Angeles); — über die prophetischen Ansprüche des Josephus selbst vgl. vor allem O. Betz, op.cit., 105—108 und ders., Die Vision des Paulus im Tempel von Jerusalem/Apg 22,17—21 als Beitrag zur Deutung des Damaskuserlebnisses, in: Verborum Veritas (Festschrift G. Stählin), hrsg. v. O. Böcher und K. Haacker, Wuppertal 1970, 113—123.122, und J. Blenkinsopp, op.cit.

bezeugt, nicht als Verräter, sondern als Diener Gottes. Denn Gott hat ihn auserwählt, um τὰ μέλλοντα εἰπεῖν[3].

Für jemand, der die Zukunft ansagt, ist es hilfreich und sogar nötig, daß er hervorheben kann, früher von ihm vorhergesagte Geschehnisse seien eingetroffen. Auf diesen Punkt wird in den weiteren Kontakten des Josephus mit Vespasian dann auch viel Nachdruck gelegt. In Bell 3,400—402 führt Josephus sich selbst bei dem Feldherrn ein als ἄγγελος μειζόνων und als ὑπὸ θεοῦ προπεμπόμενος, als er ihm und Titus die zukünftige Kaiserschaft und damit die Herrschaft über die ganze Welt ankündigt. Vespasian ist einerseits geneigt anzunehmen, daß Josephus dieses alles sagt, um sein Leben zu retten, andererseits fühlt er sich auf seine eigenen Gedanken, Kaiser zu werden, angesprochen. Josephus sieht auch hier Gott am Werk, wenn er schreibt: „. . . da Gott selbst ihm bereits Gedanken an die Thronbesteigung eingab und durch andere Vorzeichen die kommende Herrschaft ankündigte"[4]. Was Josephus selbst angeht, so wird untersucht, ob er den Fall von Jotapata und seine eigene Gefangennahme vorhergesagt hatte. Nachdem deutlich geworden ist, daß die Ankündigung des Josephus in diesem Fall zuverlässig gewesen ist, beginnt Vespasian, wie es heißt, „immer stärker an die Wahrheit der Weissagungen, die ihn selbst betrafen, zu glauben" (Bell 3,408).

Als Vespasian zum Kaiser ausgerufen ist, erinnert er sich nicht allein der anderen Vorzeichen, sondern auch „der Worte des Josephus, der es gewagt hatte, ihn noch zu Lebzeiten Neros als Kaiser anzusprechen" (Bell 4,623). Er erkennt Josephus denn auch an als τὸν προθεσπίσαντά μοι τὴν ἀρχὴν καὶ διάκονον τῆς τοῦ θεοῦ φωνῆς (Bell 4,626, vgl. 3,354). Der Bericht über die Freilassung des Josephus und die Anerkennung seiner Gaben wird dann auch bezeichnenderweise mit den Worten geschlossen: „So erlangte nun Josephus als Lohn für seine Vorhersage den Vollbesitz der bürgerlichen Rechte und kam in den Ruf eines Mannes, der zuverlässig von der Zukunft künden könnte (. . . περὶ τῶν μελλόντων ἀξιόπιστος ἦν Bell 4,629).

Ist man bei diesem Punkt angelangt, ist es nützlich, das Selbstporträt des Josephus mit den Porträts einiger großer Männer der Vergangenheit zu vergleichen, die er selbst in seinen Antiquitates gibt. Oft hat man seit H.St.J. Thackeray[5] gedacht, daß Josephus sich mit dem Patriarchen Jo-

---

[3] Über die Funktion des Gebetes in Bell 3,354 als Dankgebet nach empfangener Offenbarung und über die Parallelität zwischen dieser Passage und Dan 2,19—23 vgl. die Ausführungen bei W. Grimm, Der Dank für die empfangene Offenbarung bei Jesus und Josephus, in: Das Institutum Judaicum der Universität Tübingen, 1971—1972, 69—78.

[4] Zu Parallelen bei Tacitus und Sueton vgl. Michel-Bauernfeind, op.cit., 1,461f., Anm. 96.

[5] Vgl. seine Anm. zu Bell 3,352.

seph geistig verwandt fühlte. Aber dieses ist schwer beweisbar. Wohl aber muß angemerkt werden, daß Josephus sich bei seiner ersten Rede vor den Mauern Jerusalems implizit mit Jeremia vergleicht. Er stellt den Widerstand des Zedekia gegen die Babylonier direkt neben den Widerstand der Juden in Jerusalem gegen die Römer und unterstreicht, daß Jeremia nachdrücklich angekündigt habe, „das Volk mache sich Gott durch seine Verfehlungen gegen ihn zum Feinde und werde in Gefangenschaft geraten, wenn es die Stadt nicht übergäbe" (Bell 5,391f.). Eben dieses betont Josephus auch selbst mit anderen Beispielen in seiner Rede (s.u.). Von Jeremia wird in Ant. 10,79 gesagt, daß er als Prophet τὰ μέλλοντα τῇ πόλει δεινὰ προεκήρυξεν, und zwar sowohl das, was unter den Römern als auch das, was unter den Babyloniern geschehen sollte. Auch Ezechiel habe diese Geschehnisse vorhergesagt, und nachdrücklich wird gesagt, daß beide Propheten von Geburt Priester waren (Ant. 10,80, vgl. Bell 3,352). Beim Rückblick auf den Untergang Jerusalems in Ant 10,142 bemerkt Josephus, daß Gott zwar vorher gesagt hatte, was geschehen mußte, daß die Menschen aber mit Unwissenheit und Unglaube reagierten, wodurch sie sich selbst daran hinderten, die zukünftigen Geschehnisse vorherzusehen. Sie wurden so eigentlich durch das Unheil überfallen und konnten ihm nicht entkommen. In dem gleich zu besprechenden Stück Bell 6,285–315 gibt Josephus eine vergleichbare Analyse der Geschehnisse direkt vor dem Untergang der Stadt 70 n. Chr.

Es erscheint als angebracht, noch einige Elemente des Daniel-Bildes herauszustellen, das Josephus gibt. Daniel war nicht allein weise und in der Auslegung der Schriften bewandert (Ant. 10,189), sondern er widmete sich auch der Auslegung von Träumen (περὶ κρίσεις ὀνείρων ἐσπούδακει), so offenbarte sich Gott ihm (τὸ θεῖον αὐτῷ φανερὸν ἐγίνετο Ant 10,194). In Ant 10,266 wird Daniel einer der größten Propheten genannt, geehrt von Königen und vom Volk. Was er aufgeschrieben hat, liest man noch immer, und aufgrund davon, sagt Josephus, sind wir davon überzeugt, daß Daniel mit Gott sprach (πεπιστεύκαμεν ἐξ αὐτῶν ὅτι Δανίηλος ὡμίλει τῷ θεῷ 10,267); dazu wird hinzugefügt: „Denn er prophezeite nicht nur immer das zukünftige Geschehen (τὰ μέλλοντα) wie die anderen Propheten auch, sondern er stellte auch den Zeitpunkt fest (καιρὸν ὥριξεν), an dem das geschehen sollte". Weiter wird angemerkt, daß Daniel nicht allein über die Not unter Antiochos Epiphanes weissagte, sondern auch über die Geschehnisse unter den Römern (Ant 10,276)[6].

Daß ein prophetisch begabter Mensch aufgrund dessen, daß seine Worte schon einmal eingetroffen sind, vertrauenswürdig erscheint, wird in den Antiquitates häufig betont. Was Josephus in Dtn 18,22, in der deute-

---

[6] Zu textkritischen Problemen vgl. R. Marcus, z.St.– Daß der längere Text ursprünglich ist, zeigt auch die Parallelität mit dem vorangehenden Satz; vgl. auch Ant 12,322.

ronomistischen Geschichtsschreibung und in den Königsbüchern las, wird hier mit besonderem Nachdruck versehen. Ein Beispiel möge genügen: Salomo macht in einer Ansprache an die Menge bei der Einweihung des Tempels die Macht und die Vorsehung Gottes dadurch deutlich, daß er darauf weist, die meisten zukünftigen Geschehnisse, die Gott seinem Vater David geoffenbart habe, seien schon in Erfüllung gegangen, und das Übrige müsse (daher) auch eintreffen (Ant 8,109)[7].

Wie reagiert nun Josephus, der kraft der ihm geschenkten Einsicht die Zukunft vorhersehen und die Geschehnisse der eigenen Zeit deuten kann, als Historiker auf die Vorhersagen anderer, auf ihre Auslegung der Zeichen und auf ihre Interpretation der Schriften?

Nachdem er in Bell 6,284 erzählt hat, wie 6.000 Menschen in eine der Säulenhallen geflohen waren und jämmerlich beim Tempelbrand umkamen, hält er einen Augenblick inne angesichts der seiner Meinung nach unglücklichen Rolle, die Propheten (hier gebraucht er das Wort „Propheten" sehr wohl) während des Aufstandes spielten (Bell 6,285—287). Dieses führt dann zu einer breiteren Darlegung der vielen Zeichen, die in der Zeit vor dem Untergang des Tempels geschehen und durch die große Masse des Volkes verkehrt interpretiert worden waren (6,288—309), und der verkehrten Auslegung der in der Schrift aufgezeichneten Vorhersagen Gottes (Bell 6,310—315). In Bell 6,285 wird gesagt, daß der falsche Prophet den Menschen im Namen Gottes geboten hatte, „zu dem Heiligtum hinaufzusteigen und die Zeichen der Rettung zu erwarten" (δεξομένους τὰ σημεῖα τῆς σωτηρίας). Diese und andere Propheten waren durch die Tyrannen angestellt, um Mut zu machen; gerade in der Not will der Mensch gern hoffen, sagt Josephus nach Bell 6,286f. – Darum hatten „diese Verführer und Betrüger, die sich fälschlich als Gesandte Gottes ausgaben" (οἱ μὲν ἀπατεῶνες καὶ καταψευδόμενοι τοῦ θεοῦ), auch darin Erfolg, daß sie bewirkten, daß die Menschen die Zeichen (τέρατα), die die Verwüstung ankündigten, nicht beachteten oder glaubten (Bell 6,288). Übrigens wird hier auch gesagt, daß diese Menschen sozusagen „vom Donner gerührt waren und weder Augen noch Sinn hatten" (ὡς ἐμβεβροντημένοι καὶ μήτε ὄμματα μήτε ψυχὴν ἔχοντες). In ihrer Sturheit waren diese Menschen wie Toren und dadurch selbst verantwortlich für das Unheil, das sie traf. Gott sorgt gewiß für die Menschen und weist sie vorher auf das hin, was heilsam ist παντοίως προσημαίνοντα . . . τὰ σωτήρια 6,310 (vgl. die

---

[7] Vgl. vor allem J. Blenkinsopp, op.cit, der weiterhin u.a. auf die Verarbeitung des 1 Kön 13 Berichteten durch Josephus in Ant 8,230—245 hinweist, und ferner die Micha-ben-Jimla-Affäre in Ant 8,401—420. Man beachte auch das in Ant 10,34f über Jesaia und zwölf andere Propheten Gesagte, deren wahre Worte aufgezeichnet seien . . . καὶ πᾶν εἴτε ἀγαθὸν εἴτε φαῦλον γίνεται παρ' ἡμῖν κατὰ τὴν ἐκείνων ἀποβαίνει προφητείαν.

Worte des falschen Propheten in 285 und das oben zitierte Ant 10,142).
Es ist dem Menschen unmöglich, so stellt Josephus in Bell 6,314 fest, dem
Verhängnis (τὸ χρεών) zu entkommen, auch wenn man es vorhersieht. Die
Juden hatten einzelne der Zeichen, die geschehen waren, mißachtet, und
andere interpretierten sie verkehrt, nämlich πρὸς ἡδονήν („auf eine freu-
dige Erfüllung ihrer Wünsche", Michel-Bauernfeind). Aus der Vernichtung
ihrer Vaterstadt und ihrem eigenen Untergang ist ihr Unverstand (ἄνοια)
überdeutlich geworden (Bell 6,315). Was auch immer für Faktoren in prophetischen Äußerungen und bei der Interpretation von Zeichen und
Schrifttexten wirksam werden: Gott ist zuverlässig, und die Zuverlässigkeit der menschlichen Erwägungen wird am tatsächlichen Gang der Geschichte offenbar.

Josephus' Bericht über die Zeichen vor dem Untergang des Tempels
braucht hier nur kurz erwähnt zu werden. Zweifach kommt zur Sprache,
wie schwierig es ist, die Zeichen richtig zu deuten. In Bell 6,291 hören wir,
nach dem zweiten Zeichen, daß es den Unerfahrenen (ἄπειροι) als günstig
erschien, daß aber die Gelehrten der heiligen Schrift (ἱερογραμματεῖς) es
richtig mit dem Blick auf das tatsächlich Geschehende auslegten. Nach dem
vierten Zeichen − die östliche Tür des Inneren Vorhofes hatte sich von
selbst geöffnet − sind es wieder die Unkundigen (ἰδιῶται), die dieses positiv einschätzen: Gott hätte ihnen die Tür zum Guten geöffnet. Die Ver-
ständigen (οἱ λόγιοι) dagegen sehen zu Recht hierin ein Vorzeichen der
Verwüstung − die Feinde werden von selbst in das Innere dringen können
(Bell 6,295f.)[8].

In Bell 6,311−313 führt Josephus zwei Schriftstellen[9] ins Feld, die beide
nicht mit Sicherheit zu bestimmen sind. In 311 demonstriert er den Unverstand der Juden daran, daß sie die Burg Antonia abbrachen, um den
Tempel viereckig zu machen, „obwohl sie in den Gottessprüchen eine
Aufzeichnung hatten, daß die Stadt und der Tempel erobert würden, wenn
das Heiligtum die Form eines Vierecks bekäme". Es kann sein, daß Josephus verschwiegen hat, daß einer der Gründe, die zur Zerstörung der Antonia führten, das Verlangen nach Herstellung der idealen Tempelmaße
war (Ez 42, 15−20, Bell 2,430ff.)[10]. Aber diese Hypothese gibt noch
keinen Bibeltext an die Hand, auf dem Josephus seine gegenteilige Meinung hätte aufbauen können; man weiß es einfach nicht, welchen Text er
meint. Dasselbe gilt von der „zweideutigen Weissagung, die sich ebenfalls

---

[8] Vgl. dazu vor allem Michel-Bauernfeind, op.cit. II, 2,86ff., Exk. XIV „Die Bedeutung
des „Zeichens" bei Josephus.
[9] 311 ἐν τοῖς λογίοις, 312 χρησμὸς ἀμφίβολος ὁμοίως ἐν τοῖς ἱεροῖς εὑρημένος γράμ-
μασιν und 313 τὸ λόγιον.
[10] So Michel-Bauernfeind, op.cit. II, 2,190, Anm. 149. − F.F. Bruce denkt in seinem
Anm. 16 zitierten Artikel (p.155) auch für andere Stellen an einen Einfluß von
Dan 9,24−27, speziell von V.26f.

in den heiligen Schriften fand", und „die sie aber am meisten zum Krieg aufstachelte" (Bell 6,312–314). Dieses Wort lautet bei Josephus: „. . . ὡς κατὰ τὸν καιρὸν ἐκεῖνον ἀπὸ τῆς χώρας αὐτῶν τις ἄρξει τῆς οἰκουμένης". Für Josephus war die Intention deutlich: Dieses Wort zielte auf Vespasian, der in Judäa zum Kaiser ausgerufen wurde. Die Verbindung mit Bell 3,350–354.400–402 ist evident. Andere Ausleger dieses Wortes hatten an einen ihrer Volksgenossen (οἰκεῖον) gedacht, der die Weltherrschaft übernehmen sollte; dieses war nicht allein die Exegese der Aufständischen, sondern auch vieler der Weisen, die nach Bell 6,291.295f. noch die richtige Deutung gegeben hatten. Unser Schluß muß sein: Es geht hier um eine sehr zentrale Passage, die man eigentlich selbstverständlich auf einen Weltherrscher aus Israel hätte auslegen müssen. Josephus steht mit seiner Deutung allein, betrachtet sie aber als durch die Geschehensabläufe gerechtfertigt. – Verschiedene Texte hat man in Verbindung mit diesem Spruch genannt: Gen 49,10; Num 24,17; Dan 7,13f. Es ist schwierig, eine Entscheidung zu treffen. Angemerkt muß werden, daß Gen 49 und Dan 7 in den Antiquitates überhaupt nicht behandelt werden. Die Prophetie Bileams wird in Ant 4,114–117 in ganz abweichender Form wiedergegeben (s.u.). Angesichts des expliziten κατὰ τὸν καιρὸν ἐκεῖνον liegt es nahe, an einen apokalyptischen Text zu denken (vgl. auch den oben zitierten Text Ant 10,267, der sich auf Daniel bezieht)[11].

Wir müssen zugeben, daß der Hinweis auf die Schrift, den Josephus hier gibt, sehr undeutlich ist – aber seine Auslegung ist jedenfalls sehr deutlich, und man muß sich die Frage stellen, ob Josephus Vespasian demnach als eine „messianische" Figur betrachtete. Die Antwort muß, so meine ich, negativ lauten: Josephus gab dem in Bell 6,312 von ihm angeführten Wort eine nicht-messianische Interpretation – und doch kannte er eine mit seinem Volk verbundene Zukunftserwartung auf längere Sicht. Wir können in diesem Zusammenhang zuerst hinweisen auf die erste Rede des Josephus, die er nach Bell 5,362–419 vor der Mauer an die Belagerten richtet. Hierin versucht er, seine Gegner zu einer seiner Ansicht nach realistischeren Sicht zu überreden: Es steht fest, daß praktisch die ganze Welt

---

[11] Zu den mit dieser Passage verbundenen Problemen vgl. Michel-Bauernfeind, op.cit. II,2,190ff., Exk. XV „Der χρησμὸς ἀμφίβολος und seine Deutung". Viel ist geschrieben worden über die Berichte in Tacitus Hist 5,13 und Sueton, Vespasian 4. Die Formulierung des Spruches bei Josephus ist deutlich ursprünglicher als die bei den römischen Schriftstellern. Zur Frage vgl. außer den bei Michel-Bauernfeind genannten Autoren auch H. Windisch, Die Orakel des Hystaspes (Verhand. Koninklijke Acad., Afd. Letterkunde, N.R. 28,3) Amsterdam 1929,65–70. Zu den alttestamentlichen Stellen, die möglicherweise im Hintergrund dieses Wortes stehen vgl. auch M. Hengel, op.cit. 243–246; J. Blenkinsopp, The Oracle of Judah and the Messianic Entry, in: JBL 80 (1961) 55–64; ferner den in Anm 16 genannten Artikel von F.F. Bruce, p.157–159; Bruce denkt an Dan 9,24–27.

von den Römern beherrscht wird (5,366f.). Daraus haben die Vorfahren denn auch mit Recht geschlossen, daß Gott an der Seite der Römer steht. In dieser Situation ist es verkehrt und sogar gegen Gottes Willen, gegen die Römer zu kämpfen. Die Geschichte lehrt, daß Gott denjenigen hilft, die sich gänzlich ihm anvertrauen. Aber dann muß man ihm auch so dienen, wie er es will, und darf besonders nicht sein Heiligtum entweihen. „Nach meiner Meinung haben die Hüter der heiligen Stätte alles dem Richterspruch Gottes anheimzustellen und stets, wenn sie ein gnädiges Ohr bei dem höchsten Richter erlangen wollen, Menschenarm und -kraft zu verachten" (5,400, vgl. 390). Aber wegen aller Sünden, die sie gegenüber Menschen und Gott begangen haben, dürfen die Belagerten nicht mehr mit dem Beistand ihres göttlichen Bundesgenossen rechnen (5,401—403). Natürlich hat Gott Stadt und Tempel verlassen, und er steht nun an der Seite der Römer (5,412 ὥστε ἐγὼ πεφευγέναι μὲν ἐκ τῶν ἁγίων οἶμαι τὸ θεῖον, ἑστάναι δὲ παρ' οἷς πολεμεῖτε νῦν vgl. 413)[12]. Der einzige Weg zur Rettung ist Bekehrung zu Gott (5,414). Nirgends wird in dieser Rede angedeutet, daß Gott seine Herrschaft für immer an die Römer gegeben hätte. Die Römer stehen auf einer Linie mit den Ägyptern, Philistern, Assyrern oder Babyloniern. Es geht auch nun darum, daß das Volk sich bekehrt und alles von Gott erwartet, dann wird es der Freiheit wirklich wert sein (5,396 cf. 406)[13]. Man beachte, daß in 5,367 gesagt wird, „Gott, der unter den Völkern die Herrschaft von einem zum anderen übergehen lasse, stehe jetzt zu Italien" (καὶ κατὰ ἔθνος τὸν θεὸν ἐμπεριάγοντα τὴν ἀρχὴν νῦν ἐπὶ τῆς Ἰταλίας εἶναι (vgl. Bell 3,354)[14]: jetzt, nicht für immer. Das macht Josephus deutlich, wenn er bei seiner Wiedergabe von Dan 2 nicht mitteilt, was Daniel über den Stein sagt (V.44). Man lese Daniel selbst, schreibt er, „ich halte es für meine Aufgabe, τὰ παρελθόντα καὶ τὰ γεγενημένα συγγράφειν οὐ τὰ μέλλοντα ... (Ant 10,210). Man hat hierzu angemerkt, daß Josephus hier keine Interpretation gibt, da dieser Text zu seiner Zeit messianisch interpretiert wurde[15]. Wir müssen einen Schritt weiter gehen und feststellen, daß die in Dan

---

[12] Beachtenswert ist, wie hier wieder die Erfüllung von Vorzeichen eine Rolle in der Rede des Josephus spielt. Nicht allein der Lauf der Geschehnisse weist seit Pompeius darauf, daß Gott die Römer jetzt nicht — wie einst die Assyrer — vernichten wird (Vespasian ist selbst Kaiser geworden!), auch die Brunnen, die einst ausgetrocknet waren, geben seit Titus' Ankunft in der Stadt reichlich Wasser (Bell 5,408—410). Ein derartiges Zeichen hat es nach Josephus auch bei der Einnahme der Stadt durch die Babylonier gegeben (411), und daraus zieht er dann den im Text genannten Schluß.

[13] Zu „Freiheit" als Stichwort verschiedener radikalen Gruppen des 1. Jahrhunderts vgl. M. Hengel, op.cit., 114—120.

[14] H. Lindner, Die Geschichtsauffassung des Flavius Josephus im Bellum Judaicum (A.G.S.U. XII), Leiden 1972, 43, hat diese Passage mit Dan 2,21 in Verbindung gebracht: „Er ist es, der die Zeiten und Verhältnisse wechseln läßt, der Könige absetzt und einsetzt".

[15] So z.B. R. Marcus in seiner Anm. z.St.

2,44f. angedeuteten Geschehnisse auch für Josephus selbst zu den zukünftigen gehörten[16]. Dieses wird explizit deutlich in Ant 4,114—117, wo Bileam sprechend eingeführt wird und Israel segnet. Über einen Herrscher in Israel wird nicht gesprochen, wohl über die Herrschaft Israels selbst. Kanaan wird zu klein werden für dieses Volk: „Wißt, daß die ganze Welt als ewiger Wohnort für euch bereitliegt" ($\tau\grave{\eta}\nu$ δ'$o\grave{\iota}\kappa o\upsilon\mu\acute{\epsilon}\nu\eta\nu$ $o\grave{\iota}\kappa\eta\tau\acute{\eta}\rho\iota o\nu$ $\delta\iota$'$\alpha\grave{\iota}\tilde{\omega}\nu o\varsigma$ $\H{\iota}\sigma\tau\epsilon$ $\pi\rho o\kappa\epsilon\iota\mu\acute{\epsilon}\nu\eta\nu$ $\acute{\upsilon}\mu\tilde{\iota}\nu$). Überfluß und Friede sollen herrschen, in allen Kriegen wird Israel gewinnen. Sehr nachdrücklich wird gesagt, daß Bileam wohl anders sprechen wollte, aber nicht konnte, weil Gott es ihm unmöglich machte (4,119—123). Josephus selbst fügt als Kommentar hinzu, geheimnisvoll, aber deutlich für den, der es begreifen kann: „Aus all den Prophetien, die nach seiner Vorhersage in Erfüllung gegangen sein, kann man erschließen, was die Zukunft noch zu bieten hat" ($\H{o}$ $\tau\iota$ $\kappa\alpha\grave{\iota}$ $\H{\epsilon}\sigma o\iota\tau o$ $\pi\rho\grave{o}\varsigma$ $\tau\grave{o}$ $\mu\acute{\epsilon}\lambda\lambda o\nu$ 4,125). Es ist dann auch durchaus bedeutsam, daß Bileam in seinen Abschiedsworten an Balak sagt, die einzige Weise, Israel zu schlagen sei, es zum Abfall von seinem Gott zu verführen, sodaß Gott selbst es strafen wird (4,130). Sein Rat wird sofort auf die Num 25 beschriebene Weise in die Praxis umgesetzt (4,131—155 und die Schlußbetrachtung 156—158).

Es ist deutlich, daß Josephus für ein Israel, das Gott gehorsam ist, eine glorreiche Zukunft erwartet. Das Römerreich ist nicht das letzte. Er zweifelt nicht daran, daß Gott Israels Bundesgenosse ist und daß seine Hilfe entscheidend ist — aber: seine Gegner haben nicht das Recht, von Gott Hilfe zu erwarten[17]. In seiner ersten Rede, aus der wir oben schon öfter zitiert haben, sagt er: „Trotz alledem erwartet ihr nun wirklich Gott als Beistand, gegen den ihr derart gefrevelt habt? Aber natürlich, ihr seid sicherlich fromme Beter und ruft mit heiligen Händen euren Helfer herbei!" (Bell 5,403). In seiner zweiten Rede bemerkt er spottend gegen Johannes von Gischala, der ihm zugerufen hatte, daß die Stadt „Gottes sei" (6,98, vgl. 5,548): „Ja, ganz gewiß hast du sie rein gehalten für Gott. Unbefleckt ist immer noch das Heiligtum. Gegen ihn, den du dir als Mitstreiter erhoffst, hast du dich ja in keinem Stück vergangen, und seine althergebrachten Opfer erhält er ja" (6,99). Es gibt nur eine Möglichkeit zur Rettung: Bekehrung (6,103, vgl. 5,414), und als leuchtendes Vorbild

---

[16] So auch F.F. Bruce, Josephus and Daniel, in: Annual of the Swedish Theological Institute 4 (1965) 148—162, besonders 149.160. Das vorangehende vierte Königreich (über seine Schwachheit wird nicht gesprochen) folgt auf das dritte, von dem Josephus sagt, es komme aus dem Westen (209). Dieses letzte ist das Reich Alexanders, das vierte demnach das Römische.

[17] Vgl. dazu auch Michel-Bauernfeind, op.cit. II,1,264f., Anm. 150. In diesem Zusammenhang kann man auch hinweisen auf des Josephus Umdeutung des Ehrentitels „$\zeta\eta\lambda\omega\tau\acute{\eta}\varsigma$" in 4,161: $\tau o\tilde{\upsilon}\tau o$ $\gamma\grave{\alpha}\rho$ $\alpha\grave{\upsilon}\tau o\grave{\upsilon}\varsigma$ $\grave{\epsilon}\kappa\acute{\alpha}\lambda\epsilon\sigma\alpha\nu$ $\acute{\omega}\varsigma$ $\grave{\epsilon}\pi$'$\grave{\alpha}\gamma\alpha\vartheta o\tilde{\iota}\varsigma$ $\grave{\epsilon}\pi\iota\tau\eta\delta\epsilon\acute{\upsilon}\mu\alpha\sigma\iota\nu$ $\grave{\alpha}\lambda\lambda$' $o\grave{\upsilon}\chi\grave{\iota}$ $\zeta\eta\lambda\acute{\omega}\sigma\alpha\nu\tau\epsilon\varsigma$ $\tau\grave{\alpha}$ $\kappa\acute{\alpha}\kappa\iota\sigma\tau\alpha$ $\tau\tilde{\omega}\nu$ $\grave{\epsilon}\rho\gamma\omega\nu$ $\kappa\alpha\grave{\iota}$ $\acute{\upsilon}\pi\epsilon\rho\beta\alpha\lambda\lambda\acute{o}\mu\epsilon\nu o\iota$.

wird dem Johannes dann König Jechonja vorgehalten. Wieder wird zurück-
gegriffen auf einen Spruch, der zu finden sei „in den Aufzeichnungen der
alten Propheten", den man aber schwer lokalisieren kann. Ganz vage sagt
Josephus: „Denn damals haben sie ihre Eroberung vorausgesagt für die
Zeit, in der jemand Brudermord beginnt" (6,109). Das ist jetzt der Fall:
Stadt und Tempel wurden durch Leichen entweiht, und Gott hatte, und
zwar mit den Römern, ein Reinigungsfeuer zu entfachen (6,110)[18].
Wie aus der 2. Rede des Josephus hervorgeht, wird die Erwartung der
Gegner ganz getragen von dem Vertrauen auf Gott als Bundesgenossen
(5,389 und 403; 6,99.101 und 5,458ff.), wobei man sich auf die Hilfe für
Stadt und Tempel konzentriert — man hofft, daß Gott zum Schluß ret-
tend eingreifen wird (6,285). W.R. Farmer hat mit Recht darauf hingewiesen, daß unter den in der ersten Rede gegebenen Beispielen die Erzählung über die Belagerung Jerusalems durch Sanherib eine sehr große Rolle
spielt (5,387f.404—409). Vielleicht haben die in Jerusalem Belagerten sich
an dieser Geschichte festgeklammert[19]. Nach der Vernichtung des Tempels
baten die in der Oberstadt verschanzten Kämpfer Titus, die Stadt verlassen
zu dürfen, um sich in die Wüste zurückzuziehen (6,351). Man hat mit
Recht darauf hingewiesen, daß auch dieses religiös motiviert ist: Wenn
Gott den heiligen Ort nicht mehr schützt, muß man dorthin gehen, wo
Gott die Geschichte mit seinem Volk begonnen hat (Dtn 32,7—14)[20].
Auch andere erwarteten damals in der Wüste ein heilvolles Eingreifen Gottes (s.u.).
Liebe zum Tempel und Sorge um den rechten Gottesdienst im Tempel ist
trotz der Art, in der Josephus die Geschehnisse wiedergibt, zu verspüren in
der Erzählung der Wahl des neuen Hohenpriesters im Jahre 67 durch die
aufständische Gruppe, die Josephus kurz darauf Zeloten nennt (Bell

---

[18] In Bell 4,386—388 wird gesagt, daß die Zeloten nicht nur menschliche Institutionen, sondern auch göttliche mit Füßen traten und auch τοὺς τῶν προφητῶν χρησμοὺς
mißachteten. Sie kannten diese, und dennoch sorgten sie dafür, daß die Prophetie gegen
ihr Vaterland in Erfüllung ging. „Denn es gab ein altes Wort von gottbegeisterten
Männern, die Stadt werde dann eingenommen und das Allerheiligste nach Kriegsbrauch
den Flammen preisgegeben werden, wenn es durch einen Aufstand heimgesucht werde
und einheimische Hände den Bezirk Gottes befleckten". Über die Schwierigkeiten, vor
die uns diese Passage stellt, vgl. Michel-Bauernfeind, op.cit.II,1,221f.,Anm. 101. Sie
denken an Dan 9,24—27 als möglichen Hintergrund; dies ist aber ganz unsicher; ebenso
auch die Interpretation von Bruce, op.cit. 155f, der bei diesen beiden Texten an Dan
11,30—32; 12,7 denkt.
[19] Vgl. sein Werk Maccabees, Zealots and Josephus, New York 1956, 99—111. Ihm
folgt M. Hengel, op.cit. 246f. — Farmer weist auch auf den Gebrauch, der in
Makkabäerbüchern von der Geschichte über Hiskia und Sanherib gemacht wird (op.cit.
97—98).
[20] Vgl. wieder W.R. Farmer, op.cit. 116—122, und auch M. Hengel, op.cit. 259—261
und Michel-Bauernfeind, op.cit. II 2,202f., Anm. 191.

4,147—157, „Zeloten" in 160ff.). Josephus, darüber betroffen, daß angesehene Priestergeschlechter bei der Wahl ausgeschaltet wurden, kann nicht
Worte genug finden, die Unwürdigkeit und Ungeschicktheit des durch das
Los bestellten Pinehas zu zeichnen. Nomen est omen; man lese Num
25,7—13²¹. Überdies sagt selbst Josephus, daß Pinehas aus einer hohepriesterlichen φυλή, sc. Enjachin, stammte. Die durch J. Jeremias aufgestellte
Vermutung, man habe gegen die herrschenden hohepriesterlichen Familien
auf einen Sadokiden zurückgegriffen²², erscheint als plausibel.

Das Motiv des radikalen Sich-Anvertrauens an Gott tritt auch hervor bei
der Beschreibung des entscheidenden Kampfes um die Massada. In der ersten Rede des Eleazar, des Kommandanten von Massada (Bell
7,323—336) wird zu Beginn direkt auf den Aufstand Judas des Galiläers,
Eleazars Ahn, hingewiesen (wie in 7,263f. nachdrücklich behauptet wird).
Wir waren die ersten, sagt Eleazar, wir werden auch die letzten sein — wir
haben damals beschlossen, „weder den Römern noch irgend anderen zu
dienen außer Gott; denn dieser allein ist der wahre und gerechte Herr über
Menschen" (7,323)²³. Im Dienst dieses Gottes muß man nun den Tod
wählen. Die Fakten zeigen, daß Gott sein Volk hat strafen wollen. Die
heilige Stadt ist verwüstet, die Festung Massada ist nicht zu halten — der
Grund ist „Gottes Zorn über alle Untaten, die wir in unserer Raserei sogar
gegen die eigenen Stammesgenossen wagten" (7,332). Gottes Strafe muß
nun nicht durch die Römer, sondern durch Gott selbst vollzogen werden,
und Selbstmord ist der Weg. Der Tod ist der Sklaverei vorzuziehen.

Eleazars Prinzipien sind deutlich; ebenso aber auch die Absicht des Josephus, der am Ende des 7. Buches des Bellum Judaicum es sich ergeben
lassen möchte, daß die letzten und hartnäckigsten Aufständischen zum
Schluß zu der Einsicht kamen, sie seien durch Gott, ihren Bundesgenossen, verlassen worden. Beachtenswert ist wiederum, welche Rolle ein Zeichen spielt: Ein plötzlich sich drehender Wind verursacht, daß das durch

---

²¹ Über Pinehas als vorbildlichen Eiferer vgl. M. Hengel, op.cit. 154—181.
²² J. Jeremias, Jerusalem zur Zeit Jesu, Göttingen ³1962, II B 52—54 (216—218); ihm
folgen Michel-Bauernfeind, op.cit. II 2,211f.,Anm. 37 und Anm. 40. — Jeremias weist
auch hin auf die Anstellung des Ananel durch Herodes 37 v.Chr. In Ant 15,22 nennt
Josephus diesen ἱερέα τῶν ἀσημοτέρων, in Ant 15,40 heißt dieser aber ἀρχιερατικοῦ
γένους. Vgl auch Bell 2,7, wo Archelaos konfrontiert wird mit den Männern, die durch
Herodes wegen des Vorfalles mit dem goldenen Adler am Tempeltor bestraft worden
waren (Bell 1,648—655; Ant 17,151—167); diese Menschen baten um die Absetzung
des Hohenpriesters und die Wahl eines frömmeren und reineren (προσήκειν γὰρ αὐτοῖς
εὐσεβέστερον αἱρεῖσθαι καὶ καθαρώτερον vgl. Ant 17,207). — F.F. Bruce, op.cit. 154,
betrachtet Josephus' Nachbetrachtung in Bell 4,318 üb.den Tod des Ananias (beschrieben
als den Anfang des Endes von Jerusalem) als durch Dan 9,26 beeinflußt. Hier erscheint
mir dieser Einfluß in der Tat als erwägenswert (vgl. auch Michel-Bauernfeind, op.cit. II,
1,218, Anm. 74).
²³ Vgl. Judas des Galiläers Auffassungen in Bell 2,117; Ant 18,1—10. 23—25.

die Römer entfachte Feuer nicht ihre eigenen Belagerungsmaschinen, sondern eine hölzerne zweite Verteidigungsmauer vernichtet. Eleazar sagt: Dies geschah οὐκ αὐτομάτως (7,332). Josephus sagt, als er dieses Geschehen erzählt, daß dies alles geschah καθάπερ ἐκ δαιμονίου προνοίας (7,318); die Römer konnten Gebrauch machen von τῇ παρὰ τοῦ θεοῦ συμμαχίᾳ.

Eleazars zweite Rede, viel länger als die erste (7,341—388),behandelt verschiedene Themen. In 359f finden wir das Hauptthema der ersten Rede wieder: Gott hat für das ganze Volk den Tod beschlossen. Hier ist eine höhere Macht am Werk als nur die Römer. Das wurde deutlich aus einer Reihe von Konflikten direkt schon im Jahre 66, am meisten aus dem Verlauf des Krieges, der mit dem Untergang Jerusalems endete. Selbstmord ist der einzige Ausweg: τούτων τὴν ἀνάγκην θεὸς ἀπέσταλκε — die Römer wollen gerade das Entgegengesetzte (7,387)[24].

Die Zukunftserwartung des Josephus gründet in einem Geschichtsbild, das in verschiedenen Punkten durch das beeinflußt ist, was er in der Schrift las[25]. Die Beschreibung seiner Gegner suggeriert, daß auch sie eine entsprechende Theologie und Erwartung kannten, nur meinten, Gott auf eine ganz andere Weise dienen zu müssen. Daher interpretierten sie die Fakten anders als Josephus und bleiben bei der Hoffnung auf ein Eingreifen Gottes im Moment (in den Momenten) der größten Not. Wenn die Zahl der Märtyrer so gewaltig zunimmt, muß Gott eingreifen[26]. Josephus hat die feste Überzeugung gehabt, daß die Geschehnisse ihm Recht gegeben hatten, und daher bekämpft er auch weiterhin seine Gegner in seinen Büchern.

Viel bleibt daher bei der Beschreibung des Josephus undeutlich. Man kann nur weiter kommen, wenn man das bei Josephus Beschriebene ergänzt mit Nachrichten aus anderen Quellen. Aber auch dann bleibt notwendigerweise vieles hypothetisch. Auch wenn man so viel Material zusammenstellt, wie es M. Hengel in seinem in vieler Hinsicht bewundernswürdigen 5. Kapitel „Die Zeloten als eschatologische Bewegung" seines Werkes über die Zeloten[27] tut, bleibt undeutlich, wie die Entwicklung sich vollzog und welche Erwartungen in welchen Gruppen gehegt wurden[28].

---

[24] Vgl. Michel-Bauernfeind, op.cit. II,2,276ff., Exk. XXIV „Die Eleazarreden". — Vgl. zum Kontrast die Ausführung des Josephus gegen den Selbstmord in Bell 3,361—382.
[25] Dieses Thema verdient eine systematische und viel ausführlichere Bearbeitung als sie in diesem Beitrag geboten werden kann. Auch H. Lindner hat in seinem nach Abschluß dieses Beitrags erschienenen Buch (s.o. Anm. 14) damit nur einen Anfang gemacht.
[26] Vgl. M. Hengel, op.cit. 272f.und die dort angegebenen Parallelen. Vgl. auch G.W.E. Nickelsburg, Resurrection, Immortality and Eternal Life in Intertestamental Judaism (H.T.St. 26), Cambridge/Mass., 1972, speziell 93—111.
[27] S. 235—318.
[28] Vgl. über dieses letzte besonders M. Smith, Zealots and Sicarii, their origins and relation, in: HThR 64 (1971) 1—19, besonders 12f.

Zum Schluß sei noch auf einige dieser Unsicherheiten hingewiesen: Nur in Bell 6,312 scheint die Erwartung einer zukünftigen heilvollen Herrschaft Gottes die Erwartung eines messianischen Herrschers zu implizieren. Nach Josephus war dieses die Ansicht breiter Volksschichten, nicht nur seiner radikalen Gegner. Wird eine solche Erwartung auch an anderen Stellen von ihm ausgesprochen? Das Wort χριστός kommt nirgends vor, außer in Ant 18,63f und 20,200 im Zusammenhang mit Jesus. Aber aus dem Nicht-Vorkommen dieses Wortes kann selbstverständlich nicht geschlossen werden, daß die Erwartung eines von Gott gesandten idealen Königs, Priesters oder Propheten keine Rolle in den von Josephus beschriebenen Gruppen gespielt hätte[29]. Andererseits darf aus der Tatsache, daß Josephus das in Bell 6,312 berichtete Orakel radikal anders interpretierte und in seiner eigenen Zukunftserwartung keine messianische Figur nennt, nicht abgeleitet werden, daß er deshalb derartige Erwartungen bei anderen mit Absicht nicht berichtete. „Messianismus ohne Messias"[30] ist eine bekannte Erscheinung in den Jahrhunderten um Christi Geburt. Es erscheint mir nicht als deutlich, daß einige der Anführer der Widerstandsbewegungen gegen die Römer als gesalbte Könige betrachtet wurden. Von Menahem erzählt Josephus, wie er nach einem Zug nach Massada wie ein König nach Jerusalem zurückkehrt und Führer des Aufstandes wird. Er erweckt aber den Neid der priesterlichen Gruppe um Eleazar b. Ananias und entwickelt sich zu einem unerträglichen Tyrannen. Er wird ermordet, als er „im Schmuck königlicher Kleidung zum Gebet hinaufschreitet" (Bell 2,444—448). Daß in späten rabbinischen Quellen dem Messias der Name Menahem gegeben wird und daß auch die Vorstellung begegnet, dieser Messias sei zur Zeit des Untergangs des Tempels geboren worden, hat mehr mit Thr 1,16 („Fern von mir ist der Tröster, Menahem, der meine Seele erquicke") zu tun als mit dieser Episode aus dem jüdischen Krieg[31]. Von Menahem wird nicht gesagt, er sei aus dem Geschlecht Davids gewesen, aber das gilt auch von Simon bar Koseba, der wohl durch Akiba als Messias begrüßt wird. Überdies hat man auf die Tatsache hingewiesen, daß nach Ant 17,271f (vgl. Bell 2,56) ein gewisser Judas ben Hiskia auftrat, nach königlicher Ehre strebte[32] und daß auch dessen Vater Hiskia nach

---

[29] Vgl. M. de Jonge, The use of the word „Anointed" in the time of Jesus, in: NovTest 8 (1966) 132—148; ders., The Role of Intermediaries in God's final intervention in the future according to the Qumran Scrolls, in: Studies on the Jewish background of the New Testament, ed O. Michel u.a., Assen 1969, 44—63; M. de Jonge — A.S. van der Woude, Messianische Vorstellungen im Spätjudentum, in: ThWB IX, 500—518.

[30] Zu Begriff und Vorstellung vgl. z.B. A. Gelin, Art. Messianisme, in: DB Suppl. 5, Sp.1165—1212.

[31] Genauere Belege und weitere Diskussion bei M. Hengel, op.cit. 299—302, der aber zum entgegengesetzten Schluß kommt.

[32] Sowohl in Bell als auch in Ant ist Judas ben Hiskia der erste aus einer Gruppe von dreien. Der zweite ist der königliche Sklave Simon (Bell 2,57—59; Ant 17,273—277),

Ant 14,159 (Bell 1,204) durch Herodes als Bandenführer in Galiläa hingerichtet wurde. Dieser Hiskia verfügte nach Josephus über einen großen
Anhang unter den Angesehenen in Jerusalem. Dadurch, daß man Judas ben
Hiskia mit dem in Bell 2,117f und Ant 18,1−10.23−25 genannten Judas
dem Galiläer identifiziert und unterstreicht, daß die nach Ant
20,102 durch Tiberius Alexander hingerichteten Jakobus und Simon
Söhne Judas des Galiläers genannt werden − wie auch Menahem (Bell 2,433)
und Eleazar, der letzte Kommandant von Massada, Nachkommen dieses
Judas waren (Bell 7,253) − konstruiert man eine Dynastie von Thronprätän-
denten, die mehr als hundert Jahre aktiv gewesen sein soll. Die Identifikation
der zwei Judasse ist aber ganz hypothetisch und selbst nicht wahrscheinlich[33].
Judas der Galiläer wird σοφιστής genannt (Bell 2,118.433)[34], Führer einer religiösen Gruppierung (Ant 18,23), Prediger einer sehr konse-
quenten Anschauung über die Alleinherrschaft Gottes. Freilich wird auch
Menahem in Bell 2,445 σοφιστής genannt.

Noch viel hypothetischer sind die messianischen Züge im Bilde Simon bar
Gioras. Im Grunde genommen stützt man sich bei den Versuchen, in
Simon bar Giora auf irgendeine Weise einen messianischen König wieder-
zufinden, auf Bell 4,510, wo gesagt wird, daß Simon aus allen Gruppen
des Volkes viele Anhänger hatte, „die ihm wie einem König gehorchten",
und auf Bell 4,575, wo das Volk in Jerusalem ihn als seinen Retter und
Beschützer umjubelt[35].

---

der dritte ist der Hirte Anthrongaios (Bell 2,60−65; Ant 17,278−284). Diese werden
eingeführt mit dem Satz: „Die Lage der Dinge stachelte viele dazu auf, nach der
Königswürde zu streben" (Bell 2,55); mehr wird von diesen dreien auch nicht berichtet. Es besteht kein Grund, hier an „Messiasse" zu denken (gegen M. Hengel, op.cit.
297−299).
[33] So auch vorsichtig Michel-Bauernfeind, op.cit. I,412, Anm. 204: „kann nicht mit
Sicherheit begründet werden" und sehr ausdrücklich gegen eine Identifikation: K. Lake
(vgl. M. Smith, op.cit. p.3), in: The Beginnings of Christianity, Part I The Acts of the
Apostles, London 1920, App. A „The Zealots", 421−425. − Für eine Identifikation
spricht sich aus M. Hengel, op.cit. 337−339.
[34] In Bell 1,650.655; 2,10 und Ant 17,152.155 werden die am Vorfall mit dem Adler
am Tempeltor beteiligten Schriftgelehrten σοφισταί genannt. Michel-Bauernfeind sagen
in ihrem Kommentar zu Bell 1,650 (op.cit. I,425,Anm. 263): „Der Titel σοφιστής wird
bei Josephus gewöhnlich zur Bezeichnung von Schulhäuptern oder bedeutenden Lehrern
verwendet". In 2,433 übersetzen sie das Wort mit „Gelehrter", in 2,445 aber
plötzlich mit „der wortverwandte Volksverführer" (Thackeray: „the arrogant doctor"). Letztere Übersetzung ist, wie ich meine, nicht richtig, obwohl σοφισταί in c Ap
2,236 zur Benennung griechischer Schriftsteller parallel mit dem Ausdruck μειρακίων
ἀπατεῶνες vorkommt.
[35] Vgl. für eine entgegengesetzte Meinung Michel-Bauernfeind, op.cit. II,1,230, die in
der Tat nur von „messianischen Zügen" sprechen. M. Hengel, op.cit. 303f: „. . . erhob
wohl Ansprüche auf die messianische Würde". Man kommt nicht weiter als zu Vermutungen.

Die Propheten, die vor und während der Belagerung Jerusalems eine Rolle spielten (s.o.), sind, soweit wir wissen, nur Ankündiger des Heils gewesen. Der von den Zeloten als Hoherpriester erwählte Pinehas (s.o.) wurde gewiß als ein besserer und heiligerer Hoherpriester betrachtet als seine Vorgänger. Ob man ihn schon als den idealen Priester der neuen Ära sah (wie man einen solchen z.B. in Qumran erwartete) — oder ob man hoffte, Gott werde, da der Tempel jetzt richtig verwaltet sei, nun die große Wende herbeiführen, ist nicht (mehr) festzustellen.

In Bell 2,258—260 (vgl. Ant 20,167f) nennt Josephus nach den λῃσταί und den σικάριοι noch andere böse Menschen, „deren Hände zwar reiner, deren Gesinnung aber um so gottloser waren" und „die nicht weniger als die Meuchelmörder zur Zerstörung des Glückes der Stadt beitrugen". Josephus meint damit falsche Propheten, πλάνοι . . . καὶ ἀπατεῶνες, die göttliche Inspiration vortäuschten und Unruhe stifteten. Typisch für sie ist, daß sie Menschen aufrufen, in die Wüste zu ziehen ὡς ἐκεῖ τοῦ θεοῦ δείξοντος αὐτοῖς σημεῖα ἐλευθερίας[36]. Es handelt sich deutlich um Propheten, die Züge des Moses tragen und die in der Wüste ein neues Eingreifen Gottes erwarteten[37]. Josephus nennt direkt danach einen falschen Propheten aus Ägypten (Bell 2,261—263), der viele Menschen in der Wüste zusammenkommen ließ und zum Ölberg führte. Im Parallelbericht Ant 20,169—172 wird deutlich gesagt, daß er die Mauern von Jerusalem einstürzen lassen will — so das Jericho-Wunder des Moses-Nachfolgers Josua imitierend. In Ant 20,97—99 wird weiter ein gewisser Theudas genannt, ebenfalls ein Prophet und ebenso ein neuer Josua, da er verspricht, den Jordan zu teilen und seine Nachfolger sicher an das andere Ufer zu bringen. Vergleichbare mosaische Propheten finden wir ferner in Ant 18,85—87 zur Zeit der Unruhe in Samaria unter Pilatus und in Bell 7,437ff bei dem „Aufstand" in Cyrene, wo der Weber Jonathan seine Nachfolger in die Wüste führt, σημεῖα καὶ φάσματα δείξειν ὑπισχνούμενος. Obwohl Josephus selbst berichtet, daß der Haufen unbewaffnet war und daher keine wirkliche Gefahr für die Römer bedeutete, stellt er dieses Beispiel des „Wahnsinns der Sikarier" in ein sehr schlechtes Licht und malt die Bosheit des Jonathan breit aus. Jonathan scheint viele Menschen in Cyrene und Rom, darunter auch Josephus, fälschlich beschuldigt zu haben, und zwar auf Anstachelung des römischen Statthalters Catullus. Hier ist Josephus deutlich zu sehr parteiisch, um ein objektives Bild der Situation zeichnen zu können. Die Tatsache, daß er in Bell 2,264 die γόητες und λῃστρικοί trotz der vorher genannten Verschiedenheiten doch

---

[36] Diese Menschen treten auf unter Felix. Vgl. auch den Bericht — vielleicht eine Dublette — in Ant 20,188 über den „Betrüger" unter Festus und die Bitte nach Bell 6,351, in die Wüste gehen zu dürfen (s.o.).
[37] Über derartige Propheten vgl. die in Anm. 2 genannte Lit. und speziell R. Meyer, ThWB VI, 826f.

zusammen für den Aufstand verantwortlich macht, daß er in allen Fällen
erzählt, der römische Statthalter habe mit großer militärischer Macht ein-
gegriffen und daß er selbst einmal (Bell 2,262, nicht in der Parallele in
Ant) berichtet, der Betroffene (der Prophet aus Ägypten) habe die Absicht gehabt, sich zum Herrscher über das Volk aufzuwerfen, darf uns
nicht dazu verleiten, zu meinen, wir hätten es hier mit Menschen zu tun,
die königliche oder andere herrscherliche Absichten hatten. Es sind Propheten, die dem Volk die unmittelbar vor der Tür stehende Befreiung von
Gott her versprechen. Natürlich bedeutet dieses Eingreifen Gottes, daß
Gott von da ab sein Volk regieren wird, und überdies hat es politische
Konsequenzen, die die Römer gesehen haben[38]. Aber es ist eine Fehldeutung, wenn man hier von (Pseudo-)Messiassen spricht[39]. Josephus verdeut-
licht, daß sie sich selbst als Propheten ausgaben. Daß er sie als Verführer
betrachtet, hängt natürlich wieder zusammen mit seiner Auffassung, die
geschehenden Fakten der Geschichte hätten fortwährend bewiesen, daß
ihre Prophetie eine falsche Prophetie war[40].

---

[38] So auch O. Michel, Spätjüdisches Prophetentum, 65—66.

[39] Es ist nicht empfehlenswert, mit M. Hengel, op.cit. 238, aufgrund der Angaben bei
Josephus und mit Verweis auf Mk 13,22 (par.Mt 24,24) die These aufzustellen: „Bezeichnend ist auch, daß bei Josephus und in den Evangelien die Grenze zwischen
Pseudomessias und -prophet fließend ist." Für Josephus kann er allein auf Bell 2,262
verweisen.

[40] Josephus nennt auch noch eine Anzahl essenischer Propheten für die Jahrhunderte
vor dem jüdischen Krieg: Judas (Bell 1,78—80; Ant 13,311—313), Menahem (Ant
15,373—379), Simon (Bell 2,113f; Ant 17,345—348). In allen diesen Fällen bezieht
sich die Prophetie auf politische Geschehnisse, und es ist keine Rede von „messianischer" Erwartung; vgl. auch zur Prophetie unter Pharisäern: Pollio und Samaias Ant
14,172—176; 15,3f.370. In Ant 17,41—43 prophezeien Pharisäer, daß Pheroras König
anstelle von Herodes werden soll; hier kann es sich um nicht mehr als eine gewöhnliche
Zukunftsvorhersage gehandelt haben. Allerdings ist sie nach 17,44—45 verbunden gewesen mit der Verheißung an den Eunuchen Bagoas, er werde Kinder haben. R. Marcus
und A. Wikgren merken hier an: „The meaning is uncertain. A messianic significance
has been suggested; cf. Isa. lvi 1—5". — Vgl. auch Michel-Bauernfeind, op.cit. I,439,
Anm. 83 und O. Michel, Spätjüdisches Prophetentum, 60—61.

Frömmigkeit und Tugend

Die Gesetzesapologie des Josephus in c Ap 2, 145–295

Von Ehrhard Kamlah, Mainz

Die apologetische Aufgabe, die sich Josephus bei der Darstellung des jüdischen Gesetzes in c Ap 2, 145 — 295 gestellt hat, bewirkt gewiß, daß er die Schroffheiten mildert, die am meisten charakteristischen Sonderbarkeiten beschneidet oder abschwächt, daß er also das Judentum seinen aufgeklärten Lesern in einem griechischen Gewand präsentiert, weniger als eine verschlossene Religion, die anspruchsvoll und sogar ein wenig wild ist, als vielmehr als eine reine, weithin humane Philosophie von hohem metaphysischen, moralischen und praktischen Wert[1].

Ist man also an einer zuverlässigen Darstellung der ethischen Vorstellungen des frühen Judentums interessiert, so hat dieser Abschnitt als Quelle nur zweifelhaften Wert. Aber unter einem anderen Aspekt ist er denn doch besonders aufschlußreich: Die apologetischen Veränderungen demonstrieren die Differenz zwischen der Tradition des Gesetzes und der hellenistischen Kultur. Die Auswahl, die Josephus aus der Überlieferung trifft, einer Überlieferung, an die er sich gebunden weiß[2], die Akzente, die er durch Ausführlichkeit und eigene Begründungen setzt, vor allem auch die gelegentlichen Zusammenfassungen und seine in all dem erkennbaren leitenden Gesichtspunkte sind für die Erkenntnis der Spannung zwischen israelitischer Tradition und hellenistischer Kultur förderliche Indizien.

Gewiß ist seine besondere Perspektive bei der Darstellung nicht zu unterschätzen. Nach dem, was man von ihm weiß, und aus dem Text selber ergibt sich folgender Standpunkt: Er will das jüdische Volk und seine Überlieferungen verteidigen, nicht Proselyten machen oder im Kreise spekulativer Philosophen für die eigene Geisteskultur Ansehen gewinnen. Gewiß, er zehrt auch von den Traditionen der Diaspora, auch gerade von ihren apologetischen; das färbt seine Darstellung und liefert ihr Material[3];

---

[1] Nach der Formulierung Th. Reinachs in der Einleitung seiner Ausgabe: Flavius Josèphe, Contre Apion, Paris 1930, S. XX.

[2] Vgl. etwa Ant 4, 196 f., bei der Darstellung der Hinterlassenschaft des Mose: „Alles ist so niedergeschrieben, wie es Mose hinterlassen hat; denn wir haben nichts zur Zierde hinzugefügt, nichts, was Mose nicht hinterlassen hat." Geändert habe er nur die Anordnung. Allerdings: von Auslassungen sagt er wohlweislich nichts.

[3] Aus den Berührungen mit dem bei Euseb überlieferten Fragmenten von Philos Hypothetica (Praep. Ev. VIII, 6.7. ed. Mras S. 427,3 — 433,11; vgl. P. Wendland, Die Therapeuten und die philonische Schrift vom beschaulichen Leben, Jb. f. Klass. Philologie Suppl. 22, 1896, S. 693 — 772; dort S. 709 — 712) ergibt sich die Vermutung einer gemeinsamen Quelle, die der Apologie des jüdischen Politeuma gewidmet war. Eine literarkritische Abgrenzung dieser Quelle im Text des Josephus kann ich hier

aber sein Blick ist auf Palästina und Jerusalem gerichtet. Über das Leben des Diasporajudentums erfährt man von Philo Authentisches, für Josephus ist in unserem Zusammenhang gerade charakteristisch, daß dessen ethische Überlieferungen bei ihm nicht hervortreten.

Josephus selber nennt als Anlaß seiner unter dem Titel „Gegen Apion" oder dem älteren „Über das Alter der Judenheit" überlieferten Schrift den Einfluß der antijüdischen Literatur, der zu einem Mißtrauen gegen seine „Archäologie" geführt hat[4] . Durch Widerlegung der Verleumdungen will er erneut das Alter der Judenheit und damit ihre Ehrwürdigkeit unter Beweis stellen(c Ap 1, 1f.). Man kann demnach seine Triebfeder in einem Nationalstolz sehen[5] , und dieser Stolz gründet sich vornehmlich auf der von Mose gelehrten Gotteserkenntnis[6] . Seine Absicht ist also nicht, Proselyten zu missionieren, sein Ziel ist vielmehr die Anerkennung des jüdischen Gemeinwesens im Rahmen des römischen Imperiums. Dazu kämpft er gegen die Vorwürfe der Polemiker[7] , dazu kehrt er die Überlegenheit der israelitischen Religion hervor. Und seine Erbaulichkeit betont nur deren Bedeutung für die aufgeklärte hellenistische Frömmigkeit[8] .

Sieht man die Darstellung der Forderungen und Verbote des Gesetzes, c Ap 2, 190 — 214, auf die zugrunde liegenden Traditionen durch, so zeigt sich, daß der Dekalog für sie zwar wichtig, aber keineswegs normgebend ist. Josephus weiß zwar von dessen Rang; die Stellung des Gott betreffenden Gebotes als erstes in ihm (§ 190) und die des Elterngebotes nach denen über Gott und Gottesdienst (§ 206) lassen, wie er sagt, erkennen, welche Bedeutung das Gesetz beiden zumißt[9] . Aber in seinem Aufbau folgt er nicht dem Dekalog. Man kann den gliedernden Zäsuren in § 190

---

nicht bieten; sicher aber hat dieser, wie ein Stilvergleich mit den Fragmenten deutlich erkennen läßt, erheblich mehr getan, als seine Vorlage nur zu kopieren.

[4] Tacitus, Hist V, 1 — 13, liefert einen eindrücklichen Beleg für deren schlimme Folgen unter den Gebildeten Roms.

[5] Vgl. Ant 1, 3: „Viele (und auch ihn) hat die Größe der verdienstvollen, aber vergessenen Taten bewogen, deren Geschichte zum allgemeinen Nutzen bekanntzumachen".

[6] Das zeigt etwa Ant 1, 19. In c Ap 2, 168 sieht er — ähnlich wie schon die ältere jüdische Apologetik vor ihm, aber in vorsichter Formulierung — in Mose den, der die Prinzipien der Gotteslehre für Pythagoras, Anaxagoras, Plato und die Stoiker niedergelegt hat.

[7] Apollonius Molon hatte die Juden wegen der Ablehnung aller fremden Kulte, und weil sie sich gegen Heiden streng abgeschlossen hielten, „Gottlose und Menschenverächter" gescholten (c Ap 2, 148; vgl. auch 2, 258.)

[8] Vgl. Ant 1, 14 als Lehre der Geschichte Israels: „Wer Gottes Ratschluß folgt und sich nicht erdreistet, seine guten Gesetze zu übertreten, hat in allem über Erwarten Erfolg, und Eudämonie erwartet ihn als Belohnung von Gott; wenn man aber von deren sorgfältiger Beachtung abweicht, wird das Mögliche unmöglich und es wendet sich zum schlimmen Ende, was immer man sich gut zu machen anstrengt."

[9] Hier folgt er offenbar seiner apologetischen Tradition. Vgl. Pseud. Phokyl. 8: „Als erstes Gott ehren, danach deine Eltern".

und 208, die wohl spätere Einschübe sind, durchaus folgen und drei Teile
erkennen: 1. § 190 – 198: Gott und Gottesdienst, 2. § 199 – 208: die
jüdische Gemeinschaft, 3. § 209 – 214: Güte und Menschenfreundlichkeit
gegen alle, besonders auch gegen Fremde. Neben der oben, Anm. 3, genannten Quelle bestimmt hier die Aufgabe, die sich Josephus gestellt hat,
seine Anordnung. Das macht ein Vergleich mit dem parallelen Abschnitt
Ant 4, 196 – 301 deutlich. Dort stehen in der Darstellung der jüdischen
Politeia, des Gemeinwesens, nach kultischen Gesetzen (§ 200 – 243) an
zweiter Stelle Ehegesetze (§ 244 – 259) und solche des Zusammenlebens,
für Eltern und Kinder, Zins, Pfand, und Funde, Sklaven und in Not Befindliche (§ 260 – 291) und als Anhang noch Kriegsgesetze (§ 294 –
301). Vieles von dem nimmt Josephus gestrafft in c Ap 2, 190 ff. auf, und
zwar besonders im zweiten und dritten Teil. Aber die Unterschiede sind
ebenso deutlich. Sicher muß man dabei auch den Ehrgeiz des Literaten,
sich nicht zu wiederholen, in Rechnung stellen. Aber wenn er im ersten
Teil die kultischen Gesetze ganz in den Hintergrund rückt und Opfer und
Reinigungsvorschriften nur erwähnt (§ 195. 198) und dafür eine kleine
hellenisierende Theologie bietet (§ 190 – 192) und die politische Funktion der Priesterschaft hervorkehrt (§ 193 f.) und von Mäßigung redet und
das Gebet als Bitte um die Fähigkeit, Gottes Gaben richtig anzunehmen,
beschreibt, dann hat er bei all dem des Apollonius Molon Vorwurf der
Gottlosigkeit im Blick. Ebenso wendet er sich gegen dessen Anschuldigung
der Misanthropie, besonders gegen Fremde (vgl. c Ap 2, 148.258), wenn er
im dritten Teil bemüht ist, die Fairness gegen Fremde (§ 209) und die
Güte und Philanthropie (§ 213) als Absicht des Gesetzes zu belegen.

An keiner Stelle der Darstellung der Forderungen und Verbote des Gesetzes bezieht sich Josephus wörtlich auf den Dekalog, und das Verbot des
Götzendienstes, des Tötens[10] und des falschen Zeugnisses wie das Sab-
batgebot fehlen ganz[11]. Es finden sich immer nur Anklänge, die drei
Tendenzen erkennen lassen: eine zu möglichst breiter Entfaltung, eine
andere, Verbote in Gebote zu kehren, und eine dritte zu Begründungen.

Der Satz in § 191 „Etwas Gleiches '(ὅμοιον) . . . im Bild darzustellen
(εἰκάζειν), ist nicht erlaubt" bezieht sich erkennbar auf das zweite Gebot.
In der Ausführung dieser Beziehung tut Josephus nun dreierlei. Er begründet das Verbot damit, daß Gottes Gestalt für die menschliche Anschauung
und auch die kostbarsten Darstellungsmittel unfaßbar ist (§ 190 f.)[12] ; er

---

[10] In § 213 findet sich nur das Verbot, Tiere zu töten, die im Haus Zuflucht suchen.
Vgl. dazu unten S. 229.

[11] Als Motiv dafür läßt sich seine Tendenz anführen. Er will ja nicht Heiden jüdische
Verhaltensweisen lehren, sondern sie von dem hohen Wert des Gesetzes überzeugen,
ihnen Achtung davor abnötigen. Hierfür aber sind das zweite und das fünfte Gebot
wenig geeignete Gegenstände.

[12] Josephus zeigt hier bemerkenswerte Berührungen mit Hinweisen auf das jüdische

stellt dem weiter gegenüber, daß Gott in seinen gnädigen Werken, d.h. in der Schöpfung, offenbar ist (§ 190. 192)[13]; und er setzt schließlich anstelle des Verbotes, den Bildern zu dienen, den Lehrsatz, die wahre Verehrung Gottes sei Tugendübung (§ 192 a.E.). Den Hinweis auf die Schöpfungswerke Gottes benutzt er, um in einem knappen Satz Gottes gute Schöpfertätigkeit ohne Helfer[14], allein durch seinen Willen, vorzustellen.

Diesen Sätzen voran steht ein Komplex, der sich mit dem ersten Gebot inhaltlich kaum berührt. Zwar setzt er mit der Bemerkung ein, das erste Gebot handele von Gott, doch dann folgt anstelle der Selbstvorstellung Gottes mit der Erlösungstat eine Reihe von Prädikationen aus der jüdisch-

---

Bilderverbot in der hellenistischen ethnographischen Literatur, die wohl auf Hekataios von Abdera zurückgehen werden. Dessen Darstellung ist gekürzt bei Diodorus Siculus 40,4 ff. erhalten (Vgl. W. Jaeger, Diokles von Karystos, 1938, S. 151: „Die hekataeische Erzählung (ist) wesentlich farbiger und reicher an Detail gewesen, als ihr bei Diodor konserviertes Gerippe erscheinen läßt," mit weiteren Begründungen zitiert von F. Jacoby, Die Fragmente der griechischen Historiker, T. 3 A, S. 48,9 − 24,). Ich übersetze Hekataios nach dem Text F. Gr. Hist. 264, F. 6, 4 (T.3A, S. 14, 17 f.): „Götterbilder stellte Mose überhaupt nicht her, weil er nicht glaubte, daß Gott Menschengestalt hat."
Auf ihn geht wahrscheinlich Poseidonios zurück (vgl. F. Jacoby, a.a.O.T.2 C, S. 198,10 und T. 3 A, S. 47,4 − 16; ferner M. Hengel, Judentum und Hellenismus [Wiss. Unters. z. N.T. Bd. 10], 1969, S. 471),Übersetzung nach F.Gr.Hist. 87, F.70, (T. 2A, S. 264, 25 f.): „Wer könnte sich wohl bei klarem Verstand erdreisten, ein Bild dieses (Göttlichen) zu gestalten, das irgend etwas bei uns gleich (ὁμοίαν) ist." Vgl. ferner Tacitus, Hist. V, 5: „Gottlos seien, die Götterbilder aus sterblichen Stoffen nach der Art der Menschen formen, denn jenes Höchste und Ewige sei unnachahmlich und unvergänglich"; und Dio Cassius XXXVII, 17,2: „ . . . . kein einziges Götterbild hatten sie jemals bei sich in Jerusalem, sie halten Gott nämlich für unaussprechlich (ἄρρητον, Josephus sagt hier ἄφατος, § 190) und unsichtbar (ἀειδῆ)."
[13] Zu diesem verbreiteten Topos hellenistischer Theologie gibt es eine Fülle von Literatur mit stoischen, peripatetischen, platonischen und jüdischen Belegen. Ich nenne: E. Norden, Agnostos Theos, 4. Aufl. 1956, S. 24 − 29; H. Daxer, Röm. 1,18 − 2,10 im Verhältnis zur spätjüdischen Lehrauffassung, Diss. Theol. Rostock 1914, S. 37 ff.; H. Lietzmann, Röm. (HNT Bd. 8) 4. Aufl. 1933, zu Röm. 1,20 − 25; M. Pohlenz, Paulus und die Stoa, ZNW 42, 1949, S. 69 − 104; dort S. 71 f.; G. Bornkamm, Die Offenbarung des Zornes Gottes Röm. 1 − 3, Das Ende des Gesetzes, 1952, S. 9 ff.; dort S. 12 -- 18; O. Michel, Röm. (KEK 4. Abt.), 4. Aufl. 1966, Exkurs zu Röm 1,20. Kennzeichnend für Josephus ist, daß hier die platonisierende Scheidung von sinnlich und geistig Wahrnehmbaren bei ihm (im Unterschied auch zu Paulus in Röm 1,20) fehlt, die sich auch bei ihm in c Ap 2, 167 andeutet. Hier aber legt er das Gewicht auf die Unvergleichlichkeit Gottes.
[14] Philo hatte im Anschluß an Plat. Tim 41c; 42e, aus dem Plural von Gen 1,26 eine Mehrzahl von Demiurgen für die Schöpfung des Menschen gefolgert − während Gott für Himmel, Erde und Meer keine Helfer brauchte − und so die Bosheit im Menschen erklärt (Op Mund § 72 − 75). Reinach nimmt an, Josephus polemisiere hier gegen ihn (a. a. O. S. 92, n. 4).

hellenistischen Theologie[15] , die alle Seinsaussagen sind und vor allem das Verhältnis zum All bestimmen[16] . Bund und Befreiung aus Ägypten haben in solchen Apologien keinen Platz, sie würden nur dem Vorwurf der Absonderung und der Fremdenfeindschaft neue Nahrung geben[17].

Aber auch das Verbot anderer Götter fehlt. Später allerdings, nach der Behandlung des Gesetzes, wird die Ablehnung fremder Götter zum leitenden Thema (ab § 237), zunächst (bis § 254) in einer Polemik gegen die griechischen Götter, die auf die anthropomorphen Züge der griechischen Mythologie gerichtet ist und die in dem Vorwurf gipfelt, sie hätten sogar die schlimmsten Leidenschaften (κάκιστα πάθη) nach Wesen und Gestalt

---

[15] παντελής: Aesch. Sept. c. Th. 118 von Zeus; sonst aber kein geläufiges Götterprädikat; Leisegang nennt in seinem Index auch keinen Beleg Philos.

μακάριος: Diese Nebenform zu dem vorzüglich für Götter gebrauchten μάκαρ wird klassisch gelegentlich auch auf diese angewendet: Arist. Eth. Nicom. 10,8 p. 1178b, 25 f.; Epikur bei Diog. L.X, 123 u. ö. Philo benutzt es gern in diesem Sinn: Sacr. A. C. 101. Deus Imm. 16; Spec. Leg. I, 329; II, 53; Leg. ad Gai. 5 u. ö.; Corp. Herm. 12,13; 1. Tim. 1,11; 6,15. αὐτάρκης: Philo, Cher. I, 46; Decal. 81; Spec. Leg. I, 277; Virt. 9.

„Anfang, Mitte und Ende": Mit Autoren des 3. Jahrhunderts ist eine rabbinische Spekulation überliefert, „Wahrheit" (᾽mt) sei das Siegel Gottes, denn Aleph sei der erste, Mem der mittlere und Taw der letzte Buchstabe des Alphabets, mit Hinweis auf Jes 44,6 (Gn. r. 81 zu 35,1; Cant. r. zu. 1,9; j. Sanh. 18 a. E.). G. Kittel, ThW I, S. 2,51 ff., weist daraufhin, daß m nur bei den vierundzwanzig Buchstaben des griechischen, nicht aber den zweiundzwanzig des hebräischen Alphabets die Mitte bildet, daß hier also Motive aus der hellenistischen Buchstabenspekulation übernommen seien.

[16] Im unmittelbaren Zusammenhang in Anm. 12 zitierten Stellen geben Hekataios und ihm folgend Poseidonios eine Definition der jüdischen Gottesauffassung, die an die Wendung „Gott hat das All in Händen" ἔχει in § 190 erinnert. Hekataios: „Der die Erde umfangende (περιέχοντα) Himmel sei allein Gott und aller Dinge Herr", F. Gr. Hist. 264, F. 6, 4 (T. 3A, S. 14, 18f.); Poseidonios: „Denn dies allein sei Gott, das uns alle und Erde und Meer Umfassende (περιέχον), und das wir Himmel und Welt und Natur des Seienden nennen", F. Gr. Hist. 87, F. 70 (T. 2A, S. 264, 23—25).

[17] Der Vorwurf der Fremdenfeindschaft der Juden, für den Josephus außer Apollonios Molon (c Ap 2, 148, 258) auch Lysimachos (c Ap 1, 309 als Befehl des Mose für die Landnahme) und Apion (c Ap 2, 121 als Gegenstand eines Eides, keinem Fremden, vorab keinem Griechen freundlich zu begegnen) zitiert, findet sich auch in den oben zitierten Passagen des Hekataios, der im Anschluß an die Gottesvorstellung die Opfer und die Lebensführung erwähnt, die Mose verschieden von den anderen Völkern eingerichtet habe, und dann fortfährt: „Denn wegen seiner eigenen Vertreibung (scil. aus Ägypten) führte er eine unmenschliche und fremdenfeindliche (ἀπάνθρωπον und μισόξενον) Lebensweise ein." F. Gr. Hist. 264, F. 6, 4(T. 3 A, S. 14, 21). Poseidonios hat in einer den Höflingen des Königs Antiochos in den Mund gelegten Rede weit schärfere antijüdische Ausfälle: Allein von allen Völkern schlössen sie sich "vom Umgang mit einem anderen Volk aus und hielten alle für Feinde" (F. Gr. Hist. 87, 109, T. 2 A, S. 294, 19 — 21), der Haß gegen die Menschen sei jüdisches Überlieferungsgut (a.a.O.Z. 25 f.) Vgl. auch das berühmte "adversus omnes alios hostile odium" des Tacitus,Hist. V, 5, und zum Ganzen M. Hengel, a.a.O. S. 473 f. mit Anm. 23.

zu Göttern gemacht (§ 248). Die Ursache dafür sieht er einmal in einer mangelnden Gotteserkenntis der Gesetzgeber und vor allem darin, daß diese in den Verfassungen Dichter und bildende Künstler nicht daran gehindert haben, Götter nach ihrem Belieben zu formen (§ 250 – 252). Der gewollte Kontrast zu Mose und seinem Gesetz, ausgesprochen auch zum zweiten Gebot, ist offensichtlich.

Unmittelbar mit diesem Gegenstand verbindet sich für Josephus der Vorwurf der Fremdenfeindschaft. Daß Abweisung Fremder auch griechische Praxis ist, belegt er mit Plato (§ 257), den Spartanern (§ 259 f.) und ausführlich mit Prozessen der Athener gegen solche, die vom offiziellen Kult abweichen (§ 262 – 268). Plato wird von Josephus dabei zum Nachahmer des Mose erklärt in seiner Vorsorge für die Reinheit des Staates der Gesetzerstreuen, indem er nicht jedem beliebigen Fremden erlaubt, sich mit diesen zu vermischen (§ 257). Die Fremdenfeindschaft der Spartaner aber stellt er nicht ohne Arroganz in Kontrast zum jüdischen Verhalten; denn während die Juden sich zwar um anderer Leute Lebensart nicht mühten, aber jeden gern aufnähmen, der an der jüdischen teilnehmen will, wiesen die Spartaner jeden Fremden unfreundlich ab (§ 260 f.). Das Gesetz der Athener schließlich, mit dem sie den, der einen fremden Gott einführt, mit der Todesstrafe belegen, führt Josephus zu dem Schluß, daß auch sie die Götter anderer Völker nicht für Götter hielten (§ 267 f.)[18] . Das Verbot fremder Götter des ersten Gebotes taucht also nur sehr indirekt in Jo-

---

18 Der Vergleich des jüdischen Gemeinwesens mit Athen und Sparta, und der des Mose entsprechend mit Plato und Lykurg, ist ein immer wiederkehrendes Argumentationsverfahren in der Apologie des Josephus. Er greift dazu, weil er die Athener im Ansehen der frömmsten und die Spartaner in dem der tapfersten Griechen stehen sieht (vgl. § 130). § 160.162: Mose nennt Gott seinen Führer und Ratgeber und ist so überzeugt, daß alles, was er tut und denkt, dem Willen Gottes unterliegt, so wie griechische Gesetzgeber (scilicet Lykurg) ihre Gesetze auf Apollo und sein Orakel in Delphi zurückführen. § 168: Plato stimmt, wie andere Philosophen, mit Mose in der Gotteslehre überein. § 257: Er ahmt Mose nach, in dem er die Belehrung über die Gesetze für alle zum wichtigsten Stück der Erziehung macht, und nicht jeden beliebigen Fremden sich mit den Bewohnern seines Staatswesens vermischen läßt. § 172 f.: Während die Spartaner und die Kreter zwar praktisch die Gesittung einüben aber nicht mit Worten und die Athener wie die übrigen Griechen zwar über das, was man tun und lassen soll, Gesetze festgesetzt haben, aber die praktische Übung vernachlässigt haben, hat Mose der Gesittung Ausdruck verliehen und den Gesetzen Praxis zugefügt. § 223: Die jüdischen Gesetze übertreffen die Platos an Strenge. § 225 – 237: Die Juden übertreffen die Spartaner an Treue zu den Gesetzen; denn anders als diese halten sie daran auch in harter Arbeit und sogar bei Verfolgungen bis zum Märtyrertod fest. § 258 – 261: Wenn auch die Juden sich mit Fremden nicht verbinden wollen, die Spartaner vertreiben Fremde zum Schutz ihrer Gesetze und lassen sie nicht bei sich wohnen, während die Juden Proselyten gern bei sich aufnehmen. § 262 – 268: Prozesse der Athener, gegen solche die sich im Gegensatz zu den Gesetzen der Stadt über die Götter äußern. – Vgl. zum Topos der Verwandtschaft der Juden mit Sparta M. Hengel, a.a.O. S. 133 f.

sephus' Apologie auf, auch wenn es unausgesprochen im Hintergrund der ganzen Passage von § 237 — 268 steht.

Doch ich kehre zum Zusammenhang der Gebotsaufzählung zurück. Wenn Josephus dort, zu Anfang der knappen Darstellung des jüdischen Kultes (§ 193 — 198), die Parole „ein Tempel des einen Gottes"[19] mit der Apposition ergänzt „gemeinsam für alle des gemeinsamen Gottes aller"[20], dann tritt er auch damit offenbar dem Vorwurf der Absonderung entgegen. Begründet ist das einerseits in den oben angedeuteten Gottesprädikationen von § 190, andererseits mag er an den Vorhof der Heiden gedacht haben.

In den folgenden Sätzen über die Tätigkeit der Priester[21] erhärtet sich die Vermutung einer Abhängigkeit des Josephus von dem Bericht des Hekataios über die Juden zur Gewißheit[22]. Ich übersetze hier daraus den die

---

[19] Vgl. die charakteristischen Unterschiede einer parallelen Wendung in Ant 4, 200 f.: „Eine heilige Stadt . . . . . ein Tempel in ihr . . . . . und ein Altar . . . . . In einer anderen Stadt soll weder ein Altar noch ein Tempel sein; denn Gott ist einer und das Geschlecht der Hebräer ist eins".

Auch Philo begründet die Einzigkeit des Tempels damit, daß Gott einer ist (Spec. Leg. I, 67), und sieht darin ferner die Quelle der Einheit der Isareliten (Spec. Leg. I, 317; IV, 159; Virt. 35; vgl. auch syr. Bar. 48,24). Als Ausdruck der Einheit dienen ähnliche Wendungen ja auch in Eph 4, 4 — 6.

Die weite Verbreitung im hellenistischen Judentum läßt W. Knox (St. Paul and the Church of Gentiles, 1939, S. 194) in einer gehaltvollen Anmerkung deren Ursprung in dem jüdischen Bestreben suchen, Monotheismus in der griechischen Literatur zu finden. Er geht dabei von einem gefälschten Sophokleszitat des Pseudo — Hekataios aus: „Einer ist in Wahrheit, einer ist Gott, der den Himmel und die weite Welt schuf, des Meeres wilde Wogen und die Gewalt der Winde . . . . ." (F. Gr. Hist. 264, F. 24 = Clem. Alex. Strom. 5, 113, 1.), das näher an den hellenistischen synkretistischen Formeln liegt (vgl. zu diesen E. Peterson, Εἷς θεός, 1926).

[20] Das entspricht jüdischer apologetischer Tradition. Vgl. Ps.Arist. 16: Die Juden „verehren Gott, den Aufseher und Schöpfer aller, den auch alle verehren, wir aber, König, unter anderen Namen als Zeus und Dis."

[21] Es fällt auf, daß Josephus über deren Verehrung, die Stellung des Hohenpriesters und seine Aufgabe beim Opfer, bei der Überwachung der Gesetze, beim Richten und Strafen und schließlich bei der Bestrafung dessen, der den Hohenpriester mißachtet, allein im Futur redet, während er sonst, auch beim Opfer der Israeliten, das Präsens benutzt. Offenbar prägt das Bewußtsein des zerstörten Kultes vor allem seine Vorstellung von der Priesterschaft.

[22] Was Josephus aus einem Werk des Hekataios „Über die Juden" zitiert (c Ap 1, 183 — 205; 1, 214; 2, 43; Ant 1, 159; 12,38) ist als Fälschung zu beurteilen. Direkte Hinweise auf den echten Bericht über die Juden aus dem Buch über Ägypten (F. Gr. Hist. 254, F. 6) fehlen. Aber Art und Folge der Parallelen in c Ap 2, 190. 191. 193. 194 (vgl. 186 f.). 199. 202 zeigen deutlich dessen Einfluß auf Josephus (vgl. oben Anm. 12.16 und unten Anm. 23. 25. 26). Die Art der Vermittlung und den genauen Umfang dieses Einflusses kann man aber nicht bestimmen; denn Diodor hat, wie oben, Anm. 12, bemerkt, Hekataios nur gekürzt überliefert.

Priester betreffenden Abschnitt: „Er wählte die Männer aus, die die Gebildetsten waren und am besten im Stande, das ganze Volk zu führen, und machte sie zu Priestern[23]. Als Tätigkeit wies er ihnen den Tempel, die Ehrung Gottes und die Opfer für ihn an (τὰς τοῦ θεοῦ τιμάς τε καὶ θυσίας). Dieselben setzte er weiter als Richter für die wichtigsten Rechtsfälle ein (δικαστὰς τῶν μεγίστων κρίσεων), und übertrug ihnen die Überwachung der Gesetze und Sitten (τὴν τῶν νόμων καὶ τῶν ἐθῶν φυλακήν). Deswegen hätten die Juden auch niemals einen König gehabt, die Führung des Volkes würde vielmehr stets dem gegeben, der unter den Priestern an Einsicht und Tugend hervorragte. Den nennen sie Hoherpriester und halten ihn für den Boten der Weisungen Gottes (ἄγγελον τῶν τοῦ θεοῦ προσταγμάτων). Er mache auf den Versammlungen des Volkes und bei den anderen Zusammenkünften die Gebote bekannt, und diesem Amt gegenüber seien die Juden so folgsam, daß sie sich sogleich auf die Erde werfen und den ihnen die Gebote übermittelnden Hohenpriester anbeten würden." (F. Gr. Hist. 264, F. 6, 4 − 6, T. 3 A, S. 14, 22 − 33)[24]. Josephus wählt zwar oft andere Worte, er schildert aber die Tätigkeit der Priester ganz parallel. Sie verehren Gott (θεραπεύσουσιν, § 193), zusammen mit ihnen opfert der Hohepriester (θύσει), wacht über die Gesetze (φυλάξει), richtet über Streitfälle (δικάσει) und bestraft die Überführten (§ 194)[25]. Das Idealbild einer platonischen Aristokratie, das Josephus hier und in § 185 − 187 zeichnet, verdankt er also seiner Vorlage.

Im folgenden berührt Joesephus noch dreimal den Bericht des Hekataios. Dieser hatte nach Kriegs- und Bodengesetzen nur noch den Zwang, Kinder aufzuziehen (τεκνοτροφεῖν), erwähnt, und schließlich noch von zahlreichen Gesetzen gesprochen, die von der übrigen Menschheit abwichen und die Ehen und die Begräbnisse Verstorbener beträfen (περὶ τοὺς γάμους καὶ τῶν τελευτώντων ταφάς[26]). Josephus eröffnet eine Folge mit der Frage: „Was sind die Gesetze über die Ehen" (περὶ γάμων, § 199), nennt darin das Gebot, Kinder aufzuziehen (τέκνα τρέφειν, § 202), und spricht schließlich von den Riten für Verstorbene, die ohne aufwendige Bestattungen (ἐνταφίων) sein sollen (§ 205).

---

[23] In dem bis in Einzelheiten parallelen Abschnitt über die Priester in c Ap 2, 185 − 187, sagt Josephus, Mose hätte sie nicht nach Reichtum oder anderen zufälligen Vorteilen in diese Würde eingesetzt, sondern unter seinen Gefährten die ausgewählt, die an Beredsamkeit und Mäßigung (πειθοῖ καὶ σωφροσύνη) hervorstachen.
[24] W. Jaeger, Diokles von Karystos, 1938, S. 144 − 152, und ders., Greeks and Jews, Journal of Religion, S. 127 − 143, dort S. 136 − 142 (= Scripta Minora Bd. 2, 1960, S. 175 − 183), und M. Hengel, a.a. O. S. 465, weisen auf Parallelen zu den Wächtern und Regenten in Platos Staat hin, die Resp. 421 a auch „Wächter der Gesetze" genannt werden.
[25] § 187 nennt als Aufgabe der Priester neben dem Gottesdienst: Sorge für die Gesetze und die anderen Einrichtungen, Aufseher über alle und Richter (δικασταί) über Streitfälle, die Bestrafung der Verurteilten.
[26] F. Gr. Hist. 264, F. 6,8. 8a (T. 3A S. 15, 9 − 14).

Die meisten der in der weiteren Gebotsaufzählung erwähnten Gesetze
haben ihre Parallelen im A.T. und auch in den Hypothetica des Philo und
in Pseudophokylides. In folgender Form finden sich Gebote aus der zweiten Tafel des Dekalogs. In § 206: „Die Ehrung der Eltern stuft (das Gesetz) als zweites hinter der Gott zugewandten ein"[27] . In § 201 ist das
Verbot des Ehebruchs in ein Gebot umgeformt: „Nur mit seiner Frau darf
der Ehemann Verkehr haben, die Frau eines anderen zu verführen ist nicht
erlaubt." Schließlich sind in § 208 Eigentumsdelikte genannt, unter denen
die Wendung: „Nichts andern Gehöriges (τῶν ἀλλοτρίων) soll einer anfas-
sen" an das achte und zehnte Gebot erinnern können. Es ist aber deutlich,
daß Josephus die vom Gesetz geregelte Gesittung im Blick hat und nicht
die Grundregeln des Dekalogs. In deren Darstellung lehnt er sich eng an
die oben, Anm. 3, erwähnte apologetische Tradition an. Das lassen die
Übereinstimmungen mit Philo und auch mit Pseudophokylides erkennen,
auch gerade dort, wo sich ein alttestamentlicher Hintergrund nicht nam-
haft machen läßt[28] . Die Liste der Übereinstimmungen ist beachtlich.
§ 200: Der Befehl des Gesetzes, nicht durch Mitgift verlockt zu heiraten
und auch nicht durch Raub[29] oder mit List und Betrug, entspricht Pseud.
Phokyl. 199 − 205, wo vor der schlimmen Ehe mit einer schlechten, aber
reichen Frau gewarnt wird. § 200 „Die Frau ist in allem dem Mann unter-
legen, deswegen soll sie gehorchen, nicht zur Willkür (πρὸς ὕβριν), sondern
damit sie beherrscht wird" (ἄρχηται)[30] stimmt in Einzelheiten mit den
Hypothetika überein: „Die Frauen sollen den Männern dienen nicht auf
Grund von Willkür (πρὸς ὕβρεσεως), sondern aus willigem Gehorsam in
allem" (a.a.O. 7,3, S. 430, 2f. Mras). Das Verbot der Abtreibung (§ 202)
findet sich auch in Pseud. Phokyl. 184 f. und zusammen mit dem der
Kastrierung in den Hypothetika (a.a.O. 7, 7, S. 430, 27 Mras). Spricht
Josephus in § 206 davon, daß der, der die Wohltaten seiner Eltern nicht
vergilt, gesteinigt wird, so sagt Philo, daß der gesteinigt wird, der sich an
seinen Eltern versündigt, und zwar nicht nur mit Taten sondern auch mit
Worten (a.a.O. 7,2, S. 429, 24ff. Mras), was ja beides über das Alte Testament und über die jüdische Rechtspraxis hinausgeht (vgl. Dtn 21, 18−21).
Die Ehrung aller Älteren (§ 206 a.E.) ist auch Pseud. Phokyl. 220f. geboten[31]. Das Gebot, vor Freunden nichts verborgen zu halten und, wenn es

---

[27]Pseud. Phokyl. 8: „Als ersten sollst du Gott ehren, danach aber deine Eltern."

[28] Philo weiß, daß er sowohl aus ungeschriebenen Gebräuchen und Ordnungen wie aus
den Gesetzen selber anführt (Hypothetika bei Eus. Praep. Ev. VIII, 7,6, S. 430, 16 f.
Mras). Josephus aber faßt alles unter „Gebote und Verbote des Gesetzes" oder „der
Gesetze".

[29] Der gewaltsame Raub der Sabinerinnen mag Josephus bei seiner Formulierung vor-
geschwebt haben, wie umgekehrt bei der des Eheschlusses durch Werbung beim recht-
mäßigen Vormund etwa Gen 24 und 29.

[30] Hier mag das jimśal von Gen 3,16, LXX κυριεύσει, anklingen.

[31] Reinach, a.a.O. 118, n. 9, spricht die interessante Vermutung aus, daß Josephus,
wenn er das damit begründet, daß Gott der Älteste ist, auf seine Weise Lev 19,32

zur Verfeindung kommt, die Geheimnisse nicht preiszugeben (§ 207), findet sich bei Philo als die Anweisung, nicht die Geheimnisse (beidemale 'απόρρητα) in Feindschaft offenzulegen (a.a.O. 7,8, S. 431,4 Mras)[32]. Die Verpflichtung dessen, der helfen kann, zum Anhören eines Bittstellers klingt in Pseud. Phokyl. 28f. an. Philo spricht hier konkret von der Bitte um Feuer und Wasser und dem Betteln um Speise (a.a.O. 7,6, S. 430, 20f.), was auch Josephus mit den gleichen Bezeichnungen nach einem Zwischenstück über die Güte gegen Ausländer in § 211 aufnimmt. Im Wortbestand stimmt Josephus mit der Anweisung: „Was einer nicht deponiert hat, darf er nicht wegnehmen" (§ 208) mit Philo überein (a.a.O. 7,6, S. 430, 18 Mras). Philo und Josephus haben das Gebot, einen Toten zu beerdigen (§ 211; a.a.O. 7,7,S. 430, 21f. Mras); Pseud. Phokyl. 100f. das Verbot, Gräber zu öffnen. Josephus erwähnt allgemein den Schutz, den das Gesetz Gefangenen, vor allem Frauen, vor Willkür gewährt (§ 212), Philo nennt das Verbot, Kindern von den Eltern zu trennen, auch wenn sie Gefangene sind, und das, die Frau vom Mann zu trennen, auch wenn man durch Kauf der rechtmäßige Herr ist (a.a.O. 7,8; S. 431,5:7 Mras). Die gedrängte Aufzählung in § 213 mit ihren auffälligen Geboten hat in jedem Glied ihre Parallele bei Philo: nur gesetzlicher Gebrauch bei Tieren = a.a.O. 7,7, S. 431,1f. Mras; zufluchtsuchende Tiere schonen = a.a.O. 7,9, S. 431,8f. Mras; nicht Eltern mit Jungen aus dem Nest ausheben = a.a.O. 7,9, S. 431,8 Mras.

Das Ergebnis ist eindeutig: Josephus folgt hier der apologetischen Quelle, wie er im ersten Teil sich an Hekataios angeschlossen hat. Über seine Quellen hinaus zeigt er sich besonders um die Abwehr der Vorwürfe der judenfeindlichen Literatur bemüht und hier im Einzelnen um den Nachweis, daß es im Gesetz im Wesentlichen um Tugend geht. Tugendübung nennt er zusammenfassend die Weise, wie Gott verehrt werden muß (§ 192). Damit erklärt er Tugend zur zentralen Absicht des Gesetzes. Und diesen Grundsatz bringt er nun auch in der Darstellung der Gebote zum Ausdruck, besonders aufschlußreich in der des Kultes (§ 195). Bei den Opfern erreicht er das dadurch, daß er nichts von den entsprechenden Gesetzen sagt, sondern erklärt, nicht Rausch der Opfernden sondern Mäßigung sei ihr Zweck, und sonst nichts (§ 195), wie er in § 204 zu den Feiern bei Geburten sagt, Gelage seien dort nicht erlaubt, sondern Mäßigung sei von Anfang an beim Aufziehen der Kinder verordnet. In § 198 erwähnt er aus der Masse der Reinigungsvorschriften nur die anläßlich von

---

auslegt, einen Vers, den Pseud.Phokyl. 220 f. zitiert. Denn dort heißt die Begründung „denn ich bin Jahve"; Jahve wäre also nach Ex 3,14 als „der Ewige" verstanden (vgl. auch Dan 7,9).

[32] Josephus kennt das essenische Gebot, nichts vor den Angehörigen der Sekte zu verheimlichen und den andern nichts zu verraten (vgl. Bell 2, 141 und 1 QS 8,11 f.; 9,17; 5,15 f.; 10, 25.)

Beerdigungen, Kindbetten und Geschlechtsverkehr; er weist allerdings darauf hin, daß es noch viele weitere gibt. In § 203 erläutert er dann den Sinn der Reinigungsvorschrift so: „Denn das Gesetz versteht dies als eine Abspaltung der Seele hin zu einem anderen Ort; denn sie leidet, wenn sie in die Leiber eingepflanzt wird und wenn sie von ihnen wieder im Tod getrennt wird". Er bringt hier also ein Stück spekulativer hellenistischer Psychologie unter, nach der Seelenteile im Leib eingesperrt leiden[33]. Als Sinn für die Reinigung bei Bestattungen gibt er in § 205 an, sie sollten den, der eines Mordes schuldig ist, vor der Illusion bewahren, er sei rein, d.h. also: er könne vor Gott bestehen. Die Logik des Josephus ist in beiden Fällen offenbar, daß die Reinigungen die außerordentliche Bedeutung ihrer Anlässe kennzeichnen. Welche Bedeutung dies dann ist, ergänzt er nach seiner Beurteilung der betreffenden Vorgänge.

Was diese Übertragung des Kultes und seiner Frömmigkeit in die Sphäre des hellenistischen Tugendideals bedeutet, wird an der Passage über das Gebet bei Opfern greifbar (§ 196 f.). Von einer Anrede Gottes, einer Erwartung oder einem Lob, von allem, was ein lebendiges Gottesverhältnis kennzeichnet, findet man nichts. Gott ist vielmehr der, in dessen Willen das Ideal des Gemeinsinns verankert ist, und Gott ist der Geber des Guten, aber dies nun nicht in konkreten Akten des Schenkens, vielmehr in der Bereitstellung der Schöpfung. Für den Menschen kommt es darauf an, dieses Gute wahrzunehmen, und es ist dann auch seine Sache, im Besitz des bereitgehaltenen Guten zu bleiben. Gott ist hier zu einem Faktum, der Voraussetzung des Guten, gemacht. Josephus beteiligt sich damit an der hellenistischen Frage nach dem wahren Gebet[34], und er hat vollen Anteil an deren Auflösung des Gebetsinhaltes. In seiner Auffassung geht er dabei von einem statischen Verständnis des Seins aus, das dem Menschen als Ideal gegenübertritt, aber gleichzeitig auch die Voraussetzung für die Erfüllung des Ideals mitgibt. Das geschaffene Sein ist der Rahmen für das menschliche Sollen, innerhalb dessen der Mensch zu streben hat.

Durch die Art der Darstellung der übrigen Gesetze will Josephus deren besonderen sittlichen Wert zur Geltung bringen, der von der strengen Regelung dem alltäglichen Leben der Juden aufgeprägt wird. Und an einigen Punkten, und zwar in dem Abschnitt, in dem er die Juden vor dem Vorwurf der Fremdenfeindschaft schützen will (§ 201 — 214), betont er diesen Wert besonders. Die im Gesetz festgelegte Fürsorge für Tiere versteht

---

[33] Josephus schreibt in seinem Essenerbericht, die Seelen würden, durch körperlichen Liebeszauber herabgezogen, mit den Leibern wie Gefängnissen verbunden und nach dem Tode wieder zur Freude befreit, Bell 2, 155.

[34] Vgl. dazu H. Greeven, ThW II, S. 776–782, und S. Hahn, Josephus on prayer in c.Ap. II 197, Études orientales à la mémoire de P. Hirschler (Budapest 1950) 111–115.

Josephus als eine Erziehung (ἐκπαιδεύειν) zu Güte und Philanthropie
(§ 213) und die Gesetze im ganzen als Lehrer zu Anständigkeit
(ἐπιείκεια § 214). Damit hat er nicht allein Tugenden im Gesetz belegt,
sondern auch den Begriff Erziehung untergebracht.

Erziehung zur Tugend heißt der eine der beiden Gedanken, der Josephus
bei der Apologie des Gesetzes leitet, unterstützt von den Motiven der
Strenge des Gesetzes und seiner Lückenlosigkeit, mit der es das ganze
Leben der Israeliten umfaßt; neben Mäßigung und Ausdauer, zwei griechischen Grundtugenden also, steht Eintracht[35] unter den Tugenden im Vordergrund. Der zweite Leitgedanke ist, daß der Vorrang des israelitischen
Gesetzes in der fundamentalen Bedeutung der Frömmigkeit besteht.

Die Gesetze sind Lehrer in Tugend und nicht in Schlechtigkeit, und zwar
zur Frömmigkeit, zur Gemeinschaft miteinander und zur Philanthropie
gegen die Gesamtheit. So lautet die Ausgangsthese seiner Apologie in
§ 145 f. und in beispielartiger Ausführung des Gegensatzes ihr Zielpunkt
in § 291. Dabei zeichnet sich Mose vor anderen dadurch aus, daß er in
seiner Erziehung Taten und Worte zur Übereinstimmung bringt[36] (§ 169.
171 a.E. 173), und daß er dafür sorgt, daß das Gesetz in wöchentlichen
Vorträgen dem Volk eingeschärft wird (§ 175). So umfaßt das Gesetz die
gesamte Lebensführung der Israeliten, von der Nahrung des Säuglings und
der häuslichen Lebensart an (§ 173; 156.). Und seine Führung ist rigoros,
was noch am leichtesten ist, ertragen andere nicht leicht: „eigene Arbeit,
einfache Speise, nicht planlos und so wie jeder gerade möchte, etwas zu
essen oder zu trinken oder Geschlechtsverkehr zu haben oder Luxus, und
andererseits Muße auf sich zu nehmen nach unverrücklich feststehender
Ordnung" (§ 234). Die Strenge des Gesetzes zeigt sich auch in seiner
Rechtsprechung, und so kehrt Josephus die strengen Strafen heraus
(§ 215 f.)[37].

Ἀρετή hat dabei einmal die Nuance der für eine Aufgabe nötigen Fertig-
keit[38], aber das nur ganz am Rande, im Kern ist sie für Josephus die
Summe der sittlichen Werte, wie die Aufzählung in § 146 zeigt: Frömmigkeit, Gemeinschaft untereinander und zur Gesamtheit Philanthropie, ferner Gerechtigkeit, Ausdauer in Mühen und Todesverachtung. Das ist gewiß
hellenistisches Gemeingut, das Besondere ist dabei für Josephus der Rang

---

[35] Die Begriffe sind hier κοινωνία und ὁμόνοια, vgl. vor allem § 179—181.283.294. 146.
196.
[36] Wörtlich das Gleiche sagt Philo von Mose in Vit Mos 1, 29.
[37] Die Aufzählung läuft mit Philos Hypothetika parallel, vg. a.a.O. 7,1 f., S. 429, 19 —
430,2 Mras.
[38] In § 153 nennt er die Tugend des Gesetzgebers einmal die Erkenntnis des Besten
und dann die Durchsetzung bei den von den Gesetzen Betroffenen, die Tugend dieser
aber das Festhalten an den Satzungen.

der Frömmigkeit: Mose „ordnete die Frömmigkeit nicht als eine Sparte
der Tugend unter, sondern er machte diese zu ihrem Bestandteil, ich
meine die Gerechtigkeit, die Besonnenheit, die Ausdauer, die Eintracht
der Bürger untereinander in allen Dingen; denn alle unsere Taten, Beschäf-
tigungen und Worte rühren von unserer Frömmigkeit her" (§ 170 f. vgl.
181).

Diese Frömmigkeit ist einerseits, durchaus hellenistisch, der Blick auf den
allwissenden Gott (§ 166. vgl. 160.). Daneben aber steht eine andere,
jüdische Begründung der Verbindung von Frömmigkeit und Tugend: Weil
das Gesetz dem Willen Gottes entspricht, muß man es befolgen und darf in
ihm nichts ändern (§ 184), so erringt man die höchste Gerechtigkeit[39] .
Es ist in der Theokratie[40]   verankert, in der die Juden in ihrem ganzen
Leben mit Freude Gott ehren (§ 188 f.).

---

[39] δικαιοσύνη ist in diesem umfassenden Sinne ganz hinter εὐσέβεια zurückgetreten; es
begegnet in § 146.170 als eine der Tugenden, nur hier steht parallel zu diesem das
Adjektiv δίκαιος.
[40] Der Begriff θεοκρατία begegnet hier in § 165 zum erstenmal in der Literatur, so
daß man auch wegen der Art, in der Josephus ihn anführt („wie einer das Wort
pressend sagen könnte"), annimmt, er habe ihn hier entsprechend den anderen politischen Verfassungen gebildet.

Der Idealstaat der Juden

Von Jürgen C.H. Lebram, Leiden

In der Politeia[1] hat Plato den Gedanken geäußert, daß man sich den idealen Staat in der unendlichen Vergangenheit realisiert vorstellen könne, oder in einem fernen barbarischen Lande oder in der Zukunft. Im Timaios[2] wagt er, die Verwirklichung dieses Ideals in Urathen zu beschreiben, das vor 9000 Jahren entstanden und in der Flut zugrunde gegangen ist. Dagegen meint Polybios, daß die beste Verfassung grundsätzlich im historischen Rom Gestalt angenommen hat[3]. Beide Meinungen zusammengenommen zeigen die Spannweite zwischen politischem Ideal und staatlicher Wirklichkeit, in der das griechische Denken sich bewegte. Darum haben die Idealvorstellungen über das Denken hinaus die Darstellung der Geschichte und schließlich die Geschichte selbst beeinflußt — und das nicht nur bei den Griechen[4].

Sobald die Juden begannen, einen selbständigen Staat in hellenistischer Umwelt zu bilden, konnte ihnen darum nicht — schon von dieser Umwelt her — die Frage nach der rechten Staatsform fremd bleiben. Josephus berichtet[5], daß nach der römischen Eroberung Palästinas im Jahre 63 v.Chr. die Vertreter des jüdischen Volks vor Pompeius erschienen seien, als er mit der Schlichtung der Streitigkeiten zwischen den Söhnen Alexander Jannais beschäftigt war. Diese Vertreter behaupteten, „daß es für sie vaterländischer Brauch sei, den Priestern des von ihnen verehrten Gottes untertan zu sein; aber diese (scil. die Söhne des Alexander Jannai), strebten, obwohl sie Söhne von Priestern seien, danach, das Volk unter eine andere Regierungsform zu bringen, damit es versklavt würde." Man kann diesen Passus nicht, wie Schalit[6], als einen Angriff auf die hasmonäische Steuerpolitik deuten, da Josephus bzw. seine Vorlage deutlich ausdrücken, daß die Beschwerdeführer eine bestimmte Staatsform wünschten. Die Intensität des Wunsches wird besonders deutlich dadurch, daß er mit einer historisch unrichtigen Behauptung begründet wird. Die historische Wirk-

---

[1] Resp. 499 C.

[2] Timaeus 21 A ff. Dazu Kritias 108 E. Zum ganzen cf.H.Herter, Urathen, der Idealstaat, Politeia und Res Publica. Palingenesia IV. 1969, S. 108—134.

[3] Im Anfang seines 6. Buches. Zum Erhaltungszustand dieser Passagen cf. K.Fritz, The Theory of the Mixed Constituion in Antiquity, 1954, S. 123 ff. Über gewisse Einschränkungen dieser Idealisierung Roms dort S. 84ff.

[4] Grundsätzliches zu diesen Wechselwirkungen cf. T.A.Sinclair, A. History of Greek Political Thought, 1951, S. 1ff.

[5] Ant. 14 41.

[6] A.Schalit, König Herodes (deutsch) 1969, S. 172 Anm.92. Hier werden die Quellen willkürlich interpretiert.

lichkeit der davidischen Monarchie wird außer acht gelassen, wenn eine ständige Fortdauer der Priesterherrschaft in Israel behauptet wird. Damit wird, wie bei Plato, eine bestimmte Vorstellung vom Staat, wie er sein müßte, in die Vergangenheit der eigenen Geschichte projiziert. Zugleich wird die Verwirklichung dieser Vorstellung für die Gegenwart gefordert. Man lebt in der Spannung zwischen staatlichem Ideal und Wirklichkeit.

Die Ahistorizität der Projektion mußte Josephus bekannt sein, was zeigt, daß er hier eine fremde Meinung referiert. Jedoch erfahren wir nichts Näheres über die Theorien und Auseinandersetzungen, die hinter dieser Meinung stehen. Nun besitzen wir aber einige ideologisch orientierte Schilderungen des jüdischen Staatswesens, die Licht auf die politischen Theorien bei den Juden werfen könnten. Zwei von ihnen wollen wir in den folgenden Zeilen behandeln. Sie sind dem Jubilar gewidmet, der durch seine Arbeit an der Ausgabe des Bellum Judaicum von Josephus uns einen Zugang zum Staatsdenken des jüdischen Volkes in der Zeit Jesu erschlossen hat.

I. Strabo, Geographica XVI 2.35–37

Der bei Strabo überlieferte Bericht über die Entstehung des jüdischen Staates ist von Reinhardt[7] als ideologisches Dokument gedeutet worden. Reinhardt hat die Meinung vertreten, daß der Text von Poseidonios stamme und dessen Darstellung des idealen Urzustandes enthalte. Er sei hier zunächst im Wortlaut wiedergegeben[8]:

„ (35) Moses war nämlich einer von den ägyptischen Priestern und besaß einen Teil des 'Unter'ägypten genannten Gebietes. Er wanderte von dort nach dem genannten Ort (scil.Jerusalem) aus, weil er mit den bestehenden Verhältnissen unzufrieden war, und mit ihm zogen viele hinweg, die die Gottheit verehrten. Jener sagte nämlich, daß die Ägypter eine falsche Anschauung hatten, wenn sie die Gottheit in Gestalt von wilden und Herdentieren darstellten, ebenso die Libyer; auch die Griechen dächten vollständig falsch, wenn sie sie menschenförmig nachbildeten. Denn Gott sei nur dies eine, das uns alle umfaßt samt Land und Meer, was wir den Himmel, die Welt und die Natur des Seienden nennen. Wie könnte sich jemand erkühnen, davon eine Abbildung zu machen, die mit etwas, was bei uns existiert, Ähnlichkeit hat? Man muß vielmehr alle handwerkliche Herstellung von Götterbildern unterlassen, einen heiligen Bezirk abgrenzen und ein würdiges Gotteshaus ohne Götterbild[9] ehrfürchtig behandeln. Hier sollten die Traumbegabten für sich selbst und einer für den andern den Tempelschlaf ausüben; und die, die in Vernunft und Gerechtigkeit leben, dürften zu jeder Zeit etwas Gutes von Gott, irgendein Geschenk und Zeichen, erwarten; die andern aber dürften dies nicht erwarten.

---

[7] K.Reinhard, Poseidonios über Ursprung und Entartung, 1928, S. 6. R. geht von der Zuschreibung des Textes an Poseidonios durch E.Norden (S.u.Anm.8) als selbstverständlicher Voraussetzung aus.

[8] Deutsche Übersetzungen bei E.Norden, Jahwe und Moses in hellenistischer Theologie, in Festgabe A.v.Harnack, 1921, S. 292, und K.Reinhardt, op.cit. S. 7.

[9] Zu dieser Bedeutung von ἕδος s. Liddell-Scott, 1961, Ad vocem Nr. 3.

(36) Mit diesen Worten überzeugte er nicht wenig wohlgesinnte Menschen und führte sie zu der Stelle, wo heute seine (Tempel)gründung[10] in Jerusalem steht. Er konnte diesen Platz leicht einnehmen, da er nicht beneidenswert war noch von der Art, daß jemand dafür hart kämpfen würde; er ist nämlich felsig, selbst wasserreich, hat aber als Umgebung armseliges und wasserarmes Land, und 60 Stadien im Umkreis steinigen Boden. Zugleich schützte sie statt der Waffen das Heiligtum und die Gottheit; denn er erhob den Anspruch, einen Sitz[11] für sie zu suchen, und versprach einen Gottesdienst und Opferritus einzurichten, der seine Anhänger nicht mit Aufwand oder Ekstasen und andern unpassenden Handlungen belasten sollte. Er bekam nun dadurch einen bedeutenden Namen und gründete ein nicht alltägliches Reich, weil alle Stämme im Umkreis ihm zufielen, da sie Umgang mit Menschen suchten, und wegen seiner Zielsetzungen.

(37) Die Nachfolger hielten sich nun einige Zeit an dieselben Grundsätze: sie übten Gerechtigkeit und waren wahrhaft gottesfürchtig. Als aber dann Männer die Leitung des Priesteramtes übernahmen, die erstens abergläubisch, danach aber auch tyrannisch waren, da entstanden aus dem Aberglauben die Enthaltungen von Speisen, die auch heute noch bei ihnen gebräuchlich sind, und die Beschneidungen und Ausschneidungen[12] und was derartiges üblich ist. Aus den tyrannischen Verhältnissen entstanden die Räubereien. Die Abtrünnigen verwüsteten das Land selbst, wie das benachbarte Gebiet; die, die die Herrscher unterstützten[13], raubten fremdes Gut und unterwarfen den größten Teil von Syrien und Phoenizien. Dennoch erhielt sich um ihre Akropolis eine gewisse Würde, da sie diese nicht als Tyrannenburg verabscheuenswürdig[14] gemacht hatten, sondern sie als Heiligtum noch achteten und verehrten."

Diese Schilderung der Gründung und Entwicklung des jüdischen Staates wird von Strabo im Zusammenhang mit der Eroberung durch Pompeius erzählt. Der Verfasser schildert Gründung und Depravation bis hin zur Annahme der Königswürde durch die hasmonäischen Fürsten. Hieraus entsteht der Streit der letzten Hasmonäer, dem das Eingreifen des Pompeius ein Ende machte. Trotz diesem Zusammenhang kann man das wiedergegebene Stück als selbständige Einheit ansehen: Der Geschichtsabriß ist anderwärts mit anderen Ereignissen verbunden, bzw. dasselbe Ereignis steht an andern Stellen bei einem andern Geschichtsabriß[15]. Wenn

---

[10] κτίσμα bezeichnet eine Siedlung oder Anlage in Beziehung auf ihren Gründer, so Josephus, Bell 2,82. Es könnte hier, wie bei Josephus, der Tempel gemeint sein.

[11] Dieselbe Bedeutung für ἵδρυσις Strabo 8, 7,1. Kann mit Glättung von Strabo selbst gerechnet werden?

[12] Cf. Strabo 17, 2.5: τὸ περιτέμνειν καὶ τὰ θήλεα ἐκτέμνειν ὅπερ καὶ τοῖς Ἰουδαίοις νόμιμον. Hier hat Strabo wohl harmonisiert.

[13] Nachdem vorher von „tyrannischen Menschen" die Rede war, ist nun nicht ganz deutlich, wer die „Abgefallenen" und die, „die die Herrscher unterstützen" sind. Sind die Tyrannen die Abgefallenen, oder fallen wieder Leute von den Tyrannen ab? S. weiter unten in der Kommentierung des Textes.

[14] Zum transitiven Gebrauch des Med. cf. Prov 28,19 LXX.

[15] Ein verwandter Geschichtsabriß ist bei Pompeius Trogus mit der Eroberung Jerusalems durch Antiochus VII. Sidetes im Jahre 134 v.Chr. verbunden (Justinus Prol.36). Justinus Epitome 36, 2, 1. zeigt, daß die Reihenfolgen, die der palästinakundliche Bericht bei Strabo hat, auch bei Pompeius Trogus gebraucht wird, aber mit dem Jahr 134 v.Chr. verbunden ist. Auch Tacitus Hist. 5,3—5 hat diesen Rahmen bewahrt und ihn mit der Eroberung Antiochus VII. verbunden (Hist. 5,8). Allerdings hat er

sprachliche Bezüge zwischen dem Abriß und dem Bericht über Pompeius bestehen[16] , können sie auch durch nachträgliche Verbindung des Stückes mit dem Rahmen entstanden sein.

Die literarische Form des Stückes kann zunächst als Ktisis, Geschichte einer Stadtgründung, bezeichnet werden[17] . K.Reinhardt hat die zu diesem Genre gehörigen Topoi zusammengestellt[18] : Ursache des Auszuges, Autorisation des Stadtgründers, Wanderung und Auffindung des Ortes, Anlage der Burg und Einsetzung des Kultes, Kampf mit den Nachbarn. Man findet diese Themen im Texte wieder. Zugleich aber ist dem Ganzen eine Darstellung der weiteren Entwicklung angeschlossen, die das Entstehen des späteren Zustandes erklärt. Dadurch wird die Stadtgründung zu einer Entwicklungsgeschichte. Die Anordnung gewinnt Ähnlichkeit mit der in Seneca Epist.90, wo die soziologische Entwicklung von der Urzeit an in Auseinandersetzung mit Poseidonios dargestellt wird. Diese Analogie veranlaßte wohl Reinhardt, die Zielsetzung des Strabotextes mit dem Ausdruck „Ursprung und Entartung" zu kennzeichnen und ihn Poseidonios zuzuschreiben. Seine Meinung wurde durch die Liste der Gesetzgeber, die zugleich Seher waren, gleich nach unserem Text in §§ 38.39 gestützt. Da sie Ähnlichkeit mit Cicero, De divinatione 88, das allgemein als poseidonisch angesehen wird, hat, galt die Herkunft des Strabotextes als gesichert. Einzelzüge schienen das zu bestätigen: Mose hat mit dem Urweisen in Seneca Epist.90 Ähnlichkeit, und der Verfall der Kultur wird dort mit dem Aufkommen der Tyrannis verbunden.

Jedoch ist, wie Aly[19] gesehen hat, §§ 38.39 nicht ursprünglich mit dem Geschichtsabriß verbunden. Die Passage unterbricht den Zusammenhang zwischen § 37 und 40 und schließt nach beiden Seiten nicht gut an. Sie

---

diesem einige über Antiochos IV.Epiphanes berichtete Züge zugeschrieben (gegen W. Kolbe, Beiträge zur syrischen und jüdischen Geschichte, 1926, S. 156 f.) Ein in vieler Hinsicht abweichender Geschichtsbericht ist in Diodorus Siculus, Bibl. Hist. 40,3 mit der Pompeiuseroberung verbunden. Die vielfache Variationsmöglichkeit zeigt die Selbstständigkeit der Geschichtsabrisse. Das hat auch Jacoby, FHG II C. S. 196, Poseidonios Fr. Nr. 69—70, und Norden, op. cit., dazu geführt, unseren Text als ursprünglich mit dem Jahr 134 (Eroberung Jerusalems durch Antiochos VII.Sidetes) verbunden anzusehen. Ein inhaltlicher Hinweis auf die Datierung des Stückes wird weiter unten behandelt.

[16] Auf solche Ähnlichkeiten zwischen den §§ 35 —37 und § 40 haben J. Morr, Die Landeskunde von Palästina bei Strabon und Josephus; Philologus 81, S. 266, und K. Reinhardt, op.cit. S. 25, aufmerksam gemacht. Sie zeigen damit höchstens, daß Strabo ein Zusammenhang vorgelegen oder er selbst einen konstruiert hat. Über einen ursprünglichen Zusammenhang des Geschichtsabrisses mit der Pompeiuseroberung ist damit nichts ausgesagt.

[17] Wie aus Plato, Hippias maior, 285 D, zu entnehmen ist, spielte diese literarische Form bereits in der Sophistik eine Rolle.

[18] Op.cit. S. 7.

[19] W. Aly, Strabonis Geographica, Band 4. Strabon von Amaseia, 1957. S. 201.

greift noch einmal auf die Anfangszeit zurück, obwohl § 37 schon zur späteren Entwicklung übergegangen ist. Zudem spricht sie in etwas abwertenden Ton über die Urzeit[20] und schreibt Mose Züge zu, die vorher nicht erwähnt worden sind. Immerhin zeigt dieser Zusatz, daß die Darstellung schon früh als Entwicklung von der Urzeit zur Depravation verstanden worden ist. Dennoch fehlt unserem Text hierfür als entscheidendes Element die Bezugnahme auf den soziologischen Hintergrund. Die hellenistischen Entwicklungstheorien erklären die Entstehung und Veränderung des Staatswesens aus den anthropologischen und ökonomischen Voraussetzungen[21]. Zwar stellt hierbei Poseidonios die Bedeutung des Urweisen, mit dem man Mose vergleichen könnte, in den Vordergrund. Aber die spezifische Tätigkeit dieser Gestalt, die Sammlung der schutzlos Zerstreuten[22] und die Erfindung der zivilisatorischen Gebrauchsgegenstände[23], wird von Mose nicht erzählt. Auch die Ursache des Verfalls, etwa Reichtum[24], wird nicht erwähnt. Die hellenistische Kulturtheorie bestimmt nicht Thematik und Tendenz des Stückes.

Der Gegensatz zwischen Mose und seinen Nachfolgern ist nicht kulturell, entwicklungsgeschichtlich bedingt, sondern personell. Die Person Moses soll mit seinen Nachfolgern verglichen werden. Er gehört zu den „Δικαιοπραγοῦντες καὶ ϑεοσεβεῖς", übte also die Bürgertugenden, „εὐσέβεια" gegen die Götter und „δικαιοσύνη" gegen die Mitmenschen aus. Diese Eigenschaften gehören in die rhetorische Topik[25]. Die Späteren verfielen in „δεισιδαιμονία" und „τυράννις", die als Gegensätze zu den positiven Zügen des Mosebildes verstanden sind. Die Gegenüberstellung findet sich auch als Abschluß in der Biographie des Numa Pompilius von Plutarch: dort wird der Nachfolger des Priesterkönigs der Kriegslust und des Aberglaubens beschuldigt: „Nicht nur dies, sondern die Schicksale der Könige nach ihm haben seinen Ruhm (scil. des Numa Pompilius) noch strahlender gemacht. ... Hostilius Tullus, der als Nachfolger des Numa König wurde und die meisten seiner guten Einrichtungen verspottete, vor allem und am meisten seine Ehrfurcht gegenüber der Gottheit (ἡ περὶ τὸ ϑεῖον εὐλάβεια), und ihn als jemand beschimpfte der die Faulheit förderte[26] und weibisch war, trieb damit die Bürger zum Kriege an; aber er

---

[20] Nachdem in § 38 berichtet worden ist, daß man mit vielen rechtlichen und persönlichen Fragen zum Orakel kam, heißt es zu Beginn von § 39: „Mag es um die Wahrheit damit stehen, wie immer: die Menschen jedenfalls glaubten daran und hielten es danach mit ihren Bräuchen." (Übersetzg. Reinhardt)

[21] Hierzu s. F. Steinmetz, Staatengründung aus Schwäche und Gesselligkeitsdrang, Politeia und Res Publica. Palingenesia IV, 1969, S. 179–199. Über Poseidonios und die mit unserem Text zu vergleichende Seneca, Epist. 90 s. bes. S. 189.

[22] Cicero, De invent. 1, 2,2 Tuscul. 1, 25,62.

[23] Seneca, Epist. 90,7.

[24] Seneca, Epist. 90,3.6.

[25] Isocrates 3,2. Xenophon, Memorabilia 4,8.11.

[26] Vergleiche die Polemik gegen den Sabbat der Juden in den unten Anm. 40 genann-

blieb nicht bei diesen Kindereien, sondern änderte unter dem Eindruck
schwerer und heimtückischer Krankheit seine Meinung, und er ergab sich
dem Aberglauben (εἰς δεισιδαιμονίαν), der nichts mit der Frömmigkeit des
Numa zu tun hatte; ja noch mehr, er erregte in anderen dadurch
diese Schwäche (πάϑος), daß er, wie man sagt, vom Blitz erschlagen wurde." Auch hier werden nicht verschiedene Zeitperioden, sondern Menschen verglichen. Die Vorzüge des Priesterkönigs Numa Pompilius werden
durch gegensätzliche Art seines Nachfolgers herausgestellt. Dies ist das
Schema, das auch die Darstellung des Mose bestimmt. Er wird nicht als
vorzeitlicher Weiser, sondern als priesterlicher Friedensfürst geschildert,
dessen Nachfolger sein Werk zunichte macht. Die Ktisis ist also in ein
Enkomium, den Lobpreis einen großen Mannes, eingebaut.

Obwohl die Darstellung des Helden im Einzelnen natürlich von dem abhängig ist, was dem Verfasser des Enkomiums aus den Quellen bekannt ist,
bestehen zwischen Numa und Mose einige Ähnlichkeiten, die wohl mit
dem Typos des Gepriesenen zusammenhängen. Bei beiden wird die philosophische Grundhaltung hervorgehoben. Dazu gehört vor allem, daß beide
einen Kultus ohne Götterbild vertreten. Darüber hinaus wird Numa als
Pythagoräer angesehen[27], Mose allgemeiner als philosophisch gebildeter
Priester. Damit vertreten beide die echte „εὐσέβεια" im Gegensatz zur
„δεισιδαιμονία". Reinhardt hat den Mose zugeschriebenen Gottesbegriff
als poseidonisch erweisen wollen, was Aly mit guten Gründen bestritten
hat[28]. Die im Text genannten Bezeichnungen für die Gottheit sind bei den
verschiedensten Richtungen belegt. Für den Himmel verweist Reinhardt
auf Euripides und die Urweisen des Aristoteles[29], mit der Natur wird die
Gottheit in der Stoa identifiziert[30]. Es ist wahrscheinlich nicht an den
Gottesbegriff einer bestimmten Philosophie gedacht, sondern daran, daß
Mose einen Gott verehrt, der von verschiedenen Richtungen verschieden
bezeichnet wird, aber letztlich derselbe ist[31]. Er ist der Gott über den
Philosophien. Das entspricht dem Geist der Zeit, der die verschiedenen
Götternamen als Bezeichnungen einer abstrakten Gottheit versteht[33]. So

---

ten Stellen Seneca bei Augustinus, Civ.Dei. 6,11, und Plutarchus, De Superstitione
169 C. Der Vorwurf der Faulheit ist ein allgemeiner Topos in der Polemik gegen den
Aberglauben.
[27] Plutarchus, Numa 1, 60, ausführlich 14,69.70.
[28] Op.cit. 196. Allerdings besteht auch kein Anlaß, mit Aly an Hekataios von Abdera
zu denken, wie unten gezeigt wird.
[29] Op. cit. S. 6.
[30] Seneca, De Benef. 4,7. Siehe auch Reinhardt, op.cit. S. 10.
[31] Dies könnte vielleicht auch als Analogie zur ägyptischen Religion gedacht sein, wie
sie sich Hekataios von Abdera vorstellt, nach Diodorus, Bibl. Hist. 1,11. Doch cf. vor
allem Plato, Timaeus 28 B.
[32] Cf. Celsus bei Origenes, C. Celsum 1, 24 5,41.45. Die Identifikationen mit Helios
bei Macrobius, Saturnalia 1, 17—23. Julianus, Oratio 5. Man kann auch an die Reihen
der Identifikationen mit Isis in Apuleius, Metamorph. 11,5 denken.

wird Mose zum Philosoph über den Philosophen und Priester über alle Priester. Darum ist er auch, wie Homer[33] , zum Ägypter, einem Angehörigen des Volkes mit der ältesten — religiös verkleideten — Philosophie, gemacht.

Die Gottheit, die Mose verehrt, offenbart sich durch Traumorakel. Auch dieser Zug gehört zur philosophischen Religion. Bei Plato ist die Offenbarung der Gottheit in den ekstatischen Erscheinungen vernehmbar[34] , der Traum ist selbst bei Epikur die Verbindung zu den Göttern[35] . Die Wertschätzung der Träume erinnert an die Stimmung im XI. Buch der Metamorphosen des Apuleius: der entzauberte Held mietet ein Haus im heiligen Bezirk der Isis, wo er vorläufig als Uneingeweihter wohnt. „Nec fuit nox una vel quies aliqua visu Deae monituque ieiuna. . "[36] . Die Betonung des Visionären hat mit dem Mysteriencharakter der Isisreligion nichts zu tun, sondern weist sie als eine Religion aus, die dem Geschmack des gebildeten Publikums entsprach, das solche Romane las. Auch Moses Religion erhält durch die Einführung des Traumorakels den Charakter der allgemeinen Vernunftreligion. Darum ist sie auch einfach und nicht übertrieben bigott. Der Priester der Isis wird als „vir alioquin gravis et sobriae religionis observatione famosus"[37] bezeichnet. Echte Religiosität ist gleich weit entfernt von Unglauben, wie von Aberglauben[38] . So wird Mose als Vertreter und Verkündiger der „εὐσέβεια" gefeiert und vom Zerrbild der Frömmigkeit, der „δεισιδαιμονία" abgehoben.

Das Zerrbild wird genau beschrieben. Es trägt die Züge des Judentums, wie es der Umwelt bekannt sein mußte: der Ritus der Beschneidung, der (nachträglich?) durch eine — vielleicht sagenhafte — Sitte der „Ausschneidung" der Frau, die auch bei den Ägyptern üblich gewesen sein soll, ergänzt wird[39] , wird neben den Speisevorschriften genannt. Der Sabbat — in der uns bekannten nichtjüdischen Literatur der meist genannte Angriffspunkt — wird nicht erwähnt[40] .

---

[33] Gellius, Noct.Att. 3 11,6. Clemens Alex. Strom. 1 15,66,1. Epiphanius, panarion 42, 11,17. Refut. 12. Cf. B.H. Stricker, De Brief van Aristeas, Verhandlg. Kon. Akademie van Wetenschappen, Afd. Letterkunde Nieuwe Reeks, Deel LXII Nr. 4, Amsterdam 1956, S. 97.

[34] Kriton 15 E.

[35] S. Sextus, Adv. Mathem. 9,25.

[36] Apuleius, Metam. 11, 19. Aus Apuleius läßt sich auch der Passus über die Träume „für sich selbst und . . . für andere" deuten: Aus Met. 11, 6.13 geht hervor, daß ein inspirierter Traum eines Gläubigen durch den eines anderen bestätigt werden kann.

[37] 11,21.

[38] Plutarchus, De Superstitione. passim. Seneca, Epist. 95,47.48 Cicero, De re publ. 2,14.27 über Numa Pompilius: Sacrorum autem ipsorum diligentiam difficilem, apparatum perfacilem ess voluit. Nam quae perdiscenda quaeque observanda essent, multa constituit, sed ea sine impensa. K.v.Fritz, The Theory of the Mixed Constitution, op. cit. S. 143, meint, daß Cicero hier von Polybius abhängig ist.

[39] Cf. Strabo 17,2.5, und Anmerkung 12.

[40] Cf. Seneca bei Augustinus, Civ.Dei 6,11 „Hic inter alias civili theologiae super-

Jedoch wird dieses negative Bild des Judentums nicht auf Mose zurückgeführt, sondern bildet die Folie für seine Stilisierung zum idealen Religionsstifter. Es hat dieselbe Funktion, wie der Aberglaube des Tullus Hostilius im Bilde des Numa Pompilius.

Der andere Grundzug, der Mose mit Numa verbindet, ist seine Versöhnlichkeit gegenüber den Nachbarvölkern. Als Numa die Nachricht von seiner Wahl zum Nachfolger des Romulus erhält, betont er seine friedfertige Art[41], und in der Synkrisis mit Lykurgos wird diese Eigenschaft wieder hervorgehoben[42]. Dieser Zug gehört wohl zum Bilde des Priesters als dem Wesen der Gottheit entsprechend[43]. Er hängt mit dem Wesen der vernünftigen Religion zusammen. Sie ist nicht nur tolerant, sondern hat auch solche Überzeugungskraft, daß sich wie von selbst ein friedliches Verhältnis zur Nachbarschaft einstellt. Exklusive Trennungen und rituelle Besonderheiten sind ihr fremd. Darum besteht die der Friedfertigkeit Moses gegenübergestellte Tyrannei im Grunde in der Unterdrückung der Nachbarvölker. Zwar wird das Resultat der Gewaltherrschaft, getreu der staatstheoretischen Überlieferung[44], in der Bildung zweier innenpolitischen Gruppen dargestellt, der „Abtrünnigen" und der „mit den Herrschenden Zusammenarbeitenden"; aber ihre Wirkung wird im Wesentlichen als kriegerisches Vorgehen nach außen beschrieben. Sie besteht in Seeräuberei, Unterdrückung der Nachbarvölker und führt zu einer historischen Anspielung: Unter diesen Nachfolgern des Mose wird Syrien und Phönizien von den Juden verwüstet[45]. Das hat seine Parallele in der Biographie des Numa Pompilius. Tullus Hostilius „πρὸς πόλεμον ἔτρεψε πολίτας".

Was zunächst als Darstellung des Idealstaates und seines Verfalls erschien, hat sich als Enkomium auf Mose entpuppt. Gründe für eine Zuschreibung des Textes an Poseidonios bestehen nicht. Was aber hat diese Glorifizierung Moses dann für einen Sinn? Was am Bilde Moses sonst als entscheidend angesehen wird — die Tätigkeit als Gesetzgeber und Begründer der Eigenart der jüdischen Religion — kommt überhaupt nicht oder nur sehr entstellt zur Sprache. Mose ist zum aufgeklärten hellenistischen Priesterfürsten geworden, dessen Denkweise an den ägyptischen Priester Chairemon erinnert[46]. Die Abtrennung von allem Fremden und die Besonderhei-

---

stitiones reprehendit etiam sacramenta Iudaeorum et maxime sabbata." Plutarchus, De Superstitione 169 C, wo die mit Kampfbereitschaft verbundene Frömmigkeit des Agamemnon der Indolenz der Juden gegenüber gestellt wird.
[41] Numa 5, 63.
[42] Lycurg. et Numa 75.
[43] Cf. Dio von Prusa Orat. 32,50 (ὁ θεὸς) φέρει πράως τὴν τῶν πολλῶν ἄνοιαν.
[44] K.v.Fritz, Mixed Constitution S. 61 ff. H. Ryffel, ΜΕΤΑΒΟΛΗ ΠΟΛΙΤΕΙΩΝ, S. 188 ff.
[45] Epictetus, Diss. 1,11,12, sieht den Gegensatz zwischen Syrern und Juden als typische Erbfeindschaft an, die er mit der zwischen Römern und Ägyptern parallelisiert.
[46] Porphyrius, De abstinentia 4, 6.8.

ten des jüdischen Ritus werden bewußt Mose abgesprochen und in den Bereich des Abfalls und der bösartigen Verzerrung verwiesen. Dies kann kein zufälliges Mißverständnis sein, das auf Unkenntnis der jüdischen Überlieferung beruht. Dem Verfasser ist die jüdische Eigenart und Geschichte durchaus bekannt. Er kann auch kein Antisemit sein. Denn warum hätte ein solcher sich die Mühe machen sollen, Mose zum Vertreter der Idealreligion zu machen, nur um die zeitgenössischen Juden der Tyrannei und des Aberglaubens zu bezichtigen? Der Text kann eigentlich nur als eine Apologie Moses verstanden werden, die diesen gegen antisemitische Kritik in Schutz nimmt.

Allerdings wird die Verteidigung Moses mit antihasmonäischen Argumenten durchgeführt. Mose tritt als Zeuge gegen ritualistische Exklusivität und nationale Beschränkung des Judentums auf. Darum werden die Freundlichkeit Gottes[47] und das friedliche Verhältnis zu den Nachbarn betont, das zu Moses Zeit herrschte. Aber die gegenwärtigen Herrscher sind Mose nicht in seiner Tugend nachgefolgt. Mit dem historischen Verweis auf die Verwüstung Syriens und Phöniziens wird auf die Eroberungszüge der Hasmonäer angespielt[48]. An dieser antihasmonäischen Tendenz läßt auch eine weitere historische Anspielung im Text keinen Zweifel. Als einziger Platz im gegenwärtigen Judäa, dem noch etwas Ehrerbietung entgegengebracht wird, wird die „Akropolis" genannt. Damit ist höchstwahrscheinlich die Akra in Jerusalem gemeint. In ihr hatten sich noch lange Jahre, nachdem Jerusalem in den Besitz der Makkabäer gekommen war, deren Gegner offenbar mit Hilfe der seleukidischen Besatzungstruppen verschanzt und gehalten. Sie gehörten nach Meinung der Hasmonäerpartei zu den Gottlosen und Abtrünnigen, d.h. zu den Gegnern der rituellen und nationalen Exklusivität und Vertretern der politischen und religiösen Verständigung mit den Fremden. Die Akra wird hier nicht, wie im I.Makkabäerbuch, negativ beurteilt, sondern sie ist der einzige Platz in Judäa, der nicht entweiht ist. Der Text nimmt zugunsten der Akra Stellung, und damit zugunsten der dort wohnenden Hellenisten. Zugleich haben wir in dieser Anspielung einen Anhaltspunkt für die Datierung des Textes. Seit 152 v.Chr. besaßen die Makkabäer die offizielle Herrschaft in Jerusalem, 141 wurde die Akra von ihnen erobert[49]. Das Dokument muß in dieser Periode oder kurz nachher entstanden sein, solange die Akra noch als ein Symbol philhellenischen Judentums galt. Wir dürfen also die Entstehung des Textes nicht viel später als 130 v.Chr. ansetzen.

---

[47] Dies drückt der Passus aus, nach dem Gott Gutes denen gibt, die in Vernunft und Gerechtigkeit leben. Cf. Dio von Prusa, Or 32,14, u.ö.
[48] Syrien und Phönizien sind hier wohl als Verwaltungseinheit verstanden, wie apokr. Esra und 2 Makk 3,5.8 u.ö.
[49] 1 Makk 13,49 ff.

Mit der Feststellung dieser historischen Anspielungen sind wir vor ein Problem gestellt, das bei der Vermutung poseidonischer Herkunft des Stückes nicht auftauchte: Wie kann ein Verfasser, der Kenntnis von den Ereignissen und Verhältnissen bei den Juden besitzt, eine Apologie Moses schreiben, die keine oder nur sehr wenig Bekanntschaft mit dem biblischen Bericht verrät? In Plutarchs Numa-Biographie ist die Überlieferung über Numa offenbar benutzt und gesichtet. Hier aber widersprechen nicht nur die Behauptung, daß Mose ein ägyptischer Priester ist, sondern auch die erzählten Geschehnisse weithin der Bibel. Die Widersprüche brauchen jedoch nicht auf mangelnder Kenntnis der Bibel beruhen, wenn wir beim Verfasser das Verhältnis eines hellenistischen Gebildeten zur Bibel voraussetzen. Die Darstellung der Mosegeschichte kann der Bibel mit Hilfe der sogenannten historischen Exegese entnommen sein. Dies ist eine antike Auslegungsmethode, die auf Homer angewandt wurde. Als ihr bedeutendster Vertreter wird Palaiphotos genannt[50]. Sie will den Vorgang, den der Text nach ihrer Meinung mythisch schildert, auf seinen „historischen Kern" reduzieren. Die mythische Darstellung wäre in unserem Falle die Exodusgeschichte. Moses Priesterschaft und Herrschaft über Unterägypten wäre der historische Kern des biblischen Berichts über die Ansiedlung der Israeliten in Gosen[51]. Der Bericht über die Gottesoffenbarung am Horeb beruht nach Meinung des Exegeten auf Moses überlegener Kenntnis des Wesens der Gottheit[52]. Die Israeliten, die in der Bibel durch Zeichen und Wunder überzeugt werden, sind in „Wirklichkeit" Menschen, die die philosophische Wahrheit erkannt haben[53]. Mit Massa und Meriba bzw. Kadesch wird Jerusalem identifiziert, was die Schilderung seiner Lage zeigt[54]. Der Kampf ohne Waffen geht auf die Erzählung von der Schlacht bei Raphidim zurück[55]. Die Beteiligung der Nachbarstämme am Kultus hat den Besuch Jethros am Gottesberge als biblische Grundlage[56]. Auf diese Weise

---

[50] Die Bezeichnung „Historische Exegese" stammt von Eusthatius. Näheres s. F. Buffiere, Les mythes d'Homère et la pensée Grècque, 1956, S. 228 ff. Beispiele für die Methode finden sich auch in Strabo 1, 2,9ff., wonach der ποιητής aus pädagogischen Gründen die literarische Form des ψεῦδος gebraucht habe. Strabo ist in diesen Partien von Polybius abhängig. Cf. auch Lactantius, Div.Inst 1, 8,11. Die Hinweise auf die Texte verdanke ich der freundlichen Vermittlung von Frau M. de Jonge-Doelman, Leiden, der ich herzlich danke.

[51] Gen 47,27

[52] Ex 3,13—21. Die samaritanische Überlieferung entwickelt aus der Sianioffenbarung die Mitteilung einer vollständigen Theologie. Cf. Memar Marqah 1,1 (Macdonald, BZAW 84).

[53] Theophrastus soll nach Porphyrius, De abstinentia 2,26 die Juden als ἅτε φιλόσοφοι τὸ γένος ὄντες bezeichnet haben.

[54] Ex 17,2—7. Zu den Wassern von Jerusalem cf. Philo Maior über Jerusalem und Aristeas 89.91 sowie die Darstellung Jerusalems bei Timochares nach Eusebius, Praep.Evang. 9,35.

[55] Ex 17,8—18.

[56] Ex 18,1—5.

könnte eine hellenistische Auslegung alle geschilderten Umstände als historischen Kern des biblischen Berichts interpretieren[57].

Wir können nun die Frage der Herkunft des Dokuments behandeln. Seine anthasmonäische Tendenz liegt auf der Hand. Aber wir haben, im Gegensatz zu E.Norden, keine Veranlassung, den Text als nichtjüdisch anzusehen[58]. Bickermann und Hengel haben gezeigt, daß wir mit einer aktiven hellenistischen Gruppe im Judentum rechnen können[59]. Die positive Schilderung Moses und die Anteilnahme am innerjüdischen Geschehen in unserem Text berechtigen uns, einen hellenistischen Juden, der in der zweiten Hälfte des 2.Jahrhunderts vor Chr. schrieb, als Verfasser des Textes anzusehen. Das würde auch der Bemerkung entsprechen, mit der bei Strabo der Geschichtsabriß eingeleitet wird — ihre Entstehungszeit ist allerdings unsicher — : „Die überwiegende Meinung *der um den Tempel in Jerusalem vertrauenswürdigen Leute* erklärt, daß die Ägypter die Vorfahren der genannten Juden sind". Mit solchen vertrauenswürdigen Leuten könnten Bewohner der Akra gemeint sein.

Daß der Verfasser Beziehungen zum Tempel haben könnte bzw. zu priesterlichen Überlieferungen, ergibt sich aus der Art, wie in diesem Text die Mosegeschichte umgewandelt wird. Mose ist zum Priester geworden. Die Stiftung des Tempels wird als Tat Moses in die Zeit der Einwanderung vorverlegt. David und Salomo werden übergangen. Das erinnert an die samaritanische Beschränkung auf die Pentateuchtradition. Das Interesse an der staatlichen Selbständigkeit ist gering, hingegen steht die kulturelle Einheit mit den umliegenden Nationen im Mittelpunkt. Das Dokument vertritt dieselben Anschauungen, die in I Makk 1,11 den Feinden der Hasmonäer zugeschrieben werden: „In jenen Tagen gingen aus Israel ungerechte Abkömmlinge hervor und verführten viele mit den Worten 'Laßt uns gehen und ein Bündnis mit den Völkern um uns her schließen. Denn seitdem wir uns von ihnen abgeschieden haben, hat uns viel Unglück getroffen."[60] Die Hauptmerkmale der Gruppe sind demnach priesterliche Einstellung und Philhellenismus, eine Kombination, die dem I.Makkabäerbuch im letzten Viertel des 2.Jh.v.Chr. bei der Charakterisierung der Feinde der Hasmonäer geläufig ist[61]. Wenn wir eine nähere Identifikation

---

[57] Wir setzen ja auch für den Bericht des Artapanus die Kenntnis der Bibel voraus.

[58] E. Norden, op.cit. S. 274. Cf. auch I. Heinemann, Poseidonios über die Entwicklung der jüdischen Religion, MGWJ 63, 1909, S. 113—121.

[59] E. Bickermann, der Gott der Makkabäer, 1927, S. 126—136. M. Hengel, Judentum und Hellenismus, 1969, vor allem,S. 464—486.

[60] Im Gegensatz zu Bickermann und Hengel erscheint mir die Tätigkeit einer hellenistischen Gruppe mit ideologischer Einstellung in der Zeit Antiochos IV. Epiphanes unwahrscheinlich. Die Interpretation von Daniel 11 in 1 Makk 1—2 ist von der Situation in der Zeit der Entstehung des 1 Makk bestimmt. Cf. J.C.H.Lebram, Apokalyptik und Hellenismus, VT 20, 1970, S. 507—11.

[61] Cf. Alkimos in 1 Makk 7.

dieser Haltung mit einer der uns bekannten jüdischen Gruppen aus der Zeit der Hasmonäerfürsten Simon und Johannes Hyrkanos suchen, dann bieten sich hierfür die Sadduzäer an. Sie sind, wie schon der Name erkennen läßt[62], mit dem Priestertum verbunden und werden bei Josephus als hellenistische Freigeister eingestuft[63]. Es ist selbst möglich, daß die eingangs erwähnte Gruppe der „Volksvertreter", die vor Pompeius erschien, zu dieser Partei gehören soll. Der Ausdruck 'Volk' könnte auch auf die Vertreter der Gerusia passen.

In jedem Fall zeigt sich, daß die Opposition im Hasmonäerstaat zwar keine eigene Theorie über den jüdischen Staat entwickelt hat, aber doch von bestimmten Vorstellungen vom Verhältnis der jüdischen Gemeinschaft zu den andern Völkern ausgeht. Sie sind bestimmt von einer hellenistischen Ideologie und überzeugt vom kulturellen Wert eines jüdischen Glaubens rationalistischer Färbung. Hätte diese Gruppe — deren Haltung unter den Völkern des Orients damals schon in gewissem Sinne überholt war — sich im Judentum durchgesetzt, dann wäre dieses untergegangen. Da aber die Entwicklung des Judentums in die entgegengesetzte Richtung ging, wurde das hellenisierende Judentum ein wichtiges Ferment in der geschichtlichen Wirkung Israels. Es hat seiner Religion die Elemente geliefert, durch die das Christentum Weltreligion werden konnte.

II. Diodorus Siculus, Bibliotheca Historica XL frg.3

Eine andere — auch fiktive[64] — Schilderung der Entstehung des jüdischen Staates hat etwas Ähnlichkeit mit dem unter I behandelten Text, weist aber wichtige Unterschiede auf. Der Bericht ist in einem Exzerpt aus der Bibliotheca Historica des Diodorus Siculus enthalten und hat folgenden Wortlaut:

„(1) Da wir den Krieg gegen die Juden niederschreiben wollen, halten wir es für passend, vorher überhaupt die anfängliche Gründung des Volkes und die bei ihm gebräuchlichen Gesetze zu behandeln (κτίσιν καὶ . . . νόμιμα). Als in alter Zeit eine Hungersnot über Ägypten kam, führte die große Masse die Veranlassung dieses Unglücks auf die Gottheit zurück. Weil nämlich viele und sehr verschiedene Fremde im Land wohnten und in Hinsicht auf Heiligtum und Opfer unterschiedliche Gebräuche hatten, kam es soweit, daß bei ihnen die vaterländischen Formen der Gottesverehrung in Verfall gerieten.

(2) Deswegen glaubten die Einwohner des Landes, daß keine Wende des Unglücks eintreten werde, wenn die Fremdstämmigen nicht auswandern würden. Als die Fremd-

---

[62] Hierzu s. R. Meyer, Art. "Σαδδουκαῖος", ThWNT. VII,S. 43.

[63] Ant 10,278; Bell 2, 162. Die Ablehnung der mündlichen Überlieferung und Beschränkung auf den Pentateuch als Offenbarungsquelle (R. Meyer, op.cit. S. 46—51) verlangt keineswegs einen „altjüdischen" Standpunkt. Beide können aus hellenistischer Hochschätzung des Ursprungs entstanden sein.

[64] Der fiktive Charakter der Schilderung wird auch hervorgehoben bei M. Hengel, op.cit. S. 465.

linge nun vertrieben waren, taten sich die Bedeutendsten und Unternehmendsten zusammen und wurden, wie einige melden, nach Griechenland und in manche anderen Gegenden verschlagen, weil sie bedeutende Führer hatten, von denen Danaos und Kadmos als die Hervorragendsten von allen angesehen werden. Die große Masse des Volkes wurde in das heute Judäa genannte Land abgedrängt, das nicht weit von Ägypten lag, aber in jenen Zeiten ganz einsam war. (3) Die Siedlerschar (ἀποικία) leitete ein Mann mit Namen Moses, der sich durch Einsicht und Tapferkeit (φρονήσει τε καὶ ἀνδρεία) auszeichnete. Dieser nahm das Land ein und gründete (ἔκτισε) verschiedene Städte, auch die gegenwärtig bedeutenaste, die Jerusalem genannt wird. Er errichtete (ἱδρύσατο) auch das bei ihnen äußerst angesehene Heiligtum, und machte die heiligen Handlungen und Weihen für die Gottheit bekannt, auch erließ er die Gesetze und richtete die Organisation des Staatswesens ein. Er teilte das Volk in zwölf Stämme, weil er meinte, daß dies die vollkommenste Zahl sei, weil sie auch mit den Monaten übereinstimmte, die das Jahr ausmachen. (4) Ein Standbild der Götter stellte er keineswegs auf, weil er glaubte, daß Gott nicht Menschengestalt habe, sondern daß der Himmel, der die Erde umfaßte, allein Gott sei und Herr des Alls. Er setzte Opfer ein, die im Gegensatz stehen zu denen der anderen Völker und Verhaltungsmaßregeln für das Leben. Wegen der eigenen Austreibung führte er eine die Menschen abweisende und fremdenfeindliche Lebensweise ein. Von den Männern wählte er die geistig Beweglichsten aus und die, die das ganze Volk am besten regieren konnten, und bestimmte diese zu Priestern. Als ihre Aufgabe setzte er die Versorgung des Heiligtums fest, sowie die gottesdienstlichen Handlungen und Opfer.(5) Dieselben setzte er auch zu Richtern für die wichtigsten Entscheidungen ein und übertrug ihnen die Aufsicht über die Gesetze und die Volksklassen. Deswegen hat es auch niemals einen König der Juden gegeben, sondern die Herrschaft (προστασία) über die Volksmenge ist immer dem von den Priestern verliehen worden, der sich durch Einsicht und Tapferkeit hervorzutun schien. Diese reden sie als Hohenpriester an und glauben, daß er für sie ein Überbringer (ἄγγελος) der von Gott stammenden Anordnungen ist. (6) Dieser soll in den Volksversammlungen und anderen Zusammenkünften das Aufgetragene verkündigen, und gegenüber dieser Rolle sollen die Juden sich so willfährig zeigen, daß sie sich sofort zur Erde neigen und dem Hohenpriester ihre Ehrerbietung darbringen, wenn er auf diese Weise verkündigt. Auch den Gesetzen ist am Schluß schriftlich angefügt: „Moses, der es von Gott gehört hat, sagt dies den Juden". Der Gesetzgeber hat auch viele Vorkehrungen für kriegerische Unternehmungen getroffen und die jungen Männer verpflichtet, sich in der Tapferkeit, der Standhaftigkeit und überhaupt in der Geduld beim Ertragen aller Schmerzen zu üben. (7) Er veranstaltete auch Feldzüge gegen die Nachbarländer der Völker (τῶν ἐϑνῶν) und nachdem er viel Land erobert hatte, verteilte er es durchs Los (κατακληρουχέω) gab den Privatleuten gleiche Teile, den Priestern größere, so daß sie durch den Empfang besserer Einkünfte ohne Unterbrechung ungehindert den Gottesdiensten obliegen konnten. Die Privatleute durften die eigenen Anteile nicht verkaufen, damit nicht einige, die aus Habgier die Anteile kauften, die Ärmeren aussaugten und Menschenmangel hervorbrachten. (8) Er zwang die Bewohner des Landes, ihre Kinder aufzuziehen. Und da die Kinder mit geringem Aufwand aufgezogen wurden, war das Geschlecht der Juden zahlreich. Auch richtete er es ein, daß die Bestimmungen über die Heiraten und Bestattungen der Verstorbenen sich abweichend von denen anderer Menschen verhielten. Unter den später auftretenden Besatzungsmächten wurden viele der den Juden von den Vorvätern überlieferten Gesetze verändert auf Grund der Vermischung mit Fremdstämmigen unter der Herrschaft der Perser und Makedonen, die diese ablösten. . . . Über die Juden hat dies Hekataios von Milet berichtet."

Man hat diesen Text dem Hekataios von Abdera — einem unter Ptolemäus I in Ägypten lebenden griechischen Schriftsteller, dessen hellenisierte

„Αἰγυπτίακα" von Diodorus Siculus verarbeitet sind[65] — zugeschrieben[66], obwohl er im Exzerpt von Hekataios von Milet abgeleitet wird[67]. Selbst H. Willrich hat den Bericht als einziges echtes Hekataiosfragment angesehen[68], während alle andern Hekataiosberichte über die Juden Fälschungen seien[69]. Er meint, ein Jude könne nicht behauptet haben, daß sein Volk durch Berührung mit Stammfremden von seinen Gebräuchen abgefallen sei. Hierfür liefert 1 Makk 1,43 den Gegenbeweis. Trotz Willrichs Betonung des Unterschiedes zwischen dem Hekataios des Diodor und dem des Josephus — die auf subjektiven Allgemeinheiten beruht — kann man aber Ähnlichkeiten mit den pseudohekataiischen Zitaten in Josephus, C.Apionem 1,191 feststellen: die Hervorhebung des Märtyrertums, das erst in der makkabäischen Periode zum literarischen Thema wird; und die Charakterisierung der persischen Oberherrschaft als Zeit des Unterdrückung[70]. Auffallend ist ferner, daß zu dieser Zeit auch die unter den Makedonen — d.h. unter den ägyptischen Ptolemäern — gerechnet wird. Somit ist die Zeit des von Willrich vermuteten Schreibers als Vergangenheit erwähnt. Gar nicht überzeugt die Behauptung, das Dokument schildere die Lage des Judentums zur Zeit der ersten Ptolemäer zutreffend. Wir wissen über diese Zeit nichts, und was sich aus den biblischen Schriften, die ungefähr dieser Zeit angehören könnten, erheben läßt, stimmt mit den Angaben bei Diodor nicht überein. Auch ist uns aus den biblischen Quellen keine Zeit und kein Ereignis bekannt, die das Diodor-Fragment als utopische Staatsschilderung veranlaßt haben könnten. Die Juden jener Zeit sind uns nicht als Nation bekannt, deren Staatswesen man in der Art des spartanischen idealisiert haben kann. Hingegen sind in späterer Zeit, wie sich zeigen wird, Berührungspunkte vorhanden, die uns erlauben, das Fragment zu interpretieren. Es is darum selbstverständlich, daß wir von diesen ausgehen, und nicht von der rein formellen, und dazu noch zweifelhaften Zuschreibung des Textes an Hekataios von Abdera.

Schon immer hat man gewisse Übereinstimmungen mit dem oben analysierten Strabotext bemerkt und daran verschiedenartige Folgerungen geknüpft[71]. In beiden Texten ist die Gründung Jerusalems direkt mit der

---

[65] P. Wendland, Die hellenistisch-römische Kultur in ihren Beziehungen zu Judentum und Christentum, 1912, S. 116.

[66] Zuletzt s. B. Schaller, Hekataios von Abdera über die Juden, ZNW 54, 1963, S. 15.

[67] T. Reinach, Textes d'auteurs Grecs et Romains relatifs au Judaisme, 1891, S. 20 Anm. 1: „Milet au lieu d.Abdère est un simple lapsus de Diodore ou de Photius." So einfach auch Jacoby, FHG III a, S. 46ff. F. Dornseiff, Echtheitsfragen der antik-griechischen Literatur, Berlin 1939, S. 54—59, will den Text auf Hekataios von Milet zurückführen.

[68] H. Willrich, Juden und Griechen vor der makkabäischen Erhebung, 1895, S. 48ff.

[69] C Ap 1, 183—204. 2, 43—47, Ant 1, 159.

[70] Auch Pseudo-Aristeas beurteilt die Perserzeit als Unterdrückung (Arist. 119 f.).

[71] Für Reinhardt, op.cit. S. 18, so scheint es wenigstens, ist das Diodorfragment die

Auswanderung aus Ägypten verbunden. Mose ist Stifter des Tempels in Jerusalem. Er ist der Verkündiger eines bildlosen Kultus und einer Gottesauffassung, die in wörtlicher Anlehnung an Strabo formuliert ist. Die Formel ist aber charakteristisch verengt: Der Anklang an und die Herkunft aus der griechischen Philosophie ist erkennbar[72], doch die synkretistische Aufzählung der verschiedenen Gottesbezeichnungen fehlt. Die universalistische Ideologie wird im Diodorfragment nicht vertreten. Sie bestimmt auch nicht die Darstellung der Wirksamkeit Moses und das Urteil über seine Nachfolger. Das Verhältnis zum hellenistischen Gedanken ist hier von der Konkurrenz bestimmt, nicht von der Einordnung. Die Juden kommen zwar aus Ägypten, stammen aber nicht von den Ägyptern ab[73]. Mose stiftet keinen universalen Gottesdienst, sondern einen nationalen. Er errichtet keinen Sammelpunkt für die umliegenden Stämme, sondern unterjocht diese. Die Friedfertigkeit des Priesterfürsten ist der Sorge für das Kriegswesen gewichen. Israel ist von Anfang an eine Nation, die sich Fremden gegenüber abweisend verhält und bewußt ihre nationale Eigenart pflegt. Die spätere Zeit ist darum nicht die Zeit der Kriegslust und der Abtrennung, sondern der Vermischung mit andern Völkern. Der ganze Text setzt Aufbau und Schema des Geschichtsabrisses in Strabo voraus, aber er verarbeitet ihn unter den entgegengesetzten Gesichtspunkten. An die Stelle des Universalismus setzt er Exklusivität, an die der Friedfertigkeit Krieg. Trotzdem ist alles hellenistisch.

Welchen Zielpunkt hat die Darstellung? Auch hier springt das apologetische Motiv in die Augen. Es soll erklärt werden, warum die Israeliten fremdenfeindlich und kriegerisch sein müssen. Im Anschluß an Hekataios in Diodor I,28 stellt der Verfasser sie neben die Griechen, die auch aus Ägypten ausgewandert sind. Aber im Gegensatz zu Hekataios sind beide Nationen Vertriebene. Sie sind — und in diesem Passus besteht die apologetische Wendung — ausgewiesen, weil man eine Hungersnot auf den Zorn der Götter über die Anwesenheit so vieler Fremder im Lande Ägypten zurückführte. Der beschränkte Aberglaube der Ägypter war schuld an der Auswanderung der Griechen und Juden. Durch die ξενηλασία, die sie erleiden mußten, sind die Juden nun „ἀπάνϑρωπος" und „μισόξενος". Im Gegensatz zum Strabotext wird nationale und rituelle Exklusivität nicht geleugnet, aber durch den Aberglauben der Ägypter entschuldigt[74]. Die Apologie verteidigt also den hasmonäischen Standpunkt. Dieselbe Einstellung zeigt sich auch darin, daß die Vermischung mit nichtjüdischer Lebens-

---

von Hekataios stammende Vorlage des Poseidonios, die dieser überarbeitet hat. Jacoby, loc.cit., hält es für wahrscheinlich, daß „Poseidonios Hekataios kannte".

[72] Cf. W.Jaeger, Greeks and Jews, Journal of Religion 18, 1938, S. 133.140.

[73] Dies scheint bewußte Bezugnahme auf Hekataios (?) in Diodorus 1,28 zu sein, aber auch bewußte Abwandlung, da zufolge dieser Stelle die Juden Abkömmlinge der Ägypter sind.

[74] Diese Beurteilung der Ägypter widerspricht ihrer Glorifizierung bei Diodorus.

führung als Abfall von den ursprünglichen Gesetzen der Väter gebrandmarkt wird. Im Ausdruck „πλησιόχωρα τῶν ἐθνῶν" hat ‚τὰ ἔθνη" die Bedeutung von Heiden. Das Wort ἐπιμιξία wird technisch in 2 Makk 14,3 gebraucht, wo vom Hohenpriester Alkimos gesagt wird: „Ein gewisser Alkimos, der vorher Hoherpriester gewesen war und sich freiwillig befleckt hatte in den Zeiten der ἐπιμειξία". Eine in den makkabäischen Schriften häufig vorkommende Wendung klingt in den „πάτρια νόμιμα" an[75]. Das ertragen von Leiden bezieht sich auf die Martyrien, die in der makkabäischen Zeit literarisch wichtig werden. Im Gegensatz zum Strabotext ist Mose hier — wie Judas Makkabäus — nicht als Priester tätig, während seine Nachfolger — wie die des Judas — die Hohepriesterwürde empfangen. Wir haben also genügend Anlaß, das Diodorfragment als eine prohasmonäische Umarbeitung des sadduzäischen Dokuments anzusehen, das bei Strabo vorliegt. Es setzt dieses voraus, muß aber vor der Regierungszeit Aristobuls I. bzw. des Alexander Jannai geschrieben sein[76], da es von der königlichen Würde, die die Hasmonäerfürsten angenommen haben, noch nichts weiß. Wir müssen die Entstehung dieses Propagandastückes in der Regierungszeit des Johannes Hyrkanos ansetzen. Damit würde sich auch der Anschluß an das sadduzäische Dokument erklären: Josephus deutet die Entfremdung, die zwischen dem Fürsten und den Pharisäern damals eingetreten ist, ist, als Übergang des Fürsten zu den Sadduzäern[77]. In dieser Lage ist in unserem Text das von den Sadduzäern entwickelte Geschichtsbild auf den Hasmonäerfürsten angewandt.

Das makkabäische Dokument gebraucht bewußt die Literaturform der Ktisis[78]. Der — wohl nicht ursprünglich zum Dokument gehörende — Einleitungssatz stellt diese Absicht fest: Die τοῦ ἔθνους τούτου κτίσις und seine νόμιμα sollen geschildert werden. Einwanderung, Inbesitznahme[79] und Stadtgründung sind wie bei Herodot[80] eng verbunden. Dort wird auch im selben Zusammenhang ἱδρύω für die Stiftung von Tempeln benützt[81], während κτίζω für die Stadtgründung gebraucht wird. Ἀποικία ist die technische Bezeichnung für die Bevölkerungsgruppe der neuen Stadt[82]. Die Terminologie bestätigt die literarische Form.

Eine aus wenig späterer Zeit stammende Darstellung einer Stadtgründung

---

[75] 2 Makk 6,1; 7,2.24; 3 Makk 1,3; 4 Makk 4,23; 5,33; 8,7; 9,1; 16,16; 18,5.
[76] Nach Josephus, Ant 13,301 nahm Aristobul I., nach Strabo 16, 2,40 Alexander Jannai die Königswürde an.
[77] Josephus, Ant 13,289.
[78] Auch dies könnte durch Hekataios inspiriert sein. Cf. Jacoby, Hekataios von Abdera, PW VII, Sp. 2755.
[79] καταλαμβάνειν= eine Stadt erobern, s. Isocrates 12,193. Thukydides I,126 Herodotus 5,71.
[80] Herodotus 1, 167.168.
[81] Herodotus 1, 157.166.
[82] Herodotus 1, 146. Dionysius v. Halikarnassus, Ant Rom 2, 2,4.

haben wir in der Schilderung der Gründung Roms bei Dionysios von Halikarnassos, der außer durch die römischen Annalisten vor allem durch Überlieferungen der griechischen Rhetorik beeinflußt ist[83]. Viele der von ihm behandelten Themen stimmen mit denen des Diodorfragmentes überein. So kommt dort der Gedanke vor, daß der größte Teil der Bevölkerung der neuen Stadt aus Flüchtlingen besteht[84]. Wie Mose begründet Romulus die religiösen und die politischen Institutionen[85]. Auch das römische Volk wird in φύλαι eingeteilt, was als Übersetzung des römischen tribus ausdrücklich angegeben wird[86]. Die Verteilung des Landes, die schon bei dem Städtebauer Hippodamos einen Topos in der Ktisis-Darstellung bildet[87], wird bei Dionysios ausführlich behandelt[88]: „Er verteilte das Land in 30 Lose und gab jeder 'phratra' eins, dabei sonderte er ausreichendes Gebiet für die Tempel und heiligen Bezirke aus und ließ noch Land für die Allgemeinheit übrig. Dieser Art war die eine Einteilung von Menschen und Land, die durch Romulus geschah, die die allgemeine und beste Gleichheit enthielt." Von Einzelzügen sei noch die Übereinstimmung in dem Gebot, wenigstens die Knaben aufzuziehen[89] und die Verteilung des eroberten Landes auf Kriegszügen[90] zu nennen.

Vor allem ist bei Dionysios die Stadtgründung ein Anlaß, um die Verfassung des Stadtwesens ausführlich zu beschreiben. Die Zielsetzung der Ktisis ist schließlich die Darstellung der Idealverfassung[91]. Dionysios läßt Romulus eine Werberede für die gemischte Verfassung des Polybios halten, die die Einseitigkeit der verschiedenen Staatsformen vermeide, und stellt die Römer danach vor die Wahl[92]. Auch im Diodorfragment soll natürlich die Idealverfassung dargestellt werden[93], allerdings nicht zu Lehrzwecken, sondern zum größeren Ruhm der Juden. In der von Polybios herkommenden Tradition dient die Schilderung der Verfassung der Verherrlichung eines empirischen Volkes, was auch auf Dionysios und den Verfasser des Diodorfragmentes zutrifft. Hier haben wir also den Idealstaat der Juden.

---

[83] A. Klotz, Livius und seine Vorgänger, 1964, S. 272.
[84] Ant Rom 2,8,4. Die Aufnahme von Flüchtlingen auf dem Platz „inter duos lucos" wird in 2,15,3 in Parallele mit Livius I 8,5–6 behandelt. Der Topos ist also der römischen Annalistik bekannt.
[85] Ant Rom 2, 14,1. Cf. auch 2, 8,1. Im Gegensatz dazu steht Cicero, De re publ. 2, 26ff., wo die geistlichen Institutionen der Römer auf Pompilius Numa zurückgeführt werden.
[86] Ant Rom 2, 7,2.
[87] Aristoteles, Politica 1267[b] 22ff.
[88] Ant Rom 2, 7,4.
[89] Ant Rom 2, 15,1.
[90] Ant Rom 2, 16.
[91] H. Ryffel, op.cit. S. 8 Anm. 25, S. 11. Anm. 36.
[92] Ant Rom 1–2, 3.
[93] So schon W. Jaeger, op.cit. S. 141.

Die Idealverfassung der Hasmonäer ist charakterisiert durch die kriegerische Grundhaltung. Nicht nur die Übung im Kriegshandwerk und harter Lebensführung wird betont, auch die Unterjochung der Nachbarvölker. Dies geschieht ohne religiösen Akzent, allein in nationalistischer Gesinnung. Das große Vorbild hierfür ist sicherlich Rom[94], dessen Aufstieg der orientalischen Opposition gegen die Seleukiden überhaupt erst die Möglichkeit der Freiheit gab. Mit Rom ist zugleich Sparta der Idealstaat, mit dem Rom seit Polybios verglichen wird[95]. Das erste Makkabäerbuch gibt der Bewunderung für die kriegerischen Erfolge Roms beredten Ausdruck[96] und mit Sparta wird sogar eine Verwandtschaft konstruiert[97].

Aus dieser kriegerisch-nationalen Grundhaltung erwächst eine Schätzung der von den Vätern überkommenen Gesetze. Dies bedeutet aber faktisch keinen Anschluß an die Tradition des alten Israel. Die geschilderte Verfassung ist nicht nach der Tora entworfen. Der Satz „Moses, der es von Gott gehört hat, sagt dies den Juden." ist vielleicht eine Anspielung auf Lev 27,34 oder Dtn 29,1[98], hat aber nicht die Bedeutung eines Gesetzeszitates. Die Schrift ist hier nur Beispiel für die Vollmacht des gegenwärtigen Herrschers: So wie Mose im Namen Gottes spricht, hat auch der gegenwärtige Hohepriester Vollmacht. Diese Haltung entspricht dem I Makkabäerbuch[99]. Wir haben keinerlei Beleg dafür, daß mit dem Hervorheben des „väterlichen Gesetzes" die Anerkennung der Mose-Tora als Staatsgesetz gemeint ist, wie manche Forscher offensichtlich denken[100].

Dennoch ist der Hasmonäerstaat — im Gegensatz zum römischen und zum Idealstaat des Plato[101] — ein priesterlicher Staat: Die Rechtsprechung liegt

---

[94] Dionysius v.Halicarnassus, Ant Rom 2, 3,6, läßt Romulus den Römern als Erfolg einer Staatsgründung einprägen, „frei zu werden als erstes, als weiteres andere zu beherrschen".
[95] Sparta ist bei Plato und Xenophon wegen seiner straffen Lebensweise der Idealstaat. Cf. K.v.Fritz, op.cit. S. 70 ff.111. Polybius hat den Vergleich von Rom mit Sparta zu Topos gemacht: Polybios 6, 3. Dionysios v.Halicarnassus, Ant Rom 2, 14,2.
[96] 1 Makk 8,1—16;12,5—18.
[97] 1 Makk 12,19—23.
[98] Willrich, Juden und Griechen, S. 48. : Lev 27,34. W. Jaeger, op.cit. S. 139. Dtn 29,1.
[99] 1 Makk 2,39—41;4,46.
[100] Gegen Schalit, König Herodes, S. 148.225. Selbst wenn Josephus Ant 14, 194 den Eindruck erwecken wollte, als habe vor Herodes die Tora als Staatsgesetz gegolten, können daraus keine Schlüsse für ihre tatsächliche Geltung gezogen werden. In der uns bekannten Literatur der Zeit ist die Tora zwar Idealgesetz, mit ihrer Geltung aber werden einige Grundriten gleichgesetzt, die unter den Juden gebräuchlich waren, wie Beschneidung, Sabbatfeier und Verbot von Schweinefleisch. Aber das ist etwas anderes als der Gebrauch der Tora als Staatsgesetz. Wahrscheinlich dachte man in dieser Hinsicht im Schema von ius naturale und ius civile.
[101] Jaeger, op.cit. S. 142, übersieht, daß Plato die Beteiligung der Priester an der Regierung des Idealstaates expressis verbis ablehnt (Politicos 290 D). Der Vergleich der jüdischen Priester mit den „Wächtern" in der Politeia ist an den Haaren herbeigezogen.

in den Händen der Priester und die Leitung des Staatswesens hat der Hohepriester. Dies schließt an die bei Sirach feststellbare Entwicklung an[102]. Das Diodorfragment geht aber an einem wichtigen Punkte entscheidend über Sirach hinaus: Hier wird das Hohepriestertum nicht legitimistisch, sondern charismatisch begründet. Zum Hohenpriester wird gewählt, wer sich durch „φρονήσει καὶ ἀρετῇ" hervortut; und die geltenden Gesetze beruhen nicht auf Überlieferung, sondern auf prophetischem Offenbarungsempfang des Hohenpriesters. Der hasmonäische Idealstaat ist ein charismatisch regierter Staat.

Dies ist auch das, was das 1. und 2. Makkabäerbuch, jedes auf seine Weise zeigen wollen. Sie wollen den Anspruch der Hasmonäer auf die Hohepriesterschaft charismatisch legitimieren. 1 Makk bietet die entscheidende Begründung in Kap.2: Matthatias tötet nach Vorbild des Pinehas in Num 25 den Götzendiener. Damit ist er zum Hohepriestertum, wie Pinehas, legitimiert. In 2 Makk 15,12ff. vollzieht sich die Legitimation im Traum des Judas Makkabäus: Im Beisein des früheren Hohenpriesters Onias empfängt Judas vom Propheten Jeremia das goldene Schwert, das ihm zum charismatischen Befreier des Volkes macht.

R. Meyer hat in einem vor zehn Jahren unserem Jubilar gewidmeten Artikel das Diodorfragment mit Johannes Hyrkanos in Verbindung gebracht[103]. Tatsächlich erfüllt in unserem Text der Hohepriester die drei Funktionen, die bei Josephus[104] dem Johannes Hyrkanos zugeschrieben werden. In dem bei Josephus überlieferten Lebensbericht ist der Hasmonäerfürst als Priester, Prophet und König stilisiert, wie die Abschlußformel feststellt. Es ist darum nicht ausgeschlossen, daß der in unserem Text gezeichnete Idealstaat das darstellen sollte, was der Verfasser — oder der Fürst selbst? — im hasmonäischen Staat unter Johannes Hyrkanos sehen wollte: Den gerechten Staat des charismatischen Herrschers. Das Ganze kann jedenfalls verstanden werden, als sollte der von Josephus berichtete dreifache Titel des Johannes Hyrkanos durch Zurückführung auf Mose sanktioniert werden.

Was den Hohenpriester im Diodorfragment und Johannes Hyrkanos von den anderen Priesterfürsten Israels unterscheidet, ist der prophetisch charismatische Anspruch. Seine Vereinigung mit dem Herrscher- und Priesteramt in einer Person entspricht nicht der israelitischen Tradition. Er gehört auch nicht zum Idealstaat der griechischen Philosophen. Wir haben aber zum Herrscher, der durch Inspiration Gesetze empfängt, eine andere Parallele. Die Inschrift des Antiochos I von Kommagene, die 1890 auf dem Nemrud-Dah entdeckt wurde, stammt aus dem 1.Jh.v.Chr. In ihr verfügt

---

102 In Sir 45,17 ist Aaron Inhaber der Jurisdiktion.
103 'Elia' und 'Ahab' in: Abraham unser Vater, Festschrift O. Michel, 1963, S. 364.
104 Ant 13, 299; Bell 1, 68.

der Herrscher die Stiftung einer Kultanlage. In diesem Text[105] herrscht eine religiöse Stimmung, die schon F. Taeger[106] den Vergleich mit der jüdischen Denkweise nahelegte. Der König führt zu Anfang aus, daß „von allen Gütern die Frömmigkeit nicht allein der festeste Besitz, sondern auch die süßeste Erquickung ist," und in seinem ganzen Leben hielt er „die Heiligkeit für den treuesten Wächter und eine unnachahmliche Befriedigung." Weiter schreibt er: „Als ich die väterliche Regierung übernahm, erklärte ich das meinen Thronen botmäßige Reich in der Frömmigkeit meines Inneren zum gemeinsamen Wohnsitz aller Götter." Hier ist der rhetorische Stil der griechischen Sophistik[107] verbunden mit einem religiösen Denken, das zwar nominell den griechischen Gedanken des Gottkönigs festhält[108], in Wirklichkeit aber in der überkommenen Ehrfurcht und Distanz gegenüber dem Göttlichen lebt[108a]. Das eigentliche Ziel ist ein religiöser Staat. In diesem Staat aber hat, wie die Einleitungsformel zu den angehängten Gesetzen zeigt, der König die Funktion des charismatisch inspirierten Gesetzgebers: „In unverletzlichen Säulen habe ich ein durch Meinung[109] der Götter heiliges Gesetz eingemeißelt", und „Dieses Gesetz hat meine Stimme verkündigt, der Geist der Götter hat es begründet."

Das kleine Reich von Kommagene hat sich zur selben Zeit wie der Hasmonäerstaat die Freiheit vom Seleukidenreich erobert. Der Herrscher nennt sich in der Inschrift nicht nur Griechenfreund, sondern auch Römerfreund[110]. Seine Inschrift ist ein unschätzbares Dokument, das uns durch Zufall bewahrt ist. Von den andern Staaten, die sich damals vom Diadochenjoch befreien konnten, haben wir keine literarische Überlieferung. Aber es ist immerhin denkbar, daß die Reaktion gegen die Diadochenherrschaft nicht nur von politischen Erwägungen getragen war, sondern von einer gemeinsamen orientalischen Staatsauffassung religiöser

---

[105]   Wir zitieren nach dem Abdruck in E. Norden, Antike Kunstprosa I, Neudruck 1958, S. 140 ff.

[106]   F. Taeger, Charisma I, 1957, S. 427.

[107]   Norden, op.cit. S. 147.

[108]   Cf. die Titulatur: Βασιλεὺς μέγας· Ἀντίοχος θεὸς Δίκαιος· Ἐπιφανῆς.

[108a] Die oben von mir aufgenommene Anschauung Taegers ist durch Veröffentlichung und Auswertung umfangreicher neuer Funde bestritten: Mittelpunkt des kommagenischen Kults sei im Gegenteil die Apotheose des Königs aufgrund eines charismatischen Geschehens. H. Dörrie, der Königskult von Kommagene im Lichte neuer Inschriftenfunde. AAW Göttingen 1964. Hiergegen vertritt H. Waldmann die Meinung, daß die Hauptintention der kultischen Maßnahmen in Kommagene der Kultus des Mithras-Apollon durch den nur traditionell als Gott verstandenen König sei. H. Waldmann, Die kommagenischen Kultreformen unter König Mithradates I. Kallinikos und seinem Sohne Antiochos I. Leiden 1973.

[109]   γνώμη = Wille der Gottheit, der durch einen Orakelspruch kundgetan ist. So Dion von Prusa, Or. 32,12. Cf. E. Wilmes, Beiträge zur Alexanderinerrede des Dion Chrysostomus, Diss. phil. Bonn, 1970, S. 8.

[110]   Die Selbstbezeichnung fährt fort Φιλορώμαιος καὶ Φιλέλλην.

Färbung, deren Elan auch den Kampf der Hasmonäer gegen das Seleukidenreich beflügelt hat.

Der Vergleich der beiden Texte hat uns gezeigt, wie sich im Judentum durch die Auseinandersetzung des 2.Jhs.v.Chr. die Vorstellung eines idealen Staates entwickelt hat. Hierbei spielen weniger die biblischen Vorbilder eine Rolle, als die hellenistischen Ideen über das Wesen des Staates. Damit haben im Judentum jene Gedanken Eingang gefunden, die nicht nur den Hintergrund für Josephus' Auffassung der Mosezeit und des Mosegesetzes bilden, sondern auch für die Denkweise der militanten Gruppen, deren Wirkung er beschreibt.

Eine offene Frage zur Auslegung des Bellum-Proömiums

Von Helgo Lindner, Todesfelde

Josephus beginnt das Vorwort zum Bellum mit einer sorgfältig aufgebauten Satzperiode. Diese stellt sogleich das Thema des Buches, dessen unbefriedigende Darstellung durch andere Historiker und den eigenen Entschluß des Josephus heraus, eine Geschichtsdarstellung des Krieges für die Leserschaft im römischen Imperium zu liefern (§§ 1–3). Warum sind die Darstellungen der Vorgänger unbefriedigend? Die einen haben am Krieg selber gar nicht teilgenommen. Sie waren schon bei ihrer Materialsammlung auf die Berichte anderer angewiesen. Das Ergebnis sind Berichte von ganz unterschiedlichem Aussagewert und einander widersprechendem Inhalt, die nur durch formal-rhetorische Kunst (σοφιστικῶς) zusammengehalten werden. Mit diesen Literaten hält er sich nicht lange auf. Er hat den Vorzug des Mithandelnden und Augenzeugen.

Mehr Schwierigkeiten muß ihm die Auseinandersetzung bereiten, wo andere Historiker den Krieg ebenfalls aus eigenem Erleben beschrieben haben. Sie wissen die πράγματα ebenso gut wie er, aber sie haben sie in ihrer Darstellung verfälscht. Da sie die Römer mit Schmeichelei umgeben, die Juden aber mit Haß verfolgen, enthalten ihre Schriften nur κατηγορία bzw. ἐγκώμιον, nirgends aber eine genaue Geschichtsdarstellung. Die Bezugnahme auf die ἀκρίβεια einer Berichterstattung spielt auf das Ethos des Historikers an, seine Verpflichtung zur ἀλήθεια, die in den Historikerproömien ständiger Topos sind.

Die zweite Gruppe von Vorgängern wird im Folgenden (§§ 6–8) noch einmal aufs Korn genommen, und im Anschluß an die Auseinandersetzung mit ihrer Parteilichkeit kommt Josephus auch darauf zu sprechen, was man ihm selber als „Tendenz" vorwerfen könnte und wie er selber sich vor dem Forum der ἀλήθεια meint rechtfertigen zu können (§§ 9-12)[1].

In einer Umwelt, der eine mehr oder weniger starke antijüdische Tendenz unter den Literaten und ihrer Leserschaft durchaus genehm war — man denke an Tacitus' Exkurs über die Juden (hist. V 2–9) —, hatte Josephus erheblich zu kämpfen, wenn er Verständnis gewinnen wollte für eine Darstellung, die auch der jüdischen Seite Gerechtigkeit widerfahren lassen wollte. Daß er überhaupt in der Öffentlichkeit einen solchen literarischen Kampf hat aufnehmen können, wurde ihm durch die priviligierte Stellung am flavischen Hof möglich gemacht. Den ihm gebotenen Rahmen auszufüllen mit einer überzeugenden Darstellung, die die Konkurrenz mit den

---

[1] Hierzu vgl. H. Lindner, Die Geschichtsauffassung des Flavius Josephus im Bellum Judaicum, Leiden 1972,S. 135–141.

griechischen und römischen Schriftstellern nicht zu scheuen brauchte, das konnte ihm jedoch niemand abnehmen[2]. Josephus führt seinen Kampf nicht ungeschickt, wenn er den prorömisch-antijüdischen Schriftstellern die These entgegenhält, daß römische Tüchtigkeit ja gerade nicht an einem Erfolg über unbedeutende Gegner erwiesen werden kann (§ 8). Wer die Juden verkleinert, setzt auch ihre Bezwinger herab! Gerade als Jude — der Einschlag von Patriotismus braucht hier nicht verhohlen zu werden — kann Josephus viel sachgerechter als alle Antijudaisten „die Größe der Feldherrn" schildern, „die im Kampf um Jerusalem eine Menge Schweiß gelassen haben".

Die Polemik richtet sich im Folgenden (§§ 13—16) noch gegen eine weitere Gruppe von Schriftstellern. Bisher setzte sie sich mit Konkurrenten des Josephus in der Bellum-Darstellung auseinander, und man darf sich erinnern, daß *A. Schlatter* bei der zweiten Gruppe der Vorgänger ständig an einen römischen Offizier gedacht hat, dessen Darstellung dem Josephus selbst als Vorlage bei der Abfassung seines Werkes gedient hat[3]. Die in § 13 genannten „griechischen Gelehrten" sind für Josephus jedoch keine „Vorgänger", keine Konkurrenten hinsichtlich der historischen Erfassung des jüdischen Krieges, und insofern entsteht hier die Frage, was innerhalb des Bellum-Proömiums mit der gegen sie gerichteten Polemik beabsichtigt ist. Doch zunächst der Versuch einer Übersetzung dieses Abschnittes:

(13) „Gleichwohl hätte ich meinerseits" — Josephus hat im vorhergehenden Abschnitt eine mögliche Kritik an seinem Werk in Erwägung gezogen — „gerechtermaßen den griechischen Gelehrten Vorwürfe zu machen: Zu ihren Zeiten haben sich Ereignisse von einem so gewaltigen Ausmaß abgespielt, die bei einem Vergleich die Kriege von einst als völlig unbedeutend erscheinen lassen. Nun sitzen diese Männer wohl da und fällen Urteile über die Vorgänge ihrer Gegenwart, indem sie allerdings den ernstlich sich Mühenden Steine in den Weg legen (— mögen sie ihnen im Worte überlegen sein, so sind sie doch schwächer in der Grundeinstellung zur Aufgabe). Sie selbst aber schreiben die Geschichte der Assyrer und Meder, so als wenn sie von den alten Geschichtsschreibern weniger ansprechend übermittelt worden wäre. (14) Und doch stehen sie jenen in der Kraft der Darstellung ebenso nach wie im Sachverstand. Denn jene bemühten sich ein jeder, das zu ihrer Zeit Geschehene zu schreiben. Dabei ergab es sich ebenso, daß die Berichterstattung infolge eigener Anwesenheit bei den Geschehnissen klar und lebendig wurde, wie auch das andere, daß Verfälschung Schande bei Wissenden brachte. (15) In der Tat: dem Gedenken der Nachwelt die Geschichte zu übermitteln, die bis dahin noch nicht abgefaßt worden ist, und die Ereignisse der eigenen Zeit für die Späteren zusammenzustellen, das ist des Lobes und der Würdigung wert. Der Preis schriftstellerischen Fleißes gebührt doch nicht dem, der eine fremde

---

[2] Ich möchte in diesem Zusammenhang für eine vorsichtige Einschätzung jenes Anteils im Bellum plädieren, der auf Grund von c Ap 1,50 den Assistenten in der griechischen Sprache zuzugestehen ist.
[3] A. Schlatter, Zur Topographie und Geschichte Palästinas, 1893, S. 97—403, zusammenfassend S. 100; ders., Der Bericht über das Ende Jerusalems, 1923, S. 44.67. Vgl. auch B. Niese, Der jüdische Historiker Josephus, Hist. Zeitschr. 40 (1896), S. 193—237, zur Sache S. 210.

Planung und Ordnung umgestaltet, sondern dem, der bei dem, was er Neues zu sagen hat, auch das Corpus der Geschichtserzählung als ein eigenes Werk anfertigt. (16) Und so lege ich unter größten Kosten und Mühen als ein Ausländer Griechen und Römern die geschichtliche Darstellung der vollbrachten Taten vor. Den Einheimischen (sc. Griechen) aber steht sogleich der Mund offen, und ihre Zunge ist gelöst, wenn es um Gewinne und gerichtliche Streitverfahren geht, ist jedoch die Geschichtsschreibung gefragt, wo man die Wahrheit sagen und mit viel Mühe die Tatsachen sammeln muß, so bleiben sie stumm und überlassen es den Schwächeren und nichts Wissenden, die Taten der Feldherren zu beschreiben. So stehe denn nun bei uns die in der Geschichtsschreibung sich erweisende Wahrheit in Ehren, wiewohl sie bei den Griechen vernachlässigt wird."

Es finden sich zu diesem Abschnitt in der einschlägigen Josephusforschung fast gar keine interpretatorischen Hinweise, von zusammenhängenden Deutungen einmal ganz abgesehen[4]. Eben deswegen konnte es wohl auch geschehen, daß dort, wo man auf ihn Bezug nahm, offensichtlich falsche Deutungen aufgetreten sind und in der „Einleitungswissenschaft" zu Josephus auch ihren Eindruck hinterlassen haben.

So hat *Gustav Hölscher* in seinem großen Josephusartikel in Pauly-Wissowas Realenzyklopädie[5] bei den „griechischen Gelehrten" in § 13 eine Bezugnahme auf Nikolaos von Damaskus finden wollen[6]. Tatsächlich hatte dessen Weltgeschichte mit den Assyrern eingesetzt[7], und Hölscher dürfte auch mit der Annahme Recht behalten, daß die Bellum-Vorgeschichte (1,31—2,116) „eine verhältnismäßig ungebrochene Wiedergabe der Nikolaostradition" ist. Es ist aber alles andere als zwingend, wenn von diesen beiden Daten her auch die Linie zu den in Bell 1,13 genannten „griechischen Gelehrten" ausgezogen wird. Es ist durchaus üblich, daß griechische Historiker[8] eine Darstellung der Weltgeschichte mit den Assyrern und Medern beginnen[9]. Doch besteht nicht nur die Möglichkeit, sondern die Notwendigkeit, daß Josephus mit seiner Polemik andere treffen will als den Nikolaos. Denn was erfahren wir von ihnen? Ihre eigene Zeit, in der sich Gewaltiges abgespielt hat, regt sie wohl zu Urteilen an (κάθηνται κριταί), aber eben nicht zur Geschichtschreibung, obwohl sie Historiker sind. Diese Befähigung entfalten sie auf einem entlegenen Ge-

---

[4] Dies gilt auch für die kommentierenden Übersetzungen. Nur bei Ricciotti finde ich zu § 16 die Notiz, daß es sich bei den γνήσιοι — wegen des Bezugs zum Schlußsatz des Abschnitts — um die Griechen handeln muß. Die Kommentare von Kohout und Simchoni waren mir leider nicht zugänglich.

[5] RE 9 (1916), Sp. 1934—2000.

[6] Ebd. Sp. 1948.

[7] Dazu vgl. R. Laqueur, Art. Nikolaos von Damaskus, in: RE XVII (1936) Sp. 362—424.

[8] Zu ihnen darf man — nicht unbedingt auf Grund der Abstammung, aber nach dem allgemeinen hellenistischen Kulturbewußtsein jener Zeit um Christi Geburt — auch den Nikolaos rechnen. Laqueur Sp. 362f. hält es für möglich, daß seine Familie „letzten Endes aramäisch gewesen ist, aber in der gräzisierten Stadt hellenistisch wurde."

[9] Laqueur a.a.O. Sp. 374.

biet, wo es für einen echten Historiker gar keine Lorbeeren mehr zu holen gibt usw. Es ist äußerst wichtig, zu sehen, daß die Kritik dieser Männer etwas anderes gewesen ist als eine historiographische Betätigung. In diesem Sinn wird die Polemik in § 16 ja auch weitergeführt: Diese Männer haben in der Sache, die zur Diskussion steht, nicht geschrieben, sondern geredet, und zwar offenbar vor Gericht. Und dort haben sie ihre Überlegenheit gegen die φιλοτιμούμενοι (§ 13) ausgespielt. Aber diese Überlegenheit ist λόγος, bloße Rhetorik, nicht ἀλήϑεια und nicht verbunden mit dem Ruhm der φιλοπονία, des Sichabmühens um die Wahrheit im Detail. Alle diese Vorwürfe können den Nikolaos gar nicht treffen. Denn er hat doch gewiß die Dinge historisch erfaßt, bei denen er Zeitgenosse und Zeuge gewesen ist. Natürlich ist er auch, und zwar ausgiebig, als Anwalt in Gerichtsverfahren aufgetreten, aber doch vor vielen Jahrzehnten, gerade nicht in der Sache jener πράγματα, die nach Meinung des Josephus die Kriege (!) von einst ganz in den Schatten stellen (vgl. die ersten Worte des Proömiums!), und auch nicht in Gegnerschaft zu den φιλοτιμούμενοι, den ernstlich Bemühten. Denn zu denjenigen, die sich wirklich Verdienste um die historische Darstellung des größten aller Kriege erworben haben, will Josephus doch ganz ohne Zweifel in erster Linie sich selbst gezählt wissen. So ist der ganze Abschnitt doch wohl alles andere als eine akademische oder bloß literarische Polemik. Hier wird ein ernsthafter Kampf in der Gegenwart des Historikers ausgetragen[10].

Fast durchweg kommen in der Josephusforschung methodische und forschungsgeschichtliche Fragen zu kurz. Ich halte es deshalb für angebracht, sich auch den Satz noch einmal vor Augen zu halten, mit dem Hölscher sein Urteil über unseren Abschnitt zusammenfaßt: „Es ist die beliebte Art mittelmäßiger Skribenten, gegen diejenigen am meisten zu prahlen, die man am gründlichsten ausgeschrieben hat . . .“ Für Hölscher ist Josephus „eitel“, ein „Vielschreiber“ und dergleichen mehr. Man muß das wissen, um zu sehen, daß das Gesamtbild des jüdischen Historikers auch in diesem besonderen Fall zu einer petitio principii geführt hat, die weder mit Exegese noch mit historischer Kombination etwas zu tun hat. In der Forschung sollte Hölschers Satz aber nicht länger nachgesprochen werden.

Hölschers Konstruktion entsprang aus einem tatsächlichen Mangel des Proömiums: Josephus gibt nicht die Quellen an, aus denen er schöpft. Die Überlegung blieb hier aber nicht stehen, sondern ging weiter: Ein niedriger Charakter verschweigt nicht nur die anderen, denen er Wesentliches zu verdanken hat, sondern er setzt sie auch noch öffentlich herab. Eine Modi-

---

[10] Richtet sich die Polemik gegen Zeitgenossen, so kommt auch Dionysios von Halikarnaß als Gegner nicht in Frage. Erwogen wird diese Möglichkeit bei P. Collomp, La place de Josèphe dans la technique de l'historiographie hellénistique, Publ. Fac. des Lettres Strasbourg, Fasc. 106, Paris 1947, S. 88.

fikation dieses polemischen Schemas findet sich, bezeichnenderweise ebenfalls als Interpretation von Bell 1,13 vorgetragen, bei *H. St. J. Thackeray*, dem sonst so besonnenen großen englischen Josephusforscher. Was er im Bellum-Proömium vermißt, ist ein Dankeswort des Autors an seine „Assistenten", die ihm nach c Ap 1,50 bei der griechischen Abfassung des Bellum zur Seite gestanden haben und deren Leistung von Thackeray besonders hoch eingeschätzt wird[11]. Statt dessen, so meint Thackeray, ist die einzige Anspielung, die innerhalb des Proömiums auf „gelehrte Griechen" gemacht wird, ein strenger Tadel für deren Vernachlässigung der historischen Genauigkeit. „The assistants indeed had a thankless taskmaster". Wahrscheinlich seien es Sklaven gewesen, mit denen Josephus sich, ähnlich dem in Vit 429 erwähnten, nicht gut gestanden habe. „Josephus had foes in his own household."[12] Diese letzte Bemerkung ist für die Vita-Stelle brauchbar. Dort geht es aber um die Regierungszeit Domitians, nicht um die Zeit, in der das Bellum entstand. Die §§ 13—16 des Vorworts bezeugen allerdings auch eine sehr entschiedene Feindschaft für diese Zeit, die Josephus zu ertragen hatte. Daß es sich hierbei aber um Feinde im eigenen Hause, ja um Mitarbeiter am Bellum gehandelt hätte, ist ganz ohne Grund kombiniert[13]. Bell 1,13—16 hat mit den Assistenten des Josephus[14] ebensowenig zu tun wie Nikolaos von Damaskus.

Die Zurückweisung der Fehlinterpretationen ist nötig, um die Frage wieder freizulegen, wer denn die in diesem Abschnitt bezeichneten Feinde des Josephus sind. Denn bisher wissen wir es noch nicht. Jedenfalls haben bestimmte griechische Historiker dem Josephus in Rom Unannehmlichkeiten bereitet, die soweit gingen, daß sie in Auseinandersetzungen vor Gericht gegen ihn Stellung bezogen. Das Stichwort λήμματα in § 16 läßt vermuten, daß diese Männer (vielleicht auch bloß ein einziger, da der Plural hier nicht unbedingt wörtlich genommen werden darf[15]), nicht selbst die Gegenpartei des Josephus, sondern deren bezahlte Anwälte waren. Ihre Überlegenheit in der Rede hat der jüdische Priester zu spüren bekommen. Daß diese Gegner über den Krieg, also in der Sache, um die der Prozeß ging[16], wirklich Bescheid wußten, muß Josephus ihnen ebenfalls bescheinigen: Es gibt nach § 16 (Ende) schlechter informierte Leute sogar unter

---

[11] H. St. J. Thackeray, Josephus, the Man and the Historian, New York 1929, S. 100ff.

[12] Thackeray a.a.O. S. 105.

[13] Die falsche Fährte mag dadurch veranlaßt worden sein, daß die Ἑλλήνων λόγιοι in Thackeray's Übersetzungen stets als „gelehrte Griechen" („erudite Greeks") erscheinen, während die griechische Wendung doch wohl präziser mit „griechische Gelehrte" („Greek scholars") wiederzugeben ist.

[14] Diese brauchen keineswegs Griechen gewesen zu sein!

[15] R. Laqueur, Der jüdische Historiker Flavius Josephus, S. 10, Anm. spricht von der „ebenso verbreiteten wie oft verkannten pluralischen Form" (zu Vit 336ff).

[16] τούτων (sc. τῶν πραγμάτων) μὲν κάθηνται κριταί . . . , § 13.

den Historikern des Krieges selbst. Josephus muß im Kampf um die Gunst der Flavier auch sehr schwere Stunden durchzustehen gehabt haben. Wenn das Proömium in seiner heutigen Form schon der ersten Auflage des Bellum beigegeben war, so gehören die bezeichneten Auseinandersetzungen unmittelbar mit der Entstehung des Bellum zusammen[17]. Dies scheint mir auch der am ehesten einleuchtende Grund zu sein, weswegen die „griechischen Gelehrten" im Vorwort überhaupt erwähnt werden.

Josephus führt den Gegenstoß, indem er seinen Kontrahenten das Ethos des Historikers streitig macht: Ginge es ihnen um die Wahrheit, so hätten sie ihr Wissen nicht vor Gericht, sondern in einer Geschichtsdarstellung des Krieges zum Zuge gebracht. Die Argumentation erinnert an die Ideale des Polybios: Der echte Historiker verfaßt das Selbsterlebte[18], doch verbreitert sich die Polemik zu einer Verurteilung der Griechen überhaupt (§ 16). Damit ist neben der aktuellen Front, in die Josephus durch das Gerichtsverfahren gestellt war, eine sehr viel breitere aufgebrochen: Wer in der Geschichtsschreibung die Wahrheit sucht, der findet sie nicht bei den Griechen, sondern παρ' ἡμῖν, „bei uns", also bei Josephus und bei den Juden[19]. Damit ist ein Kampf begonnen, den Josephus später, in der Schrift gegen Apion, noch recht eingehend weitergeführt hat, und dort erst wird auch deutlich, inwiefern hinter dem josephischen Begriff von Geschichtsschreibung sein eigenes jüdisch-priesterliches Verständnis von παράδοσις steht.[20]

Aber auch dort bleibt unsere Frage nach der Identität der Gegner von Bell 1,13 ohne Antwort[21]. Bei einer sich durchhaltenden Thematik sind die Gegner der neunziger Jahre doch offenbar andere als die aus den ersten römischen Jahren.

---

[17] Einen Prozeß, in den Josephus verwickelt war, kennen wir aus dem Schlußabschnitt des Bellum (7,437—453), Andeutungen hierzu gibt noch Vit 424f.

[18] Hierzu vgl. P. Pédéch, La méthode historique de Polybe, Paris 1964, S. 358f.; P. Collomp a.a.O. S. 86ff. Auch G. Avenarius, Lukians Schrift zur Geschichtsschreibung, Meisenheim/Glan 1956. Er bemerkt S. 177 zur Nachwirkung der Theorie des Polybios, daß sich bei Josephus „auffallend viele inhaltliche und wörtliche Übereinstimmungen mit jenem Historiker" finden, „die eine direkte Entnahme wahrscheinlich machen, da sie zum Teil über die allgemein übliche Topik hinausgehen."

[19] Der Plural fällt aus dem Zusammenhang heraus!

[20] Vgl. insbesondere c Ap 1,50: ἐποιησάμην τῶν πράξεων τὴν παράδοσιν. Das in Bell 1,9.16 vorkommende auffallende Verb ἀνατίθημι ist doch wohl bewußt im Hinblick auf dessen religiösen Klang gewählt. Synonym ist καθιερούσθαι in c Ap 1,9; vgl. auch c Ap 1,11 ἐν ἱεροῖς bzw. δημοσίοις ἀναθήμασιν.

[21] In c Ap 1,25 heißt es im Zusammenhang der Erörterung möglicher Motive zur Geschichtsschreibung: ἄλλοι δὲ ἐπὶ τὸ κατηγορεῖν τῶν πράξεων ἢ τῶν γεγραφότων ἐχώρησαν. Das erinnert an Bell 1,13. Sind die dort genannten Gegner inzwischen doch auch mit einem Buch über die Geschichte des jüdischen Krieges hervorgetreten? Dann wäre die Polemik im Bellum-Proömium ein Zeugnis dafür, daß Josephus den Gegnern in der Veröffentlichung einer Kriegsdarstellung zuvorgekommen ist.

Die jüdischen Lehrer bei Josephus

Einige Beobachtungen*

Von Gerhard Maier, Tübingen

I.

Josephus macht in den großen Werken (Bell und Ant) seine Ausführungen über die Lehrer seines Volkes in einer eigentümlichen Weise. Deren auffallendstes Merkmal ist die Tatsache, daß es *die* Weisen offenbar nicht mehr gibt, sondern nur noch Lehrer, die durch die Zugehörigkeit zu bestimmten Gruppierungen geprägt sind. An die Stelle der universalen Weisheit, die für Anregungen von überall her grundsätzlich offen war, ist längst die theologisierte Weisheit[1] getreten, die sich mehr und mehr in schulmäßig festgelegten Kanälen mit ihren Besonderheiten ergießt. Auch ist eine originale Persönlichkeit wie Ben Sira, die allen und jeder Gruppierung etwas zu sagen hatte und deren Bedeutung allein auf der persönlichen Autorität stand, jetzt nicht mehr denkbar. Gerade dieser Stand der Entwicklung läßt sich bei Josephus eindrücklich ablesen.

Er benützt zur Darstellung in dieser Beziehung hauptsächlich drei Möglichkeiten: die Zeichnung der Lehrer in einer Parallelität zu den hellenistischen theioi andres, dann die praktische Ausformung ihrer Frömmigkeit, und schließlich, und das am stärksten, die lehrmäßige Konturierung.

1. Die Parallelität zu den staunenerregenden theioi andres der hellenistischen Umgebung springt dort am meisten ins Auge, wo uns Josephus die Fähigkeit zur Deutung der Zukunft vorführt. So in der bekannten Erzählung von einem Judas, der sich noch nie in seinen Prophezeiungen getäuscht hatte. Eines Tages sieht er Antigonus vorüberschreiten, dessen Tod er gerade für diesen Tag prophezeit hatte. Eine kleine Weile verharrt der alte Mann traurig. Da kommt die Nachricht zu dem schon Enttäuschten, daß Antigonus soeben ermordet wurde und zwar an einem Platz in Jerusalem, der ebenfalls Stratonsturm hieß, während der alte Judas bei seiner Prophezeiung des Schauplatzes an den Stratonsturm am Meer (Cäsarea) gedacht hatte. Dabei befindet sich Judas im Tempel, umgeben von einer Schar seiner Gefährten und Schüler (ἑταῖροι und γνώριμοι), die zusammen waren, um von ihm in der Lehre (διδασκαλία) der Zukunftsweissagung

---

Literaturhinweise: Flavius Josephus, De Bello Judaico, Der jüdische Krieg, hrsg. von O. Michel und O. Bauernfeind, Bd. I, Darmstadt 1959; Bd. II,1, Darmstadt 1963 (abgek. Michel-Bauernfeind I bzw. II). — G. Maier, Mensch und freier Wille nach den jüdischen Religionsparteien zwischen Ben Sira und Paulus (WUNT 12), Tübingen 1971 (abgek. Mensch u. freier Wille). — G. v. Rad, Theologie des Alten Testaments, Bd. I München 1962; Bd. II, München 1965 (abgek. v. Rad I bzw. II).

[1] v. Rad I, 454ff.

unterwiesen zu werden (Ant 13,311f). Die lateinische Übersetzung des Bellum, der einen Parallelbericht bringt, nennt Judas papas = Erzieher[2]; der griech. Bericht spricht hier von den μανθάνοντες (Bell 1,78). Auffallenderweise ist bei Judas ausdrücklich vermerkt, er sei Essener. Ganz ähnlich sagt Josephus bei der allgemeinen Schilderung der Essener: „Unter ihnen befinden sich aber auch solche, die sich im Stande fühlen, die Zukunft vorauszuwissen; geschult haben sie sich durch heilige Bücher und verschiedene Reinigungen und Sprüche von Propheten; es geschieht aber selten, daß sie in ihren Vorhersagen fehlgehen" (Bell 2,159)[3]. In diesem Zusammenhang ist ferner interessant, was Josephus über die Fähigkeiten der Essener zur Heilung von Krankheiten und zur Erlangung eines hohen Lebensalters zu erzählen weiß.[4]

2. Noch stärker drängt sich das Gewicht der Zugehörigkeit zu einer bestimmten religiösen Gruppierung dort auf, wo Josephus auf die Praxis pietatis der jüdischen Lehrer eingeht. Wohl kann er gelegentlich bestimmte Lehrer in ihrer persönlichen Eigenart, unabhängig von ihrer Richtung, erscheinen lassen. So etwa den unerschrockenen Samaias, der gegen die Herodianer im Synhedrium das Wort ergriff und den er als δίκαιος ἀνήρ kennzeichnet (Ant 14,172). Oder die beiden Gelehrten (σοφισταί), die ihre Schüler kurz vor dem Ende des Herodes zum Herabschlagen des goldenen Adlers am Tempel veranlaßten, wobei Josephus bemerkt, es habe sich um außerordentlich genaue und beliebte Kenner der väterlichen Gesetze (μάλιστα δοκοῦντες ἀκριβοῦν τὰ πάτρια καὶ μεγίστης ἠξιωμένοι δόξης) gehandelt (Bell 1,648). Ist so die persönliche Eigenart durchaus nicht aufgehoben, so finden sich doch gerade in den genannten Fällen Züge, die typisch für die Zugehörigkeit zu einer bestimmten religiösen Richtung sind. Das kann bei dem engen Zusammenhang von Toraverständnis und Praxis pietatis nicht verwundern. Z.B. drückt sich in dem Beispiel des Samaias auch der pharisäische Mut vor Fürsten und die pharisäische Herauskehrung der Macht des Synhedriums aus. Ähnlich entdecken wir bei den beiden Gelehrten neben dem zelotischen Eifer die pharisäischen Merkmale der Genauigkeit der Gesetzesauslegung und des Auferstehungsglaubens, wobei ja das Zelotische auf dem Pharisäertum basiert.

Infolge der eben erwähnten Interdependenz von Toraverständnis und praktischem Frömmigkeitsleben scheiden sich die jüdischen Lehrer bei Josephus in bestimmte Frömmigkeitstypen entsprechend ihrer Gruppierung. In den Parteiberichten (Bell 2,119—166; Ant 13,171—173; 18,11—25) erscheinen geradezu stereotype Stilisierungen, die natürlich in der Lebenserfahrung wurzeln. Die Essener, denen ein spezielles Interesse

---

[2] Vgl Michel-Bauernfeind I, 406,38.
[3] Vgl Michel-Bauernfeind I, 439,83 u. 84.
[4] Bell 2,136. 151.

des Josephus gilt und die er ja gerne als Glaubensheroen analog den Theioi andres darstellt, versieht er mit dem Attribut des σεμνότητα ἀσκεῖν und schreibt, sie hätten untereinander noch mehr Liebe als die anderen (Bell 2,119). In demselben Sinn wird die Benennung βέλτιστοι ἄνδρες Ant 18,18 zu verstehen sein. Der Parteienbericht im Bellum schildert seinen hellenistischen Lesern ausführlich die Frömmigkeit dieser jüdischen „Philosophie": sie halte die sinnliche Freude (ἡδονή) für Unrecht (κακία), die Enthaltsamkeit (ἐγκράτεια) für Tugend (ἀρετή) und lasse sich nicht von Leidenschaften (παθήματα) beherrschen; so verachte sie Ehe, Reichtum, Privateigentum, Schönheitspflege; „Kleidung und Körperhaltung sind wie bei den Knaben, die von einem Pädagogen in Furcht gehalten werden"; ihre Gebete sind Ausdruck einer eigenen Frömmigkeit (εὐσεβεῖς ἰδίως); charakteristisch sind besondere Waschungen, Speiseriten, Nüchternheit, Stille, Wahrheitssinn, Gehorsam, Studium der heiligen Schrift, Aufnahmeriten, Verpflichtungen und Arkandisziplin, Strenge der Sabbattora[5]. Kürzer geht Josephus bei den Pharisäern und Sadduzäern zu Werke. Allerdings nehmen die Anhänger der Pharisäer (αἱρετισταί) den ersten Platz ein, sind also am zahlreichsten vertreten. Neben ihrer genaueren Gesetzesauslegung und daraus resultierenden besonderen Frömmigkeit (μετὰ ἀκριβείας δοκοῦντες ἐξηγεῖσθαι τὰ νόμιμα)[6] notiert er ihre gegenseitige Liebe und Einigkeit sowie Abneigung gegen Luxus und Respektierung der Älteren[7]. Was Josephus in den Parteiberichten verschweigt, kommt andernorts zum Vorschein, nämlich das politische Engagement bis hin zum parteimäßigen Eingriff in das Zeitgeschehen mit dem Zweck der Gestaltung der politischen Geschicke des Volkes und mit einem durchaus fließenden Übergang zum Zelotentum[8]. Man darf dies politische Engagement keineswegs von der Praxis pietatis lösen, sondern muß es als vorzüglichen Ausdruck derselben beachten. Die Sadduzäer hingegen, ebenfalls dem politischen Engagement offen und nur eben seit Hyrkan I von den Pharisäern aus der Machtstellung verdrängt[9], sind mit wenig Sympathie beschrieben. Josephus hebt ihre aristokratische Stellung sowie den Mangel an Liebe untereinander (wohl ein Ergebnis des Mangels an Gemeinschaften, hᵃburôt) bzw. ihre Diskutierlust gegenüber den Lehrern hervor[10]. Übrigens legen die pharisäischen Lehrer bei Josephus gelegentlich Zeugnis ihrer Verachtung der gemeinen Masse ab[11].

---

[5] 2,120—158.

[6] Vgl Bell 1,110. 648; 2,162; Ant 18,11ff; vielleicht auch Bell 1,209.

[7] Bell 2,166; Ant 18,11ff.

[8] Bell 1,110. 208f. 648ff; 2,433; Ant 18,290ff; vgl: Mensch u. freier Wille 285ff.

[9] Ant 13,290ff.

[10] Bell 2,166; Ant 13,297f; 18,16f.

[11] Bell 1,650: „Die gemeine Masse aber, die der Weisheit (σοφία) der Gelehrten bar sei und auch keine echte Erkenntnis habe, schätze ihr natürliches Leben über alles und ziehe das Sterben auf dem Krankenbett einem ehrenvollen Tode vor." Über diesen σοφία-Begriff vgl. Wilckens ThW VII,503.

Es ergibt sich also, daß man wohl gemeinsame Frömmigkeitsmerkmale feststellen kann, jedoch hinsichtlich der jüdischen Lehrer ebensowenig von *den* Frommen reden darf wie von *den* Weisen schlechthin. Im Grunde und weithin gibt es nur pharisäische Fromme, essenische, sadduzäische. Die Gruppierungen tragen und gestalten das religiöse Leben.

3. Am stärksten und verständlichsten jedoch äußert sich die gruppenmäßige Prägung in der Lehre. Die verschiedene Toraauffassung akzentuiert sich hier noch schärfer als bei der Praxis pietatis. Freilich darf man den abgesteckten Spielraum nicht zu eng ansetzen. Davor warnt z.B. die Tatsache, daß eine Gruppe (τάγμα) von Essenern existierte, die in der Auffassung der Ehe von den übrigen differierte[12]. Bestimmte Lehrmeinungen besaßen aber eine scheidende Kraft zwischen den Gruppen und wurden so zu Kennzeichen der Gruppen. Dieser Sachverhalt geht schon aus der Erzählung des Josephus hervor, wie es aufgrund eines Gegensatzes in der Grundlage der Tora zu einer Auseinandersetzung und endgültigen Scheidung von Pharisäern und Sadduzäern kam. Der Streit ging darum, ob gewisse Regeln, die von früheren Generationen, aber nicht direkt aus der geschriebenen Mosetora stammten, verbindliche Kraft für das Leben haben sollten. Hier vertraten die Sadduzäer den ausschließlichen Satz: νόμιμα τὰ γεγραμμένα. D.h. sie bestreiten nicht, daß altehrwürdige Sätze und Regeln existieren; sie bestreiten auch nicht, daß deren Kenntnis nützlich und gut wäre. Allein sie lehnen deren allgemeine und verbindliche Geltung ab[13]. Letztere kommt nur der geschriebenen Tora zu[14].

Kein Wunder, wenn bei verschiedener Basis der Lehre tiefgreifende Unterschiede im Lehrgebäude auftreten. Mit einem Blick auf die Essener muß hier gesagt werden, daß die Schilderung des Aufnahmeverfahrens durch Josephus ebenfalls eine eigentümliche Grundlage des theologischen Denkens zutage fördert. So schwört der Neueintretende „furchtbare Eide", „weder vor den Anhängern der Sekte etwas zu verheimlichen noch anderen von ihnen etwas zu verraten", „niemandem die Satzungen anders mitzuteilen als wie er selbst sie empfing" und „die Bücher der Gemeinschaft in gleicher Weise wie die Namen der Engel sorgfältig zu bewahren". Die Funde von Qumran mit ihren Berichten über die besondere Einsicht des „Lehrers der Gerechtigkeit", mit der sog. Sektenregel, den Pescharim und Geheimdokumenten u.s.f. bestätigen dies nur.

Die verschiedene Wertung, die Sadduzäer und Pharisäer für die *Tradition* vornehmen, führt zwangsläufig zu einer verschiedenen Wertung der

---

[12] Bell 2,160f. Sicherlich liegt dieser Einstellung nicht eine Neigung zu größerem Libertinismus zugrunde, sondern die Weisung des Mose, auf die sich ja auch Jesus stützte (Matthäus 19).

[13] Ant 13,297f; 18,16.

[14] Eine gewisse Parallelität zum lutherischen „sola scriptura" und pietistischen „Bibel und Bekenntnis" ist nicht zu übersehen.

Tradenten. Ant 18,16 lesen wir über erstere die Bemerkung: „sie rechnen es als Tugend, mit den Lehrern der Weisheit . . . zu disputieren". In dieselbe Richtung muß die Bemerkung des Bellum: „bei den Sadduzäern ist . . . untereinander das Benehmen gröber" interpretiert werden. Natürlich können bei solcher Einstellung wohl allgemeine Übereinstimmungen, aber keine hᵃburot entstehen. Die sadduzäischen Lehrer setzen eben die Tradition der früheren Weisheitslehrer fort, die selbständig annahmen oder verwarfen, was und wie es ihnen einleuchtend erschien. Ganz anders die Pharisäer. Josephus stellt ausdrücklich fest, daß die pharisäischen Lehrer von den Jüngeren her nicht der Gefahr des Widerspruchs ausgesetzt sind[15]. Die hier entstehenden ḥaburot und Verhältnisse von Rabbi und Schülern garantieren eine zuverlässige und verpflichtende Weitergabe der empfangenen Lehre, die allerdings der Anpassung und Weiterentwicklung fähig bleibt. Ähnliches gilt für die Essener[16].

Ein zweiter Punkt, an dem die jüdischen Lehrer aufgrund des sie prägenden Lehrstroms entgegengesetzte Lehrbesonderheiten festhalten und entwickeln, ist das Verhältnis zur *Auferstehung.* Um mit den Sadduzäern zu beginnen, so kennzeichnet sie Josephus als entschiedene Leugner der Auferstehung. Er formuliert sogar: „Den Sadduzäern eignet die Lehre, daß die Seelen mit dem Körper verschwinden"[17]. Das braucht aber nicht ohne weiteres zu bedeuten, daß sie auch eine schattenhafte Seelenexistenz in der Scheol leugnen, die ja noch ihr Lehrmeister Ben Sira vertritt[18]. Ihr Interesse geht vielmehr, wie der Bellumbericht[19] und der Vergleich mit den Pharisäern zeigt, auf die Leugnung einer apokalyptischen Zukunftserwartung mit Auferstehung und Gericht[20].

Die gegenteilige Position nehmen Pharisäer und Essener ein, wiewohl in verschiedener Weise. Was hier Schwierigkeiten bereitet, ist die Diktion des Josephus. Er nennt als Schauplätze des Geschehens den „Hades" oder einen Ort „unter der Erde"[21]. Bei seiner Besprechung der essenischen Auferstehungslehre Bell 2,154ff wird jedoch deutlich, daß diese Termini mit Rücksicht auf die hellenistischen Leser gewählt sind. Man wird also in Beziehung auf das Judentum immer den „kommenden Äon" einzusetzen haben, wo Josephus solche Ausdrücke gebraucht; mithin den lokalen durch den zeitlichen Aspekt ersetzen müssen. Geht man davon aus, so findet man bei den pharisäischen Lehrern eine offenbar fest geformte

---

[15] Ant 18,12.
[16] Vgl. Mensch u. freier Wille 222ff.
[17] Ant 18,16.
[18] Vgl. Mensch u. freier Wille 79.
[19] 2,165; ähnlich Mk 12,18ff parr; Act 23,6ff.
[20] Vgl. Mensch u. freier Wille 145ff.
[21] Hades: Bell 2,165; 3,375; vgl. Ps Sal 3,11; 13,11; 14,9; 15,10ff; unter der Erde Ant 18,14.

Tradition mit den beiden Kern-Sätzen: jede Seele ist unsterblich, und die Gerechten werden mit einem neuen Leibe auferstehen. Stets verbunden mit der Auferstehung ist das Gericht. Die Bösen, denen das Geschenk des neuen, heiligen Leibes versagt bleibt, treffen harte Strafen; die Guten werden nach ihren Werken belohnt. Offenbar denkt sich Josephus den Aufenthalt der Seelen beider bis zum Gericht in Warteräumen[22]. Eine gute Illustration hierzu bietet der Pharisäer Josephus selbst, der als Feldherr den Seinen mit „philosophischen Beweisgründen" (d.h. jüdisch-religiösen, Bell 3,361: φιλοσοφεῖν) den Selbstmord ausreden will und dabei sagt: „Denn alle haben wir einen sterblichen Leib, der aus vergänglichem Stoff gebildet ist, die Seele aber ist immer unsterblich ... Und ihre (d.h. der Gerechten) Seelen bleiben rein und gehorsam, sie erhalten den heiligsten Platz im Himmel, von wo sie im Umschwung der Äonen wieder heiligen Leibern einwohnen dürfen. Wer aber im Wahn selbst Hand an sich legt, dessen Seele nimmt ein besonders finsterer Ort in der Unterwelt auf."[23] Die Wirksamkeit, Geltung und Festigkeit dieser Lehre erweist sich bis in das politische Leben hinein, wie aus dem Beispiel der schon genannten Gelehrten (σοφισταί) hervorgeht, die ihre Anhänger zum Tempelattentat ermuntern mit der Begründung, „es sei ja doch gut, für das Gesetz der Väter zu sterben. Denn welche ein solches Ende nähmen, deren Seele werde unsterblich, und ewig bleibe das Empfinden himmlischer Seligkeit"[24]. Vergleicht man hiermit die essenische Lehrtradition, dann stößt man auf eine charakteristische Besonderheit. Gemeinsam mit den pharisäischen Lehrern halten die essenischen die Seele für unsterblich. Auch ergeht Gericht über die Seelen der Guten, die belohnt, wie der Bösen, die bestraft werden[25]. Allein wir hören nichts von einem neuen Leibe. Im Gegenteil, Josephus nennt in der Essenerdarstellung des Bellum den (irdischen) Leib mehrfach ein Gefängnis, in das die Seele „wie durch einen sinnlichen Liebeszauber herabgezogen" worden sei und aus dem sie beim Tode erlöst werde; gerade hier stellt er die Übereinstimmung mit den Griechen explizite fest[26]. Beim Studium der Qumrantexte hat man den Eindruck, als ob Gott am Ende die Finsternisteile der zum Heil Prädestinierten beseitige und die Erwählten reinige und läutere, um sie dann in himmlische Existenz und Erkenntnis einzuweisen[27]. Möglicherweise ist dieses an der weisheitlichen Entgegensetzung von Gott und Mensch, Schöpfer und Geschöpf, Oben und Unten orientierte essenische Denken die Grundlage für des Josephus Bericht an diesem Punkt gewesen.

---

[22] Ant 18,14; zu dem Ausdruck ἀναβιοῦν vgl. 2 Makk 7,9 ἀναβίωσις; s. weiter Bell 2,163 und Mensch u. freier Wille 293ff.

[23] Bell 2,372.374ff.

[24] Bell 1,650. Vgl. die Aussage der jungen Attentäter vor dem Todesurteil dort § 653.

[25] Bell 2,154ff; Ant 18,18. Vgl. Mensch u. freier Wille 214ff.

[26] Bell 2,155.

[27] 1 QS 4,18–23; vgl. Mensch u. freier Wille 256ff.

Das Schulbeispiel, an dem die gruppenmäßige Prägung der jüdischen Lehrer durch Josephus besonders eindrucksvoll demonstriert wird, ist aber die *menschliche Willensfreiheit*. Die Bedeutung dieses Lehrgegenstandes für Josephus ergibt sich allein schon daraus, daß nur *er* in *allen* drei Parteiberichten auftaucht (Bell 2,119—166; Ant 13,171—173; 18,11—25). Die Überlegung, daß Josephus wohl im Blick auf die politische Lage oder auch das Interesse der hellenistischen Leser eine Verschiebung der Proportionen vornahm, indem er das Thema der Heimarmene bzw. Willensfreiheit anderen Themen gegenüber (apokalyptische Hoffnung, Kult, Tora) bevorzugte, kann solche Bedeutung zwar schmälern, aber nicht aufheben. Vielmehr zeigt die Prüfung an anderen Texten, daß die Frage nach Macht und Freiheit des menschlichen Willens lange vor Josephus einen bedeutenden Diskussionspunkt in der theologischen Auseinandersetzung des Judentums darstellte[28]. Zunächst erwies sich die Lehre vom freien Willen als eine Kampfthese im Gewand hellenistisch-philosophischer Diskussion, die scheidende Kraft im Verhältnis zu den Hellenisten besaß. Ben Sira hat zum ersten Male für das Judentum diese Lehre formuliert und betont, um damit die Leugnung des freien Willens durch hellenistische bzw. jüdisch-hellenistische Lehrer in Palästina abzuwehren[29]. Vorsichtig kann man auf den Inhalt seiner These schon den Begriff „Dogma" anwenden, vor allem hinsichtlich der späteren Geschichte. Nach Ben Sira entwickelte die Lehrauseinandersetzung über den menschlichen Willen eine scheidende Kraft *zwischen* den jüdischen Parteien der Sadduzäer, Essener und Pharisäer, die sich allesamt auf den Siraziden berufen konnten. Letzteres deshalb, weil innerhalb seines Lehrbuchs auch eine prädestinatianische Tradition weitergegeben wurde (33,7—15). Mit guten Gründen kann man die auf etwa 150—130 v. Chr. zu datierende „Unterweisung" in der sog. Sektenregel Qumrans (1 QS III,13—IV,26) als Formulierung des der qumranischen Gemeinschaft spezifischen Glaubensgutes bezeichnen[30]. Hier fällt nun die beherrschende Rolle des Prädestinationsgedankens auf. Es gibt Hinweise darauf, daß Qumran die Tradition von Sir 33,7ff aufgegriffen und weitergebildet hat[31]. Jedenfalls sah die dortige Gemeinschaft gerade in der Betonung der göttlichen Vorbestimmung ihr Spezifikum dem sonstigen Judentum gegenüber.

Ein pharisäisches Zeugnis mit der Gegenposition liegt in den Psal. Sal. (ca. 63—40 v. Chr.) vor. Zwar finden sich im Corpus der Psalmen auch prädestinatianische Aussagen, etwa in Ps. 5,4. Dabei kann eine Verbindung mit derselben Tradition vermutet werden, die Sir 33,7ff bezeugte[32]. Das

---

[28] Hierzu und zu allem Folgenden vgl. Mensch u. freier Wille 1ff sowie 343ff.
[29] Sir 15,11ff.
[30] Vgl. Mensch u. freier Wille 165; 222ff.
[31] Vgl. Mensch u. freier Wille 158ff.
[32] Darüber mehr in meinem Buch Mensch u. freier Wille 325ff.

Gewicht ruht jedoch auf der dezidierten Herausstellung des Grundsatzes der Willensfreiheit vor allem durch Ps 9,4—5. Wiederum ist literarische Abhängigkeit vom Siraziden (diesmal 15,11ff) wahrscheinlich[33]. Leider haben wir den genannten Quellen keine spezifisch sadduzäischen an die Seite zu stellen (abgesehen vom Werk Ben Siras, das frühsadduzäische Züge trägt)[34]. Wie stellt sich die Situation bei Josephus dar? Einen der drei genannten Parteiberichte — den kleinsten, Ant 13,171—173 — widmet er ausschließlich der hier relevanten Thematik. Er leitet ihn ein mit den Worten: „Um diese Zeit (z.Zt. Hyrkans I.) gab es unter den Juden drei Parteien ($\alpha i \rho \acute{\epsilon} \sigma \epsilon \iota \varsigma$), die in Bezug auf die Anthropologie verschiedene Ansichten vertraten" ($\pi \epsilon \rho \grave{\iota} \ \tau \tilde{\omega} \nu \ \grave{\alpha} \nu \vartheta \rho \omega \pi \acute{\iota} \nu \omega \nu \ \pi \rho \alpha \gamma \mu \acute{\alpha} \tau \omega \nu \ \delta \iota \alpha \varphi \acute{o} \rho \omega \varsigma \ \grave{\upsilon} \pi \epsilon \lambda \acute{\alpha} \mu \beta \alpha \nu o \nu$). Hier bilden Sadduzäer und Essener die Gegenpole, während die Pharisäer eine verbindende Stellung in der Mitte übernehmen. Die Sadduzäer schalten die Heimarmene gänzlich aus und vertreten den Satz, alles beruhe auf uns selbst. Auf den ersten Blick verwirrt der philosophisch belastete Begriff Heimarmene. Ein völlig passendes hebr. Äquivalent gibt es ja nicht. Mehr Klarheit ergibt der Bellumbericht[35]. Dort folgt dem Satz, die Sadduzäer strichen die Heimarmene vollständig, unmittelbar der andere, wonach Gott niemals etwas Böses tue oder auch nur mit ansehe. Daraus geht hervor, daß die Ausschaltung der Heimarmene bezweckt, Gott von der Verantwortung für das Böse zu entlasten. Demnach steht die Heimarmene unter Gott als Mittlerin des von ihm bestimmten Geschicks der Menschen. Wo Josephus also von Heimarmene spricht, haben wir uns die göttliche Vorbestimmung (Prädestination) zu denken. Folgerichtig fährt Josephus a.a.O. fort: „Sie behaupten, der Wahl ($\grave{\epsilon} \kappa \lambda o \gamma \acute{\eta}$) der Menschen sei das Gute und das Schlechte anheimgegeben." Vergleicht man jetzt mit Ben Sira, so springen gewisse Parallelen ins Auge. Man wird sagen können, daß Aufbau, Gedankenfolge und Anliegen von Sir 15,11—17 und Bell 2,164 (Sadduzäer) sich entsprechen. Dazu kommt terminologische Parallelität: der Begriff Wahl ($\grave{\epsilon} \kappa \lambda o \gamma \acute{\eta}$) ist dem klass. Stoizismus fremd, scheint aber zusammen mit dem Begriff $\grave{\epsilon} \xi o \upsilon \sigma \acute{\iota} \alpha$ das hebr. jescer widerzuspiegeln[36]; die abgelehnte These, Gott tue etwas Böses oder sehe es mit an, entspricht der Aussage der sirazidischen Gegner: „von Gott kommt meine Sünde ($\kappa \alpha \kappa \acute{o} \nu$)", „Er hat mich zu Fall gebracht"; offenbar nimmt auch das seltsame „mitansehen" ($\grave{\epsilon} \varphi o \rho \tilde{\alpha} \nu$) das siracidische „(Greuel den Frommen) unterlaufen lassen" auf. Blicken wir noch einmal nach Ant 13,171ff. Dem schon erwähnten Satz, alles beruhe auf uns selbst, schließt sich die finale Aussage an: „so daß wir selbst das Gute herbeiführen würden wie auch die Nachteile entsprechend unserer Torheit ($\grave{\alpha} \beta o \upsilon \lambda \acute{\iota} \alpha$) in Kauf nehmen müs-

---

[33] Vgl. Mensch u. freier Wille 333ff.
[34] Mensch u. freier Wille 136ff; 158ff.
[35] 2,164f.
[36] Näheres in Mensch u. freier Wille 151ff; 333ff.

sen". Dabei sollten wir uns daran erinnern, daß Torheit in der theologisier-
ten Weisheit Israels die Sünde meint. So kommt unter dem hellenistischen
Firnis schließlich die Behauptung der irdischen Vergeltung Gottes zutage.
Eben dieses Konjunktum von Willensfreiheit und irdischer Vergeltung aber
ist eine Eigenart der sirazidischen Beweisführung Sir 15,11−20. Dann liegt
es nahe, die Sadduzäer als Fortsetzer der sirazidischen Lehre zu betrachten. Vielleicht konnte Josephus ihre Lehre in solcher Anlehnung an Ben
Sira darstellen, weil die Sadduzäer seiner Zeit in Kontroversen sich auf
diesen beriefen. Damit wäre auch eine Erklärung gefunden, weshalb die
pharisäische Synode von Jamnia Ben Sira aus den heiligen Schriften ver-
bannte[37]. Zugleich erkennen wir einen lebendigen Strang dogmatischen
Arbeitens in der jüdischen Theologie z.Zt. des Josephus.

Wir wenden uns kurz den Essenern zu. Der Bellumbericht ist in loco
Heimarmene hier defizitär. Es bleiben die Antiquitatesberichte. Aber auch
da wird die essenische Lehre auffallend knapp behandelt. Vermutlich war
sie in ihrer prädestinatianischen Strenge am unkompliziertesten und wollte
Josephus weder als Zielscheibe noch als Ideal dienen. Nach Ant 13,171ff
erklären die Essener, die Heimarmene sei Herrin aller Dinge ($\pi\acute{\alpha}\nu\tau\omega\nu$ $\tau\grave{\eta}\nu$
$\epsilon\acute{\iota}\mu\alpha\rho\mu\acute{\epsilon}\nu\eta\nu$ $\kappa\upsilon\rho\acute{\iota}\alpha\nu$) und den Menschen begegne nichts, was nicht ihrer
Entscheidung entspreche. Da natürlich wie bei den Sadduzäern (und Phari-
säern) die göttliche Vorbestimmung gemeint ist, formuliert Josephus Ant
18,18 so: „Die Lehre der Essener lautet, alles müsse man in der Gewalt
Gottes lassen". Trotz der Knappheit sind die Sätze in zweifacher Hinsicht
interessant. Einmal korrigiert damit Josephus die Behauptung Philos, wonach die Essener glaubten, Gott sei wohl von allem Guten, doch von
keinem Bösen die Ursache[38]. Zweitens ergibt sich eine klare Übereinstimmung zwischen dem Urteil des Josephus und dem Fundamentalsatz der
Unterweisung Qumrans: „Vom Gott der Erkenntnis kommt alles Sein und
Geschehen" (1 QS III,15).

Mühe macht Josephus die Lehre der Pharisäer. Man ersieht dies aus der
Länge der betreffenden Notizen. Ebenso wertvoll erscheint sie ihm aber
auch, wie sich daraus ablesen läßt, daß nur sie der Aufnahme in alle drei
Parteiberichte werterachtet wurde. Am klarsten ist die pharisäische Lehre
Ant 13,172 dargestellt: „daß manches, doch nicht alles, das Werk des
Schicksals sei, manches aber stehe in unserer eigenen Macht". Aber
was steht in unserer Macht? Dem jüdischen Denken näher formuliert
Josephus in Bell 2,163, „Rechtes zu tun oder nicht hänge zwar vor allem
von den Menschen selbst ab, es helfe aber auch zu jedem Handeln das
Schicksal mit"[39]. Das Tun des Rechten deutet auf die soteriologische

---

[37] Vgl. wieder Mensch u. freier Wille 151ff, bes. 157.
[38] Omnis Probus § 84.
[39] Die vorgehende Formulierung: „Sie schreiben dem Schicksal und Gott alles zu"

Problematik der Judenschaft. Somit hält die pharisäische Lehre fest, daß der soteriologische Kernbereich, die Frage nach Glauben und Gehorsam, dem freien Willen vorbehalten werden muß. Alles andere folgt dem Grundsatz der allgemeinen Prädestination[40]. Es ist dies dieselbe Lehrtradition, die wir bei Ben Sira (15,11ff) und den Ps Sal (9,4f) antrafen. Von da aus muß schließlich die textkritisch und grammatisch schwierige, gedanklich gewundene und von stoischer Terminologie durchsetzte Passage in Ant 18,18 im selben Sinne erklärt werden. Eben die Spannung zwischen einer älteren biblischen, freiheitlichen Tradition und einer weisheitlich prädestinatianisch ausgerichteten, die sie als Erben und Sammler beide bewahren und nebeneinander festhalten, charakterisiert die pharisäischen Lehrer.

II.

Einige grundsätzliche Überlegungen seien zum Schluß angedeutet.

Die Josephus-Lektüre zeigt, daß es *den* Frommen, *den* Weisen, *den* Lehrer seinerzeit nicht mehr gab. Vielmehr überprägte die Lehrtradition einer bestimmten religiösen Gruppierung (Pharisäer, Sadduzäer, Essener) jeden einzelnen ihr zugehörigen Lehrer.

Aber es gab eine große, verbindende Klammer: die Teilhabe an der Weisheit Israels — neben der anderen, uns geläufigen: der Teilhabe an der heiligen Schrift. Überall schimmert der weisheitliche Urgrund der jüdischen Gruppierungen hindurch. Inhaltlich ist die Weisheit bei Josephus wie bei Ben Sira identisch mit der Tora. Jede Gruppierung lehrte in der Überzeugung, die Weisung Gottes darzulegen. Aber trotz der Tatsache, daß weisheitliches Denken überwiegend von der Gegenüberstellung Gott / Mensch bzw. Schöpfer / Geschöpf ausgeht (Gen 2,7!), hat die Anwendung dieses Grundschemas, das selbst schon Ausdruck eines durch und durch theologischen, ja dogmatischen Denkens ist, zu verschiedenen Auffassungen geführt. Da jede Gruppierung ihre Lehre als wahr ansah, mußte sie diese Wahrheit hervorheben und verteidigen. Damit prozediert die Theologisierung der Weisheit zu deren Dogmatisierung. Ein Dogma dieses Genus kann erstmals bei Ben Sira festgestellt werden, als dieser der tora- und kultwidrigen hellenistischen Lehre den Lehrsatz vom freien menschlichen Willen im Gebiet der Soteriologie entgegenhielt. Von da an ergreift mit dem Auseinandertreten der jüdischen Parteien im Zeitalter der hellenistischen Vergewaltigung und makkabäischen Kämpfe die Dogmatisierung die jüdischen Lehrer schlechthin. Es kommt zu einer Art Bekenntnisbildung im Judentum. Trifft dies zu, so geschieht hier eine Vorarbeit für die christlichen Bekenntnisse. Die bekannte Anschauung v. Harnacks, die

---

macht wieder deutlich, daß hier kein griech. Stoiker redet, sondern ein Jude, der die Heimarmene von Gott abhängig sieht.

[40] Vgl. vorige Anm. und Bell 2,162fin.

frühe Kirche habe mit ihren Dogmen ein hellenistisches Gebäude auf jüdischem Boden errichtet, läßt sich von da aus nicht mehr halten. Das neu entstehende Christentum hätte, auch ohne die Grenzen Palästinas zu überschreiten, mit seiner Eigenart schon innerhalb des Judentums zu eigenen Dogmen gelangen müssen.

Gerhard von Rad lenkte in seiner Theologie des AT den Blick auf die Tatsache und Rolle des geschichtlichen Credo[41]. Man könnte mit allem Vorbehalt von einem historischen Dogma sprechen. Seit dem Exil reißt das geschichtliche Credo ab. Das gilt in verschiedener Hinsicht. Einmal findet die Erlösung aus der babylonischen Gefangenschaft und das Werk der Makkabäer zwar noch einen Erzähler, aber keinen Eingang in das Niveau eines „historischen Dogmas". Zweitens verändert die Tora ihren Charakter. Seit Esra war „die Offenbarung der göttlichen Gebote zu etwas anderem geworden, als sie ehedem war. Sie war nicht mehr der heilsame Ordnungswille des sein Volk durch die Geschichte geleitenden Gottes, sondern sie fing jetzt an, zum ‚Gesetz' im dogmatischen Sinne des Wortes zu werden" (von Rad)[42]. Wir sahen, daß später die Weisheit in den Dogmatisierungsprozeß hineingezogen wurde. Ergänzend ist hinzuzufügen, daß der Brennpunkt der Geschichtsbetrachtung in die apokalyptische Zukunft hinausgeschoben wurde.

Es ist möglich, daß das Dogma der anfänglich herrschenden Sadduzäer: νόμιμα τὰ γεγραμμένα, einer späteren Erweiterung des geschichtlichen Dogma im Wege stand. Mehr aber ist es die Beschäftigung mit nicht-historischen, d.h. ontologischen Themen, sowie das Aufreißen des apokalyptischen Horizonts, das Schuld an dieser Entwicklung trägt. Man wurde ja von andern Völkern unterworfen. Die Auseinandersetzung mit ihnen geschah jetzt theologisch nicht mehr durch den Hinweis auf die Geschichtstaten Jahwes, sondern durch den Hinweis auf den Schöpfer, der der Schöpfer auch der Geschichte und der kommenden Gottesherrschaft ist. Diese Gotteslehre war also vorwiegend ontologisch fixiert. Das scheint die Geburtstunde einer ontologischen Dogmatik des Judentums gewesen zu sein. Freilich war das Vorhandensein der heiligen Schrift und die apokalyptische Bewegung mit ihrem Nachdenken über die Rolle Israels stets Anstoß zu einer geschichtlich orientierten Theologie[43]. Daß eben beides die jüdischen Lehrer seiner Zeit bewegte, bezeugt Josephus.

---

[41] I, 117ff.

[42] I, 104.

[43] Dafür sind der Preis der Väter bei Ben Sira sowie dessen apokalyptische Kenntnise ein Beweis, vgl. Mensch u. freier Wille 50ff bzw. zu Qumran dort 246f.

Josephus – Politiker und Prophet

Von Reinhold Mayer und Christa Möller, Tübingen

In der älteren Literatur wird Josephus allgemein als Verräter dargestellt. So moralisch disqualifiziert, lassen sich auch Spannungen und Unstimmigkeiten innerhalb seiner Berichte leicht als Irrtümer oder gar Fälschungen abtun. Nachdem nun aber neuere archäologische Untersuchungen die topographischen Angaben des Josephus als zuverlässiger erwiesen haben, als frühere Forscher hätten annehmen mögen, haben sich die Verfasser des vorliegenden Aufsatzes vorgenommen, Josephus auch als Historiker und Politiker neu ernst zu nehmen, den Schwierigkeiten seiner Aussagen nicht auszuweichen, sondern sie aus der komplexen Einheit seiner Persönlichkeit zu erfassen und in die lebensgefährliche Turbulenz seiner geschichtlichen Situation einzuordnen. Ergebnisse dieses Versuches werden zu einem besonders umstrittenen Vorgang in Josephus' Leben, seinem Übergang ins römische Lager, vorgelegt.

Herkunft und Bildung

Josephus stellt sich vor als „Sohn des Matthias, aus Jerusalem, Priester"[1]. Ausführlicheren Bescheid über seine Herkunft gibt er zu Beginn seiner Autobiographie, wo er seine Vorfahren aufzählt nach einer Genealogie, wie er sie in öffentlichen Registern gefunden habe[2]. Diese Liste scheint in sich zu stimmen: Zahl und Reihenfolge der Generationen entsprechen einigermaßen dem Zeitraum von Hyrkanus I. bis Josephus. Allerdings sind Josephus bei der Zuordnung zu den jeweiligen Regenten offenbar Verwechslungen unterlaufen. Nicht ganz klar, aber interessant bleibt seine Verwandtschaft mit dem Königshaus der Hasmonäer[3]. Josephus stammt aus der ersten Priesterklasse[4] und gehörte damit dem Jerusalemer Priester-

---

[1] Bell 1,3.

[2] Dazu und zum Folgenden Vit 2—6.

[3] Zwischen der Geburt seines Vaters 6 p. Chr. und der seines Großvaters 67 a. Chr. liegt ein unverhältnismäßig langer Zeitraum. Sein Urgroßvater, Matthias der Bucklige, wurde im ersten Regierungsjahr des Hyrkanus geboren; bei diesem muß es sich um Hyrkanus II. handeln, denn Hyrkanus I. wird als Zeitgenosse von dessen Großvater, Simon dem Stammler, bezeichnet. Der Hinweis, mütterlicherseits mit den Hasmonäern verwandt zu sein, muß sich darauf beziehen, daß der Vater Matthias' des Buckligen mit einer Tochter des Hasmonäers Jonathan verheiratet war. Josephus bezeichnet diesen als den ersten hasmonäischen Hochpriester; aber entweder ist mit Tochter eine Nachfahrin in weiterem Sinn gemeint, oder es handelt sich um Alexander Jannai, der hebräisch ebenfalls Jonathan hieß.

[4] Nach 1 Chr 24,7—18 Jojarib, der nach 1 Makk 2,1 und 14,29 auch die Hasmonäer entstammen; vielleicht hat diese Priesterklasse erst durch den Aufstieg der Hasmonäer ihre bevorzugte Stellung erhalten, denn Neh 12,1—7.12—21 und 10,3—9 ist sie an unbedeutender Stelle, bzw. überhaupt nicht genannt.

adel an; auch Ländereien hat er wohl besessen, denn er berichtet, Titus habe ihn für sein im Krieg unbrauchbar gewordenes Eigentum entschädigt[5]. Daraus ist zu entnehmen, daß Josephus als wohlhabender Aristokrat von vornherein nicht zu den Kreisen gehörte, die hoffen konnten, durch einen Aufstand etwas zu gewinnen, sondern zu jenen, die bei einer Auseinandersetzung mit den Römern um Stellung und Besitz fürchten mußten.

Beim Bericht über seine Ausbildung[6] betont Josephus zunächst die aristokratisch-priesterliche Komponente. Eine gründliche Unterweisung in jüdischem Wissen war für einen jungen Mann in seiner Stellung so selbstverständlich, daß sie nicht ausdrücklich erwähnt zu werden brauchte; Josephus bestätigt sie nur indirekt, indem er voll Stolz erzählt, daß er schon als Vierzehnjähriger Gesprächspartner von Jerusalemer Gelehrten war[7]. Im Alter von sechzehn Jahren nahm er sich vor, die drei religiös-politischen Gruppierungen der Pharisäer, Sadduzäer und Essener von innen her kennenzulernen[8]. Nachdem er offenbar nur kurze Zeit bei jeder einzelnen hospitiert hatte, schloß er sich einem Asketen namens Bannus an. Dessen geistigen Hintergrund kennzeichnet Josephus nicht näher, doch aus den Formen seiner Lebensführung — Wohnen in der Wüste, Ablehnung der Kultur, häufige kultische Waschungen[9] — geht hervor, daß er einer Täuferrichtung mit priesterlichen Zügen angehörte. Die Persönlichkeit dieses Mannes sowie die Hauptelemente seiner Lebenshaltung scheinen den jungen Josephus stark angesprochen zu haben, denn er blieb drei Jahre bei ihm. Offenbar waren weder Beginn noch Ende seines Wüstenaufenthalts mit einer persönlichen Krise verbunden, sondern diese Zeit der Zurückgezogenheit diente regulär seiner Ausbildung und Vorbereitung auf eine politische Tätigkeit in Jerusalem[10]. Dorthin kehrte er im Alter von neunzehn Jahren zurück und trat der damals führenden Partei, den Pharisäern, bei.

Über den Zeitraum von etwa sieben Jahren bis zu seiner Romreise 64 p. Chr. berichtet Josephus nichts. Der Prokurator Felix hatte einige Josephus nahestehende Priester verhaftet und nach Rom gesandt, wo sie sich vor dem Kaiser Nero verantworten sollten. Josephus fuhr nach Rom, um ihre Freilassung zu erreichen, was ihm über die Kaiserin Poppäa auch gelang[11]. Aus Einzelheiten seines Berichts über diese Fahrt läßt sich für die

---

[5] Vit 422.
[6] Vit 7—12.
[7] Diese Behauptung ist durchaus glaubwürdig, denn ein Jude wird mit 13 Jahren Bar-Mizwa und gilt von da an als Erwachsener.
[8] Ähnlich berichtet Justin von seinen Erfahrungen bei den verschiedenen Philosophenschulen: Dial c Tryph II 3—6.
[9] Dazu Mk 1,4.6 über das Auftreten Johannes' des Täufers.
[10] Vergleichbar ist Jesu Aufenthalt in der Wüste, Mk 1,12f; überhaupt war den Großen Israels die Wüste Ort der Gottesbegegnung und Vorbereitung auf öffentliches Handeln in göttlichem Auftrag.
[11] Dazu Vit 13—16.

Voraussetzungen des Josephus zweierlei ablesen: zum einen seine konservative Einstellung, denn seine Schützlinge waren Priester, deren treues Festhalten am Gebot er rühmend hervorhebt[12]; zum andern , daß sein Unterricht sich nicht auf jüdisches Traditionsgut beschränkt haben kann, denn um eine solche diplomatische Mission erfolgreich durchführen zu können, muß er über Kenntnis des Griechischen und wohl auch etwas allgemeine und juristische Bildung verfügt haben, die er bei seinem längeren Aufenthalt in Rom zu erweitern und zu vertiefen Gelegenheit hatte. Seine Angabe, er habe zur Abfassung seines Berichts über den jüdischen Krieg Assistenten beigezogen[13], besagt nur, daß seine griechischen literarischen Fähigkeiten dafür nicht ausreichten, nicht aber, daß er dieser Sprache überhaupt nicht mächtig war[14].

Die politische Lage in Jerusalem

Die Rekonstruktion der Geschehnisse unmittelbar vor und während des jüdischen Krieges 66—70 p. Chr. wird dadurch erschwert, daß sämtliche Berichte über diese Epoche nachträglich unter dem Eindruck der Katastrophe abgefaßt sind. Wegen seiner nahen Beziehungen zu beiden kriegführenden Seiten war Josephus einerseits in seinem Urteil befangener und mußte mit seinen Äußerungen vorsichtiger sein als ferner stehende Historiker, hatte andererseits aber ungleich tieferen Einblick in die Hintergründe und den exakten Verlauf der Ereignisse. Daher muß sich — bei allem kritischen Vorbehalt — eine Gesamtschau jener Zeit und ihrer politischen Konstellationen vorwiegend auf die Mitteilungen des Josephus stützen. Gemäß seinen Aussagen über seine Herkunft, Parteizugehörigkeit und spätere politische Aktivität waren dreierlei Gruppen für ihn maßgeblich: der Priesteradel, die Pharisäer und die Aufständischen.

Die Priesteraristokratie

Die Ursprünge der sadduzäischen Partei lassen sich eher von ihrer gesellschaftlichen Funktion als von ihrer Abstammung her erfassen. Ihr Name weist auf eine Verwandtschaft mit den Zadokiden, dem nach dem Exil führenden, später verdrängten Priestergeschlecht, jedoch läßt sich ein Zusammenhang nicht klar aufzeigen; zu den nach Qumran und Leontopolis ausgewichenen oppositionellen Zadokiden bestand zumindest seit dem Regierungsantritt der Hasmonäer keine Beziehung mehr. Nach der Rückkehr aus dem babylonischen Exil konstituierte sich das jüdische

---

[12] Sie nährten sich unterwegs nur von Feigen und Nüssen, um in der heidnischen Umgebung doch die jüdischen Speisevorschriften nicht zu übertreten.
[13] C Ap 1,50.
[14] Eine andere Auffassung vertritt H.St.J. Thackeray, Josephus, The Man and the Historian, New York 1929, S. 101f.

Staatswesen — zunächst innerhalb des persischen, dann der hellenistischen Reiche — als halbautonome politische Einheit, deren Grundgesetz die Weisung, deren Zentrum der Tempel bildete. An der Spitze dieser Gemeinde stand dementsprechend die Priesteraristokratie, die wichtige Tempelämter und wohl auch andere einflußreiche Positionen einnahm.

Die innere Krise in der Makkabäerzeit ging aus Machtkämpfen zwischen konkurrierenden Familien im Rahmen des ptolemäisch-seleukidischen Konflikts hervor[15]. In der Folge der im Verlauf dieser Auseinandersetzung versuchten gewaltsamen Hellenisierung gewannen über die privilegierten urbanen Kreise, die hellenistischer Kultur gegenüber weithin aufgeschlossen waren, ihre natürlichen Gegner die Oberhand: die Landbevölkerung, unter ihnen auch die Landpriesterschaft, die hellenistische Strömungen ablehnte. Angesichts der akuten Bedrohung der traditionellen Lebensform durch Antiochos IV. Epiphanes fand die Opposition solchen Rückhalt in der Bevölkerung, daß es ihren Führern, den Hasmonäern, gelang, strategisch und politisch die Leitung des Staatswesens an sich zu reißen und gegen das durch Thronstreitigkeiten geschwächte seleukidische Reich zu behaupten. Durch die zur Festigung ihrer Machtstellung notwendige Usurpation von Hochpriesteramt und Königtum büßten die Hasmonäer allerdings das Vertrauen ihrer alten Anhängerschaft unter dem einfachen Volk weitgehend ein. So traten sie in die Reihe der aristokratischen Familien und übernahmen deren politische Strukturen und Vorstellungen[16].

Der den östlichen Mittelmeerraum unaufhaltsam überflutenden römischen Macht, die ihre Herrschaft ungleich nachdrücklicher ausübte als ihre Vorgänger, erlagen die letzten Hasmonäer. Infolge ihrer durch Bruderstreit belasteten Politik ging die Regierungsgewalt schließlich an Herodes, einen Schützling der Römer, über, der sich selbst als Verwirklicher des augusteischen Gedankens der heilbringenden römischen Ordnungsmacht verstand[17]. Herodes versuchte, die Priesteraristokratie auszuschalten: Er beseitigte die Hasmonäer und wahrscheinlich große Teile der Sadduzäer[18]; das ihm selbst unzugängliche Hochpriesteramt versuchte er dadurch abzuwerten, daß er ihm die Lebenslänglichkeit nahm[19]. Jedoch bildete sich

---

[15] Dazu E. Bickermann, Der Gott der Makkabäer, Berlin 1937, S. 66—71 und V. Tcherikover, Hellenistic Civilization and the Jews, Philadelphia 1959, S. 169—174.

[16] Dies Hineinwachsen in die aristokratische Stellung und die Entfremdung von den alten Verbündeten steht wohl hinter dem Ant 13,288—296 berichteten Übergang des Johannes Hyrkanus von den Pharisäern zu den an dieser Stelle erstmals als Partei so genannten Sadduzäern; in b Kidduschin 66a wird dieser Frontwechsel von Alexander Jannai erzählt.

[17] Dazu A. Schalit, König Herodes, der Mann und sein Werk, Berlin 1969, S. 421—482.

[18] Dazu Ant 15,6; Ant 14,175 berichtet Josephus, Herodes habe fast den ganzen Sanhedrin umgebracht.

[19] Ant 15,39f; dazu H. Graetz, Die absetzbaren Hohenpriester während des Zweiten

eine neue aristokratische Oberschicht heraus und privilegierte Familien, die wiederum vorzugsweise den Hochpriester stellten[20].

Die politische Lage dieser Aristokratie wurde zunehmend problematischer, da sich ihr Handlungsspielraum zwischen der harten Besatzungspolitik der römischen Prokuratoren und den in der Reaktion darauf erstarkenden oppositionellen Strömungen im Volk ständig verringerte. Beispielhaft für diese Situation zwischen Hammer und Amboß steht der Hochpriester Joazar, Sohn des Boethos, der sich während des Zensus gegenüber dem Volk dafür einsetzte, nicht mit den Römern zu brechen, dabei aber offensichtlich solchen Widerstand herausforderte, daß ihn der römische Statthalter bei nächster Gelegenheit opferte[21]. Auch unter den vornehmen Familien selbst scheint es zu Rivalitätsstreitigkeiten gekommen zu sein, die sich in der letzten Zeit vor dem Krieg zu regelrechten Bandenkämpfen ausweiteten[22].

Da die aristokratischen Familien ihre privilegierte Stellung allein nicht mehr behaupten konnten, waren sie gezwungen, sich mit anderen Gruppen zu verbünden. Dieser notgedrungene Kompromiß wirkte sich dergestalt aus, daß die Sadduzäer zwar die einträglichen Ämter am Tempel weiterhin besetzen durften, sich in ihrer Ausübung aber nach den im Volk beliebteren Pharisäern richten mußten[23]. Als sozial privilegierte Minderheit mußten sie mit solchen Gruppen eine Koalition eingehen, die in einer revolutionären Veränderung der Situation ebenfalls etwas zu verlieren hatten und deshalb für Erhaltung des Status quo plädierten. Wie Josephus berichtet, waren zumindest Teile der Pharisäer einsichtig und realistisch genug, um die Hoffnungslosigkeit einer kriegerischen Auseinandersetzung mit den Römern einzusehen, und kamen von daher als Partner in einem konservativen Bündnis in Frage. Josephus' erneuter Anschluß an die pharisäische Partei nach seiner Rückkehr aus Rom ist im Zuge dieser Entwicklung zu verstehen[24].

Die Pharisäer

Auf die aus neueren Forschungen bekannte Begründung sowohl der Kontroversen zwischen Pharisäern und Sadduzäern als auch der Differenzierungen innerhalb der pharisäischen Partei in sozialen Unterschieden, die

---

Tempels, in: MGWJ 1 (1852), S. 585–596, wiederabgedruckt in: K. Wilhelm (Hg.), Wissenschaft des Judentums im deutschen Sprachbereich, Tübingen 1967, Band I, S. 147–156.

[20] Dazu J. Jeremias, Jerusalem zur Zeit Jesu, 3. Aufl. Göttingen 1962, S. 216–223.

[21] Ant 18,3.26.

[22] Dazu Ant 20,213; vielleicht deutet auch die Bemerkung von Bell 2,166, die Sadduzäer seien im Verhalten untereinander schroffer, auf solche Rivalitäten.

[23] Ant 18,17; b Joma 19b; b Nidda 33b.

[24] Vit 21.

sich auf die jeweiligen rechtlichen, politischen und theologischen Entscheidungen auswirkte[25], geht Josephus wegen der apologetischen Zielsetzung seines Werks nicht ausdrücklich ein. Da er die Aufständischen als verbrecherische Außenseiter, keinesfalls als repräsentativ für das Volk, darstellen will, klammert er die eigentlichen Gruppenunterschiede und ihre politisch-theologische Begründung in der Frage, ob sich das Leben Israels nach dem Willen Gottes unter der römischen Macht oder gegen sie verwirklicht, bewußt aus und vernachlässigt die sich daraus ergebenden Fronten. Deshalb beschränkt er sich in seinen verkürzenden Beschreibungen der verschiedenen Parteien als Philosophenschulen[26] vorwiegend auf Differenzen der Lehrmeinungen, wie etwa die Frage nach dem freien Willen, die politisch nicht unmittelbar wirksam werden[27].

Trotz dieser seiner Zurückhaltung finden sich bei Josephus Belege für die Gliederung der Pharisäer in die beiden Schulen der kompromißbereiteren Hilleliten und der aggressiveren, radikalen Schammaiten. Aus dem Bericht über die Gründung der Aufstandspartei geht ihre enge Beziehung zu pharisäischen Kreisen deutlich hervor[28]; sie wird geradezu als extremer Flügel der Schammaiten eingeführt[29]. Dagegen lassen sich diejenigen Pharisäer, die Josephus mit den Hochpriestern zusammen nennt und als die sozial besser gestellten bezeichnet[30], als Hilleliten erkennen. An die Stelle der traditionellen Scheidung von Priestern und Laien traten allmählich Gruppierungen gemäß der sozialen Stellung: Auf der einen Seite bildeten Aristokratie und städtisches Bürgertum die auf Ausgleich bedachte Partei, auf der anderen Seite schlossen sich unterprivilegierte einfache Priester und die verarmte Landbevölkerung zusammen und wurden für zelotische Bestrebungen ansprechbar.

Interessant für die damals möglichen Positionen zwischen der konservativ hochpriesterlichen und der umstürzlerisch zelotischen Richtung ist Simon, Gamliels Sohn, Angehöriger der Hillel-Familie. Seine Verbindung zu Johannes von Gischala[31] scheint ihn als Zelotenfreund auszuweisen, jedoch hatte sich Johannes zu der Zeit, als er für Josephus' Abberufung aus Galiläa plädierte und dafür Simons Unterstützung gewann[32], noch nicht als Zelotenführer profiliert, sonst hätte er nicht danach noch das Vertrauen der Hochpriester-Partei in Jerusalem erwerben und als deren Verbindungs-

---

[25] Dazu L. Finkelstein, The Pharisees, 3. Aufl. Philadelphia 1962, bes. Band I, S. 82–100.
[26] Bell 2,162–166 und Ant 18,12–25.
[27] Vielleicht steht hinter der Frage nach dem freien Willen das unterschiedliche Verhältnis zu apokalyptischen Vorstellungen, wodurch dann allerdings auch diese Frage politische Relevanz erhielte.
[28] Ant 18,4.9.
[29] Ant 18,23.
[30] Vit 21.
[31] Vit 192.
[32] Vit 189f.

mann zu den Zeloten, die den Tempelbezirk besetzt hielten, fungieren können[33]. Das Mißtrauen, das sich Josephus durch seine gewagte Taktik in Galiläa von seiten seiner Jerusalemer Auftraggeber zuzog, beeinträchtigte seine Beziehungen zu den dort führenden Persönlichkeiten, zu denen Simon, Gamliels Sohn, gehörte, offenbar nicht nachhaltig, denn er spricht gerade in diesem Zusammenhang mit sehr anerkennenden Worten von Simon[34]. Deutliche Stellung gegen die Zeloten bezog Simon bei der Ablehnung von deren eigenmächtiger Hochpriesterwahl[35]. Über Simons weiteres Schicksal, nachdem die Zeloten mit idumäischer Hilfe in Jerusalem die Oberhand gewonnen hatten, liegen keine sicheren Nachrichten vor. Josephus berichtet zwar von der Ermordung der Hochpriester Ananos und Jesus, Gamalas Sohn, auch von der qualvollen Hinrichtung Vornehmer und Jugendlicher, erwähnt aber Simon nicht eigens[36]. Von den Römern anerkannter Leiter des die Katastrophe überlebenden Judentums wurde wiederum ein hillelitischer Pharisäer, Jochanan ben Sakkai. Damit wird noch nachträglich die Zugehörigkeit mindestens einer der pharisäischen Gruppen zur Friedenspartei bestätigt.

Die Aufständischen

Die Uneinheitlichkeit der Aufstandsbewegung zeigt sich darin, wie sich deren messianische Führer noch in den letzten Monaten der Belagerung Jerusalems untereinander blutig bekämpften und damit den Untergang ihrer Stadt wenn nicht verschuldeten, so doch beschleunigten. Für die Zeit des Kriegsausbruchs, in der auch Josephus wieder aus Rom heimkehrte, lassen sich zwei den Aufstand tragende Strömungen unterscheiden: zum einen die schon zu Herodes' Zeiten von Judas dem Galiläer mit pharisäischer Beteiligung gegründete Partei, die sich durch freiheitliche und soziale Zielsetzung auszeichnete[37], zum andern die eigentlichen Zeloten[38],

---

[33] Bell 4,208—213.

[34] Vit 191f.

[35] Bell 4,159; damit ist die These, Simon sei zu den Schammaiten übergegangen, die L. Finkelstein, Akiba, Scholar, Saint and Martyr (1936), Philadelphia 1962, S. 46—50, aufstellt, widerlegt.

[36] Bell 4,315—325. 327—333; Semachot VIII ist davon die Rede, daß Simon wegen Blutvergießens und Sabbatentweihung noch vor der eigentlichen Katastrophe mit dem Schwert hingerichtet worden sei; diese Angaben ließen sich auf ein zelotisches Sondergericht wie Bell 4,334—336 beschrieben, beziehen; H. Graetz, Geschichte der Juden III, 4. Aufl. Leipzig 1888, S. 514 meint, das Schweigen über Simons Tod als Argument gegen die Beteiligung der Zeloten an seiner Tötung werten zu müssen, aber dieser Schluß ist nicht zwingend, da Josephus laut Bell 4,318 über die Eroberung Jerusalems durch die Idumäer überhaupt nicht sehr sicher informiert war.

[37] Ant 18,4—10; seine geringe Sympathie für diese Gruppe bringt Josephus dadurch zum Ausdruck, daß er sie im Rahmen seiner Beschreibung der jüdischen Parteien Ant 18,23—25 nur sehr knapp, an der Parallelstelle Bell 2,118 überhaupt nicht erwähnt.

[38] Mit diesem Ehrennamen bezeichnet Josephus sie nicht gern; dazu M. Hengel, Die

eine priesterlich bestimmte Gruppe von religiösen Eiferern, die sich zu Kriegsausbruch um den Tempel scharte. Die breiten unteren Schichten der Bevölkerung neigten mit zunehmender Verschärfung der Lage immer stärker den Aufständischen zu, ohne ihnen aber im engeren Sinn anzugehören; denn auch für Ermahnungen zu friedlichem und vernünftigem Verhalten zeigten sie sich gelegentlich noch ansprechbar.

Das soziale Gefälle zwischen Stadt und Land fand darin seinen Ausdruck, daß die seit Herodes' Tod unablässig aufflackernden Unruhen durchweg auf dem Land entstanden; vor allem Galiläa war ein Widerstandszentrum[39], aber auch auf andere Gegenden griff die Erregung über. Als der Statthalter Felix ernsthafte Anstrengungen unternahm, sich auch auf dem Land durchzusetzen, hatte dies zur Folge, daß die Auseinandersetzung in die Stadt getragen wurde. Die eindringenden Revolutionäre versuchten sich mit der neuen Taktik des politischen Meuchelmords in Jerusalem durchzusetzen, blieben aber eine Untergrundbewegung[40]. Unter den späteren Prokuratoren nahm die Spannung derart zu, daß das Land fest in die Gewalt der Aufstandsbewegung geriet und die Prokuratoren resignierten[41]. Jeweils zu den Wallfahrtsfesten strömten Pilger aus der ganzen Umgebung und aus der Diaspora nach Jerusalem und brachten die politische Erregung mit sich in die sonst unter hochpriesterlicher und hillelitisch-pharisäischer Leitung relativ ruhige Stadt. So fanden die wenigen in Jerusalem ausgetragenen Aufstände nach Herodes' Tod[42] und unter Cumanus[43] zu Pesach statt; auch die blutigen Auseinandersetzungen mit den Samaritanern entzündeten sich an der Ermordung eines galiläischen Pilgers[44]. Dabei ist eine deutliche Polarisierung innerhalb der Jerusalemer Bevölkerung zu beobachten: Während im ersten Fall noch die Bewohnerschaft insgesamt Varus willig aufnahm und sich von den Unruhestiftern distanzierte[45], zog im letzteren die Menge unter Eleazar, Sohn des Dinai, zu Vergeltungsschlägen gegen die Samaritaner, und nur die führenden Bürger demonstrierten in Sack und Asche für den Frieden[44]. Sobald die Heiligkeit Jerusalems und des Tempels durch römische Maßnahmen bedroht schien, regte sich auch in der Stadt Widerstand. Jedoch handelte es sich dabei um gewaltlose

---

Zeloten, Leiden/Köln 1961, S. 42—47.

[39] So unter Ezechias gegen Herodes noch als Beauftragten seines Vaters: Bell 1,203f., Ant 14,158f.; die Schlacht bei Arbela: Bell 1,303—307, Ant 14,413—417; unter Ezechias' Sohn Judas: Bell 2,56, Ant 17,271f.; dazu auch M. Hengel, a.a.O. S. 57—61.

[40] Bell 2,253—257; nach Ant 20,160f. 164f. mordeten die Sikarier sogar im Auftrag des Statthalters.

[41] Dazu Bell 2,274—276.

[42] Bell 2,9f.; Ant 17,213—216.

[43] Bell 2,223—227; Ant 20,105—112.

[44] Bell 2,232—238; Ant 20,118—124.

[45] Bell 2,73f., Ant 17,293; in Bell 2,263, anders als im Parallelbericht Ant 20,171, behauptet Josephus auch, die gesamte Bevölkerung habe dem Statthalter Felix gegen den ägyptischen Propheten geholfen.

Proteste, so wegen der von Pilatus in die Stadt gebrachten Feldzeichen[46] und wegen Caligulas Befehl, seine Statue im Tempel aufzustellen[47]. Daß zumindest die römischen Machthaber diese Interventionen nicht als offenen Aufstand auffaßten, zeigt sich daran, daß sie jeweils schließlich nachgaben. Auch anläßlich des Einspruchs gegen die Verwendung des Tempelschatzes für den Bau einer Wasserleitung scheint die Gewaltanwendung von den Römern ausgegangen zu sein[48].

Antijüdische Ausschreitungen in den hellenistischen Städten im Land und ringsum[49] sowie bewußte Provokationen des Statthalters Florus lösten schließlich beim Volk so gewaltsame Reaktionen aus, daß es Hochpriestern und Vornehmen trotz aller Bemühungen nicht mehr gelang, einen Ausgleich zu erreichen[50]. Der Anstoß zum Übergewicht der zum Aufstand Entschlossenen bot sich am Tempel: Dort waren tiefe soziale Gegensätze zwischen den führenden Priesterfamilien einerseits und der übrigen Priesterschaft andererseits aufgebrochen, wobei sich die oberen Ränge die Abgaben aneigneten und die niederen nahezu verhungern ließen[51]. Der somit geschürte Haß gegen die privilegierten Familien bildete den Ansatzpunkt für die Aufstandsbewegung.

Der Tempelhauptmann Eleazar, Sohn des Hochpriesters Ananias, machte sich zum Anführer der oppositionellen Priesterschicht und setzte die Einstellung des Kaiseropfers am Tempel durch[52]. Diese Entscheidung, womit die Tendenz der von den Schammaiten gegen die Hilleliten durchgesetzten Achtzehn Bestimmungen verwirklicht wurde, stellte eine unmißverständliche Kriegserklärung an Rom dar[53]. Beide in Jerusalem um die Vormacht ringenden Parteien erhielten Unterstützung von außerhalb: die Friedenspartei von den Truppen des prorömischen Agrippa II., die Zeloten von als Gottesdienstbesucher getarnt eindringenden Sikariern[54]. Letztere gewan-

---

[46] Bell 2,169—174, Ant 18,55—59.

[47] Bell 2,192—198, Ant 18,261—278.

[48] Bell 2,175—177, Ant 18,60—62.

[49] Bell 2,457—468. 477f. 482—484. 494—498.

[50] Zur Statthalterschaft des Gessius Florus: Bell 2,277—283. 292—305; die Vorstellungen der Hochpriester bewegten das Volk noch einmal dazu, die von Caesarea heranrückenden Kohorten ehrerbietig zu grüßen, aber ein Zwischenfall führte zu erneuter Auseinandersetzung: Bell 2,316—318. 325—329; auch ein Beschwichtigungsversuch von Agrippa II. scheiterte: Bell 2,345—407.

[51] Ant 20,179—181, 206f.; die Auseinandersetzung um die Felle der Opfertiere, M. Sebachim XII, 2—4, läßt sich im Sinne solcher Streitigkeiten verstehen.

[52] Bell 2,409; es ist nicht ungewöhnlich, daß Oppositionsgruppen von einzelnen Abkömmlingen privilegierter Familien angeführt werden. Zum Kaiseropfer: Bell 2,197, zu seiner Einstellung: ebd. 409.

[53] Gegen R. Laqueur, Der jüdische Historiker Flavius Josephus (1920), 2. Aufl. Darmstadt 1970, S. 97—123. 251—255; dazu H. Graetz, Geschichte der Juden III, 4. Aufl. Leipzig 1888, S. 802—805.

[54] Bell 2,421. 425.

nen die Oberhand; ihre Angriffe richteten sich zunächst gegen die romfreundliche Oberschicht. Mit Vernichtung von Schuldurkunden im Archiv suchten sie sich die Anhängerschaft der Verarmten und Verschuldeten zu erwerben, anschließend machten sie sich an die Belagerung der römischen Besatzungstruppe[55]. In die so aufgewühlte Stadt zog Menachem, ein Sohn Judas', des Galiläers, der sich der römischen Waffenlager auf der Bergfestung Masada bemächtigt hatte, mit königlichem Gepränge ein[56]. Den Hochpriester Ananias und seinen Bruder, die sich bis dahin verborgen gehalten hatten, ließ er hinrichten; damit schien die Machtübernahme der Aufständischen in Jerusalem besiegelt[57]. Jedoch wurde Menachem gerade wegen seines anmaßenden Verhaltens von der priesterlichen Gruppe um Eleazar nicht akzeptiert. Nach kurzer Zeit brachten ihn die Zeloten um; seine Anhängerschaft zog sich nach Masada zurück und griff von dort nicht mehr ins Kampfgeschehen ein[58]. Die priesterlichen Streiter setzten sich daraufhin in Jerusalem vollends durch[59]; der syrische Statthalter erlitt bei seinem Versuch, mit Waffengewalt die Ordnung wieder herzustellen, auf dem Rückweg eine blutige Niederlage[60]. Daraufhin mußte unweigerlich ein römischer Vergeltungsschlag erfolgen.

Erstaunlicherweise kamen in der Folgezeit noch einmal die Gemäßigten ans Ruder. Als Leiter des Volks wurden Josef, Sohn des Gorion, und Ananos, Sohn des Ananos, bestimmt[61]. Letzterer übernahm zwar den Oberbefehl und rüstete zum Krieg, hoffte aber insgeheim, dank seiner einflußreichen Position doch noch die Aufständischen zu beruhigen[62]. In der ihm gewidmeten Lobrede im Bericht über seine Ermordung meint Josephus, Ananos hätte vielleicht einen Ausgleich mit den Römern oder wenigstens einen weniger katastrophalen Kriegsverlauf erreichen können[63]. Während dieses Bürgerkriegs gelang es den Zeloten, Pinchas, einen Hochpriester ihrer Wahl, einzusetzen, der nicht den bis dahin führenden Familien, sondern vermutlich einer früher verdrängten hochpriesterlichen Sippe angehörte[64]. Den mächtig aufbrechenden Widerstand der damit ausgeschalteten Priesterschaft, der wohl auch von einem religiös konservativen Teil der Bevölkerung unterstützt wurde, vermochten die Zeloten nur mit Hilfe der Idumäer zu überwältigen. In diesem Kampf kamen die Führer der Gemäßigten ums Leben[65]. Mit dieser letzten und endgültigen Über-

---

[55] Bell 2,426—432.   [56] Bell 2,408. 433—435.   [57] Bell 2,441.
[58] Bell 2,442—448; dieser Rückzug aus der Welt im stillen Warten auf das Wiedererscheinen des getöteten Messias findet sich bei der christlichen Gemeinde in ähnlicher Weise.
[59] Bell 2,449—454.
[60] Bell 2,499—507. 513—516; 540—555.
[61] Bell 2,563.   [62] Bell 2,648—651.   [63] Bell 4,319—322.
[64] Bell 4,155—157; dazu J. Jeremias, a.a.O. S. 216—218.
[65] Bell 4,314—317. 326—333.

flutung der Stadt durch radikale Aufständische waren etwaige Chancen für einen Kompromiß mit den Römern vollends vereitelt.

Das politische Verhalten des Josephus in Galiläa und sein Übergang zu den Römern

Als die hochpriesterlich-pharisäische Friedenspartei nach der Niederlage des Cestius doch noch einmal einflußreiche Positionen in Jerusalem erlangte, unternahm sie äußerste Anstrengungen, auch außerhalb radikale Strömungen unter ihre Kontrolle zu bringen. Zu diesem Zweck schickte sie in die einzelnen Landesteile Männer ihres Vertrauens, unter denen die Priester zahlenmäßig stark vertreten waren[66] Der Auftrag dieser Sonderbevollmächtigten hatte eindeutig militärischen Charakter[67]; ob die Befestigung der Landbezirke im Hinblick auf Kampf mit den Römern oder zur Schaffung einer Verhandlungsgrundlage geschah, ließ sich damals nicht absehen, jedenfalls war sie Gebot der Stunde. Ins alte Widerstandszentrum Galiläa entsandte die Jersualemer Führung in Begleitung zweier Priester Josephus, der nach seiner Rückkehr aus Rom sogleich lebhaft für den Frieden eingetreten war[68]. Er sollte vor allem das teilweise schon im Aufstand begriffene Land vor einem Bürgerkrieg bewahren, der es den Römern zur leichten Beute gemacht hätte[69].

Offenbar fand die Jerusalemer Abordnung zumindest in ihrer Priestereigenschaft Anerkennung in Galiläa, deren Basis wohl das starke Interesse am Tempel als dem nationalen Zentrum bildete: Josephus' Begleiter sammelten die ihnen zustehenden Zehnten ein; auch er selbst hätte sie erhalten, nahm sie allerdings nicht an, um dem Verdacht der Bestechlichkeit zu entgehen[70]. Die Verhältnisse erwiesen sich als so schwierig, daß die erhaltenen Richtlinien nicht ausreichten; auf Rückfrage in Jerusalem erhielten die Gesandten aber keine konkreten Anweisungen, sondern nur den Befehl, ihre Stellung zu halten und nach Möglichkeit zu sichern.

Gleich zu Beginn von Josephus' Wirksamkeit erfolgte sein erster Zusammenstoß mit dem einheimischen Anführer Johannes von Gischala, der auch in der Folgezeit teils mit Waffengewalt teils mit Intrigen gegen ihn vorging[71]. Auf diesen ersten Zwischenfall hin kehrten Josephus' Kollegen nach Jerusalem zurück, er aber blieb und machte sich daran, der Lage Herr zu werden. Die Zivilbevölkerung gewann er dadurch, daß er Einheimische

---

[66] Von den sieben Bell 2,566—568 Genannten sind drei sicher Priester, ein weiterer, Johannes, der Essener, wahrscheinlich auch.

[67] Sie werden als ‚Feldherren‘ ausgewiesen, lokale Befehlshaber ihnen unterstellt.

[68] Vit 17—19.

[69] Dazu Vit 29.

[70] Vit 63.80.

[71] Als seinen persönlichen Rivalen zeichnet Josephus Johannes als durch und durch negative Figur.

weitgehend an der inneren Verwaltung beteiligte[72]. Gegen die Zeloten bediente er sich einer auch von römischen Behörden mit Guerilla-Kämpfern angewandten Taktik: er nahm sie in Sold und ließ sie schwören, weder gegen die Römer noch gegen die Bewohnerschaft Gewaltmaßnahmen zu ergreifen[73].

Bei seinen weiteren Ausgleichsversuchen sah Josephus als sein höchstes Ziel, dem Land den Frieden zu erhalten; jedoch standen diesem Unternehmen Hindernisse entgegen, die es nahezu unmöglich machten[74]. Gerade seine Bemühungen, zu vermitteln und Frieden zu halten, führen immer tiefer in die Eskalation des Konflikts; die Fronten verhärten und radikalisieren sich in einer Weise, die weder seinen Intentionen noch denen seiner Auftraggeber entspricht. Weil er die diplomatischen Beziehungen mit dem auf römischer Seite kämpfenden König Agrippa nicht abbrechen will, gerät Josephus in den Verdacht, selbst den Römern in die Hände zu arbeiten[75]; um seine Loyalität zu demonstrieren, muß er Städte befestigen und Rüstungen unternehmen, die auf Krieg gerichtet sind[76]. Er muß Kampfkraft und Entschlossenheit an den Tag legen, wenn es gilt, zum Überlaufen bereite Städte auf die national-jüdische Seite zurückzuholen[77]. Ein gefährliches Moment der Unsicherheit stellt das wiederholte Auftreten von persönlichen Rivalen dar, gegen die er ständig auf eine Gruppe von Anhängern zu seiner Verteidigung angewiesen ist; kaum ist der Angriff abgewehrt, hält er nur mit Mühe die Vergeltungsgelüste seiner Getreuen in Schranken[78].

In die härteste Krise stellt ihn die auf Betreiben des Johannes von Gischala von Jerusalem aus über ihn verhängte Absetzung[79]. In dieser Situation höchster Unsicherheit weist ihm ein Traum die Linie seines Handelns: er muß auf seinem Posten ausharren und sich der Auseinandersetzung mit den Römern stellen[80]. Indem er diesem göttlichen Spruch gehorcht, stellt er sich gegen die von ihm als legitim anerkannte Jerusalemer Führung. Bis es ihm schließlich gelingt, auf diplomatischem Weg seine Rehabilitierung zu erreichen[81], sieht er sich gezwungen, Gewalt mit Gewalt zu begegnen.

---

[72] Bell 2,569—571; Vit 79.

[73] Vit 77f; Caesar, Bell civ 3,110; Scriptores historiae Augustae, Marcus Antoninus, Kap. 21,7.

[74] Sein Verhalten im einzelnen legt Josephus in Vita zur Rechtfertigung gegen die Vorwürfe des 336—367 direkt angeredeten Justus von Tiberias ausführlicher dar als im strafer aufgebauten Bericht von Bellum.

[75] Dazu Vit 112f. 151—154; 126—131.

[76] Dazu Vit 142—144. 186—188.

[77] Vit 155—168. 371. 381f. 394—396.

[78] Dazu Vit 263—265. 377—380. 385—387.

[79] Vit 193—196.

[80] Vit 209; die überraschende Erwähnung der Römer an dieser Stelle läßt durchblicken, daß der Kampf mit ihnen für Josephus ein Grund schwerer Sorge war.

[81] Vit 309—312.

An seiner Person entzündet sich ein innerjüdischer Kampf[82], den gerade er stets zu vermeiden trachtete[83]. In diesem verzweifelten Lavieren stärkt ihn die Anhänglichkeit der Bevölkerung, für die er zum Garanten von Frieden und Sicherheit geworden ist. Getreu seinem Auftrag stellt er seine Bedenken zurück und zieht mit den ihm Anvertrauten in den Krieg gegen Rom, den er nach allen Regeln der Feldherrnkunst führt. Nach langer und erbitterter Belagerung wird seine Festung doch von den Römern eingenommen; mit einigen Gefährten kann er sich zunächst dem feindlichen Zugriff entziehen, wird aber gestellt und zur Kapitulation gefordert[84]. Im Konflikt zwischen ehrenvollem Tod durch eigene Hand und schmachvollem Gang in die Knechtschaft dringt er aus der Verworrenheit zur Klarheit vor. Seine politische Erkenntnis, daß nur noch in Zusammenarbeit mit den Römern eine Existenzmöglichkeit für das Judentum besteht, erfährt er als prophetische Offenbarung des Weges, den Gott sein Volk führt[85]. Er selbst weiß sich als Priester befähigt, Träume, die heiligen Schriften und besonders die Geschichte zu deuten, und so zum Propheten seiner Einsicht in den Ratschluß Gottes berufen: „Da es dir gefällt, daß das Volk der Juden, das du geschaffen hast, in die Knie sinkt, und alles Glück zu den Römern übergegangen ist, und du ferner meine Seele erwählt hast, die Zukunft anzusagen, so übergebe ich mich aus freien Stücken den Römern und bleibe am Leben. Ich rufe dich zum Zeugen an, daß ich diesen Schritt nicht als Verräter, sondern als dein Diener tue."[86] Damit hat Josephus den göttlichen Auftrag, unter dem sein gesamtes Handeln in Galiläa stand, angenommen. Nun erst ist er frei, den eigentlichen Gotteswillen, das Sich-Beugen unter die Macht der Römer, seinem Volk vorzuleben und zu verkünden. Auf verschiedenen Stationen seines Wegs war ihm der katastrophale Ausgang des jüdischen Kriegs in aller Schärfe zu Bewußtsein gedrungen[87], aber er durfte seinem Wissen nicht folgen: Das gläubige Vertrauen des Volks in seine Führerschaft — als er am nächsten daran ist, seiner persönlichen Enttäuschung nachzugeben und vom Platz zu weichen, sogar die göttliche Stimme — zwingt ihn, mit und vor dem verblendeten Volk ins gottgewollte Scheitern zu gehen. Mit dieser Erkenntnis von Gottes harter Liebe gewinnt er die Sicherheit, aus den menschlichen Kategorien von Gut und Böse, von Aufrichtig und Falsch herauszutreten. Er, der im Innersten konservativ und ängstlich auf Wahrung der Legitimität bedacht ist, wagt den Schritt, der ihn den Freunden, deren Anerkennung ihn bisher getragen hat, völlig entfremden muß: Er geht über ins Lager der

---

[82] Vit 326—329.
[83] Vit 100. 103. 244. 264f. 321. 369. 377.
[84] Bell 3,142—349.
[85] Diesen Weg führt er in seiner Rede vor Jerusalem, Bell 5,362—374. 376—419, aus.
[86] Bell 3,254.
[87] Vit 19.175f.; Bell 3,136—140.

Römer, verkündet ihrem Feldherrn die Weltherrschaft[88] und ruft sein Volk auf den — ihm nunmehr deutlichen — einzigen Weg zur Rettung. An dieser Stelle befindet sich Josephus in der Situation eines klassischen Propheten, etwa eines Jeremia[89].

Er hat sich zu einer eindeutigen politischen Linie durchgerungen und ist der Diskrepanz von Wissen und Tun entronnen, aber Anfeindungen und Verdächtigungen von beiden Seiten ausgesetzt. Die Juden hören nicht mehr auf ihn. Er kann nicht zum Leiter seines Volks nach und aus der Katastrophe werden wie Jochanan ben Sakkai. Jener bezog aus dynamisch-demokratischer Struktur die Kraft zu radikalem Umdenken und Neuanfang, Josephus hingegen teilt die Funktionslosigkeit der Priesteraristokratie nach der Zerstörung des Tempels. Nicht im Innern der neu zu konstituierenden jüdischen Gemeinschaft liegt sein Wirkungsbereich, sondern er findet seine Aufgabe als Außenpolitiker, als Anwalt seines Volkes vor den Völkern der Welt.

---

[88] Bell 3,400—402.
[89] Dazu Jer 1,4—19; 15,10—21; 20,7—18.

Bemerkungen zum literargeschichtlichen Hintergrund
der Kanontheorie des Josephus

Von Rudolf Meyer, Jena

In meiner Abhandlung „Kanonisch und apokryph im Judentum", die 1938 als Beilage zum Artikel κρύπτω im Theologischen Wörterbuch zum Neuen Testament erschien[1], habe ich der Kanontheorie des Josephus einen besonderen Stellenwert zugewiesen; denn Josephus bietet anerkanntermaßen ein relativ altertümliches Zeugnis für das Bemühen der Rabbinen, den Kanon der heiligen Schriften normativ festzulegen und damit eine allgemeingültige, nach Inhalt und Form dogmatisch allseitig abgeschirmte Glaubensurkunde zu schaffen. Wenn nunmehr nach über einem Menschenalter das Problem des Kanonabschlusses von neuem aufgegriffen und nach einigen Aspekten literargeschichtlicher Art am Ende der langen Geschichte des Kanonisierungsvorganges gefragt wird, so deshalb, weil die Handschriftenfunde aus der Wüste Juda uns die Möglichkeit geben, die Aussagen des Josephus an Hand von Originalquellen zu überprüfen, die von ihrem Verschwinden an bis zu ihrer Wiederentdeckung nicht durch wie auch immer eingestellte Tradenten überarbeitet worden sind. Indem die Wertung der Kanontheorie des Josephus im Mittelpunkt unserer Betrachtung steht, mögen die folgenden Zeilen dem um die deutsche Josephus-Forschung hochverdienten Jubilar zum Zeichen kollegialer Verbundenheit als bescheidene Geburtstagsgabe gewidmet sein.

Im Jahre 95 n. Chr., also 25 Jahre nach dem Untergang der Hierokratie von Jerusalem als geistiger und politischer Größe und damit zu einer Zeit, als die pharisäisch-hillelitisch ausgerichtete Synagoge mit dem Ethnarchat beziehungsweise Patriarchat als politischem Ausdruck in Palästina längst zur Herrschaft gelangt war, veröffentlichte Josephus in der Schrift gegen Apion seine bekannte Kanontheorie; sie lautet:

„Nicht Zehntausende einander widersprechender und widerstreitender Bücher gibt es bei uns, sondern nur 22 Bücher, die die Beschreibung des ganzen Zeitraumes [jüdischer Geschichte] enthalten; sie werden mit Recht für glaubwürdig angesehen. Zu ihnen gehören die fünf Bücher Moses; sie enthalten die Gesetze und die Überlieferung von der Entstehung des Menschen bis zu seinem [scil. Moses] Tod. Dieser Zeitraum umfaßt etwas weniger als 3000 Jahre. Vom Tode des Mose bis zu Artaxerxes, der nach Xerxes als König der Perser regierte, haben die nachmosaischen Propheten die Begebenheiten ihrer Zeit in 13 Büchern aufgezeichnet. Die übrigen vier [Bücher] enthalten Loblieder auf Gott und Lebensregeln für die Menschen. Von Artaxerxes bis in unsere Zeit ist zwar alles und jedes aufgezeichnet, doch es verdient nicht die gleiche Glaubwürdigkeit wie das Vorhergehende, da die genaue Nachfolgeschaft der Propheten fehlt."[2]

Josephus fährt dann unter anderem mit der Feststellung fort, daß bisher

---

[1] ThW III 979–987.   [2] cAp I 38–41.

niemand gewagt habe, zu den genannten 22 Büchern etwas hinzuzufügen, etwas davon wegzunehmen oder auch etwas daran zu ändern[3]. Drei Grundmerkmale für einen abgeschlossenen Kanon ergeben sich hieraus: die kanonische Zahl der Schriften, eine zeitlich genau definierte Offenbarungsperiode, in der ein lückenlos wirkender prophetischer Geist die einzelnen Schriften hervorbrachte, und schließlich die inhaltliche und formale Integrität der heiligen Texte[4].

In bezug auf alle drei Punkte erhebt sich angesichts der Funde aus der Wüste Juda die Frage, ob und wieweit sie dem geschichtlichen Sachverhalt entsprechen und wie die Theorie des Josephus historisch einzuordnen ist, genauer, ob sie als Zeugnis aus der Zeit vor dem Untergang Jerusalems angesehen werden darf, oder ob sie nicht vielmehr in die Auseinandersetzungen eingeordnet werden muß, die schließlich um die erste Jahrhundertwende zum rabbinischen Kanon geführt haben. Zur Beantwortung dieser Frage sei zunächst von der kanonischen Zahl 22 ausgegangen. Nach dem, was wir bisher wußten, steht diese Zahl, die auch den Kirchenvätern noch bekannt war[5], zur endgültig normativ gewordenen Zahl 24, wie sie erstmalig aus der Zeit um 100 n. Chr. durch 4 Esr 14,45 sowie durch die jüngere Baraita b BB 14b belegt ist, in Spannung. Jedoch ist dieser Gegensatz nur scheinbar; er beruht einfach darauf, daß Josephus noch eine Anordnung der heiligen Schriften kennt, wie sie bereits LXX zugrunde liegt. Danach werden Ruth zu Richter und Threni zu Jeremia gezählt, so daß sich folgende Reihenfolge ergibt: 5 Bücher des Pentateuchs, anschließend 13 prophetische Schriften: Josua, Richter (+Ruth), Samuel, Könige Jesaja, Jeremia (+Threni), Ezechiel, Hiob[6], Dodekapropheton, Daniel, Chronik, Esra (−Nehemia) sowie Esther, und zum Schluß Psalmen, Proverbien, Qohelet und Canticum. Bedenken gegenüber der Zahl 22 als einer altertümlichen Norm, die über die Periode des Kanonabschlusses durch die Rabbinen in die Zeit vor der Tempelzerstörung zurückreicht, erheben sich auf Grund des Tatbestandes, daß hebräische Fragmente der Weisheit des Jesus ben Sira sowohl in Qumran[7] als auch in der Festung Masada[8] gefunden wurden, die 73 n. Chr. den Römern in die Hände fiel. Da die Bibliothek von Qumran keineswegs nur Gruppenliteratur enthält, sondern da-

---

[3] Ebd. 42: τοσούτου γὰρ αἰῶνος ἤδη παρῳχηκότος οὔτε προσθεῖναί τις οὐδὲν οὔτε ἀφελεῖν αὐτῶν οὔτε μεταθεῖναι τετόλμηκεν.

[4] Die Integritätsformel liegt in der Linie von Dtn 4,2; 12,32; epAr 310f.; Apk 22,18f. u.ö., doch besteht ein wesentlicher Unterschied darin, daß die genannten Stellen auf die Zukunft ausgerichtet sind, während Josephus die Integrität als längst bestehend behauptet.

[5] Vgl. Schürer II[4] 367, Anm. 12.

[6] So nach Sir 49,8.

[7] 2 Q Sir 6,14f. oder 1,19f.; 6,20−31; DJD II 75−77.

[8] Y. Yadin, The Ben Sira Scroll from Masada (Jerusalem 1965).

rüber hinaus eine Fülle gemeinjüdischer Texte[9], zu denen natürlich auch
der Sirazide zählt, und da zudem Masada einen beredten Zeugen für seine
Hochschätzung als Erbauungsbuch abgibt, besteht kein Zweifel, daß kurz
nach Untergang der jerusalemischen Hierokratie dieses Buch mit seiner
altorthodoxen, nichtpharisäischen Theologie nicht anders gewertet wurde
als etwa das Buch der Proverbien.

Dieser Sachverhalt, der nunmehr auf Grund des archäologischen Befundes
nicht mehr hinwegzuinterpretieren ist, spiegelt sich deutlich in der rabbinischen Überlieferung wider[10]. In TJad 2,13 wird festgestellt: „Sira und
alle Bücher, die von da an und weiter geschrieben sind, verunreinigen die
Hände nicht", mit anderen Worten, Sira und alle Schriften, die wirklich
oder vermeintlich 'jünger sind als dieses um 190 v. Chr. geschriebene Weisheitsbuch, gehören nicht in den von den Rabbinen festgesetzten Kanon
heiliger Schriften und gelten lediglich als profan. Noch im 4. Jh. diskutiert man darüber, warum der Sirazide als außerkanonisch anzusehen sei.
So stellt nach bSanh 100b der babylonische Amoräer Joseph (+333) zunächst fest, daß es verboten sei, Sira in Synagoge und Lehrhaus zu verwenden. Sein Schüler und Nachfolger an der Akademie von Pum Beditha,
Abaje, gibt zunächst nach scholastischer Sitte einen Scheingrund an, indem er behauptet, das Buch enthalte unpassende Dinge; doch Rab Joseph
entgegnet hierauf nach einer wohl zutreffenden Randlesart des Codex
Monacensis 95: „[Wenn unsere Lehrer das Buch Sira nicht verborgen
hätten,] würden wir die trefflichen Worte, die in ihm enthalten sind, auslegen."[11] Damit aber ist der eigentliche Grund genannt: Die Nichtkanonizi-
tät des Siraziden beruht lediglich auf dem autoritativen Spruch der Rabbinen einer früheren Zeit, der sich allgemein durchgesetzt hat, und Rab
Joseph zeigt an Hand einer Auslegungsprobe, daß sachlich der Verwendung des Siraziden in Lehrhaus und Synagoge nichts im Wege gestanden
hätte.

Eine Schrift zu „verbergen" und somit aus dem Kreis der heiligen Schriften auszuschließen, waren die pharisäisch-hillelitisch ausgerichteten Rabbinen aber erst in der Lage, als die Hierokratie von Jerusalem vernichtet worden war; vorher besaßen sie keine gesetzgeberische Gewalt, denn
ihre Schulen hatten nur privaten Charakter. Damit fällt die Ausweisung
von Sira in die Zeit der sogenannten Synode von Jamnia, also in das Ende
des 1. Jhs. n. Chr.. Wenn nun Josephus von 22 kanonischen Schriften
spricht, dann dürfte diese Zahl aus den hillelitischen Schulmeinungen
stammen, wie sie sich im letzten Viertel des 1. Jhs. n. Chr. herausgebildet

---

[9] Zum Bibeltext vgl. R. Meyer, RGG V 742–745 (Lit.); F. M. Cross jr., The Contribu-
tion of the Qumran Discoveries to the Study of the Biblical Text. IEJ 16 (1966)
81–95 (Lit.).
[10] Zum Folgenden vgl. ThW III 983.
[11] Vgl. a.a.O. Anm. 84.

hatten und wobei die Frage der Kanonabgrenzung soweit geklärt war, daß der Sirazide und — so dürfen wir logischerweise ergänzen — andere Erbauungsschriften endgültig als profan galten.

Das Dogma von der prophetischen Idealzeit, das als nächster Punkt zu behandeln ist, stellt sich nach Josephus wie folgt dar: Die obere literarische Grenze ist der Pentateuch; er umfaßt die Geschichte von der Entstehung der Welt bis zum Tode des Mose. Die untere Grenze stellt die Regierungszeit Artaxerxes' I. (465—424 v. Chr.) dar. Als letztes Buch in der Reihe der prophetisch-geschichtlichen Bücher hat er offenbar Esther bereits vorgefunden, so daß nunmehr Ahasveros sekundär mit Artaxerxes I. identifiziert wird. Da nach der Tradition Esra unter diesem König gewirkt hat, kann man auch das prophetische Zeitalter, wie es Josephus vor Augen hat, zwischen Mose und Esra ansetzen. Die Literatur, die ihrem Titel oder ihrer Hauptgestalt nach zeitlich vor Mose zu stehen käme, erwähnt Josephus nicht; anderseits gelten die Schriften, die in die Zeit nach Esra fallen, als minder „glaubwürdig“, da es für ihre Entstehungszeit keine lückenlose prophetische Sukzession gibt. Natürlich verwendet er derartige Literatur, etwa das 1. Makkabäerbuch, für seine Geschichtsschreibung als zuverlässige Quelle; aber er läßt durchblicken, daß nach der von ihm wiedergegebenen Theorie die Schriften, die nach Esra abgefaßt worden sind, als profan gelten. Gleichwohl geht er nicht soweit, daß er der Periode, die bis in seine Gegenwart reicht, das Wirken prophetischen Geistes grundsätzlich abspricht, im Gegenteil, was wir über charismatische Gestalten wie Johannes Hyrkanos wissen, verdanken wir vornehmlich ihm[12].

Der Theorie vom prophetischen Zeitalter, wie sie Josephus entwickelt, stehen nun eine ältere und eine jüngere Vorstellung gegenüber; erstere wird durch Jesus ben Sira sowie seinen Enkel Eleasar, letztere durch die Rabbinen vertreten. In seinem „Preis der Väter“[13] läßt der Sirazide die Geschichte mit Henoch und Noah beginnen und führt sie durch bis zu seinem Zeitgenossen, dem Priesterfürsten Simon, in dessen panegyrischer Verherrlichung das ganze Gedicht gipfelt. Unbeschadet der zentralen Stellung der Thora wird hier also eine Abfolge geboten, die bis in die Gegenwart des Siraziden reicht und die keinerlei wertende Zäsur kennt. Dementsprechend empfindet er sich als einen Weisen, der gleichberechtigt am Ende einer langen Kette von begnadeten Vorfahren steht. Dies bringt sein Enkel, der um 132 v. Chr. das Weisheitsbuch ins Griechische übersetzt hat, dadurch zum Ausdruck, daß er sagt, sein Großvater habe sich mehr als

---

[12] Vgl. R. Meyer, Der Prophet aus Galiläa (Neudruck Darmstadt 1970) 60—70; ThW VI 825f. Daß Josephus selbst in seinem Denken keineswegs nur pharisäisch ausgerichtet ist, sondern entscheidend von einem „priesterlichen Charismatikertum“ bestimmt wird, zeigt neuerdings H. Lindner, Die Geschichtsauffassung des Flavius Josephus im Bellum Judaicum. Arbeiten zur Geschichte des antiken Judentums und des Urchristentums 12 (Leiden 1972) 146.
[13] Sir 44,1—50,24.

andere dem Gesetz, den Propheten und den anderen Büchern der Vorfahren gewidmet und darauf selbst sein Werk verfaßt, das geeignet sei, eine dem Gesetz entsprechende Lebensweise bei den Schriftbeflissenen entscheidend zu fördern.

Anders dagegen die rabbinische Theorie[14]. Zunächst gilt, daß die Rabbinen bei grundsätzlich gleicher Tendenz wie Josephus die untere Grenze der prophetischen Periode nach Esra, etwa in der Zeit Alexanders des Großen ansetzen; bis dahin, so behauptet man, sind alle Schriften des Kanons abgefaßt. Der wesentliche Unterschied der Rabbinen zu Josephus besteht darin, daß sie die auf die Propheten folgende Zeit und damit ihre eigene Gegenwart nicht einfach abwerten, sondern daß sie selbst den Anspruch erheben, als „Weise" die legitimen Nachfolger der Propheten und damit die bevollmächtigten Interpreten des Gesetzes zu sein. Daher heißt es in Seder Olam rabba 30: „Bis hierher haben die Propheten im heiligen Geiste geweissagt. Von da an und weiter neige dein Ohr und höre auf die Worte der Weisen."[15] Damit ist jene dogmatische Konstitutionalisierung fixiert, die der vom pharisäisch-hillelitischen Rabbinat beherrschten Synagoge das Gepräge gibt. Daß sie auf der jüngsten Stufe der Entwicklung steht und daß sie erst nach dem Untergang der Jerusalemer Hierokratie und dann auch nur gegen starke Widerstände zum Siege gelangte, braucht nicht mehr bewiesen zu werden.

Neue Aspekte für die historische Einordnung des Dogmas von der prophetischen Idealzeit ergeben die Handschriftenfunde von Qumran. Der thematische Reichtum der Wüstenbibliothek darf als bekannt vorausgesetzt werden. Im Zusammenhang unserer Fragestellung kommt es nur darauf an, auf einige markante Punkte hinzuweisen. Grundsätzlich gilt, daß sich in Qumran sämtliche Schriften des rabbinischen Kanons mit Ausnahme des Estherbuches nachweisen lassen. Dessen Titelheldin oder Mardochai werden übrigens auch im „Preis der Väter" nicht erwähnt; die Vermutung könnte naheliegen, daß die Sadokiden, auf deren Seite Jesus ben Sira ja stand und die in der Gemeinde von Qumran dominierten, dieses Buch samt dem dahinterstehenden Fest Purim ablehnten. Abgesehen von der Weisheit des Siraziden, die oben bereits behandelt wurde, sind Tobith, Henoch und Noah belegt; hierbei ist zu beachten, daß Henoch und Noah den „Preis der Väter" einleiten[16], also an exponierter Stelle stehen. Darf man auch hier annehmen, daß hinter Henoch und Noah entsprechende Schriften stehen, die von den Sadokiden anerkannt waren? Wie dem auch sei, in Qumran wurde Sira nicht nur genauso wie die Sprüche Salomos

---

[14] Vgl. zum Folgenden ThW VI 817–819.
[15] Zum Text vgl. ThW III 982 Anm. 80.
[16] Sir 44,16f.; Adam, Sem, Seth und Enos sowie Joseph und nochmals Henoch erscheinen 49,14–16 in einem nachträglichen Einschub.

eingeschätzt, sondern auch kein Unterschied gemacht zwischen Tobith und etwa Ruth oder Henoch und Noah auf der einen und Daniel auf der anderen Seite.

Hierzu kommt, worauf weiter unten noch besonders zurückzukommen ist, daß die Produktion „biblischer" Psalmen noch durchaus im Flusse ist und daß die umfangreiche prophetisch-apokalyptische Literatur offensichtlich den gleichen Rang hat wie die klassischen Propheten, die man vielfach exegetisch auswertet. So stehen in Qumran Studium der altüberkommenen Schriften einerseits und Fortsetzung derselben in der Gegenwart anderseits ebensowenig in Spannung zueinander wie bei Jesus ben Sira und seinem Enkel.

Die Parallelität zum Preisgedicht des Siraziden läßt nur den einen Schluß zu, nämlich daß noch in der Spätzeit von Qumran die biblischen Schriften im weitesten Sinne des Wortes — also unter Einschluß der sogenannten Apokryphen und Pseudepigraphen — in einer Weise behandelt und bewertet werden, die man als genuin gemeinjüdisch bezeichnen muß. Demnach ist das Dogma des Josephus, wonach es einen festen Kanon seit jeher gab, der in einer genau umrissenen Offenbarungsperiode Gestalt gewonnen hat, um 70 n. Chr. keineswegs Allgemeingut im Judentum. Zweifelsohne hat man sich in pharisäischen Kreisen schon vor dem Untergang der Hierokratie mit Kanonproblemen beschäftigt[17], doch dieses Bemühen der einzelnen Schulen blieb im Grunde ein privates Unterfangen, da das Gemeinwesen sadduzäisch regiert war. Gesetzlich wirksam konnte ein solches Dogma erst werden, nachdem man selbst an die Macht gekommen war. Aber auch dann ergab sich nicht sofort eine allgemein verbindliche Entscheidung, wie der Kampf um die Beibehaltung des Siraziden und die Auseinandersetzung um einzelne Schriften, die manche nicht anerkennen wollten, zur Genüge beweist. Josephus bietet nun offenbar aus dem Komplex innerpharisäischer Auseinandersetzungen eine Schultradition, die sich — gemessen am Ergebnis des abschließenden Kanonisierungsprozesses — als unfertig ausweist und lediglich als ein Glied in der Entwicklung anzusehen ist, das der Historiker keinesfalls verabsolutieren darf.

Schließlich bedarf die Behauptung des Josephus, seit alters habe es eine völlige Integrität der heiligen Schriften gegeben, an Hand der Texte von Qumran einer kritischen Überprüfung. Hat es sich schon bei der kanonischen Zahl gezeigt, daß man hier erst nach dem Untergang der Jerusalemer Hierokratie zu einem endgültigen Ergebnis gekommen ist, so gilt dies ebenso von den einzelnen Büchern. Besonders erstaunlich ist, daß selbst beim Pentateuch, also dem „Gesetz", das bereits um 300 v. Chr. als abgeschlossenes Ganzes vorlag und durch alle jüdischen Gruppen als heilig im vollen Sinne des Wortes verehrt wurde, um 70 n. Chr. noch nicht von einer

---

[17] Vgl. ThW III 985,21—32.

kanonischen Integrität geredet werden kann. Der Text selbst fließt um diese Zeit noch dahin. Zwar herrscht eine Textgestalt vor, die auf der Linie des durch die Synode von Jamnia ins Leben gerufenen masoretischen Textes liegt, also als protomasoretisch anzusprechen ist, aber daneben laufen noch zwei andere Stränge; den einen wird man als protosamaritanisch und damit als Vorläufer zum samaritanischen Textus receptus ansprechen dürfen, während der andere einen Typus verkörpert, der eng mit der ursprünglichen Septuaginta-Vorlage verwandt ist[18].

Die Unterschiede zwischen den einzelnen Textgestalten beziehen sich keineswegs nur auf Stil, Orthographie und Sprachgestaltung, sondern mitunter auch auf den Inhalt selbst, so daß dann die textlichen Varianten auch voneinander abweichende Vorstellungen beziehungsweise dogmatische Differenzen zum Ausdruck bringen. Ein besonders instruktives Beispiel stellt das Fragment 4 Q Dt 32,8f. 43 dar, das ich an anderer Stelle ausführlich behandelt habe[19] und von dem hier Vers 43 besprochen sei. Der heutige masoretische Text lautet:

> „Preist ihr Heiden, sein Volk;
> denn das Blut seiner Knechte rächt er,
> verübt Rache an seinen Feinden
> und entsühnt sein Land, sein Volk."

Dem steht die 4Q-Form mit sechs Stichen gegenüber:

> „Jubelt, ihr Himmel, mit ihm,
> und es sollen niederfallen vor ihm alle Götter;
> denn das Blut seiner Söhne rächt er
> und verübt Rache an seinen Feinden,
> seinen Hassern vergilt er
> und entsühnt das Land seines Volkes."

Schon der formale Vergleich des Q-Textes, der ohne Zweifel die hebräische Vorlage für die Grundschicht von LXX darstellt, zeigt zunächst die Überlegenheit und Ursprünglichkeit des Q-Textes: Ein sauberer Parallelismus membrorum geht durch die Strophe mit drei Versen zu je zwei Stichen, und der Text ist ohne jede stilistische Unebenheit. Demgegenüber wirkt die masoretische Gestalt als eine wenig glückliche Verkürzung der Urform, die zudem, wie der letzte Stichos deutlich zeigt, syntaktisch nicht ganz einwandfrei ist, da die Wortfolge „sein Land, sein Volk" kaum permutativisch[20] erklärt werden kann.

---

[18] Zur Lit. s. Anm. 9.

[19] Die Bedeutung von Deuteronomium 32,8f. 43 (4 Q) für die Auslegung des Moseliedes. Verbannung und Heimkehr, Wilhelm Rudolph zum 60. Geburtstag (Tübingen 1961) 197—209. Eine gute Wiedergabe des Fragmentes bietet E. Würthwein, Der Text des Alten Testaments (Stuttgart 1963) 128, Nr. 9b; vgl. ferner BHS z. St.

[20] Zum Permutativ im Hebräischen vgl. R. Meyer, Hebräische Grammatik III, SG 5765 (Berlin 1972) § 98,2.

Aber die masoretische Textgestalt stellt nicht nur die Verkürzung einer
volleren und ursprünglicheren Form dar, sondern sie weist auch eine wesentliche dogmatische Änderung auf; denn der entscheidende Stichos
„und es sollen vor ihm niederfallen alle Götter", dem in LXX der Halbvers
„und es sollen vor ihm niederfallen alle Gottessöhne" entspricht, ist in der
masoretischen Form ersatzlos gestrichen, und aus der Aufforderung an
„die Himmel" zu jubeln ist die Aufforderung an die Heiden geworden,
Jahwes Volk zu preisen und es zur endgültigen sieghaften Rechtfertigung
und zur Entsühnung seines Landes durch seinen Gott zu beglückwünschen.
Damit ist ein Text ausgesprochen mythischen und heilseschatologischen
Charakters gleichsam „entmythologisiert" und in den nationalen Bereich
des irdischen Geschehens hineingestellt, somit auch aktualisiert. Fragt man
nach dem „Sitz im Leben" für diese Aktualisierung, dann wäre etwa an die
Religionspolitik der Hasmonäer zu denken; denn von Johannes Hyrkanos
I. (133—104 v. Chr.) bis Alexander Jannai (103—67 v. Chr.) haben diese
Priesterfürsten „heilige Kriege" geführt und das Land durch Zwangsbe-
schneidungen in den eroberten Gebieten „entsühnt"[21]. Ist unsere Annahme richtig, dann fußt die masoretische Textgestalt auf einer gleichlauten-
den protomasoretischen Form, und diese stellt eine Änderung an der
Thora dar, die man etwa der ersten Hälfte des 1. Jhs. v. Chr. wird zuwei-
sen dürfen. Damit liegt ein stringenter Beweis gegen Josephus' Behauptung
vor, daß man seit jeher nicht gewagt habe, etwas an den heiligen Schriften
zu ändern.

Vollends problematisch wird dieser Teil der Kanontheorie des Josephus,
wenn man 11 QPs[a], eine in großen Stücken erhaltene Psalmenrolle aus
der Höhle XI[22] heranzieht, die keineswegs eine Einzelerscheinung
darstellt[23] und offensichtlich nur Psalmenmaterial enthält, das man als
allgemeinjüdisch bezeichnen muß und das keine Rückschlüsse auf die
Gruppentheologie von Qumran zuläßt[24]. Die Handschrift, die mit ihrem
Duktus, der vom früh- zum spätherodianischen Schreiberstil übergeht, in
der ersten Hälfte des 1. Jhs. n. Chr. angefertigt ist, enthält Reste von etwa
37 Psalmen des rabbinischen Kanons aus dem vierten und fünften Buch
des Psalters. Aber von dem kanonischen Psalmenbuch unterscheidet sich
unsere Handschrift in bisher ungeahnter und überraschender Weise. Das

---

[21] A.a.O. (Anm. 19) 205f.

[22] J.A. Sanders, The Psalms Scroll of Qumran Cave 11. Discoveries in the Judaean
Desert of Jordan IV (Oxford 1965).

[23] Ders., Cave 11 Surprises and the Question of Canon. McCormick Quarterly 21
(Chicago 1968) 1—15.

[24] Der einzige Hinweis darauf, daß der Psalter in Qumran abgefaßt worden ist, liegt in
dem Prosastück 11 QPs[a] Dav Comp (Kol. 27,2—11) vor, wo die angeblichen 4050 von
David verfaßten Kompositionen so aufgegliedert werden, daß 464 „Lieder" dem kultischen Kalender von Qumran zugeordnet werden; vgl. DJD IV 91.

gilt zunächst von der Reihenfolge, die von der traditionellen Zählung folgendermaßen abweicht: 101, 102, 103 (104), 109, 105, 146, 148, 121–132, 119, 135, 136, 118, 145, 139, 137, 138, 93, 141, 133, 144, 142, 143, 149, 150, 140, 134 und 151, der aus LXX bekannt ist und noch kurz zu besprechen sein wird. Hierbei verdient besonders Ps 118 beziehungsweise das, was von ihm verwendet wird, Beachtung, insofern als aus einzelnen Teilen ein neues Lied geschaffen worden ist, das folgendermaßen lautet[25]:

  (1) Danket Jahwe, denn er ist freundlich,
       ja, seine Güte währt ewig!
(15) Ein Schall von Jubel und Heil
       [ertönt] in den Hütten der Gerechten:
       „Die Rechte Jahwes wirkt mit Macht,
(16) die Rechte Jahwes ist hoch erhoben,
       die Rechte Jahwes wirkt mit Kraft!"
  (8) Es ist besser, auf Jahwe zu vertrauen,
       als Menschen Vertrauen zu schenken.
  (9) Es ist besser, bei Jahwe Zuflucht zu suchen,
       als Edlen zu vertrauen.
  (?) Es ist besser auf Jahwe zu trauen,
       als auf eine ganze Armee.
(29) Danket Jahwe, denn er ist freundlich,
       ja, seine Güte währt ewig!

Für unseren Zusammenhang ist dieses kleine Lied, das mit J. A. Sanders möglicherweise aus der Reihe der kanonischen Psalmen herauszunehmen und als nichtkanonisch zu bezeichnen ist, insofern von Bedeutung, als es zeigt, wie frei man noch im 1. Jh. n. Chr. mit den einzelnen Psalmenmotiven umgegangen ist und wie man sich keineswegs fest an traditionell vorgegebene Formen gebunden fühlte. Hierzu kommt ein weiteres Überraschungsmoment; die Handschrift, die eindeutig als Davidspsalter abgefaßt worden ist, bietet nicht nur Lieder aus unserem Kanon, sondern darüber hinaus auch Kompositionen, die von den Rabbinen verworfen worden sind und von denen einige bisher überhaupt nicht bekannt waren. Zu ersteren gehören Ps I (=151; Kol. 28,3–14), II (=154; Kol. 17) und III (=155; Kol. 24,3–17) der fünf syrisch überlieferten außerkanonischen Psalmen[26], Sir 51,13–20 … 30 (Kol. 21,11–17. 22,1), der erste Teil eines akrostichischen Weisheitsliedes (Alef bis Kaf), das heute im Anhang zu Jesus ben Sira begegnet, das aber ursprünglich selbständig war und in unserer Psalmenrolle als davidisch gilt. Angemerkt sei, daß die vorliegende Fassung nicht nur gegenüber der LXX-Version ursprünglicher ist, sondern daß sie auch den Genisa-Text aus Kairo ergänzt, der an dieser Stelle korrupt ist[27]. Als bisher gänzlich unbekannte Stücke sind zu nennen: ein als

---

[25] DJD IV, Kol. 16 1–6; vgl. J. A. Sanders, a.a.O. (Anm. 23) 4f.
[26] Vgl. hierzu die neueste kritische Ausgabe: Apocryphal Psalms, ed. by W. Baars. Vetus Testamentum Syriace IV 6 (Leiden 1972).
[27] Der Text ist in DJD IV 79–85 ausführlich besprochen.

Danklied einsetzendes Gebet um Vergebung der Sünden und Errettung vom Satan (Kol. 19), ein Zionslied (Kol. 22,1—15), das im Wortlaut weiter unten folgt, ein Hymnus auf den Schöpfer (Kol. 26,9—15) und ein mit 2 Sam 23,7 eingeleitetes Prosastück, das die Art und Anzahl der Dichtungen Davids angibt[28].

Die Stellung dieser Lieder inmitten der bereits genannten traditionellen Psalmen beweist, daß zwischen beiden Gruppen keinerlei Bewertungsunterschied besteht; so haben weder der Verfasser der Psalmenrolle noch deren Benutzer „kanonische" von „apokryphen" Liedern getrennt. Die formale Gleichrangigkeit wird zusätzlich dadurch bestätigt, daß zwei dieser Texte, 11 QPs^a Sir 51,13ff. 30 und 11 QPs^a 151 (syrisch I) eine korrigierende Interpretation erfahren haben. Solches aber geschieht in der Regel nur dort, wo an einer literarischen Einheit theologisches Interesse besteht beziehungsweise der Gedanke der Heiligkeit an sie herangetragen wird. Als Beispiel sei 11 QPs^a 151 A (Kol. 28, 3—12) angeführt; die deutsche Übersetzung lautet[29]:

> I. Kleiner war ich als meine Brüder
> und jünger als die Söhne meines Vaters;
> So bestellte er mich zum Hirten über sein Kleinvieh
> und zum Herrscher über seine Böckchen.
>
> II. Meine Hände verfertigten eine Flöte
> und meine Finger eine Zither;
> Dann gab ich Jahwe die Ehre,
> indem ich bei mir dachte:
>
> III. Die Berge zeugen für ihn nicht,
> und die Hügel verkündigen [ihn] nicht;
> Aber die Bäume preisen meine Worte
> und das Kleinvieh meine Werke.
>
> IV. Fürwahr, wer verkündet und wer bespricht
> und wer erzählt die Taten des Herrn?
> Alles sieht Gott,
> alles hört er und nimmt er wahr.
>
> V. Er sandte seinen Propheten, mich zu salben,
> Samuel, um mich groß zu machen.
> Es gingen meine Brüder ihm entgegen,
> schön an Gestalt und trefflich an Aussehen.
>
> VI. Obschon rank an Gestalt
> und schön von Haarwuchs,
> Erwählte sie
> Gott Jahwe nicht.
>
> VII. Vielmehr sandte er hin und nahm mich von der Herde weg
> und salbte mich mit heiligem Öle;
> Er setzte mich ein zum Fürsten über sein Volk,
> zum Herrscher über die Söhne seines Bundes.

---

[28] Vgl. auch Anm. 24.

[29] Zum Folgenden vgl. DJD IV 54—64; R. Meyer, Die Septuaginta-Fassung von Psalm 151,1—6 als Ergebnis einer dogmatischen Korrektur. Das ferne und nahe Wort, Festschrift Leonard Rost. BZAW 105 (Berlin 1967) 164—172.

Das Gedicht, ein Hymnus, der im Ich-Stil des Erzählers gehalten ist und in der Rolle selbst als „Hallelujah Davids, des Sohnes Isais" bezeichnet wird, stellt eine poetische Ausgestaltung von 1 Sam 16,1–13 dar, wobei insbesondere v. 7, wonach Jahwe nicht auf die äußere Erscheinung, sondern auf das Herz sieht, als engere thematische Voraussetzung anzusehen ist. Es ist offensichtlich unversehrt erhalten und fällt durch seine wohlabgewogene Form auf; es läßt sich mit J. A. Sanders in sieben Strophen und gleichzeitig in zwei Gedankenkreise aufgliedern, von denen der erste in Strophe I–IV die Voraussetzungen für die Erwählung des jungen Hirten schildert, der zweite dagegen in den folgenden Strophen V–VII seine Salbung zum König über das Bundesvolk darstellt.

Demgegenüber lautet die LXX-Fassung in der traditionellen Verseinteilung:

1. Klein war ich unter meinen Brüdern
und der Jüngste im Hause meines Vaters;
ich weidete das Kleinvieh meines Vaters.
2. Meine Hände verfertigten ein Musikinstrument,
und meine Finger fügten eine Zither zusammen.
3. Und wer verkündigt meinem[30] Herrn?
er [ist] Herr, er erhört.
4. Er selbst sandte seinen Boten aus
und nahm mich weg vom Kleinvieh meines Vaters
und salbte mich mit dem Öle seiner Salbung.
5. Meine Brüder schön und groß,
und es hatte kein Wohlgefallen der Herr an ihnen.

Einen eingehenden Vergleich zwischen beiden Versionen hat J. A. Sanders durchgeführt. Aus ihm ergibt sich, daß die LXX-Form nicht einfach auf eine Verkürzung der ursprünglichen Gestalt des Gedichtes zurückgeht, sondern daß sie offenbar auf einer hebräischen Vorlage beruht, die man geradezu als das Ergebnis einer bewußten Verstümmelung bezeichnen muß. Ohne auf die kleineren Eingriffe und Auslassungen einzugehen, sei hier nur darauf verwiesen, daß die Hauptursache für die Veränderung des Psalmes darauf beruht, daß aus ihm die Strophen IIb und IIIa herausgeschnitten worden sind:

IIb. Und ich gab Jahwe die Ehre,
indem ich bei mir dachte:
III. Die Berge zeugen für ihn nicht,
und die Hügel verkündigen ihn nicht;
Aber die Bäume preisen meine Werke
und das Kleinvieh meine Taten.

Der Grund für die Streichung dieses Teiles dürfte vor allem darin zu suchen sein, daß das Motiv, wonach David seine Lieder als Hirt vor seiner Herde und vor den Pflanzen gesungen habe, Anstoß erregt hat. In der Tat

---

[30] Sic: τῷ κυρίῳ μου.

haben wir hier — und dies sollte man nicht bestreiten — eine bukolische Szene vor uns, in der der junge David als Orpheus gezeichnet ist. Das Orpheus-Motiv begegnet auch anderweit in der jüdischen Literatur, so in Verbindung mit Mose bei Artapanos, Aristobulos und Ezechiel dem Tragiker[31]. Die Besonderheit unseres Textes besteht nun darin, daß hier ein palästinischer Beleg für David vorliegt, der mit größter Wahrscheinlichkeit eine bildliche Entsprechung in der Synagoge von Dura-Europos hat; nur handelt es sich hier — doch dies ist kein prinzipieller Unterschied — nicht um den musizierenden jungen Hirten, sondern um David als königlichen Sänger, wobei die Darstellung im unteren Mittelbild über dem Thoraschrein, die leider nicht ganz zweifelsfrei zu interpretieren ist, wohl 2 Sam 22 illustrieren soll[32].

Allerdings darf man aus dem David-Orpheus-Motiv keine allzu weittragenden religionsgeschichtlichen Schlüsse ziehen. Man wird sich lediglich auf die Feststellung zu beschränken haben, daß dort, wo es begegnet, jemand am Werk gewesen ist, der aus einem universalen Weltgefühl heraus sein Werk zu gestalten wußte. So hat auch der unbekannte Verfasser 11 QPs^a 151 A ein schönes bukolisches, auf 1 Sam 16,1—13 basierendes Gedicht geschaffen, wobei sich ihm das Orpheus-Motiv auf Grund seiner lyrischen Eigenart gleichsam von selbst anbot. Ein Bearbeiter, mehr partikularistisch eingestellt, glaubte als „Eiferer" seine Bedenken anmelden zu müssen; er kam mit dem Stift des Zensors, zerstörte das Ganze und hinterließ einen Torso, der in der heutigen Form kaum recht verständlich und ohne Aussagewert ist. Immerhin blieb dem Psalm auf diese Weise wenigstens ein kümmerliches Dasein als Anhang zum LXX-Psalter beschieden.

Aus den bisher unbekannten Texten, die von den Rabbinen verworfen wurden und die für fast 1900 Jahre verschollen waren, sei als Probe das Zionslied 11 QPs^a Zion vorgelegt[33]:

['] Ich gedenke dein zum Segen[34], o Zion,
[B] mit all meiner Kraft liebe ich dich,
    gepriesen auf ewig sei dein Andenken.
[G] Groß ist deine Hoffnung, o Zion,
    daß Friede und deine ersehnte Hilfe eintreten möge.
[D] Geschlecht um Geschlecht werden in dir wohnen,
    und Geschlechter von Frommen werden deine Zier sein.
[H] Die den Tag deiner Rettung herbeisehnen,
[W] werden sich freuen an der Größe deiner Herrlichkeit.
[Z] An der Brust deiner Herrlichkeit trinken sie,
    und auf deinen herrlichen Plätzen werden sie [wie Kinder] trippeln.

---

[31] Vgl. DJD IV 61f.

[32] Vgl. The Excavations at Dura-Europos. Final Report VIII, Part I: C. H. Kraeling, The Synagogue (New Haven 1956) 223—225.

[33] DJD IV 85—89; R. Meyer, Wort und Welt. Festschrift Erich Hertzsch (Berlin 1968) 218f.

[34] Wörtlich: „Ich bringe dich [vor Gott] zum Segen in Erinnerung"; vgl. DJD IV 88.

[H] Der Verdienste deiner Propheten wirst du gedenken,
     und der Werke deiner Frommen wirst du dich rühmen.
[T] Entferne Gewalttat aus deiner Mitte,
     Falschheit und Trug mögen aus dir getilgt werden.
[J] Es sollen sich freuen deine Söhne in deiner Mitte,
     und deine Geliebten sollen mit dir vereint werden.
[K] Wir haben gehofft auf deine Rettung,
     getrauert über dich deine Rechtschaffenen!
[L] Die Hoffnung auf dich vergeht nicht, o Zion,
     und nicht wird vergessen das Hoffen auf dich.
[M] Wer ist je [in] Gerechtigkeit zugrunde gegangen,
     oder wer ist's, der in seiner Sünde davonkam?
[N] Der Mensch wird geprüft nach seinem Wandel,
     einem jeden wird nach seinen Taten vergolten.
[S] Ringsum mögen deine Feinde ausgerottet werden, o Zion,
     zerstreut werden alle, die dich hassen.
['] Dein Lobpreisen ist gottwohlgefällig, o Zion,
     es zieht durch die ganze Welt.
[P] Viele Male gedenke ich dein zum Segen,
     von ganzem Herzen segne ich dich.
[Ṣ] Mögest du erreichen ewige Gerechtigkeit
     und Segenswünsche der Ruhmvollen empfangen.
[Q] Nimm hin die Schau, die über dich gesprochen ist,
     und die Träume der Propheten, die deinetwegen befragt[35].
[R] Erhebe dich und breite dich aus, o Zion,
[Š] preise den Höchsten, deinen Erlöser,
[T] laß mich selbst mich freuen deiner Herrlichkeit.

Dieses Lied — ein unregelmäßiges Akrostichon — liegt, wie J. A. Sanders gezeigt hat, in der Linie von Jes 54,1–8; 60,1–22 und 62,1–8 und zeichnet sich durch eine auffallende Gefühlstiefe aus. Wann es entstanden ist, kann nicht gesagt werden, da die philologischen Bezüge sowohl zur älteren Sprache als auch zum Mittelhebräischen nicht weiterhelfen. Vielleicht wird man es, nach dem Charakter der Handschrift zu urteilen, in das 1. Jh. v. Chr. verweisen dürfen. Damit hätte man einen Beweis dafür, daß man um die Zeitenwende durchaus noch „Davidspsalmen" dichtete und sie bis zur endgültigen Festlegung des Psalters genauso als Erbauungslieder benutzte wie unsere normativ gewordenen Psalmen. Damit findet die einst viel vertretene, heute nur noch wenig beachtete Hypothese, wonach der Psalter bis in die Hasmonäerzeit im Flusse gewesen sei, dahingehend eine unerwartete und zugleich modifizierende Bestätigung, daß die Entscheidung für eine bestimmte, ein für allemal gültige und allgemein verbindliche Sammlung erst nach dem Untergang Jerusalems durch das pharisäisch-hillelitische Rabbinat getroffen worden ist[36].

---

[35] Text anscheinend fehlerhaft: *wḥlmwt nb'jm ttb'k*; J. A. Sanders schlägt mit Vorbehalt *jtb'k* = **jiṯbā'ūḵ* vor, wonach hier übersetzt wurde; vgl. DJD IV 89.
[36] Vgl. auch die Erwägungen von J. A. Sanders, a.a.O. (Anm. 23) 9–12.

Die wenigen Beispiele, die hier gegeben werden konnten, dürften genügen, um das bisherige Bild von der Periode des Kanonabschlusses entscheidend zu vervollständigen und zugleich der Kanontheorie des Josephus den historisch sachgemäßen Platz zuzuweisen. Zunächst wird durch die Funde von Qumran und Masada die These, wonach es vor dem tragischen Ende der Jerusalemer Hierokratie „weder in Palästina noch in Alexandrien einen abgeschlossenen Kanon" gab[37], im vollen Umfang bestätigt. Erweitert und entscheidend ergänzt wird sie jetzt dadurch, daß selbst das „Gesetz" als der Kern der Heiligen Schriften noch über keinen verbindlichen Text verfügt, sondern dieser erst in den Fragmenten von Murabbaʻat, also zu Beginn des 2. Jh. n. Chr., fertig vorliegt; gewiß dominiert in Palästina ein vormasoretischer Text, doch zu einer Rezension, die für alle Zeiten normative Geltung haben sollte, haben ihn erst die Gelehrten von Jamnia umgestaltet[38]. Was vom „Gesetz" gesagt wurde, gilt sinngemäß von den „Propheten" und den „Schriften". Nicht anders steht es mit der dogmatischen Festlegung der prophetischen Periode der Schriftoffenbarung; um dieses Dogma und damit zugleich den eigenen Anspruch, allein zur autoritativen Interpretation des „Gesetzes" berechtigt zu sein, durchzusetzen, mußte unter anderem vor allem der Sirazide ausgeschlossen werden.

Damit ordnet sich die Kanontheorie des Josephus geschichtlich von selbst ein. Sie gibt nicht einfach einen historischen Sachverhalt wieder, sondern fußt offensichtlich auf noch fließenden pharisäischen Schultraditionen. Noch ist die Reihenfolge und die Anzahl der „Propheten" die gleiche wie bei Jesus ben Sira, noch ist die nachprophetische Zeit nicht als Domäne der pharisäischen Weisen definiert; gleichwohl fehlt schon der Sirazide, und die prophetische Idealzeit ist bereits profiliert eingegrenzt. Eine solche Theorie aber paßt nach Ausweis der judäischen Handschriftenfunde allein in die Zeit der Reorganisation des Judentums, als man sich in Jamnia gegen alle anderen Gruppen abgrenzte und feste, eindeutig bestimmte Glaubens- und Lebensnormen zu schaffen suchte[39]. Die Kanon-

---

[37] ThW III 982.

[38] Im Gegensatz zur obigen Annahme ist nach F. M. Cross jr., a.a.O. (Anm. 9) der masoretische Standardtext bereits um die Mitte des ersten Jhs. n. Chr. verbreitet worden. Dagegen scheint mir schon zu sprechen, daß sich in Qumran — wie er selbst betont — nicht ein einziger Beleg für die masoretische Rezension findet und daß die hebräische Vorlage zu der im Naḥal Ḥever gefundenen griechischen Dodekapropheton-Rolle als eindeutig vormasoretisch zu erschließen ist. Zu letzterer vgl. D. Barthélemy, Les devanciers d'Aquila. SVT 10 (Leiden 1963).

[39] Erst von diesem Zeitpunkt an können wir von einem „normativen Judentum" reden; zum Problem vgl. etwa R. Meyer, Tradition und Neuschöpfung im antiken Judentum. Dargestellt an der Geschichte des Pharisäismus. Mit einem Beitrag von H.-F. Weiß, Der Pharisäismus im Lichte der Überlieferung des Neuen Testaments. Sitzungsberichte der Sächsischen Akademie der Wissenschaften zu Leipzig 110/2 (Berlin 1965) 66–88.

theorie des Josephus liegt ohne Zweifel auf diesem Wege; doch das Ziel war erst erreicht, als man eine Rezension des dreigestuften Kanons besaß, die der Theologie der Rabbinen entsprach und die bis in formale und technische Einzelheiten des Textes hinein allem Fluktuieren ein für allemal ein Ende setzte und damit auch die von Josephus noch theoretisch behauptete Integrität der heiligen Bücher sicherte. Das aber war, nach Schlichtung aller Kanonkontroversen, um die Mitte des 2. Jh. n. Chr. der Fall.

Der Schauplatz des letzten Kampfes
zwischen den aufständischen Pharisäern
und Alexander Jannäus

(Ant 13,379f.; Bell 1,96)

Von Abraham Schalit, Jerusalem

I.

In Ant 13,376ff. schildert Josephus die letzte Phase des blutigen Bürgerkrieges zwischen dem hasmonäischen Priesterkönig Alexander Jannäus und den pharisäischen Extremisten. Die letzteren riefen den Syrerkönig Demetrios Eukairos als Bundesgenossen herbei, um mit seiner Hilfe den verhaßten Hasmonäer niederzuringen. Es kam zur Schlacht bei Sichem, in der Demetrios Sieger blieb. Josephus fährt fort (379—380): Φεύγοντος δ᾿ Ἀλεξάνδρου εἰς τὰ ὄρη κατὰ οἶκτον τῆς μεταβολῆς συλλέγονται παρ᾿ αὐτὸν Ἰουδαίων ἑξακισχίλιοι. καὶ τότε μὲν δείσας ὑποχωρεῖ Δημήτριος. μετὰ ταῦτα δὲ οἱ Ἰουδαῖοι ἐπολέμουν Ἀλεξάνδρῳ καὶ νικώμενοι πολλοὶ ἀπέθνησκον ἐν ταῖς μάχαις. κατακλείσας δὲ τοὺς δυνατωτάτους αὐτῶν ἐν Βαιθόμμει πόλει ἐπολιόρκει, λαβὼν δὲ τὴν πόλιν καὶ γενόμενος ἐγκρατὴς αὐτῶν ἀνήγαγεν εἰς Ἱεροσόλυμα καὶ πάντων ὠμότατον ἔργον ἔδρασεν κτλ.

Zum Ortsnamen Βαιθομμει — *indeklinable* griechische Transskription des semitischen, genauer *hebräischen* Originalnamens; siehe weiter unten — verzeichnet Niese im apparatus criticus folgende variae lectiones: βαιθόμη F βεθωμᾶσ L βεθόμασ A M βεθόμη V βεθομᾶσ W βεθόμαισ E bethomis Lat (bei Niese irrtümlich verdruckt in „Fat"). In Bell 1,92ff. erzählt Josephus im wesentlichen dasselbe: Die verbündeten Syrer und Pharisäer vereinigen sich περὶ Σίκιμα (92). Die Führer der gegnerischen Armeen versuchen vergeblich, einen Teil der feindlichen Truppen, Demetrios die fremden Söldner des Jannäus, Jannäus die pharisäischen Juden des Demetrios, auf ihre Seite zu ziehen (93). Es kommt zum Kampf, in dem Demetrios die Oberhand hat (95). Alles das spielt sich nach Bell auch περὶ Σίκιμα ab. Denselben Verlauf der Dinge lesen wir auch bei Hegesippus[1] I,10,1: mille enim comitatus equitibus et sex milia peditum, quos mercedi sibi adsociauerat, decem milia quoque Judaeorum sibi conspirantium in bellum arcessens iuxta urbem Sicimarum occurrit hostibus etc. Der geschlagene Hasmonäerkönig flieht „in die Berge", wohin ihm ein Teil reuiger pharisäischer Rebellen folgt (95): ... καὶ κατὰ οἶκτον τῆς μεταβολῆς Ἀλεξάνδρῳ προσεχώρησαν εἰς τὰ ὄρη καταφυγόντι Ἰουδαίων ἑξακισχίλιοι Dasselbe erzählt auch Hegesippus I,10,2: destitutum itaque sese Alexander uidens caesis suorum cateruis in montes concessit. In Bell 1,96 lesen wir die Parallelstelle zu Ant 13,378f.: οὐ μὴν τό γε λοιπὸν πλῆθος ὑποχωρησάντων τῶν συμμάχων κατέθεντο τὰς διαφοράς ... μέχρι πλείστους ἀποκτείνας τοὺς λοιποὺς ἀπήλασεν εἰς Βεμέσελιν πόλιν καὶ

---

[1] Hegesippus, ed. Ussani (CSEL, vol. LXVI).

ταύτην καταστρεψάμενος αἰχμαλώτους ἀνήγαγεν εἰς Ἱεροσόλυμα· προύκοψεν δὲ αὐτῷ δι' ὑπερβολὴν ὀργῆς εἰς ἀσέβειαν τὸ τῆς ὠμότητος κτλ. Bei Hegesippus I,10,3 heißt es: quibus excitatus rebellandique adsuetudine multis necatis reliquos coëgit in urbem cui nomen Bemeselel. Zur Namensform Βεμέσελιν verzeichnet Niese im apparatus criticus seiner Josephusausgabe folgende variae lectiones: βεμεσέλην PAM¹ βεμεσσελὶν LR μεσοελὶν V βεμέσελιν M²C et i.marg.V messelim Lat bemeselel ut uid.Heg. Ussani gibt in seiner Hegesippusausgabe noch folgende variae lectiones an: bemerela T bethsehel A a.c.m 3 be eselel V. Das ist die handschriftliche Überlieferung der beiden fraglichen Namensformen, soweit sie in Nieses Josephusedition angeführt ist. Zu ihr gesellt sich die Überlieferung bei Hegesippus, der jedoch kein selbständiger Wert für die Wiederherstellung des ursprünglichen Ortsnamens zuzuerkennen ist.

Zweierlei ist zu klären: *Erstens* gilt es, die ursprüngliche Form des Namens zu ergründen, *zweitens* ist festzustellen, wo der Ort, der in Nieses Text der Jüdischen Altertümer Βαιθόμμει lautet, im Text der Destinon-Nieseschen Ausgabe des Bellum Judaicum dagegen Βεμέσελιν genannt wird, topographisch anzusetzen ist. Was das erste Problem betrifft, so kann es bei dem geradezu beispiellos verwahrlosten Zustand der handschriftlichen Überlieferung unseres Josephustextes im allgemeinen und der hebräischen und aramäischen Orts- und Personennamen im besonderen² wohl kaum wundernehmen, daß die Namensformen Βαιθόμμει in Ant und Βεμέσελιν in Bell nicht unversehrt auf uns gekommen sind. Es leuchtet ein, daß das zweite der beiden zu lösenden Probleme, nämlich die topographische Lage des Ortes, leichter zu klären ist, sobald die ursprüngliche Form des Namens desselben einwandfrei feststeht. Indes scheint es angezeigt, vorerst die Frage von ihrer historischen und militärischen Seite her anzupacken. Denn da die Entscheidung hinsichtlich der Topographie des Ortes aufs engste mit der richtigen Erfassung des berichteten historischen und militärischen Ereignisses verknüpft ist und sich direkt aus ihm ergibt, ist es meines Erachtens methodisch richtiger, zuerst diese beiden Aspekte klarzulegen und dann auf Grund des erzielten Resultates an die Lösung des topographischen Problems zu gehen. Erst wenn alles das genügend aufgehellt ist, dürfen wir mit einiger Aussicht auf Erfolg eine Behauptung über die ursprüngliche Namensform aufstellen.

---

² Die neueste Zusammenstellung der Orts- und Personennamen in den Schriften des Josephus nebst kritischen Bemerkungen zu einzelnen biblischen und nachbiblischen Namen, die in besonders verderbter Form überliefert sind, bietet A. Schalit im „Namenwörterbuch zu Flavius Josephus", Leiden 1968 (in: A Complete Concordance to Flavius Josephus, Supplement I). Eine überaus verdienstvolle Leistung in dieser Richtung war das Büchlein von A. Schlatter, Die hebräischen Namen bei Josephus (neuerdings nachgedruckt in: Adolf Schlatter, Kleinere Schriften zu Flavius Josephus, hrsg. und eingeführt von Karl Heinrich Rengstorf, Darmstadt 1970). Obgleich in vielen Einzelheiten verfehlt, stellt die kleine Schrift dennoch einen kühnen Vorstoß in ein bis dahin kaum betretenes Gebiet dar und ist als Pionierarbeit zu werten.

Bevor wir jedoch zur Behandlung unseres eigentlichen Gegenstandes
schreiten, ist es nicht ohne Belang, einen Blick auf den gegenwärtigen
Stand der Frage zu werfen, um zu sehen, wie weit es bis jetzt den Gelehrten gelungen ist, Licht in das Dunkel der Textüberlieferung von Ant
13,380 und Bell 1,96 zu tragen. Daraus wird sich ergeben, ob eine erneute
Behandlung des Problems überhaupt gerechtfertigt ist. Auf Vollständigkeit
des Überblicks wird kein Wert gelegt. Es sollen nur einige charakteristische
Lösungsversuche kurz beleuchtet werden.

II.

Bereits der große holländische Gelehrte Hadrianus Relandus hat in seinem
bahnbrechenden Palästinabuch[3] den Gegenstand kurz berührt. Er hält nur
Βεθόμη für die ursprüngliche Namensform, Βεμέσελις hingegen für eine
Verballhornung derselben: „Βεθόμη. Urbs Judaeorum . . . Eadem corrupte
Βεμέσελις de bell. I,3 videtur scribi pro Βεθόμη πόλις . . .“[4]. Von einer
geographisch-topographischen Bestimmung des Ortes ist bei Relandus
überhaupt nicht die Rede. Diese Seite des Problems haben die neueren
Josephuserklärer und Historiker des hasmonäischen Zeitalters betont und
auf verschiedene Weise zu beantworten versucht. Zu Anfang möchte ich
Heinrich Ewald[5] als einen der ersten nennen, der eine konkrete Lösung
vorgeschlagen hat. Ewald hält die beiden von Josephus überlieferten Namensformen für „zwei verschiedene Aussprachen desselben Ortes“: Das
vorgesetzte bêth laute im Griechischen oft Βηθo- oder Βεθo-, verkürze sich
wohl auch manchmal in Βε-. Ewald gelangt zum Schluß, daß wir „sehr gut
an den jetzt Sânûr genannten Berg dicht neben Meiselôn und Misilja zwischen Samarien und Ginäa denken“[6]. Nach diesem Forscher wären also
beide Namen identisch. Der Vorschlag hat bei den Späteren Anklang gefunden, merkwürdigerweise ohne daß Ewalds Name erwähnt wird. So
lesen wir bei Schlatter[7]: „Bethmesele und Meselije decken sich lautlich
ohne Schwierigkeit.“ Was gemeint ist, wird in Anmerkung 1 auf derselben
Seite näher ausgeführt: „Im einen Paralleltext ist der Name zerstört; bj.
gibt Βεμεσελη, A. bei Niese Βαιθομμει mit den Varianten Βαιθομη,
Βεθομας, bethomis lat. Da das s auch durch den Paralleltext in bj. geschützt

---

[3] Hadriani Relandi Palaestina ex monumentis veteribus illustrata, Traiecti Batavorum
MDCCXIV.
[4] O.c., II, p. 651, s.v. Bethome; cf. p. 623, s.v. Bemeselis.
[5]−[6] Heinrich Ewald, Geschichte des Volkes Israel, 3. Aufl., 1864, IV, S. 509.
[7] A. Schlatter, Zur Topographie und Geschichte Palästinas, Calw und Stuttgart 1893,
S. 286. Überflüssig zu sagen, daß Schlatters Bemerkung über das o als „Zwischenlaut“
gänzlich in die Irre geht; siehe weiter unten. Vollends verkehrt ist die Behauptung, der
Name der Festung habe „beth mesele“ gelautet. Ebenso unannehmbar ist, was in
Hebräische Namen, S. 117 zu lesen ist. Wie weiter unten gezeigt werden wird, bildet
der angebliche „Zwischenlaut o“ einen *integralen Bestandteil* des Namens, der in Form
von Βαιθόμμει überliefert ist.

wird, darf es in A. nicht ausgestoßen werden. Das o ist der bekannte
Zwischenlaut zwischen beth und dem anschließenden Konsonanten. Die
Schreibung be gibt die andere Weise, wie die Häufung der Konsonanten
vermieden worden ist. Der Wegfall der letzten Silbe scheint mir wahrscheinlicher, als deren Hinzufügung. Es wird sich somit aus Jos. als Name
der Festung beth mesele ergeben." Auf demselben Pfad wandelt L.
Haefeli, wenn er sagt[8]: „Die Namensform Βαιθομμις würde nämlich
passen zu dem Βεθομεσθαιμ (Jdt 4,6) oder Βαιτομασθαιμ (Jdt 15,4) κατὰ
πρόσωπον τοῦ πεδίου τοῦ πλησίον Δωθαιμ und nach der Nebenform
Βεμεσελις ... könnte die Stadt misilie oder miṭilie ... nördlich vom
Sumpfgebiet el-gharaḳ gleichgesetzt werden ... Danach hätten wir bei Josephus einen Anhaltspunkt für jüdische Enklaven in dieser Gegend der
Samareitis" (auch letztere Bemerkung bereits von Schlatter, a.a.O. vorweggenommen). Haefeli hält also Βαιθομμις für den eigentlichen Ortsnamen, gibt aber keine Erklärung für die Entstehung der „Nebenform"
Βεμεσελις, sondern glaubt sie mittels der rein topographischen Fixierung
des Ortes ohne vorherige Berücksichtigung des historischen und militärischen Hintergrundes des Problems aufhellen zu können. Ich glaube, daß
mit der Haltlosigkeit der topographischen Bestimmung auch die Deutung
der Form Βαιθόμμις sich als falsch herausstellen dürfte. Eine ähnliche
Ansicht vertritt auch Abel[9], der hinzufügt, Miṭiliye oder Misilya sei gelegen „sur les pentes d'un coteau arrondi, d'ou la vue est étendue à 11 km.
au sud de Genin". Abel folgt hiermit Avi Yonah[10]. Beide fußen auf Schlatter. Schürer[11] begnügt sich mit der Anführung der beiden Formen
Bethome und Bemeselis, ohne einen eigenen Vorschlag zu wagen. Er fügt
bloß eine briefliche Mitteilung Furrers hinzu, daß Bethome mit „Betuni,
auf dem gleichen Höhenrücken wie Nebi Schamwil", gleichzusetzen sei.

Erwähnt sei auch die Ansicht P. Thomsens[12], daß Βαιθόμη vielleicht in
Chirbet el-bētūni bei en-nebi samwīl — was natürlich der Äußerung
Furrers bei Schürer entspricht — oder an der Ortslage bei biddu
anzusetzen sei. Auch Thomsen versucht keine eigene Erklärung des von

---

[8] Leo Haefeli, Samaria und Peräa bei Flavius Josephus (Biblische Studien, hrsg. von
O. Bardenhewer, XVIII. Bd., 5. Heft, Freiburg i.B. 1913), S. 40.
[9] F.-M. Abel, Geographie de la Palestine, Paris 1938, II, S. 278, s.v. Bethommé. Die
Identifizierung Abels u.a. macht sich auch Karl Mras in seinem Index zur Hegesippusausgabe zueigen („Bameselel ... hodie Mitiliyyeh").
[10] M. Avi-Yonah, Map of Roman Palestine, QDAP V (1936), S. 163/25/, s.v. Bemeselis. Siehe dagegen idem, Historische Geographie Palästinas (hebr.), 3. verb. Aufl.
Jerusalem 1962, S. 100, wo der Ort *bēth hammaelaek*, der Βεμέσελις gleichgesetzt wird,
nach Samuel Kleins Vorschlag (siehe weiter unten), allerdings mit Vorbehalt, in Kafr
Mālik lokalisiert wird. Ich halte beide Vorschläge Avi Yonah's für falsch.
[11] E. Schürer, Geschichte des jüdischen Volkes im Zeitalter Jesu Christi, Leipzig 1901,
I[3-4], S. 282, Anm. 21.
[12] P. Thomsen, Loca sancta, Nachdruck Hildesheim 1966, S. 31, s.v. Βαιθόμμη.

Josephus überlieferten Namens, was übrigens verständlich ist, wenn man sich den Zweck des Büchleins, der aus seinem Untertitel hervorgeht, vor Augen hält. Eine andere Lösung des Problems schlägt J. Press[13] vor. Nach Press lautet der einheimische hebräische beziehungsweise aramäische Name bê te'omîm, was in der Tat phonetisch sehr stark an das überlieferte griechische Βαιθόμη anklingt. Der Ort sei in dem arabischen Dorf Baithunija (so die Schreibweise bei Press; bei H. Guthe, Bibelatlas, Karte Nr. 20, lautet der Name Betunja), 12 Kilometer nord-nordwestlich von Jerusalem, anzusetzen, wo verschiedene archäologische Überreste von Mauerruinen, Wasserbehälter, in Felsen gehauene Kelter, Gräber u.a. auf eine alte Ortslage schließen lassen. Was aber für Press von entscheidender Bedeutung für die Deutung des Namens Βαιθόμη als eines „Zwillingsortes" (bê[te]om[im)zu sein scheint, ist folgender Umstand: In Baithunija gabelt sich die Straße, so daß sie eine Art „Zwillingsstraße" bildet: Der eine Arm führt über Beth-Horon zur Küstenebene, der andere steigt hinan ins Gebirge Ephraim. Daraus würde sich — meint Press — der Name bê te'omim, „Zwillingshaus", zwanglos erklären. Freilich weiß sich Press bei der Namensform Βεμέσελις nicht anders als durch die Annahme eines rein hypothetischen Ortes Bê mesillôth, der aber nirgends zu belegen ist, zu helfen. Anscheinend hat Press diesen Namen (auf deutsch etwa „Straßhausen") im Hinblick auf die eben dargelegte Deutung von Βαιθόμη erfunden. Der Einfall ist gewiß geistreich, jedoch keineswegs überzeugend.

I.S. Horowitz[14] verlegt den Schauplatz des letzten Kampfes zwischen Jannäus und den Pharisäern nach *Untergaliläa*. Er betrachtet Βεμεσελις als selbständigen Namen. Der Parallelname „Bethoma" sei mit dem aramäischen Ortsnamen be'uma identisch. „In den Tagen der Rabbinen hieß der Ort Βεμέσελις Mesel[15] oder Amon u-Mase[16] oder auch Baima (Kurzform

---

[13] J. Press, A Topographical-Historical Encyclopaedia of Palestine (engl. Titel; hebr.), Jerusalem 1951, I, S. 71, Spalte b.

[14] J.S. Horowitz, Palestine and the Adjacent Countries (engl. Titel nach dem hebr. Originaltitel), hebr., Wien 1923, S. 112, s.v. *bj mzljs* (= Βεμέσελις).

[15–16] Unter den Grenzorten des Stadtgebietes von Tyrus, für die das Genußverbot der Feldfrüchte im Brachjahr ebenso Geltung hatte wie für das Land Israel, da sie von Juden bewohnt waren und infolgedessen halachisch als Teil des Landes Israel angesehen wurden, zählt Tosephta Schebi'ith IV,9 (S. 66, Z. 4, ed. Zuckermandel; S. 180, Z. 19, ed. S. Liebermann [in: Tosephta nach dem Text der Wiener Handschrift, Ordnung Seraim, New York '716=1955]) zwei Ortsnamen auf, die zweifellos verderbt sind. Die Erfurter Handschrift (bei Zuckermandel, 1. c., Siglum *Aleph*) liest: *w'mq wmzjjn*, während die Wiener Handschrift (bei Liebermann, 1. c., Siglum *Beth*) die Lesart *w'wmq wmzwn* bietet. Hinwiederum lautet die Lesart in j.Demai II, 1: *w'mwn wmzj*. Horowitz liest: *w'mq mzjl* und identifiziert das Gebiet mit Wadi Mesla. Liebermann, Tosefta Ki-Fshutah, A Comprehensive Commentary on the Tosefta, Order Zera'im, Part II (engl. Titel nach dem hebr. Originaltitel), New York '715=1955, S. 533, s.v. *w'wmq wmzwn*, vermutet, daß *w'mn wmzjjn* zu lesen ist. Von den beiden Orten der Lesart des jerusalemischen Talmud sei *Mzj* mit *Chirbet Māzi* bei Ras en-Nukura, *'mn* für Be Uma)[17]".be'ima sei in Wadi Maisla oder Chirbet Muslih, westlich von 'Amka — dem alten beth ha'emaeq im Stamme Ascher (Jos 19,27) —, etwa achteinhalb Kilometer nordöstlich von Akko, anzusetzen. Allein die Annahme Horowitz's ist aus dem Grunde abzulehnen, weil sie auf der Voraussetzung beruht, daß Jannäus nach der unglücklichen Schlacht bei Sichem nicht etwa, wie es bei Josephus ausdrücklich heißt, εἰς τὰ ὄρη, sondern nach Norden, in ein tiefgelegenes Gebiet geflohen sei. Es spricht vielmehr alles dafür, daß er sich nach der Niederlage in dem Sichem benachbarten Ephraimgebirge aufgehalten und dort den Kampf fortgesetzt hat (siehe weiter unten). Mit Recht hat Horowitz bei Klein (über diesen siehe weiter unten) keine Zustimmung zu seinem topographischen Ansatz von „bj mzljm" — Βεμέσελις gefunden. Wir müssen im Bereich von Ephraim und Juda bleiben, wenn wir die Frage befriedigend klären wollen.

Völlig aus der Luft gegriffen ist auch der Einfall Joseph Klausners[18], Βαιθόμη bedeute bêth ḥoma. Dieser Ortsname ist ebensowenig wie Press' bê teomim in der historisch-geographischen Überlieferung Palästinas nachweisbar. Klausner hat sich anscheinend von der Klangähnlichkeit von Βαιθόμη und bêth ḥoma falsch beeindrucken lassen, ohne zu bedenken, daß kein Ortsname bêth ḥoma aus der uns zugänglichen Literatur bekannt ist. Immerhin gibt Klausner die Möglichkeit auch einer anderen, von Samuel Klein vorgetragenen Hypothese zu. Auf diese Hypothese wollen wir jetzt etwas näher eingehen, da sie, soweit mir bekannt ist, den einzigen bisherigen Versuch darstellt, das Problem der von Josephus überlieferten Ortsnamen Βαιθόμμει — Βεμέσελιν auf einer breiteren, quellenmäßig unterbauten Grundlage einer Lösung zuzuführen.

Klein geht in seiner Untersuchung[19] von der Frage aus, welche hebräische oder aramäische Form den Ortsnamen „Βεμέσελις — Βαιθόμμις — Βαιθόμμη", wie er den Nominativ derselben nach dem Vorgang der meisten Gelehrten faßt, wohl zugrunde liegen könnte. Da von vornherein anzunehmen ist, daß die Überlieferung bei Josephus verderbt ist, versucht

---

vielleicht mit *Chirbet Hamon* im Gebiet des Stammes Ascher (Jos 19,28) identisch; vgl. auch H. Hildesheimer, Beiträge zur Geographie Palästinas, S. 26f., Anm. 192 (Ende); J. Press, o.c., III, S. 560.

[17] Nach j.'Orla III, 8 (Ende, Fol. 63,2) war B'jmh eine nichtjüdische Enklave im jüdischen Gebiet in der es gestattet war zusammen mit einem Nichtjuden verschiedene Saaten zu mischen. Die Lesart in dieser Stelle lautet: *b'jnh wb'jmh. Tosephta Kilaim* II,16 der Erfurter Handschrift (S. 76, Z. 21, Zuckermandel) liest: *bt 'nh 'wmh*. Die Wiener Handschrift (Tosephta, ed. Liebermann, S. 212, Z. 64) bietet: *bt 'nh 'jmh*. Nach Klein (Yedioth ha-Chevrah la-ḥaqirat Ereṣ Jsrael I,3 [1934], S. 6, hebr.), dem Liebermann, o.c., II, S.620f,s.v. *kgwn bt 'nh 'jmh weḥabrotaeha* zustimmt, waren die beiden Ortschaften *bt 'nh 'jmh* im nördlichen Transjordanien. Horowitz hält dafür, daß unter ihnen Βαμέσελις gemeint sei.

[18] J. Klausner, Geschichte des Zweiten Tempels, III, S. 153.

[19] S. Klein, Βεμέσελις, Βαιθόμμις, Βαιθομμη: Tarbiz I (1930), S. 136—144.

Klein auf Grund eines in der Karte von Madaba verzeichneten Namens zu der ursprünglichen Form vorzudringen. Die Karte von Madaba weist nordwestlich von Jerusalem einen Ortsnamen ΒΕΤΟΜΕΛΓΕΖΙΣ auf[20]. Derselbe Ortsname erscheint auch bei Schriftstellern aus der Kreuzfahrerzeit als „Bethmelchis"[21]. Auf diese beiden Daten gestützt konjiziert der Gelehrte: statt Βαιθόμμις in Ant ist Βαιθομ[ελγ]ις, statt Βεμέσελις in Bell ist Βεμελγις oder Βεμελχις zu lesen. Daraus schließt Klein auf eine hebräische Urform bêt hammaelaek und auf eine aramäische Parallelform bê malka'. Auf dieser also gewonnenen Grundlage geht nun Klein daran, die Konjektur Βαιθομ[ελγ]ις — Βεμελγις — Βεμελχις = bêth hammaelaek durch Zeugnisse aus der rabbinischen Literatur zu erhärten[22] und einen schlüssigen Beweis zu führen, daß es bereits im Palästina der Ptolemäerzeit die Ortsnamen bêth hammaelaek und har hammaelaek gegeben habe, die synonym gebraucht wurden. Denselben Weg der Beweisführung beschritt Klein noch ein zweites Mal in dem im Jahre 1939 erschienenen Werk über die historische Geographie des Landes Juda[23], wo er seine Ansicht über

---

[20–21]Adolf Jacoby, Das geographische Mosaik von Madaba (Studien über christliche Denkmäler, hrsg. von Johannes Ficker, N.F. der Archäologischen Studien zum christlichen Altertum und Mittelalter, H. 3, Leipzig 1905), S. 71; siehe jetzt auch M. Avi Yonah, The Madaba Mosaic Map, Jerusalem MCMLIV, S. 61, Nr. 60, der Johns' Vorschlag erwähnt, ΒΕΤΟΜΕΛΓΕΖΙΣ mit El-Barniqiya, südlich von Dschaldschulyie zu identifizieren.

[22] Siehe folgende Anmerkung.

[23] Das Land Juda, hebr., Tel Aviv 1939, S. 42. — Die in diesem Werk, S. 239ff. zusammengetragenen rabbinischen Belege zu den Namen har hammaelaek und bêth hammaelaek sind im Wesentlichen dieselben, auf denen der obenerwähnte Aufsatz von Klein aufgebaut ist. Zuerst werden zwei Parallelstellen aus dem Talmud, aus b.Menachoth 109b und j.Joma VI,3 (Fol. 43,3 [Ende]—4) herangezogen. Aus beiden Erzählungen ist zu ersehen, daß ein und derselbe Ort einmal bêth hammaelaek und ein zweites Mal har hammaelaek genannt wird. Aus Tosephta Ma'aser scheni I,5—6 schließt Klein, „daß es im Lande Israel vielleicht noch nach dem Barkochbakrieg eine Festung gab, die den Namen bêth hammaelaek oder har hammaelaek trug". Denselben wechselnden Gebrauch beider Namen findet Klein in M.Schebi'ith IX,3 und in Tosephtha Schebi'ith VII,10 und 12, welche letztere Stelle die zuerst genannte Mischnah näher erklärt.

Zwecks Lokalisierung des har hammaelaek, der aramäisch tur malka genannt wurde, wird folgendes Quellenmaterial herangezogen: Midrasch hagadol zu Dtn 28,52 (Berliner Handschrift V 152). Zur Stelle „Und er wird dich in allen deinen Toren bedrängen" (Deut. 28,52) wird die Auslegung hinzugefügt: „Das sind die großen Städte im Lande Israel wie har hammaelaek und bêth tr und andere". Der Midrasch ist sonst unbekannt. Klein nimmt an, daß der Kompilator des Midrasch hagadol die Stelle einem alten Midrasch, etwa der Mechiltha zu Deuteronomium, entnommen haben könne. Die Stelle führt har hammaelaek nicht als Gebirge, sondern als Festung, als kerak gadol (= große Festung), zusammen mit Bettar (bêth tr) und ähnlichen Orten, an. Einen ähnlichen Tatbestand findet Klein in der obenerwähnten Stelle in Tosephta Ma'aser scheni I,5—6, wo har hammaelaek = bêth hammaelaek als Festung neben einem qastra erwähnt ist, unter welch letzterem nicht etwa ein römisches Kastell, sondern ein fester Platz der Juden zu verstehen sei, in dem diese ihr Geld während des Krieges — gemeint ist

den Begriff *bêth hammaelaek* und *har hammaelaek* folgendermaßen zusammenfaßt: Zwar genügt das talmudische Material nicht, um zu einem klaren Verständnis des Begriffes *har hammaelaek* zu gelangen. Es kann jedoch der wechselnde Gebrauch von *har hammaelaek* und *bêth hammaelaek* in allgemeiner Weise so erklärt werden, daß bereits in ptolemäischer Zeit ein bestimmter *Ort*, der, wie es scheint, nicht sehr weit westlich von Jerusalem gelegen war, *bêth hammaelaek* („Königshaus") genannt wurde. Dieser Ort wird in einigen Quellen *har hammaelaek* („Königsberg") genannt, weil er auf einem Berg erbaut war, der zum Besitztum des Königs gehörte. Das war jedoch nur der Anfang der Entwicklung. Der Name blieb nämlich nicht an einem Punkte haften, sondern erfuhr dem Sinne nach eine wesentliche Erweiterung, so daß er im Laufe der Zeit den größten Teil des judäischen und ephraimitsichen Gebirges nördlich von Jerusalem umfaßte und sich zumindest auf den ganzen Raum von Bethel bis Gadara von Cäsarea, einem Ort im Stadtgebiet von Cäsarea, bezog[24]. Dieser Umfang des „Königsgebirges" — *har hammaelaek* ergibt sich nach Kleins Auffassung aus mehreren von ihm herangezogenen Quellen. Auch die Tosephthastelle, aus der Dalman eine abweichende Schlußfolgerung ziehen zu können glaubte, bildet in Wahrheit keine Ausnahme[25]. Der Name *bêth*

---

offenbar der Barkochbakrieg — versteckt hatten. Dasselbe besagt auch der Name *tur malka (= har hammaelaek)* in b.Gittin 57a, worunter der Kommentator Raschi mit Recht eine „*Stadt, die har hammaelaek* genannt wurde", versteht. Ferner weiß b. Joma 35b zu erzählen, daß nicht weniger als „tausend Städtchen" auf dem *har hammaelaek* Eigentum des Rabbi El'asar ben Harsom gewesen seien. — Eine viel klarere Antwort auf die Frage nach der geographischen Lage des *har hammaelaek* glaubt Klein der M. Schebi'ith IX,2 entnehmen zu können. Auf Grund dieser Mischnah gelangt der Gelehrte zum Schluß, daß mit *har hammaelaek* das Gebirge westlich von Lydda, genauer — gemäß der Erklärung des Rabbi Johanan im jerusalemischen Talmud zur selben Mischnah — *von Beth Horon bis Emmaus* gemeint ist, zu welchem Gebiet auch noch das Gebirge (des Bezirkes) von Lydda hinzugefügt wurde.
Eine genaue Definition des Begriffs *har hammaelaek* gewinnt Klein aus der Mischnah Schebi'ith IX,3 in Verbindung mit Tos., Scheb. VII,10: Nach dieser Definition wäre *har hammaelaek* identisch mit dem Gebiet *von Bethel bis Gadara von Cäsarea* (über letzteren Ort siehe weiter unten, Anmerkung 24); vgl. auch Tosephtha Schebi'ith VII,12, aus welcher Stelle ebenfalls zu lernen ist, daß das „Königsgebirge", *har hammaelaek*, im Gebiet von Bethel anzusetzen ist. Weitere hierher gehörige Stellen sind: Tosephtha Demai I,11; j.Demai II,1 (Fol. 22,4); j.Sabbat I,4 (Fol. 3,4); j.Aboda Sara II,9 (Fol. 41,4); j.Demai VI,1 (Fol. 25,1 [letzte Zeile]); endlich j.Demai V,9 (Fol. 24,4).
[24] Der Ort Gadara von Cäsarea, der keiner anderen Quelle bekannt ist, wird in Wadi el—Chudera angesetzt. Die Erfurter Tosephthahandschrift (S. 71, Z. 19, Zuckermandel) liest *wmgjdrh šl qjsrjn*. Die Wiener Tosephthahandschrift (S. 197, Z. 26, Liebermann) bietet *wmjgwrdh šl qjsrjwn*. Siehe auch Liebermanns ausführlichen Kommentar z. St. (o.c., II, S. 575); Press, o.c., I. S. 149.
[25] Gemeint ist Tosephtha Schebi'ith VII,10 (j.Schebi'ith IX,2/Fol. 38,4/): Was ist sein (nämlich Judas) Gebirge? Das ist das Königsgebirge (*har hammaelaek* bei Klein, o.c., S. 245, Tosephtha VII, 7. Es muß vielmehr heißen VII, 10). Dalman (Orte und Wege Jesu, S. 58, Anm. 1) versteht die Tosephthastelle wörtlich: Das judäische Gebirge *schlechthin*

hammaelaek — har hammaelaek blieb fortbestehen, auch nachdem die Ptolemäer aus Palästina verschwunden und an ihre Stelle der Reihe nach die syrischen Seleukiden, die Hasmonäer, die Römer und in deren Auftrag Herodes und seine Nachfolger getreten waren. Noch nach dem Untergang des Zweiten Tempels tritt der Name in doppelter Fassung, hebräisch als *har hammaelaek*, aramäisch als *tur malka'*, in den Quellen auf. Das palästinensische Targum Jonathan ben 'Usiel vergleicht den Namen' *tur malka'* mit dem „Gebirge Ephraim"[26].

Die Schwäche der Klein'schen Konzeption liegt auf der Hand. Zum ersten geht es meines Erachtens nicht an, die bei Josephus in verderbter Form erhaltenen Namen nach einem womöglich noch verderbteren Ortsnamen, dem von der Karte von Madaba, emendieren zu wollen. Es ist, wie wenn man eine Unbekannte mittels einer anderen Unbekannten erklären würde. Woher will Klein wissen, daß die beiden Namen, der des Josephus in seinen beiden Fassungen und der von der Karte von Madaba, sich *topographisch* entsprechen? Und was viel schwerer wiegt: Das von Klein entworfene topographische Bild ist so vage und verschwommen, daß man in ihm schwerlich einen Anhaltspunkt für das uns hier angehende Problem finden kann. Selbst wenn wir obige Emendation des Namens Βαιθόμμει — Βεμέσελιν für erwiesen halten möchten, würden wir in Kleins Untersuchung vergeblich eine Antwort auf die Frage suchen, wo eigentlich der Ort, der von Josephus Βαιθόμμει — Βεμέσελιν genannt wird, geographisch anzusetzen sei. Gerade das aber ist das Problem, das zu lösen ist: In welchem Teile Palästinas ist der Ort Βαιθόμμει — Βεμέσελιν anzusetzen? Im Nachstehenden soll versucht werden, Antwort auf diese Frage zu finden.

III.

Den Ausgangspunkt der folgenden Erörterung bildet die Tatsache, daß das Treffen, in dem Alexander Jannäus von Demetrios Eukairos und seinen

---

ist identisch mit dem „Königsgebirge", *har hammaelaek*. Diese Auffassung wird von Klein abgelehnt mit der Begründung, der Begriff *hahar*, „das Gebirge", in der Mischnah bezöge sich nicht auf das *ganze* judäische Gebirge, sondern nur auf das „Königsgebirge", *har hammaelaek*, was sich halachisch so auswirke, daß der Genuß der Früchte so lange anhalte, bis sie im „Königsgebirge", *har hammaelaek*, zu Ende seien. Ebenso auch in den Tiefebenen, in denen der Genuß der Früchte gestattet sei, bis sie in der Tiefebene des Südens (*šepelat haddarom*) zu Ende seien. Klein drückt die Meinung aus, daß, selbst wenn diese Deutung keine Zustimmung finden sollte, allein schon der Wortlaut der Mischnah lehre, daß sie zwischen dem „Gebirge" und dem „Königsgebirge" wohl unterscheide, da sie sonst in einer und derselben Aussage nicht zwei verschiedene Worte gebrauchen würde! Ich gestehe, daß ich die einfache Dalmansche Auffassung diesem gewundenen Gedankengang entschieden vorziehe.
[26] Klein hat offenbar Jdc 4,5 im Sinne: „Sie hatte ihren Sitz unter der Deborah-Palme zwischen Rama und Bethel auf dem Gebirge Ephraim". Im Targum Jonathan ben 'Usiel wird das Gebirge *Ephraim* als „Königsgebirge" (*tur malka'*) gedeutet.

pharisäischen Bundesgenossen geschlagen wurde, in der Nähe von Sichem stattgefunden hat. Nach der Niederlage floh der König εἰς τὰ ὄρη. Ein Teil der Juden, die auf Seiten des Demetrios mitgefochten hatten, bereute den verübten Landesverrat und ging zu Jannäus über. Es hat alle Wahrscheinlichkeit für sich, daß Jannäus im Ephraimgebirge, in der Nähe des Schauplatzes der unglücklichen Schlacht, Zuflucht gesucht hat. Die Annahme eines Rückzuges in nördlicher Richtung, nach Untergaliläa, wie Horowitz und offenbar auch Schlatter gemeint haben, ist aus dem Grunde äußerst unwahrscheinlich, weil sie jeder militärischen Vernunft geradezu ins Gesicht schlägt. Der Mittelpunkt der militärischen Macht, vor allem der strategischen Position des Hasmonäerkönigs lag im Süden, in Juda, das heißt in erster Linie in Jerusalem. Im kritischsten Augenblick des langjährigen Bürgerkrieges, als der von erbitterten pharisäischen Fanatikern herbeigerufene syrische Erbfeind des hasmonäischen Staates einen bedeutenden Sieg errungen hatte und, wie wahrscheinlich, im Begriffe war, den erzielten Vorteil auszunutzen und ins Herz des Hasmonäerreiches, in Juda, einzudringen, um gemäß der wohl vor dem Feldzug mit den pharisäischen Bundesgenossen getroffenen Vereinbarung den gemeinsamen Feind im Mittelpunkt seiner Macht, in Jerusalem, endgültig niederzuringen, wäre eine Flucht nach Norden militärisch und politisch das Verhängnisvollste gewesen, was Jannäus hätte beschließen können. Denn dadurch hätte er sich von seinem militärischen Kraftzentrum völlig abgeschnitten gefunden und wäre über kurz oder lang unweigerlich aus Mangel an Hilfsquellen außerstande gewesen, den Kampf fortzusetzen. Jannäus war ein viel zu erfahrener Soldat, als daß er die Gefahr, in die er sich durch eine derartige strategische Fehlentscheidung begeben hätte, hätte übersehen oder gar geringschätzen können. Aus diesem Grunde müssen wir den Schauplatz der Kämpfe, die nach dem Übergang eines Teiles der pharisäischen Rebellen ins Lager des Jannäus geführt wurden, im Gebirge Ephraim südlich von Sichem und im judäischen Gebirge nördlich von Jerusalem suchen. Wollte der Hasmonäerkönig kampffähig bleiben, so mußte er dieses ganze Gebiet unter allen Umständen behaupten. Handelte es sich doch, rein militärisch gesehen, um die Freihaltung der wichtigsten Zugänge zum Mittelpunkt des Reiches und vor allem zu Jerusalem. *Der wichtigste Zugang war die Nord-Süd-Straße, die von Sichem nach der Hauptstadt führte.* Hier also ging der Kampf unausgesetzt weiter und hier gelang es schließlich dem König, die verräterischen pharisäischen Extremisten, die trotz ihrer durch den Abzug des syrischen Bundesgenossen verursachten Schwächung beharrlich an ihrem Haß gegen den hasmonäischen Priesterkönig festhielten und unentwegt weiter bis zum bitteren Ende Widerstand leisteten, weiter ins Gebirge hinein zurückzudrängen und in einem festen Ort einzuschließen, der von Josephus in der Archäologie als Βαιθόμμει πόλις, „Stadt Baitomei", bezeichnet wird, im Bellum hingegen den Namen Βεμέσελιν πόλις, „Stadt Bemeselin", führt. Die Frage, die jetzt zu beantworten ist, lautet: Wo lag der feste Ort und wie lautete der Name desselben? Zur

Beantwortung der ersten Hälfte der Frage ist folgende Beobachtung von entscheidender Wichtigkeit: In Ant 13,380 erzählt Josephus, Jannäus habe, nachdem er die Festung Baitomei erobert hatte, die gefangenen Rebellen — es waren ihrer etwa achthundert — nach Jerusalem *hinaufgeschleppt* und sie dort unter grausamen Martern hingerichtet[27]. Daraus folgt, daß die eroberte Festung *tiefer* als Jerusalem gelegen war. Sie muß also entweder westlich oder östlich der Hauptstadt gelegen haben, und zwar entweder irgendwo am *westlichen* Abhang oder an einem bestimmten Punkt des *Ost*abhanges des judäischen Gebirges. Von beiden Möglichkeiten ist die letztere die weitaus wahrscheinlichere. Die meisten hasmonäischen Schutz- und Trutzburgen lagen auf der *Ostseite* des judäischen Hügellandes, eine Tatsache, die ihren Grund darin hatte, daß das Land vor räuberischen Überfällen, die größtenteils vom nabatäischen Osten drohten, geschützt werden mußte: In erster Linie galten die militärischen Maßnahmen dem Schutz des Handelsverkehrs, der für den Hasmonäerstaat besonders ertragreich war[28]. Festungen wie Alexandrion, Hyrkania, Masada, waren an schwer zugänglichen Stellen errichtet, die hoch genug waren, um den Besatzungen zu ermöglichen, ein wachsames Auge über das wilde Jordantal zu beiden Seiten des Flusses zu halten und den Räubern das Handwerk zu legen. *In einer dieser an den Osthängen des judäischen Gebirges gelegenen Burgen dürften die zersprengten Reste der pharisäischen Rebellen Sicherheit vor dem sie verfolgenden Jannäus gesucht haben.* Läßt sich die Zufluchtsstätte nach Lage und Namen genau bestimmen? Ich glaube, daß wir jetzt in der Lage sind, den geographischen Punkt mit ziemlich großer Präzision festzustellen und den Namen wiederherzustellen. Vorerst muß aber noch eine wichtige Einzelheit geklärt werden. Wir sprechen von *dem* Namen der Burg. Allein die handschriftliche Josephusüberlieferung enthält allem Anschein nach *zwei* Namen: Βαιθόμμει in Ant und Βεμέσελιν in Bell. Sind es aber wirklich zwei verschiedene Namen oder handelt es sich vielmehr um *zwei verderbte Formen eines und desselben Namens?* Ich glaube, daß nur die letztere Möglichkeit in Frage kommt. Es ist äußerst unwahrscheinlich, daß Josephus einen und denselben Kampf in seinen beiden Werken an zwei verschiedenen Orten angesetzt haben soll. Es ist vielmehr anzunehmen, daß Josephus in beiden Berichten einen *einzigen* Ortsnamen genannt hat, der dann von den vielen Kopisten seiner Schriften arg entstellt und fast bis zur Unkenntlichkeit zerstört worden ist, so daß der Eindruck entstehen konnte, als wären es zwei verschiedene Ortsnamen. Liegen aber die Dinge so, dann fragt es sich, wie die Korruptel entwirrt und die ursprüngliche Form wiederhergestellt

---

[27] ... λαβὼν δὲ τὴν πόλιν καὶ γενόμενος ἐγκρατὴς αὐτῶν ἀ ν ή γ α γ ε ν εἰς Ἱεροσόλυμα καὶ πάντων ὠμότατον ἔργον ἔδρασεν κτλ.
[28] Über die Handelspolitik der Hasmonäer vgl. meine Bemerkungen in: König Herodes, S. 292—294.

werden kann. Sehe ich recht, so führt der Weg zur Beantwortung der Frage
über eine Stelle in der Tosephtha, die von S. Klein zum Beweis seiner
meines Erachtens falschen topographischen Ansetzung der Burg Alexandrion herangezogen worden ist. Bekanntlich gilt der Berg Sartaba, von
dem aus der Neumond durch Feuersignale angekündigt zu werden pflegte[29], als der Ort der hasmonäischen Burg Alexandrion[30]. Die Ansetzung ist
ohne Zweifel richtig, sowohl wegen der geographischen Lage des Berges als
auch wegen der auf ihm noch sichtbaren archäologischen Überreste von
Mauerwerk[31], was auf die Stätte einer alten Burg hindeutet. Klein ist
anderer Meinung[32]. Er beruft sich auf Strabo[33], aus dessen Worten angeblich zu schließen sei, daß Alexandrion in der Nähe von Jericho gewesen
sei: Sartaba sei fast eine ganze Tagesreise von Jericho entfernt, eine Tatsache, die die Ansetzung der Burg an dieser Stelle unmöglich mache. Hingegen liefere die Stelle in Tosephtha Bechoroth VII,3 eine bequeme
Lösung des Problems. Die Stelle lautet: „Zum Zweck des Verzehntens
wird das Vieh zusammengetan, soweit der Fuß des weidenden Tieres
reicht, jedoch nicht, soweit der Fuß des Tieres geht. Wie weit geht der Fuß
des Tieres? Zweiunddreißig Meilen. Auf welche Weise? Wenn er fünf
Stück Vieh in Kephar Ḥananjah und fünf Stück Vieh in Kephar Othnai
und fünf Stück Vieh in Sepphoris besitzt, so werden sie (zum Zweck des
Verzehntens) zusammengelegt. Besitzt er aber fünf Stück Vieh in Kephar
Ḥananjah und fünf Stück Vieh in Kephar ['Othnai][34], so werden sie nicht
zusammengelegt, bis er wenigstens ein Stück Vieh in Sepphoris hat. Besitzt
er (Vieh) zu beiden Seiten des Jordans, z.B. in zwei autonomen Gemein-
den in *Schelomi* und in *Nimri*, so wird es nicht zusammengelegt, schon gar
nicht zu reden im Lande und im Ausland[35]". Klein kommentiert: „Der
zweite Name *Nimri* oder *Bêth Nimri* ist *Nimrah* der Tage der Eroberungen
Moses und Josuas (Num 32,3; Jos 13,27); in römischer Zeit Bethennabris,
in Mischnah und Talmud *Nimrin* (auch *Bêth Nimrin*) im Ostjordanland. Ihm

---

[29] Siehe Mischnah Rosch Haschanah II,4.
[30] Siehe z.B. Abel, o.c., II, S. 242; Press, o.c., I, S. 21; Avi-Yonah, Historische Geographie Palästinas, S. 124; idem, Map of Roman Palestine, S. 23; P. Thomsen, Loca
sancta, S. 20. Relandus, o.c., II, S. 730 bemerkt nur ganz allgemein: Vicinum huic loco
προς ταῖς Κορεαῖς erat castellum Alexandrium situm in vertice montis, teste
Josepho . . . in via inter Coreas et Jerichuntem etc.
[31] Siehe Schmidt, JBL XXIX (1910), S. 79ff; Abel, RB, n.s.X (1913),S.228ff; Avi-
Yonah, Map of Roman Palestine, S. 23.
[32] O.c., S. 81f.
[33] Strabo XVI, 2,40, S. 763.
[34–35] Der Text der Tosephtha ist an dieser Stelle (S. 541, Z. 38, Zuckermandel) ohne
Zweifel verderbt. Statt des überlieferten Wortlautes *wehameš beṣippori* ist zu lesen:
weḥameš bikepar (òthnaj); siehe Liebermann, Tosefet Rishonim II, Jerusalem 1938,
S. 274. – Zu Nimri siehe die Bemerkung Kleins: Das Land Juda, S. 81. Hier sind auch
die Stellen in b.Bechoroth 55a und j.Baba Bathra III,3 (Folio 14,1) angeführt. In erste-
rer Stelle ist der Name arg verballhornt.

gegenüber lag *Šelomi auf der Westseite des Jordans*. Dieser Name erinnert uns ohne Zweifel an den Namen der Königin 'Salome Alexandra', nach welcher die Stadt benannt worden ist. Nimri lag sechs Meilen östlich des Jordans, folglich lag Šelomi zehn Meilen weit auf der entgegengesetzten Seite. *Diese Entfernung führt uns zum Berg Karantal*. der sich bis zu einer Höhe von 348 Meter oberhalb Jerichos erhebt. Von dort aus eröffnet sich ein schöner Blick auf die ganze Umgebung. Wie die am Ort befindlichen Reste bezeugen, stand auf dem Gipfel dieses Berges zur Zeit der Hasmonäer eine alte Festung, die die Straße, die von der Jordanebene ins judäische Gebirge hinaufführt, bewachte. Darnach scheint es, daß wir nicht in die Irre gehen, wenn wir die Stätte dieser Festung als *Šelomi* identifizieren und in diesem Namen die hebräische Benennung *Alexandrions* erkennen." Allein die scharfsinnige topographische Kombination Kleins scheitert an seiner falschen Interpretation der Strabonschen Stelle über die hasmonäischen Festungen. Die Stelle lautet: ... καὶ ἀνεῖλεν εἰς δύναμιν τὰ ληστήρια καὶ τὰ γαζοφυλάκια-. τῶν τυράννων. ἦν δὲ δύο μὲν τὰ ταῖς εἰσβολαῖς ἐπικείμενα τοῦ Ἱερικοῦντος Θρήξ τε καὶ Ταῦρος, ἄλλα δὲ Ἀλεξάνδριόν τε καὶ Ὑρκάνιον καὶ Μαχαιροῦς καὶ Λυσιὰς καὶ τὰ περὶ τὴν Φιλαδελφίαν καὶ ἡ περὶ Γαλιλαίαν Σκυθόπολις. Mit anderen Worten: Pompeius zerstörte die Burgen der „Tyrannen", d.h. der Hasmonäer. Zwei dieser Burgen: Threx und Tauros, lagen an den Zugängen zu Jericho, das heißt also in der Nähe der Stadt; *andere* wie Alexandrion, Hyrkanion, Machairus, Lysias sowie die Burgen in der Umgebung von Philadelphia, ferner Skythopolis, die ebenfalls zerstört wurden, bilden eine Gruppe für sich, da sie in größerer Entfernung von Jericho gelegen waren. Ich begreife nicht, wie Klein, angesichts dieses klaren Sinnes der Worte Strabos, behaupten konnte, daß sie seine Auffassung bestätigen. Vielmehr darf aus ihnen das Gegenteil geschlossen werden: Aus dem *unterscheidenden* Ausdruck ἄλλα δὲ wie auch aus der *Sondergruppierung* der drei judäischen Burgen *Alexandrion*, Hyrkanion, Machairus, ferner Lysias, der Burgen um Philadelphia, die leider nicht namentlich angeführt werden, endlich Skythopolis, geht hervor, daß alle diese festen Plätze von der näheren Umgebung Jerichos unterschieden werden – Dieser Tatbestand ergibt sich auch aus einer Betrachtung der Marschlinie des Pompeius, als er den flüchtigen Hasmonäerkönig Aristobulos II. verfolgte. Der Verfolgungszug wird in Ant 14,48ff. geschildert. Pompeius marschiert über Pella und Skythopolis nach Koreai, der ersten Stadt an der Grenze Judäas. Dann heißt es (49): ... εἴς τι περικαλλὲς ἔρυμα ἐπ' ἄκρου τοῦ ὄρους ἱδρυμένον Ἀλεξάνδρειον Ἀριστοβούλου συμπεφευγοτος, πέμψας ἐκέλευσεν ἥκειν πρὸς αὐτόν ...
Die Verhandlungen erregen den Verdacht des Aristobulos, daß der römische Feldherr Böses gegen ihn im Schilde führe. Der Hasmonäer entzieht sich jeder weiteren Unterredung durch Flucht nach Jerusalem. Er faßt den festen Entschluß, sich zur Wehr zu setzen (50–52). Allein Pompeius folgt ihm auf dem Fuß und gelangt nach Jericho, wo er sein Lager aufschlägt

(53—54): καὶ μέτ' οὐ πολὺ Πομπηίῳ στρατιὰν ἐπ' αὐτὸν ἄγοντι κτλ. στρατοπεδευσάμενος δὲ περὶ Ἰεριχοῦντα ... ἔωθεν ἐπὶ Ἱεροσολύμων ἐχώρει. Man sieht deutlich, daß Alexandrion in erheblicher Entfernung von Jericho gelegen haben muß, wenn die Worte des Josephus in 53: καὶ μετ' οὐ πολὺ Πομπηίῳ στρατιὰν ἐπ' αὐτὸν ἄγοντι καθ' ὁδὸν ωφικόμενοί τινες κτλ einen Sinn haben sollen: Die Armee befand sich auf dem Marsche von Alexandrion nach Jericho, was eben einige Entfernung zwischen beiden Orten voraussetzt. Womöglich noch deutlicher ist die Situation in Bell 1,133ff. Auch nach dieser Stelle, deren Inhalt in Ant nur wiederholt wird, rückt Pompeius über Pella, Skythopolis, nach Koreai vor. Von Koreai aus zitiert er den nach Alexandrion geflüchteten Aristobulos zu sich ins Lager, das er vor der Burg aufgeschlagen hatte[36]. Jedoch die Verhandlungen scheitern, und der Hasmonäer flieht nach Jerusalem, um sich zum Kampf vorzubereiten. Pompeius bricht in aller Eile auf (138: Ὁ δὲ [sc. Πομπήιος] ...εὐθέως εἵπετο) und gelangt nach Jericho (ibid.: καὶ προσεπέρρωσεν τὴν ὁρμὴν ὁ Μιθριδάτου θάνατος αγγελθεὶς αὐτῷ περὶ Ἰεριχοῦντα).,Pompeius legt also die Strecke von Alexandrion nach Jericho in *Eilmärschen* zurück. Wäre die Entfernung zwischen den beiden Orten nur eine geringe gewesen, so hätte es keiner Eilmärsche bedurft, um rasch nach Jericho zu gelangen. Offenbar war das nicht der Fall und so mußte Pompeius sich beeilen, um dem flüchtigen Aristobulos auf den Fersen zu bleiben. Damit ist die Haltlosigkeit der Klein'schen Behauptung, daß Alexandrion in der Nähe von Jericho gelegen war, unwiderleglich erwiesen. Wir müssen die allgemein angenommene Ansetzung der Festung Alexandrion auf dem Berg Sartaba als die einzig richtige anerkennen.

Durch diese Erkenntnis wird aber auch einer weiteren Behauptung Kleins, daß der Ortsname *Šelomi* in Tosephtha und Talmud *die hebräische Benennung der Burg Alexandrion gewesen sei,* der Boden entzogen. Sind nämlich die beiden Orte nicht identisch, so müssen natürlich auch die Namen derselben auseinander gehalten werden. Die Burg *Alexandrion* hatte ohne Zweifel ihren Namen von ihrem Erbauer dem König *Alexander* — denn daß Jannäus, der Erbauer war, darf wohl als ausgemacht gelten — erhalten. Der Hasmonäer wollte in dem stolzen Bollwerk seinen Ruhm als Krieger und souveräner König — höchstwahrscheinlich sehr zum Ärger der Ultrafrommen — zum Ausdruck bringen und die *eigene Persönlichkeit im Namen des Baues verewigt sehen.* Ist mithin Kleins Theorie hinsichtlich Alexandrions als gescheitert anzusehen, so bedeutet das keineswegs, daß sein Hinweis auf den in der Tosephtha und im Talmud erwähnten Ort *Šelomi* keinen wertvollen Kern in sich birgt. Ganz im Gegenteil. Es ist vielmehr als unstreitiges Verdienst Kleins anzusehen, daß er auf besagte Tosephthastelle, wenn auch in einem falschen Zusammenhang, verwies.

---

[36] Bell 1,134: ... ἧκεν εἰς Κορέας.... ἀκούσας συμπεφευγέναι τὸν Ἀριστόβουλον εἰς Ἀλεξάνδρειον, τοῦτο δ ἐστὶν φρούριον τῶν πάνυ φιλοτίμως ἐξησκημένων ὑπὲρ ὄρους ὑψηλοῦ κείμενον πέμψας καταβαίνειν αὐτὸν ἐκέλευσεν.

Und *besonders wertvoll ist ferner Kleins Erkenntnis daß der Ortsname
Šelomi auf den Namen der Gattin des Jannäus, der Königin* Σαλώμη
Ἀλεξάνδρα — *Šelomi*[37] Alexandra, zurückzuführen ist. Es leuchtet ein,
daß Jannäus auf dem Berg Karantal[38], an einer Stelle, die zur Bewachung der
Zugänge zur Tiefebene von Jericho ganz besonders geeignet war[39],
eine Schutz- und Trutzburg angelegt und sie seiner Frau zu Ehren *Se-
lomi* genannt hat. Das war allgemeiner hellenistischer Brauch[40], den der
trotzige Hasmonäer zu üben sich nicht gescheut hat. *Šelomi* war aber
nur *ein* Teil des der Burg beigelegten Namens. Entsprechend dem allgemein verbreiteten hebräischen und aramäischen Namentypus wurde dem
Šelomi das übliche *Bêth* vorgesetzt, so daß der volle Name in hebräischer
Form *Bêth Šelomi,* lautete. Die aramäische Parallelfassung wird, unter
Weglassung des Buchstabens „th" von *Bêth* die Form *Bê Šelamin,* oder
auch *Bê Šalmin,* (siehe weiter unten Anm. 41, das zur Form Σαλίνα
Gesagte) gehabt haben. Was aber die griechische Transskription betrifft, so
dürfen wir mit Sicherheit die Formen Βαιϑ[σαλ]όμμει beziehungsweise
Βεσελεμίν als gegeben voraussetzen. Eine weitere griechische Transskrip-

---

[37] Josephus nennt sie meistens Ἀλεξάνδρα (siehe die Stellen in meinem Namenwörterbuch zu Flavius Josephus, S. 7, s.v.l Ἀλεξάνδρα). In Ant 13,320 heißt es:
Τελευτήσαντος δὲ Ἀριστοβούλου Σαλίνα ἡ γυνὴ αὐτοῦ, λεγομένη δὲ ὑπὸ Ἑλλήνων
Ἀλεξάνδρα. . .'. Statt Σαλίνα lesen die Handschriften LAMWELat: Σαλώμη.
Eusebius, Chron. ed. Schöne II, S. 134, hat Σαλίνα. Dagegen schreibt Hieronymus in der
lateinischen Parallelstelle Alexandra. Zur Form Σαλίνα und den aramäischen Bil-
dungen siehe weiter unten Anmerkung 41.
[38] Über den Quarantana-Berg siehe Dalman, PJB X (1914), S. 16f. Die arabische Be-
zeichnung des Berges „Ǧebel Qarantal" ist natürlich nur eine Verballhornung des
Namens Quarantana, den ihm die Christen im Zusammenhang mit der Erzählung bei
Mt 4,1—4 und Lk 4 1—4 verliehen haben. Siehe nächste Anmerkung.
[39] Dalman bemerkt a.a.O.: „Ein wirklich naturfester Platz für eine Burg lag in dieser
Gegend nur hier . . . Am steilen Absturz des Berges zeigten uns die Mönche in der
neuen Klosterkirche den Felsensitz Jesu während der vierzig Tage seiner Versuchung.
Aber erst seit dem 11. Jahrhundert hat man dieses Ereignis mit dem Berge verbunden.
Daß man dies nicht früher tat, hatte seinen guten Grund, wenn man wußte, daß es die
Stätte einer alten Burg war. Für ihren reichen Erbauer war sie an dieser schwer zugäng-
lichen Stelle vor allem ein sicherer Schlupfwinkel. Aber sie bewachte auch einen der
Wege nach dem judäischen Hochland, zu dem man gerade hier steil emporstieg".
[40] Dafür zeugen die verschiedenen nach hellenistischen Königinnen benannten Städte
wie Apameia, Arsinoe, Berenike, Laodikeia, Stratonikeia u.a., wie auch all die vielen
Städte, die die Namen Alexanders des Großen, der Diadochen und Könige, eines
Kassander, Antigonos Monophthalmos, Demetrios Poliorketes, Seleukos
Nikator, Antiochos Soter, Ptolemaios Philadelphos, Antiochos Epiphanes u.a. trugen.
Dasselbe gilt auch von Rom, wo mit dem Ende der Republik und der Begründung der
Alleinherrschaft dieser Ausdruck der Verherrlichung der Herrscherpersönlichkeit durch
die Benennung von Städten nach dem „Kaiser", zuweilen unter ausdrücklicher Nen-
nung des Namens des jeweiligen Kaisers — in Judäa finden wir die Namen: Cäsarea des
Herodes, Tiberias des Herodes Antipas, Cäsarea Philippi des Philippos — immer mehr
Verbreitung fand.

tion war Βεσαλμίν (s. Anm. 41). Mit dieser Erkenntnis sind wir am Ziele unserer Untersuchung angelangt. Denn jetzt haben wir den gesuchten Ortsnamen *sowohl in seiner hebräischen als auch in seiner aramäischen Fassung* gewonnen, den wir mit gutem Grund *den verderbten in den Josephushandschriften überlieferten Formen zugrundelegen dürfen.* Ich glaube, daß wir emendieren dürfen: Βεσελεμίν im Jüdischen Krieg, Βαιθ[σαλ]-όμμει in den Jüdischen Altertümern. *Der Name Βεσελεμίν ist die griechische Wiedergabe der aramäischen Namensform bê šelamin.* Daß diese Emendation das Richtige trifft, geht meines Erachtens allein schon aus der einfachen Tatsache hervor, daß die Konsonanten der vorgeschlagenen aramäischen Form *bê šelamin* genau denen der überlieferten, freilich verderbten, griechischen Form Βεμέσελιν entsprechen: *b, s, l, m, n* = Β, Σ, Λ, Μ, Ν[41]. Die Verderbnis der Josephusüberlieferung ist in der Form Βεμεσελίν verhältnismäßig geringfügig. Die Kopisten haben bloß die *Reihenfolge der Konsonanten* in Unordnung gebracht: Statt ΒεΣεΛεΜιΝ haben sie ΒεΜεΣεΛιΝ geschrieben. *Hingegen stellt der emendierte Name* Βαιθ[σαλ]όμμει *an Stelle von* Βαιθόμμει *in Ant die griechische Transskription des hebräischen Namens bêth šelomi dar*[42]. Eine weitere nicht unwich-

---

[41] Im Talmud und im Midrasch sind verschiedene aramäische Formen des einheimischen Namens der Königin Ἀλεξάνδρα erhalten: *šlmtw* (Koheleth rabbah VII.24), *šlmjnwn* (Scholion zu Megillath Ta'anith, ed. H. Lichtenstein, zum 28. Tebeth [in: HUCA VIII—IX, 1931—1932, S. 342/86/]. Ms. Michael 388, fol.,ff.193b—194 [bei Lichtenstein unter Siglum *Aleph*] weist die Form *šlsjwn* auf, die als zwei getrennte Vokabeln *šl ṣjwn* im Talmud vorkommt [b.Sabbat 16b; nach Tosaphoth zu dieser Stelle, s.v. *d'mr* war diese Form auch in b.Ta'anith 23a erwähnt; siehe J. Derenbourg, Essai sur l'histoire et la geographie de la Palestine, S. 102, n. 2]). Die griechische Form Σαλαμψιώ ist eine phonetisch veränderte Nachbildung des hebräisch-aramäischen auch inschriftlich bezeugten Namens *šlmṣjwn* (siehe Clermont-Ganneau, Arch. Researches in Palestine, I, p. 386ff). Σαλαμψιώ hieß die Tochter des Herodes und der Hasmonäerin Mariamme; siehe die Stellen bei Josephus bei Schalit, o.c., S. 104). Das ψ in -ψιω ist mit Derenbourgh, l.c., als labialer Einschub zwischen μ und σ zu werten, der durch die scharfe Aussprache des Ṣade verursacht worden ist. — Was nun die in Ant 13,320 erhaltene Form Σαλίνα betrifft, so entspricht sie der aramäischen Form *šlmjnwn*, nur scheint sie *defekt überliefert* zu sein. Ich glaube, daß wir Σαλ [μ] *ινα emendieren dürfen. Dieselbe aramäische Form, nämlich šlmjnwn, liegt aber auch dem von uns erschlossenen Ortsnamen Βεσέλεμιν zugrunde. Βεσέλεμιν ist meines Erachtens in seinem zweiten Bestandteil nichts anderes als šlmjnwn ohne die Endung -wn.* Damit ist zugleich gesagt, daß, wenn Josephus in Bell 1,96 gemäß unserer Untersuchung den aramäischen Namen *bê šelamin* griechisch als *indeklinables* Βεσέλεμιν wiedergibt, das ν einen *integralen* Bestandteil dieser Form bildet. Auf keinen Fall haben wir in ihm eine *Akkusativendung* zu erblicken. *Vielmehr entspricht das ν dem nun von šelamin.*

[42] Damit nehme ich die von mir seinerzeit ausgesprochene Vermutung (siehe Namenwörterbuch, S. 39f. [Sp. 3f.]), daß der Ortsname Βαιθόμη mit *kepar jtmh* von Mischnah 'Orlah II,5 zusammenhängen könnte, als verfehlt zurück. Wie ich erst jetzt festgestellt habe, hatte Grätz bereits vor mehr als sieben Jahrzehnten (siehe seine Geschichte der Juden III⁵,1: Geschichte der Judäer, S. 129, Anm. 2 [„vielleicht *Kephar Ithome*"]) dieselbe Möglichkeit erwogen.

tige Einzelheit, die mit dem Ortsnamen Βαιθόμμει verbunden ist, bedarf noch der Klärung. Josephus bezeichnet den Zufluchtsort der pharisäischen Rebellen als πόλις. Aus unseren obigen Ausführungen geht aber unzweideutig hervor, daß es sich unmöglich um eine *Stadt*, sondern nur um eine *Burg* handeln kann. Die Schwierigkeit läßt sich jedoch vielleicht durch die Annahme beheben, daß bereits in der Zeit des Jannäus um die Burg Βαιθ[σαλ]όμμει eine Stadt entstanden war, dieselbe Stadt, die noch in der Tosephta und im Talmud erwähnt wird. Unter Jannäus bildete die Burg die Akropolis. Wenn diese Erklärung das Richtige trifft, so sagt Josephus πόλις und meint in Wahrheit ἀκρόπολις[43].

Was endlich das *topographische Problem* betrifft, so glaube ich, daß mit der Namensform Βαιθ [σελ] όμμει = Βεσέλεμιν = *bêth šelomi* = *bê šelamin* auch dieses seine Erklärung gefunden hat. Wir dürfen den topographischen Befund und alle mit ihm zusammenhängenden historischen Tatsachen, deren Hintergrund der jüdische Bürgerkrieg zur Zeit Jannäus darstellt, folgendermaßen zusammenfassen:

Der feste Ort, in dem die zersprengten Reste der pharisäischen Rebellen vor dem sie verfolgenden Hasmonäerkönig Zuflucht suchten und nach einer Belagerung von ihm schließlich gefangen genommen wurden, war eine Burg auf dem Berg Karantal, die anscheinend von Jannäus zu Beginn seiner Regierung dort erbaut und zu Ehren seiner Gattin, der Königin Salome Alexandra, auf hebräisch Bêth Šelomi, auf aramäisch Bê Šelami(n) benannt worden war. Mit dem Dschebel Karantal befinden wir uns weit weg südöstlich vom Schlachtfeld bei Sichem. Das paßt vorzüglich zu den oben entwickelten Gründen, die für eine nach Süden gerichtete Rückzugsbewegung des Jannäus nach der verlorenen Schlacht bei Sichem sprechen.

---

[43] πόλις im Sinne von ἀκρόπολις wurde in erster Linie in Attika gebraucht. — Daß die Belagerung nicht gegen die eigentliche Stadt Βαιθ [σαλ]όμμει—Βεσέλεμιν, sondern nur gegen die Burg gerichtet war, erscheint mir aus dem Grunde wahrscheinlicher, weil die belagerten pharisäischen Rebellen viel zu wenige waren, als daß sie imstande gewesen wären, eine ganze Stadt zu verteidigen. Sie zählten wahrscheinlich etwa tausend Mann — die Zahl der Gefangenen betrug nach Josephus achthundert — und waren kaum in der Lage, eine ganze Stadtmauer zu bemannen, geschweige denn erfolgreich zu verteidigen. Aus diesem Grunde scheint mir die Annahme berechtigt, daß, falls Βαιθ[σα λ]όμμει — Βεσέλεμιν (hebräisch *bêth šelomi*, aramäisch *bê šelamin*) überhaupt eine Stadtmauer hatte, sie unverteidigt blieb. Die pharisäischen Rebellen dürften sich auf die Verteidigung der festen Burg beschränkt haben, für die ihre Zahl ausreichte und die sie erfolgreich durchführen zu können gehofft haben werden. *Daraus folgt, daß unter Βαιθ[σαλ]όμμει oder Βεσέλεμιν bei Josephus nicht die Stadt, sondern die Burg zu verstehen ist.* Ob die Burg, die gegen Jannäus verteidigt wurde, eine von Grund auf neuerbaute oder bloß die erneuerte ältere hasmonäische Festung Dok war, in der Simon der Hasmonäer von seinem Schwiegersohn Ptolemäus seinerzeit ermordet worden war (1 Makk 16,16), läßt sich im Augenblick nicht entscheiden. Es ist möglich, daß die Auffindung erheblicher Reste der Wasserleitung auf dem Ǧebel Karantal, die kürzlich gemeldet wurde (im „Haaretz" vom 8.9.1972), uns darüber aufklären wird.

Wir können somit den Verlauf der Auseinandersetzung zwischen Alexander Jannäus und den pharisäischen Rebellen bis zu deren Gefangennahme in folgender Weise abschließend überblicken:

Nach dem Abzug des Demetrios Eukairos mußten die erschöpften Pharisäer, anscheinend nach harten Kämpfen, das offene Feld im Ephraimgebirge räumen und eine Zufluchtstätte suchen. Wie es in Palästina seit uralten Zeiten üblich war, dachten die geschlagenen Rebellen an die Wüste Juda, wo sie Rettung vor dem sie bedrängenden Feind zu finden hofften[44]. Man darf vielleicht annehmen, daß sie die Absicht hatten, zunächst nach Transjordanien, etwa zu den Nabatäern, den Feinden des Jannäus, zu entkommen. Aber Jannäus blieb ihnen auf den Fersen. Er versperrte ihnen die Jordanübergänge und vor allem die *Zugänge zur Tiefebene von Jericho*. Es war für ihn ein Leichtes, diese Seite des Landes abzuriegeln, da sie durch die zahlreichen Burgen von Skythopolis bis Masada faktisch undurchdringlich gemacht werden konnte. Ganz besonders bewacht wird zumal die Umgebung von Jericho gewesen sein. Dafür sorgten die Burgen Threx und Tauros und nicht zuletzt das weiter nördlich gelegene mächtige Bollwerk Alexandrion. Unter solchen Umständen blieb den flüchtigen Rebellen nichts anderes übrig, als ihr Glück oberhalb Jerichos zu versuchen. Sie warfen sich in die Burg *bê šelamin* − *bêth šelomi* auf dem Berg Karantal, griechisch Βαιθσαλόμμει − Βεσέλεμιν, bei Josephus in Βαιθόμμει − Βεμέσελιν verballhornt, entschlossen, sich bis zum Letzten zu wehren. Sie mochten hoffen, sich vielleicht doch noch nach Transjordanien durchschlagen zu können. Aber Jannäus schloß den Belagerungsring um sie und es gelang ihm schließlich, ihrer habhaft zu werden. Er schleifte sie nach Jerusalem, wo er sie grausam hinrichten ließ.[45]

---

[44] Die Wüste Juda war schon im alten Israel der Zufluchtsort aller derjenigen, die als Feinde der öffentlichen Ordnung galten und von den Behörden verfolgt wurden. Berühmte Beispiele sind David und der Prophet Elia (1 Sam 22,1ff.; 23,13f.; 1 Kön 19,3ff.). Dasselbe taten die Makkabäer Jonathan und Simon und ihre Kameraden nach dem Tode des Judas Makkabäus, als der syrische General Bakchides sie fangen wollte (1 Makk 9,33ff.). Auch der Auszug der Qumranleute in die Wüste am Toten Meer gehört in diese uralte Tradition des Widerstandes gegen die bestehende Ordnung.
[45] Aus Bell 1,98 und der Parallelstelle in Ant 13,383 erfahren wir, daß die Massenhinrichtung der gefangenen pharisäischen Rebellen derartiges Entsetzen unter ihren Partei- und Gesinnungsgenossen (ἀντιστασιῶται [sc. des Jannäus]) ausgelöst haben, daß achttausend von ihnen − die Zahl mag künstlich konstruiert sein; vgl.: achthundert Gefangene und achttausend Flüchtlinge! − in Nacht und Nebel davonliefen, um der Rache des Königs zu entgehen. Sie sollen erst nach dem Tode des Jannäus sich in die Heimat zurückgewagt haben. Mit dieser Nachricht scheint eine allerdings recht verworrene talmudische Tradition übereinzustimmen. Dieser Tradition zufolge soll, „als König Jannai unsere Meister tötete", der führende pharisäische Gelehrte Schim'on ben Schatah von seiner Schwester versteckt worden, ein anderer Gelehrter, Jehoschu'a ben Parahjah, nach Alexandria entkommen sein (die Stelle ist nur in den von der Zensur unberührten Exemplaren von b.Sotah 47a und b.Sanhedrin 107a zu lesen). Ebenso weiß eine agadisch gehaltene Stelle in j.Ḥagiga II,2 zu erzählen, daß der pharisäische

Damit ist, wie ich hoffe, eine topographische Crux interpretum der Josephusforschung endgültig aufgeklärt. Ich glaube den Beweis erbracht zu haben, daß die bisherigen Ansetzungen von Βαιθόμη, – ει – Βεμέσελιν, wie sie von den oben erwähnten Forschern in dieser oder jener Richtung, besonders in Misilya, südlich von Dschenin, befürwortet wurden – von den Phantasien eines Horowitz, Press und Klausner ganz zu schweigen –, entschieden verfehlt sind. Aber auch Kleins scheinbar durch Quellenmaterial wohluntermauerter Versuch, die von Josephus verderbt überlieferten Namensformen mit Hilfe der Karte von Madaba zu erklären und den Ort als *bet hammaelaek – har hammaelaek* zu deuten, hat sich als irrig herausgestellt. Aus dem von uns geführten Beweis ergibt sich, daß der gewonnene Name *bê šelamin – bêth šelomi*, griechisch: Βαιθ[σαλ]όμμει – Βεσέλεμιν topographisch an den Berg Karantal gebunden ist. Endlich ist als wichtiges Resultat der Untersuchung zu buchen, daß beide Quellen, sowohl die Jüdischen Altertümer als auch der Jüdische Krieg, *einen und denselben Ortsnamen* enthalten, die erstere Quelle in *hebräischer*, die letztere in *aramäischer* Fassung.

Es hat sich somit wieder einmal[46] herausgestellt, welches Unheil die vielen byzantinischen Josephusverschlimmbesserer angerichtet haben. Die philologische Arbeit am Josephustext hat noch ein weites Feld vor sich.

Gelehrte Jehuda ben Tabbai nach Alexandria geflohen sei, als er zum Präsidenten des Synedrion gewählt worden war. Alle diese Nachrichten machen es durchaus wahrscheinlich, daß die in Bêth Šelomi eingeschlossenen Pharisäer die Absicht hatten, außer Landes zu gehen, um das nackte Leben zu retten.

[46] Vgl. meine Ausführungen in dem Aufsatz: Die Eroberung des Alexander Jannäus in Moab (Theokratia, Jahrbuch des Institutum Judaicum Delitzschianum I, 1967–1969, S. 3ff). Die hier behandelten Stellen (Ant 13,395ff.; 14,18) zeigen in anschaulicher Weise, bis zu welchem Grade unser Josephustext verunstaltet ist.

Das Schicksal im Neuen Testament und bei Josephus

Von Gustav Stählin, Mainz

I.

1. Zu den Merkmalen unserer Zeit, die uns als Christen sehr umtreiben können, gehört die Tatsache, daß „die Grenzen" zwischen den Religionen der Welt „in Unruhe geraten", ja daß einflußreiche christliche Theologen an dem Versuch beteiligt sind, diese Grenzen zu verwischen und einzuebnen[1]. Noch befindet sich der hierauf hinauslaufende „Dialog" mit den Religionen, insbesondere dem Buddhismus, dem Hinduismus und dem Islam, im Anfangsstadium. Aber die bisher erkennbar gewordenen Motive und Zielsetzungen lassen keinen Zweifel darüber, in welche Richtung die Fahrt gerade auch von Theologen gelenkt wird, die in besonderer Weise verantwortlich sind für den Weg des Evangeliums in Mission und Ökumene. Um so dringlicher ist die Notwendigkeit, die für den Christen maßgebenden Leitlinien und unaufgebbaren Positionen klar zu erkennen, von denen bei einem solchen Dialog um keinen Preis abgewichen werden darf, auch wenn auf diese Weise die jetzt angepeilten Ziele des Dialogs nicht erreicht werden. Das heute allgemein als wahrhaft demokratisch gepriesene Prinzip des Pluralismus der Weltanschauungen wird in seinem widergöttlichen Ursprung und in seiner für die Kirche tödlichen Wirkung erst ganz evident[2], wenn es auf das Nebeneinander der Weltreligionen und der Weltideologien — einschließlich des säkularen Humanismus, des Marxismus und des Maoismus! — angewandt wird. Die christliche Theologie und die von ihr bestimmte Praxis sind heute in vielfältiger Gefahr, ihre Marschroute einseitig von Gesichtspunkten und Kräften bestimmen zu lassen, die zwar im Evangelium des Neuen Testaments Ansatzpunkte, ja Heimatrecht haben — wie z.B. der heute Kirche und Mission bestimmende Ruf nach Aktionen der Nächstenliebe —, die aber in eine Verleugnung dieses Evangeliums abirren können, wenn sie nicht immer neu ihre Richtung und Kraft aus dem zentralen Anliegen des Evangeliums erhalten und darum sich unablässig am Neuen Testament orientieren.

2. Die Nachbarschaft anderer Religionen und nichtchristlicher Ideologien war für die Christen von Anfang an ein aktuelles Problem — genau wie schon vorher für die jüdischen Theologen — und ist es in beiden Bereichen

---

[1] Vgl. Stanley J. Samartha, Die Grenzen geraten in Unruhe. Im Dialog mit den Religionen und Ideologien, in: Ev Komm 5 (1972) 592—595, auch C. von Imhoff, Das neue oekumenische Gesicht, in: Luth. Monatshefte 12 (1973) 63—66.

[2] Vgl. W. Künneth, Weshalb ein „Nein" zum Kirchentag 1973? (Sonderheft zum Informationsbrief Nr. 37 der Bekenntnisbewegung) S. 3. — In der Sache, um die es in dieser Schrift geht, wird man zugeben müssen, daß man, auch wenn man ihr Anliegen ganz teilt, doch zu einer anderen Folgerung gelangen kann.

bis heute geblieben. Auch schon im Anfang wurden hier wie dort verschiedene Wege zur Bewältigung dieses Problems eingeschlagen, Wege, die auch für unsere heutigen Probleme hochinteressant sind, teils als Warnung, teils als Hilfe.

Grundlegend ist die Erkenntnis, daß die Männer der Bibel mit sicherem Instinkt ihre Glaubensüberzeugungen scharf abgrenzen gegenüber den jeweiligen Modereligionen, Weltanschauungen und Ideologien, so im Alten Testament insbesondere gegenüber den Fruchtbarkeitsreligionen (vgl. z.B. 1 Kön 18,21), im Neuen Testament gegenüber dem oft religiös verbrämten Sexualismus (mit allen seinen schöpfungswidrigen Verirrungen; vgl. Röm 1,24.26f), der damals einen ähnlichen Zulauf hatte wie die heutigen Angebote eines schamlosen, areligiösen Sexualismus. Ähnlich bestimmt grenzen sich Altes und Neues Testament auch ab gegenüber den Gestirnsreligionen (z.B. Am 5,26; Jer 19,13; Act 7,42f) und anderen Formen heidnischen Schicksalsglaubens (z.B. Jes 65,11; Kol 2,8.20). Allem Paktieren mit diesen allzu beliebten religiösen Verirrungen und allen damit verbundenen synkretistischen Neigungen stellt Paulus nachdrücklich seine Warnung entgegen (2 Kor 6,14a): „.Laßt euch nicht zusammen mit Ungläubigen in ein fremdes Joch spannen!" samt den diese Warnung begründenden rhetorischen Fragen (2 Kor 6,14b—16a), die den heute vertretenen weltanschaulichen Pluralismus als gefährliche Irrlehre entlarven und den Dialog mit allen Irreligionen ausschließen. Dementsprechend hat Paulus auch nach der Darstellung des für die Welt des Hellenismus durchaus geöffneten Lukas auf dem Areopag nicht etwa mit den Philosophen diskutiert, sondern ihnen, in Beantwortung ihrer Fragen, das Evangelium in einer für sie verständlichen Form verkündigt.

3. Ein lehrreiches Beispiel für die Haltung des Neuen Testaments gegenüber einer andersartigen Weltanschauung und die davon abweichende Stellung des pharisäischen Juden Josephus bietet das Thema dieses Aufsatzes: Das Schicksal im Neuen Testament und bei Josephus.

Es geht dabei weniger um das Schicksal im passiven Sinn, d.h. das dem Menschen bestimmte und auferlegte Schicksal, das Geschick[3], als vielmehr um das Schicksal als bestimmende Macht[4]. Mit Berichten von erfahrenen und durchlittenen Schicksalen sind die Bücher der Bibel und ähnlich auch die Werke des Flavius Josephus randvoll gefüllt. Von der Bewältigung des

---

[3] Hierzu vgl. im AT etwa Qoh 9,2f; 3,19, zum NT z.B. H.Th. Wrege, Jesusgeschichte und Jüngergeschick nach Joh 12,20—33 und Hebr 5,7—10, in: E. Lohse (Hg.), Der Ruf Jesu und die Antwort der Gemeinde = Festschr. Joachim Jeremias, Göttingen 1970, 259—288.
[4] Zum Doppelsinn von „Schicksal" vgl. W. Elert, Der christliche Glaube, Berlin 1940, 120: Das Schicksal schickt und wird geschickt, es gibt und wird gegeben.

Schicksals in diesem Sinn aber redet das Neue Testament ebenso eindrücklich wie die Stoa, jedoch in ganz anderer Weise hilfreich als diese[5].

Anders steht es mit dem Schicksal im aktiven Sinn, der Schicksalsmacht. Es besagt zwar noch nichts, daß man das Wort „Schicksal" in der deutschen Bibel vergeblich sucht; denn dieses Wort setzt sich erst im 18. Jahrhundert gegen das ältere, niederdeutsche Wort „Schicksel" durch, das Luther nicht geläufig war[6]. Ausschlaggebend ist vielmehr, daß die der griechischen Sprache so geläufigen Wörter für „Schicksal", εἱμαρμένη, πεπρωμένη, μοῖρα, τύχη[7] und sogar πρόνοια (im Sinn von „Vorsehung") im Neuen Testament fehlen[8].

4. Eine Ausnahme bildet das 18- oder 19mal im Neuen Testament belegte ἀνάγκη[9]. Aber soweit dieses Wort hier „Notwendigkeit" bedeutet, ist eine meist nicht religiös qualifizierte Notwendigkeit, sei es eine durch die Umstände gebotene (so Lk 14,18; 23,17 vl; 1 Kor 7,37; Hebr 7,12; 9,16; Jud 3) sei es eine durch einen gewissen moralischen Zwang bedingte (vgl. 2 Kor 9,7; Phlm 14). Wo es sich um eine höhere als solche irdische oder menschliche Notwendigkeit handelt, da ist sie von Gott gesetzt (so Mt 18,7; Röm 13,5; Hebr 9,23, vgl. auch 7,27), nicht aber etwa vom „Schicksal" bestimmt.

Am nächsten beim griechischen Schicksalsgedanken scheint 1 Kor 9,16 zu stehen: ἀνάγκη γάρ μοι ἐπίκειται. „Eine zwingende Notwendigkeit be-

---

[5] Vgl. H. Preisker, Mensch und Schicksal in der römischen Stoa und im NT, in: Forschungen und Fortschritte 25 (1949) 274—276.

[6] Vgl. F. Kluge[20]-W. Mitzka, Etymologisches Wörterbuch der deutschen Sprache, Berlin 1967, 646; auch das schon im Mittelhochdeutschen vorkommende Wort „Geschick" (geschicke) fehlt in Luthers Bibelübersetzung; vgl. a.a.O. 252.

[7] Allerdings tragen Mitglieder der Urchristenheit Namen, die von τύχη abgeleitet sind: Eutychos und Tychikos. Sie gehören zu der Gruppe von Namen im NT, die einen von heidnischer Religiosität geprägten Sinn haben; ja, man könnte sie zu den theophoren Namen rechnen; denn Tychikos Act 20,4; Kol 4,7 u.ö. ist „der von der Tyche Bestimmte oder Beschenkte" und Eutychos „der vom Schicksal Bevorzugte" (E. Haenchen, Die Apostelgeschichte, Göttingen [5]1965, 518: „der Glückspilz"); auch bei Josephus (Ant 18,168ff und 19,256f) kommen zwei Männer dieses Namens vor. — Zu erwähnen ist noch, daß Codex D in Lk 10,31 (statt κατὰ συγκυρίαν) κατὰ τύχα oder (so H. von Soden, Die Schriften des NT II, 1913, 301) κατάτυχα (ähnlich wie ἐπέκεινα, ὑπερέκεινα, παράχρημα) bietet, wohl im Sinn von „zufällig" (wie sonst κατὰ τύχην). So scheint Clemens von Alexandrien gelesen zu haben; wenigstens sagt er Quis Div Salv 28,3, der Samariter sei nicht κατὰ τύχην vorbeigekommen wie der Priester und der Levit, sondern wohlgerüstet usw.

[8] Ein ähnliches Bild bietet die LXX: εἱμαρμένη, πεπρωμένη, μοῖρα fehlen. τύχη steht einmal (Jes 65,11 neben δαίμων) für die Schicksalsgöttin, zweimal (Gen 30,11; 2 Makk 7,37 cod A) bedeutet es „Glück".

[9] Vgl. W. Grundmann, Art. ἀναγκάζω, ἀναγκαῖος, ἀνάγκη, in: ThW I,347—350; R. Morgenthaler, Art. Notwendigkeit, in: ThBL (II) 977f; H. Schreckenberg, Ananke. Untersuchungen zur Geschichte des Wortgebrauchs, München 1964.

drängt mich". Man kann ἀνάγκη hier von dem schicksalhaften Zwang verstehen, unter dem der Apostel wie ein Sklave steht, der mit einem Verwalteramt betraut ist (vgl. Lk 12,42; 16,1f): freiwillig oder unfreiwillig — er muß seinen Dienst tun (V 17), wenn nicht, verfällt er der göttlichen Strafe (V 16c)[10]. Aber Paulus wird mit diesem Bild noch mehr sagen wollen; er geht aus dem Bild sofort zur Sache über (wie 1 Kor 4,1f; Kol 1,25): es ist eine gottgesetzte Notwendigkeit, unter der er steht; es ist „die Macht des radikal fordernden Gotteswillens". Durch die Anwendung des griechischen Begriffs ἀνάγκη will Paulus „die Gottesmacht als souverän, unerbittlich und unentrinnbar charakterisieren"[11]. Der Apostel steht unter einem unwiderstehlichen Zwang, den er nicht geringer empfindet als der nach der Freiheit lechzende Sklave oder der in einem ausweglosen Fatalismus Befangene, nur mit dem grundlegenden Unterschied, daß Paulus sich diesem Zwang in voller Freiwilligkeit unterordnet (V 17f). Trotzdem scheut er sich nicht, eins der markantesten griechischen Wörter für den Schicksalszwang, die Schicksalsmacht zu gebrauchen, die oft zur Gottheit personifiziert wurde[12]. Ob Paulus die ἀνάγκη hier allerdings personifiziert, wie er es mit vielen anderen, an sich abstrakten Begriffen tut, scheint mir fraglich[13].

Paulus hat diesen Zwang, diese Macht ganz unmittelbar erfahren, als er von Gott durch Jesus Christus für das Evangelium in Dienst genommen wurde (Gal 1,16), und zwar als die Übermacht der Gottesliebe, in deren Dienst er gestellt wird als „Sklave Jesu Christi" (Röm 1,1; Phil 1,1) und doch in der herrlichen Freiheit eines Christenmenschen (vgl. Röm 8,21). Mit dem antiken Fatum hat also die paulinische ἀνάγκη nichts zu tun. Darum ist es m.E. irreführend, von einem Amor fati bei Paulus zu

---

[10] Vgl. K. Heim, Die Gemeinde des Auferstandenen, München 1949, 117f. 124.

[11] So E. Käsemann, Eine paulinische Variation des „Amor fati", in: ZThK 56 (1959, 138ff) 147—154, auch in: Exegetische Versuche und Besinnungen II, Göttingen [3] 1970 (223ff) 232—239, in einer eindrucksvollen Interpretation des Abschnitts 1 Kor 9,15—18.

[12] Vgl. W. Grundmann, a.a.O. (A 9) 348; Wernicke, Art. Ananke, in: Pauly-W I, 2057f. Im Lateinischen entspricht der Ananke das oft gleichfalls personifizierte Fatum; vgl. W.F. Otto, Art. Fatum, in: Pauly-W VI 2047—2051; H.O. Schröder, Art. Fatum (Heimarmene), in: RAC VII 524—636.

[13] Anders Käsemann, a.a.O. (A 11) 149 (234). Aber ἐπίκεισθαι kann zwar von Personen gebraucht werden (Lk 5,1; 23,23); doch dieser Gebrauch scheint in 1 Kor 9,16 keineswegs nahe zu liegen. Paulus kann zwar, wie Käsemann richtig betont, „Eigenschaften" oder besser „Manifestationen des sich als mächtig bekundenden Gottes" wie Gnade, Liebe, Gerechtigkeit, Herrlichkeit, Zorn personifizieren. Aber in diese Reihe gehört ἀνάγκη nicht; denn Paulus kann zwar von χάρις θεοῦ (z.B. 1 Kor 15,10) usw., auch von δύναμις θεοῦ (z.B. Röm 1,16) und von θέλημα θεοῦ (Röm 1,10; 12,2 u.a.) sprechen, aber nicht von ἀνάγκη θεοῦ, und gerade eine von den Heiden personifizierte Größe wird der Apostel kaum, wenn auch „auf evangelische Weise", personifiziert haben.

sprechen, wenn auch nur von einer paulinischen, „evangelischen" „Variation"[14]. Im Blick auf Josephus ist es wichtig zu sehen, daß Paulus mit seiner Verwendung von ἀνάγκη nicht einen Fingerbreit von seinem Glauben an die Allmacht Gottes abgewichen ist, im Gegenteil: die Vokabel ἀνάγκη ist hier total in den Dienst des biblischen Gottesglaubens und der Evangeliumsverkündung gestellt, genau wie alle sonstigen Anleihen aus der Sprache des Hellenismus bei Paulus, Lukas[15] u.a.’Ανάγκη ist auch sonst im Neuen Testament ein Ausdruck für die göttliche Ordnung der Welt und des Lebens in ganz verschiedenen Bereichen und Zusammenhängen; vgl. Hebr 9,23; Röm 13,5; Mt 18,7.

5. Der Gegensatz des biblischen Gottesglaubens zum Schicksalsglauben läßt sich durchweg im Neuen Testament feststellen. Das Vokabular ist zwar hier wie dort z.T. das gleiche, und die Gefahr, mit vielbelasteten Vokabeln auch fremde Gedanken eindringen zu lassen, war zweifellos gegeben. Aber im Neuen Testament ist diese Gefahr mit einer gerade im Blick auf Josephus erstaunlichen Sicherheit vermieden. Die Quelle dieser Sicherheit ist die absolute Bindung an Gott.

6. Schon das Schicksal Jesu selbst stand ähnlich dem des Paulus unter einem absoluten Zwang, dem er oft Ausdruck verlieh mit Wendungen, die zum mindesten in der griechischen Übersetzung die Sprache des Schicksalsglaubens anklingen lassen, insbesondere das häufige δεῖ[16]. Aber es ist in allen Fällen der Wille Gottes, der solches „Müssen" bestimmt. Jesu ganze Haltung und sein sich darin kundgebendes Selbstverständnis macht es auch wahrscheinlich, daß er sich als den „Gottessklaven" wußte, dessen Schicksal ganz und gar vom Willen Gottes bestimmt ist; darum zeichnet er das Bild des „Menschensohns"[17] mit den Farben des Gottessklaven (Mk 10,45; 14,24; Lk 22,37), und die Evangelisten haben dieses Bild noch weiter ausgemalt (vgl. bes. Mt 8,17; 12,18−21; Lk 2,30f; Joh 12,38).

7. Unter dem gleichen „Gesetz des Müssens" stehen auch seine Jünger[18] (Mt 10,24f; Mk 8,34 parr; Joh 12,24−26, vgl. auch Lk 24,26 mit Act 9,16; 14,22; Mk 10,45 mit V 43f[19] u.a.): „Weg und Geschick Jesu wer-

---

[14] E. Käsemann, a.a.O. (A 11) 238f. − Aus dem gleichen Grunde wird man besser nicht von einem „fatum Christianum" sprechen. Jedenfalls ist es nur möglich, wenn es als Ausdruck der göttlichen Allmacht verstanden wird; vgl. J. Konrad, Schicksal und Gott, Gütersloh 1947, 321f.

[15] Vgl. z.B. die theologische Auswertung der hellenistischen Elemente in der Areopagrede und dazu G. Stählin, Die Apostelgeschichte, Göttingen 1970, 239−241.

[16] Vgl. W. Grundmann, Art. δεῖ, δέον ἐστί, in: ThW II 21−25.

[17] Ich halte es bei dem Stand der Überlieferung (trotz Lk 12,8 u.a.) für so gut wie sicher, daß Jesus selbst sich als den Menschensohn bezeichnete.

[18] Vgl. H.Th. Wrege, a.a.O. (A 3) 259−288.

[19] ἔσται kommt oft nahe an den Sinn von δεῖ εἶναι heran (vgl. Blass-Debrunner § 362), ebenso μέλλει, vgl. Pr-Bauer sv μέλλω 1 c δ. Auch in der sog. Passivum divinum klingt oft ein solches „Müssen" mit (vgl. Mt 10,18.22 u.a.).

den ... für die Nachfolge verbindlich gemacht"[20]. Es wird zu einem durchgehenden Grundsatz: wie Christus — so die Jünger! Das Schicksal Jesu muß sich im Schicksal der Jünger wiederholen (vgl. z.B. Mt 10,24f.38).

Das „Schicksal" der Jünger aber ist wie das Jesu totales Bestimmtsein vom Willen Gottes. Dieser steht an der Stelle, wo im Schicksalsglauben die Macht des Schicksals steht. Darum entfaltet die neutestamentliche Sprache die ganze Fülle ihrer Ausdrucksmöglichkeiten — anstelle dessen, was sonst „Schicksal" heißt — mit mehr oder weniger bildhaften Wendungen, die Gott als den absoluten Herrn des Schicksals bekennen und anschaulich machen. Hinter ihnen treten jene unpersönlichen Ausdrücke zahlenmäßig zurück, die im Sinn eines Bestimmtseins durch das Schicksal mißdeutet werden können wie $\delta\epsilon\tilde{\iota}$ und $\dot{\alpha}\nu\dot{\alpha}\gamma\kappa\eta$.

8. Es möge genügen, eine Reihe von bezeichnenden Beispielen dafür anzuführen:

a) Das Leben und Wirken Jesu und vorher des Täufers — wie zuvor schon das der Propheten (Lk 4,26; Mt 23,34) und danach das der Jünger — stehen unter dem Gesichtspunkt der Sendung[21]. „Sendung" steht dem Wortsinn nach ganz nahe bei „Schicksal"; aber während bei diesem offen bleibt, wer die schickende und bestimmende Macht repräsentiert, ist der Sendende in der biblischen Sendung eindeutig Gott oder Jesus selbst.

b) Fast synonym mit „ich bin gesandt" erscheint bekanntlich, zumal in den synoptischen Evangelien, im Munde Jesu[22] „ich bin gekommen"[23] (bzw. „der Menschensohn ist gekommen"[24]). Das klingt wie die Rede eines Mannes, der selbst sein Schicksal ist oder sein eigenes Schicksal bestimmt; aber dieses Mißverständnis wird noch im Neuen Testament selber abgewehrt (vgl. Joh 7,28; 8,42): die $\mathring{\eta}\lambda\vartheta o\nu$-Bekenntnisse Jesu besagen letztlich nichts anderes als die Worte von seiner Sendung oder die Sätze von dem ihn bestimmenden $\delta\epsilon\tilde{\iota}$.

c) Die Schicksalsmacht Gottes ist prägnant gegenwärtig auch in den Worten von Jesus als dem Erwählten[25] und von den Seinen als den Erwählten[26] und vor allem in den zahlreichen Wendungen für die Voraussicht,

---

[20] H.Th. Wrege a.a.O. (A 3) 262f.

[21] Vgl. für den Täufer: Mk 1,2; Joh 1,6, für Jesus: Mk 9,37; Mt 15,24; Lk 4,18.43; Joh 3,17; 5,36; Röm 8,3 u.ö., für die Jünger: Mk 3,14; 6,7; Joh 4,38; 17,18; 20,21; Act 26,17; Röm 10,15; 1 Kor 1,17.

[22] Oder im Munde anderer, in Bezug auf ihn in der 2. oder 3. Person: Mk 1,24 parr; Joh 3,2; 6,14; 11,27, auch vom Täufer: Mt 21,32; Joh 1,31.

[23] Mt 5,17; Mk 2,17 parr; Mt 10,34f; Lk 12,49; Joh 9,39; 12,47; 18,37.

[24] Mt 11,19; Mk 10,45 par; Lk 9,56 vl; 19,10.

[25] Lk 9,35; 23,35; Joh 1,34 vl.

[26] Mk 13,20.22.27 par; Lk 6,13; 18,7; Act 1,2; Joh 6,70; 15,16; 1 Kor 1,27; Jak 2,5; Röm 8,33; Kol 3,12 u.o., auch Act 10,41; 13,48.

Vorausbestimmung und Vorausbereitung Gottes: προγινώσκω 1 Petr 1,20
— Röm 8,29; 11,2; πρόγνωσις Act 2,23 — 1 Petr 1,2; προβλέπομαι Hebr
11,40 (für προοράω vgl. Gal 3,8); προτίθημι Eph 1,9f; πρόθεσις Röm
8,28; 9,11; Eph 1,11; 3,11; 2 Tim 1,9; προορίζω Act 4,28; Röm 8,29f;
Eph 1,5.11; προχειρίζω Act 3,20; 22,14; 26,16; προετοιμάζω Röm 9,23;
Eph 2,10; προγράφω Jud 4.

Das Subjekt dieser προ-Komposita ist Gott selbst und nicht etwa — als
Gegensatz dazu — Gottes Ratschluß (βουλή), Gottes Vorsehung
(πρόγνωσις) und Gottes Wille (θέλημα)[27].

d) Wohl aber sind βουλή (z.B. Act 2,23; 4,28), βούλημα (Röm 9,19), θέλημα
(z.B. Röm 1,10; 15,32; Act 21,14) und θέλησις (Hebr. 2,4) Hauptbegriffe
jenes biblischen Denkens, das dem Schicksalsglauben entgegengesetzt ist.
Alles Geschehen in der Welt geschieht nach Gottes Willen und nach seinem
Plan (vgl. z.B. Eph 1,11), und diesem Willen und Plan kann keiner mit
Erfolg widerstehen; dies aber ist nicht nur pharisäische Überzeugung (vgl.
Act 5,39) und nicht nur lukanische Vorsehungstheologie[28]; auch Paulus
widerspricht nicht dem Einwand seines fingierten Gegners (Röm 9,19):
„Wer hat je (mit Erfolg) dem Willen Gottes Widerstand geleistet? "

Aber dieser Wille und Plan ist bestimmt und wird verwirklicht durch
„Mächte", die den Schicksalsmächten der Zeit total entgegengesetzt sind:
durch die ἀγάπη θεοῦ, die δικαιοσύνη θεοῦ die εἰρήνη θεοῦ. Das ist der
Beitrag des Paulus zum Verständnis des Weltgeschehens, der großartigste
Angriff, mit dem der Glaube an eine blinde und oft bösartige Schicksals-
macht[29] widerlegt und überwunden wird.

e) Namentlich in der Theologie des Lukas hat dieser Komplex bekanntlich
zentrale Bedeutung. Hier — aber auch sonst im Neuen Testament — sind es
außer den Komposita mit προ- mehrere einfache Verben, welche die plan-
mäßigen Setzungen Gottes bezeichnen, wie ὁρίζω (für Christus selbst: Lk
22,22; Act 2,23; Röm 1,4; Act 10,42; 17,31; ferner 17,26; Hebr 4,7);
τίθημι (Act 1,7; 13,47; 1 Kor 12,28; 1 Thess 5,9; 1 Tim 1,12; 2,7; 1 Petr
2,8 u.a.); ἵστημι (Act 17,31); τάσσω (Röm 13,1; Act 13,48[30]; 22,10)[31].

---

[27] Vgl. dagegen S. Schulz, Gottes Vorsehung bei Lukas, in: ZNW 54 (1963, 104—116)
106. In den von Schulz angeführten Beispielen ist immer Gott selbst das Subjekt: Act
2,23 das von ἐκδιδόναι (in ἔκδοτος); 4,28 ist χείρ (etwa „der machtvolle Wille") καὶ
βουλή zwar das grammatische Subjekt, aber das eigentliche ist auch hier Gott selber,
und 5,38 ist vollends von göttlicher βουλή überhaupt nicht die Rede; mit „dieser
βουλή" und „diesem ἔργον" umschreibt Gamaliel in neutraler Weise das Phänomen des
beginnenden Christentums, wobei er, wie das εἰ δέ V 39 im Unterschied von ἐάν V 38
zeigt, damit rechnet, daß es in Gott seinen Ursprung hat.
[28] Vgl. S. Schulz, a.a.O. (A 27) z.B. 108—110.
[29] Vgl. die tückische Tyche bei Josephus, u. S. 337f; A. 67.
[30] Man wird schwerlich zu dieser Stelle eine kollektive Setzungsterminologie gegen
eine individuelle Erwählungsterminologie ausspielen dürfen, wie es S. Schulz a.a.O.
(A 27) 107 tut; vgl. Act 13,17; 15,7 mit 13,48.

Dazu kommen zahlreiche Finalsätze und entsprechende Wendungen, z.B. εἰς mit substantivierten Infinitiven[32] — lauter Ausdrucksmittel des teleologischen Denkens der Bibel, das als das neutestamentliche Gegenstück zum deterministischen Denken in der hellenistischen Umwelt des Neuen Testaments angesehen werden kann und muß.

f) Ein Ausdruck für das „schicksalhafte" Handeln Gottes κατ'ἐξοχήν ist das παραδιδόναι (oder auch διδόναι Joh 3,16) Jesu in Röm 8,32 u.a.[33]. Auch hier begegnet wie bei den ἦλθον-Worten das Phänomen, daß Jesus oft selbst der eigentlich Handelnde und damit sein Schicksal Bestimmende zu sein scheint: Mk 10,45; Gal 1,4; 2,20; Eph 5,2.25; 1 Tim 2,6; Tit 2,14. Aber wie diese Selbsthingabe Jesu in Mk 10,45 mit Anspielung gerade auf den Gottessklaven von Jes 53,10—12 ausgesagt wird und in Gal 1,4 ausdrücklich als „nach dem Willen Gottes, unseres Vaters" geschehend, gekennzeichnet ist, so ist sie durchweg zu verstehen. Freilich ist nach dem christologischen Verständnis der Evangelien Gottes Handeln und Jesu Handeln in einzigartiger Weise verbunden, ja gleichgesetzt, und der Erhöhte wird selbst zum schicksalsmächtigen Träger des Geschehens (vgl. u. A 37).

g) Das wird in besonderer Weise deutlich an einer Vorstellung, die im Neuen Testament gleichfalls an der Stelle der Schicksalsidee steht: die göttliche Führung, die dem von Gott gefaßten Heilsplan entspricht. Sie beginnt bei Jesus mit der Taufe, bei der der Heilige Geist die „Führung" übernimmt (vgl. Mt 4,1 parr). Freilich steht dieser Gedanke in Spannung zu dem Phänomen, daß Jesus mehrfach selbst als Subjekt der Führung erscheint (vgl. z.B. Mk 1,38; 10,32; Lk 9,51b); aber über der Führung Jesu steht jedes Mal die Einsicht, daß er sich bewußt ist, den ihm vorgezeichneten Willen Gottes zu erfüllen (vgl. z.B. Lk 9,51a; 18,31); so ist schon andeutungsweise im dritten Evangelium wie deutlicher dann in der Apostelgeschichte die „trinitarische" Führung des Schicksals zu beobachten (s.u.).

Ganz beherrschend aber ist das Phänomen der Führung eben in der Apostelgeschichte. Man kann es als roten Faden durch das ganze Buch verfolgen[34], und zwar sieht der Verfasser nach den großen Geschichtsrückblicken des Stephanus (Act 7,2ff) und des Paulus (13,16ff)[35] bereits das alttestamentliche Geschehen genauso durch den göttlichen Willen und seine Führung bestimmt wie die Geschichte der apostolischen Zeit. Hier aber

---

[31] Vgl. S. Schulz a.a.O. (A 27) 107.

[32] Vgl. G. Stählin, Um mitzusterben und mitzuleben, in: Neues Testament und christliche Existenz = Festschr. H. Braun, Tübingen 1973 (503—521) 507f.

[33] Vgl. W. Popkes, Christus Traditus, Zürich 1966; N. Perrin, The Use of (παρα)-διδόναι in Connection with the Passion of Jesus in the NT, in: E. Lohse (Hg.), Der Ruf Jesu usw. (A 3), 204—212.

[34] Vgl. S. Schulz a.a.O. (A 27) 108..

[35] Wie ein Signal steht am Anfang beider Reden „der Gott der Herrlichkeit" bzw. „der Gott dieses Volkes Israel".

liegt keine einseitige Ananketheologie im Gegensatz zu einer Erwäh-
lungstheologie oder einer Verheißungs- und Erfüllungstheologie vor, vielmehr sind alle diese Theologumena Ausdrucksmittel der Führungstheolo-
gie, mit der Lukas das Geschehen im Alten Testament, in der Geschichte
Jesu und in der Apostelzeit deutet. Im Geschehen der Apostelzeit ist die
führende Macht — in einer wohl unbewußten und sicher undogmatischen
Zueinanderordnung — Gott selber, der erhöhte Christus und der Geist (als
Person)[36]. Dabei ist Christus als der neu zum Herrn Eingesetzte (Act 2,36)
der am stärksten hervortretende „Führer" des Geschichtsablaufes[37].

Die Mittel und Werkzeuge der Führung sind der Geist (als Kraft) und der
Engel, Wunder und Gesichte, und zwar sind diese Werkzeuge z.t. in mi-
nutiösen Maßnahmen der göttlichen Führung miteinander kombiniert (vgl.
bes. Act 8,26ff; 9,10ff; 10,1ff).

h) Ein weiteres, besonders für Matthäus, aber auch für Lukas, charakteri-
stisches Gegenstück zur Schicksalsidee ist der Vorstellungskomplex, der
mit dem Stichwort „erfüllen" gekennzeichnet ist: die göttliche Führung
des Geschehens ist angelegt auf Erfüllung der Schrift (z.B. Lk 4,21; 18,31;
21,22; 22,37; 24,44)[38]. Damit wird die Kontinuität des über allem Geschehen waltenden Gotteswillens gegenüber allen Vorstellungen von einem
willkürlichen Schicksal oder einem blinden Zufall unterstrichen.

i) Mit dem Gedanken der „Erfüllung" oft enge verknüpft sind Sätze von
καιροί und ὧραι[39], die längst festgesetzt sind und entweder jetzt eintreten
(Mk 1,15) oder noch bevorstehen (vgl. Lk 21,24; Joh 7,8; Eph 1,10).
Gerade an dem zeitlichen Doppelsinn von καιρός wird das göttliche Wal-

---

[36] Zu den trinitarischen Anklängen in der Apostelgeschichte vgl. Act 10,38; 20,28 und
G. Stählin, Die Apostelgeschichte (A 15) zu diesen Stellen, ferner: ders., Τὸ πνεῦμα
Ἰησοῦ (Apostelgeschichte 16,7), in: B. Lindars-S.S. Smalley (edd.), Christ and Spirit in
the New Testament. Studies in Honour of Prof. C.F.D. Moule, Cambridge 1973
229—251. — Auch hierin bieten die Glaubensvorstellungen des AT die entscheidenden
Vorbilder, z.B. in Gestalt der göttlichen Führung in der Josephsgeschichte (Gen
37—50); das Grundbekenntnis zu dieser Führung ist die sog. Josephsformel Gen 50,20.
Auch die Mittel der göttlichen Führung, Geist und Engel, Träume und Wunder, werden
im AT schon ähnlich am Werk gezeigt wie im NT. — Den religionsgeschichtlichen und
literarischen Zusammenhängen des Führungsgedankens bei Lukas geht eine in Vorbereitung befindliche Mainzer Diss. von K.U. Nordmann nach.
[37] Vgl. E. Käsemann, Gottesgerechtigkeit bei Paulus, in: Exegetische Versuche und
Besinnungen II ³ 1970, 192 (allerdings nicht im Blick auf die lukanische Theologie):
Christus ist der neue Adam, weil er als Schicksalsträger die Welt des Gehorsams herauf-
führt.
[38] Vgl. u.a. G. Delling, Art. πληρόω, in: ThW VI 292—295; C.F.D. Moule, Fulfilment
Words in the NT: Use and Abuse, in: NTSt 14 (1967/68) 293—320.
[39] ὧρα als „Schicksalsstunde" Gottes findet sich vor allem in der johanneischen
Literatur: Joh 2,4; 7,30; 8,20; 13,1, und zwar insbesondere als die eschatologische
Stunde, in der schon jetzt die ἔσχατα Wirklichkeit werden; vgl. Joh 4,23; 5,25.28;
12,23; 17,1; 1 Joh 2,18; Apk 14,7.15, aber auch Röm 13,11.

ten sowohl in sich bereits erfüllenden als auch in noch unerfüllten ἔσχατα evident. Es gibt zwar auch einen theologisch neutralen Gebrauch von καιρός, aber charakteristisch ist jener Gebrauch, bei dem das Wort einen göttlichen Akzent trägt; vgl. Joh 7,6b mit V 6a. ὁ καιρὸς οὗτος kann wie ὁ αἰὼν οὗτος (z.b. Mt 12,32; Lk 16,8; 20,34) die gegenwärtige Weltzeit (im Unterschied von der künftigen) bedeuten (so Mk 10,30); aber im prägnanten Sinn ist es die von Gott bestimmte Christuszeit (Lk 12,56). Für das biblische Verständnis von Gott als der alles bestimmenden Schicksalsmacht ist der Gedanke der καιροί, deren Setzung als seiner ἴδιοι καιροί (vgl. Tit 1,3) er sich vorbehalten hat, bezeichnend und wesentlich (vgl. Mk 13,33; Act 1,7)[40]. Aber entscheidend ist, daß alle diese καιροί, die für das Auftreten Jesu (Lk 19,44), für die Überwindung der dämonischen Mächte (vgl. Mt 8,29), für Jesu Passion (Mt 20,18) und für die einzelnen Phasen der Endereignisse (z.B. Mt 13,30) festgesetzt sind, herausgewachsen sind aus dem umfassenden Heilsplan Gottes und darum alle dem Heil der Welt dienen.

9. Die angeführten Beispiele mögen genügen zum Beweis dafür, wie mannigfaltig und umfassend das Bild vom souveränen Schicksalswirken Gottes[41] ist, das als Gegenbild zum antiken Schicksalsglauben sich im Neuen Testament darbietet, größtenteils in Fortführung alttestamentlicher Linien und unter Verwendung alttestamentlicher Vorstellungen und Begriffe.

In dieser Gottes- und Weltschau des Neuen Testaments ist kein Platz für das Spiel des Zufalls und erst recht nicht für die Anerkennung irgendwelcher schicksalbestimmender Mächte.

10. Vom Zufall ist, soviel ich sehe, im Neuen Testament nur an einer Stelle die Rede, das freilich in einem der bekanntesten Gleichnisse Jesu! Lk 10,31 heißt es: „κατὰ συγκυρίαν[42] wanderte ein Priester auf jenem Wege (nach Jericho) hinab." Ob dieses Motiv der Erzählung nun auf Jesus selbst oder auf Lukas zurückgeht, der „Zufall" ist hier nicht mehr als ein erzählerisches Motiv ähnlich wie einige Male im Alten Testament: 2 Sam

---

[40] Vgl. G. Delling, Art. καιρός, in: ThW III 457f.461—463. Hier wird deutlich gemacht, daß der schicksalhafte Zeitpunkt in der nichtchristlichen Antike vor allem dadurch gekennzeichnet ist, daß er dem Menschen eine sittliche Entscheidung aufgibt, während er im NT ganz durch Gabe und Forderung Gottes an den Menschen ausgezeichnet ist.

[41] Zu den Formen und Mitteln dieses Wirkens gehören bei Lukas z.B. auch die vom Geist eingegebenen Reden der Apostel; die in der Apostelgeschichte an den entscheidenden Wendepunkten stehen und oft die Richtung des weiteren Geschehens bestimmen, also der Durchführung des göttlichen Heilsplans dienen; vgl. S. Schulz a.a.O. (A 27) 115f; G. Stählin, Die Apostelgeschichte (A 15) 23f. — Zur Bedeutung der Reden bei Josephus vgl. H. Lindner, Die Geschichtsauffassung des Flavius Josephus im Bellum Judaicum, Leiden 1972, 18ff.

[42] Der Papyrus Bodmer liest statt dessen κατὰ συντυχίαν, Codex D κατὰ τύχα (vgl. A 7), beides ohne Unterschied des Sinnes.

1,6 (LXX: περιπτώματι περιέπεσον); Dtn 22,6; Rt 2,3 (LXX: περιπτώματι). Wie in dieser Stelle ist natürlich auch in Lk 10,31 im Sinn des Erzählers in dem „Zufall" eine Fügung Gottes zu sehen[43]. Dagegen stellen die heidnischen Priester und Wahrsager in 1 Sam 6,9 ausdrücklich Gott und seine Hand dem Zufall — Σ bietet hier gleichfalls συγκυρία, LXX σύμπτωμα — gegenüber. Umstritten ist, was der Prediger mit dem Satz „alle trifft Zeit und Zufall" (9,11, LXX: καιρὸς καὶ ἀπάντημα) sagen will, ob er hier an die Fügung Gottes[44] denkt oder an die Macht des Zufalls, die mit allen Menschen spielt. Nach der gesamten Theologie des Predigers ist das Zweite wahrscheinlicher[45]. Im Neuen Testament dagegen gibt es keinen Zufall im eigentlichen Sinn: es kommt alles von Gott — durch Gott Röm 11,36; vgl. 8,28. Selbst der Fall eines Sperlings aus dem Nest oder der Ausfall eines Haars ist kein Zufall (vgl. Mt 10,29f).

11. Viel ernster ist die Auseinandersetzung mit dem Glauben an echte Gegenspieler Gottes, an Mächte, für die der Anspruch erhoben wurde, daß sie das Schicksal des Menschen und der Welt bestimmen, insbesondere die στοιχεῖα τοῦ κόσμου[46], die in der einzigen „Philosophie", von der das Neue Testament redet (Kol 2,8), einer Art Schicksalsphilosophie, die beherrschende Rolle spielen. Paulus oder — wenn er nicht selbst der Verfasser des Kolosserbriefes gewesen sein sollte — sein erstaunlich geistesmächtiger Schüler stellt die Schicksalsmächte in einen ausschließenden Gegensatz zu Christus (2,8). Er verkündet, daß Christus Haupt und Herr aller Mächte ist (2,10) und daß er im Triumph seiner Erhöhung diese Mächte überwunden hat (2,15). Darum ist für jeden, der an Christus gebunden ist, jegliche Bindung an diese Mächte gelöst (2,20; vgl. Gal 4,3.9). Diese Überwindung der Mächte ist eins der wichtigsten Stücke im urchristlichen Credo[47]; sie ist konstitutiv für das Bekenntnis zu Christus als dem Kyrios. Dabei ist für die Frage nach dem „Schicksal" im Neuen Testament entscheidend, daß diese Mächte nicht nur überwunden, sondern durch eine unerhörte ἀπαλλαγή (vgl. Kol 1,20) den Zwecken und damit dem schicksalhaften Wirken Gottes dienstbar gemacht sind. Das gilt selbst für die Urmacht unter den Gegenspielern Gottes[48]. Dennoch zeigt das Neue Testament —

---

[43] Vgl. F. Godet, Commentar zu dem Evangelium des Lucas, Hannover 1872, 275; fraglich ist allerdings, ob in der Wendung κατὰ συγκυρίαν etwas Ironisches liegt.
[44] H.W. Hertzberg, Kommentar zum AT 16,4, Leipzig 1932 zSt: „die vom Menschen unabhängige Fügung".
[45] Vgl. G. von Rad, Theologie des AT I, München 1966, 468—473.
[46] Vgl. G. Delling, Art. στοιχεῖον, in: ThW VII 670—687 (sowie die hier angegebene Literatur), bes. S. 685f.
[47] Vgl. O. Cullmann, Die ersten christlichen Glaubensbekenntnisse, Zollikon-Zürich ²1949, bes. S. 19.53—56.
[48] Vgl. G. Stählin, Die Feindschaft gegen Gott und ihre Stelle in seinem Heilsplan für die Welt; in: O. Michel-U. Mann, Die Leibhaftigkeit des Wortes = Festschr. A. Köberle, Hamburg 1958, 47—62.

in einer von vielen ihm eigentümlichen Antinomien –, daß der Kampf
gegen die widergöttlichen Mächte weitergeht (vgl. z.B. Röm 16,20) und
daß auch der Glaube eine wichtige Funktion in diesem Kampf besitzt (vgl.
Jak 4,7; Mk 9,23); er ist nächst Gott die entscheidende Gegenkraft gegen
die Schicksalsmächte[49].

12. Ebensowenig wie der Glaube an dämonische Schicksalsmächte hat der
oft damit verschmolzene oder sogar identische Glaube an die Macht der
Sterne einen Platz im Neuen Testament. Darauf ist allerdings nur an wenigen Stellen hingedeutet. Röm 8,38f ist in dem Sinn verstanden worden,
daß Paulus hier von der Konstellation der Gestirne, von der Kulmination
($ὕψωμα$) und Deklination ($βάθος$) der Planeten redet[50] und damit von
ihrer Bedeutung für Gegenwart und Zukunft, oder von „siderischen
Mächten", die in Höhe und Tiefe herrschen[51]. Dieses astrologische Verständnis würde voraussetzen, daß Paulus durchaus mit der Macht von Ge-
stirnen rechnet, die freilich Gott und seiner Liebesmacht gegenüber machtlos sind. Eine solche Möglichkeit ist nicht auszuschließen; denn Paulus
rechnet ja durchaus mit der Existenz widergöttlicher Mächte, wenn sie
auch Gott gegenüber $ἀσθενῆ καὶ πτωχὰ στοιχεῖα$ (Gal 4,9) sind, und mit
der Existenz von Dämonen, die in den heidnischen Religionen am Werk
sind (vgl. 1 Kor 10,20f; 8,5). Vor allem aber könnte auch in Phil 2,10 bei den
$ἐπουράνια$ an „siderische Mächte" gedacht sein. So wie hier die allerdings
aus dem Zitat (Jes 45,23) stammenden bildhaften Wendungen „jedes
Knie" und „jede Zunge" auf personhafte Mächte weisen, so für die Liste
in Röm 8,38f das viermalige maskuline Fragewort $τίς$ (V 31ff)[52]. Aber für
Gestirnmächte sind $ὕψωμα$ und $βάθος$ sonst nicht belegt, sondern nur für
die Stellungen der Planeten; darum ist eine Deutung von Röm 8,39 aus der
Astrologie fraglich[53].

Im übrigen wird im Neuen Testament wie im Alten der Glaube an Sternen-
mächte deutlich verworfen (vgl. z.B. Act 7,42f). Die Sterne stehen vielmehr ganz im Dienst der Sache Gottes, am Anfang des Evangeliums (vgl.
Mt 2,2ff) wie am Ende (vgl. Apk 1,16 usw.; 12,1). Freilich stehen den
Sternen, die hier Attribute göttlicher Würde und Zeichen der Macht über
alle kosmischen Mächte sind, andere Sterne gegenüber, die zu der großen
Schar der widergöttlichen Mächte in der Offenbarung gehören, aber freilich letztlich auch dem eschatologischen Programm Gottes dienstbar sein

---

[49] Vgl. H. Preisker a.a.O. (A 5) 274f.
[50] So W.L. Knox, St. Paul and the Church of the Gentiles, 1960, 106; G. Bertram
Art. $ὕψος κτλ$, in: ThW VIII 612 A 3.
[51] So H. Lietzmann, in: Hdb NT (III 85) zu Röm 8,39; M. Dibelius, Die Geisterwelt
im Glauben des Paulus, Göttingen 1909, 110–113.
[52] Vgl. O. Michel, Der Brief an die Römer, Göttingen [13]1966, 218 f..
[53] Vgl. O. Michel a.a.O. (A 52) 219; H.W. Schmidt z.St. (Theol. Handkommentar VI),
Berlin 1963, 154.

müssen (vgl. Apk 8,10f). Außerdem symbolisiert der ebenso in der synoptischen wie in der johanneischen Apokalypse angekündigte Fall der Sterne (vgl. Mk 13,25 par; Apk 6,13; 8,10; 9,1) den eschatologischen Fall der hinter ihnen stehenden Mächte.

13. Das Bild, das wir aus dem Neuen Testament gewinnen, ist eindeutig: seine Autoren wissen um das Reich der Dämonen, von dem unheimliche, das Schicksal auf Zeit bestimmende Wirkungen auf das Geschehen in der Welt ausgehen; sie wissen um die überirdischen „Fürstentümer und Gewalten" und um die siderischen Mächte, denen die ganze Menschheit rings um den Bereich der Bibel die Herrschaft über das Schicksal des Menschen und der Welt zuschrieb. Auch die Menschen des Neuen Testaments waren vielfältig angefochten durch solche Behauptungen und Vorstellungen. Aber sie verharrten einmütig bei ihrem Grundbekenntnis: Herr ist Christus, und das bedeutete: Herr über das All, Herr auch über alle Mächte im Himmel und auf der Erde und unter der Erde und darum auch der alleinige Herr des Schicksals.

Dieser Glaube schenkte den Menschen des Neuen Testaments auch die intuitive Sicherheit für das, was im Bereich des biblischen Gottesglaubens gesagt werden kann und was nicht. Darum ist, um noch einmal das Beispiel der ἀνάγκη anzuführen, „im Neuen Testament wie im Alten nichts zu finden von einer vergöttlichten ἀνάγκη. Das Wissen um Gott als Schöpfer und Erhalter der Welt läßt dafür keinen Platz"[54].

II.

Wenn man aus dieser eindeutigen Welt des Neuen Testaments kommt, empfindet man den Übergang zu Josephus, dem „nächsten Nachbarn des Neuen Testaments"[55], deutlich als eine μετάβασις εἰς ἄλλο γένος, als einen Schritt in eine zweideutige Welt mit zweideutigen Aussagen und Vorstellungen, in eine Welt der weltanschaulichen Konzessionen und Kompromisse.

1. Dieser Eindruck ist vor allem deshalb so überraschend und aufregend, weil Josephus, zum mindesten ursprünglich, auf dem gleichen Boden, dem des alttestamentlichen Glaubens, stand wie Jesus, wie Paulus und Jakobus, wie der Verfasser des Hebräerbriefes und wahrscheinlich auch Johannes. Josephus war Jude und wollte Jude bleiben[56]. Er bekennt sich zu dem Gott seiner Väter, zu dem Gott, der die Welt geschaffen hat und darum auch die Weltgeschichte lenkt, zu dem Gott, dessen Wille und Plan das

---

[54] W. Grundmann, Art. ἀναγκάζω κτλ (A 9),349.
[55] Vgl. A. Schlatter, Wie sprach Josephus von Gott? (BFchTh 14,1) Gütersloh 1910, 7, auch in: Kleinere Schriften zu Flavius Josephus, Darmstadt 1970,67.
[56] Vgl. A. Schlatter, Der Bericht über das Ende Jerusalems (BFchTh 28,1). Gütersloh 1923, 37—43, auch in: Kleinere Schriften zu Flavius Josephus, a.a.O. 33—39.

Schicksal des einzelnen Menschen wie der gesamten Schöpfung bestimmt.[57] Er sieht und beurteilt die Dinge also in vieler Hinsicht ganz ähnlich wie Jesus und seine Jünger. Er weiß auch um eine persönliche Sendung[58] und Führung. Das Motiv der Führung des Geschehens hat bei Josephus eine ähnliche Bedeutung wie in der Apostelgeschichte des Lukas. Auch die Mittel der göttlichen Führung sind z.T. die gleichen, z.B. Träume und Gesichte[59]. Freilich, wo bei Lukas der erhöhte Herr und sein Geist als Träger der Führung, d.h. als führende Macht, steht, da steht bei Josephus vielfach das „Schicksal"![60]

Für die Lenkung des Geschehens nach dem Willen und Plan Gottes ist auch bei Josephus ein wichtiges Mittel und Merkmal das Motiv der Erfüllung; vgl. z.B. Ant 8,418: An Ahab erfüllten sich die Weissagungen zweier Propheten, des Elia und des Micha ben Jimla (1 Kön 21,19; 22,20)[61]. Im Blick auf das Neue Testament jedoch ist besonders bedeutsam, daß Josephus, wie dieses, Weissagungen der Juden in der von ihm dargestellten Geschichte erfüllt sah. Aber wenn die frühen Christen die messianischen Weissagungen des Alten Testaments (und was sie als solche interpretierten) als in der Christusgeschichte erfüllt verkündigten, so wagte es Josephus, die Erfüllung solcher Weissagungen im Sieg der Römer und speziell der Flavier zu behaupten. Er redet Bell 6,312f von einer „mehrdeutigen Weissagung"[62], die sich in den „Heiligen Schriften" findet, daß „um jene Zeit" ein Mann aus dem Lande der Juden zur Weltherrschaft gelangen werde. Ob es sich hier um ein alttestamentliches Wort handelt und um welches, ist umstritten. Jedenfalls war es ein prophetisches Wort, welches in den in der Heiligen Stadt eingeschlossenen Juden und in ihren Schriftgelehrten in ihrer äußersten Bedrängnis noch einmal die brennende Erwartung eines Messias weckte, der ihre schon verlorene Sache doch noch zum Sieg wenden werde. Josephus aber, der sich gerade auf seine Fähigkeit, mehrdeutige Gottessprüche richtig auszulegen, etwas zugute tat (Bell 3,352), deu-

---

[57] Nach A. Schlatter „Wie sprach Josephus von Gott? " (A 55) 26 steht die Formel βουλήσει ϑεοῦ o.ä. über dreißigmal in der Archäologie des Josephus; ebd. 26f Beispiele für weitere synonyme Wendungen.

[58] In merkwürdiger Weise erinnert an Jesu Wissen um sein Gesandt- und Gekommensein das Selbstbewußtsein des Josephus, das sich Bell 3,400 niederschlägt in den Worten: ἐγὼ δὲ ἄγγελος ἥκω ... ὑπὸ ϑεοῦ προπεμπόμενος. Vgl. O. Michel „Ich komme" (Jos. Bell. III,400), in: ThZ 24 (1968) 123f.

[59] Die Schicksalsmacht von Traumgesichten zeigt Josephus insbesondere Bell 3,351.353.

[60] Vgl. u. S. 337.

[61] Das Motiv der Doppelerfüllung hat bei Josephus eine ähnliche Bedeutung wie z.B. die Doppelzitate im NT (etwa Act 1,20; 13,34f): Gewißheit zu befestigen durch zweier Zeugen Mund (nach Dtn 19,15).

[62] Vgl. O. Michel-O. Bauernfeind (Hgg.), Flavius Josephus, De Bello Judaico II 2, Darmstadt 1969, 190–192, Exkurs XV: Der χρησμὸς ἀμφίβολος und seine Deutung.

tet „jene Zeit" zwar auch auf die Gegenwart, aber — sachlich genau entgegengesetzt — auf den siegreichen Feldzug der Römer und den aus Judäa
kommenden Weltherrscher auf Vespasian und seine Ausrufung zum Kaiser, die nach Josephus[63] in Judäa stattfand (vgl. Bell 4,601ff).

Diese kühne Umdeutung einer wahrscheinlich messianischen Weissagung
ist bezeichnend für das Geschichtsverständnis des Josephus[64], und für den
tiefgehenden Gegensatz zwischen ihm und den neutestamentlichen Autoren in der Schau der Geschichte und des Schicksals.

In einem Punkt aber beurteilt Josephus das Schicksal seines Volkes und
der Heiligen Stadt wie Jesus und die Evangelisten: das furchtbare Geschehen, das im Mittelpunkt seines Lebens steht, der jüdische Krieg und
der Untergang Jerusalems, ist Gottes Strafgericht über sein Volk (wenn
auch Josephus die Gründe dieses Strafgerichts im einzelnen anders sieht als
Jesus und die Autoren des Neuen Testaments). In diesen Reden über
Schuld und Strafe seines Volkes spricht Josephus fast wie einer der alten
Propheten, und als Prophet hat er sich auf Grund seiner berühmten Zukunftsweissagung (Bell 3,401f) auch gewußt.

2. Aber es gibt vieles, was Josephus weit von den Propheten des Alten und
von den Männern des Neuen Testaments trennt, so bereits die Weise und
die Terminologie, mit der er von Gott redet.

Bedenklich stimmen schon einige, z.T. neutrische Termini für Gott, deren
Sinn ausgesprochen ambivalent ist. Bei dem Gebrauch des Neutrums τὸ
θεῖον ist zwar kein wesentlicher Unterschied von ὁ θεός festzustellen[65],
ähnlich wie an der einzigen Stelle, an der im Neuen Testament τὸ θεῖον
steht (Act 17,29). Anders steht es mit δαιμόνιον[66]: das Neue Testament
verwendet dieses Wort nie von Gott, sondern — außer für die Dämonen —
nur für fremde Götter (Act 17,18), hinter denen die Dämonen stehen (vgl.
1 Kor 10,20f). Bei Josephus dagegen tritt τὸ δαιμόνιον mehrfach für ὁ
θεός ein (z.B. Bell 1,69; Ant 16,76). Freilich erinnert dieses δαιμόνιον
zuweilen mehr an Apollo: wie dieser in seinen Orakeln gibt es zweideutige
Sprüche von sich, die erst der Deutung bedürfen (vgl. Bell 3,352), aber wie
jene auch in Unheil führen können (vgl. Bell 6,312—315 mit Herodot
1,53ff). Aber an einigen Stellen scheint es vollends eine böswillige Macht
zu sein, die so bezeichnet wird, so Bell 1,84 und 613; an dieser Stelle
erscheint das δαιμόνιον als ein böser Geist, der ähnlich wie „der Geist" in

---

[63] Vgl. O. Michel-O. Bauernfeind a.a.O. (A 62) II 1 (1963) 235 A 205 zu Bell 4,604.
[64] Vgl. A. Schlatter, Der Bericht (A 56) 35—43. Schlatter sucht deutlich zu machen,
daß die überraschende Wendung in der Deutung von Prophetie und Geschichte bei
Josephus der pharisäischen Theologie entspricht, für welche die messianische Weissagung durch den Gang der Ereignisse einen ganz anderen Inhalt erhalten konnte.
[65] Für τὸ θεῖον vgl. z.B. Bell 6,171; Ant 8,418; 11,274; 13,300, dazu A. Schlatter, Wie
sprach Josephus von Gott? (A 55) 38 (98).
[66] Dazu A. Schlatter a.a.O. (A55) 39f (99f).

1 Kön 22,21—23 einem Menschen etwas eingibt, was ihn ins Verderben führt; vgl. auch Ant 19,60[67].

Ähnlich ambivalent ist auch ὁ δαίμων[68] bei Josephus. Schon Ant 14,291 zeigt den δαίμων in einem bedenklichen Zusammenwirken mit Machenschaften des Herodes, freilich gegen die Pläne eines Mannes mit ähnlich zweifelhaftem Charakter. An anderen Stellen aber ist δαίμων τις eher eine widergöttliche, jedenfalls nicht mit Gott identische Macht, die dem Glück des Menschen im Wege steht (Vit 402), voll finsteren (Bell 1,556) Grolls auf Rache sinnt (Ant 13,415) und böswillig Schaden stiftet (Bell 1,628)[69].

Schon der Gebrauch von δαίμων und δαιμόνιον bei Josephus macht demnach deutlich, daß neben Gott als *der* Schicksalsmacht doch andere überirdische Mächte, z.T. von widergöttlicher Art, stehen, die das Schicksal der Menschen maßgebend beeinflussen. Hiermit berühren wir schon das Grundproblem: Wieweit ist Gott wirklich die alles Geschehen bestimmende Macht bei Josephus? Wo und in welchem Sinn erscheint bei ihm die Alleinbestimmung Gottes eingeschränkt, und welchen Größen spricht er eine Mitbestimmung oder wenigstens Mitwirkung zu?

3. Zunächst kann Josephus neben dem Willen Gottes als Alternativmöglichkeit für die Ursache eines Geschehens den Zufall nennen. Bell 3,391: καταλείπεται δ᾽ οὗτος (sc Josephus), εἴτε ὑπὸ τύχης χρὴ λέγειν εἴτε ὑπὸ θεοῦ προνοίας (natürlich meint Josephus, der sich 3,387 als πιστεύων τῷ κηδεμόνι θεῷ bezeichnet hatte, das Zweite). Wahrscheinlich geht es Ant 2,347 um dieselbe Alternative, wenn Josephus es offen läßt, ob der Weg der Rettung durch das Schilfmeer κατὰ βούλησιν θεοῦ oder κατὰ ταὐτόματον[70] sich fand (εὑρέθη). Auch hier ist deutlich, daß für Josephus die Möglichkeit des Zufalls nicht in Frage kam; denn von dem gleich daneben gestellten (3,348) Parallelbeispiel, dem Zurückweichen der Pamphylischen See vor dem Heer Alexanders des Großen[71], sagt Josephus

---

[67] Anders Bell 4, 298 : eine Eingebung der τύχη zum Verderben anderer.

[68] Vgl. A. Schlatter a.a.O. (A 55) 40 (100).

[69] Eine Sondergruppe von δαίμονες hat gleichfalls schicksalbestimmende Wirkung, die δαίμονες von Toten, speziell von Ermordeten, die das an diesen begangene Unrecht an den Lebenden rächen. Verwandt, aber davon zu unterscheiden ist die Vorstellung, daß die Seele eines gemordeten Kindes zur ἐρινύς werden soll. — Belege für δαίμονες von Toten bei A. Schlatter, Wie sprach Josephus von Gott? (A 55) 41f. Schlatter führt diese heidnisch anmutende Vorstellung auf eine besondere Quelle des Josephus für die Zeit der Hasmonäer und des Herodes zurück, stellt aber S. 42 A 1 daneben den „Engel des Petrus" von Act 12,15. Läge hier eine solche Vorstellung vor, so würde die im Haus der Maria versammelte Gemeinde aus der Erscheinung des „Engels" des Petrus den Schluß gezogen haben, daß Petrus bereits hingerichtet sei.

[70] κατὰ ταὐτόματον könnte auch „von selbst", „freiwillig", „aus eigenem Antrieb" bedeuten.

[71] Vgl. J.G. Droysen, Geschichte Alexanders des Großen, Tübingen 1952, 146f.

ausdrücklich, es sei τοῦ ϑεοῦ ϑελήσαντος geschehen, und 4,47 (in einem
Gebet des Mose) lehnt er diese Alternative grundsätzlich ab: Alles wird σῇ
προνοίᾳ geordnet, und nichts kommt αὐτομάτως, sondern von deinem
Willen gelenkt an sein Ziel.

Doch kann Josephus auch ebenso unbetont vom Zufall reden wie Lukas
(10,31, s.o. S.328 m. A.42). Allerdings haben diese Fälle, wo etwas κατὰ τύχην
(Bell 1,341; 3,327) bzw. ἀπὸ τύχης (4,155) geschieht, eine gewisse schicksalhafte Bedeutung.

4. Ungleich ernstlicher als mit dem Zufall rechnet Josephus neben Gott
mit Mächten, welche das Schicksal bestimmende Entscheidungen herbeiführen können. Unter ihnen sind die wichtigsten solche, deren Namen die
neutestamentlichen Schriftsteller – man darf wohl sagen, geflissentlich –
auch nur zu nennen vermeiden: τύχη und εἱμαρμένη, daneben ἀνάγκη
und χρεών.

Das schwierigste Problem für die Wertung dieser durch ihren nichtbib-
lischen Gebrauch stark vorbelasteten Begriffe und damit zugleich für die
Geschichtstheologie des Josephus entsteht durch die Tatsache, daß diese
Wörter für „Schicksal" teils im Sinn von selbständigen Schicksalsmächten
gebraucht werden, teils in enger Verbindung mit Gott, mit seiner Vorsehung[72], mit seinem Plan und Willen. Die Entscheidung in der Beurteilung dieser Zwiespältigkeit fällt daran, wo man das Schwergewicht findet.
Hat Josephus diese Begriffe in den Dienst des jüdischen Gottesglaubens
und der durch diesen bestimmten Beurteilung der menschlichen Geschicke
und des ganzen Geschichtsablaufes gestellt, oder steht die Wirksamkeit
dieser Mächte schließlich doch unausgeglichen neben dem Handeln Gottes
in der Geschichte?

Ich kann auf die vielfältige und komplizierte Problematik dieser Frage im
Rahmen der hier angestellten Überlegungen nicht erschöpfend eingehen.
Ich verweise dafür vor allem auf die reichhaltigen und aufschlußreichen
„Anmerkungen" von Otto Michel und Otto Bauernfeind in ihrer Ausgabe
des Jüdischen Krieges sowie auf die instruktiven Untersuchungen von
Michels Schüler Helgo Lindner über die Geschichtsauffassung des Flavius
Josephus im Bellum Judaicum[73]. Beide Werke wecken den Wunsch, daß

---

[72] προνοια ist sowohl in der biblischen wie in hellenistischer Theologie beheimatet und
nimmt darum bei Josephus eine gewisse Mittelstellung ein. Aber wo sie bestimmte
Schicksalswendungen bewirkt, entspricht es bei ihm dem Plane der göttlichen Vorsehung, z.B. Bell 3,391 (vgl. o. S. 334); 4,622: das Urteil Vespasians, daß er οὐ δίχα
δαιμονίου προνοίας zur Macht gelangte, entspricht auch der Meinung des Josephus;
genauso ist es 7,318, wenn hier, zwar etwas zurückhaltend, gesagt wird, der Wind sei
καθάπερ ἐκ δαιμονίου προνοίας zugunsten der Römer umgeschlagen. Denn die Überzeugung, die Josephus vertritt und verkündet, ist ja: Gott hat den Gang des Geschicks
gegen die Zeloten und für die Römer entschieden. Darum triumphieren diese mit
göttlichem Recht über die ihnen von Gott gewährte Bundesgenossenschaft (7,319).
[73] Leiden 1972 (s.o. A 41).

auch die Archäologie des Josephus zum Gegenstand solcher Untersuchungen gemacht würde. Ich selber muß mich auf einige Bemerkungen
zu dem angesprochenen Problem beschränken.

5. Häufig verkoppelt Josephus den Willen Gottes und die Schicksalsmacht
in der Weise, daß die εἱμαρμένη oder die τύχη als ausführendes Organ der
göttlichen Vorsehung oder eines Gottesgerichts erscheint, so in der eben
angeführten Stelle Bell 4,622: Die „gerechte" εἱμαρμένη, die dem Vespasian die Weltherrschaft zuwendet, führt das zum Ziel, was die göttliche
πρόνοια mit der Verleihung des Oberbefehls an ihn begonnen hatte. In Bell
6,108, in seiner Rede an Johannes von Gischala, spricht Josephus das
Wissen darum aus, daß er mit seinem letzten Rettungsversuch für die
jüdischen Verteidiger Jerusalems sich im Widerspruch befindet mit der
εἱμαρμένη und dem bereits gefällten Gottesurteil; denn das weiß er gleichfalls, daß diese beiden in Einheit im Begriff sind, eine alte Weissagung über
die Eroberung Jerusalems zu erfüllen.

Auch Ant 8,419 dient die Macht des Verhängnisses (ἡ τοῦ χρεὼν ἰσχύς)
der Erfüllung zweier prophetischer Weissagungen über den Tod des Ahab
(s.o. S.332 m.A.61). Einen ähnlichen Gedanken spricht Josephus Bell 6,250 aus:
ἡ εἱμαρμένη ἡμέρα „der vom Fatum bestimmte Tag" führt die göttliche
Verurteilung des Tempels zum Feuertode aus.

In einer anderen Gruppe von Stellen (Bell 2,162—164; Ant 13,172f;
18,13) erscheint die εἱμαρμένη als eine Macht, die im ethischen Bereich
eine bestimmte Funktion hat, sei es allein, so nach Josephus bei den
Essenern, sei es im Zusammenwirken mit dem menschlichen Willen, so bei
den Pharisäern. Josephus kann hier Gott und die εἱμαρμένη denkbar nahe
zusammenrücken, wenn er von den Pharisäern sagt: εἱμαρμένη τε καὶ θεῷ
προσάπτουσι πάντα, so daß hier die εἱμαρμένη geradezu wie eine göttliche
Wirkungsmacht verstanden werden kann, die allerdings nicht nur zum Guten wirkt (vgl. Bell 2,163; Ant 18,13). Die Sadduzäer lehnen diese Kraft
ab (Ant 13,173: τὴν εἱμαρμένην ἀναιροῦσιν οὐδὲν εἶναι ταύτην ἀξιοῦντες,
ähnlich wie Bell 2,164), weil sie die Freiheit des menschlichen Willens
einschränkt. Den Essenerorden stellt Josephus als das genaue Gegenstück
dar, als Vertreter eines absoluten Determinismus: πάντων τὴν εἱμαρμένην
κυρίαν ἀποφαίνεται καὶ μηδὲν ὃ μὴ κατ᾽ ἐκείνης ψῆφον ἀνθρώποις
ἀπαντᾶν[74] (Ant 13,172). Für die Essener ist die εἱμαρμένη demnach eine
geradezu persönliche (κυρία!) Macht, der sie ebenso das Handeln wie das
Erleiden der Menschen zuschreiben[75]. In diesem ganzen Abschnitt ist von

---

[74] Hier und an anderen Stellen bei Josephus (vgl. z.B. Ant 16,397) findet sich eine
Doppelaussage in positiver und negativer Form, die an Joh 1,3 erinnert; vgl.
K. Haacker, Eine formgeschichtliche Beobachtung zu Joh 1,3 fin; in: BZ NF 12 (1968)
119—121.
[75] Vgl. G.F. Moore, Fate and Free Will in the Jewish Philosophies According to Josephus in: HarvThR 22 (Cambridge/Mass. 1929, 371—389) 379; Moore geht in seinem

Gott nicht die Rede, aber da Josephus selbst (Ant 13,173) ausdrücklich auf seine ältere Darstellung der jüdischen αἱρέσεις in Bell 2 verweist, sind hieraus die Aussagen über den Gottesglauben der drei Gruppen zu ergänzen: Bell 2,128—131.139f.162.164.

6. Das überraschende Rätsel, das die „Theologie" des Josephus aufgibt, ist nun dies, daß er häufig von entscheidenden Wendungen des Schicksals berichtet, die er auf die Schicksalsmacht, insbesondere die τύχη zurückführt, ohne irgendeine Beziehung zu Gott herzustellen. Die τύχη und ebenso die εἱμαρμένη und das χρεών, die zwingende Todesmacht, erwecken in diesen Fällen den Eindruck von selbständigen Mächten, die unabhängig von Gott ihr Wesen treiben.

So ist es in den Erwägungen, die Josephus zu dem Schicksal der unglücklichen Herodessöhne anstellt Ant 16,397: „Man könnte die Schuld bei der τύχη finden, die größere Macht besitzt als jede vernünftige Überlegung; darum sind wir auch überzeugt, daß die Taten der Menschen schon im voraus von der τύχη der ἀνάγκη geweiht sind, so daß sie unbedingt geschehen müssen, und nennen die τύχη auch εἱμαρμένη, da es nichts gibt, was nicht durch sie geschähe"[76]. Hier sind also die drei Hauptbegriffe für die Schicksalsmacht, τύχη, εἱμαρμένη und ἀνάγκη, eng miteinander verbunden, und dieser Macht gegenüber sind nicht nur jeder menschliche Wille und alle menschliche Vernunft machtlos; sie scheint darüber hinaus sogar an die Stelle der alles bestimmenden Gottesmacht gerückt zu werden. Diese Schicksalsmacht wirkt aber ohne erkennbaren Sinn und Zweck, ja sie kann sich mit den πονηροί verbünden. Josephus läßt seinen Freund Jesus Sohn des Gamala[77] Bell 4,238 sagen, er wundere sich über die launische τύχη in keiner anderen Hinsicht so sehr wie darüber, daß jetzt ganz sonderbare, unerwartete Schicksalsfügungen mit den Bösewichtern gemeinsame Sache machen.

Die Schicksalsmacht ist demnach nicht nur ganz unberechenbar (vgl. Bell 2,207; 4,607); denn der unerwartete Wechsel (μεταβολή Bell 3,394) gehört zu ihrem Wesen. Sie kann vielmehr völlig willkürliche, ja tückische Züge annehmen. Man kann diese Macht, wie Josephus im Blick auf das Schicksal eines ungewöhnlich tapferen Soldaten, Sabinus, sagt (Bell 6,63), „neidisch auf tapfere Taten" finden, ähnlich wie die Griechen vor der Götter Neide graute[78]. Wie hier Sabinus wurde ein anderer tapferer Römer, der den Zweikampf mit einem herausfordernden Juden gewagt hatte, vom

---

Aufsatz von dem Abschnitt in Ant 13,171—173 aus.— Die Diskrepanz zwischen der von Josephus gegebenen Darstellung der jüdischen Gruppen und ihrem wirklichen Charakter braucht uns hier nicht zu beschäftigen.

[76] Vgl. W. Lütgert, Das Problem der Willensfreiheit in der vorchristlichen Synagoge (BFchTh 10,2). Gütersloh 1906, (53—88) 72f.

[77] Vgl. O. Michel-O. Bauernfeind a.a.O. (A 62) II 1, 213 A 44 zu Bell 4,160.

[78] Vgl. O. Gigon, Phthonos Theon; in LAW 2323.

Schicksal „verräterisch preisgegeben" (προεδόϑη ὑπὸ τῆς τύχης) Bell
6,173; zu einem dritten ähnlichen Fall vgl. Bell 6,84 (s. u.).
Vespasian rechnet mit der πανουργήσασα τύχη (Bell 4,591), und Herodes
beweint die ἄδικος εἱμαρμένη (Bell 1,628).

Am unheimlichsten stellen sich τύχη und εἱμαρμένη als die tödliche
Schicksalsmacht dar, deren Schliche und Winkelzüge auf den Untergang
ihrer Opfer zielen. Für τύχη vgl. Ant 18,54: πραγματευομένης αὐτῷ (sc.
Germanicus) τῆς τύχης εὐκαιρίαν θανάτου, für εἱμαρμένη Bell 4,297: ὡς
αὐτὸς ἐκεῖνος (sc. Ananos[79]) ἀπόλοιτο καὶ τὸ πλῆθος φυλάκων,
στρατηγούσης[80] τῆς εἱμαρμένης „weil das Schicksal seine Strategie
darauf anlegte, daß er selbst und alle seine Wachen zugrunde gehen sollten". Vgl. auch Bell 1,662: Herodes wollte (durch Selbstmord) dem Todesschicksal zuvorkommen, sowie 6,84: ἐδιώκετο (sc. der tapfere Cen-
turio Julianus) . . . ὑπὸ τῆς εἱμαρμένης,ἣν ἀμήχανον διαφυγεῖν θνητὸν ὄντα,
auch 6,267.

Ein besonderer Terminus für diese unheimliche Todesmacht bei Josephus
ist τὸ χρεών[81], z.B. Ant 8,409.412.419; Bell 6,314; 5,572:πεπήρωντο γὰρ
ὑπο τοῦ χρεὼν ὃ τῇ τε πόλει καὶ αὐτοῖς ἤδη παρῆν[82].

7. Das an diesen Beispielen erkennbare Bild einer selbständig wirkenden,
unheimlichen, tückischen, verderblichen Schicksalsmacht ist mit dem biblischen Glauben an Gott, den Herrn der Welt und ihrer Schicksale, nicht
zu harmonisieren. Wie ist es dann zu erklären, daß sich in den Werken des
Josephus, besonders in seiner Geschichte des Jüdischen Krieges, doch beides verbunden findet? Das ist die Frage, eine Frage, auf die ganz verschiedene Antworten versucht wurden:

a) Josephus hat nach seiner eigenen Angabe (c Ap 1,59) bei der Abfassung seines ersten Werkes, der Geschichte des Jüdischen Krieges, für das
von ihm damals nur mangelhaft beherrschte Griechisch Helfer herangezogen, die ihrerseits mit der vom Judentum bestimmten Gedankenwelt und
mit seiner aus dem Hebräischen abgeleiteten theologischen Terminologie
nicht hinreichend vertraut waren[83]. So ergaben sich Fehldeutungen und
Fehlübersetzungen; z.B. sollen diese „Assistenten" des Josephus geglaubt
haben, εἱμαρμένη (im allgemeinen Sinn von „Vorbestimmung") sei das
richtige Wort, mit dem man den Glauben der Juden an die göttliche Vorsehung zutreffend zum Ausdruck bringen könne. Aber wenn auch die

---

[79] Vgl. O. Michel-O. Bauernfeind a.a.O. (A 62) I 450 A 238 zu Bell 2,563.
[80] Zum Schicksal als Strategin vgl. Xenoph Anab II 2,13: ἡ δὲ τύχη ἐστρατήγησε
κάλλιον, dazu G. Herzog-Hauser, Art. Tyche 1), in: Pauly-W VII A (1643–1689) 1663.
[81] Vgl. A. Schlatter, Wie sprach Josephus von Gott? (A 55) 54.
[82] Was hier die „Parusie" der vernichtenden Schicksalsmacht bewirkt, die Verblen-
dung (πηρόω) der Zeloten, das bewirkt nach Act 5,3 vl der Satan, nach Joh 12,40 vl
Gott selbst; vgl. auch Mk 8,17 D*.
[83] Vgl. G.F. Moore, a.a.O. (A 75) 383.

Spuren solcher Mitarbeit im Werk des Josephus da und dort erkennbar sein mögen[84], so reicht die genannte Auskunft doch keineswegs aus, um mit dem dargestellten Problem fertig zu werden[85].

b) Josephus hat für seine Darstellung des Geschichtsgeschehens Quellenschriften benützt, deren Verfasser teilweise nicht Juden waren und deren Denk- und Redeweise darum der seinigen weithin nicht entsprach[86]. Aber er hat daraus vielerlei übernommen oder unverändert stehenlassen, ohne sich durch die so entstehenden Unausgeglichenheiten stören zu lassen und sie darum auszumerzen[87]. Wieder ist zu sagen: diese Hypothese wird für zahlreiche Stücke zutreffen, z.b. für die Verwendung von τὸ χρεών. Aber selbst wenn diese gut begründete Vermutung einer Übernahme fremden Gedankengutes aus Quellenschriften in viel größerem Umfang zu Recht bestände, als es sich nachweisen läßt, so hätte Josephus sich dieses fremde Gut doch angeeignet und damit, mindestens bis zu einem gewissen Grade, bejaht. Wenn man diese Erwägung ernst nimmt – und das muß man in allen Fällen dieser Art –, dann bleibt die Frage noch immer, wie es Josephus möglich war, so widerspruchsvolle Elemente in der von ihm dargestellten Sicht der Dinge zu vereinigen.

c) Eine dritte Lösung sucht eine Antwort von den Absichten und Zielen aus zu geben, die Josephus bei seiner Schriftstellerei leiteten. Josephus war Apologet und wollte bei seinen nichtjüdischen Zeitgenossen Verständnis für die Juden, für ihre Religion, ihre Geschichte und auch für die innerjüdischen Gegensätze wecken, die für die Geschichte des Jüdischen Krieges eine so weitreichende Bedeutung hatten. Zugleich aber wollte er sich und seinen Standpunkt für die römisch-hellenistische Welt, in die er sich begeben hatte und in die er sich bewußt einfügen wollte, gleichsam als hoffähig erweisen. Darum war es ihm möglich, manche Termini und Vorstellungen aufzunehmen, die sich mit den von ihm aus dem Alten Testament und dem Judentum übernommenen Vorstellungen nicht ganz oder gar

---

[84] Vgl. z.B. O. Michel-O. Bauernfeind (A 62) I 416 A 169; 424 A 268; A. Schlatter, Der Bericht (A 56) 61f.

[85] Aus anderen Gründen lehnen auch O. Michel-O. Bauernfeind a.a.O. II 2, 213 Moores Hypothese ab.

[86] Dieser Vermutung gab schon Moore a.a.O. (A 75) 383f gegenüber der erstgenannten den Vorzug, und zwar nimmt er wie andere insbesondere für die Angaben über die jüdischen Gruppen (ebd. 374.384) Nikolaus von Damaskus als Quelle an; vgl. schon G. Hölscher, Die Quellen des Josephus, 1905; ders., Art. Josephus 2), in: Pauly-W IX (1916, 1934–2000) 1944–1949, weiter einige diesbezügliche Anmerkungen bei O. Michel-O. Bauernfeind a.a.O., z.B. I 416 A 173. A. Schlatter rechnete für die gesamte Darstellung des Jüdischen Krieges mit der Benutzung eines Geschichtswerks des römischen Kriegsteilnehmers Antonius Julianus; vgl. O. Michel-O. Bauernfeind a.a.O. II 2, 173 A 105; A. Schlatter, Der Bericht (A 56) 59–68; s. auch o. A 69.

[87] G. Hölscher, Art. Josephus (A 86) 1945: Überall übernimmt J. ziemlich anstandslos die Urteile und Anschauungen seiner Quelle, obwohl er selber sie keineswegs alle voll unterschreiben könnte.

nicht reimten. Josephus war ein Meister der Anpassung nicht bloß im politischen, sondern auch im sprachlichen Bereich[88].

Das ist ein sicher erwägenswerter Gedanke, der das eine oder andere und vor allem die Widersprüchlichkeit in vielen Aussagen des Josephus zu erklären geeignet ist. Auch andere Schriftsteller wie der vielbelesene und ungemein produktive Plutarch haben es offenbar für tragbar gehalten, recht gegensätzliche und kaum miteinander zu vereinende Gedanken vorzutragen[89]. Aber es ist freilich etwas anderes, ob ein Eklektiker recht verschiedenes Gedankengut in seinen Schriften zur Geltung kommen läßt oder ob ein Autor mit einer religiösen Grundüberzeugung, die er häufig betont zum Ausdruck bringt, Begriffe und Vorstellungen sich zu eigen macht und durch seine Darstellung wirksam werden läßt, die sich mit jener Grundüberzeugung stoßen, z.t. hart stoßen.

An dem zentralen Punkt, der uns beschäftigt, dem ungeklärten Nebeneinander der alle Geschicke bestimmenden Macht des biblischen Gottes und der z.t. selbständig Geschichte machenden Schicksalsmächte, setzt Josephus allerdings eine uralte Linie fort; denn schon im Griechentum blieb das Verhältnis der Götter zur Tyche weithin ungeklärt[90]. Aber wiederum ist festzustellen: es ist etwas anderes, wenn man aus dem heidnischen Pluralismus heraus ein ungeklärtes Nebeneinander göttlicher Größen erträgt, als wenn ein Mann, der sicher auch das Šᵉmä' von dem einen Gott bekannte, den Schicksalsmächten eine damit unvereinbare Macht über das Schicksal von Menschen zuspricht, wie es Josephus tut. Gewiß legt er viele dieser Aussagen anderen, zumal Römern, in den Mund, aber so, daß zum mindesten unsicher bleibt, ob Josephus sich von solchen Aussagen distanziert oder ob er sie nicht doch selber vertritt. So bleibt das Problem: was hat es Josephus ermöglicht, ja was hat ihn veranlaßt, Aussagen zu machen, die er von seinem Standpunkt aus – sofern er einen festen Standpunkt hatte – eigentlich nicht machen durfte?

d) Man hat nun auch umgekehrt versucht, bei Josephus nicht so sehr eine Anpassung an seine nichtjüdische Umwelt als vielmehr eine Anpassung des ursprünglich heidnisch geprägten Gutes an den jüdischen Gottesglauben nachzuweisen[91]. Aber so gewiß das an wichtigen Stellen zutrifft, namentlich da, wo Josephus Gott und die εἱμαρμένη enge miteinander verbindet oder τύχη und χρεών als Vollstrecker des göttlichen Strafgerichts vor Augen führt, so k.. n doch keinesfalls gesagt werden, daß Josephus jene Schicksalsmächte durchgehend „getauft" oder vielmehr „beschnitten" hätte. Maßgebend für die Beurteilung eines Autors ist nicht nur das, was er

---

[88] Vgl. A. Schlatter, Wie sprach Josephus von Gott? (A 55) 55 (115).
[89] Vgl. G. Herzog-Hauser, a.a.O. (A 80) 1663f.
[90] Vgl. O. Michel-O. Bauernfeind a.a.O. II 2, 213; H. Lindner a.a.O. (A 41) 91.
[91] Für diesen Versuch vgl. die Untersuchungen von A. Schlatter, O. Michel und H. Lindner zu Josephus.

zweifellos als Eigenes eingebracht hat, sondern gerade auch das, was er ohne durchgreifende Korrekturen übernommen hat, und das gerade ist das Problem, wie Josephus, der Jude, solche völlig unjüdische Vorstellungen in sein Geschichtsbild einbauen konnte.

8. Es ist sicher eine richtige Feststellung, die Otto Michel und Otto Bauernfeind[92] treffen: „Wenn Josephus . . . von τύχη spricht, so tut er es aus dem auch ihn umgreifenden hellenistisch-orientalischen Vorstellungsbereich, der den Begriff bestimmt". Der Umfang von gemein-antiken Vorstellungen und Lebensgefühlen kann in der Tat kaum überschätzt werden. Das Bild der Tyche in vielfältiger Abwandlung war ähnlich weit verbreitet wie der Dämonenglaube und sogar mit diesem verwandt[93]. Aber wenn Josephus im Unterschied von den Männern des Neuen Testaments, die zwar den Dämonenglauben aufnahmen, aber den Tycheglauben ablehnten, diesen Glauben an die Tyche bejahte, so wird das einen besonderen Grund gehabt haben.

Der Schlüssel für das Verständnis der Darstellung des jüdischen Krieges durch Josephus und zugleich auch für seinen Standpunkt in der Schicksalsfrage ist m. E. die entscheidende „μετάνοια" seines Lebens, sein Übergang auf die Seite der Römer, und jener andere Übergang, mit dem er seinen eigenen vor sich selbst und vor anderen rechtfertigt, die μετάβασις der Tyche auf die römische Seite[94]. Vgl. z.B. Bell 5,367: Josephus sagt zu den Juden, die Jerusalem verteidigen: μεταβῆναι γὰρ πρὸς αὐτοὺς (sc. die Römer) πάντοθεν τὴν τύχην, auch Bell 2,360: Die Mazedonier verehren die, zu denen die Tyche übergegangen ist (nämlich die Römer). Josephus kann in dem Gebet, das als die Mitte seiner Selbstdarstellung im Rahmen des Kriegsgeschehens anzusehen ist, diesen Stellungswechsel der Tyche auf Gottes Ratschluß zurückführen (Bell 3,354), ja er kann in seiner Rede an die Verteidiger Jerusalems sagen (Bell 5,412), daß die Gottheit aus dem Heiligtum in Jerusalem geflohen sei und nun auf der Seite derer stehe, „gegen die ihr Krieg führt".

Das ist das „Evangelium", das Josephus seinen römischen (und seinen jüdischen!) Lesern verkündigt.

Wie auch immer man die Echtheit und Ehrlichkeit solcher „Glaubenssätze" des Josephus beurteilen mag, von dieser „Mitte" der von ihm dargestellten Geschichte aus ist es jedenfalls zu verstehen, daß bei ihm Gott mit der Tyche Roms und auch speziell mit der Tyche des Titus

---

[92] A.a.O. (A 62) II 2, 213.

[93] Von der weltweiten Tyche-Vorstellung dürfte etwas Ähnliches gelten wie von dem allgemeinen Dämonenglauben, in dem die orientalisch-jüdische und die hellenistisch-römische Welt zu einer Einheit zusammengeschlossen war; vgl. O. Böcher, Dämonenfurcht und Dämonenabwehr, Stuttgart 1970.

[94] Vgl. H. Lindner a.a.O. (A 41) 42ff.

verbündet erscheint, und von dieser Grundthese aus ergibt sich die weitere
Folge, daß Josephus so befremdend unbefangen vom Wirken der Tyche in
allen ihren Erscheinungsformen und „Charakterzügen" schreiben kann. Hier
hat die Identität der Vokabel, wie so oft, eine starke und geschichtsträchtige
Wirkung bewiesen. Josephus, der Priestersohn, hat sich als junger Mann dem
Pharisäismus zugewendet (Vit 12), und dieser vertrat seit Beginn der römischen Herrschaft in Palästina die Meinung, man müsse diese Herrschaft
nicht nur aus Klugheit anerkennen, sondern auch aus der religiösen Überzeugung, daß die göttliche Regierung das Schicksal ordnet und sich der
Mensch nicht gegen die auflehnen soll, denen Gott die Herrschaft ver-
leiht"[95].

Aber Josephus geht weiter als die streng monotheistischen Pharisäer.
Adolf Schlatter sagt wohl mit Recht von ihm, daß seine stark entwickelte
Eitelkeit völlig ausschloß, daß der Gottesgedanke mit beherrschender
Macht sein geistiges Leben bestimmen konnte[96]. Diese egozentrische Ausrichtung bewirkte, daß in ihm kein hinreichend starkes Bollwerk gegen
geschichtsphilosophische Gedanken vorhanden war, die ihn in gefährliche
Nähe des Synkretismus führen mußten. Seine bis ins Religiöse hinein wir-
kende Liaison mit den Römern gab seiner Geschichtsschreibung eine nicht
zu leugnende synkretistische Färbung, so daß man seine „Theologie", sofern man von einer solchen sprechen kann, wenigstens für das Thema Gott
und Schicksal als synkretistisch bezeichnen muß. So kommt es dahin, daß
Josephus die heidnische τύχη den Glauben an die Führung Gottes über-
spielen läßt[97].

Seine positiven Aussagen über die Schicksalsmächte in Verbindung mit
seinem Gottesglauben legen es nahe, in seinen Anschauungen eine gewisse
Parallele zu dem Synkretismus der kolossischen Irrlehre zu finden, die
Christus und die στοιχεῖα τοῦ κόσμου zugleich verehren wollte (wenngleich
bei Josephus die dort vorhandenen gnostischen Elemente fehlen und er
auch nicht eine eigentliche Verehrung der Schicksalsmächte vertrat).

9. Josephus, der Jude und Pharisäer, hat, wenn man es genau nimmt, das
'æhad des Šeмä' preisgegeben. Darum ist es nur konsequent, wenn viele
jüdische Theologen sich von Josephus distanzieren, und es ist auf der
anderen Seite erstaunlich, wie hoch, beinahe wie ein Kirchenvater, Josephus schon im 2. Jahrhundert und durch alle folgenden Jahrhunderte
von seiten der Christen geschätzt wurde[98]. Man verehrte ihn wegen seines

---

[95] A. Schlatter, Der Bericht (A 56) 42.
[96] A. Schlatter, Der Bericht 41. — Man muß demgegenüber auf Lukas hinweisen, der
wahrscheinlich gleichfalls an der von ihm berichteten Geschichte in nicht geringem
Maße beteiligt war, aber in seiner Darstellung völlig im Hintergrund bleibt.
[97] O. Michel-O. Bauernfeind a.a.O. II 2 (A 62) 213.
[98] Vgl. C. Clemen, Josephus and Christianity, in: The Biblical World, NS 25 (Chicago
1905) 361.

(zweifelhaften) Christuszeugnisses und war bereit, darüber die Schwächen seiner Theologie zu übersehen.

Wenn man Josephus neben das Neue Testament und speziell neben Lukas stellt, so ist es gewiß interessant, auf mögliche literarische Beziehungen zwischen den beiden Geschichtsschreibern zu achten.[99] Ungleich wichtiger scheint es mir aber, den grundlegenden Unterschied herauszustellen. Lukas hätte über τύχη, εἱμαρμένη usw. nie so schreiben können wie Josephus. Er bleibt konsequent der Bote des einen Gottes, und dieser bleibt ein unaufgebbarer Inhalt seines „Evangeliums" (vgl. Act 14,15; 17,23ff). Obwohl auch Lukas mit dem Inhalt und der Sprache seines Werkes Verständnis für die von ihm vertretene Sache wecken wollte, so ist doch sein entscheidendes Anliegen in seinen beiden Büchern, daß er als Evangelist und Missionar für den kompromißlosen Glauben der jungen Kirche wirbt. Dagegen ist von Josephus wohl kaum eine missionarische Kraft ausgegangen, obwohl er seinen Lesern in seinen beiden großen Büchern die Grundthese vorträgt, daß der Gott der Bibel alles in der dargestellten Geschichte — gerade auch die Wendung der Tyche zu den Römern — gefügt hat. Diese Grundthese stand aber in allzu großer Spannung zu den Aussagen des Josephus, nach denen auch andere Mächte auf das Geschehen maßgebend eingewirkt haben. Er steht nicht mit überzeugender Kraft in der Linie der kompromißlosen Propheten, obwohl er als einer ihrer Nachfolger posiert. Dagegen sind die Autoren des Neuen Testaments deren echte Erben, gerade auch darin, daß sie den Gott verkündigen, der von der ἀρχή bis zum τέλος alles Geschehen bewirkt. Menschen wie Mächte stehen dabei in einer geheimnisvollen Einheit von trotzigem Widerstand und unbedingter Unterordnung in seinem Dienst.

---

[99] Vgl. z.B. M. Krenkel, Josephus und Lucas, Leipzig 1894, der wie vor ihm andere in einer großen Zahl von Stellen des dritten Evangeliums und der Apostelgeschichte, insbesondere auch in der Sprache des Lukas, Einflüsse des Josephus findet. Heute ist die Forschung in dieser Hinsicht wesentlich zurückhaltender; vgl. z.B. M. Dibelius, Aufsätze zur Apostelgeschichte, Göttingen 1951,159f; W.G. Kümmel, Einleitung in das Neue Testament, 17. Aufl., Heidelberg 1973, 153.

Die Südmauer Jerusalems zur Zeit Jesu
(Jos Bell 5,142ff.)
Neue Grabungsergebnisse kritisch betrachtet
Von August Strobel, Neuendettelsau

I.

Jerusalem gehört aus naheliegenden Gründen zu jenen Städten des Heiligen Landes, die seit über einem Jahrhundert in besonderer Weise das Interesse vieler Altertumswissenschaftler gefunden haben. Schenkt man den neuesten Veröffentlichungen zur Stadt- und Baugeschichte Glauben, so sollen die Grabungen der Jahre 1961 bis 1967 zu einer Revision der früheren Ergebnisse nötigen. Vor allem Kathleen M. Kenyon, die erfolgreiche Leiterin der Arbeiten[1], deren Resultate sofort ein weltweites Echo gefunden haben, vertritt diesen Standpunkt heute mit Nachdruck. In einem zusammenfassenden Werk, das über ihre Verdienste angesichts vieler überwundener Schwierigkeiten keinen Zweifel läßt, hat sie selbst bereits die Grundlinien einer neuen Schau der Geschichte der Stadt entworfen[2]. Ohne ihre Leistung, die nicht zur Diskussion steht, schmälern zu wollen, sehen wir uns jedoch gezwungen, ein nicht unwesentliches Stück der sensationellen Konzeption in Frage zu stellen. Es betrifft die Theorie über den Verlauf der Südmauer Jerusalems in neutestamentlicher Zeit, genauer: bis zur Zeit Herodes Agrippas, die sich folgendermaßen darstellt[3]:

„Nur wenige Jahre waren Agrippa (sc. Herodes Agrippa I.), dem Enkel Herodes' des Großen vergönnt (sc. 41 bis 44 n. Chr.). Die Kürze seiner Regierungszeit steht jedoch nach Ausweise der Grabungen in gar keinem Verhältnis zum Umfang seiner Bautätigkeit. Wie Josephus zu melden weiß, errichtete er eine neue Mauer im Norden der Stadt, jene ‚dritte‘ Mauer, die Titus als erste zu erobern hatte... (Es zeigt sich,) daß ihre Führung etwa der der heutigen Altstadt-Nordmauer entsprach. Doch wußte man vor den allerneuesten Grabungen noch nicht, daß auch die Einbeziehung des Westhügel-Südteils in Jerusalems Stadtgebiet Herodes Agrippas Werk war. Ursprünglich nur 10,67 acres (ca. 4,40 ha) groß, war die Stadt unter Herodes dem Großen auf 140 acres (etwa 57 ha) angewachsen. Herodes Agrippa erweiterte sie auf 310 acres (ungefähr 1,25 km²)".

Die damit auf kürzesten Raum gebrachte Überzeugung einer relativ späten Ausdehnung der Stadt nach Süden hin widerspricht, soweit wir sehen,

---

[1] Vgl. die Vorberichte: K.M. Kenyon, Excavations in Jerusalem 1961, PEQ 1962 S. 72–89; dies., Excavations in Jerusalem, 1962, PEQ 1963 S. 7–21; dies., Excavations in Jerusalem, 1961–1963, BA 27, 1964 S. 34–52; dies., Excavations in Jerusalem, 1964, PEQ 1965 S. 9–20; dies.; Excavations in Jerusalem, 1964, PEQ 1965 S. 9–20; dies., Excavations in Jerusalem, 1965, PEQ 1966 S. 73–88.

[2] K.M. Kenyon, Jerusalem. Die heilige Stadt von David bis zu den Kreuzzügen. Ausgrabungen 1961–1967, Bergisch-Gladbach 1968 (= Übers. d. engl. Ausgabe: Jerusalem-Excavating 3000 Years of History, London 1967).

[3] Ebd. S. 193f.

allen früheren Standpunkten[4]. Im vollen Wissen um die Kühnheit ihrer Schau der Zusammenhänge stößt K.M. Kenyon die seit den Grabungen von F.J. Bliss und A.C. Dickie (1894—97)[5] allgemein anerkannte Meinung um, spätestens unter den Makkabäern oder Herodes dem Großen habe die Stadt nach dem Hinnomtal hin ihre größte Ausdehnung erreicht gehabt. Auf Grund verschiedener Grabungen[6], vor allem in der Gegend des früheren Thyropoion-Tals zwischen der SW-Ecke des Haram und dem Siloahteich, kommt es darüberhinaus zur Infragestellung der Mitteilungen des Josephus (in Bell 5,142ff.), der diese seiner Ansicht nach „älteste" Mauer nicht nur eingehend beschreibt, sondern auch über ihr Alter mitzuteilen weiß[7]: „Denn abgesehen von ihrer vorteilhaften Lage war sie auch stark ausgebaut, da David und Salomo sowie noch deren Nachfolger auf dem Königsthron in die Förderung dieses Werkes ihren ganzen Ehrgeiz gesetzt hatten" (143). Der kritisch geschulte Ausgräber wird in der Tat mit der Möglichkeit rechnen, daß zur Zeit des Josephus die Neigung groß war, bedeutende Bauwerke auf die großen Persönlichkeiten der Frühzeit der

---

[4] Selbst die frühere Auseinandersetzung zwischen sogen. Minimalisten und Maximalisten betraf nur Meinungsdifferenzen hinsichtlich der vorherodianischen Ausdehnung der Stadt. Der Streit ging im wesentlichen darüber, wann der SW-Hügel in die Befestigung einbezogen wurde, nämlich schon in vorexilischer Zeit oder erst danach. Vgl. z. B. für die frühere Gesprächslage: H. Guthe, Bibelatlas, 1926 Taf. Nr. 3 (II. Jerusalem) und Nr. 7 (I.); G. Dalman, Jerusalem und sein Gelände, 1930 (topogr. Karte); Westminster Hist. Atlas to the Bible, 1945 pl. XVII A; K. Galling, in: BRL S. 298ff.; auch: Israel-Atlas, Karte 6/IX und 8/IX. Zur Fragestellung vgl. bes. im einzelnen J. Simons, Jerusalem in the OT, 1952 S. 226ff. („The S.W. Hill and the ‚Early Wall' "). Als außenseiterisch galt damals schon J. Germer-Durand (Topographie de l'Ancienne Jerusalem, Paris 1925 S. 11), der die erste Mauer des Josephus in die Zeit Herodes' d. Gr. datierte. Den obigen Zahlen von K.M. Kenyon mag K. Gallings Entwurf von einem organischen und kontinuierlichen Wachstum der Stadt zur Seite gestellt werden: a) Salom. Zeit: 3 ha, dazu b) Tempelgelände = 7 ha, c) Königszeit: erweitert um Mischne und Siloahteich = 9 ha, d) hellenistische Zeit: Einbeziehung des SW-Hügels = 45 ha, und e) Einschluß der Neustadt unter Herodes Agrippa = 60 ha.
[5] F.J. Bliss/A.C. Dickie, Excavations at Jerusalem 1894—1897, Jerusalem 1898. Der Gesamtdarstellung sind Berichte (Reports) vorweggegangen in PEF QuSt 1895f., die in genannter Arbeit mehr oder weniger wörtlich aufgenommen sind. Das Material ist deutscherseits eingehend berücksichtigt bei A. Kuemmel, Materialien zur Topographie des Alten Jerusalems, Halle 1906 (mit Karte).
[6] Eine Übersicht über die einzelnen Grabungsplätze findet sich in K.M. Kenyon, Jerusalem S. 51 (Abb. 5). Dazu heißt es im einzelnen (S. 52): „Als 1961 der erste Vorstoß mit dem Spaten unternommen wurde, grub man an einer ganzen Reihe von Stellen (B, D, D 2, E und F) am Südosthang des Westhügels. In allen Fällen war das Ergebnis das gleiche: Bis zum 1. Jahrhundert n. Chr. war dieses Gebiet unbesiedelt. Darüber hinaus zeigte der Befund von Grabungsabschnitt F (= SO-Ecke), von dem noch zu reden sein wird, daß die Stadtmauer auf dem Plan, der nach den Grabungen von 1894—1897 angefertigt wurde, ausschließlich in das erste vorchristliche Jahrhundert gehört." Vgl. auch PEQ 1962 S. 83.
[7] Die Übersetzung nach O. Michel / O. Bauernfeind. Vgl. folg. Anm.

Geschichte Israels zurückzuführen. Es bleibt aber bei alledem durchaus
offen, ja eben letztlich unwahrscheinlich, daß Josephus (geb. um 37/38
n. Chr.), dessen ausgezeichnetes Sachwissen in solchen Fragen heute kaum
mehr zur Diskussion stehen kann, sich soweit täuschen ließ, die seiner
Meinung nach „älteste Mauer" nicht als ein Werk des Herodes Agrippa zu
erkennen. Dies umsomehr, weil er über die bedeutende, freilich auch zeitlich überaus beschränkte Bautätigkeit des Königs ohne Zweifel ausgezeichnet im Bilde gewesen ist, was die vielfachen Detailangaben sicherstellen. Um es von solcher Überlegung her ganz klar zu sagen: in der neuerlichen Konzeption Kathleen M. Kenyons kann etwas nicht stimmen! Wo
liegt der Fehler? Der folgende Beitrag, der einem Jubilar gewidmet ist, der
in seiner Josephus-Ausgabe erfreulicherweise noch die herkömmliche Sicht
der Dinge vertritt[8], kann nicht umfassend sein und muß sich auf einige
wesentliche Argumente beschränken. Wir hoffen aber trotzdem, daß sie
Anstoß sind, den ganzen Problemkreis noch einmal sorgfältig zu überden-
ken, wobei vor allem die Grabungsexperten selbst aufgerufen sein mögen,
jene ständig wiederkehrende Behauptung zu überprüfen, die besagt, daß
das in Frage stehende Gebiet keine Besiedlungsspuren aus der Zeit vor
Mitte des 1. Jahrhunderts n. Chr. aufweise. Welche Kriterien, etwa hinsichtlich der Keramik, hier angewandt wurden, vermag der Verf., der keine
diesbezüglichen Erfahrungen auf dem Feld der Grabungstechnik hat, am
wenigsten zu sagen. Er ist auch nicht in der Lage, sie den einschlägigen
Veröffentlichungen zu entnehmen, die darauf nicht eingehen. So möchten
Berufenere ergänzen, was für ihn selbst keinem Zweifel unterliegt: daß
nämlich hier durch die Ausgräber ein Fehlschluß gezogen wurde, der
— wie es scheint — leider nur zu schnell in die Literatur Eingang fand[9].

II.

Kathleen M. Kenyon, die 1961 als Direktorin der British School of Ar-
cheology in Verbindung mit R. de Vaux O.P. von der École Biblique das
große Projekt in Angriff nahm, gibt in ihrer zusammenfassenden Darstellung der Meinung Ausdruck, anfangs habe niemand den Argwohn gehegt,
Bliss und Dickie könnten sich geirrt haben[10]. Tatsächlich aber wartete sie

---

[8] Wir verweisen besonders auf den gründlichen Exkurs „Die Lage Jerusalems nach
Josephus" in O. Michel / O. Bauernfeind, Zweisprachige Josephusausgabe, Bd. II, 1,
1963 S. 244ff.
[9] Vgl. z.B. schon R. de Vaux, Chron. Arch., RevBibl 69, 1962 S. 98ff.; M. Weippert,
Archäol. Jahresbericht, ZDPV 79, 1963 S. 176; H. Kosmala, Art. „Jerusalem", in:
BHH Bd. II, 1964 Sp. 820ff. 829f.; E. Vogt S.J., Das Wachstum des alten Stadtgebietes
von Jerusalem, Bibl 48, 1967 S. 337f.; G. Cornfeld / G.J. Botterwerk, Die Bibel und
ihre Welt I, 1969 Sp. 760ff. („Jerusalem"). Auf den neuangekündigten ‚Atlas of Jerusalem', der zum Zeitpunkt der Korrekturen noch nicht erschienen war (de Gruyter Berlin
1973), sei eigens verwiesen.
[10] K.M. Kenyon, Jerusalem S. 195.

bereits 1962 in einer ersten Veröffentlichung[11] mit der Behauptung auf,
daß sich für das Gebiet des SW-Abfalls des sogenannten Osthügels keine
kontinuierliche Besiedlung vor der Mitte des 1. Jhs. n. Chr. nachweisen
lasse. Folglich müsse die von den früheren Ausgräbern in eingehenden und
schwierigen Grabungen gefundene Südmauer der regen Bautätigkeit des
Herodes Agrippa zugeschrieben werden. War Miss Kenyon etwa damals
schon von Vorurteilen geleitet? Die Meinung, die zunächst mit einiger
Vorsicht geäußert wurde („it now seems likely"), ist in der Folge ohne
jede Einschränkung zum sicheren Resultat erhoben worden. Augenscheinlich hat sich niemand die Mühe gemacht, die Grabungsergebnisse
von Bliss und Dickie in der nötigen Unvoreingenommenheit zu bedenken,
über die immerhin auch Miss Kenyon nicht ohne Anerkennung spricht und
überdies zu bemerken weiß, daß – soweit man bei der SO-Ecke in der
Nähe des Siloahteiches ein dort früher schon gefundenes Tor erneut frei-
legte – die Pläne „fast bis in die letzte Einzelheit stimmten"[12]. Zwar sei
bei der Grabung am Ausgang des 19. Jhs. „ein großer Teil des Beweis-
materials" vernichtet worden, doch habe das Vorhandene durchaus den
„Nachweis"(!) gestattet, „daß die Mauer an der betreffenden Stelle nicht
vor der Mitte des 1. Jahrhunderts n. Chr. entstanden sein konnte"[13]. Man
habe es demzufolge offensichtlich mit einem Werk Herodes Agrippas zu
tun. Sehen wir richtig, so war die Ausgräberin von Anfang an mit einem
Vorurteil gegenüber ihren Vorgängern an die Aufgabe herangetreten.
Wir vermissen die nach damaliger Sachlage noch durchaus gebotene Vorsicht auf einem schwierigen und komplexen Terrain. Mag auch zutreffen,
daß die Forscher des 19. Jahrhunderts von exakter Schichtgrabung und
sorgfältiger Keramikbestimmung noch nichts wußten, so spricht doch das
bei alledem in größtmöglicher Wissenschaftlichkeit veröffentlichte Material eine eindeutige Sprache, wobei man sich insbesondere gezwungen
sehen mag, den Grabungsbefund im Gebiet der früheren Bishop Gobat's
School im SW des Zionshügels gründlich zu bedenken. Bliss und Dickie
stießen hier in Fortführung der erfolgreichen Untersuchungen ihres Lands-
mannes M.H. Maudslay 1874/75[14] nach SO auf dem Felsabsturz zum
Hinnomtal hin zunächst auf einen Mauerzug, den sie seiner Bauweise willen
als römisch-byzantinisch einstuften, um schließlich in ihm die Mauer der
Kaiserin Eudokia (um 450 bis 460 n. Chr.) zu sehen[15], womit übrigens

---

[11] K.M. Kenyon, Excavations in Jerusalem 1961, PEQ 1962 S. 84f.

[12] K.M. Kenyon, Jerusalem S. 194.

[13] Ebd. S. 196.

[14] Vgl. hierüber H. Conder, The Rock Scarp of Zion, PEF 1875 S. 81ff.; F.C. Bliss/A.C.
Dickie, Excavations S. 2ff.

[15] Vgl. Bliss/Dickie, Excavations S. 14ff. („The Wall"); bes. auch J.N. Dalton, Note
on the „First Wall" of Ancient Jerusalem and the Present Excavations, PEQ 1895
S. 26ff.

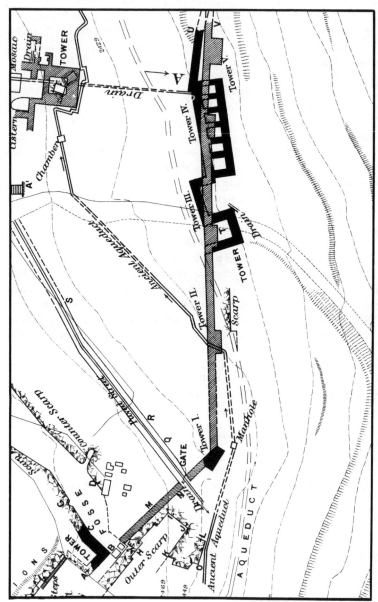

Ausschnitt aus dem General Plan No. 1 von F. J. Bliss und A. C. Dickie, Excavations at Jerusalem 1849-97; London 1898 (Maßstab 1:1250)

auch Miss Kenyon konsentiert[16]. Was aber nun eine auf weite Strecken darunter festgestellte ältere Mauer betrifft[17], so waren die damaligen Ausgräber der festen Überzeugung, auf die Fortifikation zumindest der herodianischen Stadt gestoßen zu sein, zumal auch allenthalben die Spuren einer gewaltigen Zerstörung, die einst die ganze Mauer betroffen haben muß und die nur mit der des Titus identisch sein konnte, offensichtlich waren. Niemand kam damals auf die Idee, an ein Bauwerk des Herodes Agrippa zu denken, wofür es weder den dokumentarischen noch den überzeugenden archäologischen Beweis gibt. Und beide sollten sich doch wohl ergänzen! Wenn K.M. Kenyon heute schreibt[18], daß Bliss und Dickie ihr Ergebnis auf Grund mangelhafter methodischer Einsichten allzu einfältig „im Licht der Geschichtsdarstellung des Alten Testaments" deuteten, so wird sie damit dem relativ gewissenhaften Bemühen der Spatenforscher der 90er Jahre des vergangenen Jahrhunderts ohne Zweifel in keiner Weise gerecht. Beide haben, was die Berichte und die Zeichnungen sicherstellen, einen sehr eingehenden Stilvergleich für das gefundene Mauerwerk vorgenommen, wie sie auch die Kleinfunde keineswegs ganz außer Acht gelassen haben. Sie gewannen auf diese Weise gewisse Einsichten, die nach unserer Überzeugung heute noch die nötige Beachtung verdienen und jedenfalls nicht pauschal als wertlos betrachtet werden dürfen. Es muß leider offen ausgesprochen werden, daß die neuerlichen Bemühungen Miss Kenyons u.E. eben hierin ihren entscheidenden Mangel haben, daß dem nötigen Vergleich der Mauertechniken, die zur Diskussion stehen, nur ungenügende Beachtung geschenkt wurde. Indessen kann sogar der wenig Geschulte erkennen, daß die von Bliss und Dickie eingehend beschriebene untere (= ältere) Mauer niemals dem an Exaktheit und Schönheit beispiellosen Werk des Herodes Agrippa, dessen reiche Spuren im Bereich der Nordmauer zu Tage treten, an die Seite gerückt werden kann[19]. Während

---

[16] K.M. Kenyon, Jerusalem S. 213: „Eudoxia wird die Errichtung einer neuen Südmauer zugeschrieben, die wahrscheinlich dem Lauf der Südmauer Herodes Agrippas folgte."

[17] Bliss / Dickie, Excavations S. 14f.: „For the first 34 feet from the fosse only rude foundation rubble remains upon the rock. Then well-dressed masonry appears, and continues to the gate. Owing to the exigencies of tunneling, the base of this wall was not always seen, but along one part, 24 feet long, a plinth course, also well dressed, appears resting on a roughly set and dressed course, itself above the still ruder rubble just mentioned... This same rough course was observed at the corner of the gate, under the fine masonry, the plinth course here being absent." S. 20: „These two styles (sc. at tower I) are shown to represent two distinct periods; for the rough dressed work serves as a substructure for a tower of the smooth-faced masonry." PEQ 1895 S. 22: „The rubble and the rough courses and the superstructure are evidently of different periods." S. 23: „A reasonable supposition seems to be that the smooth masonry represents the Roman and later periods, and the roughly dressed course with the work at tower IV, earlier work."

[18] K.M. Kenyon, Jerusalem S. 194f.

[19] Über das prachtvolle Haupttor im N der Stadt vgl. K.M. Kenyon, Jerusalem

die Steinmetzen Herodes' des Großen in der Regel gewaltige Quader anfertigten, die fugenmäßig sehr exakt zugehauen und an der Stirnseite gern mit Randschlag und mäßig hohen, ziemlich glatt gearbeiteten Bossen versehen wurden, ging das Bestreben der Bauleute des Herodes Agrippa nach ähnlichen, meist etwas kleineren Quadern, aber mit einem prinzipiell feinen Spiegel[20]. Auch in diesem Punkt haben sich die Angaben des Josephus durchaus bestätigt, der ausdrücklich festhält (Bell 5,152ff.): „Das Gefüge und die Schönheit der Steine standen sogar denen des Tempels in keiner Weise nach". Wie die Dinge liegen, müssen wir fragen, ob diese Charakteristik etwa auch für die von Bliss und Dickie beschriebene vorrömische jüdische Mauer zutrifft? Offensichtlich in keiner Weise! Da wir aus Raummangel nicht auf alle Einzelheiten eingehen können, sei nur das Wesentliche hervorgehoben, darunter vor allem die für das relativ hohe Alter der Mauer aufschlußreiche Tatsache, daß sie selbst augenscheinlich am wenigsten eine bauliche Einheit gebildet hat[21]. Bliss und Dickie kennen nämlich sowohl rohes Brockenmauerwerk („rubble foundation"), oft entlang der Felskante bis zu einer Höhe von 1 m ohne Rücksicht auf Lagen geschichtet und vermörtelt („small stones occuring near immense rough blocks"), als auch Mauerlagen aus nur roh bearbeiteten Steinen („roughly dressed stones"), meist auf der Brockenmauer gebaut, gelegentlich mit Andeutungen von Randfugen („the joints are coarse, as the stones ar not well squared, and are filled with the rudest lime")[22]. Für die obere späte Mauer dagegen werden genannt: a) Lagen aus glattbearbeiteten Steinen („smooth-faced stones"), Bossensteine mit flachen Feldern („drafted stones with flat centres"), und schließlich Bossensteine mit herausragenden Buckeln („drafted stones with projecting bosses"). Wie die Angaben

---

S. 198ff. (bes. die Taf. 76 und 77); über weitere Reste s. L.-H. Vincent / M.-A. Steve, Jérusalem de l'Ancien Testament. Recherches d'Archéologie et d' Histoire, 1. Teil Paris 1954 S. 114—145 („La troisième enceinte").

[20] B. Mazar, Die Ausgrabungen im Süden und Westen des Tempelberges, Ariel Nr. 12, 1971 S. 11ff. 15, berichtet neuerdings von Quadersteinen der Südmauer des Tempels, die eine Länge von 10 bis 11 m aufweisen. „Die Steine in den oberen Schichten haben rund um die flache Rustika sorgfältig gearbeitete Kanten, während sie in den unteren Reihen viel weniger sorgfältig gearbeitet und mehr hervorragende Rustika zeigen. Sie bildeten offensichtlich die Grundsteine der Mauer, welche dem Blick nicht ausgesetzt sein sollten." Der Fundort läßt über die herodianische Provenienz des Mauerwerks keinen Zweifel. Nun weiß aber andererseits auch Josephus davon, daß Herodes Agrippa für die Fundamente der sogen. 3. Mauer Steine von 20 Ellen Länge (= ca. 9 m) verwendet hat, ohne die Mauer selbst zu Ende führen zu können (Bell 5, 143). Unsere obige Feststellung zielt auf den grundsätzlichen Typus der für die Schauseite charakteristischen Steine.

[21] Die folgenden Details nach PEQ 1895 S. 19ff.; vgl. auch A. Kuemmel, Materialien S. 64f.

[22] Gelegentlich wird sogar allein für die untere Mauer von „several styles of masonry" gesprochen, PEQ 1896 S. 14.

lauten, möchte man fragen, ob für dieses relativ späte Werk nicht älteres
Material zur Verwendung kam. Zu der Tatsache, daß es sich um ein von
Grund auf neues Werk handelt, paßt vor allem die relativ geradlinige Mauer-
führung, wohingegen sich der ältere Mauertrakt, soweit man ihn noch
verfolgen konnte, als überaus verwinkelt erwies. Hinzukam das nicht zu
unterschätzende Argument einer auf größere Strecken hin künstlich gearbeiteten Felsböschung[23], die in Verbindung mit den umfangreichen älteren Mauerrelikten insgesamt unmöglich als das Resultat der kaum mehr als
dreijährigen Bautätigkeit unter Herodes Agrippa betrachtet werden kann.
Darf man den von Bliss und Dickie gelieferten Zeichnungen Vertrauen
schenken, so sollte die gefundene ältere Mauer auf jeden Fall zunächst mit
jenen Resten der Mauer verglichen werden, die sich heute noch auf dem
SO-Hügel erheben (sogenannte Ophelmauer) und dank der dortigen Grabungen Miss Kenyons nun endgültig richtig als makkabäisch verifiziert
sind[24]. Der Vergleich sollte dann wohl auch ausgedehnt werden auf den
Grabungsbefund an der Stätte der Zitadelle, den C.N. Johns[25] auf Grund
seiner Untersuchungen der Jahre 1934–39 im Blick auf Bliss und Dickie
u.a. folgendermaßen bestimmt hat: „ . . . it is clear that of the two over-
lapping systems, which they traced, the upper must have belonged to the
Roman or Byzantine wall, the lower to the Jewish. As at the citadel(!),
the ruins of the Jewish wall and its towers were of heavy, drafted masonry
throughout, set more or less closely without mortar, while here and there
its courses were of identical finish with one or other of our phases II and
III" (= 2./1. Jh. v. Chr.!). Das Recht dieser Behauptung sollte unbedingt
überprüft werden, weil inzwischen neuere Grabungen den Befund bestätigt
haben[26] und überhaupt die Möglichkeit eines äußeren Zusammenhangs des
Mauerabschnitts zwischen Zitadelle (= früherer Herodespalast) und der
SW-Ecke der Stadt von den natürlichen Gegebenheiten des Ortes her
(Westmauer der Oberstadt!) sehr wahrscheinlich ist[27]. Der Ausgrabungs-

---

[23] Bliss / Dickie, Excavations S. 12f.: „Was an old quarry taken advantage of as an
outer defence when the wall was built? Or was it the quarry from which the stones of
the wall were cut, worked with the design of leaving an outer defence, generally
parallel to the wall, and leaving a platform outside the gate? . . . I incline to the first
view."
[24] Vgl. R.A.S. Macalister / J.G. Duncan, Excavations on the Hill of Ophel, Jerusalem
1923–1925, Ann. of the Palestine Expl. Fund 1926; bes. K.M. Kenyon, Jerusalem
S. 144ff. (Taf. 55–57). Die Datierung ist durch Keramik- und Münzfunde gesichert.
[25] C.N. Johns, Excavations at the Citadel, Jerusalem 1934–39, PEQ 1940 S. 36ff.
47ff. Vgl. ders., Recent Excavations at the Citadel, in: Quart. Dep. Ant. Palest. 14,
1950. Im Überblick auch berücksichtigt bei Vincent / Steve, Jérusalém 1 S. 224–232.
[26] Vgl. R. Amiran / A. Eitan, Excavations in the Jerusalem Citadel, Qadmoniot 3, 1970
S. 64ff.
[27] K.M. Kenyon, Jerusalem S. 153, gibt zu bedenken: „Immer noch bleibt allerdings
die wichtige Frage unbeantwortet, wann die Stadt sich auch über den Nordteil des
Westhügels zu erstrecken begann. Dies muß noch vor den Regierungsjahren Herodes' des

befund, sofern man ihn sachgemäß dargestellt hat, scheint darüberhinaus gleichfalls zu bestätigen, was anderwärts Josephus mitteilt, daß nämlich verschiedene Abschnitte der Mauer, die durch die Kriegshandlungen des Pompeius in Mitleidenschaft gezogen waren, in der Mitte des 1. Jhs. v. Chr. wieder erneuert oder ausgebessert wurden (Bell 1,160. 199). Sicherlich sollte man hierfür zuerst an Zerstörungen im Bereich der N-Mauer und der NW-Ecke denken (s. Bell 1,145), wenn freilich, worauf wir noch zurückkommen, keineswegs ausschließlich, zumal Pompeius auch gegenüber der Südmauer ein römisches Lager errichtet hatte.

Faßt man alle Argumente zusammen, so kann kaum ein Zweifel darüber bestehen, daß die fragliche ältere Mauer, die nach Josephus rings um die Stadt führte und nicht identisch ist mit der sogenannten zweiten und dritten Mauer im Norden, damals schon auf einer Linie verlief, die – wenn nicht als spätexilisch-nehemianisch, was eigentlich naheliegt – zumindest als makkabäisch ausgegeben werden muß[28]. Die Beschreibung des Josephus stellt ihren Verlauf mit hinreichender Genauigkeit sicher (Bell 5,142ff.): sie ging vom Herodespalast, dem Ort der heutigen Zitadelle, am äußersten Felsrand des langgestreckten W-Hügels zum Schutze der Oberstadt südwärts („durch eine Bethso genannte Gegend bis zum Essenertor")[29], bog dann mit dem Hinnomtal bei dem steilen Rücken der

---

Großen geschehen sein, denn 1934–48 im Zitadellenbereich durchgeführte Grabungen haben gezeigt, daß sich dort noch unter Herodes' Bau, Reste früherer Bauwerke befinden.˙ Tatsächlich kam es auch gerade hier in jüngster Zeit zu aufschlußreichen Grabungen, die das von Miss Kenyon gezeichnete Bild als falsch erweisen. Vgl. N. Avigad, Excavations in the Jewish Quarter of the Old City of Jerusalem, 1969/70 (Prelim. Report), Israel Expl. Journal 20, 1970 S. 1–8 und S. 129–140 (Entdeckung einer vorexilischen Mauer von ca. 7 m Stärke am O-Rand des Westhügels).

[28] Verschiedene sekundäre Hinweise des Josephus müssen in diesem Sinne ausgelegt werden. Nach Ant 13,41 erneuerte der Makkabäer Jonathan (161–143 v. Chr.) die Stadt, wobei er auch den Befehl gegeben habe, die Mauern aus Quadersteinen aufzuziehen (ἐκ λίθων τετραγόνων), um sie für den Kriegsfall fester zu machen (s. auch 13,46ff.). Nach Ant 13,181ff. drängte Jonathan auf die Wiederherstellung der Mauern, auf hohe Türme zur Sicherung des Tempels und auf den Neubau einer „anderen Mauer inmitten der Stadt", um die Besatzung der Akra von der Wohnstadt und somit von der Versorgung abzuschneiden. Die Angabe deutet auf einen eigenen Mauerring für die Oberstadt, die damals also schon von einer äußeren Mauer umfaßt gewesen sein muß: Nach Ant 15,410 lag die herodianische Stadt dem Tempel gegenüber und machte, da ganz im Süden (κατὰ πᾶν τὸ νότιον κλίμα) von einer tiefen Schlucht eingefaßt (περιεχομένη), den Eindruck eines Theaters. Die Beschreibung ist eindeutig genug, um darin die bis zum Hinnomtal im S zwischen SW- und SO-Hügel ausgebreitete Stadt zu erkennen.

[29] Da wir im folgenden noch auf zwei von Bliss und Dickie festgestellte Torreste zu sprechen kommen, sei für die interessante Ortsangabe Bethso auf die von O. Michel / O. Bauernfeind (Josephusausgabe Bd. II, 1 S. 246 Anm. 41) gegebene Erklärung verwiesen. Der Begriff kann womöglich als Kontraktion eines aram. bēt-ṣō ā = „Ort des Mistes" verstanden werden, wie ja auch Nehemia (2,13; 3,13f. u.a.) ein „Misttor" im Bereich des Hinnomtals nennt. Für das Essenertor wird darauf hingewiesen, daß es

SW-Kante nach O um zum Siloahteich, den sie einschloß[30], und zog sich schließlich auf der Höhe des SO-Hügels, immer bis an den Steilabhang herangeführt („zu einem Ophel genannten Ort"), hoch zur SO-Ecke des Tempelbezirks. Verschiedene Ausgräber des 19. Jahrhunderts (neben Bliss und Dickie vor allem M.H. Maudslay, H. Guthe und C. Warren) haben den Verlauf dieser Mauer, deren einzelne Bauphasen selbstverständlich nicht ohne Probleme sind, erstmals zu erhellen gesucht und wohl auch von heutiger Sicht her grundsätzlich mit einigem Erfolg gearbeitet. Ihre Ergebnisse sind in dem monumentalen Werk von L.H. Vincent (und A.-M. Steve)[31] zu einem Gesamtbild vereinigt, das für den zur Diskussion gestellten Abschnitt der Südmauer u.E. am wenigsten durch die Grabungen von 1961—67 überholt wurde. Will man sich einen Begriff von der Größe Jerusalems zur Zeit Jesu machen, muß unter allen Umständen von der sowohl dokumentarisch als auch archäologisch nachgewiesenen Mauer aus gedacht werden. Hinzu kommt, worüber hier nicht weiter zu befinden ist, die sogenannte Vorstadt, die von der ‚zweiten Mauer' umfaßt war und insgesamt ein relativ kleines Gebiet zwischen dem Herodespalast und der Antonia im NW des Tempelbezirks umschloß[32]. Es leuchtet ein, daß sich mit der großräumigen Anlage des Tempels im N (mit wahrscheinlich früh

---

seinen Namen von dem in der Nähe gelegenen Essenerquartier erhalten haben könne oder, was wahrscheinlicher sei, von daher, daß man durch das Tor in die südlichen Wohnplätze der Essener (etwa am Toten Meer) gelangen konnte. Für letztere Überlegung verweise ich auf das von mir beigebrachte Material zur Frage der (essenischen) „Gelehrten aus dem Süden" (ZDPV 88, 1972 S. 55ff. 82 Anm. 56). Man kann aber auch erwägen, ob mit dem Namen Essenertor nicht überdies eine Erinnerung bewahrt werden sollte an die Aufbauarbeit des Malchia, des „Sohnes Rekab", der das Misttor erneuert hatte. (Neh 3,14). Für diesen Fall ist wichtig, daß die Essener auch als Rekabiten geführt worden sind (ZDPV 88, 1972 S. 81 und S. 85 Anm. 69.70). Hinzu kommt die Tatsache, daß man immer schon dazu neigte, „Misttor" und „Essenertor" miteinander gleichzusetzen.

[30] Bell 5, 145 heißt es ausdrücklich ὑπὲρ τὴν Σιλωὰν ἐπιστρέφον πηγήν. Leider muß bemerkt werden, daß die Grabungen und Überlegungen Miss Kenyons zur Frage der SO-Befestigung beim Siloahteich ebenfalls wenig überzeugen. Vgl. K.M. Kenyon, Jerusalem S. 103ff. 199 und bes. Taf. 43 und 44. Wieder vermißt man eine eingehende Auseinandersetzung mit früheren Untersuchungen, s. H. Guthe Ausgrabungen bei Jerusalem, ZDPV 5, 1882 S. 7—218 und bes. S. 271—378; auch Vincent / Steve, Jérusalem 1 S. 80ff. Offen gesagt mutet es ziemlich unsinnig an, daß Hiskia das in Kriegszeiten lebensnotwendige Wasser von einer außerhalb der Mauer gelegenen Quelle über einen aufwendigen Tunnel auch zu einem außerhalb der Mauern gelegenen Teich (nach Miss Kenyon „eine Zisterne, deren Lage man zu verbergen suchte", S. 105) geführt haben soll. Schon die Siloahinschrift spricht unmißverständlich von einem „Teich" (Z. 5). Auch dieses Detail beweist, daß die Grabungen K.M. Kenyons in diesem Teil des Stadtgebietes mehr zur Verwirrung als zur Klärung des Sachverhaltes beigetragen haben.

[31] Vg . oben Anm. 19. Auf diesem meisterhaften Werk gründet auch A. Parrot, Der Tempel von Jerusalem. Golgatha und das Heilige Grab, Zürich 1956 S. 96ff.

[32] Vgl. Vincent/Steve, Jérusalem 1 S. 90—113.

unausweichlichen Erweiterungen) und mit der Besetzung des hohen Westhügels (Millo-Akra), die schon unter Salomo geschah (1 Kön 3,1; 9,15.
24), auch zugleich das Desiderat eines ergänzenden Ausbaus der Stadtbefe-
stigung im W des nach N herausragenden Tempelbezirks anmeldete. Tatsächlich ist bereits für die späte Königszeit eine sogenannte Neustadt bezeugt (hebr. *mischne*) (2 Kön 22,14; 2'Chr 34,22; Zeph 1,10), deren Gebiet in etwa mit der Vorstadt des Josephus identisch sein dürfte, sodaß
ihre Mauer zumindest teilweise unter der Linie der ‚zweiten Mauer' des
Josephus gesucht werden muß. Wir können es uns ersparen, im Rahmen
dieses Beitrags auf die Einzelheiten einzugehen, die trotz vieler Hypothesen noch weithin im Dunkel liegen, zumal offenbar auch die neuerlichen
deutschen Grabungen unter der Erlöserkirche frühere Vermutungen nicht
bestätigt haben[33]. Für unsere Themastellung ist von größerem Belang, daß
der erst unter Herodes Agrippa begonnene Bau der ‚dritten Mauer', die die
‚Neustadt' (des Josephus) einschloß, heute nach den jüngsten Untersuchungen, die wir ebenfalls dem Arbeitsteam um Miss Kenyon verdanken[34],
in seiner Linienführung im großen und ganzen keinen Zweifeln mehr
unterliegt. Es kann als sicher betrachtet werden, daß ihr Verlauf in etwa
zusammengeht mit der heutigen N-Mauer, die ein türkisches Werk des
16. Jahrhunderts ist. Auch in diesem Fall haben sich die Angaben des
Josephus bestätigt, die besagen, daß die dritte Mauer über die sogenannten
„Königshöhlen" lief und daß das Helenagrab ungefähr drei Stadien
(= 580 m) entfernt „gegenüber" (nämlich: außerhalb der Stadt) lag
(Ant 20,95; Bell 5,147). An verschiedenen Stellen sind die Fundamente
des Mauerwerks noch sichtbar (sogenannte *qasr dschalūd*, Damaskus- und
Jaffator), woraus sich die obigen Bemerkungen über die typische Bauweise
unter Herodes Agrippa I. ableiten. Alles in allem ergibt sich schon für die
Zeit Herodes' d. Großen — anders als einige Veröffentlichungen auf Grund
der Ausgrabungen Miss Kenyons mutmaßen — das Bild einer sehr umfäng-
lichen Stadtanlage. Man wird sich vergegenwärtigen, daß ein solcher Sachverhalt auch allein am Ausgang der baufreudigen hellenistischen Zeit wahrscheinlich ist. Man möchte annehmen, daß die großzügige Erschließung des
Westhügels spätestens unter den hellenophilen Hasmonäern geschah. Da
außerdem der Hellenismus unter Herodes d. Großen noch einmal eine
glänzende Nachblüte erlebte, hätte dessen Eifer die Versäumnisse früherer

---

[33] Wir verweisen auf den Grabungsbericht von U. Lux (ZDPV). Eine Übersicht über die
verschiedenen Grabungen und Hypothesen gibt M. Avi-Yonah, The Third and Second
Walls of Jerusalem, Israel Expl. Journal 18, 1968 S. 98—125, dessen Konzeption über
den Verlauf der „dritten Mauer" (mit einer „outer line") wir im übrigen nicht zu teilen
vermögen.
[34] Vgl. K.M. Kenyon, Jerusalem S. 196ff. Endgültig als falsch sind erwiesen: E.L.
Sukenik/L.A. Mayer, A New Section of the Third Wall of Jerusalem, PEQ 1944
S. 145ff., wohingegen sich bestätigt hat: P. Vincent, Encore la troisième enceinte de
Jérusalem, Rev.Bibl 1947 S. 90ff.

Generationen wettmachen können. Wir halten es zudem für sehr unwahrscheinlich, daß Jerusalem in herodianischer Zeit hinter Samarien, das sich auf ca. 80 ha ausgedehnt hatte[35], größenmäßig zurückgestanden haben soll. Es kommt hinzu, daß sich der Umfang des unter Herodes gewaltig vergrößerten Tempelareals in kein Verhältnis zur Stadt bringen ließe. Abwegig bleibt auch die Annahme, das Wachstum der Stadt, von dem in der Tat Josephus weiß (Bell 5,148), habe erst nach Herodes derart schlagartig eingesetzt, daß sich hierbei die Stadt um mehr als das Doppelte (nämlich von 57 ha auf ca. 1,25 km^2) vergrößerte, war doch nach klarer Mitteilung des Josephus noch zum jüdisch-römischen Krieg die Neustadt ‚nicht sehr dicht' bewohnt (Bell 5,260). Nein! Alle diesbezüglichen Überlegungen sprechen für die herkömmliche Annahme, daß sich die Ausdehnung Jerusalems nach dem relativ weitflächigen Südhang hin schon einige Zeit früher, auf jeden Fall vor Herodes Agrippa, vollzogen hatte.

III.

Um die allgemeinen Erwägungen zu vertiefen, ist es nötig, abschließend einige ziemlich unumstößliche Details der Grabungen von Bliss und Dickie in Erinnerung zu bringen. Auf dem Gelände der früheren Bishop Gobat's School mit dem hieran nach SO angrenzenden Englischen Friedhof hatte schon Maudslay auf wenigstens zwei rechteckig herausgearbeitete Felssockel aufmerksam gemacht, die ohne Zweifel einst Mauertürme trugen[36]. Die Stirnseite der Sockel hat im einen Fall eine Länge von ca. 15,2 m (auf der N-Seite 14,6 m), im andern eine solche von 13,1 m (N-Seite ebenfalls 13,1 m). Zwischen beiden darf sehr wahrscheinlich ein weiterer einstiger Mauervorsprung (oder Turm) entsprechenden Ausmaßes angenommen werden (Stirnseite: 15,25 m). Augenscheinlich stehen wir damit vor einer einst stark befestigten Partie der SW-Ecke. Es ist nun vielsagend, daß die von Bliss und Dickie unmittelbar im Anschluß an diese bedeutsamen Reste nachgewiesene ältere Mauer ebenfalls Turmbauten gleicher Größe enthalten hat. Turm ABCD (unter III), der ca. 100 m östlich des Englischen Friedhofes gefunden wurde, hat seinen Platz unmittelbar bei einem freigelegten Kasemattenabschnitt und besitzt gleichfalls eine Stirnseite von 14,6 m. Für einen anderen Turmrest, auf den man unmittelbar vor dem damaligen jüdischen Friedhof stieß, wird die Stirnseite mit ca. 15 m angegeben[37]. Er erhob sich ca. 100 m östlich von dem genannten Kasematten-

[35] Vgl. K. Elliger, BHH III Sp. 1655ff. (dazu Abb. 2).

[36] Vgl. oben Anm. 14. Vgl. auch schon Wilson, Ordonance Survey of Jerusalem, Notices, 28 Plans, London 1865 S. 61 und pl. XXIV, 1. Hinweise waren bereits durch Warren und Conder gegeben worden. Vgl. auch Vincent/Steve pl. XX.

[37] Vgl. Vincent/Steve, Jérusalem 1 S. 73.75; F.J. Bliss, Seventh Report, PEQ 1896 S. 9ff. 13. Zum Mauerwerk heißt es: „The three sides of Tower ABCD (= unter Turm III) are drawn in elevation. Three periods(!) are distinctly recognisable on the east side. From D far 10 feet we have the most beautifully set work we have observed

abschnitt. Die hier in allen wesentlichen Teilen genau erforschte Befestigung erweckt den Eindruck einer ziemlich verschachtelten Anlage, wodurch sie sich von dem höhergelegenen Mauerzug aus römisch-byzantinischer Zeit klar unterscheidet. Da sie allem Anschein nach bis hart an die Felskante der Schlucht heranreicht, folgert sich, daß ihren Urhebern sehr an der natürlichen Ausnützung des Geländes gelegen war. Wiederum scheinen sich hier die Angaben des Josephus zu bestätigen, der weiß, daß von den drei Mauern die älteste wegen der Schluchten und der Höhe, auf der sie erbaut war, als schwer überwindlich galt. Es scheint sich aber auch zu bewahrheiten, was der Schriftsteller über die Anzahl der Türme mitzuteilen weiß, die er auf ungefähr 60 für den alten Mauerring beziffert. Da sich der Umfang der alten Mauer (einschl. des Tempelabschnitts) auf ca. 3 km berechnet, müßten eigentlich die Türme in mittleren Abständen von etwa 50 Metern gesetzt gewesen sein. Tatsächlich ist ein solcher Tatbestand zumindest für das genannte Mauerstück der SW-Ecke archäologisch erhärtet. Geringfügige Übertreibungen sind im übrigen natürlich niemals auszuschließen, weil sich nicht nur in der Erinnerung vieles verklärte, sondern auch die Tendenz dahin ging, die einstige Größe und Wehrhaftigkeit der Stadt tunlichst herauszustellen. Daß dabei trotz mancher Idealisierung die Gesetze einer wahrheitsgemäßen Berichterstattung eingehalten werden mußten, möchten wir nicht bezweifeln.

Ein womöglich wichtiges Dokument für die Entstehung der Südmauer längst vor Herodes Agrippa liegt mit einem von Bliss an der SW-Ecke gefundenen Tor vor. Aufschlußreicher als sein Name, über den nur Vermutungen angestellt werden konnten[38], ist seine Baugeschichte, worüber die Ausgräber sehr genau berichtet haben[39]. Das Tor hat seinen Platz ca. 45 m vom Englischen Friedhof entfernt und bezeichnet einen wichtigen Teil des hier nach SO hin verfolgten Mauerabschnitts. Unter der obersten Schwelle, die zum Tor der erwähnten jüngeren römisch-byzantinischen Mauer gehört, fand sich eine Füllung von Steinbrocken sowie weitere drei Lagen von Steinschwellen, die wahrscheinlich einer Toranlage aus der Zeit des älteren jüdischen Befestigungsringes zugeschrieben werden müssen[40]. Eine

---

in our excavation (see specimen D). The fine rubbed jointing can be compared only to the work at the Jewish Wailing Place. No mortar is used. The stones are perfectly squared, the broad margins are worked fine and smooth, while the centres are chisel-picked. The courses are 23 1/2 inches high." Der Tatbestand eines offenbar herodianischen Mauerstücks im größeren Ganzen eines Werkes, das aus nur schlecht zubearbeiteten Quadern besteht, ist Beweis für deren vorherodianisches Alter.

[38] Vgl. oben Anm. 29. Bliss meinte, das Mist- oder auch Essenertor gefunden zu haben (PEQ 1895 S. 12). In Excavations S. 16ff. ist er zurückhaltender.

[39] Die Zeichnungen von Dickie (bei Bliss, Third Report, PEF 1895 S. 10) verdienen gegenüber denen von Vincent/Steve (Jérusalem 1 S. 69) vorgezogen zu werden. So sind beispielsweise in der Wiedergabe der Dillsteine unzulässige Ergänzungen vorgenommen.

[40] Es scheint uns zweifelhaft, ob Bliss eine sachgemäße Interpretation des Ausgrabungsbefundes gegeben hat. In Excavations S. 18f. heißt es: „A careful examination

gewisse bauliche Verwandtschaft mit dem ebenfalls von Bliss im Zuge der
Ausgrabungen gefundenen SO-Tor ist unverkennbar[41]. Zu dem genannten
SW-Tor führte ehedem eine ebenfalls über eine größere Strecke verfolgte
gepflasterte Straße, die — wie die Unterschwellen des Tores — die Merkmale einer starken Abnutzung verrät, was für unsere Beweisführung ebenfalls von Gewicht ist. Der Sachverhalt spricht für eine über längere Zeit
bestehende Anlage, von der schon Bliss mit Nachdruck hervorhob[42]: „The
discovery has a most important bearing on the history of the south wall,
for it shows that it ran along this line for a great length of time." Die
innere Weite des oberen Tores wird von den Ausgräbern sehr genau mit
2,99/3,00 m angegeben, die Außenweite der unteren (älteren) Anlage mit
2,69/70 m. Man kann erwägen, ob in ersterem Fall unter Zugrundelegung
eines (römischen) Fußmaßes, in letzterem aber unter Verwendung der
(jüdischen) Elle gearbeitet wurde, da auch die Angaben des Josephus
durchweg auf die letztere Maßeinheit Rücksicht nehmen[43]. Sollte es stimmen, daß das untere Tor mit seinen erkennbaren zwei oder drei Bau- bzw.
Ausbesserungsperioden auch zugleich dem älteren Mauerzug zugeordnet
werden muß, so wäre dies zweifellos überaus aufschlußreich. Wir stünden
dann vor einem baulichen Relikt, das unmöglich ausschließlich den wenigen Jahren zwischen 40 und 70 n. Chr. zugeschrieben werden könnte,
sondern vorher datiert werden müßte. Von Aussagekraft wäre dann auch
die Tatsache der relativ schlichten Bauweise des Tores, das aber immerhin
bereits eine einfache Schmuckform geziert hat, nämlich das Schräggesims.
Man wird es also nicht allzu früh datieren können, andererseits aber auch
nicht so spät, daß für seine Errichtung etwa die Zeit des Herodes Agrippa
beansprucht werden dürfte, der großzügiger baute. Endlich mag ein unter
der Straße und dem Tor verlaufener Abwasserkanal erwähnt werden, der
sich dem gegebenen Datierungsversuch in die späthellenistische Zeit einfügt, sowie die Tatsache, daß augenscheinlich für diesen älteren Part nur

---

makes it clear that the smooth-faced masonry [= obere jüngere Mauer] described
above was characteristic of the wall during the four gate periods." Andererseits hat er
in PEQ 1895 S. 12 betont: „. . . under this cource [sc. der oberen Mauer, wie sie auf
das Tor trifft] there is another course of which are found at tower I (sc. rough-dressed
masonry). I take this to belong to on older period than is indicated by the lowest
door-sill." Tatsächlich muß man aber die unteren Torrelikte dem älteren Mauerverband
zuteilen, in dem sie offensichtlich ihren ursprünglichen Platz haben.
[41] Vgl. A.C. Dickie in PEF 1895 S. 237ff. K.M. Kenyon ließ das von Bliss gefundene
Tor im Zuge ihrer Forschungen noch einmal aufgraben (s. Jerusalem S. 196 bes. Taf.
73 und 74). Sie meint, das Tor könne nur im 1. Jh.n.Chr. entstanden sein und spricht
von einem „offensichtlichen" Werk Herodes Agrippas. Es ist aber nicht einzusehen,
weshalb dieser an der SO-Ecke der Stadt so unvergleichlich primitiver gebaut hätte als
an der N-Mauer. Vgl. Anm. 19.
[42] PEQ 1895 S. 12.
[43] Demnach würden sich dort ergeben: 2,995 m : 0,30 m = 10 Fuß, hier aber:
2,694 m : o,444 m = 6 Ellen.

roh bearbeitete Steine Verwendung fanden, die in etwa auch denen des
Fundamentes von Turm I (nach Bliss) entsprechen[44].

Von einer gewissen Aussagekraft für die einzelnen Bauperioden sind außerdem zwei Wasserleitungen, die etwa 60 m östlich von der erwähnten Toranlage die Mauerlinie kreuzen[45]. Turm II, der ca. 37 m östlich von Turm I
gefunden wurde und ein Teil des jüngeren Mauerzuges ist, steht auf einem
Aquädukt, dem er offenbar sekundär angepaßt wurde. Leider ist eine klare
Bestimmung der Bauphasen dadurch erschwert, daß die unterste Steinlage,
die als „rough course" charakterisiert ist, nicht unmittelbar an die Leitung
heranreicht, sondern nur bis zu der Felsmasse, in die der Aquädukt eingeschlagen ist. Somit bleibt eine gewisse Unklarheit darüber, ob der Wasser-
kanal vielleicht später entstand als die unterste (möglicherweise: ältere)
Mauerlage aus nicht glatt gearbeiteten Steinen. Die zweite Wasserleitung
durchquert die Mauer ca. 8 m weiter abwärts und nimmt somit ein etwas
tieferes Niveau ein (sogenanntes low level aqueduct). Da die Mauer offensichtlich durchbrochen wurde, muß die Leitung jüngeren Alters als diese
sein. Tatsächlich vermag auch Bliss mitzuteilen, daß sie nach Aussagen der
dortigen Bewohner noch gelegentlich Wasser geführt hat. Andererseits erweckt besonders der erstgenannte Aquädukt, der als niedrig und eng beschrieben ist, den Eindruck einer alten Konstruktion, sodaß er sehr wohl
der Zeit vor 70 n. Chr. entstammen kann. Ob es sich um die bekannte von
Pilatus angelegte Wasserleitung handelt, muß jedoch offenbleiben. Es kann
ebensogut ein älteres Werk vorliegen[46]. Ziemlich sicher aber dürfte sein,
daß Herodes Agrippa weder für sie noch für die Mauer, die darauf aufsitzt,
als Bauherr in Frage kommt.

Zur gleichen Annahme nötigen die Grabungen bei Turm III, etwa 36 m
von Turm II entfernt. Hier fanden sich die Fundamente eines älteren
Mauerabschnitts, der offenbar nach Art einer Kasematte erstellt war[47]. Die
Erbauer der oberen Mauer haben diese darauf errichtet, ohne die ursprüngliche Linie einzuhalten. Dies geschah erst wieder ein längeres Stück weiter
unten (beim Höhenpunkt 722)[48], was Beweis ist für eine ganz neue Mauer-
konstruktion auf einer ehedem bis zu den Fundamenten niedergerissenen
Anlage. Unter Turm III entdeckte man die Reste eines oben schon genannten größeren (Stirnseite 14,6 m). Ungefähr 14 m danach schließen sich die

---

[44] Vgl. oben Anm. 40.

[45] PEQ 1895 S. 14ff.

[46] Zum Sachkreis vgl. C. Schick, Die Wasserversorgung der Stadt Jerusalem, ZDPV 1,
1878 S. 1ff. 160ff; Vincent/Steve, Jérusalem 1 S. 303ff.) „Les aqueducs anciens"). Daß
irgendwo eine Lösung des Problems geboten wurde, ist dem Verf. unbekannt.

[47] Vgl. im einzelnen F.C. Bliss in PEQ 1896 S. 9ff.; auch bes. Vincent/Steve, a.a.O.
S. 73ff. („un saillant casemate"), der den hohen Aussagewert dieses Bauwerks für das
Alter der Mauer wohl richtig erkannt hat.

[48] Vgl. hierzu die Karte bei A. Kuemmel, Materialien (oben Anm. 5).

aus 6 Räumen bestehenden Kasematten an, wobei sich zwischen dem Turm und ihnen, weil der Mauer vorgesetzt, ein eingezogener, nahezu quadratischer Platz ergibt, der vielleicht ebenfalls die Stätte einer alten Toranlage markiert, worüber von den Ausgräbern wegen der massiven Zerstörungen in den unteren Schichten leider keine Gewißheit gewonnen wurde. Für die Datierung ist unmittelbar aufschlußreich, daß an dieser Stelle in den oberen Lagen auch Ziegel der X. Legion gefunden wurden, darunter aber, was als verläßliche Angabe doch wohl in keiner Weise in Zweifel gezogen werden kann, Münzen aus der Zeit Herodes' d. Großen[49]. Wieweit die Nachricht stimmt, daß in Verbindung mit der unteren (älteren) Mauer Tongefäße jüdischer Provenienz zu Tage gefördert wurden, die bis in das 5. und 6. Jh. v. Chr. zurückreichen sollen, wäre ebenfalls zu bedenken. An dieser Stelle gewinnt zugleich die Frage größtes Interesse, wohin eigentlich die Funde von Bliss und Dickie gelangt sind. Die Wahrscheinlichkeit ist doch wohl groß, daß man sie irgendwo gelagert hat, sodaß sie noch einer Nachprüfung unterzogen werden können. Da sie samt und sonders dem Bereich der Südmauer entstammen, wobei vermutlich ein Fundtagebuch geführt wurde, könnten sie zumindest für ein grundsätzliches Urteil außerordentlich hilfreich sein. Was die genannten Kasematten betrifft, so bestehen sie aus insgesamt sechs Räumen, von denen vier eine Länge von 6,4 m haben und zwei eine solche von ca. 7 m. Die Breite der ersten Kammer wird mit 5,2 m, die der übrigen Räume mit 3,8 m bis 4,1 m angegeben. Die Zwischenwände sollen aus bossierten Steinen errichtet sein, die aber nicht sehr genau gesetzt sind. Erwähnung verdient endlich noch der Tatbestand eines von N her auf den östlichen Kasemattentrakt zuführenden Abwasserkanals, der wiederum auf eine Straße deutet und somit zugleich noch einmal die Frage eines womöglich weiteren Tores aufwirft[50]. Dafür spricht, daß die ohne Zweifel alte Anlage in der unmittelbaren Fortsetzung einer der früheren großen Straßen zu liegen scheint (auf der Linie: Damaskus- und Zionstor). Auch die quellenmäßige Dokumentation lautet im übrigen nicht ungünstig, wenn freilich das beschrie-

---

[49] A.C. Dickie, Report VIII S. 117ff.; Excavations S. 260ff. Die Tatsache, daß auch an dieser Stelle Funde gemacht wurden, die auf die X. Legion verweisen, ist bedeutsam. K.M. Kenyon vermag nämlich mitzuteilen, daß man auf der Grabungsstätte L (im Garten des Armenischen Patriarchats), also auf dem SW-Hügel, eine „außerordentlich große Zahl von Ziegeln" fand, die den Stempel der X. Legion trugen. Diese Funde sind aufschlußreich für die von Josephus mitgeteilte Nachricht Bell 7,2, daß bei der radikalen Zerstörung Jerusalems nach Beendigung des Kampfes die Türme des Herodespalastes und „ebenso die Mauer, soweit sie im Westen die Stadt umgab", nicht geschleift wurden, weil sie der zurückgelassenen Besatzung zur Anlage eines Lagers diente. Auch N. Avigad notiert (Isr.Expl. Journal 20, 1970 S. 129ff.), daß bei den Grabungen im Gebiet des jüdischen Stadtteils der Altstadt im Areal C Ziegel der Legio X Fretensis ans Licht kamen.

[50] So jedenfalls auch A.C. Dickie in Excavations S. 88.

bene, in allen Einzelheiten freigelegte Tor, nur ungefähr 120 m westlich gelegen, nicht ganz in eine solche Konzeption paßt. Die Dinge würden sich jedoch etwas anders darstellen, sollte mit weiteren unterschiedlichen Bauphasen für diesen Teil der Mauerlinie gerechnet werden können. Es wäre dabei denkbar, daß das erwähnte Tor an die Stelle einer hier in unmittelbarer Nachbarschaft gelegenen älteren Anlage trat. Leider gestattet der Bliss'sche Ausgrabungsreport hierüber kein sicheres Urteil. Keinen Zweifel aber — so meinen wir — läßt er über den Sachverhalt einer längst vor Herodes Agrippa errichteten Südmauer. Für die Vermutung, daß sie schon im 1. Jh. v. Chr. bestand, möchten wir abschließend noch ein Argument beibringen, das ebenfalls auf Josephus gründet. Mehr beiläufig kommt er in seiner Beschreibung der von Titus aufgeworfenen Circumvallatio auf ein Lager zu sprechen, das einst Pompeius auf der Höhe südlich des Hinnomtals aufgeschlagen hatte (Bell 5,507). Von dieser Stelle aus wandte sich die Belagerungsmauer des Titus um nach N zum Dorf Ἐρεβίνθων οἶκος[51]. Die Beschreibung ist hinreichend genau, um ein Lager in der Gegend des *dschebel dēr abu tōr* anzunehmen, also gegenüber der zur Diskussion stehenden SW-Ecke der Südstadt, die offenbar in der Tat bis an die Schlucht des Hinnomtals heranreichte. Es handelt sich dabei um ein zweites Lager des Pompeius, das die belagerte Stadt im S absperren sollte. Die Angriffe selbst wurden von einem Hauptlager im N gegen ihre stark befestigte NW-Ecke vorgetragen, wo wenigstens das Gelände die Aktionen begünstigte. Von gleichen Erwägungen her ließ sich später auch Titus leiten, um den Angriff gegen die Stadt von N aus zu führen.

IV.

Das in Frage stehende Gelände ist seit Bliss und Dickie nicht mehr archäologisch untersucht worden. Tatsächlich läßt sich aber über die Ausdehnung der Stadt kein verläßliches Urteil fällen, wenn nicht eben an dieser Stelle noch einmal mit den Methoden moderner Grabungstechnik Untersuchungen angestellt werden. Miss Kenyon hat sich also sehr wahrscheinlich für diesen Teil des Problems geirrt, wobei natürlich nicht unerwähnt bleiben darf, daß die in den Jahren 1961 bis 1967 bestehenden militärisch-politischen Verhältnisse jeder archäologischen Tätigkeit in dem fraglichen Gelände entgegenstanden. Wovor wir aber warnen möchten, sind voreilige Schlüsse, die auf Grund von Grabungen gezogen werden, die sich lokal als viel zu begrenzt darstellen und die außerdem die Fülle der bereits vorhandenen Einsichten negieren. Sicherlich gehört auch unser heutiges Wissen über die relative Exaktheit der Angaben des Josephus berücksichtigt. Wir betonen deshalb abschließend: *da er die im großen*

---

[51] G. Dalman, Jerusalem und sein Gelände, 1930 S. 146, sucht das Dorf im SW der Stadt. Vgl. auch O. Michel/O. Bauernfeind, Josephusausgabe Bd. II, 1 S. 271.

und ganzen unanfechtbare Tatsache mitteilt, Herodes Agrippa habe den Bau der dritten Mauer im N der Stadt begonnen, aber nicht zu Ende geführt (Bell 5,152), mutet es sehr unwahrscheinlich an, daß er der Erbauer der fraglichen S-Mauer gewesen ist, zumal sich auch der skizzierte frühere Ausgrabungsbefund am wenigsten einfügt.

Eine merkwürdige liturgische Aussage bei Josephus

Jos Ant 8,111–113

Von Willem Cornelis van Unnik, Utrecht

Im vergangenen Jahrzehnt hat der verehrte Kollege Otto Michel zusammen mit seinen Mitarbeitern durch die Herausgabe des „Bellum Judaicum" von Josephus und durch die vielen wertvollen Anmerkungen in diesen Bänden der Erforschung des Neuen Testaments und seiner Zeitgeschichte einen großen Dienst geleistet. Darum ist es wohl angemessen, in einem Beitrag zu einer neuen Festschrift für den Jubilar eines von den vielen Problemen zu behandeln, die dieser jüdischen Historiker in reichem Maße bietet[1]. Man freut sich dann besonders, wenn man einen Text besprechen kann, der das Thema „Danken" berührt. Zwar geht es an der Stelle, mit der wir uns befassen wollen, um den Dank an Gott. Aber ist es im christlichen Leben nicht immer so, daß ein Dank an einen Menschen letzten Endes doch Gott gilt, der diesen Menschen zu seiner Arbeit befähigt hat? Das gilt ganz gewiß dann, wenn dieser Mensch wie unser Jubilar seine Lebensaufgabe und Lebensfreude in der Auslegung des Wortes Gottes gefunden hat.

Es nimmt nicht wunder, daß Josephus in seinen Antiquitates dem Bau und der Einweihung des salomonischen Tempels viel Aufmerksamkeit geschenkt hat. Seine Darstellung folgt im großen und ganzen der alttestamentlichen Vorlage. Aber ein genauerer Vergleich zeigt, daß er in seiner Wiedergabe ein nicht unbedeutendes Stück hinzugefügt hat, und zwar im Gebet, das Salomo spricht (Ant 8,111–113). Diesem Zusatz ist die folgende Untersuchung gewidmet.

Die Nacherzählung des Josephus in Ant 8,106ff. verhält sich zum Bericht in 1 Kön 8 par. 2 Chr 5 wie folgt: Josephus gibt 1 Kön 5,10–13 ausführlich wieder. Vor allem in den Worten Salomos hat er einiges aufgefüllt, aber das ist nur Verschönerung (§ 106–108). Dann werden die nächsten Bibelverse (14–21) in indirekter Rede zusammengefaßt, wobei das prophetische Element in den Worten unterstrichen wird (§ 109f.)[2]. Darauf folgt im Bibeltext das berühmte große Tempelweihgebet Salomos (1 Kön 8,22–53). Den größten Teil davon (V. 27–53) mit der breiten Aufzählung verschiedener Anlässe zum Gebet hat Josephus § 114–118 so zusammengefaßt, daß die Motive zwar genannt, die Wiederholungen im einzelnen aber vermieden werden. Die Einleitung zu diesem Gebet (1 Kön 8,22–26) ist jedoch stark geändert. Während Salomo sich im biblischen Text Gott

---

[1] Vgl. darüber meine Delitzsch-Vorlesungen, gehalten in Münster/Westfalen, 13, 14. Dezember 1972, die bei Kohlhammer-Stuttgart veröffentlicht werden.
[2] In der dritten Delitzsch-Vorlesung habe ich ausführlich über die Prophetie bei Josephus gesprochen.

gegenüber auf dessen Treue gegenüber David und seinem Haus beruft, fehlt dieses Moment bei Josephus[3]. An seiner Stelle steht nur eine Bitte, das Haus Davids zu segnen (§ 113). Das Auffälligste ist jedoch, daß unser Verfasser in § 111—112 eine ganz andere Einleitung eingefügt hat, in der er über das rechte Beten spricht. Der Text lautet: (111)ταῦτα διαλεχθεὶς πρὸς τὸν ὄχλον ὁ βασιλεὺς ἀφορᾷ πάλιν εἰς τὸν ναὸν καὶ τὴν δεξιὰν εἰς τὸν οὐρανὸν ἀνασχὼν ἔργοις μὲν, εἶπεν, οὐ δυνατὸν ἀνθρώποις ἀποδοῦναι θεῷ χάριν ὑπὲρ ὧν εὖ πεπόνθασιν. ἀπροσδεὲς γὰρ τὸ θεῖον ἁπάντων καὶ κρεῖττον τοιαύτης ἀμοιβῆς. ᾧ δὲ τῶν ἄλλων ζῴων ὑπὸ σοῦ δέσποτα, κρείττονες γεγόναμεν, τούτῳ τὴν σὴν εὐλογεῖν μεγαλειότητα καὶ περὶ τῶν ὑπηργμένων εἰς τὸν ἡμέτερον οἶκον καὶ τὸν Ἑβραίων λαὸν εὐχαριστεῖν ἀνάγκη. (112) τίνι γὰρ ἄλλῳ μᾶλλον ἱλάσασθαί τε μηνίοντα καὶ δυσμεναίνοντα εὐμενῆ (δεξιοῦσθαι) ἀξιώτερόν ἐστιν ἡμῖν ἢ φωνῇ ἣν ἐξ ἀέρος τ᾽ἔχομεν καὶ δι᾽ αὐτοῦ πάλιν ἀνιοῦσαν οἴδαμεν; χάριν οὖν ἔχειν δι᾽ αὐτῆς ὁμολογῶ σοι περί τε τοῦ πατρὸς πρῶτον, ὃν ἐξ ἀφανοῦς εἰς τοσαύτην ἀνήγαγες δόξαν, (113) ἔπειθ᾽ ὑπὲρ ἐμαυτοῦ πάντα μέχρι τῆς παρούσης ἡμέρας ἃ προεῖπας πεποιηκότι, δέομαί τε τοῦ λοιποῦ κτλ.

Soweit mir bekannt, ist dieser Text bis heute noch keiner genaueren Interpretation unterzogen worden[4], wie er es verdient hätte. Auch in diesem Falle[5] bringt eine scharfe Beobachtung der Wortwahl eine interessante Stellungnahme des Josephus ans Licht.

Im Mittelpunkt dieser Aussagen steht die Danksagung, die dreimal erwähnt wird: ἀποδοῦναι θεῷ χάριν — εὐχαριστεῖν — χάριν ... ἔχειν. Sie bildet die Einleitung zum eigentlichen Bittgebet. Diese Dankabstattung ist nicht eine Freundlichkeit oder Höflichkeit Salomos, sondern eine Notwendigkeit (ἀνάγκη[6]), der er sich nicht entziehen kann. Die Gründe werden angegeben: περὶ τῶν ὑπηργμένων εἰς τὸν ἡμέτερον οἶκον καὶ τὸν Ἑβραίων λαόν und später περί τε τοῦ πατρὸς πρῶτον ..., ἔπειθ᾽ ὑπὲρ ἐμαυτῷ, weil Gott getan hat, was Er vorhergesagt hat. Über diese Konstruktion der Danksagung hat seinerzeit Paul Schubert im Zusammen-

---

[3] Es wird nur gesagt: ἃ προεῖπας.

[4] H. Wenschkewitz, Die Spiritualisierung der Kultusbegriffe Tempel, Priester und Opfer im Neuen Testament, Leipzig 1932, S. 23, handelt wohl über die Einleitung, § 107, aber nicht über unseren Text. — A. Schlatter, Die Theologie des Judentums nach dem Bericht des Josephus, Gütersloh 1932, spricht auf S. 109 über εὐχαριστεῖν, aber nicht über diese Stelle. Schlatter bietet viel Material zum Thema „Lobpreis und Gebet" bei Josephus, a.a.O. S. 108—113, aber nur in der Form von Stellenangabe ohne den geistigen Kontext.

[5] Dafür möchte ich auf meine Delitzsch-Vorlesungen verweisen.

[6] Vgl. H.G. Liddell-R. Scott-H. St. Jones, A Greek-English Lexicon, Oxford [9]1940, S. 106. W. Grundmann, in: ThW I, 1932, S. 347ff., s.v. — Man denke an Paulus' Wort 1 Kor 9,16, obwohl ich bezweifle, ob man hier mit Grundmann, S. 350, von einem „(göttlichen) Muß" sprechen soll.

hang mit der paulinischen Danksagung ausführlich gehandelt[7]. Es erübrigt sich deshalb, hier ausführlicher auf die Sache einzugehen. Aber ein Punkt, der dort nicht besprochen wurde, soll erläutert werden, nämlich eben diese „Notwendigkeit".

In Verbindung mit diesem Begriff sei noch hingewiesen auf ein anderes Wort. Josephus sagt, daß man Gott seinen Dank nicht mit Taten abstatten könne, weil Er über ein solches Entgelt (ἀμοιβή) erhaben sein. Das, was man eigentlich erwarten könnte, gilt also für Gott nicht.

Wir stoßen hier auf einen bei den Griechen weit verbreiteten Gedanken: wer eine Wohltat empfangen hat, ist gehalten, seine Dankbarkeit durch eine Gegengabe zu erweisen. In seinem schönen Buch „Wohltätigkeit und Armenpflege im vorchristlichen Altertum" hat der Althistoriker H. Bolkestein die große Bedeutung dieser Regel für die griechische Ethik mit vielen Beispielen erläutert[8]. Wir brauchen das Material hier nicht zu wiederholen[9], doch kann es durch einige Stellen aus Josephus ergänzt werden, die dessen Kenntnis des Gedankens deutlich zeigen (die Texte sind willkürlich und ohne Anspruch auf Vollständigkeit herausgegriffen):

Ant 5,30 (nach der Eroberung Jerichos): καὶ πρὸς αὐτὸν Ἰησοῦς ἀχθείση (sc. Rachab) χάριν ἔχειν ὡμολογεῖ τῆς σωτηρίας τῶν κατασκόπων καὶ μηδὲν τῆς εὐεργεσίας ταύτης ἔλεγεν ἔν ταῖς ἀμοιβαῖς ἥττων φανήσεσθαι. (Beachte die starke terminologische Parallelität zu der in diesem Aufsatz behandelten Stelle!)

Ant 19,225, von Claudius, der von den Soldaten zum Kaiser gemacht worden war: μνημονεύσεις τε χάριτος αὐτοῖς ἀποδιδόντα τιμὴν ἢ ἐπὶ τοιούτοις γένοιτ᾽ ἂν ἀρκοῦσα.

Ant 19,184 stellt die allgemeine Regel auf: ἔργον δὲ κάλλιστον καὶ ἐλευθέροις ἀνδράσι πρέπον ἀμείβεσθαι τοὺς εὐεργέτας.

Diese Regel wurde auch auf das Verhalten der Menschen gegenüber Gott, ihrem Wohltäter, angewandt. Eine interessante Überlieferung findet man bei Diodorus Siculus, Hist I 90,2, wo er eine Erklärung zur ägyptischen Tierverehrung gibt: die Tiere haben göttergleiche Ehren erlangt, weil sie als Totems die Menschen voneinander abgesondert haben, so daß sie sich nicht zerfleischen. Dann fügt Diodorus hinzu: καθόλου δέ φασι τοὺς Αἰγυπτίους ὑπὲρ τοὺς ἄλλους ἀνθρώπους εὐχαρίστως διακεῖσθαι πρὸς πᾶν τὸ εὐεργετοῦν, νομίζοντες· μεγίστην ἐπικουρίαν εἶναι τῷ βίῳ τὴν ἀμοιβὴν

---

[7] P. Schubert, Form and Function of the Pauline Thanksgivings, Berlin 1939, vor allem S. 150ff.

[8] H. Bolkestein, Wohltätigkeit und Armenpflege im vorchristlichen Altertum, Utrecht 1939. Vgl. auch meinen Aufsatz: Die Motivierung der Feindesliebe in Lukas VI 32–35, in: NovTest VIII (1966), S. 284ff.

[9] Vgl. auch H. Conzelmann, χαίρω etc., in: ThW IX (1971), S. 364f., 380f., 397ff.

τῆς πρὸς τοὺς εὐεργέτας χάριτος· δῆλον γὰρ εἶναι διότι πάντες πρὸς εὐεργεσίαν ὁρμήσουσι τούτων μάλιστα παρ᾽ οἷς ἂν ὁρῶσι κάλλιστα θησαυρισθησομένας τὰς χάριτας.

Hier ist auch deutlich das Prinzip des „do ut des" ausgesprochen, das bekanntlich in der Opferpraxis eine beträchtliche Rolle gespielt hat[10]: die Entrichtung des Entgelts erwirkt Hilfeleistung.

Wie der Verkehr zwischen den Göttern und Menschen als ein gegenseitiger Austausch von Gaben aufgefaßt wurde, zeigt Plato an einer Stelle im Symposion (202 E): ἑρμηνεῦον καὶ διαπορθμεῦον (sc. die Dämonen) θεοῖς τε παρ᾽ ἀνθρώπων καὶ ἀνθρώποις τὰ παρὰ θεῶν, τῶν μὲν τὰς δεήσεις καὶ θυσίας, τῶν δὲ τὰς ἐπιτάξεις τε καὶ ἀμοιβὰς τῶν θυσιῶν. Deshalb spottet Sokrates in Euthyphro 14 E, daß die Frömmigkeit einem Handelsgeschäft ähnlich sei: ἐμπορικὴ ἄρα τις ἂν εἴη ὦ Εὐθύφρων τέχνη ἡ ὁσιότης θεοῖς καὶ ἀνθρώποις παρ᾽ ἀλλήλων. In dieser Beziehung ist auch von Bedeutung, was Porphyrius, De Abstinentia IV 22 mitteilt aus einer Betrachtung des Xenokrates, des Nachfolgers Platons in der Leitung der Akademie; bezugnehmend auf die Gebote des Triptolemus in Eleusis sagt er: δεῖ γὰρ τοὺς μὲν γονεῖς εὐεργέτας ἡμῶν γεγενημένους ἀντ᾽εὖ ποιεῖν ἐφ᾽ ὅσον ἐνδέχεται, τοῖς θεοῖς δὲ ἀφ᾽ὧν ἔδωκαν ἡμῖν ὠφελίμων εἰς τὸν βίον ἀπαρχὰς ποιεῖσθαι.

Hier ist die Sache des Dankes für empfangene Wohltaten also verbunden mit Opfer. Das wird oft ausgesprochen.

Bei Josephus findet sich diese Bestimmung des Verhältnisses zwischen Gott und Mensch auch, z.B. in Ant 8,300, wo in der Warnung an einen gottlosen König gesagt wird: ὅτι βασιλεὺς ὑπ᾽ αὐτοῦ (sc. Gott) γενόμενος οὐκ ἠμείψατο τὴν εὐεργεσίαν τῷ δικαίως προστῆναι τοῦ πλήθους καὶ εὐσεβῶς (vgl. 1 Kön 16,1ff., aber in anderer Formulierung). Hier besteht also die Rückgabe nicht im Opfer, sondern in der Lebensführung, wobei Frömmigkeit und Gerechtigkeit als die beiden Seiten des Gesetzes miteinander verquickt sind[11]. Das ist sehr merkwürdig, denn die Opfer werden bei Josephus an sich nicht abgelehnt oder herabgesetzt[12]. Doch stellen sie noch nicht die richtige Gegengabe für Gottes Wohltaten dar. An unserer Stelle wird expressis verbis gesagt, daß das auch unmöglich sei: ἔργοις μέν ... οὐ δυνατὸν ἀνθρώποις ἀποδοῦναι θεῷ χάριν ὑπὲρ ὧν εὖ πεπόνθασιν (= das Passivum zu εὐεργετεῖν). Nun wird im Verlauf der Erzählung berichtet, wie Salomo nach Schluß seines Gebets doch noch großartige Opfer bringt (Ant 8,122 im Anschluß an 1 Kön 8). Aber durch

---

[10] G. van der Leeuw, Do ut des, in: Archiv für Religionswissenschaft XX (1921), S. 241ff.
[11] Vgl. A. Schlatter, a.a.O. S. 37 (das Material läßt sich leicht vermehren); W. Foerster, εὐσεβής, in: ThW VII (1964), S. 176, 179f.
[12] Vgl. A. Schlatter, a.a.O. S. 122ff.

diese vorausgehenden Aussagen sind die Opfer stark relativiert. Sie waren zwar im altväterlichen Gesetz vorgeschrieben und werden deshalb dargebracht, aber selbständige Bedeutung haben sie nicht: der Mensch kann seinen Dank für Gottes Wohltaten nicht mit seinen Taten und durch seine Aktivität abstatten. Das wird in zweifacher Weise begründet: erstens mit dem Gedanken, daß Gott ἀπροσδεής ist und also keiner Opfer bedürfe, — ein Motiv, dem man im Imperium Romanum bei heidnischen Philosophen, Juden und Christen in der Polemik gegen Opfer immer wieder begegnet[13]; es ist also ein *Topos*, der für Josephus hier ausschlaggebend ist; — und zweitens mit dem Gedanken, daß Gott über ein derartiges Tauschgeschäft erhaben ist; und dabei denke man an die oben angeführten Worte des Sokrates, deren polemische Spitze unüberhörbar ist.

Nun steht dieser Satz, der die Opfer und anderen menschlichen Taten als minderwertig und Gottes nicht würdig abqualifiziert, in einer Gegenüberstellung (μέν ... δέ). Es ist ein ganz auffälliger Gegensatz, der hier ins Spiel gebracht wird: nicht mit Taten, sondern mit dem, worin wir den anderen Geschöpfen überlegen sind, sollen wir Gott danken (Ant 8,122). Es ist bekannt, daß in der antiken Literatur die Verbindung von Wort und Tat ganz geläufig ist[14]. Diese beiden sollen im Leben eines guten Menschen immer verbunden sein; klaffen sie dagegen auseinander — und sie stehen oft genug im Widerspruch — so wird immer der Tat der Vorzug gegeben. Das kommt so häufig zur Sprache, daß es sich erübrigt, Beispiele anzuführen. Auch Josephus denkt häufig auf dieser Linie; aus vielen Stellen seien vier mehr oder weniger zufällige Beispiele zitiert:

Ant 6,286: λόγος μὲν ἐπ᾽ ἀμφότερα πέφυκεν ἀληθής τε καὶ ψευδής, τὰ δ᾽ ἔργα γυμνὴν ὑπ᾽ ὄψει τὴν διάνοιαν τίθησι. — Ant 7,119 (= 2 Sam 10,4) von der Beleidigung der Gesandten durch den König der Ammoniter ἔργοις ἀπέλυσε κομίζοντας, οὐ λόγοις τὰς ἀποκρίσεις. — Ant 10,39 man glaubt die Worte der Propheten nicht: οἱ δὲ τοῖς μὲν λόγοις οὐκ ἐπίστευον ..., τοῖς δ᾽ ἔργοις ἔμαθον ἀληθῆ τὰ παρὰ τῶν προφητῶν. — C Ap 2,102: insensatos enim non verbis, sed operibus decet arguere.

Durch den sehr pointierten Gebrauch von ἔργοις am Anfang (Ant 8,111) wird man selbstverständlich dazu gebracht, an diese Tradition zu denken, wundert sich dann aber darüber, daß hier ein umgekehrtes Vorzeichen

---

[13] Siehe das Material in R. Knopf, Die Lehre der zwölf Apostel. Die zwei Clemensbriefe, Tübingen 1920, S. 129; H. Windisch, Der Barnabasbrief, Tübingen 1920, S. 310f.; M. Dibelius, Aufsätze zur Apostelgeschichte, Göttingen 1951, S. 44ff. — Über dieses Thema hoffe ich eine eigene Abhandlung vorzulegen.

[14] Das Material bei G. Bertram, ἔργον, in: ThW II (1933), S. 647, und W. Bauer, Griechisch-deutsches Wörterbuch zu den Schriften des Neuen Testaments und der übrigen urchristlichen Literatur, Berlin ⁵1958, Sp. 608, ist dürftig und gibt keinen Eindruck davon, wie häufig der Gegensatz in der griechischen Literatur gefunden wird.

gesetzt wird. Nur ist auffällig, daß Josephus hier nicht von λόγος, sondern von φωνή spricht; aber sachlich sind diese beiden Wörter in diesem Zusammenhang von gleicher Bedeutung. Er mag λόγος bewußt vermieden haben, um den Widerspruch zu der geläufigen Regel nicht zu stark hervortreten zu lassen. Wahrscheinlich aber schien φωνή ihm besser zu passen in Verbindung mit dem „Hinaufsteigen" (§ 112). Josephus sieht hier in den Stimme den Unterschied zwischen Mensch und Tier, die beide unter den Begriff ζῷον zusammengefaßt werden (vgl. Ant 1,41). In der griechischen Literatur werden die Tiere sehr oft als ἄλογα ζῷα bezeichnet[15], wobei der Unterschied zum Menschen also im λόγος (Sprache oder Vernunft) liegt. Josephus aber wählt den Begriff φωνή, will aber dennoch eine seiner Meinung nach allgemein angenommene Auffassung wiedergeben. In Ant 1,41 sagt er, daß im Paradies alle Lebewesen die gleiche Sprache hatten (ὁμοφωνούντων . . . τῶν ζῴων ἁπάντων), und in § 50 wird dann berichtet, daß Gott nach dem Sündenfall der Schlange die Sprache abnahm (ἀφείλετο δὲ καὶ τὸν ὄφιν τὴν φωνήν). Anscheinend hat Josephus diese Feststellung stillschweigend generalisiert und darin den Grund für seine Aussage an unserer Stelle gefunden. Auch Philo spricht in De Somniis I 5 § 29 von τῆς ἐνάρθρου φωνῆς, ἣν μόνος ἐκ πάντων ζῴων ἔλαχεν ἄνθρωπος[16].

Die Stimme wird aus Luft geformt, ein Gedanke aus der stoischen Schule[17], und geht mit der Luft nach oben, auch ein Gedanke, den man in der griechischen Vier-Elemente-Lehre öfter antrifft[18]. Man vergleiche hiermit, was Josephus kurz vorher in Ant 8,108 gesagt hat: ὡς ἂν ἀπ᾽ αὐτοῦ (sc. der Tempel) σοι τὰς εὐχὰς θύοντες καὶ καλλιεροῦντες ἀναπέμπωμεν εἰς τὸν ἀέρα. Bei Philo, De Somniis I 22 § 134 ist Jakobs Leiter Symbol für die Luft: sie stand auf der Erde und reichte bis zum Himmel. Natürlich ist die Luft deshalb am meisten geeignet, den Kontakt mit Gott herzu-

---

[15] Cf. G. Kittel, λόγος usw., in: ThW IV (1942), S. 145 s.v. ἄλογος, und W. Bauer, Wörterbuch, Sp. 81.

[16] Cf. Aetius, Placita IV 19,1, in: H. Diels, Doxographi Graeci, Berlin 1879, S. 408 λέγεται δὲ καὶ καταχρηστικῶς ἐπὶ τῶν ἀλόγων ζῴων φωνή . . . κυρίως δὲ φωνὴ ἔναρθρός ἐστιν ὡς φωτίζουσα τὸ νοούμενον. – Über φωνή O. Betz, in: ThW IX (1971), S. 272ff, 283ff.

[17] Siehe Scholia Arati V 1 (ap.J.ab Arnim, Stoicorum Veterum Fragmenta, Leipzig 1903, vol. II p. 43 οἱ γὰρ Στοικοὶ ὑποτίθενται, μᾶλλον δὲ πάντες οἱ ὅρον φωνῆς γράψαντες πεπληγμένον ταύτην ἀέρα καλοῦσιν. Andere Stellen sind angegeben bei von Arnim, Index, s.v. φωνή, vol. IV, p. 161.

[18] Vgl. Chrysippus, ap. ab Arnim, Stoic. Vet. Fragm., II p. 175: τεσσάρων οὖν ὄντων τῶν στοιχείων, συμβέβηκε τὸ πῦρ καὶ τὸν ἀέρα, κουφότατα ὄντα, ἐπὶ τὴν ἄνω φωρὰν ἔχειν τὴν ὁρμὴν καὶ περιδινεῖσθαι (vgl. andere Stellen, angegeben in dem Index, vol. IV, p. 6–7). – Siehe auch A. Lumpe, Elementum, in: Reallexikon für Antike und Christentum, Stuttgart 1959, Bd. IV, Sp. 1076ff.; G. Delling, στοιχεῖον, in: ThW VII (1964), S. 672ff.

stellen, weil sie als immateriell und nach oben strebend gilt. Die Stimme, die aus Luft gemacht ist, teilt diese Eigenschaften und ist am meisten würdig, den Zorn Gottes zu besänftigen[19]; in ihrem immateriellen Wesen stimmt sie am besten mit Gottes Wesen überein. Darum also ist das gesprochene Gebet der richtige Dank an Gott.

Mit solchen Ausführungen steht Josephus in einer Linie mit Philo. Am deutlichsten zeigt sich das, wenn man des Alexandriners De Plantatione 31 § 130—131 zu Vergleich danebenstellt: οἰκειότατόν ἐστιν ἔργον θεῷ μὲν εὐεργετεῖν, γενέσει δὲ εὐχαριστεῖν μηδὲν ἔξω τούτου πλέον τῶν εἰς ἀμοιβὴν ἀντιπαρασχεῖν δυναμένη. ὁ γὰρ ἂν θελήσῃ τῶν ἄλλων ἀντιχαρίσασθαι, τοῦθ᾽ εὑρήσεται τοῦ πάντα πεποιηκότος, ἀλλ᾽ οὐ τῆς κομιζούσης φύσεως κτῆμα ἴδιον. μαθόντες οὖν ὡς ἓν ἔργον ἡμῖν ἐπιβάλλει μόνον ἐν τοῖς πρὸς τιμὴν θέου, τὸ εὐχάριστον, τοῦτο ἀεὶ καὶ πανταχοῦ μελετῶμεν διὰ φωνῆς καὶ γραμμάτων ἀστείων d.h. Lobreden und Loblieder; cf. auch vorher 30, § 126: ἑκάστη μέν γε τῶν ἀρετῶν ἐστι χρῆμα ἅγιον, εὐχαριστία δὲ ὑπερβαλλόντως. θεῷ δὲ οὐκ ἔνεστι γνησίως εὐχαριστῆσαι δι᾽ ὧν νομίζουσιν οἱ πολλοὶ κατασκευῶν ἀναθημάτων θυσιῶν οὐδὲ γὰρ σύμπας ὁ κόσμος ἱερὸν ἀξιόχρεως ἂν γένοιτο πρὸς τὴν τούτου τιμὴν —, ἀλλὰ δι᾽ ἐπαίνων καὶ ὕμνων, οὐχ οὓς ἡ γεγωνὸς ᾄσεται φωνῆς, ἀλλὰ οὓς ὁ ἀειδὴς καὶ καθαρώτατος νοῦς ἐπηχήσει καὶ ἀναμέλψει. Auch bei Philo hat diese Auffassung nicht zur Vernachlässigung der materiellen Opfer geführt[20], wohl jedoch zu einer starken Relativierung und Herabsetzung als Mittel zum Verkehr mit Gott. Obwohl also Josephus in vielem mit Philo übereinstimmt, hat er ihn nicht ausgeschrieben. Seine Auffassung ist in eigenständiger Weise formuliert, und vor allem seine Argumentation, in der die Stimme so hoch gelobt, die Taten dagegen herabgesetzt werden, ist besonders auffallend. Die Opfer sind bei Josephus nicht spiritualisiert, sondern in ihrem Wert als Dankesgabe herabgewürdigt. An ihre Stelle tritt das gesprochene Gebet. Josephus und Philo stehen mit diesen Überlegungen im Rahmen des Diasporajudentums. Wir haben deutlich gesehen, daß Josephus von der Überzeugung der Griechen ausgeht, daß eine Wohltat mit einer Gegengabe beantwortet werden muß. Auf dem Boden dieses Grundsatzes werden die materiellen Gaben als ungenügend abgewiesen, auch wenn die Opfer noch dargebracht werden sollen, — aber Hymnen und Gebete sind die eigentlich angemessenen Dankesgaben. Josephus und Philo stehen in Verbindung mit der Entwicklung der griechischen Religionsphilosophie, die schließlich zum wortlosen Gebet geführt hat[21].

---

[19] A. Schlatter, a.a.O. S. 115.

[20] H. Conzelmann, in: ThW IX (1971), S. 400 mit Literaturverweisen.

[21] Die Entwicklung wurde kurz skizziert von J. Kroll, Die Lehren des Hermes Trismegistos, Münster/Westf. 1914, S. 328ff.

Josephus hat seine Auffassung in Form einer Ansprache an Gott vorgelegt, wie das des öfteren in der Gebetspraxis geschehen ist und geschieht. In den Worten Salomos in 1 Kön 8,23f. hat er den Dank des Königs für Gottes Wohltaten gelesen. Deshalb hat er im Anschluß an die griechische Sitte, die Philo auch für das hellenistische Judentum bezeugt, eine Eucharistie[22] formuliert, mit der ein rechtes Gebet anzufangen hatte. Dabei hat er auch ausgesprochen, worin eine rechte Eucharistie besteht.

Unser Historiker ist hier deutlich abhängig von populären Gedanken seiner Zeit. Es läßt sich nicht entscheiden, ob er sie direkt aus der philosophischen Tradition übernommen oder durch die Vermittlung der hellenistischen Synagoge kennengelernt hat. Das letztere scheint mir im Licht der Verwandtschaft mit Philo wahrscheinlicher, zumal mir anderswo in der Zeit vor den jüdischen Philosophen eine derartige Reflexion über die wahre Eucharistie noch nicht begegnet ist (die Hermetica sind später). Jedenfalls hat Josephus die Sache selbständig verarbeitet und bewußt an dieser Stelle aufgenommen.

Wegen der bei genauer Interpretation dieses Textes sich zeigenden Stellungnahme des Josephus zur Frage des Dankgebets schien mir die Behandlung dieses Abschnittes lohnend zu sein. Das Ergebnis ist m. E. auch liturgiegeschichtlich wichtig, weil es mit einem klaren, deutlich fixierbaren Testimonium unsere Kenntnisse über die Auffassung vom Gebet im ersten Jahrhundert n. Chr. bereichert.

---

[22] Darüber P. Schubert, Form and Function, a.a.O. S. jetzt auch die Monographie von J. Laporte, La doctrine eucharistique chez Philon d'Alexandrie, Paris 1972.

Bibliographie der Schriften Otto Michels 1963-1973

Von Klaus Haacker, Tübingen

1963

Flavius Josephus, De bello judaico. Der Jüdische Krieg. Zweisprachige Ausgabe der sieben Bücher, hrsg. u. mit einer Einleitung sowie mit Anmerkungen versehen von O. Michel und O. Bauernfeind, Bd. II, 1

Der Brief an die Römer. Übersetzt und erklärt, 12. Aufl.

O. Michel und O. Betz, Noch einmal: „Von Gott gezeugt", in: NTSt 9, 129–130

Zur Auslegung des Hebräerbriefes, in: Nov Test 6, 189–191

Heilsereignis und Wortgeschehen im N.T., in: Brüderliche Handreichung, Folge 29, 3–13

Besprechung von: Dodd, C.H., Das Gesetz der Freiheit. Glaube und Gehorsam nach dem Zeugnis des Neuen Testaments, in: ThLZ 88, 199f.

1964

Was hat uns heute der historische Jesus zu sagen? , in: Ist Jesus wirklich auferstanden? Geistliche Woche für Südwestdeutschland der Evang. Akademie Mannheim vom 16. bis 23. Februar 1964, 21–23

Art. σκορπίζω, διασκορπίζω, σκορπισμός, in: ThW VII, 419–424

Art. Σκύθης, in: ThW VII, 448–451

Art. σπένδομαι, in: ThW VII, 529–537

Art. συγκλείω, in: ThW VII, 744–747

Art. σφάξω, σφαγή, in: ThW VII, 925–938

Besprechung von: Ridderbos, H., Aan de Romeinen Uitgelegd . . ., in: ThLZ 89, 32f.

Besprechung von: Brandenburger, E., Adam und Christus. Exegetisch-religionsgeschichtliche Untersuchung zu Röm. 5,12–21 (1. Kor 15), in: ThLZ 89, 271–273

Besprechung von: Gerhardsson, B., Memory and Manuscript. Oral Tradition and Written Transmission in Rabbinic Judaism and Early Christianity, in: ThLZ 89, 835–837

1965

A. Schweitzer – Konsequenzen aus der Leben-Jesu-Forschung, in: Universitas 20, 717–723

Simon bar Giora, in: Das Institutum Judaicum der Universität Tübingen in den Jahren 1964/1965, 9–15

Besprechung von: Baeck, L., Paulus, die Pharisäer und das Neue Testament, in: ThLZ 90, 677f.

1966

Der Brief an die Römer. Übersetzt und erklärt, 13. Aufl. (4., durchgesehene Auflage dieser Auslegung).

Der Brief an die Hebräer. Übersetzt und erklärt, 12. Aufl. (6., neubearbeitete Auflage dieser Auslegung)

The Event of Salvation and Word in the New Testament, in: The Theology of R. Bultmann (ed. C.W. Kegley) 170—182

Art. Evangelium, in: RAC VI, 1107—1160.

Besprechung von: Grässer, E., Der Glaube im Hebräerbrief, in: ThLZ 91, 35f.

Besprechung von: Müller, Chr., Gottes Gerechtigkeit und Gottes Volk. Eine Untersuchung zu Römer 9—11, in: ThLZ 91, 187—188

Besprechung von: Hermann I., Kyrios und Pneuma. Studien zur Christologie der paulinischen Hauptbriefe, in: ThLZ 91, 277f.

1967

Simon bar Giora: Fourth World Congress of Jewish Studies Vol.I, 77—80

Fragen zu 1. Thessalonicher 2,14—16: Antijüdische Polemik bei Paulus, in: Antijudaismus im N.T.? (hrsg. v. W.P. Eckert, N.P. Levinson, M. Stöhr) 50—59

Das Institutum Judaicum der Universität Tübingen, in: Attempto 22, 18—23

O. Michel u. O. Bauernfeind, Die beiden Eleazarreden in Jos. bell. 7,323—336; 7,341—388, in: ZNW 58, 267—272

Art. πίστις, in: ThBNT I, 565—574

Art. Glaube, Zur Verkündigung, in: ThBNT I, 574—575

Besprechung von: Vuyst, J. de, „Oud en nieuw verbond" in de brief aan de Hebreeën, in: ThLZ 92, 358f.

1968

Aufsehen auf Jesus. Vierzehn biblische Auslegungen für den Christen heute. 188 S.

„Ich komme" (Jos. bell. 3,400) in: ThZ 24, 123f.

Studien zu Josephus. Simon bar Giora, in: NTSt 14, 402—408 (= oben 1967,1)

Zum Werdegang und der Geschichtsbetrachtung des Josephus, in: Das Institutum Judaicum der Universität Tübingen in den Jahren 1966—68, 12f.

Besprechung von: Delling, G., Römer 13,1—7 innerhalb der Briefe des Neuen Testaments, in: ThLZ 93, 509f.

1969

Flavius Josephus, De bello judaico. Der jüdische Krieg (s.o. 1963) Bd. II,2 und III

Studien zu Josephus. Apokalyptische Heilsaussagen im Bericht des Josephus (B.J. 6,290f. 293—95); ihre Umdeutung durch Josephus, in: Neotestamentica et Semitica. Studies in Honour of Matthew Black, ed. E.E. Ellis and M. Wilcox, 240—244

Art. Sohn (παῖς θεοῦ, υἱὸς τοῦ ἀνθρώπου, υἱὸς τοῦ θεοῦ, υἱὸς Δαυίδ,), in: ThBNT II,2, 1150—1179

Art. τελώνης, in: ThW VIII, 88—106

Zur Methodik der Forschung, in: Studies on the Jewish Background of the New Testament, 1—11

Vom Denkakt des Paulus, in: Themelios 6 No. 2, 17—18

1970

Ein Beitrag zur Exegese des Traktats Abot, in: Verborum Veritas. Festschrift für Gustav Stählin zum 70. Geburtstag, hrsg. v. O. Böcher u. K. Haacker, 349–359

Barmherzigkeit Gottes und menschliche Wahrhaftigkeit, in: Theologische Beiträge 1, 41–45

Heilsgeschichtliche Konzeption und eschatologische Transzendierung, in: Jüdisches Volk — gelobtes Land. Die biblischen Landverheißungen als Problem des jüdischen Selbstverständnisses und der christlichen Theologie, hrsg. v. W.P. Eckert, N.P. Levinson u. M. Stöhr, 305–311

Eschatologisches „Leben", in: Das Institutum Judaicum der Universität Tübingen in den Jahren 1968–1970, 75–79

Art. φιλοσοφία, φιλόσοφος, in: ThW IX 169–185

Besprechung von: Bornkamm, G., Geschichte und Glaube, I. Gesammelte Aufsätze Bd. III . . ., in: ThLZ 95, 24–26

Besprechung von: Riedl, J., Das Heil der Heiden nach R 2, 14–16.26.27, in: ThLZ 95, 101f.

1971

Der Umbruch: Messianität = Menschensohn. Fragen zu Markus 8,31, in: Tradition und Glaube. Das frühe Christentum in seiner Umwelt. Festgabe für Karl Georg Kuhn zum 65. Geburtstag, hrsg. v. G. Jeremias, H.-W. Kuhn u. H. Stegemann, 310–316

Der Menschensohn. Die apokalyptische Hinweisung. Die apokalyptische Aussage. Bemerkungen zum Menschensohn-Verständnis des N.T., in: ThZ 27, 81–104

Zur Arbeit an den Textzeugen des Josephus, in: ZAW 83, 101f.

Der Menschensohn in der Jesusüberlieferung, in: Theologische Beiträge 2, 119–128

Besprechung von: Schreckenberg, H., Bibliographie zu Flavius Josephus, in: ThLZ 96, 26

Besprechung von: Schalit, A., Namenwörterbuch zu Flavius Josephus, in: ThLZ 96, 497

1972

Paulus und seine Bibel. Durchgesehener reprografischer Nachdruck der Ausgabe Gütersloh 1929. (Der Neudruck enthält auf S. 213–223 einen Nachtrag zur gegenwärtigen Fragestellung mit einer Liste neuerer Literatur.)

Zeuge und Zeugnis. Zur neutestamentlichen Traditionsgeschichte, in: Neues Testament und Geschichte. Historisches Geschehen und Deutung im Neuen Testament. Oscar Cullmann zum 70. Geburtstag hrsg. v. H. Baltensweiler u. Bo Reicke, 15–31

Das Licht des Messias, in: Das Institutum Judaicum der Universität Tübingen in den Jahren 1971–1972, 155–160

Art. Freude, in: RAC VIII, 348–418

Besprechung von: Vanhoye, A., Situation du Christ. Hebreux 1–2, in: ThLZ 97, 196–197

Besprechung von: Ben-David, A., Jerusalem und Tyrus. Ein Beitrag zur palästinensischen Münz- und Wirtschaftsgeschichte (126 a. C. — 57 p. C.). Mit einem Nachwort: Jesus und die Wechsler von Edgar Salin, in: ZDPV 88, 203f.

1973

Zum Thema: Paulus und seine Bibel, in: Wort Gottes in der Zeit. Festschrift Karl Hermann Schelkle zum 65. Geburtstag dargebracht von Kollegen, Freunden, Schülern (hrsg. v. H. Feld u. J. Nolte), 114—126

Synoptische Evangelien und johanneische Schriften, in: Theologie und Religionswissenschaft, hrsg. v. U. Mann, S. 286—299

Art. Gebet II (Fürbitte), in: RAC IX, 1—19, 33—36

Herausgeberschaften (soweit nicht schon der Festschrift von 1963, S. 497, aufgeführt)

Die Länder Libanon — Jordanien — Israel, ihre sozialen und pädagogischen Probleme (1963 maschinenschriftlich vervielfältigt)

Julius Schniewind, Zur Erneuerung des Christenstandes, hrsg. v. H.-J. Kraus u. O. Michel (1966)

Theologische Beiträge (Jg. 1—3, 1970—1972, Mitherausgeber der Vierteljahreszeitschrift, ab Jg. 4, 1973, zusammen mit Th. Sorg Herausgeber der Zweimonatszeitschrift)

REGISTER

hergestellt von Dorothea Haacker, Tübingen

Stellenregister

44, 28	67	40, 4−6	116	4, 1−4	57
45	115	42, 1−43,		4, 1f	57
45, 1	67	13	116		
45, 23	330	51, 45	70		
48, 14f	67			Nahum	
48, 22	168				
49, 16	65	Ezechiel		1, 3f	174
50, 6b				2, 9−14	114
(LXX)	144	1, 3	117		
52, 1	58f. 75	8, 12	152		
52, 11	70	9, 9	152	Zephanja	
52, 13	39. 143	12, 13	116		
53	145	28, 13	73	1, 10	354
53, 1	3C	34, 23	152		
53, 3−7	145	37−48	58		
53, 9	144	37, 22−28	58	Haggai	
53, 10−12	326	37, 23	61		
54, 1−8	297	37, 24f	58	1, 1−13	118
54, 7	58	37, 27	58. 70	2, 2	59
54, 11−17	57	38−48	56	2, 3	58
54, 11f. 14	57	38, 1−16	58f. 73	2, 4	59
54, 15−17	58	38, 17−39,		2, 6f	58. 73
55, 8f	141	24	58	2, 7f	59
56, 1−5	219	38, 21f	58	2, 9	58
57, 2	166	39, 2. 4	75	2, 11−14	58
60, 1−22	297	39, 6	58	2, 21−23	58
60, 4	58	39, 8−14	73	2, 21f	73
60, 5−17	58	39, 27−29	58	2, 22	58
60, 14	57	40−48	58	2, 23	59
60, 17f	57	40, 2	58. 75		
60, 21	75	42, 15−20	209		
62, 1−8	297	43, 1−12	58	Sacharja	
65, 11	320f	44, 15	171		
66, 19f	65	47, 22f	58. 67	2, 5−8	58
		48, 30−35	58	2, 8f	58
Jeremia				2, 9	58
		Joel		2, 10	
1, 1	117			(LXX)	72
1, 4−19	284	2, 20	59	2, 11	64. 74
1, 14	59	4, 17	75	2, 12f	58
9, 10f	69			2, 14	58
15, 10−21	284			2, 15	59
19, 13	320	Amos		4, 6f	59
20, 7−18	284			9, 9	59
22, 28ff	140	5, 26	320	12, 2−9	58
26−45	116	7, 14	320	12, 2f	58
26, 6−19	116			12, 6−8	58
26, 14f	137. 140f			13, 1f	68
26, 18f	115f	Jona		13, 9	67
32, 4	116			14, 1−3	58
32, 20	30	1, 1	140	14, 9. 10f	58
36, 4−26	116	1, 12ff	140	14, 10	75
36, 18	171			14, 12−15	58
36, 32	117			14, 14	59
37, 6−16	116	Micha		14, 16−19	59
38, 2−27	116			14, 20f	58
39, 7	116	3, 12	115	14, 21	69. 75

Rabbinische Schriften

(Die Traktate der Mischna, der Talmude und der Tosephta in der Reihenfolge und Schreibweise nach H. L. Strack, Einleitung S. 26ff)

Christliche Schriften

Namen- und Sachregister

ζηλωτής 182–189
θεῖος ἀνήρ 33. 36. 38. 260f
καιρός 327f
κύριος 160. 181
λῃστής 176–178
λόγος 158. 367
πρόνοια 335f

σικάριος 189–193
στοιχεῖα τοῦ κόσμου 342
τύχη 335–338. 340–343
φωνή 367f
χρεών 335–340
χριστός 176
ὥρα 327

Autorenregister